中村裕一著

唐令の基礎的研究

汲古叢書104

汲古書院

唐令の基礎的研究

序説

本書は唐令に関する二つの通説の検證を内容とし、第五章は付論である。従来、唐令は「開皇令」を継受するというのが通説であり、『大唐六典』の唐令は「開元七年令」というのが通説である。この二つの通説は信頼に値するものであろうか。唐令が「開皇令」ではなく、煬帝の「大業令」を継受していたなら、隋唐史研究は従来とは異なった展開となり、隋唐史の基礎には隋の煬帝を据えて、論じなければならなくなる。唐王朝の基礎は「大業令」にあることになるから、煬帝の歴史的評価が高まることになる。『大唐六典』の唐令が「開元七年令」でないとすれば、『大唐六典』の唐令を「開元七年令」として立論した論文はすべて間違いということになり、全面的に改訂する必要が生じ、過去の研究の総点検をしなければならなくなる。

このようなことをいうのは、隋唐の「令」の継受関係を充分に検證せずに、唐令は「開皇令」を継受したとし、『大唐六典』所載の唐令を充分に吟味せず、「開元七年令」としたことにある。この二つの通説は、ほぼ八〇年前に出されたものであるが、爾来、この説を一度も検證することもなく、研究者に受容され現在に至っている。隋唐の律令の継受関係を解明することは、隋唐史の基本に関わる問題であり、『大唐六典』の唐令の年代を確定しておくことは、唐代史研究の基本中の基本であろう。

『旧唐書』は一〇世紀の所産であり、『通典』は八世紀後半の書である。『大唐六典』は「開元二五年令」の編纂を横目に見ながら完成した書であり、開元年間の史料集として、これほど確実で信頼のおける書はない。

本書を書く発端となったのは、隋の大業「祠令」らしき逸文六条を見い出したことにある。大業「祠令」といっても、未知の大業「祠令」が通常の隋唐文献に存在するはずもない。推論の所産である。その推論は唐代「祠令」の一文から導き出された。『旧唐書』巻二一礼儀志に、

武徳初、定令。　武徳の初め（元年は六一八）、「令」を定む。

とあって、続いて六条からなる「祠令」があり、その第四条に次に示す雩《う》祀に関する「祠令」がある。

孟夏之月、雩祀昊天上帝於圓丘、景帝配。牲用蒼犢二。五方上帝五人帝五官、並従祀。用方色犢十。

孟夏の月、昊天上帝を圓丘に雩祀し、景帝（高祖皇帝・李淵の祖父である李虎、唐王朝成立後、景皇帝と追謚される）配す。牲は蒼犢《とく》二を用う。五方上帝（青帝・赤帝・黄帝・白帝・黒帝）五人帝（太昊・炎帝・黄帝・少昊・顓頊《せんぎょく》）五官（句芒・祝融・后土・蓐収・玄冥）、並びに従祀す。方色の犢（仔牛）一〇を用う。

『唐令拾遺補』「祠令」（九七四頁）は右を武徳七年「祠令」（実は間違いで、武徳初年の「祠令」とするべき）とする。

右の「祠令」と関連して『旧唐書』巻二四礼儀志の「武徳貞観之制、神祇大享之外（武徳・貞観の制、神祇大享の外）」と題して「祠令」一七条を列挙し、その中の一条に次のような雩祀に関する「祠令」がある。

孟夏之月、龍星見、雩五方上帝於雩壇。五［人］帝配於上、五官従祀於下。牲用方色犢十、籩豆已下、如郊祭之数。

孟夏の月、龍星（星の名、四月に黄昏れの東方に出現する）見れば、五方上帝を雩壇に雩す。五人帝を上に配し、五官を下に従祀す。牲は方色の犢（仔牛）一〇を用い、籩《へん》（神への供物を盛る祭器の名）豆（神への供物を盛る祭器の名）已下、郊祭（天を祭る圓丘の祭祀）の数の如《ごと》し。

この史料は『唐令拾遺補』（九七四頁）が尊経閣所蔵の『天地瑞祥志』から復元する、雩祀に関する永徽「祠令」、

孟夏之月、雩五方上帝於雩壇。五帝配於上、五官従祀於下。牲用方色犢十。

孟夏の月、五方上帝を雩壇《う》に雩す。五帝を上に配し、五官（句芒・祝融・后土・蓐収・玄冥）を下に従祀す。牲は方色の犢《とく》（仔牛）一〇を用う。

と極めて類似するから、「祠令」であることは疑いない。『旧唐書』礼儀志は「武徳貞観之制、神祇大享之外（武徳・貞観の制、神祇大享の外）」と、時期と祭祀の種類を限定しているから、武徳「祠令」と貞観「祠令」としてよい。雩祀に関する武徳「祠令」は、すでに前述したように『唐令拾遺補』が復元しており、武徳「祠令」に雩祀に関する「祠令」が二条もあるのは不可解であるし、同一年の「祠令」で文言が異なるのも不可解である。

『隋書』巻七礼儀志に、隋代の雩祀に関する祭祀を伝えて、

孟夏之月、龍星見、則雩五方上帝、配以五人帝於上、以太祖武元帝配饗、五官従配於下。牲用犢十、各依方色。

孟夏の月、龍星見れば、則ち五方上帝を雩し、五人帝を以て上に配し、太祖・武元帝（武元皇帝、文皇帝の父・楊忠のこと。廟号太祖）を以て配饗し、五官を下に従配す。牲は犢（仔牛）一〇を用い、各《おのおの》方色に依る。

とある。この史料は雩祀に関する唐初の「祠令」と類似するから、雩祀に関する隋の「祠令」であることは疑いないが、開皇「祠令」か大業「祠令」かの判断ができない。

孰れに属する「祠令」であるかに関して、『隋書』巻七礼儀志に、晴天を祈る「祠令」を伝えて、

霖雨、則禁京城諸門。三禁不止、則祈山川岳鎮海瀆社稷。又不止、則祈宗廟神州。報以太牢。州郡県苦雨、亦各禁其城門、不止、則祈界内山川。及祈報、用羊豕。

霖《りん》雨（長雨）なれば則ち京城の諸門を禁《まつ》る。三禁《えい》して止《や》まざれば、則ち山川・岳鎮・海瀆・社稷を祈る。又た止まざれば、則ち宗廟・神州を祈る。報いるに太牢（牛・羊・豕《し》からなる饗食）を以てす。州・郡・県 雨に苦しめば、亦た各《おのおの》其の城門を禁り、止まざれば、則ち界内の山川に祈る。祈報に及んでは、羊・豕（いのこぶた）を用う。

とあり、また『隋書』巻七礼儀志に、祈雨に関する「祠令」を伝えて、

州郡尉（尉は県の誤り）祈雨、則理寃獄、存鰥寡孤独、掩骼埋胔、潔斎祈于社。七日、乃祈界内山川能興雨者、徙市断屠、如京師。祈而澍、亦各有報。

州・郡・県 雨を祈らば、則ち寃獄（無実の囚人）を理《おさ》め、鰥寡《かんか》（老いて配偶者のいない男女）孤独（身寄りのない独り者）を存し、骼（枯骨）を掩い胔《し》（腐肉）を埋め、潔斎して社に祈る。七日して、乃ち界内山川の能く雨を興すものに祈り、徙市・断屠すること、京師の如し。祈りて澍《あめふ》らば、亦た各《おのおの》報有り。

とある。この二条の「祠令」に「州郡県」とあるが、隋代において州郡県が並存するのは、『隋書』巻二九地理志に、

大象二年、通計州二百一十一、郡五百八、県一千一百二十四。高祖受終、維新朝政、開皇三年、遂廃諸郡。

大象二年（五八〇）、通計するに州二一一、郡五〇八、県一一二四。高祖終わりを受け、朝政を維新し、開皇三年（五八三）、遂に諸郡を廃す。

とあるように、開皇三年（五八三）までである。開皇三年以降は州県制となり、煬帝の大業年間は郡県制であったから、「州郡県」制が並存するのは開皇三年までであり、晴天を祈る「祠令」と祈雨の「祠令」は開皇二年制定の開皇「祠令」であると判断してよい。

『隋書』礼儀志に所載する祈雨に関する「祠令」と晴天を祈る「祠令」が開皇「祠令」であるなら、『隋書』礼儀志に引用する「祠令」は、ある場合は開皇「祠令」を引用し、ある場合は大業「祠令」を引用するということはなく、同一年代の「祠令」を引用していると考えるのが常識であるから、『隋書』礼儀志に引用する「祠令」は、すべて開皇「祠令」であることになり、さらに『隋書』巻七礼儀志の隋令は「開皇令」と断言してよいことになる。

雩《う》祀に関する開皇「祠令」は大業「祠令」になって改訂があって、

孟夏之月、雩祀昊天上帝於圓丘、以武元帝配。牲用蒼犢二。五方上帝五人帝五官、並従祀。用方色犢十。

となり、それが唐初に継受され、煬帝の祖父「武元帝」の箇所が唐の高祖の祖父「景帝」に書き改められ、

孟夏之月、雩祀昊天上帝於圜丘、景帝配。牲用蒼犢二。五方上帝五人帝五官、並従祀。用方色犢十。

となり、武徳七年の武徳「祠令」において、前掲した『旧唐書』巻二四礼儀志のように開皇「祠令」に近い形に再び改訂され、貞観「祠令」と永徽「祠令」と継受され、顕慶年間（六五六～六六〇）になって大業「祠令」に近い形に再び改訂され、開元二五年「祠令」に継受されるのである。

推論によって、大業「祠令」の一条が発見され、それが唐初に継受されたことが確認できた。『旧唐書』巻二一礼儀志に「武徳初、定令」として記載する六条からなる「祠令」は大業「祠令」であることになる。この結果は雑誌「汲古」六〇号に発表し、本書の第二章に「唐初の〈祠令〉と大業〈祠令〉」と題して所収している。

隋唐史研究において、唐令は「開皇令」を継受したとする見解が主流を占め、この見解に基づいて隋唐史研究は展開している。私はこの見解とは異なり、昔年より唐令は「大業令」を継受しているという見解を採る。私の見解を支持する史料が出てきたわけである。私はかつて「隋唐賦役令の継承関係」（『唐令逸文の研究』所収　汲古書院　二〇〇五）を発表し、唐令の「賦役令」は「大業令」を継受しているとした。大業「祠令」が六条出現し、唐代の「祠令」も大業「祠令」を継受したことが確認できた。唐令は「大業令」を継受している一證が出現したことになる。

隋唐文献に唐令と「大業令」の関係を述べた史料はほとんどない。何とか唐令と「大業令」の関係を明らかにする方法はないかと考え、隋と唐初の六省六部を詳細に検討することを思い立った。それが本書の第一章「隋と唐初の六省六部　――大業官制との関連――」である。隋と唐初の中枢の官制の継受を明らかにすれば、隋唐「令」の継受の大筋が展望でき、官制において唐王朝は「大業令」を継受していたなら、隋唐の「令」の継受関係は史料が少なく不明な点が多いが、大勢は決すると考えたのである。

詔書や勅書で開皇律令を継受すると宣言することは簡単であるが、いざ実行となると簡単ではない。唐初の唐王朝

は王朝とは名ばかりの長安周辺を拠点にする軍事的弱小集団に過ぎない。戦闘に明け暮れる日々にあって、律令の編纂などは二の次である。目前にある「大業令」によって、その場を凌ぐというのが自然な成り行きであろう。また開皇律令を採用しようとしても、開皇律令は地方政権である北朝の法制であり、統一国家の法制が地方政権の法制によって補完できるはずがない。統一国家の法制として編纂された「大業令」によって、急場を凌ぐというのが現実的な対処方法であろう。唐初に開皇律令によると宣言したが、できたのは新格の「五三条格」だけで、「令」は手つかずというのが実情で、武徳七年の武徳律令の施行となる。唐代文献に「大業令」が散見しないのは、唐令の基礎が「大業令」であり、「大業令」との相違点を云云する必要がまったくないからである。

祭祀は年中行事と密接な関係がある。『中国古代の年中行事』を書いている時に『旧唐書』巻二四礼儀志に「武徳貞観之制、神祇大享之外（武徳・貞観の制、神祇大享の外）」として、武徳「祠令」と貞観「祠令」一七条があることを承知していた。この一七条の「祠令」は『唐令拾遺』や『唐令拾遺補』に収録されていない。収録しない理由でもあるのか色々考えてみたが、『唐令拾遺』や『唐令拾遺補』の史料の見落しであろうということに落ち着いた。

武徳と貞観「祠令」一七条を検討してみると、『隋書』巻七礼儀志に所載する開皇「祠令」とは内容が異なるから、この一七条の「祠令」は開皇「祠令」ではなく、大業「祠令」を継受している可能性が高い。「大業令」に関心を持つ者には貴重な史料であり、前述の「祠令」六条に続いて、唐令は「大業令」を継受している痕跡が出てきたのである。この一七条の「祠令」研究は本書の第三章に「武徳と貞観の〈祠令〉」と題して収めている。この一七条の「祠令」によって、『隋書』巻七礼儀志所載の全「祠令」は開皇「祠令」であることが判明した。さらに詳細に研究を進めれば、開皇「祠令」、大業「祠令」、武徳「祠令」、貞観「祠令」、永徽「祠令」、開元二五年「祠令」の継受関係が明確となり、「祠令」からも隋唐王朝の継受関係が説明できるようになろう。

『中国古代の年中行事　第四冊　冬』が校了となった二〇一一年六月に、何故か唐突に『大唐六典』所載の「祠令」

は開元七年「祠令」ではなく、開元二五年「祠令」ではないかと考えるに至った。それは斉の太公に関する「祠令」が脳裏にあったからである。斉の太公の祭祀が開始されたのは開元一九年（七三一）であり、『大唐開元礼』に記載されたのは開元二〇年であり、正式に「祠令」の一条となるのは開元二五年「祠令」と想定され、開元七年「祠令」ではない。この想定が正しければ、斉の太公に関する「祠令」のみが開元二五年「祠令」ではなく、『大唐六典』巻四尚書礼部・祠部郎中員外郎職に所載される四〇餘条の「祠令」は、年代が異なる「祠令」が列記されているのではなく、同一年代の「祠令」であろうから、四〇餘条の「祠令」はすべて開元二五年「祠令」ということになる。このことが確定すると、ことはこれだけでは済まなくなる。この想定を敷延すれば、『大唐六典』の記事は開元二五年当時の状態を伝え、『大唐六典』所載の唐令はすべて「開元二五年令」ということになる。

『大唐六典』の唐令を「開元七年令」としたのは、仁井田陞氏の『唐令拾遺』（東方文化学院　一九三三）であり、内藤乾吉氏の「唐六典の行用に就いて」（「東方学報　京都」七冊　一九三六、『中国法制史考證』所収　有斐閣　一九六三）である。仁井田氏は『唐令拾遺』序説「第二　唐令拾遺採択資料に就いて」の「唐六典」の項において、微弱なる数例の根拠を示し、『大唐六典』の唐令を「開元七年令」とし、『唐令拾遺』において『大唐六典』の唐令を「開元七年令」としている。内藤氏も『大唐六典』の唐令を「開元七年令」とする。「開元七年令」説の根底には、『大唐六典』の編纂は開元一〇年に開始されたから、『大唐六典』の草稿は「開元七年令」が基礎という思いがあるのだろう。爾来、ほぼ八〇年に亘り、『大唐六典』の唐令は「開元七年令」とする説が受容され、「開元七年令」説に異論を唱えた者は誰一人としていない。『唐令拾遺補』も「開元七年令」説を採用している。

斉の太公に関する「祠令」が発端となり、『大唐六典』の記事を検討することにし、本書第四章所収の「〈大唐六典〉の検討――〈大唐六典〉の〈開元七年令〉説批判――」を急ぎ書き上げた。『大唐六典』は唐代史研究の超一級の史料集である。この書に記載される唐令の年代を見極めておくことは、この書を利用する者の責務であろう。従来は仁井田説や内藤説に依拠してきたのであるが、仁井田氏や内藤氏の開元七年説は妥当なものであろうか。「開元七年令」説の根拠が餘りにも微弱すぎるのである。仁井田氏が提示された根拠を論破すれば「開元七年令」説は否定できる。しかし、凡百の諸賢はそれだけでは納得されないだろうと考え、長大な論文を書いて自説を述べることにした。

『大唐六典』所載の史料の年代を考える場合、『大唐六典』は何時の時点を記述の中心においているかを考えておく必要がある。『大唐六典』が「開元七年令」を所載するなら、開元七年以降の史料を引用する必要はまったくない。開元七年以前の史料を引用し、開元七年に至る事情を註記において説明すればよい。しかし、現実には開元七年以降の史料が多く引用してある。これは何故か。集賢殿書院や興慶宮は開元一三年（七二五）以降の設置や造営であるから、『大唐六典』が開元七年に焦点を合わせたものなら、これらの記事はまったく必要ない。開元二〇年に完成した『大唐開元礼』の引用も同様のことがいえる。また太原府や北都の記事がある。北都・太原府は開元一一年に并州を改称した結果である。『大唐六典』の州の等第は四萬戸以上を上州としている。四萬戸以上を上州としたのは開元一八年であるから、『大唐六典』の州は開元一八年以降の州の等第を述べていることになる。「祠令」に蜀州青城の丈人山の祭祀が出てくる。丈人山の祭祀は開元二〇年に開始された。宰相府として「中書門下」の語を条文に使用した「獄官令」が『大唐六典』にはある。宰相府としての「中書門下」は開元一一年に成立したから、「中書門下」の語がある「獄官令」は開元七年「獄官令」ではないことになろう。

『大唐六典』の註記に「旧令」「令」「旧制」という語が出てくる。これらの語は「新令」に対応するもので「開元七年令」を指している。「旧令」「令」「旧制」が「開元七年令」を指していることを證明すれば、『大唐六典』所引の唐令は「開元二五年令」ということになる。『大唐六典』は「開元二五年令」の編纂と時期を同じくして編纂が進行したから、『大唐六典』と「開元二五年令」は兄弟関係にあることは多言を要さない。

『大唐六典』の記事のうちには年度が不明なものも多くあるが、年代の異なる記事が任意に並ぶのではなく、同一年の記事が並んでいると想定できる。仁井田氏も『大唐六典』の記事は「開元七年令」が並んでいると想定され『唐令拾遺』に利用された。同一年の記事が並んでいると想定可能なら、その中において「開元七年令」でない唐令を指摘すれば、一団となっている記事は「開元七年令」ではないことになろう。

七太子廟に関する「祠令」がある。七太子の中には恵宣太子が含まれる。恵宣太子は睿宗皇帝の第五子で、玄宗皇帝の弟であり、略歴は『旧唐書』巻九五恵宣太子・李業伝にあり、恵宣太子は開元二二年に薨去している。

恵宣太子業、睿宗第五子也。本名隆業、後単名業。………（中略）………。二十一年、業進拝司徒。二十二年正月、薨。冊贈恵宣太子、陪葬橋陵。

恵宣太子・業は、睿宗の第五子なり。本は隆業と名づくも、後に単に「業」と名づく。………（中略）………。二一年（七三三）、業は進められて司徒を拝す。二二年正月、薨ず。恵宣太子を冊贈し、橋陵に陪葬す。

七太子廟に関する「祠令」は開元二二年以降のもので、開元七年「祠令」ではない。

「假寧令」に「寒食清明休暇四日」と「千秋節休暇三日」がある。『唐令拾遺』と『唐令拾遺補』は、ともに開元七年「假寧令」とするが、「寒食清明休暇四日」は『冊府元亀』巻六〇帝王部・立制度に、

〔開元〕二十四年二月壬戌、許寒食通清明、四日為假。

開元二四年（七三六）二月壬戌（一二日）、寒食より清明を通じて、四日を假と為すを許す。

とあり、開元二四年二月より休暇四日となったのであり、この一条は開元二四年以降の「假寧令」であり、開元七年「假寧令」ではない。「千秋節休暇三日」は玄宗皇帝の誕生日である八月五日を祝う祝日で、多くを述べるまでもなく開元一七年より開始されたから、開元七年「假寧令」であるはずはない。

いま述べたのは若干例であって、『大唐六典』には開元二五年と想定できる記事が多くある。巻八の門下省・弘文館学士の条に「校書郎二人、従九品上」とあり、註記に次のようにある。

本置名讐校、掌校典籍。開元七年、罷讐校、置校書四人。二十三年、減二人。

本は置きて讐校《しゅうこう》と名づけ、典籍を校ずることを掌る。開元七年（七一九）、讐校を罷め、校書四人を置く。［開元］二三年（七三五）、二人を減ず。

開元七年に讐校が校書郎と改称され、定員四人とされた。開元二三年に二人を削減して定員二人とした。「校書郎二人、従九品上」の箇所は『大唐六典』が編纂された開元二六年当時の定員と品階が書いてある。さらに踏み込んでいえば、「校書郎二人、従九品上」は校書郎の開元二五年「職員令」と「官品令」からの抜き書きであり、「開元七年令」の校書郎の条には「校書郎四人、従九品上」とあったはずである。

もう一例、『大唐六典』が「開元二五年令」を引用する書である明證を示そう。『大唐六典』巻一〇秘書省・著作局に「著作佐郎四人、従六品上」とあり、註記に次のようにある。

著作佐郎修国史。………（中略）………。隋置八人、正第七品上。煬帝三年、著作二人、増品従第六。皇朝置四人、龍朔二年、改為司文郎、咸亨元年復故。開元二十六年、減置二人。

著作佐郎は国史を修む。………（中略）………。隋（すなわち開皇「職員令」）は八人を置き、正第七品上。煬帝の三年、著作二人、品を増して従第六（大業「官品令」に上下階なし）。皇朝は四人を置き、龍朔二年（六六二）、改めて司文郎と為し、咸亨元年（六七〇）故に復す。開元二六年（七三八）、減じて二人を置く。

著作佐郎は定員四人であったが、開元二六年に定員二人とした。『大唐六典』は著作佐郎の箇所を「著作佐郎二人、従六品上」と書くべきであるのに、開元二六年以前の定員のままにしている。減員が開元二六年の初期であれば、『大唐六典』は書き直すことは可能である。しかし、改訂作業を行っていない。これは何故であろうか。

「著作佐郎四人、従六品上」とし、註記に開元二六年の減員を書いたのは、「著作佐郎四人、従六品上」は開元二五年「職員令」と「官品令」を規定をそのまま残し、開元二六年の減員を註記することによって、定員の変動があったことを示したと考えられる。『旧唐書』巻四二職官志と『通典』巻四〇職官典・品秩・大唐には開元二五年官品を伝え、『旧唐書』巻四二職官志と『通典』の官品一覧の「従第六品上」の項に著作佐郎があるから、「著作佐郎四人、従六品上」は開元二五年の定員と官品を伝えたものであることが確認できる。『大唐六典』は「開元二五年令」を伝える書と考えざるを得ないのである。

本書は唐令の「大業令」の継受と『大唐六典』の「開元七年令」と「開元二五年令」の問題を検討する。第一章から第三章までは、唐令の「大業令」の継受問題を扱い、第四章は『大唐六典』の「開元七年令」と「開元二五年令」の問題を論じ、『大唐六典』所引の唐令は「開元二五年令」であるとする。

第五章の「井真成の〈贈尚衣奉御〉授官の実体」は、遣唐使の一員である井真成は奉使の途中に長安で死亡し、唐王朝は彼に「贈尚衣奉御」という官を与えた。この官の授与は制授告身式によって行われたが、告身の中にある制書では「贈尚衣奉御」を与えると明記しながら、実際に発給された告身の最後の部分の「告」以下には授与されたはずの「贈尚衣奉御」はなかったであろうことを論じたものである。外国の使節には官を授与したようにみせかけ、実際は官を授与しないのが、唐代の慣例であったのである。

目　次

図版目次

『忠義堂帖』は南宋の嘉定八年（一二一五）に劉元剛が顔真卿の書を石刻し、顔真卿の廟に置いたものという。火災によって石刻『忠義堂帖』は消滅し、拓本も多くは伝存していない。二玄社の『忠義堂帖』は明治時代に楊守敬が日本に将来し、日下部鳴鶴に贈ったものである。原拓ではなく、改竄が多くあり、改行するべき所も改行せず錯簡もあり、誠に頼りない拓本であるが、唐代の制授告身式と照合してみれば、制授告身の真実の一端を伝え、法制史料として捨てがたいものがある。

凡例

（1）『大唐六典』は陳仲夫点校の中華書局本（一九九二）を使用する。
（2）漢字は常用漢字を使用する。
（3）圓、假、證、龍、餘、闕、萬、藝、處、臺、堯は旧漢字を用いる。
（4）史料の訓読は現代かなづかいによる。
（5）原文史料以外に引用するの漢数字は、「十」は「一〇」、「十二」は「一二」のように表記する。
（6）補字は［ ］で示し、上字の補訂字は（ ）で示す。例えば、

［開元］十年、所司勘当於事毎（無）闕者、奏［聞］。

の文があるとした場合、「毎」を補訂した字が「無」であり、「奏」を補字して「奏聞」とした意味で、文章を、

開元一〇年、所司勘当於事無闕者、奏聞。

のように訂正するという意味である。
（7）註は各項目の後に付け、＊の印で示す。

第一章　隋と唐初の六省六部　――大業官制との関連――

はじめに

本章の意図するところは、唐初の貞観初年（元年は六二七）ころまでの中央官府の中枢である六省・六部が、隋の「開皇令」官制また「大業令」官制の孰れを継承しているかを確認することにある。隋代の「令」には「開皇令」と「大業令」とがあるが、煬帝の大業三年（六〇七）に完成した「大業令」は、唐令に継承されない異端的法典とされ、隋唐の「令」の継受関係を考察する上で埒外に置かれ、唐令は開皇二年（五八二）に制定された「開皇令」を継受するというのが一般的理解である。果たして、この理解は揺るぎないものであるかどうかを検證することにある。これまで、唐令は「開皇令」を継受することは、何ら疑念をもたれることはなかった。

煬帝は前近代中国史上において、秦の始皇帝と並んで悪名を馳せる皇帝である。それゆえに、悪名高い皇帝が制定し公布した「大業令」は悪法と思われている節が多分にある。しかし、悪名高い皇帝が制定し公布した法は、悪法と決めつけるのは、餘りにも安易で単純に過ぎる。現代の隋唐史研究者は千四百年も前から先人達が、煬帝を悪皇帝といっているから、悪皇帝の内容を検討することなく、悪皇帝なのであろうと漠然と予断し、煬帝が制定公布した「大業令」は悪法と思っている程度のことであろう。これでは隋唐史研究は科学的研究ではなくなる。

「大業令」は悪法であろうか。唐代一般を評して「大唐帝国」とか「大唐の春」という言葉がよく使用される。これは唐王朝が中国を良治したのみならず、その政治的影響を周辺地域にまで波及させたという意味で使用している。唐王朝が首尾よく中国を統治できたのは、種々の要因が考えられるが、行政法である「令」が当時の社会情勢にうまく適合したことも、その一因であろう。そうであるなら、煬帝は統治に失敗して滅亡したから、煬帝の制定した行政法である「大業令」は、隋代の社会に適合しない悪法ということなる。果たして、「大業令」は悪法であろうか。悪法のゆえに王朝が滅亡するなら、悪法でない法を制定すれば、王朝は永久不滅となる。そもそも悪法とは何か。「大業令」を悪法というなら「大業令」のどこを指して悪というのか。「大業令」を誰か見たことがあるのだろうか。

唐王朝はどうか。唐王朝は周辺地域にまで政治的影響を与えるほど強大な王朝となった。これは善法を制定した結果ということになるが、最後には滅亡している。この例から明らかなように、王朝の興亡は制定する法の善悪とは無関係である。隋王朝は「大業令」を施行し滅亡した。滅亡の原因は「大業令」が悪法であったためではない。政策の失敗によって滅亡したのであり、「大業令」そのものが原因ではない。このように考えると、「大業令」を極悪な行政法と決めつけるのは偏見以外の何ものでもない。

煬帝は即位の当初から悪皇帝ではなかった。大業三年に大業律令を公布したとき悪皇帝ではなかった。彼が悪くいわれるようになるのは、大運河の建設と高句麗出兵に人民に多大の負担と犠牲を強いたためである。それでも高句麗出兵に最終的に勝利すれば、彼の悪い評判は帳消しとなるが、高句麗出兵の失敗は隋王朝の崩壊の導火線となり、隋末の群雄割拠となった。群雄達は煬帝の非と自己の正当性を誇大に声高に繰り返し宣伝した。そうしなければ、群雄達の立場はないのである。隋末の煬帝を否定する一般的風潮の中で、煬帝に関係するものは否定的に捉えられ、大業三年の大業律令までもが悪法といういわれのない評価を受けることになったのである。

隋唐の「令」の継受関係を述べて、仁井田陞氏は『唐令拾遺』一二頁において、さて高祖は武徳元年、隋大業律令を廃して、隋開皇律令に基く新格五十三条を行用したが、………
と述べ、また、『唐令拾遺』一三頁において、
　唐令は隋開皇令を基準とし、篇目に於いても殆どそれを襲用した。………
とも述べている。右の文を読めば、仁井田氏は唐令は「大業令」ではなく、直接「開皇令」を継承していると主張しているように理解できる。

仁井田氏が右のように述べるのは、唐初の唐令制定に言及する文献に大きな原因があるようである。『旧唐書』巻一高祖紀武徳元年（六一八）六月の条に、

　甲戌、太宗為尚書令、相国府長史裴寂為尚書右僕射、相国府司馬劉文静為納言、隋民部尚書蕭瑀相国府司録竇威並為内史令。廃大業律令、頒新格。

　甲戌、太宗を尚書令と為し、相国《しょうこく》府長史の裴寂を尚書右僕射と為し、相国府司馬の劉文静を納言《のうげん》と為し、隋の民部尚書の蕭瑀・相国府司録の竇威並びに内史令と為す。大業律令を廃し、新格を頒つ。

とあり、確かに唐王朝創業時に煬帝の大業律令を廃止すると明言している。また武徳四年（六二一）七月に公布した「平王世充後赦（王世充を平らぐ後の赦）」（『唐大詔令集』巻一二三政事所収）の一節に、

　律令格式、且用開皇旧法。　律令格式、且《まさ》に開皇の旧法を用うべし。

とあり、律令格式は隋王朝の「開皇の旧法」（開皇律令）を継承すると明記している。これらの記事が仁井田氏をして論證をぬきにして、唐代の律令は開皇律令を継承していると言わしめた所以であろう。

ここで注意するべきは、大業律令の廃止と大業律令的法制の施行は別であるということである。武徳元年、大業律令の無効を宣言したが、これは以後一切、大業律令的法制を用いないという意味ではない。大業律令の無効を宣言したが、唐王朝の名において、少し律文・令文を変えて、大業律令に類似する律令を施行することはできたのである。

大業律令の無効宣言によって、大業律令的法制が唐代社会から消滅したわけではない。大業律令の無効宣言によって、大業律令的法典が消滅したと考えるのは大いなる誤解である。

唐初の唐令制定に言及する文献は右に示したものがすべてではない。『旧唐書』巻五〇刑法志に、

及受禅、詔納言劉文静、与当朝通識之士、因開皇律令而損益之、尽削大業所由煩峻之法。又制五十三条格、務在寛簡、取便於時。尋又勅尚書左僕射裴寂尚書右僕射蕭瑀及大理卿崔善為給事中王敬業中書舎人劉林甫顔師古王孝遠涇州別駕靖延太常丞丁孝烏隋大理丞房軸上将府参軍李桐客太常博士徐上機等、撰定律令、大略以開皇為準。于時諸事始定、辺方尚梗、救時之弊、有所未暇。惟正五十三条格、入於新律、餘無所改。

受禅するに及び、納言《のうげん》の劉文静に詔し、当朝通識の士と、開皇律令に因りて之を損益し、尽く大業由る所の煩峻の法を削る。又た五三条格を制り、務めて寛簡に在り、便を時に取る。尋いで又た尚書左僕射《さぼくや》の裴寂・尚書右僕《うぼく》射《や》の蕭瑀及び大理卿の崔善為・給事中の王敬業・中書舎人の劉林甫・[中書舎人]の顔師古・[中書舎人]の王孝遠・涇州別駕の靖延・太常丞の丁孝烏・隋の大理丞の房軸・上将府（天策上将府）参軍の李桐客・太常博士の徐上機らに勅し、律令を撰定せしめ、大略《ほぼ》開皇を以て準と為す。時に諸事始めて定まり、辺方尚お梗《ふさ》ぎ、救時の弊、未だ暇あらず所有り。惟だ五三条格を正し、新律に入れ、餘は改む所なし。

とあり、『唐会要』巻三九「定格令（格令を定む）」に、

武徳元年六月一日、詔劉文静、与当朝通識之士、因隋開皇律令而損益之、遂制為五十三条。務従寛簡、取便於時。其年十一月四日、頒下。仍令尚書左僕射裴寂吏部尚書殷開山大理卿郎楚之司門郎中沈叔安内史舎人崔善為等、更撰定律令。十二月十二日、又加内史令蕭瑀礼部尚書李綱国子博士丁孝烏等、同脩之。至七年三月二十九日成、詔頒於天下。大略以開皇為准、格五十三条、凡律五百条並入於新律、他無所改正。

武徳元年（六一八）六月一日、劉文静に詔し、当朝通識の士と、開皇律令に因りて之を損益し、遂に五三条を制《つく》

り為す。務めて寛簡に従り、便を時に取る。其の年一一月四日、頒ち下す。仍お尚書左僕射《さぼくや》の裴寂・吏部尚書の殷開山・大理卿の郎楚之・司門郎中の沈叔安・内史舎人の崔善為らをして、更に律令を撰定せしむ。一二月一二日、又た内史令の蕭瑀・礼部尚書の李綱・国子博士の丁孝烏等を加え、同じく之を脩めしむ。七年三月二九日に至り成り、詔して天下に頒つ。大略《ほぼ》開皇を以て准と為し、五三条を格し、凡《およ》そ律五百条並びに新律に入れ、他は改正する所なし。

とあり、『冊府元亀』巻六一二刑法部「定律令（律令を定む）」に、

武徳元年、既受隋禅、詔納言劉文静、与当朝通識之士、因開皇律令而損益之、尽削大業所用繁峻之法。

武徳元年（六一八）、既に隋の禅を受け、納言《のうげん》の劉文静に詔し、当朝通識の士と、開皇律令に因りて之を損益し、尽く大業用うる所の繁峻の法を削る。

とあり、『新唐書』巻五六刑法志に、

及受禅、命納言劉文静等、損益律令。武徳二年、頒新格五十三条。唯吏受賕、犯盗、詐冒府庫物、赦不原。凡断屠日、及正月五月九月不行刑。四年、高祖躬録囚徒、以人因乱冒法者衆、盗非劫傷其主、及征人逃亡、官吏枉法、皆原之已而。又詔僕射裴寂等十五人、更撰律令。凡律五百、麗以五十三条。流罪三、皆加千里、居作三歳至二歳半者、悉為一歳、餘無改焉。

受禅するに及び、納言の劉文静らに命じて、律令を損益せしむ。武徳二年、新格五三条を頒つ。唯だ吏の賕《きゅう》（賄賂）を受け、盗を犯し、府庫の物を詐冒せば、赦して原《ゆる》さず。凡そ断屠の日、及び正月・五月・九月に刑を行わず。四年、高祖躬《みずか》ら囚徒を録（調査すること）し、人の乱に因り法を冒す者衆《おお》きを以て、盗の其の主を劫して傷つけるに非ず、及び征人の逃亡、官吏の枉法《おう》（法を枉《ま》げること）、皆な之を原《ゆる》すのみ。又た僕射の裴寂ら一五人に詔して、更に律令を撰せしむ。凡そ律五百、麗《つら》ぬるに五三条を以てす。流罪は三、皆な千里を加え、居作三歳

（流二千里は労役三歳）から二歳半（流千五百里は労役二歳半）に至るものは、悉く［労役］一歳（居作一歳）と為し、餘は改むなし。

とあり、唐初の唐令制定に言及する文献は、唐令はすべて開皇律令に準拠したとする。このことが仁井田氏をして唐代の律令は開皇律令を継承していると言わしめる所以であろう。

仁井田氏の『唐令拾遺』は八〇年も前の一九三三年に公刊された書である。隋唐研究者も仁井田氏の説にしたがい、煬帝が制定した「大業令」を異端的法典と決めつけ、唐令は「開皇令」を継承していると理解し、二一世紀の現在においても、仁井田氏の説に賛同する研究者は多いようである。

仁井田氏の見解は具体的史料を提示し検討する以前に明らかに問題がある。仁井田氏の見解は唐令の篇目と「開皇令」の篇目が類似することに依拠している。「大業令」の篇目は不明であるが、「開皇令」と「大業令」の篇目がまったく異なるという證拠はどこにもない。常識的に考えれば、「開皇令」と「大業令」とは親子関係にあるから、「令」の篇目は似たようなものであったであろう。それゆえ、「令」の篇目が類似することを根拠にした、仁井田氏の見解は論旨に飛躍があるといわなければならない。

「令」の篇目が類似していても、内容が異なることがある。仁井田氏の見解は「開皇令」と「大業令」を逐条的に復元し、それを蒐集した唐令と比較検討した結果ではない。「開皇令」と武徳七年（六二四）の「武徳令」の或る条文がほぼ一致していると仮定しよう。この事実だけで「武徳令」は直接的に「開皇令」を継受していることにはならない。「開皇令」の条文は近接する「大業令」が継承し、それを「武徳令」が継承した可能性が大であるから、「大業令」の条文が明らかにならない限り、隋唐の「令」の継受関係は簡単に云々できない。

現在、「大業令」は「令」の篇目が不明となっている。この「大業令」の篇目が判明したと仮定しよう。「大業令」の篇目が「開皇令」の篇目とほぼ一致していたなら、唐令は「大業令」を継承したということになろう。假りに判明した「大業令」の篇目が「開皇令」や唐令と一致しなかったと假定しよう。これによって、唐令は「開皇令」を継承していることにならない。篇目は異なるが、令文は「大業令」を継承している場合も想定できるから、「令」の篇目の類似に基づく仁井田氏の見解には、やはり疑問が残るといわざるをえない。

仁井田氏の〈唐令は「開皇令」を継承している〉とする見解の危うさは、〈唐令は「開皇令」を継受する〉と限定するところにもある。唐令の一条でも「大業令」を継受していたなら、仁井田氏の見解は否定されることになる。これは仁井田氏の問題だけではない。隋唐令の継受関係に関して、仁井田氏と同見解の隋唐史研究者が主流であるから、隋唐史学界の常識は否定されることになる。

「唐令はすべて開皇律令に準拠した」とする根拠となった、唐初の律令制定に言及する文献を整理しよう。『旧唐書』巻五〇刑法志の記事は、武徳元年（六一八）に納言の劉文静らに詔し、開皇律令を基礎として、「大業所由煩峻之法」を削り、新たに五三条格を創った。尋いで尚書左僕射《さぼくや》・裴寂と尚書右僕射・蕭瑀らに勅して律令を撰定させたが、その律令は開皇を基準とするものであったが、王朝創業の時期で諸事多忙であったため、五三条格を作成しただけで、餘は一切改める所はなかった。「令」に関しては何も改訂することなく唐代で最初の「武徳令」に至り、「武徳令」において多少の改変が加えられたというのが実情であろう。『唐会要』巻三九「定格令」の記事も『旧唐書』巻五〇刑法志の記事とほぼ同じである。唐初に開皇律令に準拠した律令の編纂を意図したが実現するに至らなかったのである。

「大業所由煩峻之法」とは、大業三年の「大業律」の制定以降、隋末に世情が騒然としたときに新たに付加された「律」の条文をいう。例えば、『隋書』巻二五刑法志に、

其五刑之内、降従軽典者、二百餘条。其枷杖決罰訊囚之制、並軽於旧。是時百姓久厭厳刻、喜於刑寛。後帝乃外征四夷、内窮嗜慾、兵革歳動、賦歛滋繁。有司皆臨時迫脅、苟求済事。憲章遐棄、賄賂公行、窮人無告、聚為盗賊。帝乃更立厳刑、勅天下、竊盗已上、罪無軽重、不待奏聞皆斬。百姓転相群聚、攻剽城邑、誅罰不能禁。帝以

盗賊不息、乃益肆淫刑。九年又詔、為盗者、籍没其家。自是群賊大起、郡県官人、又各専威福、生殺任情矣。

其れ五刑の内、降して軽典に従《よ》るもの、二百餘条。其の枷杖（枷の重さや杖の太さ）決罰（罪人を罰する杖数）訊囚（囚人の尋問方法）の制、並びに旧より軽し。是の時百姓久しく厳刻を厭い、刑寛を喜ぶ。後に帝乃ち外に四夷を征し、内に嗜慾を窮め、兵革歳々動き、賦歛滋《ます》ます繁なり。有司皆な時に臨んで迫脅し、苟りに事を済すを求む。憲章遐棄せられ、賄賂公行し、窮人告ぐるなし、聚りて盗賊と為る。帝乃ち更に厳刑を立て、天下に勅す、「竊盗已上、罪の軽重となく、奏聞を待たず皆な斬る」と。百姓転た相い群聚し、城邑を攻剽《こうひょう》し、誅罰禁ずる能わず。帝は盗賊の息まざるを以て、乃ち益ます淫刑を肆《ほしいまま》にす。［大業］九年（六一三）又た詔す、「盗を為す者、其の家を籍没す」と。是より群賊大いに起き、郡県の官人、又た各《おのおの》威福を専にし、生殺情に任《まか》す。

とあるもので＊、「律」に関する事項であり、いま問題にしている「令」とは無関係である。

隋唐の「令」の継受関係を語る史料は少ない。そこで、本章においては、隋代から唐初までの中央官府の中枢である六省・六部の変遷を概観し、官制の変遷を通して隋唐の「令」の継受関係を探ろうとするものである。唐王朝が開皇官制を継受していたなら、その官制の運用に関わる法規は「開皇令」ということになり、仁井田氏の「開皇律令」を継受するとする説は正解となろうし、そうでなかったなら、仁井田氏の見解を疑問とし、別の継受関係を構築しなければならなくなるであろう。

唐代の官制は『唐令拾遺補』の「官品令」に一覧表を作成され、唐代の官名の変化を一覧できるように配慮され、官名変遷の通覧には大変便利である。しかし、整理された一覧表からは読みとれない事実もある。本章では基本に立ち返り、原史料を示し、唐初の官制は隋の「開皇令」と「大業令」の孰れの官制を継受しているかの観点から、隋と唐初の官名の変遷を考察することにした。

＊『隋書』巻二五刑法志の「九年又詔、為盗者、籍没其家」は、『隋書』巻四煬帝紀大業九年八月の条に次のようにある。
戊申、制、盗賊籍没其家。　戊申、制《みことのり》す、「盗賊は其の家を籍没す」と。

第一節　隋と唐初の六省

一　隋代の尚書都省

1　「開皇令」制の尚書都省

隋初の尚書都省、すなわち、開皇二年（五八二）に制定・公布された開皇「職員令」に規定する尚書都省の構成に関して、『隋書』巻二八・百官志・下には次のようにある。

尚書省、事無不総。置令左右僕射各一人、総吏部礼部兵部都官度支工部等六曹事、是為八座。属官左右丞各一人、都事八人、分司管轄。吏部尚書統吏部侍郎二人主爵侍郎一人司勲侍郎二人考功侍郎一人。礼部尚書統礼部祠部侍郎各一人、主客膳部侍郎各二人。兵部尚書統兵部職方侍郎各二人駕部庫部侍郎各一人。都官尚書統都官侍郎二人刑部比部侍郎各一人司門侍郎二人。度支尚書統戸部侍郎各二人金部倉部侍郎各一人。工部尚書統工部屯田侍郎各二人虞部水部侍郎各一人。凡三十六侍郎、分司曹務、直宿禁省、如漢之制。

尚書省、事総《す》べざるはなし。令・左右僕射各一人を置き、吏部・礼部・兵部・都官・度支・工部等六曹の事を総べ、是れを八座と為す＊1。属官は左右丞各《おのおの》一人、都事八人、分司して管轄す。吏部尚書は吏部侍郎二人・主爵侍郎一人・司勲侍郎二人・考功侍郎一人を統《す》ぶ。礼部尚書は礼部・祠部侍郎各《おのおの》一人・主客・膳部侍郎各《おのおの》二人を統《す》ぶ。兵部尚書は兵部・職方侍郎各《おのおの》二人・駕部・庫部侍郎各《おのおの》一人を統ぶ。都官尚書は都官侍郎二人・刑部・比部侍郎各《おのおの》一人・司門侍郎二人を統ぶ。度支尚書は戸部侍郎各《おのおの》二人・金部・倉部侍郎各《おのおの》一人を統ぶ。工部尚書は工部・屯田侍郎各《おのおの》二人・虞部・水部侍郎各《おのおの》一人を統ぶ。凡《およ》そ三六侍郎、曹務を分司し、禁省に直宿すること、漢の制の如し。

隋初の「開皇令」制の尚書都省は、尚書令・左右僕射・左右丞・都事が置かれ、吏部・礼部・兵部・都官・度支・工部の六部を統括し、尚書六部の各部は四司曹から構成され、尚書二四司曹の各司曹には侍郎（唐代の郎中）六員が置かれ、合計三六侍郎から構成されていた。

唐代の場合、尚書六部の各部には長官として尚書、通判官として侍郎が置かれ、所属する各四司曹を管轄し、各司曹には郎中・員外郎が置かれた。「開皇令」制の尚書都省は唐代のような構成ではなく、四司曹には侍郎があるのみである。すなわち、各六部の長官である尚書を補佐する通判官である某部侍郎が存在していない。また、唐代の尚書都省のように、左右司郎中と左右司員外郎は、まだ設置されていない。

尚書六部の所管は『隋書』巻二八百官志・下にある次の記事による＊2。

［開皇］三年四月、詔、尚書左僕射掌判吏部礼部兵部三尚書事、御史糺不当者、兼糺弾之。尚書右僕射、掌判都官度支工部三尚書事、又知用度。餘並依旧。

開皇三年（五八三）四月、詔す、「尚書左僕射は吏部・礼部・兵部の三尚書事を判じ、御史糺して当たらざるは、兼ねて之を糺弾するを掌り、尚書右僕射は都官・度支・工部の三尚書事を判じ、又た用度を知《す》ぶるを掌る。餘は並びに旧に依る」と。

「開皇令」制の尚書都省の構成を示せば次頁のようである。都省に唐代の左右司郎中・員外郎に相当する官が設置されていない点が、唐初の尚書都省の構成と異なる。都省に左右司郎が設置されるのは「大業令」官制からであり、唐初の尚書都省の構成に最も近似するのは、「大業令」官制の尚書都省である。
「開皇令」の尚書六部は左行が吏部・礼部・兵部で、右行が都官・度支・工部からなり、八世紀の左行の順が吏部・戸部・礼部、右行が兵部・刑部・工部の順となるとは異なる。

尚書令（正二品）
├─右僕射（従二品）──右丞（従四品下）──都事
│　　都官（刑部）・度支（民部）・工部の三尚書事を管轄＊3
└─左僕射（従二品）──左丞（従四品上）──都事
　　　吏部・礼部・兵部の三尚書事を管轄

＊1　尚書令・左右僕射・六尚書を八座という。数が合わないが、これは右僕射が礼部尚書を兼任する慣例であるから、数が合致する。

＊2　杜佑の『通典』巻二二職官典・尚書上「僕射　左右丞」には同じことを伝えて次のようにある。

隋文帝開皇三年、詔、左右僕射従二品。左掌判吏部礼部兵部三尚書、御史糾不当者、兼糾弾之。右掌判都官度支工部三尚書。又知用度。餘並依旧。

隋の文帝の開皇三年（五八三）、詔す、「左右僕射は従二品。左は吏部・礼部・兵部の三尚書を判じ、御史糾して当たらざるは、兼ねて之を糾弾するを掌る。右は都官・度支・工部の三尚書を判じ、又た用度を知ぶるを掌る。餘は並びに旧に依る」と。

＊3　『隋書』巻二八百官志・下は前掲した開皇三年四月の記事に続けて、

尋改度支尚書為戸部尚書（民部尚書）、都官尚書為刑部尚書。

尋いで度支尚書を改め民部尚書と為し、都官尚書を刑部尚書と為す。

とあるから、開皇三年四月以降に民部尚書と名称変更があったのであろう。『隋書』五七令狐熙伝には、

〔開皇〕八年、徙為河北道行臺度支尚書。　開皇八年（五八八）、徙りて河北道行臺度支尚書と為る。

とあるから、開皇八年は度支尚書の名称のままであった。

『通典』巻二三職官典・尚書下「戸部尚書」には、

開皇三年、改度支為民部、統度支民部金部倉部四曹。国家修隋志、謂之戸部、蓋以廟諱故也。

開皇三年、度支を改め民部と為し、度支・民部・金部・倉部の四曹を統べしむ。国家（唐王朝）「隋志」を修め、之を戸部と謂うは、蓋し廟諱（太宗皇帝・李世民の「民」を避諱すること）を以ての故なり。

とあり、名称変更は開皇三年であったとし、『大唐六典』巻六尚書刑部に「刑部尚書一人、正三品」とあり、註記に、

隋初曰都官尚書。開皇三年、改為刑部、皇朝因之。

隋の初め、都官尚書と曰う。開皇三年（五八三）、改めて刑部と為し、皇朝之に因る。

とあり、刑部尚書への名称変更は開皇三年であったとし、『大唐六典』巻三尚書戸部に「戸部尚書一人、正三品」とあり、註記に、

隋初、曰度支尚書。開皇三年、改為民部、皇朝因之。貞観二十三年、改為戸部。顕慶元年、改為度支。

隋の初め、度支尚書と曰う。開皇三年（五八三）、改めて民部と為し、皇朝之に因る。貞観二三年（六四九）、改めて戸部と為す。顕慶元年（六五六）、改めて度支と為す。

とあり、民部尚書への名称変更は開皇三年であった。『初学記』巻一一職官部・諸曹尚書の叙事「隋氏六曹」の註記に次のようにある。

隋有吏部礼部兵部都官度支工部。開皇三年、改度支為戸部、都官為刑部是也。

隋に吏部・礼部・兵部・都官・度支・工部有り。開皇三年、度支を改めて戸部と為し、都官を刑部と為すは是なり。

2 「左右」と高卑

同じ官を二つ置くとき、左右に分かち左右某司とすることが多い。尚書都省の左右僕射《ぼくや》や左右丞、唐代の左右散騎常侍・左右拾遺・左右補闕・左右光禄大夫がそれである。左右僕射は『宋書』巻三九百官志・上・尚書に、

　漢献帝建安四年、以執金吾栄部為尚書左僕射、衛臻為右僕射。二僕射分置、自此始也。

　漢の献帝の建安四年（一九九）、執金吾の栄部《えいこう》を以て尚書左僕射と為し、衛臻を右僕射と為す。二僕射の分置は、此れより始まるなり。

とあり、僕射は従来からの官はあったが、左右僕射が創置されたのは後漢の献帝の建安四年のことであるという。

左右官とその高卑に関して、杜佑の『通典』巻二二職官典・尚書上「僕射　左右丞」には、

　斉、………（中略）………。黄案、左僕射上署、右僕射次署。………（中略）………。斉梁旧制、右僕射遷左僕射、左僕射美遷令。其僕射處於中、陳亦然。後魏二僕射、左居上、右居下。

　斉、………（中略）………。黄案（公文書）、左僕射上署し（上署の「上」は「上巳」「上戊」の上と同じで「はじめて」の意味である）、右僕射次署す。………（中略）………。斉・梁の旧制、右僕射は左僕射に遷り、左僕射は令に美遷す。其の僕射は中に處し、陳亦た然り。後魏の二僕射、左が上に居り、右は下に居る。

とあり、南朝の斉では黄案（公文書）に署名する場合、左僕射の署名位置が最初にあり、右僕射はその次であったといい、南朝の斉王朝以降では、右僕射から左僕射に遷官し、左僕射から尚書令に遷官するのが通例であった。北朝の北魏では、左僕射が上位で右僕射が下位にあったという。南北朝時代では左右官の左官が上位と認識されたのである。

唐代の職官を記す文献は左官を最初に書き、右官は左官に続く形式となっている。唐代でも左官が上位と意識されたのであろう。南北朝と唐王朝が左官を上位としたなら、その中間にある隋王朝の左右僕射は左僕射が上位にあると

考えてよいであろう。左僕射に管轄される吏部・礼部・兵部は六部の中で上位の三部といってよいであろう。

「左右」官の高卑に関しては、すでに曾我部静雄氏が論じている。曾我部氏は日本の左右大臣の高卑を考察し、中国の左右の高卑を論じ、漢魏以前は右高左卑であり、南北朝ころより左高右卑に変化したことを明らかにする＊。

「左遷」という言葉がある。この言葉は『史記』巻九三韓王信伝や同書巻九六周昌伝にみえ、漢魏以前の右高左卑の時代の言葉である。南北朝以降は左高右卑であるから、南北朝以降の時代には死語となった言葉である。現代でも「左遷」は使用されるが、「左遷」からは中国は全時代を通じて右高左卑であったと予断を与える可能性があるから、この言葉を使用する場合には注意が必要である。

＊　曾我部静雄『律令を中心とした日中関係史の研究』（吉川弘文館　一九六八）二三五頁以下を参照。

3　「大業令」制の尚書都省

大業三年（六〇七）以降の尚書都省の構成に関して、『隋書』巻二八百官志・下には的確な記事がないが、「大業令」制の尚書都省に、尚書令・左右僕射《ぼくや》・左右丞の官があったことは疑いない。『隋書』において、大業初年の楊素の尚書令就任（この尚書令は開皇「職員令」に規定する尚書令であって、「大業令」の尚書令ではない）より、唐末まで尚書令の就任記事がないが、『唐会要』巻五七尚書省諸司・上・尚書令に、

武徳初、因隋旧制、尚書令置官一員。　武徳の初め、隋の旧制に因り、尚書令は官一員を置く。

といい、武徳元年に「隋旧制」に因り、尚書令一員を置いたとある。「隋旧制」とは、以下に縷々言及するが、「大業令」に規定された官制をいうから、「大業令」に尚書令は規定されていたのである。

『大唐六典』巻一尚書都省・尚書令の条に、

魏晋以来、其任尤重。皇朝武徳中、太宗初為秦王、嘗親其職、自是闕不復置。其国政枢密、皆委中書、八座之官、

但受其成事而已。自太師已下、皆古宰相之職。今不常置、故備叙之。

魏晋以来、其の任尤も重し。皇朝の武徳中、太宗初めて秦王と為《な》り、嘗て其の職を親しくし、是より闕きて復た置かず。其の国政の枢密、皆な中書に委ね、八座の官、但だ其の成事を受くのみ。太師より已下、皆な古の宰相の職。今は常には置かず、故に備えて之を叙ぶ。

とあり、尚書令は確かに唐初より置かれ、武徳元年六月に秦王・李世民の尚書令就任例（『旧唐書』巻一高祖紀）があるから、「大業令」に規定されたことは疑う余地はないであろう。

左右僕射は『大唐六典』巻一尚書都省「尚書左丞相一人、右丞相一人、並従二品」の註記に、

左右丞相、本左右僕射也。………（中略）………。隋置左右僕射、従二品、皇朝因之。自漢以来、章服並与令。

左右丞相、本は左右僕射なり。………（中略）………。隋 左右僕射《ぼくや》を置く、従二品、皇朝之に因る。漢より以来、章服並びに令と与にす。

とあり、隋代の「大業令」制にあった。『隋書』巻三煬帝紀大業三年（六〇七）七月に、

丙子、殺光禄大夫賀若弼礼部尚書宇文弼太常卿高熲。尚書左僕射蘇威、坐事免。

丙子、光禄大夫の賀若弼《がじゃくひつ》・礼部尚書の宇文弼《うぶんひつ》・太常卿の高熲《こうえい》を殺す。尚書左僕射の蘇威、事に坐し免ぜらる。

と大業三年七月の就任例がある。「大業令」は『隋書』巻三煬帝紀大業三年四月の条に、

甲申、頒律令、大赦天下、関内給復三年。

甲申、律令を頒《わか》ち、天下を大赦し、関内に復《ほく》三年（三年の租税免除）を給す。

とあり、大業三年四月に公布されているから、蘇威の尚書左僕射就任は「大業令」に基づいて発令された人事であることは疑いない。

左右丞も同様である。『大唐六典』巻一尚書都省「左丞一人、正四品上。右丞一人、正四品下」の註記に、

後魏北斉、左丞正四品下右丞従四品上。隋初、左丞従四品上・右丞従四品下。煬帝、左右丞並正四品、皇朝、左丞正四品上、右丞正四品下。

後魏・北斉、左丞は正四品下・右丞は従四品上。隋の初め、左丞は従四品上、右丞は従四品下。煬帝、左右丞、並びに正四品（「大業令」では官品に「上・下」はなく、「正・従」のみ）、皇朝、左丞は正四品上、右丞は正四品下。


とあり、「大業令」において、左右丞は正四品の官であった。

「大業令」においては、都省に新しい官が創設された。それは左右丞を補佐する左右司郎である。『大唐六典』巻一尚書都省「左司郎中一人、右司郎中一人、並従五品上」の註記に次のようにある。

煬帝三年、改諸曹侍郎但曰郎、毎曹各置二郎。尋又省一郎、置承務郎。同開皇員外之職。皇朝改郎為郎中、又毎曹置員外郎。按左右司郎中、前代不置。煬帝三年、尚書都司、始置左右司郎各一人、品同諸曹郎、従五品、掌都省之職。皇朝因、改曰郎中。

煬帝の三年（六〇七）、諸曹侍郎を改め但だ郎と曰い、毎曹各《おのおの》二郎を置く。尋いで又た一郎を省き、承務郎を置く。開皇の員外の職と同じ。皇朝は郎を改めて郎中と為し、又た曹毎《ごと》に員外郎を置く。按ずるに左右司郎中、前代置かず。煬帝の三年、尚書都司に、始めて左右司郎各《おのおの》一人を置き、品は諸曹郎と同じく、従五品、都省の職を掌る。皇朝因りて、改めて郎中と曰う。

「大業令」の官制に左右司郎があったことは、『隋書』巻三九陰寿伝に付伝された骨儀伝に、
骨儀、京兆長安人也。性剛鯁、有不可奪之志。開皇初、為侍御史、處法平当。不為勢利所回。煬帝嗣位、遷尚書右司郎。

骨儀、京兆長安の人なり。性は剛鯁《ごうこう》にして、不可奪の志有り。開皇の初（元年は五八一）、侍御史と為り、法を處するに平当。勢利の回る所と為さず。煬帝位を嗣ぎ、尚書右司郎に遷る。

とある。骨儀が尚書右司郎になったのは「大業令」が公布された大業三年四月以降のことである。

隋末に盧楚が尚書右司郎であったと伝える史料もある。『隋書』巻七一誠節列伝の盧楚伝に、

盧楚、涿郡范陽人也。祖景祚、魏司空掾。楚少有才学、鯁急口吃、言語渋難。大業中、為尚書右司郎、当朝正色、甚為公卿所憚。及帝幸江都、東都官僚、多不奉法。楚毎存糾挙、無所迴避。越王侗称尊号、以楚為内史令左備身将軍摂尚書左丞右光禄大夫、封涿郡公、与元文都等同心戮力、以輔幼主。

盧楚、涿《たく》郡范陽の人なり。祖の景祚、魏の司空の掾。楚少くして才学有り、鯁急口吃、言語渋難す。大業中、尚書右司郎と為り、朝に当たり正色し、甚だ公卿の憚る所と為る。帝の江都に幸するに及んで、東都の官僚、多く法を奉ぜず。楚毎に糾挙に存し、迴避する所なし。越王の侗《どう》尊号を称し、楚を以て内史令・左備身将軍・摂尚書左丞・右光禄大夫と為し、涿郡公に封じ、元文都らと同心戮力、以て幼主を輔す。

とあるが、「大業中」とは『隋書』巻四煬帝紀大業一二年（六一六）七月の条に、

甲子、幸江都宮。以越王侗光禄大夫段達太府卿元文都検校民部尚書韋津右武衛将軍皇甫無逸右司郎盧楚等、総留後事。

甲子、江都宮に幸す。越王の侗（煬帝の子、母は劉良娣）光禄大夫の段達・太府卿の元文都・検校民部尚書の韋津・右武衛将軍の皇甫無逸・右司郎の盧楚らを以て、留後事を総《す》べしむ。

とあるから、盧楚が右司郎となったのは大業一二年ころのことである。これによって、大業年間に右司郎の官が設置されていたことが確認できる。

左右僕射の六部の管轄に関しては、『唐会要』巻五七尚書省諸司上・分行次第に、

武徳令、吏礼兵民刑工等部。貞観令、吏礼民兵刑工等部。光宅元年九月五日、改為六官、准周礼、分即今之次第、乃是也。

「武徳令」に、「吏・礼・兵・民・刑・工等の部」と。「貞観令」に、「吏・礼・民・兵・刑・工等の部」と。光宅元年（六八四）九月五日、改めて六官と為し、「周礼」に准じ、即今の次第に分かつは、乃ち是れなり。

とあり、「武徳令」では「吏礼兵民刑工」であり、「貞観令」では「吏礼民兵刑工」であったという。また『大唐六典』巻二尚書吏部「侍郎二人正四品上」の註記には、

隋煬帝三年、尚書六曹、吏部礼部兵部刑部民部工部、各置侍郎一人、以貳尚書之職、並正第四品。

隋の煬帝三年（六〇七）、尚書六曹、吏部・礼部・兵部・刑部・民部・工部、各《おのおの》侍郎一人を置き、以て尚書の職に貳し、並びに正第四品。

とあり、「大業令」制下の尚書六部の順序を「吏礼兵刑民工」とする。これは「武徳令」と同じ順序であるから、「武徳令」は「大業令」の順序をそのまま継受したことがわかる。

以上、「大業令」制の尚書都省を整理すれば次のようになろう。

尚書令（正二品）
- 右僕射《ぼくや》（従二品）――右丞（正四品）――右司郎（従五品）――都事
  - 刑部・民部・工部の三部を管轄
- 左僕射（従二品）――左丞（正四品）――左司郎（従五品）――都事
  - 吏部・礼部・兵部の三部を管轄

二　唐初の尚書都省

唐初の尚書都省に関しては、『唐会要』巻五七尚書省諸司・上・尚書省に、

　武徳元年、因隋旧制、為尚書省。　武徳元年（六一八）、隋の旧制に因り、尚書省と為す。

とある。『唐会要』にいう「隋旧制」とは、「大業令」に規定された官制を指すから、唐王朝は「大業令」制の尚書省を継受したのである。「大業令」では尚書省といっていたから、唐王朝は「尚書省」の官府名を継受した。

　ここにいう「唐初」とは「武徳令」が制定される武徳七年以前をいう。唐初の官制は武徳元年の王朝創始期と武徳三年（六二〇）三月以降の時期の二時期に分けられる。唐王朝創始期の官制は前代の隋王朝の官制をそのまま継受したものであり、武徳三年三月以降の時期は継受した官制に手を加え改定し、唐王朝独自の官制に移行せんとした時期であり、武徳三年三月以降の改定官制が武徳七年の「官品令」と「職員令」となっていくことになる。

　左右僕射《ぼくや》の六部の管轄に関しては、「大業令」では尚書六部の順序が「吏礼兵刑民工」であり、「武徳令」はこの順序を継受しているから、武徳元年の王朝創始期の官制は大業官制を継受した。武徳三年三月までの尚書都省の構成は「〈大業令〉制の尚書都省の構成」と同じである。

　『唐会要』巻五七尚書令に、

　武徳初、因隋旧制、尚書令置、官一員。　武徳の初め、隋の旧制に因り、尚書令置き、官一員。

とあり、『旧唐書』巻一高祖紀武徳元年六月の条に、

　甲戌、太宗為尚書令、相国府長史裴寂為尚書右僕射、相国府司馬劉文静為納言、隋民部尚書蕭瑀相国府司録竇威並為内史令。廃大業律令、頒新格。

　甲戌、太宗を尚書令と為し、相国《しょうこく》府長史の裴寂を尚書右僕射と為し、相国府司馬の劉文静を納言《のうげん》と為し、隋の民部尚書の蕭瑀・相国府司録の竇威並びに内史令と為す。大業律令を廃し、新格を頒《わか》つ。

とあって、武徳元年六月に尚書令と尚書右僕射の任官をいうから、唐初より尚書令と尚書右僕射の官が設置されていた。右僕射があるなら、左僕射も設置されていることは疑いない。

問題となるのは左右司郎である。左右司郎に関しては、『唐会要』巻五八尚書省諸司・中・左右司郎中に、

隋朝但称左右司郎。本朝加中字。武徳元年八月、裁省。貞観二年正月十三日、復置。

隋朝は但だ左右司郎と称うのみ。本朝は「中」字を加う。武徳元年（六一八）八月、裁《はか》り省く。貞観二年（六二八）正月一三日、復た置く。

とある。左右司は「武徳元年八月、裁省」とあるから、武徳元年六月以降武徳元年八月（唐王朝の創始は武徳元年五月）以前には、大業官制を継受して設置されていたのであり、「貞観二年正月十三日、復置」というから、貞観二年に復置されたのである。

『旧唐書』巻四三職官志・尚書都省に「左右司郎各一員」とあり、註記に、

並従五品上。隋置、武徳初省。貞観初、復置。

並びに従五品上。隋置く、武徳の初め省く。貞観の初め、復た置く。

とあり、杜佑の『通典』巻二二職官典・尚書上「僕射　左右丞　左右司郎中　員外郎附」の左右司郎中にも、

大唐貞観二年、改為郎中。　大唐貞観二年（六二八）、改めて郎中と為す。

とあり、『旧唐書』巻二太宗紀貞観二年正月の条に、

復置六侍郎、副六尚書事、并置左右司郎中各一人。

復た六侍郎を置き、六尚書事に副え、并せて左右司郎中各《おのおの》一人を置く。

とあるから、『唐会要』の「左右司郎中」の記事は正しく事実を伝えている。

『新唐書』巻四六百官志・尚書省の「左丞一人正四品上、右丞一人正四品下」の註記に左右司郎に言及して、

隋尚書省諸司郎及承務郎各一人、而廃左右司。武徳三年、改諸司郎為郎中、承務郎為員外郎。貞観元年、復置左右司郎中。

　隋の尚書省諸司郎及び承務郎各《おのおの》一人、而して左右司を廃す。武徳三年（六二〇）、諸司郎を改め郎中と為し、承務郎を員外郎と為す。貞観元年（六二七）、復た左右司郎中を置く。

とある。「隋尚書省諸司郎及承務郎各一人、而廃左右司」は意味不明な文で、脱字があると想定される。しかし、この史料の後文に「貞観元年、復置左右司郎中」ともあるから、「而廃左右司」は左右司郎の廃止したことをいうものに相違ない。『唐会要』には武徳元年八月に左右司郎を廃止したとあるから、「而廃左右司」はこのことをいうものであろう。「隋尚書省諸司郎及承務郎各一人、而廃左右司」は、武徳元年に隋の旧制に基づいて、尚書省諸司郎と承務郎各一人を置き、同年八月に左右司郎を廃止したという意味であろう。

　『唐会要』と『新唐書』の史料によって、左右司郎は隋の旧制を継受して唐の最初は設置されたが、武徳元年八月には廃止され、貞観元年（六二七）もしくは貞観二年に復置されたことが明らかとなった。そうであれば、武徳七年に公布された「武徳令」には規定がなかったことになり、武徳「公式令」（「公式令」という篇目があるとすれば）の詔書式・奏抄式・詔授告身式・奏授告身式に左右司郎の署名箇所はなかったことになる。

　都省の左右司には員外郎という官がある。開皇六年（五八六）に尚書二四司に員外郎が設置され、「大業令」では承務郎と名称変更し、武徳元年の唐王朝創始期の官制にも継受された。左右司郎は郎官であるから、「大業令」の左右司郎にも員外郎に相当する承務郎が置かれ、唐王朝創始期の左右司郎にも承務郎が置かれたと想定されないこともないが、杜佑の『通典』巻二二職官典・尚書上「僕射　左右丞　左右司郎中　員外郎附」の左右司員外郎の条には、

　員外郎、武太后永昌元年置。与郎中分掌曹務。

　員外郎、武太后の永昌元年（六八九）置く。郎中と曹務を分掌す。

とあり、『旧唐書』巻四二職官志の官制総序にも、

　永昌元年、置左右司員外郎各一員。　　永昌元年、左右司員外郎各《おのおの》一員を置く。

とあるから＊、左右司員外郎が設置されたのは永昌元年（六八九）のことで、唐初の尚書都省の構成員ではない。

『大唐六典』巻一尚書都省に「都事六人、従七品上」とあり、註記に都省都事の沿革を次のように説明する。

都事、本尚書都令史之職。沈約宋書云、令史蓋前漢官也。………（中略）………。隋開皇初、改都令史為都事、置八人、正八品上。皇朝置六人。自晋宋斉後魏北斉隋、都令史置八者、当八座之数。梁陳置五者、南朝多不置祠部尚書、当五曹之数。皇朝置六者、当六曹之数。

都事、本は尚書都令史の職なり。沈約の「宋書」に云う、「令史は蓋《けだ》し前漢の官なり。………（中略）………」と。隋の開皇の初め（元年は五八一）、都令史を改めて都事と為し、八人を置く、正八品上。皇朝　六人を置く。晋・宋・斉・後魏・北斉・隋より、都令史八を置くは、八座の数に当たる。梁・陳　五を置くは、南朝多く祠部尚書を置かず、五曹の数に当たる。皇朝六を置くは、六曹の数に当たる。

尚書都省の都事は、尚書都省の都令史を開皇の初めに都事と改称したものである。晋より隋まで八人の都事を置いたのは八座の数に合わせたもので、南朝の梁・陳では祠部尚書を置かなかったので、五人の都事を置くのみであった。尚書令は秦王・李世民が武徳元年（六一八）六月に就任したことがあり、李世民が太宗皇帝となったことによって、尚書令に臣下が就任するのは畏れ多いということで、「官品令」「職員令」に尚書令の規定は存在するが、就任せずという慣例がしかれ、『通典』巻二二職官典・尚書上・尚書令に、

武徳初、太宗為秦王時、嘗居之。其後、人臣莫敢当。故自龍朔三年（龍朔二年の誤記）、制廃尚書令。

武徳の初め、太宗　秦王と為るの時、嘗て之に居る。其の後、人臣敢えて当たること莫《な》し。故に龍朔三年（六六三）より、制《みことのり》して尚書令を廃す。

とあるように、「官品令」や「職員令」から尚書令の官が削除されることとなった。削除した年を『通典』は龍朔三年とするが、『旧唐書』巻四二職官志や『新唐書』巻四六百官志尚書令の註では龍朔二年とする。龍朔二年を是とす

るべきであろう。尚書令は龍朔二年に廃止されたが、のちに復置されたが官名があるだけで就任するものはなかった。

今述べた唐初の尚書都省の構成を示せば次のようである。

貞観二年以前の尚書都省の構成

- 尚書令
  - 右僕射（従二品）――右丞――都事
    - 刑部・民部・工部の三尚書事を管轄
  - 左僕射（従二品）――左丞――都事
    - 吏部・礼部・兵部の三尚書事を管轄

貞観二年以降の尚書都省の構成

- 尚書令（龍朔二年に廃官）
  - 右僕射（従二品）――右丞――右司郎中――都事
    - 刑部・民部・工部の三尚書事を管轄
  - 左僕射（従二品）――左丞――左司郎中――都事
    - 吏部・礼部・兵部の三尚書事を管轄

＊　『旧唐書』巻四三職官志尚書都省・左右司員外郎の註記にも「天后永昌元年、置左右司員外郎各一員」とある。

三　隋代の門下省

1　隋初の門下省

隋初の門下省の構成に関して『隋書』巻二八百官志・下に、

門下省、納言二人、給事黄門侍郎四人、録事通事令史各六人。又有散騎常侍通直散騎常侍各四人諫議大夫七人散騎侍郎四人員外散騎常侍六人通直散騎侍郎四人、並掌部（陪）従朝直。又有給事二十人員外散騎侍郎二十人奉朝請四十人、並掌同散騎常侍等、兼出使労問。統城門尚食尚薬符璽御府殿内等六局。城門局、校尉二人直長四人。尚食局、典御二人直長四人食医四人。尚薬局、典御二人侍御医直長各四人、医師四十人。符璽御府殿内局、監各二人直長各四人。

門下省、納言二人、給事黄門侍郎四人、録事・通事令史各《おのおの》六人。又た散騎常侍・通直散騎常侍各《おのおの》四人・諫議大夫七人・散騎侍郎四人・員外散騎常侍六人・通直散騎侍郎四人有り、並びに陪従・朝直（朝直は朝廷の宿直）を掌る。又た給事二〇人・員外散騎侍郎二〇人・奉朝請四〇人有り、並びに掌は散騎常侍等に同じ、兼ねて出使労問す。城門・尚食・尚薬・符璽・御府・殿内等の六局を統ぶ。城門局、校尉二人・直長四人。尚食局、典御二人・直長四人・食医四人。尚薬局、典御二人・侍御医・直長各《おのおの》四人、医師四〇人。符璽・御府・殿内局、監各《おのおの》二人・直長各《おのおの》四人。

とある。これは隋初の開皇二年（五八二）の開皇「職員令」を反映した史料と考えてよい。

特徴的なのは唐代の殿中省の属官である尚食・尚薬・御府・殿内の各局が、開皇「職員令」では門下省にあることであろう。この点が「開皇令」制の門下省と唐代の門下省の大きく異なる所である。

散騎常侍は『初学記』巻一二職官部・散騎常侍の叙事に、

五代史百官志云、梁陳集書省置散騎常侍四人。　後魏北斉集書省置六人。其領諸散騎、同晋氏。　隋文廃集書省、徙諸散騎、入門下省。

「五代史」百官志に云う、「梁・陳の集書省　散騎常侍四人を置く。　後魏・北斉の集書省は六人を置く。其の諸散騎を領すこと、晋氏に同じ。　隋の文［帝］は集書省を廃し、諸散騎を徙し、門下省に入れる」と。

とあるように、南朝の梁・陳では集書省の所属であったが、隋の文帝は集書省を廃止し門下省の所属とした。

右の記事を纏めれば、「開皇令」制の門下省の構成は次のようになろう。

- 納言―給事黄門侍郎―録事―通事令史
  - 城門局―校尉―直長
  - 尚食局―典御―直長・食医
  - 尚薬局―典御―直長・侍御医
  - 符璽局―符璽監―直長
  - 御府局―御府監―直長
  - 殿内局―殿内監―直長
  - 散騎常侍（四〇人）、員外散騎常侍（六人）、奉朝請（四〇人）、通直散騎常侍（四〇人）、散騎侍郎（四人）、員外散騎侍郎（二〇人）、通直散騎侍郎（四人）、給事（二〇人）、諫議大夫（七人）

2　大業三年以降の門下省

「大業令」制における門下省の構成に関しては、『隋書』巻二八百官志・下に次のようにある。

煬帝即位、多所改革。三年定令、品自第一至于第九、唯置正従、而除上下階。………（中略）………。門下省、減給事黄門侍郎員、置二人、去給事之名、移吏部給事郎名、為門下之職。位次黄門下、置員四人、従五品。省読奏案。廃散騎常侍通直散騎常侍諫議大夫散騎侍郎等常員、改符璽監為郎、置員二人、為従六品。加録事階為正八品、以城門殿内尚食尚薬御府等五局隷殿内省。［大業］十二年、又改納言為侍内。

煬帝位に即き、改革する所多し。三年（六〇七）「令」を定め、品は第一より第九に至り、唯だ正従を置き、而して上下階を除く。………（中略）………。門下省、給事黄門侍郎の員を減じ、二人を置き、「給事」の名を去り、吏部の「給事郎」の名を移し、門下の職と為す。位は黄門［侍郎］の下に次ぎ、員四人を置く、従五品。奏案を省読す。散騎常侍・通直散騎常侍・諫議大夫・散騎侍郎等の常員を廃し、符璽監を改めて［符璽］郎と為し、員二人を置き、従六品と為す。録事の階を加え正八品と為す。城門・殿内・尚食・尚薬・御府等の五局を以て殿内省に隷さしむ。大業一二年（六一六）、又た納言《のうげん》を改めて侍内と為す。

右の史料によれば、「大業令」制の門下省は「開皇令」の門下省に対して、次の五点を改定している。

⑴通判官である給事黄門侍郎を黄門侍郎とした。
⑵給事郎を新たに設置した。
⑶散騎常侍・通直散騎常侍・諫議大夫・散騎侍郎の官員を廃止した。
⑷符璽監を符璽郎と改称した。
⑸城門局・殿内局・尚食局・尚薬局・御府局の五局を新設の殿内省に移管した。

(1)の給事黄門侍郎を黄門侍郎としたことは、『大唐六典』巻八門下省「黄門侍郎二人、正四品上」の註記に、

　隋置四人、正第四品上。煬帝減二人、去給事之名、直曰黄門侍郎。隋氏用人益重、皇朝因之。

　隋 四人を置く、正第四品上。煬帝 二人を減じ、「給事」の名を去り、直ちに黄門侍郎と曰う。隋氏 人を用いること益ます重んじ、皇朝之に因る。

とあり、『隋書』百官志の史料が誤りでないことが確認できる。

(2)の給事郎を新たに設置した事実は、『唐会要』巻五四省号・上・給事中の条に、

　武徳元年、因隋旧制、為給事郎。三年三月十日、改為給事中。

　武徳元年（六一八）、隋の旧制に因り、給事郎と為す。三年三月一〇日、改めて給事中と為す。

とあり、唐初に「隋旧制」によって給事郎を置いたとあるから、「大業令」制の門下省に給事郎があったことが確認できる。『隋書』巻一二礼儀志に、

　及大業元年、煬帝始詔吏部尚書牛弘工部尚書宇文愷兼内史侍郎虞世基給事郎許善心儀曹郎袁朗等、憲章古制、創造衣冠。自天子逮于胥皁、服章皆有等差。若先所有者、則因循取用。弘等議定乗輿服、合八等焉。

　大業元年（六〇五）に及んで、煬帝始めて吏部尚書の牛弘・工部尚書の宇文愷《うぶんがい》・兼内史侍郎の虞世基・給事郎の許善心・儀曹郎の袁朗等に詔し、古制を憲章し、衣冠を創造せしむ。天子より胥皁《しょそう》（小役人）に逮《およ》んで、服章皆な等差有り。若し先に有る所のものは、則ち因循して取用す。弘等は乗輿服を議定し、八等に合す。

とあるが、大業元年に給事郎（唐代の給事中）と儀曹郎（唐代の礼部郎中）は存在せず、大業三年以降の官であるから、この史料は闕陥のある史料であり、「大業元年」は疑わしい。宇文愷が工部尚書になったのは『隋書』巻三煬帝紀大業四年の条に、

　三月辛酉、以将作大匠宇文愷為工部尚書　　三月辛酉、将作大匠の宇文愷を以て工部尚書と為す

とあり、大業四年であるから、事実が合致しない。

礼儀志と同じような記事は『隋書』巻三煬帝紀大業二年（六〇六）の条に、

二月景戌（丙戌）、詔尚書令楊素吏部尚書牛弘大将軍宇文愷内史侍郎虞世基礼部侍郎許善心、制定輿服。

二月丙戌、尚書令の楊素・吏部尚書の牛弘・大将軍の宇文愷《うぶんがい》・内史侍郎の虞世基・礼部侍郎の許善心に詔し、輿服を制定せしむ。

とある。『隋書』巻五八許善心伝に、

大業元年、転礼部侍郎。　大業元年、礼部侍郎（大業元年であるから唐代の礼部郎中に相当）に転ず。

とあるから、大業二年の煬帝本紀のほうが史料としては無理がない。『隋書』巻一二礼儀志の「大業元年」は「大業二年」の誤記である。

(3)の散騎常侍・通直散騎常侍・散騎侍郎の廃止は、『大唐六典』巻八門下省の「左散騎常侍二人」の註記に、

隋文帝、門下省置散騎常侍四人従第三品、掌陪従朝直。亦置六散騎常侍。開皇六年、省員外散騎常侍。煬帝三年、又省散騎常侍散騎侍郎。

隋の文帝、門下省に散騎常侍四人・従第三品を置き、陪従・朝直（朝直は朝廷の宿直）を掌る。亦た六散騎常侍（散騎常侍・通直散騎常侍・散騎侍郎・員外散騎常侍・通直散騎侍郎・員外散騎侍郎）を置く。開皇六年（五八六）、員外散騎常侍を省く。煬帝の三年（六〇七）、又た散騎常侍・散騎侍郎を省く。

と、大業三年の散騎常侍・散騎侍郎の廃止をいうから、『隋書』百官志の史料は誤りではない。

(4)の符璽監を符璽郎と改称したことは、『大唐六典』巻八門下省「符宝郎四人、従六品上」の註記に、

隋初、門下省統六局、符璽局置監二人正第六品上、直長四人従第七品上。煬帝三年、改為郎、従第六品。皇朝因隋、置符璽郎四人。

隋の初め、門下省は六局を統《す》べ、符璽局に監二人・正第六品上、直長四人・従第七品上を置く。煬帝の三年（六〇七）、改めて郎と為し、従第六品。皇朝 隋に因り、符璽郎四人を置く。

とあり、符璽監を符璽郎と改称したのは大業三年であることが確認できる。

(5)の城門局・殿内局・尚食局・尚薬局・御府局を殿内省に移管したことは、『隋書』巻二八百官志・下の「大業令」に基づく官制を述べた箇所に次のようにある。

殿内省、置監 正四品。少監 従四品。丞 従五品。各一人、掌諸供奉。又有奉車都尉十二人、掌進御輿馬。統尚食尚薬尚衣尚舎尚乗尚輦等六局、各置奉御二人。正五品。皆置直長、以貳之 正七品。尚食直長六人、又有食医員。尚薬直長四人、又有侍御医司医医佐員。尚衣即旧御府也。改名之、有直長四人。尚舎即旧殿中局也、改名之、有直長八人。尚乗局、置左右六閑。一左右飛黄閑、二左右吉良閑、三左右龍媒閑、四左右騊駼閑、五左右駃騠閑、六左右天苑閑。有直長十四人、又有奉乗十人。尚輦有直長四人、又有掌輦六人。

殿内省、監 正四品。少監 従四品。丞 従五品。各《おのおの》一人を置き、諸供奉を掌る。又た奉車都尉一二人有り、輿馬を進御するを掌る。尚食・尚薬・尚衣・尚舎・尚乗・尚輦等六局を統べ、各《おのおの》奉御二人を置く。正五品。皆な直長を置き、以て之の貳とす。正七品。尚食直長六人、又た食医員有り。尚薬直長四人、又た侍御医・司医・医佐の員有り。尚衣は即ち旧の御府なり。之を改名し、直長四人有り。尚舎は即ち旧の殿中局なり。之を改名し、直長八人有り。尚乗局、左右六閑を置く。一は左右飛黄閑、二は左右吉良閑、三は左右龍媒閑、四は左右騊駼《とうと》閑、五は左右駃騠《けってい》閑、六は左右天苑閑。直長一四人有り、又た奉乗一〇人有り。尚輦に直長四人有り、又た掌輦六人有り。

尚食局に関しては『大唐六典』巻一一殿中省・尚食局に「奉御二人、正五品下」の註記に、

至隋開皇初、門下省統尚食局、有典御二人直長四人食医四人。大業三年、分属殿内、改典御為奉御、員二人、正

五品。皇朝因之。

隋の開皇初めに至り、門下省 尚食局を統《す》べ、典御二人・直長四人・食医四人有り。大業三年（六〇七）、分かちて殿内に属し、典御を改めて奉御と為し、員二人、正五品。皇朝之に因る。

とあり、尚薬局に関しては『大唐六典』巻一一殿中省・尚薬局に「奉御二人、五品下」の註記に、

隋門下省統尚薬局典御二人、正五品下。侍御医四人、正七品上、直長四人、正七品下、医師四十人。大業三年、分属殿内、改為奉御。皇朝因之。

隋の門下省は尚薬局を統べ、典御二人、正五品下。侍御医四人、正七品上、直長四人、正七品下、医師四〇人。大業三年（六〇七）、分かちて殿内に属し、改めて奉御と為す。皇朝之に因る。

とあり、尚衣局に関しては『大唐六典』巻一一殿中省・尚衣局に「奉御二人、従五品上」の註記に、

隋門下省、有御府局監二人、大業三年、分属殿内省。其後又改為尚衣局、皇朝因之。

隋の門下省、御府局監二人有り、大業三年（六〇七）、分かちて殿内省に属せしむ。其の後又た改めて尚衣局と為し、皇朝之に因る。

とあり、尚舎局に関しては『大唐六典』巻一一殿中省・尚舎局に「奉御二人、従五品」の註記に、

隋煬帝置殿内監、改殿内局為尚舎局、置奉御二人。正五品、皇朝因之。

隋の煬帝 殿内監を置き、殿内局を改め尚舎局と為し、奉御二人を置く、正五品。皇朝之に因る。

とあり、尚乗局に関しては『大唐六典』巻一一殿中省・尚乗局に「奉御四人、従五品上」とあり、註記に、

自秦漢已来、其職皆在太僕。北斉太僕驊騮署有奉乗十人、管一二閑馬。隋煬帝取之、置尚乗局。皇朝因之、増置奉御四人。

秦漢より已来、其の職皆な太僕に在り。北斉の太僕の驊騮《かりゅう》署に奉乗一〇人有り、一二閑馬を管す。隋の煬帝之

を取り、尚乗局を置く。皇朝之に因り、奉御四人を増置す。

とあり、尚輦局に関しては『大唐六典』巻一一殿中省・尚輦局に「奉御二人、従五品上」の註記に、

煬帝置殿内省尚輦局奉御二人、正五品。皇朝因之、為従五品上。

煬帝　殿内省尚輦局奉御二人を置く、正五品。皇朝之に因り、従五品上と為す。

とあるから、尚食局等六局の殿中省移管は事実である。

城門郎に関しては『大唐六典』巻八門下省・城門郎の条に「城門郎四人、従六品上」の註記に、

隋氏、門下省統城門局校尉二人、従第四品下。煬帝三年、又隷殿内省。十二年、又減一人、降為正第五品。後又改校尉為城門郎、置四人、従第六品。又隷門下省、皇朝因之。

隋氏、門下省　城門局校尉二人を統《す》べ、従第四品下。煬帝の三年（六〇七）、又た殿内省に隷せしむ。一二年（六一六）、又た一人を減じ、降して正第五品と為す。後に又た校尉を改め城門郎と為し、四人を置き、従第六品。又た門下省に隷し、皇朝之に因る。

とあるから、大業末年に殿内省の城門校尉（四人・従六品）を門下省に移して城門郎とし、唐王朝はこれを継受した。

門下主事に関して『大唐六典』巻八門下省に「主事四人、従八品下」とあり、註記に、

晋置門下主事。歴宋斉、品第八。梁陳名為門下主事令史。北斉門下主事令史八人、従第八品上。隋初、諸臺省並置主事令史。煬帝三年、直曰主事。

晋は門下主事を置く。宋・斉を歴て、品第八。梁・陳名づけて門下主事令史と為す。北斉の門下主事令史八人、従第八品上。隋の初め、諸臺省並びに主事令史を置く。煬帝の三年（六〇七）、直ちに主事と曰う。

とあり、従来の門下主事令史が主事と改名された。

この記事を簡略化すれば「大業令」制の門下省の構成は次のようになろう。この「大業令」制の門下省の構成は唐

初の門下省の構成と同じである。

納言―黄門侍郎―給事郎―門下録事―門下主事
　　　　　　　└符璽局―符璽郎

大業一二年以降門下省の構成は次のようになろう。

侍内―黄門侍郎―給事郎―門下録事―門下主事
　　　　　　　├符璽局―符璽郎
　　　　　　　└城門局―城門郎

3　給事郎の成立とその意義

「大業令」制の門下省において、特筆するべきは給事郎（唐代の給事中）の成立である。給事郎職の一を「省読奏案」とか「掌省読奏」とする。「省読奏案」とは、臣僚が皇帝に上奏する案件を前もって給事郎が目を通すことをいうが、目を通すとは読むことだけではない。案件に不備があれば却下することも含むことを想定する必要がある。「奏」とは、皇帝に何かを上奏することをいうが、臣僚個人の上奏は宰相府において審査され、皇帝の裁可を仰ぎ、結果は勅旨か勅牒によって公布されることになり、給事郎は臣僚個人の上奏には関与しないから、給事郎が目を通す「奏案」とは、特定の「奏案」ということになる。

「大業令」の給事郎と同じ唐代の官は給事中であるが、給事中が職務上、必ず目を通す「奏案」とは奏抄と露布である。唐代の奏抄式と露布式を示すと次のようである。

奏抄式＊1

尚書某部謹奏、某事。
左僕射具官封臣名
右僕射具官封臣名
某部尚書具官封臣名
某部侍郎具官封臣名
某部侍郎具官封臣名　　等云云。謹以申聞。謹奏。
　年月日　某部郎中具官封臣姓名　上
　　給事中具官封臣姓名　読
　　黄門侍郎具官封臣姓名　省
　　侍中具官封臣姓名　審
聞（御画）

露布式＊2

破某賊露布事
　具官行軍司馬封臣姓名
　具官行軍長史封臣姓名
　具官某道行軍総官封臣姓名　等云云。謹以申聞。謹奏。
尚書兵部、臣聞云云。謹遣某官臣姓名、露布以聞。
軍資器械、別簿申上。謹上。

年月日　具官行軍兵曹参軍事臣姓名　上

尚書兵部謹奏、某道行軍破某賊露布事。

左僕射具官封臣名
右僕射具官封臣名
兵部尚書具官封臣名
兵部侍郎具官封臣名
兵部侍郎具官封臣名　等言、臣聞云云。不勝慶快之至。謹以申聞。謹奏。

年月日　兵部郎中具官封臣姓名　上

給事中具官封臣姓名　読
黄門侍郎具官封臣姓名　省
侍中具官封臣姓名　審

聞（御画）

杜佑の『通典』巻二一職官典・門下省・給事中に、

［按令文］、掌侍従、読署奏抄、駮正違失、分判省事、若侍中侍郎並闕、則監封題、給駅券。

「令」（「職員令」）文を按ずるに、「侍従し、奏抄に読署し、違失を駮正し、省事を分判し、若し侍中・侍郎並びに闕けば、則ち封題（慰労制書と論事勅書を収める箱の封題）を監し、駅券を給するを掌る。」と。

と、唐の開元二五年（七三七）の給事中の「職員令」を引用し、給事中の職に「読署奏案」があることを明記する。この「読署奏案」を右に示した奏抄式において具体的に説明すると、「給事中具官封臣姓名　読」とある箇所をいう。

果たして、そうであれば『通典』巻二一職官典・門下省・侍中に、

按令文、掌侍従、負宝献替、賛相礼儀、審署奏抄、駁正違失、監封題、給駅券、監起居注、総判省事。

「令」文を按ずるに、「侍従し、負宝して献替し、礼儀を賛相し、奏抄を審署し、違失を駁正し、封題（慰労制書と論事勅書を収める箱の封題）を監し、駅券を給し、「起居注」を監し、省事を総判するを掌る」と。

とあり、侍中の職の一である「審署奏抄」は「侍中具官封臣姓名　審」とある箇所をいい、『通典』巻二一職官典・門下省・侍郎に、

［按令文］、掌侍従、［省］署奏抄、駁正違失、通判省事、若侍中闕、則監封題、給駅券。

「令」文を按ずるに、「侍従し、奏抄を省署し、違失を駁正し、省事を通判し、若し侍中闕ければ、則ち封題（慰労制書と論事勅書を収める箱の封題）を監し、駅券を給するを掌る。」と。

とあり、侍郎の職の一に「省署奏抄」があるのは、「黄門侍郎具官封臣姓名　省」とある箇所を指すことになろう。

このことから、前掲の『隋書』に給事郎職の一として「省読奏案」とあるのは、隋代の奏抄式の「給事郎具官封臣姓名　読」とある箇所をいうことになり、「省読奏案」は大業「職員令」（存在したとすれば）の給事郎の職を述べた短い逸文ということになる。

『大唐六典』巻八門下省・侍中職の条に

凡下之通于上、其制有六。一曰奏抄、二曰奏弾、三曰露布、四曰議、五曰表、六曰状。

凡《およ》そ下の上に通じる、其の制六有り。一に曰わく奏抄、二に曰わく奏弾、三に曰わく露布、四に曰わく議、五に曰わく表、六に曰わく状。

とあり、註記に、

章表制度、自漢已後、多相因循。隋令有奏抄奏弾露布等、皇朝因之。其駁議表状等、至今常行。其奏抄露布、侍

中審、自餘不審。

章表制度、漢より已後、多く相い因循す。「隋令」に奏抄・奏弾・露布等有り、皇朝之に因る。其の駁議・表・状等、今に至り常行す。其の奏抄・露布、侍中「審」し、自餘は「審」せず。

とあり、隋代の「令」（「公式令」）に、唐代と同じく奏抄式と露布式があったことは明らかであるから、唐代の奏抄式と露布式の文書様式は大業「公式令」に直接的起源があることになる。

杜佑の『通典』巻二一職官典・門下省・給事中に、

前代、雖有給事中之名、非今任也。今之給事中、蓋因古之名、用隋之職。

前代、給事中の名有りと雖も、今任に非ざるなり。今の給事中、蓋し古の名に因り、隋の職を用う。

といい、唐代の給事中の官名は古くからあるが、職務は隋代の給事郎と同じという。

＊1　大庭脩『唐告身と日本古代の位階制』（皇学館出版部　二〇〇三）四五頁。

＊2　中村裕一『唐代官文書の研究』（中文出版社　一九九一）一〇三頁以下を参照。

4　隋代の詔書式

唐代の大事の制書式は次のような文書様式である。詔書式は「制」字の部分を「詔」字と置き換えれば復元できる。

門下。云云。主者施行。

年月御画日

中書令官封臣姓名　宣

中書侍郎官封臣姓名　奉

中書舎人官封臣姓名　行

侍中具官封臣名
黄門侍郎具官封臣名
給事中具官封臣名　等言、
臣聞云云。臣等云云。無任云云之至。謹奉
制書如右。請奉
制付外施行。謹言。
年月日
可（御画）

右の制書式に「給事中具官封臣名」と署名する箇所があるが、これも給事中が創設された「大業令」に起源があり、大業「公式令」から唐代的制書式（詔書式）が開始されたことになる。唐代的公文書様式の起源は開皇「公式令」やそれ以前にあるが、より直接的起源は大業「公式令」にあると断言してよい。

想定される大業「公式令」詔書式は以下の通りである。

門下。云云。主者施行。
年月御画日
内史令官封臣姓名　宣
内史侍郎官封臣姓名　奉
内史舎人官封臣姓名　行
納言具官封臣名
黄門侍郎具官封臣名

給事郎具官封臣名　等言、
臣聞云云。臣等云云。無任云云之至。謹奉
詔書如右。請奉
詔付外施行。謹言。
年月日
可（御画）

5　隋代の奏抄式

隋代にも奏抄式の規定はあった。『大唐六典』巻八門下省・侍中職の条に、

凡下之通于上、其制有六。一曰奏抄、二曰奏弾、三曰露布、四曰議、五曰表、六曰状。
凡《およ》そ下の上に通ずる、其の制六有り。一に曰わく奏抄、二に曰わく奏弾、三に曰わく露布、四に曰わく議、五に曰わく表、六に曰わく状。

とあり、註記に、

章表制度、自漢已後、多相因循。隋令有奏抄奏弾露布等、皇朝因之。其駁議表状等、至今常行。其奏抄露布、侍中審、自餘不審。
章表の制度、漢より已後、多く相い因循す。「隋令」に奏抄・奏弾・露布ら有り、皇朝之に因る。其の駁議・表・状等、今に至り常行す。其の奏抄・露布、侍中「審」し、自餘は「審」せず。

とあり、隋代の「令」（「公式令」）に、唐代と同じく奏抄式があったことは明らかであるから、唐代の奏抄式の文書様式は大業「公式令」に直接的起源があることになる。

想定される開皇「公式令」奏抄式と大業「公式令」奏抄式を示すと次のようである＊。

開皇「公式令」奏抄式

尚書某部謹奏、某事。

尚書令具官封臣名

左僕射具官封臣名

右僕射具官封臣名

某部尚書具官封臣名　等云云。謹以申聞。謹奏。

年月日　某部侍郎具官封臣姓名　上

給事黄門侍郎具官封臣姓名　省

納言具官封臣姓名　審

聞（御画）

大業「公式令」奏抄式

尚書某部謹奏、某事。

尚書令具官封臣名

左僕射具官封臣名

右僕射具官封臣名

某部尚書具官封臣名

某部侍郎具官封臣名　等云云。謹以申聞。謹奏。

年月日　某部郎具官封臣姓名　上
給事郎具官封臣姓名　読
黄門侍郎具官封臣姓名　省
侍中具官封臣姓名　審

聞（御画）

6　隋代の露布式

『広弘明集』巻二九に北魏の懿法師の「破魔露布文」があり、北魏に露布はあった。また『弘明集』巻一四に釈・宝林の「破魔露布文」を所収しているから南朝・梁に露布はあったことになる。

隋代にも露布式はあった。先の「隋代の奏抄式」の項に示した『大唐六典』の「凡下之通于上、其制有六」の註記に、

章表制度、自漢已後、多相因循。隋令有奏抄奏弾露布等、皇朝因之。其駁議表状等、至今常行。其奏抄露布、侍中審、自餘不審。

とあり、隋代の「公式令」に露布式の規定があったことは明らかである。

隋代の露布式の文書様式であるが、奏抄式が唐代の奏抄式を基礎として復元可能ならば、露布式に関しても同じことがいえる。次には想定できる大業露布式を示す。開皇露布式はこの文書様式から「兵部侍郎具官封臣名」と「給事郎具官封臣姓名」を削除し、「兵曹郎」を「兵部侍郎」とし、「黄門侍郎」を「給事黄門侍郎」とすれば復元できる。

唐代の露布式に最も近いのは、「兵部侍郎具官封臣名」と「給事郎具官封臣姓名」があり、「兵曹郎」と「黄門侍郎」がある大業「公式令」である。

破某賊露布事

具官行軍司馬封臣姓名

具官行軍長史封臣姓名

具官某道行軍総官封臣姓名　等云云。謹以申聞。謹奏。

尚書兵部、臣聞云云。謹遣某官臣姓名、露布以聞。

軍資器械、別簿申上。謹上。

年月日　具官行軍兵曹参軍事臣姓名　上

尚書兵部謹奏、某道行軍破某賊露布事。

尚書令具官封臣名

左僕射具官封臣名

右僕射具官封臣名

兵部尚書具官封臣名

兵部侍郎具官封臣名　等言、臣聞云云。不勝慶快之至。謹以申聞。謹奏。

年月日　兵曹郎具官封臣姓名　上

給事郎具官封臣姓名　読

黄門侍郎具官封臣姓名　省

侍中具官封臣姓名　審

聞（御画）

四　唐初の門下省

1　侍　中

侍中は秦漢以来の官であり、門下省の名は南朝の東晋よりあった。唐代制書式の冒頭は「門下」で始まるが、この起源は東晋王朝に求めることが可能である。

唐代の侍中に関して『大唐六典』巻八門下省に「侍中二人、正三品」とあり、註記に、

隋氏諱忠、改為納言、置二人、正三品、掌陪従。煬帝十二年、改納言為侍内。皇朝初、為納言、武徳四年（武徳三年の誤り）、改為侍中。初秦漢置侍中曹、無臺省之名、自晋始有門下省。歴宋斉梁陳後魏北斉隋国初、皆曰門下省。

隋氏「忠」を諱み、改めて納言《のうげん》と為し、二人を置き、正三品、陪従を掌る。煬帝の一二年（六一六）、納言を改めて侍内と為す。皇朝の初め、納言と為し、武徳三年（六二〇）、改めて侍中と為す。初め秦漢 侍中の曹を置き、臺省の名なし、晋より始めて門下省有り。宋・斉・梁・陳・後魏・北斉・隋・国の初めを歴し、皆な門下省と曰う。

とあるが、『新唐書』巻四七百官志・門下省「侍中二人、正二品」には、

武徳元年、改侍内曰納言。三年、曰侍中。　武徳元年、侍内を改め納言と曰う。三年、侍中と曰う。

とある。これは大業一二年以降、門下省の長官を侍内といっていたが、唐王朝が創始されるとき、隋の侍内ではなく、「大業令」の納言という官名を継受したという意味である。

『旧唐書』巻一高祖紀武徳三年三月己卯の条に、

改納言為侍中、内史令為中書令、給事郎為給事中。

納言《のうげん》を改め侍中と為し、内史令を中書令と為し、給事郎を給事中と為す。

とあり、武徳三年に従来からの納言を侍中と改めたとある。唐王朝は大業一二年の官名を継受しなかったのである。

2　黄門侍郎

唐代の黄門侍郎は『旧唐書』巻四三職官志・門下省の「門下侍郎二員」の註記に、

隋曰黄門侍郎。　隋は黄門侍郎と曰う。

とあるが、これは「大業令」制の黄門侍郎をいうもので、「開皇令」の制度をいうものではない。

『大唐六典』巻八門下省「黄門侍郎二人、正四品上」の註記に、

隋置四人、正第四品上。煬帝減二人、去給事之名、直曰黄門侍郎。隋氏用人益重、皇朝因之。

隋 四人を置く、正第四品上。煬帝 二人を減じ、「給事」の名を去り、直ちに黄門侍郎と曰う。隋氏人を用いること益ます重んじ、皇朝之に因る。

とあるうち、「隋置四人」とあるのは「開皇令」制の給事黄門侍郎のことである。「大業令」制では改称されて、黄門侍郎となった。「皇朝因之」とあるから、唐代では「大業令」制の黄門侍郎の官名を継受した。

3　給事中

唐代の給事中は『大唐六典』巻八門下省に「給事中四人、正五品上」の註記に、給事中の沿革を述べて、

隋初、於門下省置給事二十人、掌陪従朝直。煬帝名給事郎、減置四人、位次黄門侍郎下、従第五品、掌省読奏。皇朝又曰給事中。龍朔二年、改為東臺舎人。咸亨元年、復旧。

隋の初め、門下省に給事二〇人を置き、陪従・朝直（朝直は朝廷の宿直）を掌る。煬帝 給事郎と名づけ、減じて四人を置き、位は黄門侍郎の下に次ぎ、従第五品、奏を省読するを掌る。皇朝又た給事中と曰う。龍朔二年（六六二）、改めて東臺舍人と為す。咸亨元年（六七〇）、旧に復す。

とある。右の記事では給事郎は門下省に置かれていた陪従と朝直、出使労問を職務とする給事（二〇人）を廃止して設置された官であるかのような感じを受ける。

この点、『隋書』巻二八百官志・下には、

門下省、減給事黄門侍郎員、置二人、去給事之名。移吏部給事郎名、為門下之職。位次黄門下、置員四人、従五品、省読奏案。

門下省、給事黄門侍郎の員を減じ、二人を置き、給事の名を去る。吏部の給事郎の名を移し、門下の職と為す。位は黄門の下に次ぎ、員四人を置き、従五品、奏案を省読す。

とあり、給事郎は散官である給事郎を廃止して、その官名を門下省に移したとする。給事郎の成立には門下省に所属する給事の名を取った説と尚書吏部の散官の一である給事郎を取ったという二説があるが、以上の史料だけでは孰れが是であるか、俄には決しがたいものがある。

『唐会要』巻五四省号・上・給事中の条に、

武徳元年、因隋旧制、為給事郎。三年三月十日、改為給事中。

武徳元年（六一八）、隋の旧制に因り、給事郎と為す。三年三月一〇日、改めて給事中と為す。

とあり、武徳元年に隋の旧制を継受して給事郎としたという。給事郎は「大業令」になって創設された官であるから、「旧制」とは「大業令」の制度を指す。『旧唐書』巻一高祖紀武徳三年三月己卯の条に、

改納言為侍中、内史令為中書令、給事郎為給事中。

納言《のうげん》を改めて侍中と為し、内史令を中書令と為し、給事郎を給事中と為す。

とあり、給事郎は武徳三年三月になって給事中と改称された。これは唐王朝が「中」字を避諱する必要がなかったため、他の官と同様に「中」字を加えたためである。

『旧唐書』巻四三職官志・門下省の「給事中四員」の註記に、

正五品上、隋曰給事郎、置四員、位次門下侍郎。武徳定令、給事中。

正五品上、隋は給事郎と曰い、四員を置き、位は門下侍郎（門下侍郎は唐代的な官名であり、黄門侍郎というべき）に次ぐ。武徳（武徳七年）に「令」を定め、給事中［と為す］。

とあり、「武徳定令」の時に給事中と改称したとするが、武徳七年の「武徳令」制定の時も武徳三年の改称名のまま「給事中」としたという意味に理解しなければならない。

4　起居郎

唐代の起居郎は『大唐六典』巻八門下省に「起居郎二人、従六品上」とあり、註記に、

起居郎、因起居注、以為名。起居注者、紀録人君動止之事。………（中略）………。隋省内史舎人四員、而始置起居舎人二員、皇朝因之。貞観二年、省起居舎人、移其職於門下、置起居郎二員。

起居郎、「起居注」に因り、以て名と為す。「起居注」は、人君動止の事を紀録す。………（中略）………。隋は内史舎人四員を省き、而して始めて起居舎人二員を置き、皇朝之に因る。貞観二年（六二八）、起居舎人を省き、其の職を門下に移し、起居郎二員を置く。

と、起居郎の沿革を述べる。唐初は「大業令」を継受し、門下省に起居舎人二員を置いたが、貞観二年に起居舎人を省き、新たに起居郎二員を置き、門下省の所属とした。

『唐会要』巻五六起居郎・起居舎人には、

貞観六年、移起居舎人於門下省、改為起居郎。顕慶三年十二月十五日、為中書省起居舎人両員、品同起居郎。

貞観六年（六三二）、起居舎人を門下省に移し、改めて起居郎と為す。顕慶三年（六五八）一二月一五日、中書省起居舎人両員と為し、品は起居郎に同じ。

とあり、起居舎人を省いたのは貞観六年のこととする。

唐初の武徳年間には、門下省に起居舎人（後に起居郎と改名）の官名で、起居舎人二人が所属していたことになる。

5　城門郎

唐代の城門郎に関しては『大唐六典』巻八門下省に「城門郎四人、従六品上」とあり、註記に、

隋氏、門下省統城門局校尉二人、従第四品下。煬帝三年、又隷殿内省。十二年、又減一人、降為正第五品。後又改校尉為城門郎、置四人、従第六品。又隷門下省、皇朝因之。

隋氏、門下省は城門局校尉二人を統《す》べ、従第四品下。煬帝の三年（六〇七）、又た殿内省に隷せしむ。一二年（六一六）、又た一人を減じ、降して正第五品と為す。後に又た校尉を改め城門郎と為し、四人を置く、従第六品。又た門下省に隷し、皇朝之に因る。

とあるから、城門局と城門校尉（二人・従四品下）は「開皇令」では門下省所属であった。「大業令」では新設の殿中省の所属に変更され、大業一二年以降の段階で、城門校尉は城門郎（四人・従六品）と改称され、城門局と城門郎は再び門下省の所属となり、唐王朝は城門局と城門郎の名と門下省所属を継受した。

6　符璽郎

唐代の符璽郎は『大唐六典』巻八門下省に「符宝郎四人、従六品上」とあり、註記に、

隋初、門下省統六局、符璽局置監二人正第六品上直長四人従第七品上。煬帝三年、改為郎、従第六品。皇朝因隋、置符璽郎四人。天后更名符宝郎、授命及神璽等八璽文並琢為宝字。神龍初、復為符璽郎。開元初、又為符宝郎、従璽文也。

隋の初め、門下省は六局（城門局・尚食局・尚薬局・符璽局・御府局・殿内局）を統《す》べ、符璽局に監二人・正第六品上 直長四人・従第七品上を置く。煬帝の三年（六〇七）、改めて郎と為し、従第六品。皇朝 隋に因り、符璽郎四人を置く。天后 名を符宝郎に更え、授命及び神璽等八璽の文（授命璽・神璽・皇帝三璽・天子三璽）並びに琢して「宝」字と為す。神龍の初め（元年は七〇五）、復た符璽郎と為す。開元の初め（元年は七一二）、又た符宝郎と為すは、璽文（璽文に「宝」字がある）によるなり。

とあるように、「開皇令」では符璽監といい、符璽郎となったのは「大業令」からである。唐王朝は「大業令」の符璽郎の官名を継受し、符宝郎となったのは則天武后の時代である。

『唐会要』巻五六符宝郎には、

符宝郎、本名符璽郎。延載元年五月十一日、改為符宝郎。神龍元年正月二十二日、復改為符璽郎。

符宝郎、本は符璽郎と名づく。延載元年（六九四）五月一一日、改めて符宝郎と為す。神龍元年（七〇五）正月二二日、復た改めて符璽郎と為す。

とあり、符爾郎から符宝郎に名称変更したのは延載元年のこととする。

7　散騎常侍

散騎常侍に関して『大唐六典』巻八門下省に「左散騎常侍二人、従三品」とあり、註記に、

隋文帝、門下省置散騎常侍四人従第三品、掌陪従朝直。亦置六散騎。開皇六年、省員外散騎常侍。煬帝三年、又省散騎常侍散騎侍郎。武徳初、散騎常侍加官。貞観初、置散騎常侍二員、隷門下省。明慶二年（顕慶二年）、又置二員、隷中書省。

隋の文帝、門下省に散騎常侍四人を置き、従第三品、陪従・朝直（朝直は朝廷の宿直）を掌らしむ。亦た六散騎（散騎常侍・通直散騎常侍・散騎侍郎・員外散騎常侍・通直散騎侍郎・員外散騎侍郎）を置く。開皇六年（五八六）、員外散騎常侍を省く。煬帝の三年（六〇七）、又た散騎常侍・散騎侍郎を省く。武徳の初め（六一八）、散騎常侍加官（加官は散官の意味）たり。貞観の初め（元年は六二七）、散騎常侍二員を置き、門下省に隷せしむ。顕慶二年（六五七）、又た二員を置き、中書省に隷せしむ。

とあり、貞観の初めに散騎常侍二員を門下省に置き、顕慶二年に散騎常侍二員を置き、中書省の所属としたとある。

『唐会要』巻五四省号・上・左右散騎常侍の条には、

武徳令、以為従三品散官。貞観十七年六月四日、改為職官、置両員。以黄門侍郎劉洎為之、隷門下省。顕慶三年十二月二十八日、分左右、各両員。其左隷門下省、右隷中書省。

「武徳令」は、以て従三品の散官と為す。貞観一七年（六四三）六月四日、改めて職官と為し、両員を置き、黄門侍郎の劉洎《りゅうき》を以て之と為し、門下省に隷せしむ。顕慶三年（六五八）一二月二八日、左右に分かち、各《おのおの》両員。其の左は門下省に隷せしめ、右は中書省に隷せしむ。

とあり、『大唐六典』のいう「貞観初」は『唐会要』では貞観一七年のこととする。

また『旧唐書』巻四二職官志に「武徳七年、定令」とあって、武徳七年の職事官の概要を述べたあとに、

又以開府儀同三司、従一品。特進、正二品。左光禄大夫、従一品（従二品の誤記）。右光禄大夫、正二品（正三品の誤記）。散騎常侍、従三品。太中大夫、正四品。通直散騎常侍、正四品。中大夫、従四品上。員外散騎常侍、従四品下。

中散大夫、正五品上。散騎侍郎、正五品下。通直散騎侍郎、従五品上。朝議郎承議郎、正六品。通議郎通直郎、従六品。朝請郎宣徳郎、正七品。朝散郎宣義郎、従七品。給事郎徴事郎、正八品。承奉郎承務郎、従八品。儒林郎登仕郎、正九品。文林郎将仕郎、従九品。並為文散官。

又た開府儀同三司、従一品。特進、正二品。左光禄大夫、従二品。右光禄大夫、正三品。散騎常侍、従三品。太中大夫、正四品。通直散騎常侍、正四品。中大夫、従四品上。員外散騎常侍、従四品下。中散大夫、正五品上。散騎侍郎、正五品下。通直散騎侍郎、従五品上。朝議郎・承議郎、正六品。通議郎・通直郎、従六品。朝請郎・宣徳郎、正七品。朝散郎・宣義郎、従七品。給事郎・徴事郎、正八品。承奉郎・承務郎、従八品。儒林郎・登仕郎、正九品。文林郎・将仕郎、従九品を以て並びに文散官と為す。

とあり、散騎常侍・通直散騎常侍・員外散騎常侍・散騎侍郎・通直散騎侍郎は、武徳七年（六二四）の「職員令」では散官となっている。これによって散騎常侍以下の官は唐初の武徳年間には存在していないことになる。

8　門下録事

『大唐六典』巻八門下省に「録事四人、従七品上」とあり、註記に、

後魏門下省録事従第八品。北斉門下録事置四人、従第八品上。隋氏置六人、煬帝三年、加門下録事、為正第八品。皇朝置五人。龍朔二年、改為東臺主書。咸亨元年、復旧。開元初、減置一人。

後魏の門下省録事、従第八品。北斉の門下録事 四人を置き、従第八品上。隋氏六人を置き、煬帝の三年（六〇七）、門下録事を加えて、正第八品と為す。皇朝五人を置く。龍朔二年（六六二）、改めて東臺主書と為す。咸亨元年（六七〇）、旧に復す。開元の初め（七一二）、一人を減置す。

とあり、唐初の録事は定員五人で官品は従七品上であった。

9　門下主事

『大唐六典』巻八門下省に「主事四人、従八品下」とあり、註記に、

晋置門下主事。歴宋斉、品第八。梁陳名為門下主事令史。北斉門下主事令史八人、従第八品上。隋初、諸臺省並置主事令史。煬帝三年、直曰主事。旧令、従九品上。開元二十四年勅、加入従八品上。

晋 門下主事を置く。宋・斉を歴て、品第八。梁・陳名づけて門下主事令史と為す。北斉の門下主事令史八人、従第八品上。隋の初め、諸臺省並びに主事令史を置く。煬帝の三年（六〇七）、直ちに主事と曰う。「旧令」（「開元七年令」のこと）、従九品上。開元二四年（七三六）勅して、加えて従八品上に入る。

とあり、唐初の主事は定員四人で官品は従九品上であった。

武徳元年以降、貞観以前の門下省の構成は次のようになろう。

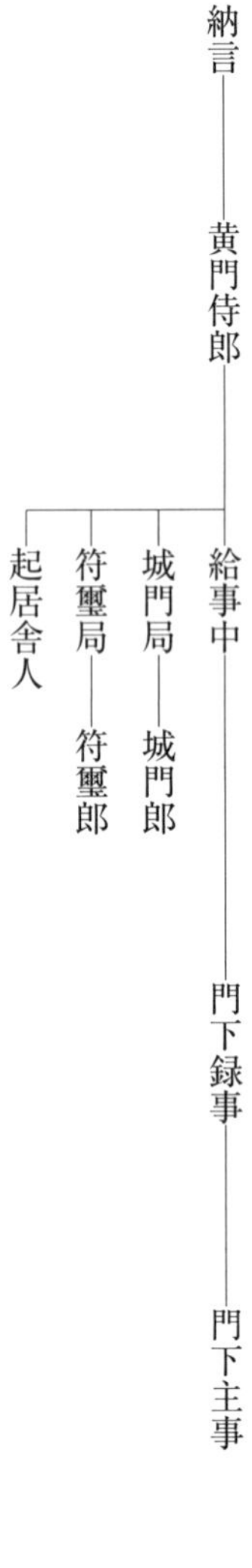

＊『初学記』巻一二職官部・散騎常侍の叙事に、

五代史百官志云、梁陳集書省置散騎常侍四人。後魏北斉集書省置六人。其領諸散騎、同晋氏。隋文廃集書省、徙諸散騎、入門下省。唐初並廃六散騎、以為散官。貞観初、唯置散騎常侍二人、隷門下。顕慶初、又置二人、隷中書。並金蟬左右珥貂。

「五代史」百官志に云う、「梁・陳の集書省　散騎常侍四人を置く。後魏・北斉の集書省は六人を置く。其の諸散騎を領すること、

晋氏に同じ。隋の文［帝］は集書省を廃し、諸散騎を徙し、門下省に入れる」と。唐の初め並びに六散騎（散騎常侍・通直散騎常侍・散騎侍郎・員外散騎常侍・通直散騎侍郎・員外散騎侍郎）を廃し、以て散官と為す。貞観の初（元年は六二七）、唯だ散騎常侍二人を置き、門下に隷せしむ。顕慶の初め（元年は六五六）、又た二人を置き、中書に隷せしむ。並びに金蟬《きんせん》左右珥《じ》貂《ちょう》。

五　隋代の内史省

1　「開皇令」制の内史省

「開皇令」に規定する内史省について『隋書』巻二八百官志・下には次のようにいう。

内史省、置監令各一人。尋廢監、置令二人侍郎四人舍人八人通事舍人十六人主書十人録事四人。

内史省、監・令各《おのおの》一人を置く。尋いで監を廃し、令二人・侍郎四人・舎人八人・通事舎人一六人・主書一〇人・録事四人を置く。

「開皇令」制の内史省の構成は次のようになろう。

内史令（内史監）――内史侍郎――内史舎人（八人）――通事舎人（一六人）

2　「大業令」制の内史省

「大業令」制の内史省は『隋書』巻二八百官志・下に、

内史省、減侍郎員、為二人、減内史舍人員、為四人、加置起居舍人、員二人。従六品 次舍人下。改通事舍人員、為謁者臺職。減主書員、置四人、加為正八品。
内史省、侍郎の員を減じ、二人と為し、内史舎人員を減じ、四人と為し、加えて起居舎人を置き、員二人。従六品［内史］舎人の下に次ぐ。通事舎人の員を改め、謁者臺（「大業令」によって新設された官府）の職と為す。主書の員を減じ、四人を置き、加えて正八品と為す。

とあり、『大唐六典』巻九中書省に「起居舎人二人、従六品上」とあり、註記に、
隋［大業］煬帝三年、減内史舎人四員、置起居舎人二人、従第六品上（「上」は衍字）、次内史舎人下。始以虞世南蔡允恭為之、皇朝因之。貞観二年、省。
隋の煬帝の大業三年（六〇七）、内史舎人四員を減じ、起居舎人二人を置く、従第六品、内史舎人の下に次ぐ。始めて虞世南・蔡允恭（詳細不明）を以て之と為し、皇朝之に因る。貞観二年（六二八）、省く。

とある。虞世南が起居舎人になったことは、『旧唐書』巻七二虞世南伝にある。
大業初、累授秘書郎、遷起居舎人。　　大業の初め、累りに秘書郎を授り、起居舎人に遷る。

この他、大業年間に起居舎人になった例は『隋書』巻七七崔廓伝に付伝された崔頤《さいい》伝に、
時晋邸文翰、多成其手。王入東宮、除太子斎師、俄遷舎人。及元徳太子薨、以疾帰于家。後徴授起居舎人。大業四年、従駕汾陽宮、次河陽鎮。
時に晋邸の文翰、多く其の手に成る。王の東宮に入るや、太子斎師に除せられ、俄に舎人に遷る。元徳太子の薨ずるに及んで、疾を以て家に帰る。後に徴されて起居舎人を授す。大業四年（六〇八）、汾陽宮に駕するに従い、河陽鎮に次《やど》る。

とある。大業四年以前に崔頤は起居舎人になっているから、起居舎人が創設された間もないころの就任である。また『隋書』巻五七杜臺卿伝に、

有兄蕤、学業不如臺卿、而幹局過之。仕至開州刺史。子公贍、少好学有家風。卒於安陽令。公贍子之松、大業中、為起居舎人。

兄の蕤《ずい》有り、学業は臺卿に如《し》かず、而して幹局之に過ぐ。仕えて開州刺史に至る。子の公贍《こうせん》、少くして学を好み家風有り。安陽令に卒す。公贍の子の之松、大業中、起居舎人と為る。

とある。杜臺卿は『玉燭宝典』の著者であり、杜臺卿の甥の杜公贍は『玉燭宝典』を活用し、宗懍《そうりん》の『荊楚記』に註釈を付し、『荊楚歳時記』を書いた人である。

「開皇令」制では、通事舎人は内史省に所属していたが、「大業令」制では通事舎人は通事謁者と改称され、新設の謁者臺に移管された。『隋書』巻二八百官志・下に、

謁者臺、大夫一人 従四品。五年、改為正四品。掌受詔労問、出使慰撫、持節察授、及受寃枉而申奏之。駕出、対御史引駕。置司朝謁者二人、以貳之。従五品。属官有丞一人主簿録事各一人等員。又有通事謁者二十人 従六品。即内史通事舎人之職也。…………。

謁者臺、大夫一人 従四品。五年、改めて正四品と為す。受詔・労問、出使・慰撫、持節察授、及び寃枉を受けて之を申奏するを掌る。駕出ずれば、御史と対して駕を引《みちび》く。司朝謁者二人を置き、以て之の貳たり。従五品。属官に丞一人・主簿・録事 各《おのおの》一人等の員有り。又た通事謁者二〇人有り 従六品。即ち内史［省］の通事舎人の職なり。…………。

とある。「大業令」制の内史省には通事舎人の官はない。

「大業令」制の内史省の構成は次のようになろう。

内史令――内史侍郎――内史舎人（四人）――起居舎人（二人）

3　内書省

「大業令」の内史省は大業一二年に改革があった。『隋書』巻二八百官志・下に、

［大業］十二年、改内史為内書。　大業一二年（六一六）、内史を改めて内書と為す。

とあり、内史省は内書省へと名称が変更がなされ、『隋書』巻二八百官志・下に、

［大業］十二年、又改納言為侍内。内史省減侍郎員為二人、減内史舎人員為四人。加置起居舎人員二人、次舎人下。

大業一二年（六一六）、又た納言を改め侍内と為す。内史省は侍郎の員を減じ二人と為し、内史舎人の員を減じ四人と為す。加えて起居舎人の員二人を置き、［内史］舎人の下に次ぐ。

とあり、官府名の名称だけではなく、内史侍郎と内史舎人の員数を減らし、新たに起居舎人を新設した。

『旧唐書』巻四三職官志・中書省の条の「中書令二員」の註記に、

隋文帝廃三公府僚、令中書令与侍中知政事、遂為宰相之職。隋曰内書令。武徳曰内史令。尋改為中書令。

隋の文帝は三公府僚を廃し、中書令をして侍中と政事を知しめ、遂に宰相の職と為す。隋は内書令と曰う。武徳に内史令と曰う。尋いで改めて中書令と為す。

とあり、「隋曰内書令」とあるが、これは前掲した『隋書』の史料から明らかなように煬帝の大業一二年（六一六）以降のことをいうものであって、「開皇令」や「大業令」の官名ではない。また「開皇令」制では中書令は内史令、侍中は納言といったから、「令中書令与侍中知政事」とあるのは正確ではない。

『旧唐書』巻四三職官志・中書省の条の「中書侍郎二員」の註記に、

隋置内書省、改為内書侍郎、正四品。　隋 内書省を置き、改めて内書侍郎と為す、正四品。

とあり、内史省が内書省と改称されるのにともなって、内史侍郎は内書侍郎と改称された。『大唐六典』巻九中書省に「中書舎人六人、正五品上」とあり、註記に、

［大業］十二年、改曰内書舎人。皇朝改曰内史舎人。武徳三年、改曰中書舎人。

大業一二年（六一六）、改めて内書舎人と曰う。皇朝改めて内史舎人と曰う。武徳三年（六二〇）、改めて中書舎人と曰う。

とあり、内史舎人を内書舎人と改称した。

大業一二年以降の内書省は次のようになる。

内書令──内書侍郎──内書舎人（二人）──起居舎人（四人）

＊『初学記』巻一一職官部・中書侍郎の「叙事」に次のようにある。

隋初、改中書省為内侍省（内史省の誤記）。隋末、改為内書監（内書省）。唐初、又改為内史省。

隋の初め、中書省を改め内史省と為す。隋末、改めて内書省と為す。唐の初め、又た改めて内史省と為す。

六　唐初の中書省

1　内史省

唐王朝の最初、中書省は内史省といった。『大唐六典』巻九中書省に「中書令二人、正三品」とあり、註記に、

煬帝十二年、改為内書省。武徳初、為内史省。三年、改為中書省。

煬帝の一二年（六一六）、改めて内書省と為す。武徳の初め、内史省と為す。三年（六二〇）、改めて中書省と為す。

とあり、唐代の最初は大業一二年の内書省の名称を継受せず、大業三年制定の「大業令」の内史省という官府名を継受し、武徳三年になって中書省と改称した。

『大唐六典』と同じことは『旧唐書』巻一高祖紀武徳三年三月己卯の条にも、

改納言為侍中、内史令為中書令、給事郎為給事中。

納言《のうげん》を改めて侍中と為し、内史令を中書令と為し、給事郎を給事中と為す。

とあり、『初学記』巻一一職官部・中書令の叙事に、

煬帝［大業十二年］、改為内書令。唐初、又為内史令。武徳三年、復為中書令。

煬帝の大業一二年（六一六）、改めて内書令と為す。唐の初め、又た内史令と為す。武徳三年、復た中書令と為す。

とあり、『初学記』巻一一職官部上・中書令に、

隋文帝、改為内史令、置二人。煬帝［大業十二年］改為内書令。唐初、又為内史令。武徳三年、復為中書令。

隋の文帝、改めて内史令と為し、二人を置く。煬帝の大業一二年、改めて内書令と為す。唐の初め、又た内史令と為す。武徳三年、復た中書令と為す。

とある。『初学記』の史料は「大業十二年」を補足する必要がある。長官が内史令である官府は内史省である。唐代の最初は内史省といい、武徳三年になって中書省・中書令となった。

2　内書省

唐初、中書省は内書省といったとする史料がある。『唐会要』巻五四省号・上・中書省の条に、

中書省、武徳元年、因隋旧制、曰内書省。三年三月十日、改為中書省。

中書省、武徳元年（六一八）、隋の旧制に因り、内書省と曰う。三年三月一〇日、改めて中書省と為す。

とあり、隋の旧制を継受して内書省とし、武徳三年に中書省と改称したとする。

『新唐書』巻四六百官志「中書省」の註記にも、

武徳三年、改内書省曰中書省、内書令曰中書令。

武徳三年（六二〇）、内書省を改めて中書省と曰い、内書令を中書令と曰う。

とあり、『新唐書』巻四七百官志・中書令の註記にも同じことをいう。

武徳三年、改内書省曰中書省、内書令曰中書令。

武徳三年、内書省を改めて中書省と曰い、内書令を中書令と曰う。

『唐会要』の「隋旧制」は〈「大業令」に規定する官制〉という意味であるから、この場合の「隋旧制」とは内史省の官府名を継受したとしなければならない。これに関する史料は先に示した。しかし、『唐会要』と『新唐書』は内書省を継受したという。次の「中書令」の箇所で史料を示すが、唐初の武徳元年六月（武徳元年は五月から始まる）に、蕭瑀と竇威が内史令に就任している事実があり、『新唐書』巻六一宰相表の冒頭の武徳元年六月の条にも、蕭瑀と竇威が内史令に就任した記事がある。

『新唐書』巻四七百官志・門下省「侍中二人、正二品」に、

武徳元年、改侍内曰納言。三年、曰侍中。　武徳元年、侍内を改め納言《のうげん》と曰う。三年、侍中と曰う。

とあり、武徳元年に大業末年の門下省侍内（唐代の侍中）を継受せず、「大業令」制の官名である納言を採用したとある。これらの事実から、唐初の武徳元年には大業一二年の官府名や官名を継受せず、「大業令」制の官府名や官名を継受しているのであり、大業一二年以降の内書省の官府名を継受したとするのは疑問である。

『冊府元亀』巻四五七臺省部・総序には、

先是、武徳初、改隋之内書令、曰内史［令。武徳三年］、又改為中書令。

是より先、武徳の初め、隋の内書令を改めて、内史令と曰う。武徳三年、又た改めて中書令と為す。

といい、「武徳初」に隋の内書令を改めて内史令を継受し、武徳三年に内史令を中書令と改称したとある。「武徳初」に内書令を継受しなかったなら、武徳初めには内書省を継受していないことになる。武徳初めの内書省と内書令は『冊府元亀』の記事が正解であろう。

『旧唐書』巻四二職官志の官制総序に、

唐初、因隋号。武徳三年、改納言為侍中、内史令為中書令、給事郎為給事中、内書省為中書省。

唐の初め、隋号に因る。武徳三年（六二〇）、納言《のうげん》を改めて侍中と為し、内史令を中書令と為し、給事郎を給事中と為す、内書省を中書省と為す。

とあるうち、「内書省為中書省」は「内史省為中書省」の誤記である。

3　中書令

唐王朝の最初、中書令は内史令といった。『初学記』巻一一職官部・中書令の「叙事」に、

煬帝改為内書令。唐初、又為内史令。武徳三年、復為中書令。

煬帝改めて内書令と為す。唐の初め、又た内史令と為す。武徳三年、復た中書令と為す。

とある。『旧唐書』巻一高祖紀武徳元年六月の条に、

甲戌、太宗為尚書令、相国府長史裴寂為尚書右僕射、相国府司馬劉文静為納言、隋民部尚書蕭瑀相国府司録竇威並為内史令。廃大業律令、頒新格。

甲戌、太宗を尚書令と為し、相国《しょうこく》府長史の裴寂を尚書右僕射と為し、相国府司馬の劉文静を納言と為し、隋の民部尚書の蕭瑀・相国府司録の竇威並びに内史令と為す。大業律令を廃し、新格を頒《わか》つ。

とあり、蕭瑀（『旧唐書』巻六三）と竇威（『旧唐書』巻六一）が唐王朝で最初の内史令に就任している＊。

内史令が中書令と変更されたのは、『旧唐書』巻一高祖紀武徳三年三月己卯の条に、

改納言為侍中、内史令為中書令、給事郎為給事中。

納言《のうげん》を改めて侍中と為し、内史令を中書令と為し、給事郎を給事中と為す。

とあるように、武徳三年三月からである。

＊　『新唐書』巻六一宰相表の冒頭の武徳元年六月の条にも、蕭瑀と竇威が内史令に就任した記事がある。

4　中書侍郎

唐代の中書侍郎は『大唐六典』巻九中書省に「中書侍郎二人、正四品上」とあり、註記に、

隋初、改為内史省侍郎、置四人、正第四品下。煬帝三年、減二員。[大業]十二年、改為内書侍郎。皇朝改為内史侍郎。武徳三年、改為中書侍郎。

隋の初め、改めて内史省侍郎と為し、四人を置き、正第四品下。煬帝の三年（六〇七）、二員を減ず。大業一二年（六一六）、改めて内書侍郎と為す。皇朝改めて内史侍郎と為す。武徳三年（六二〇）、改めて中書侍郎と為す。

とあり、『唐会要』巻五四省号・上・中書侍郎の条に、

武徳元年、因隋旧制、号内史侍郎。三年三月十日、改為中書侍郎。

武徳元年（六一八）、隋の旧制に因り、内史侍郎と号す。三年三月一〇日、改めて中書侍郎と為す。

とある。武徳元年には「隋旧制」（大業官制）にしたがい、内史侍郎の名を継受し、武徳三年に中書侍郎と改称した。

『旧唐書』巻四三職官志・中書省の条の「中書侍郎二員」の註記には、

隋置内史省、改為内書侍郎、正四品。武徳初、改為内史侍郎。三年、改為中書侍郎。

隋　内史省を置き、改めて内書侍郎と為す、正四品。武徳の初め、改めて内史侍郎と為す。［武徳］三年、改めて中書侍郎と為す。

とある。隋代において官府名は内史省であり、通判官は内史侍郎であるが、大業一二年に内書侍郎（正四品、大業官制においては「上下」はない）と改称したことがあるという意味で、「隋置内史省、改為内書侍郎、正四品」とあるのであり、当初から内書侍郎であったわけではない。『旧唐書』の記事は説明が不足している。

『唐会要』巻五四省号・上・門下侍郎の条に、

武徳二年四月、温大雅為黄門侍郎、弟彦博又為中書侍郎、対居近侍。高祖謂曰、我起義晋陽、為卿一門耳。至五年三月、彦博又為中書侍郎。

武徳二年四月、温大雅を黄門侍郎と為し、弟の彦博又た中書侍郎と為し、対居して近侍せしむ。高祖謂いて曰わく、「我れ晋陽に起義せるは、卿の一門と為《ともにす》るのみ」と。五年三月に至り、彦博又た中書侍郎と為る。

とある。この記事は厳密に読めば疑問がある。武徳二年に中書侍郎という官名は存在しないから、この記事は武徳二年（六一九）に温彦博が内史侍郎に在官し、内史侍郎が中書侍郎と改称された武徳三年三月以降の時点において、内史侍郎を中書侍郎と読み替えて、この記事が書かれたとすれば説明がつく。

同じ史料は『旧唐書』巻六一温大雅伝にもある。

武徳元年、歴遷黄門侍郎。弟彦博為中書侍郎、対居近密、議者栄之。高祖従容謂曰、我起義晋陽、為卿一門耳。

武徳元年、黄門侍郎を歴遷す。弟の彦博は中書侍郎と為り、近密（皇帝の近く）に対居し、議者之を栄とす。高祖従容として謂いて曰わく、「我れ晋陽に起義せるは、卿の一門と為《ともにす》るのみ」と。

この史料も内史侍郎が中書侍郎と改称された武徳三年三月以降の時点において、内史侍郎を中書侍郎と読み替えて、この記事が書かれたとすれば説明がつく。

『南部新書』甲集には
温大雅、武徳中、為黄門侍郎、弟彦博為中書侍郎。高祖曰、我起義晋陽、為卿一門爾。後弟大有、又除中書侍郎。
温大雅、武徳中、黄門侍郎と為り、弟の彦博中書侍郎と為る。高祖曰わく、「我れ晋陽に起義せるは、卿の一門と為《ともにす》るのみ」と。後に弟の大有、又た中書侍郎に除せらる。
とあるが、この記事は話を「武徳中」としたことによって無理のない記事となっている。

5　中書舎人

唐初の中書舎人は『大唐六典』巻九中書省に「中書舎人六人、正五品上」とあり、註記に、
隋初、改曰内史舎人、置八人、専掌詔誥、正第六品上。開皇三年、加従第五品上。煬帝三年、減置四人。十二年、改曰内書舎人。皇朝、改曰内史舎人。武徳三年、改曰中書舎人。
隋の初め、改めて内史舎人と曰い、八人を置き、専ら詔誥《しょうこう》を掌り、正第六品上。開皇三年（五八三）、加えて従第五品上。煬帝の三年（六〇七）、減じて四人を置く。一二年（六一六）、改めて内書舎人と曰う。皇朝、改めて内史舎人と曰う。武徳三年（六二〇）、改めて中書舎人と曰う。
とあり、『唐会要』巻五五省号・下・中書舎人の条に、
武徳初、因隋号、為内史舎人。三年三月十日、改為中書舎人。
武徳の初め、隋号（隋の官名）に因り、内史舎人と為す。三年三月一〇日、改めて中書舎人と為す。
とある。唐代の初め、隋の内書省・侍内・内書侍郎・内書舎人を継受せず、内史省とし内史令・内史侍郎であったから、右の記事に問題点はない。

6　起居舎人

起居舎人は大業三年に創設された。『大唐六典』巻九中書省に「起居舎人二人、従六品上」とあり、註記に、

隋煬帝［大業］三年、減内史舎人四員、置起居舎人二人、従第六品上（「上」は衍字）、次内史舎人下。始以虞世南蔡允恭為之、皇朝因之。貞観二年、省。

隋の煬帝の大業三年（六〇七）、内史舎人四員を減じ、起居舎人二人を置く、従第六品上、内史舎人の下に次ぐ。始めて虞世南・蔡允恭を以て之と為し、皇朝之に因る。貞観二年（六二八）、省く。

とある。この記事に問題点はない。

7　通事舎人

唐代の通事舎人は『大唐六典』巻九中書省に「通事舎人十六人、従六品上」とあり、註記に、

隋初、罷謁者官、置通事舎人十六人、従六品上。開皇三年、増旧為二十四員。又置謁者臺。改通事舎人為通事謁者。創置四方館於建国門外、隷鴻臚寺、以待四方使者。皇朝廃謁者臺、改謁者為通事舎人、隷四方館、属中書省。

隋の初め、謁者の官を罷め、通事舎人一六人を置き、従六品上。開皇三年（五八三）、旧を増して二四員と為す。又た謁者臺を置く。通事舎人を改め通事謁者と為す。創めて四方館を建国門外に置き、鴻臚寺に隷せしめ、以て四方の使者を待つ。皇朝　謁者臺を廃し、謁者を改めて通事舎人と為し、四方館に隷し、中書省に属す。

とあり、『旧唐書』巻四三職官志・中書省「通事舎人十六人」の註記に、

従六品上。……（中略）……。隋因晋制、置十六人。従六品上。又為通事謁者。武徳初、廃謁者臺、改通事謁者、為通事舎人、隷四方館、属中書省也。

従六品上。……（中略）……。隋は晋制に因り、一六人を置く。従六品上。又た通事謁者と為す。武徳の初め、謁者臺を廃し、通事謁者を改めて、通事舎人と為し、四方館に隷せしめ、中書省に属するなり。

とあり、隋代の通事謁者は謁者臺に所属していた。唐初には謁者臺を廃止し、通事謁者を通事舎人と改称し、中書省の所属とした。

謁者臺を廃止し、通事謁者を通事舎人と改称した時期を『大唐六典』と『旧唐書』はいわないが、『新唐書』巻四七百官志・中書省通事舎人の条の註記に、

武徳四年、廃謁者臺、改通事謁者、曰通事舎人。

武徳四年（六二一）、謁者臺を廃し、通事謁者を改め、通事舎人と曰う。

とあり、通事舎人とした時期を武徳四年という。唐初で官制改革が行われたのは武徳三年三月であるから、『新唐書』のいう武徳四年は何とも中途半端な時期で、必ずや武徳三年の誤記であろう。

唐代の中書省には散騎常侍の官が所属するが、散騎常侍が唐代官制に登場するのは顕慶三年（六五八）からであり、今問題にしている貞観年間以前の「唐初」とは時期が少しずれるから、ここでは言及しない。

武徳元年から武徳三年三月までの内史省

内史令――内史侍郎――┬内史舎人
　　　　　　　　　　　└起居舎人

武徳三年三月以降の中書省

中書令――中書侍郎――┬中書舎人

┬起居舍人
└通事舍人

七　隋代の秘書省

1　「開皇令」制の秘書省

「開皇令」制の秘書省は『隋書』巻二八百官志・下に次のようにある。

秘書省、監丞各一人、郎四人、校書郎十二人、正字四人、録事二人。領著作太史二曹。著作曹、置郎二人、佐郎八人、校書郎正字各二人。太史曹、置令丞各二人、司暦二人、監候四人。其暦天文漏刻視祲、各有博士及生員。

秘書省、監丞各《おのおの》一人、郎四人、校書郎一二人、正字四人、録事二人。著作・太史の二曹を領す。著作曹、郎二人を置き、佐郎八人、校書郎・正字各二人。太史曹、令丞各《おのおの》二人を置き、司暦二人、監候四人。其の暦・天文・漏刻・視祲《ししん》に、各《おのおの》博士及び生員有り。

『大唐六典』巻一〇秘書省「監一人、従三品」の註記に、

隋秘書与尚書門下内史殿中為五省。秘書監正第三品。煬帝三年、降為従第三品。其後又改秘書監為秘書令。武徳初、改為監。

隋の秘書 尚書・門下・内史・殿中と五省と為す。秘書監は正第三品。煬帝の三年、降して従第三品と為す。其の後又た秘書監を改め秘書令と為す。武徳の初め、改めて監と為す。

とある。「隋秘書与尚書門下内史殿中為五省」は「煬帝三年」の前にあるから、「開皇令」の秘書省を述べているように思えるが、殿中省があって内侍省がない。殿中省は煬帝の大業三年に新設され、煬帝の大業三年に内侍省は長秋監

と改名されたから、「隋秘書与尚書門下内史殿中為五省」は煬帝の大業三年以降の五省をいうものであって、「開皇令」の秘書省ではない。

「開皇令」に規定する秘書省の所属部局の一に著作局があった。『大唐六典』巻一〇秘書省著作局「著作郎二人、従五品上」の注記に、

隋秘書省領著作郎曹、置著作郎二人、従第五品上。煬帝三年、増為正五品。其後又秘書省領著作局、置著作郎二人。

隋の秘書省は著作郎曹を領し、著作郎二人を置く、従第五品上。煬帝の三年（六〇七）、増して正五品と為す。其の後又た秘書省は著作局を領し、著作郎二人を置く。

とある。他の所属部局は太史曹である。『大唐六典』巻一〇秘書省「太史局令二人、従五品下」の注記に、

隋秘書省太史曹、置太史令二人、従七品上。煬帝三年、改太［史］監、進令階為従五品。皇朝因之、改監為局。

隋の秘書省太史曹、太史令二人を置く、従七品上。煬帝の三年、太史監と改め、令の階を進めて従五品と為す。皇朝之に因り、監を改め局と為す。

とある。太史曹には太史丞が置かれた。『大唐六典』巻一〇秘書省「丞二人、従七品下」の注記に次のようにある。

隋太史丞置二人、正第九品上。煬帝三年、減一人。皇朝不置丞。貞観元年、改為渾儀監、始置丞二人、従第七品上。

隋の太史丞二人を置く、正第九品上。煬帝の三年、一人を減ず。皇朝は丞を置かず。貞観元年（六二七）、改めて渾儀監と為し、始めて丞二人を置く、従第七品上。

「開皇令」の秘書省は次のような構成となろう。

秘書監――秘書丞――┬秘書郎――校書郎――秘書正字

著作局――著作郎――著作郎佐郎――校書郎
太史局――太史令――太史丞

2　「大業令」制の秘書省

『隋書』巻二八百官志・下に、

秘書省、降監為従二品、増置少監一人。従四品。増著作郎階為正五品、減校書郎為十人。改太史局為監、進令階為従五品、又減丞為一人。置司辰師八人、増置監候為十人。其後又改監少監為令少令。増秘書郎為従五品、加置佐郎四人、従六品。以貳郎之職。降著作郎階為従五品。又置儒林郎十人正七品。掌明経待問、唯詔所使。文林郎二十人従八品　掌撰録文史、検討旧事。此二郎皆上在藩已来直司学士。増校書郎員四十人、加置楷書郎員二十人従九品　掌抄写御書。

秘書省、監（秘書省の長官）を降して従二品と為し、少監一人を増置す。従四品。著作郎の階を増して正五品と為し、校書郎を減じ一〇人と為す。太史局を改めて監と為し、令の階を進めて従五品と為し、又た丞を減じて一人と為す。司辰師八人を置き、監候を増置して一〇人と為す。其の後又た監・少監を改めて令・少令と為す。秘書郎［の階］を増して従五品と為し、加えて佐郎四人を置き、従六品。以て郎の職に貳たり。著作郎の階を降し従五品と為す。又た儒林郎一〇人を置き正七品。経を明らかにし問を待ち、唯だ詔《？》所《？》使《？》を掌る。文林郎二〇人従八品　文史を撰録し、旧事を検討するを掌る。此の二郎皆な上の在藩已来の直司学士なり。校書郎員を増して四〇人、加えて楷書郎の員二〇人を置き従九品　御書を抄写するを掌る。

とある。また杜佑の『通典』巻二一職官典・中書省・史官に、

大唐武徳初、因隋旧制、史官属秘書省著作局。

大唐武徳の初め、隋の旧制に因り、史官は秘書省著作局に属

す。

とあるように、著作局には史官（史館）があった。

「大業令」の秘書省は次のような構成となろう。

- 秘書監（秘書令）―秘書少監（秘書少令）―秘書丞
  - 秘書郎―秘書郎佐郎―校書郎―秘書正字
  - 著作局
    - 著作郎―著作郎佐郎―校書郎
    - 史館
  - 太史監―太史令
    - 太史丞
      - 司暦
      - 司辰師
    - 監候
  - 儒林郎・文林郎・楷書郎

八　唐初の秘書省

1　秘書監

『大唐六典』巻一〇秘書省に「監一人、従三品」とあり、註記に秘書監の沿革を次のように説明する。

隋秘書与尚書門下内史殿中為五省、秘書監正第三品。煬帝［大業］三年、降為従第三品。其後又改秘書監為秘書令。武徳初、改為監。

隋の秘書 尚書・門下・内史・殿中と五省と為し、秘書監は正第三品。煬帝の大業三年（六〇七）、降して従第三品と為す。其の後又た秘書監を改め秘書令と為す。武徳の初め（元年は六一八）、改めて監と為す。

また『旧唐書』巻四三職官志・秘書省・秘書監一員の註記に次のようにある。

従三品。監之名、後漢桓帝置、魏晋不改。後周謂之外史下大夫。隋後為秘書監、従第三品。煬帝改為秘書令、武徳復為監。

従三品。監の名、後漢の桓帝置き、魏晋改めず。後周は之を外史下大夫と謂う。隋は後に秘書監と為し、従第三品。煬帝改めて秘書令と為し、武徳に復た監と為す。

『大唐六典』に「隋秘書与尚書門下内史殿中為五省、秘書監正第三品。煬帝［大業］三年、降為従第三品」とあり、「隋秘書与尚書門下内史殿中為五省」は煬帝の大業三年以前のような感じをうけるが、殿中省が成立したのは煬帝の大業三年であるから、「隋秘書与尚書門下内史殿中為五省」は煬帝の大業三年以降のことである。

2　秘書少監

『大唐六典』巻一〇秘書省に「少監二人、従四品上」とあり、註記に少監の沿革を次のように説明する。

隋煬帝［大業］三年、置秘書少監一人、従四品、掌貳秘書監之職。其後又改為少令。皇朝因隋、為少監。

隋の煬帝の［大業］三年（六〇七）、秘書少監一人を置く、従四品、秘書監の職に貳たるを掌る。其の後又た改めて少令と為す。皇朝 隋に因り、少監と為す。

『唐会要』巻六五秘書省に、
少監、武徳初、因隋旧制、号秘書少令。七年省。貞観四年十一月、復置一員、以虞世南為之。

少監、武徳の初め、隋の旧制に因り、秘書少令と号す。七年省く。貞観四年一一月、復た一員を置き、虞世南を以て之と為す。

とあり、唐初は隋の官名に依拠して秘書少令といったが、武徳七年（六二四）に廃官とし、貞観四年（六三〇）に再び設置した。唐初の官名は「大業令」に依っている。

3　秘書丞

唐代の秘書丞は『大唐六典』巻一〇秘書省に「丞一人、従五品上」とあり、註記に沿革を次のように説明する。

隋秘書丞一人、正五品。皇朝因隋。　隋の秘書丞一人、正五品。皇朝 隋に因る。

「隋秘書丞一人、正五品」は官品に「上下」がないから、「大業令」の官制をいう。唐代の秘書丞は「大業令」官制の秘書丞を継受している。

4　秘書郎

唐代の秘書郎は『大唐六典』巻一〇秘書省に「秘書郎四人、従六品上」とあり、註記に沿革を次のように説明する。

後魏亦置四人、正第七品上。………（中略）………。北斉又増中字、正第七品下。隋又除中字、正七品上。煬帝三年、加為従五品。皇朝為従第六品上。

後魏亦た四人を置く、正第七品上。………（中略）………。北斉又た「中」字を増し、正第七品下。隋又た「中」字を除く、正七品上。煬帝の三年（六〇七）、加えて従五品と為す。皇朝は従第六品上と為す。

唐代の秘書郎は「開皇令」や「大業令」の秘書郎を継受し、異なるのは官品のみである。

5　校書郎

唐代の校書郎は『大唐六典』巻一〇秘書省に「校書郎八人、正九品上」とあり、註記に沿革を次のように説明する。

至後魏、秘書省始置校書郎、正第九品上。北斉置十二人。隋初亦置十二人。煬帝三年、減為十人。其後又増為四十人。皇朝減為八人。

後魏に至り、秘書省に始めて校書郎を置く、正第九品上。北斉は一二人を置く。隋の初め亦た一二人を置く。煬帝の三年（六〇七）、減じて一〇人と為す。其の後又た増して四〇人と為す。皇朝 減じて八人と為す。

唐代の校書郎は「開皇令」を継受した「大業令」の校書郎を継受している。「開皇令」と「大業令」の校書郎は員数の相違があるのみで大きな変化はない。

6　太史令

唐代の太史令は『大唐六典』巻一〇秘書省・太史局に「令二人、従五品下」とあり、註記に沿革を説明して、

隋秘書省、太史曹置太史令二人、従七品上。煬帝三年、改太史曹為太史監、進令階為従五品。皇朝因之、改監為局。

隋の秘書省、太史曹に太史令二人を置く、従七品上。煬帝の三年（六〇七）、太史曹を改め太史監と為し、令の階を進めて従五品と為す。皇朝之に因り、監を改め局と為す。

とある。唐代の太史令は官品をみれば「大業令」の太史令を継受している。

7　太史丞

唐代の太史局丞は『通典』巻二六職官典・諸卿中・秘書監・太史局丞に、

丞二人。司馬彪続漢志云、太史有丞一人。魏以下歴代皆同。隋置二人、煬帝減一人。大唐初、不置丞。久視初、改為渾儀監、始置丞二人等。

丞二人。司馬彪《ひょう》の「続漢志」に云う、「太史に丞一人有り」と。魏以下歴代皆な同じ。隋は二人を置き、煬帝は一人を減ず。大唐の初め、丞を置かず。久視の初め（久視元年は七〇〇）、改めて渾儀監と為し、始めて丞二人等を置く。

とあり、『大唐六典』巻一〇秘書省「丞二人、従七品下」の註記に、

隋太史丞置二人、正第九品上。煬帝三年、減一人。皇朝不置丞。貞観元年、改為渾儀監、始置丞二人、従第七品上。

隋の太史丞二人を置く、正第九品上。煬帝の三年、一人を減ず。皇朝は丞を置かず。貞観元年（六二七）、改めて渾儀監と為し、始めて丞二人を置く、従第七品上。

とあり、唐初の太史局には丞を設置しなかったが、貞観元年に設置している。「開皇令」と「大業令」の制度にしたがったものである。

8　史　館

唐代の史館は杜佑の『通典』巻二一職官典・中書省・史官に、

大唐武徳初、因隋旧制、史官属秘書省著作局。至貞観三年閏十二月、移史館於門下省北、宰相監修、自是著作局始罷史職。

大唐武徳の初め、隋の旧制に因り、史官は秘書省著作局に属す。貞観三年（六二九）閏一二月に至り、史館を門下省の北に移し、宰相監修す。是より著作局始めて史職を罷む。

とあり、隋の旧制（大業官制）を継受し唐初から著作局に史館が置かれた。しかし、貞観三年閏一二月になって史館が門下省の北に移され、宰相の監修となり、著作局は史職とは無縁となった。

武徳元年より貞観三年閏一二月までの秘書省の構成は次のようである。

- 秘書監（秘書令）―秘書少監（秘書少令）―秘書丞―秘書郎―秘書佐郎―校書郎―秘書正字
  - （秘書監より）太史令―太史丞
  - （秘書丞より）著作郎―著作佐郎―校書郎―著作正字
    - （著作郎より）史館

＊『唐会要』巻六三史館移置にも同じ記事がある。

武徳初、因隋旧制、隷秘書省著作局。貞観三年閏十二月、移史館于門下省北、宰相監修、自是著作局始罷史職。及大明宮初成、置史館於門下省之南。

武徳の初め、隋の旧制に因り、秘書省著作局に隷す。貞観三年（六二九）閏一二月、史館を門下省の北に移し、宰相監修し、是より著作局始めて史職を罷む。大明宮初めて成るに及び、史館を門下省の南に置く。

九　隋代の殿内省

1　「開皇令」制の殿内局

隋の「開皇令」制に殿内省はなく、殿内局が置かれ門下省に属した。これは北魏の殿中監や北斉の殿内局を継受したものである。『通典』巻二六職官典・諸卿中・殿中監に次のようにある。

後魏亦有殿中監。北斉有殿中局、置監四人、属門下省、掌駕前奉引。隋改為殿内局、置監二人。

後魏亦た殿中監有り。北斉に殿中局有り、監四人を置き、門下省に属し、駕前の奉引を掌る。隋改めて殿内局と為し、監二人を置く。

とあり、隋の「開皇令」の殿内局は門下省に属し、隋王朝の避諱である「中」字を避けて殿内局とした。

「開皇令」の門下省を述べて、『隋書』巻二八百官志・下に、

門下省、納言二人、給事黄門侍郎四人、録事通事令史各六人。………（中略）………。統城門尚食尚薬符璽御府殿内等六局。城門局、校尉二人直長四人。尚食局、典御二人直長四人食医四人。尚薬局、典御二人侍御医直長各四人、医師四十人。符璽御府殿内局、監各二人直長各四人。

門下省、納言《のうげん》二人、給事黄門侍郎四人、録事・通事令史 各《おのおの》六人。………（中略）………。城門・尚食・尚薬・符璽・御府・殿内等の六局を統《す》ぶ。城門局は校尉二人・直長四人。尚食局は典御二人・直長四人・食医四人。尚薬局は典御二人・侍御医・直長 各《おのおの》四人、医師四〇人。符璽・御府・殿内局は監 各《おのおの》二人・直長 各《おのおの》四人。

とあり、門下省は城門・尚食・尚薬・符璽・御府・殿内の六局を統括し、六局には監と直長の流内官が置かれた。

殿内局の職務は杜佑の『通典』巻二六職官典・諸卿中・殿中省・尚舎局奉御に、

魏殿中監掌帳設監護之事。晋宋以下、其職並在殿中監。

魏の殿中監は帳設・監護の事を掌る。晋宋以下、其の職並びに殿中監に在り。

とあるように、皇帝の身の回りの帳設と監護が職務である。

2　「大業令」制の殿内省

殿内省は煬帝の大業三年（六〇七）の「大業令」において設置された新しい省である。『隋書』巻二八百官志・下に、

煬帝即位、多所改革。三年定令、品自第一至于第九、唯置正従、而除上下階。罷諸総管、廃三師特進官。分門下太僕二司、取殿内監名、以為殿内省、并尚書門下内史秘書、以為五省。

煬帝位に即き、改革する所多し。三年（六〇七）「令」を定め、品は第一より第九に至り、唯だ正従を置き、而し

て上下階を除く。諸総管を罷め、三師・特進の官を廃す。門下・太僕二司を分かち、殿内監の名を取り、以て殿内省と為し、尚書・門下・内史・秘書と并び、以て五省と為す。

とあり、『大唐六典』巻一〇秘書省「秘書省監一人、従三品」の註記に、

隋秘書与尚書門下内史殿中（殿内）為五省。　隋の秘書は尚書・門下・内史・殿内と与に五省と為す。

とある。右の『大唐六典』の記事には内侍省の府名がない。これは「大業令」において内侍省は長秋監と改名され、省でなくなったためである。『大唐六典』の記事は「隋秘書」とあり、隋代一般であるかのようにいうが、前掲した『隋書』巻二八百官志・下の記事と同じく、大業三年以降の状態を伝えたものである。

「開皇令」において、門下省の管轄下にあった殿内局を独立させ、『隋書』巻二八百官志・下に、

以城門殿内尚食尚薬御府等五局隷殿内省。

城門・殿内・尚食・尚薬・御府等の五局を以て殿内省に隷さしむ。

とあるように、同じく門下省の管轄下にあった城門・殿内・尚食・尚薬・御府等の五局を殿内省に移管し、『通典』巻二六職官典・諸卿中・殿中監に、

隋改為殿内局、置監二人。大業三年、分門下太僕二司、取殿内監名、以為殿内省。有監少監丞各一人、掌諸供奉、領尚食尚薬尚衣　尚食即旧御府　尚舎　即旧殿中局　尚乗　領左右六閑及諸閑　尚輦等六局。漢儀注曰、省中有五尚、即尚食尚冠尚衣尚帳尚席。或云、秦置六尚、謂尚冠尚衣尚食尚沐尚席尚書。若今殿中之任。毎局各置奉御二人、以総之、置直長、以貳之、属門下省。

隋は改めて殿内局と為し、監二人を置く。大業三年（六〇七）、門下・太僕の二司を分かち、殿内監の名を取り、以て殿内省と為す。監・少監・丞各《おのおの》一人有り、諸供奉を掌り、尚食・尚薬・尚衣　尚食は即ち旧の御府　尚舎　即ち旧の殿中局　尚乗　左右六閑及び諸閑を領す　尚輦等の六局を領す。漢の「儀注」に曰わく、「省中に五尚有り、即ち尚食・

尚冠・尚衣・尚帳・尚席」と。或いは云う、「秦は六尚を置く、謂いは尚冠・尚衣・尚食・尚沐・尚席・尚書」と。今の殿中の任の若《ごと》し。局毎に各《おのおの》奉御二人を置き、以て之を総《す》ぶ、直長を置き以て之の弐とし、門下省に属す。

とあるように、太僕寺が所管する尚乗局と尚輦局の二局を殿内省に移管し、殿内省の部局としたものである。

右の『通典』の記事において注意するべきは「属門下省」とある箇所である。すなわち、「大業令」制の殿内省は門下省に属する官府というのである。右の記事に続けて『通典』巻二六職官典・諸卿中・殿中監には、

大唐、改為殿中省。仍又加置少監二人丞亦二人。其官局職任、一如隋制、為一司、不属門下。

大唐、改めて殿中省と為す。仍お又た加えて少監二人・丞亦た二人を置く。其の官局・職任、一に隋制の如く、一司と為し、門下に属さず。

とあり、隋代の殿内省は門下省に属したが、唐代の殿中省は「大業令」の殿内省と官局・職任は同じであるが、門下省に属さないとあるから、「属門下省」は「不属門下省」の誤りではない。『通典』は「大業令」の殿内省は門下省に所属する官府であるというのである。「大業令」の官制では五省があったが、この五省は対等の五省ではないという。五省は省であるから対等とするべきと考えるのが、一般的であろう。『大唐六典』等の文献も「大業令」の殿内省は門下省に所属するといわないし、唐代になって門下省から独立した官府となったとはいわない。『通典』が強く主張するのは何か根拠があってのことであろうか。

『隋書』巻二八百官志・下には、

殿内省、置監 正四品 少監 従四品 丞 従五品 各一人、掌諸供奉。………（中略）………。城門［局］置校尉一人、降為正五品。後又改校尉為城門郎、置員四人、従六品。自殿内省隷為門下省官。

殿内省、監 正四品 少監 従四品 丞 従五品 各《おのおの》一人を置き、諸供奉《ぐぶ》を掌る。………（中略）………。城門局に校尉一人を置く、降して正五品と為す。後に又た校尉を改め城門郎と為し、員四人を置き、従六品。殿内省の隷より

門下省の官と為す。

とあり、大業三年（六〇七）以降に殿中省に属していた城門局を門下省に移管している。

「大業令」の秘書省の構成は次のようである。

監（総判省事・正四品）——少監（通判省事・従四品）——
- 丞（判省事・従五品）
- 尚舎局（殿内局）——奉御——直長
- 尚食局——奉御——直長
- 尚薬局——奉御——直長
- 尚衣局（御府局）——奉御——直長
- 尚乗局——奉御——直長
- 尚輦局——奉御——直長
- 城門局（一時期）——奉御——直長
- 奉車都尉（輿馬を進御するを掌る）

一〇　唐初の殿中省

1　殿内省

唐初の殿中省・殿内省は『旧唐書』巻四四職官志・殿中省に、

隋初、改為殿中局。煬帝改為殿内省、武徳、改為殿中省。

隋の初め、改めて殿中局と為す。煬帝改めて殿内省と為し、武徳に、改めて殿中省と為す。

とあり、武徳元年の唐王朝創始期に採用した官府名は殿中省であったと理解できる記事がある。

問題は「武徳、改為殿中省」であろう。「武徳に、改めて殿中省と為す」のであるから、何かを改める官府名があって殿中省としたのである。「何か」とは煬帝の殿内省であり、武徳元年に煬帝の殿内省を改称して殿中省としたと理解するべきであろうか。この点に関して『大唐六典』は次のようにいう。

大業三年、分門下省尚食尚薬御府殿内等局、分太僕寺車府驊騮等署、置殿内省、監正四品、少監従四品、丞従五品、各一人、掌諸供奉。………（中略）………。皇朝因、改曰殿中省。（巻一一殿中省「監一人、従三品」の註）

大業三年（六〇七）、門下省の尚食・尚薬・御府・殿内等の局を分かち、太僕寺の車府・驊騮《かりゅう》等の署を分かち、殿内省を置く、監は正四品、少監は従四品、丞は従五品、各《おのおの》一人、諸供奉《ぐぶ》を掌る。………（中略）………。皇朝因り、改めて殿中省と曰う。

『大唐六典』は「皇朝因、改曰殿中省」というから、最初、唐王朝は隋の何かに因って、官府名を採用し、それを改称して殿中省としたと理解できる。「隋の何かに因る」と推定したが、隋の「開皇令」では殿内省は存在しないから、「隋の何か」とは煬帝の殿内省しかない。唐王朝創始期に採用した官府名は殿内省であるとしてよい。それを改めて殿中省としたのである。『唐会要』巻六五殿中省には、武徳の初年は殿内省であったという。

武徳初、因隋旧制、為殿内省。三年、改殿中省。

武徳の初め、隋の旧制に因り、殿内省と為す。三年（六二〇）、殿中省と改む。

唐王朝が官名に「中」字を採用し、隋以前の官名に復帰したのは武徳三年（六二〇）三月である。『旧唐書』巻一高祖紀武徳三年三月己卯（一六日）の条に、

改納言為侍中、内史令為中書令、給事郎為給事中。

納言《のうげん》を改めて侍中と為し、内史令を中書令と為し、給事郎を給事中と為す。

とあるのが、その一事例である。『旧唐書』に「武徳改為殿中省」とあり、『大唐六典』に「改曰殿中省」とあるのは武徳三年三月の改称をいうものであって、武徳三年三月以前は「大業令」の殿内省という官府名を継受し、殿内省であったと想定できる。

2　殿中監

「殿内省」において述べたように、武徳の初年は殿内省であったから、その長官は殿内監であり、武徳三年になって官名に「中」字を採用したときに、殿中監と改称したのである。『旧唐書』巻四四職官志・殿中省「監一員」に、

従三品、魏初置、品第二、梁品第三、隋品第四、武徳品第三也。

従三品、魏初めて置き、品は第二、梁の品は第三、隋の品は第［正］四、武徳の品は第三なり。

とあり、武徳「官品令」では正三品であった。

3　殿中少監

『大唐六典』巻一一殿中省に「少監二人、従四品上」とあり、註記に少監の沿革を次のように説明する。

隋煬帝置一人、従四品。皇朝加至二人。

隋の煬帝　一人を置く、従四品。皇朝加えて二人に至る。

唐王朝の殿中少監は「大業令」を継受したものである。

4　殿中丞

『大唐六典』巻一一殿中省に「丞二人、従五品上」とあり、註記に、

隋煬帝置一人、従五品。皇朝加至二人。

隋の煬帝　一人を置き、従五品。皇朝　加えて二人に至る。

とある。殿内省は「大業令」から設置された新設の省であるから、「隋煬帝置一人、従五品」とあるのは正しい。

5 尚食局

杜佑の『通典』巻二六職官典・諸卿中・殿中省・尚食局奉御に、

尚食局奉御、始秦置六尚、有尚食焉。後漢以後、并其職於太官湯官。北斉門下省又有尚食局、置典御二人。後周有内膳上士中士。凡進食先嘗之。隋分属殿内、改典御為奉御、有二人。大唐因之。

尚食局奉御、始めて秦 六尚を置き、尚食有り。後漢以後、其の職を太官の湯官に并《あわ》す。北斉の門下省に又た尚食局有り、典御二人を置く。後周に内膳上士中士有り。凡《およ》そ食を進めば先ず之を嘗《な》む。隋 分かちて殿内に属し、典御を改めて奉御と為し、二人有り。大唐之に因る。

とあり、『大唐六典』巻一一殿中省・尚食局に「奉御二人、正五品下」とあり、註記に、

至隋開皇初、門下省統尚食局、有典御二人直長四人食医四人。大業三年、分属殿内、改典御為奉御、員二人、正五品。皇朝因之。

隋の開皇の初めに至り、門下省 尚食局を統《す》べ、典御二人・直長四人・食医四人有り。大業三年（六〇七）、分かちて殿内に属し、典御を改めて奉御と為し、員二人、正五品。皇朝之に因る。

とあるように、唐王朝の尚食局は「大業令」を継受したものである。

6 尚薬局

『大唐六典』巻一一殿中省・尚薬局に「奉御二人、五品下」とあり、註記に、

隋門下省統尚薬局典御二人正五品上直長四人正七品上医師四十人。大業三年、分属殿内、改

為奉御。皇朝因之。

隋の門下省は尚薬局典御二人正五品下・侍御医四人正七品上・直長四人正七品下・医師四〇人を統《す》ぶ。大業三年（六〇七）、分かちて殿内に属し、改めて奉御と為す。皇朝之に因る。

とあり、杜佑の『通典』巻二六職官典・諸卿中・殿中省・尚薬局奉御に、

尚薬局奉御、自梁陳以後、皆太医兼其職。北斉門下省有典御二人、隋如北斉之制。後改為奉御、而属殿内。大唐因之。

尚薬局奉御、梁・陳より以後、皆な太医　其の職を兼ぬ。北斉の門下省に典御二人有り、隋は北斉の制の如し。後に改めて奉御と為し、而して殿内に属す。大唐之に因る。

とあり、唐代の尚薬局は「大業令」の尚薬局を継受したものである。

7　尚衣局

『大唐六典』巻一一殿中省・尚衣局に「奉御二人、従五品上」とあり、註記に、

隋門下省有御府局、監二人。大業三年、分属殿内省。其後又改為尚衣局、皇朝因之。

隋の門下省に御府局有り、監二人。大業三年（六〇七）、殿内省に分属す。其の後又た改めて尚衣局と為し、皇朝之に因る。

とあり、もとの門下省御府局を尚衣局と改称し、大業三年に殿内省に移管し、唐王朝はそれを継受した。

8　尚舎局

『大唐六典』巻一一殿中省・尚舎局に「奉御二人、従五品」とあり、註記に、

隋煬帝置殿内監、改殿内局為尚舎局、置奉御二人、正五品。皇朝因之。

隋の煬帝 殿内監を置き、殿内局を改めて尚舎局と為し、奉御二人を置く、正五品。皇朝之に因る。

とあり、杜佑の『通典』巻二六職官典・諸卿中・殿中省・尚舎局奉御に、

尚舎局奉御、周礼有掌舍、掌行所解止之處帷幕幄帟之事。漢少府属官有守宮令丞、掌宮殿陳設。魏殿中監掌帳設監護之事。晋宋以下、其職並在殿中監。隋煬帝置殿内監、改殿内局、為尚舎局、置奉御二人。大唐因之。

尚舎局奉御、「周礼」に掌舍有り、行所解止の處・帷幕幄帟《あくえき》の事を掌る。漢の少府の属官に守宮令丞有り、宮殿の陳設を掌る。魏の殿中監は帳設監護の事を掌る。晋宋以下、其の職並びに殿中監に在り。隋の煬帝 殿内監を置き、殿内局を改め、尚舎局と為し、奉御二人を置く。大唐之に因る。

とある。「隋煬帝置殿内監」は間違いではないが、「隋煬帝置殿内省」のほうが文意はよく通る。大業三年に殿内省を置き、従来、門下省に属していた殿内局を尚舎局と改称し、殿内省の一部局とした。

9　尚乗奉御

尚乗局は隋の煬帝の大業三年（六〇七）に創設された殿中省の部局である。『大唐六典』巻一一殿中省・尚乗局に「奉御四人、従五品上」とあり、註記に、

自秦漢已来、其職皆在太僕。北斉太僕驊騮署有奉乗十人、管十二閑馬。隋煬帝取之、置尚乗局。皇朝因之、増置奉御四人。一人掌左六閑馬、一人掌右六閑馬、一人掌粟草飼丁請受配給及勾勘出入破用之事、一人掌鞍轡轡勒供馬調度及療馬医薬料度之事。

秦漢より已来、其の職皆な太僕に在り。北斉の太僕の驊騮《かりゅう》署に奉乗一〇人有り、一二閑馬を管す。隋の煬帝之を取り、尚乗局を置く。皇朝之に因り、奉御四人を増置す。一人は左六閑馬を掌り、一人は右六閑馬を掌り、一

人は粟草・飼丁・請受・配給、及び出入を勾勘し・破用の事を掌り、一人は鞍韉《あんせん》・轡勒《ひろく》・供馬の調度及び療馬・医薬料度の事を掌る。

とあり、杜佑の『通典』巻二六職官典・諸卿中・殿中省・尚乗奉御に、

尚乗局奉御、自秦漢以来、其職皆在太僕。北斉太僕驊騮署有奉御十人、管十二閑馬。隋煬帝取之、置尚乗局、署奉御二人。大唐因之、増置奉御四人。

尚乗局奉御、秦漢より以来、其の職皆な太僕に在り。北斉の太僕の驊騮《かりゅう》署に奉御一〇人有り、一二閑馬を管す。隋の煬帝之を取り、尚乗局を置き、奉御二人を署す。大唐之に因り、増して奉御四人を置く。

とある。「隋煬帝取之、置尚乗局」とあるのは正しい。

10　尚輦奉御

唐代の尚輦局は『大唐六典』巻一一殿中省・尚輦局に「奉御二人、従五品上」とあり、註記に、

煬帝置殿内省尚輦局奉御二人、正五品。皇朝因之、為従五品上。

煬帝　殿内省尚輦局奉御二人を置く、正五品。皇朝之に因り、従五品上と為す。

とあり、『通典』巻二六職官典・諸卿中・殿中省・尚輦局奉御に、

尚輦奉御。………（中略）………。煬帝置殿内省尚輦局、奉御二人。大唐因之。

尚輦奉御。………（中略）………。煬帝　殿内省尚輦局を置き、奉御二人。大唐之に因る。

とあるから、唐代の尚輦局は「大業令」の殿内省尚輦局を継受したものである。

唐初の殿中省は次のような構成となろう。

殿中監——殿中少監——殿中丞——┬尚食局——奉御二人————直長

尚薬局――奉御二人――直長
尚衣局――奉御二人――直長
尚舎局――奉御二人――直長
尚乗局――奉御二人――直長
尚輦局――奉御二人――直長

二　隋代の内侍省

1　「開皇令」制の内侍省

「開皇令」の内侍省は『隋書』巻二八百官志・下に次のようにある。

内侍省、内侍内常侍各二人、内給事四人、内謁者監六人、内寺伯二人、内謁者十二人、寺人六人、伺非八人、並用宦者。領内尚食掖庭宮闈奚官内僕内府等局。尚食置典御及丞各二人。餘各置令丞、皆二人。其宮闈内僕、則加置丞各一人。掖庭又有宮教博士二人。

内侍省、内侍・内常侍各《おのおの》二人、内給事四人、内謁者監六人、内寺伯二人、内謁者一二人、寺人六人、伺非八人、並びに宦者を用う。内尚食・掖庭・宮闈・奚官・内僕・内府らの局を領す。尚食に典御及び丞各《おのおの》二人を置く。餘は各《おのおの》令丞を置き、皆な二人。其の宮闈・内僕、則ち加えて丞各《おのおの》一人を置く。掖庭に又た宮教博士二人有り。

「開皇令」の内侍省は次のような構成となろう。

内侍――内常侍――内給事――内寺伯――内謁者監――内謁者
　　　　　　　　　　　　　　　　└内尚食局――典御――丞

掖庭局―令―丞―宮教博士
宮闈局―令―丞
奚官局―令―丞
内僕局―令―丞
内府（内者）局―令―丞

2　「大業令」制の長秋監

『通典』巻一九職官典・歴代官制・総序に、

大業三年、始行新令、有三臺五省五監十二衛十六府。殿内尚書門下内史秘書五省也。謁者司隷御史三臺也。少府長秋国子将作都水五監也。左右翊左右驍左右武左右屯左右禦左右候十二衛也。左右備身左右監門等凡十六府也。或是旧名、或是新置。諸省及左右衛武候領軍監門府為内官、自餘為外官。

大業三年（六〇七）、始めて新令を行い、三臺・五省・五監・一二衛・一六府有り。殿内・尚書・門下・内史・秘書五省なり。謁者・司隷。御史三臺なり。少府・長秋・国子・将作・都水五監なり。左右翊・左右驍・左右武・左右屯・左右禦・左右候一二衛なり。左右備身・左右監門ら凡そ一六府なり。或いは是れ旧名、或いは是れ新たに置く。諸省及び左右衛・武候・領軍・監門府を内官と為し、自餘は外官と為す。

とあり、煬帝は大業三年に制定した「大業令」の官制においては内侍省を廃止し、それに替わる官府として長秋監を設置した。『隋書』巻二八百官志・下に、

煬帝即位、多所改革。三年定令、品自第一至于第九、唯置正従、而除上下階。………（中略）………。改内侍省為長秋監。

煬帝位に即き、改革する所多し。三年（六〇七）に「令」（「大業令」）を定め、品は第一より第九に至り、唯だ正従を置き、而して上下階を除く。………（中略）………。内侍省を改め長秋監と為す。

とある。また『隋書』巻二八百官志・下には、

長秋監置令一人正四品少令一人従五品丞二人正七品。並用士人。改内常侍為内承奉、置二人、正五品。［内］給事為内承直、置四人、従五品。並用宦者。罷内謁者官。領掖庭宮闈奚官等三署、並参用士人。後又置内謁者員。

長秋監に令一人正四品・少令一人従五品・丞二人正七品を置く。並びに士人を用う。内常侍を改めて内承奉と為し、二人・正五品を置く。内給事を内承直と為し、四人・従五品を置く。並びに宦者を用う。内謁者の官を罷む。掖庭・宮闈・奚官等の三署を領し、並びに士人を参用す。後に又た内謁者の員を置く。

とあるから、煬帝は「開皇令」の内侍省を改名して長秋監としただけではないようで、長秋監令（正四品）長秋監少令（従五品）長秋監丞（正七品）の官を新設し、士人を任用し、内侍省の長官であった内侍を廃止し、通判官の内常侍を内承奉（正五品）、判官の内給事（従五品）を内承直と改名し、従来通り宦官を任用した。長秋監は掖庭・宮闈・奚官の部局を管轄したが、三部局の官人は「参用士人」とあるから、士人と宦官を参用したのである。

内侍省は宦官の牙城であるが、そこに士人を登用した点において、煬帝の長秋監は独創的というべきである。

「大業令」の長秋監は次のような構成となろう。

- 令（士人）
  - 少令（士人）―丞（士人）
    - 内謁者監
    - 内謁者（大業五年以降設置）
    - 掖庭署―令（参用士人）
    - 宮闈署―令（参用士人）
    - 奚官署―令（参用士人）
  - 内承奉（内常侍・宦人）―内承直（内給事・宦人）

一二　唐初の内侍省

1　内侍省

唐初の内侍省に関しては、『大唐六典』巻一二内侍省に「内侍四人、従四品上」とあり、註記に、

煬帝大業三年、改内侍省為長秋監、置令一人正四品少令一人従五品丞二人正七品、並用士人。……（中略）……。皇朝依開皇、復為内侍省、置内侍二人、今加至四人。

煬帝の大業三年（六〇七）、内侍省を改め長秋監と為し、令一人正四品・少令一人従五品・丞二人正七品を置き、並びに士人を用う。……（中略）……。皇朝は開皇に依り、復た内侍省と為し、内侍二人を置き、今加えて四人に至る。

とあり、『旧唐書』巻四四職官志・内侍省に、

隋為内侍省。煬帝改為長秋監。武徳復為内侍［省］。

隋は内侍省と為す。煬帝改めて長秋監と為す。武徳に復た内侍省と為す。

とあるように、唐王朝は「大業令」において設置されていた長秋監を廃止し、「開皇令」の内侍省の名を採用した。これは内侍省の官人は宦官から構成するという考えがあり、「大業令」のように、長秋監の名を採用すれば士人を採用すると、誤解を招くことを危惧したためである。

2　内侍

内侍省の長官である内侍に関して、『旧唐書』巻四四職官志・内侍省「内侍二員」に、

従四品上。漢魏曰長秋卿、梁曰大長秋、北斉曰中侍中、後周曰司内上士。隋曰内侍、置二人。煬帝曰長秋令、正四品。武徳復為中侍（内侍の誤記）。
従四品上。漢魏は長秋卿と曰い、梁は大長秋と曰い、北斉は中侍中と曰い、後周は司内上士と曰う。隋は内侍と曰い、二人を置く。煬帝は長秋令と曰い、正四品。武徳復た内侍と為す。

とあり、『大唐六典』巻一二内侍省に「内侍四人、従四品上」とあり、註記に、

皇朝依開皇、復為内侍省、置内侍二人、今加至四人。
皇朝は開皇に依り、復た内侍省と為し、内侍二人を置き、今加えて四人に至る。

とあり、杜佑の『通典』巻二七職官典・諸卿下・内侍省に、

煬帝改内侍省為長秋監、置令一人少令一人丞二人、並用士人、餘用宦者。領掖庭宮闈奚官三署、亦参用士人。大唐武徳初、改為内侍省、皆用宦者。
煬帝は内侍省を改めて長秋監と為し、令一人・少令一人・丞二人を置き、並びに士人を用い、餘は宦者を用う。掖庭・宮闈・奚官の三署を領し、亦た士人を参用す。大唐武徳の初め、改めて内侍省と為し、皆な宦者を用う。

とあるように、「開皇令」制によって内侍省の長官を内侍とした。

3　内常侍

内常侍に関しては『大唐六典』巻一二内侍省に「内常侍六人、正五品下」とあり、註記に、

隋内侍省、内常侍二人。煬帝改為内承奉、正五品。皇朝復為内常侍。
隋の内侍省、内常侍二人。煬帝改めて内承奉と為す、正五品。皇朝復た内常侍と為す。

とあり、「開皇令」制によって内侍省の長官を内常侍とした。

4　内給事

唐初の内給事に関して、杜佑の『通典』巻二七職官典・諸卿下・内侍省に、

後魏有中給事中、後改為中給事。北斉中侍中省有中給事中四人。煬帝改為内承直。大唐復為内給事、置八人。

後魏に中給事中有り、後に改めて中給事と為す。北斉の中侍中省に中給事中四人有り。煬帝改めて内承直と為す。大唐復た内給事と為し、八人を置く。

とあり、唐初は内給事とした。右の『通典』は「開皇令」の内侍省をいわないが、『隋書』巻二八百官志・下に「開皇令」制下の内侍省の官員を伝えて、

内侍省、内侍内常侍各二人、内給事四人、内謁者監六人、内寺伯二人、内謁者十二人、寺人六人、伺非八人、並用宦者。

内侍省、内侍・内常侍各《おのおの》二人、内給事四人、内謁者監六人、内寺伯二人、内謁者一二人、寺人六人、伺非八人、並びに宦者を用う。

とあり、「開皇令」の内侍省に内給事の官があったから、唐初は「大業令」の内承直の官名ではなく「開皇令」の内給事と官名を定めた。

5　内謁者監

唐初の内謁者監に関して、『大唐六典』巻一二内侍省に「内謁者十二人、従八品下」とあり、註記に、

後魏北斉有中謁者僕射。隋内侍省有内謁者監六人内謁者十二人。煬帝三年、罷内謁者。五年又置、皇朝因之。

後魏・北斉に中謁者・僕射有り。隋の内侍省に内謁者監六人・内謁者一二人有り。煬帝の三年（六〇七）、内謁者

を罷む。五年又た置き、皇朝之に因る。

とある。内謁者監は「開皇令」と「大業令」の両令にあった官名であるが、内侍省、内侍、内常侍、内給事は「開皇令」によっているから、唐初の内謁者監は「開皇令」によっているのである。

6　内謁者

唐初の内謁者に関して、『大唐六典』巻一二内侍省に「内謁者十二人、従八品下」とあり、註記に、

後魏北斉有中謁者僕射。隋内侍省有内謁者監六人内謁者十二人。煬帝三年、罷内謁者。五年又置、皇朝因之。

後魏・北斉に中謁者・僕射有り。隋の内侍省に内謁者監六人・内謁者一二人有り。煬帝の三年（六〇七）、内謁者を罷む。五年又た置き、皇朝之に因る。

とあり、杜佑の『通典』巻二七職官典・諸卿下・内侍省に、

隋内侍省有内謁者監六人内謁者十二人、大唐因之。

隋の内侍省に内謁者監六人・内謁者一二人有り、大唐之に因る。

とある。内謁者は「開皇令」と「大業令」の両令にあった官名であるが、内侍以下の官名が「開皇令」によっているから、唐初の内謁者は「開皇令」によっているのである。

7　内寺伯

唐初の内寺伯に関して、杜佑の『通典』巻二七職官典・諸卿下・内侍省に、

内寺伯、周礼寺人、掌王之内人及女宮之戒令。隋内侍省有内寺伯二人、大唐因之。

内寺伯、「周礼」の寺人、王の内人及び女宮の戒令を掌る。隋の内侍省に内寺伯二人有り、大唐之に因る。

とある。「大業令」の秋長監には内寺伯という官は存在しなかったから、内寺伯は「開皇令」制の内侍省の官の復活である。「開皇令」の内侍省の官員構成は『隋書』巻二八百官志・下に、

内侍省、内侍内常侍各二人、内給事四人、内謁者監六人、内寺伯二人、内謁者十二人、寺人六人、伺非八人、並用宦者。

内侍省、内侍・内常侍各《おのおの》二人、内給事四人、内謁者監六人、内寺伯二人、内謁者一二人、寺人六人、伺非八人、並びに宦者を用う。

とあり、「開皇令」の内侍省に内寺伯の官は置かれていた。

8　掖庭局

唐初の掖庭局に関して、杜佑の『通典』巻二七職官典・諸卿下・内侍省に、

掖庭局令、秦置永巷、漢武更名掖庭、置令。掌宮人簿帳公桑養蚕及女工等事。後漢掖庭令、掌後宮貴人采女。又有永巷令、典官婢、皆宦者並属少府。大唐置二人。

掖庭局令、秦は永巷を置き、漢武は掖庭に更名し、令を置く。宮人の簿帳・公桑養蚕及び女工等の事を掌る。後漢の掖庭令、後宮の貴人・采女を掌る。又た永巷令有り、官婢を典じ、皆な宦者並びに少府に属す。大唐二人を置く。

とあり、掖庭局が設置された。掖庭局は「開皇令」と「大業令」制でも設置されていた官である。

9　宮闈局

唐初の宮闈局に関して、杜佑の『通典』巻二七職官典・諸卿下・内侍省に、

宮闈局。令二人。隋置令、掌宮内門閤之禁及出納神主、并内給使名帳糧廩事。大唐因之。

宮闈局。令二人。隋は令を置き、宮内門閤の禁及び神主の出納、并せて内給使の名帳・糧廩の事を掌る。大唐之に因る。

とある。宮闈局は「開皇令」と「大業令」制でも設置されていた官である。

10　奚官局

唐初の奚官局に関して、杜佑の『通典』巻二七職官典・諸卿下・内侍省

奚官局、令二人。斉梁陳隋有奚官署令、掌守宮人使薬疾病罪罰喪葬等事。大唐置二人。

奚官局、令二人。斉・梁・陳・隋に奚官署令有り、守宮人・使薬・疾病・罪罰・喪葬等の事を掌る。大唐 二人を置く。

とある。奚官局は「開皇令」と「大業令」制でも設置されていた官である。

11　内僕局

唐初の内僕局に関して、『通典』巻二七職官典・諸卿下・内侍省に、

内僕局、令二人。後漢有中宮僕令、掌車輿雑畜及導等。大唐置二人。

内僕局、令二人。後漢に中宮僕令有り、車輿・雑畜・及び導等を掌る。大唐は二人を置く。

とあり、唐初の内侍省に内僕局が設置され、令二人が置かれた。

『大唐六典』巻一二内侍省・内僕局に「令二人、正八品下」とあり、註記に、

北斉長秋寺統中宮僕署令丞。隋内侍省統内僕局令丞。煬帝大業三年、廃内僕局、皇朝復置。

北斉の長秋寺　中宮僕署令・丞を統《す》ぶ。隋の内侍省は内僕局令・丞を統ぶ。煬帝の大業三年（六〇七）、内僕局を廃し、皇朝復た置く。

とあり、内僕局は「大業令」では廃止されていたから、「開皇令」制の内侍省内僕局の復活である。

12　内府局

唐初の内府局に関して、『通典』巻二七職官典・諸卿下・内侍省に、

内府局、令二人。漢有内者局令、隋曰内者、大唐為内府、置令二人、掌内庫出納帳設澡沐等。

内府局、令二人。漢に内者局令有り、隋は内者と曰い、大唐は内府と為し、令二人を置き、内庫の出納・帳設・澡沐等を掌る。

とある。「大業令」制では内府局はなかった官府であり、「開皇令」の内侍省の構成は『隋書』巻二八百官志・下に、

内侍省、内侍内常侍各二人、内給事四人、内謁者監六人、内寺伯二人、内謁者十二人、寺人六人、伺非八人、並用宦者。領内尚食掖庭宮闈奚官内僕内府等局。

内侍省、内侍・内常侍　各《おのおの》二人、内給事四人、内謁者監六人、内寺伯二人、内謁者一二人、寺人六人、伺非八人、並びに宦者を用う。内尚食・掖庭・宮闈・奚官・内僕・内府等の局を領す。

とあり、「開皇令」の内侍省に内府局は置かれていたから、唐初の内侍省内府局は「開皇令」の内府局の復活である。

唐初の内侍省は次のような構成となろう。

内侍――内常侍――内給事┬内寺伯
　　　　　　　　　　　├内謁者監――内謁者
　　　　　　　　　　　└掖庭局――令――丞

宮闈局—令—丞
奚官局—令—丞
内僕局—令—丞
内府局—令—丞

第二節　隋と唐初の尚書六部

一　隋代の尚書六部

1　「開皇令」制の尚書六部

隋初の尚書六部、すなわち、開皇二年（五八二）に制定された「開皇令」に規定されていたであろう尚書六部に関して、『隋書』巻二八百官志・下に次のようにある。

吏部尚書統吏部侍郎二人主爵侍郎一人司勲侍郎二人考功侍郎一人。礼部尚書統礼部祠部侍郎各一人、主客膳部侍郎各二人。兵部尚書統兵部職方侍郎各二人駕部庫部侍郎各一人。都官尚書統都官侍郎二人刑部比部侍郎各一人司門侍郎二人。度支尚書統戸部侍郎各二人金部倉部侍郎各一人。工部尚書統工部屯田侍郎各二人虞部水部侍郎各一人。凡三十六侍郎、分司曹務、直宿禁省、如漢之制。

吏部尚書は吏部侍郎二人・主爵侍郎一人・司勲侍郎二人・考功侍郎一人を統《す》ぶ。礼部尚書は礼部・祠部侍郎 各《おのおの》一人・主客・膳部侍郎 各《おのおの》二人を統ぶ。兵部尚書は兵部・職方侍郎 各《おのおの》二人・駕部・庫部侍郎 各《おのおの》一人を統ぶ。

都官尚書は都官侍郎二人・刑部・比部侍郎各《おのおの》一人・司門侍郎二人を統《す》ぶ。度支尚書は戸部侍郎各《おのおの》二人・金部・倉部侍郎各《おのおの》一人を統ぶ。工部尚書は工部・屯田侍郎各《おのおの》二人・虞部・水部侍郎各《おのおの》一人を統ぶ。凡《およ》そ三六侍郎、分司曹務、直宿禁省、漢制の如し。

「開皇令」の尚書六部は吏部・礼部・兵部・都官（刑部）・度支（民部）・工部の六部であり、唐代の吏部・戸部・礼部・兵部・刑官・工部とは各部の順序と名称が異なる。また長官である尚書を補佐する某部侍郎が設置されていない。各部は四司曹から構成されることは唐代と同じであるが、「開皇令」制の四司曹の長は侍郎といい、唐代のように郎中とはいわない。

尚書都官が尚書刑部、尚書度支が尚書民部と改称されたことによって、尚書都官の頭司が都官司曹から刑部司曹、尚書度支が度支司曹から民部司曹に変化したであろう。

前掲した『隋書』百官志の記事を整理すれば、「開皇令」制の尚書六部は次のようになろう。

左僕《ぼく》射《や》所管の尚書三部

尚書吏部

吏部尚書（正三品）
- 吏部司（侍郎二人）
- 主爵司（侍郎一人）
- 司勲司（侍郎二人）
- 考功司（侍郎一人）

右僕射所管の尚書三部

尚書都官（尚書刑部）

都官尚書（正三品）
（刑部尚書）
- 都官司（侍郎二人）
- 刑部司（侍郎一人）
- 比部司（侍郎一人）
- 司門司（侍郎一人）

尚書礼部
礼部尚書（正三品）
- 礼部司（侍郎一人）
- 祠部司（侍郎一人）
- 主客司（侍郎二人）
- 膳部司（侍郎二人）

尚書度支（尚書民部）
度支尚書（民部尚書）（正三品）
- 度支司（侍郎二人）
- 民部司（侍郎二人）
- 金部司（侍郎一人）
- 倉部司（侍郎二人）

尚書兵部
兵部尚書（正三品）
- 兵部司（侍郎二人）
- 職方司（侍郎二人）
- 駕部司（侍郎一人）
- 庫部司（侍郎一人）

尚書工部
工部尚書（正三品）
- 工部司（侍郎二人）
- 屯田司（侍郎二人）
- 虞部司（侍郎一人）
- 水部司（侍郎一人）

2　員外郎の設置

尚書二四司曹の長を侍郎といい、それを補佐する員外郎は「開皇令」においては設置されていない。員外郎が設置されたのは『隋書』巻二八百官志・下に、

［開皇］六年、尚書省二十四司、各置員外郎一人、以司其曹之籍帳。侍郎闕、則釐其曹事。

開皇六年（五八六）、尚書省二四司、各《おのおの》員外郎一人を置き、以て其の曹の籍帳を司る。侍郎闕ければ、則ち其の曹事を釐《おさ》める。

とあり、『大唐六典』巻二尚書吏部・吏部司の「員外郎二人、従六品上」の註記に、

隋文帝開皇六年、尚書二十四司、各置員外郎一人、品従第六、謂曹郎本員之外、復置郎也。煬帝三年、又廃二十四司員外郎、毎司減一郎、置承務郎一人、同開皇員外郎之職、曰選部承務郎。一人。

隋の文帝の開皇六年（五八六）、尚書二四司、各員外郎一人を置く、品従第六、曹郎本員の外、復た郎を置くを謂うなり。煬帝の三年（六〇七）、又た二四司員外郎を廃し、毎司一郎を減じ、承務郎一人を置く、開皇の員外郎の職に同じく、選部承務郎と曰う。一人。

とあるように、開皇六年である。

3　「大業令」制の尚書六部

大業三年（六〇七）に制定された「大業令」制の尚書六部の構成は『隋書』巻二八百官志・下に記事がある。

尚書省六曹、各侍郎一人、以貳尚書之職。又増左右丞階、与六侍郎、並正四品。諸曹侍郎、並改為郎。又改吏部為選部郎、戸部（民部）為人部郎、礼部為儀曹郎、兵部為兵曹郎、刑部為憲部郎、工部為起部郎、以異六侍郎之名。廃諸司員外郎、而毎増置一曹郎、各為二員。都司郎各一人、品同曹郎、掌都事之職。以都事為正八品、分隷六尚書。諸司主事、並去令史之名。其令史隨曹閑劇而置。毎十令史、置一主事、不満十者、亦置一人。其餘四省三臺、亦皆曰令史、九寺五監諸衛府、則皆曰府史。後又改主客郎為司蕃郎。尋又毎減一郎、置承務郎一人、同員外之職。

尚書省六曹、各《おのおの》侍郎一人、以て尚書の職に貳《じ》す。又た左右丞の階を増し、六侍郎と与《とも》に、並びに正四品。諸曹侍郎、並びに改めて郎と為す。又た吏部を改めて選部郎と為し、民部を人部郎と為し、礼部を儀曹郎と為し、兵部を兵曹郎と為し、刑部を憲部郎と為し、工部を起部郎と為し、以て六侍郎の名と異にす。諸司員外郎を廃し、而して一曹郎を増置する毎に、各《おのおの》二員と為す。都司郎は各《おのおの》一人、品は曹郎に同じく、都事の職を掌る。都事を以て正八品と為し、六尚書に分隷せしむ。諸司主事、並びに令史の名を去る。其の令史 曹の閑劇に随いて置く。一〇令史毎に、一主事を置き、一〇に満たざれども、亦た一人を置く。其の餘の四省三臺、亦た皆な令史と曰い、九寺・五監・諸衛府は、則ち皆な府史と曰う。後に又た主客郎を改めて司蕃郎と為す。尋いで又た一郎を減じる毎に、承務郎一人を置く、員外の職に同じ。

「大業令」の尚書六部は某部尚書の補佐として侍郎が設置され、二四司曹の侍郎は「侍」を取って、単に「郎」とし、各部と頭司の名称が同名にならないようにした。すなわち、尚書吏部の頭司は選部司、尚書礼部の頭司は儀曹司、尚書兵部の頭司は兵曹司、尚書刑部の頭司は憲部司、尚書民部の頭司は人部司、尚書工部の頭司は起部司と改名した。

『旧唐書』巻一九〇上・文苑上・袁朗伝に、

袁朗、雍州長安人。陳尚書左僕射枢之子。………（中略）………。陳亡、仕隋、為尚書儀曹郎。武徳初、授斉王文学祠部郎中、封汝南県男。再転給事中。貞観初、卒官。太宗為之、廃朝一日。

袁朗、雍州長安の人。陳の尚書左僕射《ぼくや》・枢の子なり。………（中略）………。陳亡び、隋に仕え、尚書儀曹郎と為る。武徳の初め、斉王文学・祠部郎中を授かり、汝南県男に封ぜらる。再び給事中に転ず。貞観の初め、官に卒す。太宗之が為に、廃朝すること一日。

とあり、袁朗が隋の儀曹郎になっている。これは官名から考えて大業三年以降のことである。

『旧唐書』巻七三薛収伝に付伝された薛元敬伝に、

元敬、隋選部侍郎邁子也。有文学、少与収及収族兄徳音、斉名。時人謂之河東三鳳。

元敬、隋の選部侍郎・邁の子なり。文学有り、少《わか》くして収及び収の族兄・徳音と与《とも》に、名を斉《ひと》しくす。時人之を「河東の三鳳」と謂う。

とあり、『新唐書』巻八七沈法興伝に、隋末のこととして、

　劉子翼為選部侍郎、李百薬為掾。　劉子翼を選部侍郎と為し、李百薬を掾と為す。

とあって、隋代に選部侍郎の官名が登場する。この「選部侍郎」の表記が正しいとするなら、「大業令」の尚書吏部は尚書選部であり、吏部尚書は選部尚書であったことになり、尚書礼部は尚書儀曹であり、礼部尚書は儀曹尚書、尚書兵部は尚書兵曹であり、兵部尚書は兵曹尚書、尚書刑部は尚書憲部であり、刑部尚書は憲部尚書、尚書民部は尚書人部であり、民部尚書は人部尚書、尚書工部は尚書起部であり、工部尚書は起部尚書であったことになる。

　『隋書』巻三煬帝紀大業三年九月の条に、

　癸酉、以民部尚書楊文思為納言。　癸酉、民部尚書の楊文思を以て納言《のうげん》と為す。

とあり、『隋書』巻三煬帝紀四年春正月の条に、

　壬申、以太府卿元寿為内史令、鴻臚卿楊玄感為礼部尚書。

　壬申、太府卿の元寿を以て内史令と為し、鴻臚卿の楊玄感を礼部尚書と為す。

とあり『隋書』巻三煬帝紀四年春正月の条に、

　癸酉、以工部尚書衛玄為右候衛大将軍、大理卿長孫熾為民部尚書。

　癸酉、工部尚書の衛玄を以て右候衛大将軍と為し、大理卿の長孫《ちょうそん》熾《し》を民部尚書と為す。

とあり、『隋書』巻三煬帝紀大業六年の条に、

　冬十月壬申、刑部尚書梁毗卒。壬子、民部尚書銀青光禄大夫長孫熾卒。

　冬一〇月壬申、刑部尚書の梁毗卒す。壬子、民部尚書・銀青光禄大夫の長孫熾卒す。

とあり、『隋書』巻三煬帝紀大業六年の条に、

　十二月己未、左光禄大夫吏部尚書牛弘卒。　一二月己未、左光禄大夫・吏部尚書の牛弘卒す。

とあり、民部尚書、礼部尚書、工部尚書、刑部尚書、吏部尚書の官名がみえる。「選部侍郎」の表記は根拠を失う。

薛邁に関して『隋書』巻五七薛道衡伝に、

道衡兄子邁、官至選部郎、従父弟道実、官至礼部侍郎離石太守、並知名於世。

道衡の兄の子・邁、官は選部郎に至り、従父弟の道実、官は礼部侍郎・離石太守に至り、並びに名を世に知らる。

とあり、『隋書』巻六八何稠《かちょう》伝に、

大業初、煬帝将幸揚州、謂稠曰、今天下大定。朕承洪業、服章文物、闕略猶多。卿可討閲図籍、営造輿服羽儀、送至江都也。其日、拝太府少卿。稠於是営黄麾三萬六千人仗、及車輿輦輅皇后鹵簿百官儀服、依期而就、送於江都。所役工十萬餘人、用金銀銭物鉅億計。帝使兵部侍郎明雅選部郎薛邁等勾覈之、数年方竟、毫釐無舛。稠参会今古、多所改創。

大業の初め、煬帝将《まさ》に揚州に幸せんとし、稠に謂いて曰わく、「今天下大いに定まる。朕は洪業を承け、服章文物、闕略すること猶お多し。卿は図籍を討閲し、輿服・羽儀を営造し、送りて江都に至るべきなり」と。其の日、太府少卿を拝す。稠は是に於いて黄麾三萬六千人の仗を営し、車輿輦輅・皇后鹵簿・百官儀服に及んでは、期に依りて就《な》り、江都に送る。役する所の工は十萬餘人、金銀銭物を用いること鉅億もて計う。帝は兵部侍郎の明雅・選部郎の薛邁等をして之を勾覈《こうかく》せしめ、数年にして方に竟《おわ》り、毫釐《ごうり》も舛《たが》うなし。稠は今古を参会し、改創する所多し。

とあるから、『旧唐書』巻七三薛元敬伝の「選部侍郎」は「選部郎」の誤記であることが確認できる。

「大業令」では開皇の尚書二四司曹の員外郎は承務郎とされた。承務郎に関する記事は『隋書』巻六三衛玄伝に、

子孝則、官至通事舎人兵部承務郎、早卒。　子の孝則、官は通事舎人・兵部承務郎に至り、早く卒す。

とあるが、「兵部承務郎」は兵曹承務郎とあるべきである。『隋書』巻六四陳茂伝に、子供の政（字は弘道）を述べて、

煬帝時、授協律郎、遷通事謁者兵曹承務郎。帝美其才、甚重之。宇文化及之乱也、以為太常卿。後帰大唐、卒於

梁州総管。

煬帝の時、協律郎を授り、通事謁者・兵曹承務郎に遷る。帝は其の才を美《よし》とし、甚だ之を重んず。宇文化及の乱するや、以て太常卿と為る。後に大唐に帰し、梁州総管に卒す。

とあり、兵曹承務郎とある。また『隋書』巻六八宇文愷《うぶんがい》伝に、子供の温の官を、

子儒童、游騎尉。少子温、起部承務郎。　子の儒童、游騎尉。少子の温、起部承務郎。

といい、『旧唐書』巻五七裴寂伝に、裴寂の駕部承務郎就任をいう。

大業中、歴侍御史駕部承務郎晋陽宮副。　大業中（六〇五～六一六）、侍御史・駕部承務郎・晋陽宮副を歴す。

右に示した史料を整理すれば次のようになろう。

左僕射《ぼくや》所管の尚書三部

尚書吏部

吏部尚書——吏部侍郎（一人・正四品）
- 選部司（選部郎一人・選部承務郎一人）
- 主爵司（主爵郎一人・主爵承務郎一人）
- 司勲司（司勲郎一人・司勲承務郎一人）
- 考功司（考功郎一人・考功承務郎一人）

尚書礼部

礼部尚書——礼部侍郎（一人・正四品）
- 儀曹司（儀曹郎一人・儀曹承務郎一人）
- 祠部司（祠部郎一人・祠部承務郎一人）
- 主客司（主客郎一人・主客承務郎、大業五年に司蕃郎と改称）
- 膳部司（膳部郎一人・膳部承務郎一人）

尚書兵部

兵部尚書——兵部侍郎（一人・正四品）
- 兵曹司（兵曹郎一人・兵曹承務郎一人）
- 職方司（職方郎一人・職方承務郎一人）
- 駕部司（駕部郎一人・駕部承務郎一人）
- 庫部司（庫部郎一人・庫部承務郎一人）

右僕射《ぼくや》所管の尚書三部

尚書刑部

刑部尚書——刑部侍郎（一人・正四品）
- 憲部司（憲部郎一人・憲部承務郎一人）
- 都官司（都官郎一人・都官承務郎一人）
- 比部司（比部郎一人・比部承務郎一人）
- 司門司（司門郎一人・司門承務郎一人）

尚書民部

民部尚書——民部侍郎（一人・正四品）
- 人部司（人部郎一人・人部承務郎一人）
- 度支司（度支郎一人・度支承務郎一人）
- 金部司（金部郎一人・金部承務郎一人）
- 倉部司（倉部郎一人・倉部承務郎一人）

尚書工部

工部尚書——工部侍郎（一人・正四品）
- 起部司（起部郎一人・起部承務郎一人）
- 屯田司（屯田郎一人・屯田承務郎一人）
- 虞部司（虞部郎一人・虞部承務郎一人）
- 水部司（水部郎一人・水部承務郎一人）

4　隋唐の「左行」と「右行」

左僕射の管轄下にある尚書三部を左行といい、右僕射の管轄下にある尚書三部を右行という。隋代の左行と右行に関して、『隋書』巻二八百官志・下に、

［開皇］三年四月、詔、尚書左僕射掌判吏部礼部兵部三尚書事、御史糾不当者、兼糾弾之。尚書右僕射、掌判都官度支工部三尚書事、又知用度。餘並依旧。

開皇三年（五八三）四月、詔す、「尚書左僕射は吏部・礼部・兵部の三尚書事を判じ、御史糾して当たらざるは、兼ねて之を糾弾するを掌り、尚書右僕射は都官・度支（民部）・工部の三尚書事を判じ、又た用度を知《す》ぶるを掌る。餘は並びに旧に依れ」と。

とあり、「開皇令」では尚書左僕射は吏部・礼部・兵部の三尚書事を管轄し、尚書右僕射は都官・度支（民部）・工部の三尚書事を管轄した。「開皇令」の左行は吏部・礼部・兵部の三部、右行は都官・度支（民部）・工部の三部であり、「吏・礼・兵・都官（刑部）・度支（民部）・工」もしくは「吏・礼・兵・刑・民・工」であった＊。

また『大唐六典』巻二尚書吏部「侍郎二人正四品上」の註記には、

隋煬帝三年、尚書六曹、吏部礼部兵部刑部民部工部、各置侍郎一人、以貳尚書之職、並正第四品。

隋の煬帝三年（六〇七）、尚書六曹、吏部・礼部・兵部・刑部・民部・工部、各《おのおの》侍郎一人を置き、以て尚書の職

に貳《じ》し、並びに正第四品。

とあり、「大業令」制下の尚書六部の順序を「吏・礼・兵・刑・民・工」とする。これは「開皇令」と同じ順序であるから、「大業令」では「開皇令」の左行・右行の順序をそのまま継受したことがわかる。

唐代の尚書六部の左行・右行に関しては、『旧唐書』巻四二職官志の開元二五年の官品一覧「正第三品」の項に、

戸部・礼部・兵部・刑部・工部尚書。

とあり、註記に、

武徳〔七年〕令、礼部次吏部、兵部次之、民部次之。貞観年、改以民部次礼部、兵部次之。則天初、又改以戸部次吏部、礼部次之、兵部次之。

「武徳七年令」に、「礼部は吏部に次ぎ、兵部之に次ぎ、民部之に次ぐ」と。貞観の年（『唐会要』巻五七は「貞観令」とする）、「改めて民部を以て礼部に次ぎ、兵部之に次ぐ」と。則天の初め（則天武后の初年は六八四）、又た改めて戸部を以て吏部に次ぎ、礼部之に次ぎ、兵部之に次ぐ。

とある。武徳七年（六二四）制定の「武徳令」では「吏部・礼部・兵部・民部・刑部・工部」の順であり、貞観某年の規定では「吏部・礼部・民部・兵部・刑部・工部」の順となった。従来は右僕射の所管であった民部が左僕射の所管となった。そして則天の治世になって「吏部・戸部・礼部・兵部・刑部・工部」の順となったとある。民部は貞観末年に戸部と改称されたが、則天武后の治世に左行のうちでも、吏部に次ぐ位置を占めることとなった。

『唐会要』巻五七尚書省諸司上・分行次第に、

武徳〔七年〕令、吏礼兵民刑工等部。貞観令、吏礼民兵刑工等部。光宅元年九月五日、改為六官、准周礼、分即今之次第、乃是也。

「武徳七年令」に、「吏・礼・兵・民・刑・工等の部」と。「貞観令」に、「吏・礼・民・兵・刑・工等の部」と。

光宅元年（六八四）九月五日、改めて六官と為し、「周礼」に准じ、即今の次第に分かつは、乃ち是れなり。

とあり、「武徳令」では「吏部・礼部・兵部・民部・刑部・工部」であり、「貞観令」では「吏部・礼部・民部・兵部・刑部・工部」であり、則天の治世の光宅元年（六八四）九月になって、『周礼』に準じて、即今の次第、すなわち、現行の「吏部・戸部・礼部・兵部・刑部・工部」の順となったという。『大唐六典』の尚書六部の記述順序は、光宅元年の規定に従っているのである。

杜佑の『通典』巻二二職官典・尚書上・尚書省に、

都堂之東、有吏部戸部礼部三行、毎行四司。左司統之。都堂之西、有兵部刑部工部三行、毎行四司。右司統之。凡二十四司、分曹共理、而天下之事尽矣。

都堂の東、吏部・戸部・礼部の三行有り、毎行四司。左司之を統《す》ぶ。都堂の西、兵部・刑部・工部の三行有り、毎行四司。右司之を統ぶ。凡《およ》そ二四司、曹を分かち共に理め、而して天下の事尽す。

とあり、『旧唐書』巻四三職官志尚書都省・尚書令に、

其属有六尚書。一曰吏部、二曰戸部、三曰礼部、四曰兵部、五曰刑部、六曰工部。

とあるのは、光宅元年（六八四）以降の左右行をいい、開元七年（七一九）や開元二五年の左右行をいうものである。『周礼』は天官・地官・春官・夏官・秋官・冬官の六篇から構成され、天官は治を所管し、長官は天官冢宰という。地官は教を所管し、長官は司徒という。春官は礼を所管し、長官は宗伯という。夏官は兵を所管し、長官は司馬という。秋官は刑を所管し、長官は司寇という。冬官は土木工作を所管し、長官は司空という。則天武后は光宅元年になって、『周礼』の六官に準じて尚書六部を列べ替え、以後は『周礼』の六官の順序が尚書六部の順序として定着した。

＊　『通典』巻二二職官典・尚書上「僕射　左右丞」には同じことを伝えて次のようにある。

隋文帝開皇三年、詔、左右僕射従二品。左掌判吏部礼部兵部三尚書、御史糾不当者、兼糾弾之。右掌判都官度支工部三尚書。

又知用度。餘並依旧。

隋の文帝の開皇三年（五八三）、詔す、「左右僕射は従二品。左は吏部・礼部・兵部の三尚書を判じ、御史糾して当たらざるは、兼ねて之を糾弾するを掌る。右は都官・度支・工部の三尚書を判じ、又た用度を知《す》ぶるを掌る。餘は並びに旧に依れ」と。

二　唐初の尚書吏部

1　吏部尚書

唐初の吏部尚書は『唐会要』巻五八尚書省諸司・中・吏部尚書に、

武徳元年、因隋旧制。龍朔二年、改為司列太常伯。

武徳元年（六一八）、隋の旧制に因る。龍朔二年（六六二）、改めて司列太常伯と為す。

とある。龍朔二年に司列太常伯となったが、それ以前は「隋旧制」を継受していた。『唐会要』にいう「隋旧制」とは「大業令」に規定する官制のことである。「大業令」では吏部尚書であったから、武徳初年は吏部尚書といっていたはずである＊。

『唐会要』がいう「隋旧制」とは、後でも縷々述べるように、「大業令」に規定する官制という意味であり、「開皇令」の官制でもなく、大業一二年以降の官制でもないことに注意する必要がある。「大業令」では吏部尚書といい、頭司の司曹を選部といった。

吏部尚書を天官尚書というのは、則天武后は光宅元年以降のことで、『周礼』の天官・地官・春官・夏官・秋官・冬官の六篇に準じて尚書六部を列べ替え、『周礼』の天官を吏部に配当したためである。唐代の「左行」が「吏・戸・礼」、「右行」が「兵・刑・工」となったのは、いつに光宅元年に『周礼』の六篇に準じた結果である。

＊　厳耕望氏の『唐僕尚丞郎表』によれば、武徳元年に李綱の吏部尚書就任をいうが、繫年に絶対的信頼性はない。

2　吏部侍郎

唐初の吏部侍郎は『唐会要』巻五八尚書省諸司・中・吏部侍郎に、

武徳初、因隋旧制。至七年二月省。貞観二年正月十日、復置。

武徳の初め（六一八）、隋の旧制に因る。七年（六二四）二月に至り省く。貞観二年（六二八）正月一〇日、復た置く。

とある。吏部侍郎は「大業令」において創設された官であり、「隋旧制」は大業三年（六〇七）制定の大業官制を指すものである。吏部侍郎は「隋旧制」により武徳元年から設置されていた。また武徳元年より尚書吏部の長官を吏部尚書といっていたから、通判官である侍郎は吏部侍郎という名称であったことになる。

右の史料には「至七年二月省」とあり、武徳七年二月から貞観二年正月まで吏部侍郎が廃止されたとする。『旧唐書』巻一高祖紀武徳七年の条に、

三月戊寅、廃尚書省六司侍郎、増吏部郎中秩、正四品［上］、掌選事。

三月戊寅、尚書省六司侍郎を廃し、吏部郎中の秩を増し、正四品上、選事を掌る。

とあり、『旧唐書』巻四二職官志・正第四品上階・吏部侍郎の註記に、

武徳七年、省諸司侍郎。吏部郎中為正四品上。貞観三年、復置侍郎、其吏部郎中復旧、為［従］五品下（「下」は「上」）。

武徳七年、諸司侍郎を省く。吏部郎中を正四品上と為す。貞観三年（「貞観三年」は「貞観二年」の誤記）、復た侍郎を置き、其の吏部郎中　旧に復し、従五品上と為す。

とあり、『旧唐書』巻二太宗紀貞観二年正月の条に、

復置六侍郎、副六尚書事、并置左右司郎中各一人。

復た六侍郎を置き、六尚書事を副《たす》け、并せて左右司郎中 各《おのおの》一人を置く。

とあり、武徳七年から貞観二年まで尚書六司侍郎（尚書六部侍郎）が廃止されたとする記事があり、次に示す「吏部郎中」の記事にも同じことをいう＊。そうであれば、武徳七年に制定された唐王朝の最初の武徳「官品令」や武徳「三師三公臺省職員令」に尚書六部侍郎はなかったことになる。

厳耕望氏の『唐僕尚丞郎表』（中央研究院歴史語言研究所）によれば、武徳六年から貞観二年までの六部侍郎の箇所には侍郎姓名を諸史料から復元し配当されているが、明確の記年を有する史料によっているのではなく、前後を考えて武徳六年から貞観二年までに配当されているだけのことであり、右に列挙した尚書六部侍郎の廃止記事による限り、厳耕望氏の復元は信頼性を闕く。

＊　杜佑の『通典』巻二二職官典・尚書上・歴代郎官に、尚書六部侍郎の廃止をいう。

武徳六年、廃六司侍郎。貞観二年、復旧。　武徳六年（六二三）、六司侍郎を廃す。貞観二年、旧に復す。

3　吏部郎中

唐初の吏部郎中は『唐会要』巻五八尚書省諸司・中・吏部郎中の条に、

武徳元年、因隋旧号、為選部郎。三年、除（「除」は「加」の誤写）中字。至五年六月一日、又改為吏部郎中。七年、廃侍郎、加郎中秩、正四品上、掌流内選事。貞観二年、復置侍郎、乃降依本秩、亦罷掌選事。

武徳元年（六一八）、隋の旧号に因り、選部郎と為す。三年、「中」字を加う。五年六月一日に至り、又た改めて吏部郎中と為す。七年（六二四）、侍郎を廃し、郎中に秩・正四品上を加え、流内の選事を掌る。貞観二年（六二

八）、復た侍郎を置き、乃ち降して本秩に依り、亦た選事を掌るを罷む。

とある。吏部郎中の沿革は武徳元年（六一八）に唐王朝が創始されたとき、「大業令」をそのまま継受して、選部郎が置かれた。武徳三年になって、「中」字を加えて選部郎中となり、武徳五年六月に吏部郎中と改称された。これによって、唐王朝が創始されたとき、「大業令」をそのまま継受して選部郎が置かれたことが明らかとなる。『唐会要』のいう「隋旧号」とは「大業令」官制における官名という意味である。

『通典』巻二三職官典・尚書下・吏部郎中の註記に、

隋初、諸曹郎皆謂之侍郎。煬帝三年、置六司侍郎。後遂改諸曹侍郎、但曰郎。其吏部郎改為選部郎。国初、復為選部郎中。武徳二年、選部郎中鄭元璹、以贓犯處極刑是也。五年、改為吏部郎中。龍朔二年、改為司列大夫、選補流外官、謂之小銓。

隋の初め、諸曹郎皆な之を侍郎と謂う。煬帝の三年（六〇七）、六司侍郎を置く。後に遂に諸曹侍郎を改めて、但だ郎と曰う。其の吏部郎改めて選部郎と為す。国初、復た選部郎中と為す。武徳二年（六一九）、選部郎中の鄭元《ていげん》璹《いく》、贓犯（官物の横領）を以て極刑に處せらるは是れなり。五年（六二二）、改めて吏部郎中と為す。龍朔二年（六六二）、改めて司列大夫と為し、流外官を選補す、之を小銓《しょうせん》と謂う。

と、唐初の選部郎・鄭元璹の在任例を伝えているが、武徳二年であれば、選部郎中とあるのは適当ではなく、選部郎とあるべきである。

4　吏部員外郎

『大唐六典』巻二尚書吏部・吏部司に「員外郎二人、従六品上」とあり、註記に、

煬帝三年、又廃二十四司員外郎、毎司減一郎、置承務郎一人、同開皇員外郎之職。曰選部承務郎一人。皇朝尚書

諸曹、各置員外郎、吏部置二人。

煬帝の三年（六〇七）、又た二四司員外郎を廃し、毎司一郎を減じ、承務郎一人を置く、開皇員外郎の職に同じ。〔選部は〕選部承務郎と曰う。一人。皇朝の尚書諸曹、各《おのおの》員外郎を置き、吏部は二人を置く。

とある。右の史料では吏部員外郎の沿革は充分明らかではないが、「大業令」では選部承務郎という名称であった。武徳元年には「大業令」の官名・選部承務郎を継受したはずである。武徳三年に他の承務郎と同じく、選部員外郎となり、選部郎中を吏部郎中と改称したのが貞観五年であるから、この時に選部員外郎も吏部員外郎となったものであろう。

5　主爵郎中

唐初の主爵郎中（開元二四年に改称して司封郎中という）は、『大唐六典』巻二尚書吏部・司封司に「司封郎中一人、従五品上」とあり、註記に、

隋文帝為主爵侍郎、煬帝改為主爵郎。武徳初、為主爵郎中。

隋の文帝 主爵侍郎と為し、煬帝改めて主爵郎と為す。武徳の初め、主爵郎中と為す。

とあり、『唐会要』巻五八尚書省諸司・中・司封郎中の条に、

武徳元年、因隋旧号、為主爵郎中。　武徳元年（六一八）、隋の旧号に因り、主爵郎中と為す。

とあるが、前掲した「吏部郎中」の記事から明白なように、武徳元年に主爵郎中と呼称することはあり得ず、『唐会要』の記事は、「武徳元年、因隋旧号、為主爵郎」の誤りであり、『大唐六典』の「武徳初、為主爵郎中」の「武徳初」は武徳三年のことである。唐代の主爵郎中の沿革に関して『大唐六典』と『唐会要』の記事は正確ではない。

右の『唐会要』のいう「隋旧号」とは「大業令」官制における官名という意味である。

6　主爵員外郎

『大唐六典』巻二尚書吏部・司封司に「員外郎一人、従六品上」とあり、註記に、

隋文帝置。煬帝改為主爵承務郎。武徳初、為主爵員外郎。

隋の文帝置く。煬帝改めて主爵承務郎と為す。武徳の初め、主爵員外郎と為す。

とある。右の「武徳初」は正確には武徳三年を指す。このことは『大唐六典』巻六尚書刑部・刑部司に「員外郎二人、従六品上」の註記に、

隋開皇六年、置刑部員外郎。煬帝改為憲部承務郎、皇朝因之。武徳三年、改曰刑部員外郎。

隋の開皇六年（五八六）、刑部員外郎を置く。煬帝改めて憲部承務郎と為し、皇朝之に因る。武徳三年（六二〇）、改めて刑部員外郎と曰う。

とあることによって明らかである。「主爵員外郎」は武徳元年から三年までは、主爵承務郎といっていたはずである。

7　司勲郎中

唐初の司勲郎中は『大唐六典』巻二尚書吏部・司勲司に「司勲郎中一人、従五品上」とあり、註記に、

隋文帝立、司勲侍郎二人。煬帝改為司勲郎。武徳初、為司勲郎中。

隋の文帝立ち、司勲侍郎二人。煬帝改めて司勲郎と為す。武徳の初め、司勲郎中と為す。

とあり、『唐会要』巻五八尚書省諸司・中・司勲郎中の条に、

隋為司勲郎。武徳初、加中字。　隋は司勲郎と為す。武徳の初、「中」字を加う。

とあるが、この「武徳初」は武徳元年ではなく、武徳三年（六二〇）を指し、武徳元年から三年までは司勲郎といい、

三年以降に司勲郎中となったのである。

8　司勲員外郎

『大唐六典』巻二尚書吏部・司勲司に「員外郎二人、従六品上」とあり、註記に、

隋文帝置。煬帝改為司勲承務郎。皇朝復為司勲員外郎。

隋の文帝置く。煬帝改めて司勲承務郎と為す。皇朝復た司勲員外郎と為す。

とある。司勲員外郎は武徳三年以降のことであるから、武徳元年から三年までは司勲承務郎といっていたはずである。

9　考功郎中

唐初の考功郎中は『大唐六典』巻二尚書吏部・考功司に「考功郎中一人、従五品上」とあり、註記に、

北斉有考功郎中。隋文帝置考功侍郎。煬帝改為考功郎、皇朝改為考功郎中。

北斉に考功郎中有り。隋の文帝 考功侍郎を置く。煬帝は改めて考功郎と為し、皇朝改めて考功郎中と為す。

とあり、『唐会要』巻五八尚書省諸司・中・考功郎中の条に、

隋為考功郎。武徳初、加中字。　隋は考功郎と為す。武徳の初め、「中」字を加う。

とある。考功郎中は「中」字が加えられた武徳三年（六二〇）以降の官名で、「武徳初、加中字」の「武徳初」とは具体的には「中」字が加えられた武徳三年を指し、武徳元年から三年までは考功郎であったはずである。

10　考功員外郎

『大唐六典』巻二尚書吏部・考功司に「員外郎一人、従六品上」とあり、註記に、

隋文帝置、煬帝改為承務郎、皇朝復為考功員外郎。

隋の文帝置き、煬帝改めて承務郎と為し、皇朝復た考功員外郎と為す。

とある。考功員外郎は武徳三年以降の官名である。このことは先に示した『大唐六典』巻六尚書刑部・刑部司に「員外郎二人、従六品上」の註記に、

隋開皇六年、置刑部員外郎。煬帝改為憲部承務郎、皇朝因之。武徳三年、改曰刑部員外郎。

隋の開皇六年（五八六）、刑部員外郎を置く。煬帝改めて憲部承務郎と為し、皇朝之に因る。武徳三年（六二〇）、改めて刑部員外郎と曰う。

とあることによって明らかである。考功員外郎は武徳元年から三年までは考功承務郎といっていたはずである。

以上の結果をまとめれば次のようになるであろう。

武徳元年より三年三月まで尚書吏部の構成

吏部尚書――吏部侍郎┬選部郎――選部承務郎――主事
　　　　　　　　　　├主爵郎――主爵承務郎――主事
　　　　　　　　　　├司勲郎――司勲承務郎――主事
　　　　　　　　　　└考功郎――考功承務郎――主事

武徳三年三月以降の尚書吏部の構成

吏部尚書――吏部侍郎┬選部郎中――選部員外郎――主事
　　　　　　　　　　└主爵郎中――主爵員外郎――主事

司勲郎中——司勲員外郎——主事
考功郎中——考功員外郎——主事

武徳五年以降の尚書吏部の構成

吏部尚書——吏部侍郎
- 吏部郎中——吏部員外郎——主事
- 主爵郎中——主爵員外郎——主事
- 司勲郎中——司勲員外郎——主事
- 考功郎中——考功員外郎——主事

武徳七年以降貞観二年までの尚書吏部の構成

吏部尚書
- 吏部郎中——吏部員外郎——主事
- 主爵郎中——主爵員外郎——主事
- 司勲郎中——司勲員外郎——主事
- 考功郎中——考功員外郎——主事

三　唐初の尚書礼部

1　礼部尚書

『大唐六典』巻四尚書礼部に、「礼部尚書一人正三品」とあり、註記に、

周之春官卿也。漢成帝置尚書五人、其四曰客曹、主外国夷狄事。光武分六曹、吏部曹主選挙斎祀事。然則夷狄斎祀、皆今礼部之職。東晋始置祠部尚書、常与右僕射通職、若右僕射闕、則以祠部尚書知右事。宋斉梁陳、皆号祠部尚書。後魏称儀曹尚書。北斉亦為祠部尚書、掌祠祭医薬死喪贈賻等事。後周依周官、置春官府大宗伯卿一人。隋更為礼部尚書、皇朝因之。龍朔二年、改為司礼太常伯、咸亨元年、復為礼部。光宅元年、為春官尚書、神龍元年、復故。

周の春官卿なり。漢の成帝は尚書五人を置き、其の四は客曹と曰い、外国夷狄の事を主る。光武は六曹に分かち、吏部曹は選挙・斎祀の事を主る。然るに則ち夷狄・斎祀、皆な今礼部の職なり。東晋始めて祠部尚書を置き、常に右僕射と通職し、若《も》し右僕射闕くれば、則ち祠部尚書を以て右事を知《す》べしむ。宋・斉・梁・陳、皆な祠部尚書と号す。後魏は儀曹尚書と称う。北斉亦た祠部尚書と為し、祠祭・医薬・死喪・贈賻らの事を掌る。後周は「周官」に依り、春官府大宗伯卿一人を置く。隋は更えて礼部尚書と為し、皇朝之に因る。龍朔二年（六六二）、改めて司礼太常伯と為し、咸亨元年（六七〇）、復た礼部と為す。光宅元年（六八四）、春官尚書と為し、神龍元年（七〇五）、故に復す。

とある。礼部尚書という官名は隋の「開皇令」以来の比較的に新しい官名で、古くは祠部尚書といわれ、祠部が礼部の本体であった。その祠部が礼部の子司となるのは時代の変化というべきであろうか。

礼部尚書を春官尚書という。これは則天武后の光宅元年に『周礼』の天官・地官・春官・夏官・秋官・冬官の六篇に準じて尚書六部を列べ替え、礼教を司るのは春官であるから、春官は礼部の別名となった。唐代の「左行」が「吏・戸・礼」、「右行」が「兵・刑・工」となったのは、光宅元年に『周礼』の六篇に準じた結果である。

2　礼部侍郎

唐代の礼部侍郎は『大唐六典』巻四尚書礼部に「侍郎一人、正四品下」とあり、註記に礼部侍郎の沿革を次のように説明する。

隋煬帝置礼部侍郎、皇朝因之。　　隋の煬帝　礼部侍郎を置き、皇朝之に因る。

尚書六部侍郎が設置されたのは煬帝の「大業令」以降であるから、右の記事に誤りはない。

3　礼部郎中

唐初の礼部郎中は『大唐六典』巻四尚書礼部・礼部司「郎中一人、従五品上」の註記に、

隋初、礼部曹置侍郎一人。煬帝除侍字、又改為儀曹。皇朝因、称郎中。武徳三年、復為礼部。

隋の初め、礼部曹に侍郎一人を置く。煬帝「侍」字を除き、又た改めて儀曹と為す。皇朝因り、郎中と称う。武徳三年（六二〇）、復た礼部と為す。

とある。「皇朝因、称郎中。武徳三年、復為礼部」は少々の補足説明が必要である。「皇朝因、称郎中」の「郎中」の「中」字は衍字である。唐王朝は「大業令」の制度を継受したのであるから、武徳元年以降は「儀曹郎」であり、武徳三年になって「儀曹」を「礼部」と変更し「郎」を「郎中」としたのである。

『唐会要』巻五九尚書省諸司・下・礼部郎中の条に、

隋号儀曹郎。武徳初、因隋旧号不改。三年二月、改為礼部郎中。

隋は儀曹郎と号す。武徳の初め、隋の旧号に因りて改めず。三年二月、改めて礼部郎中と為す。

とあるが、武徳「三年二月」は武徳「三年三月」の誤記である。

『唐会要』のいう「隋旧号」とは「大業令」官制における官名という意味である。

4　礼部員外郎

『大唐六典』巻四尚書礼部・礼部司に「員外郎中一人、従六品上」とあり、註記に、

隋開皇六年、置礼部員外郎。煬帝改為儀曹承務郎。武徳初、改為礼部員外郎。

隋の開皇六年（五八六）、礼部員外郎を置く。煬帝改めて儀曹承務郎と為す。武徳の初め、改めて礼部員外郎と為す。

とあるが、「武徳初」とは武徳三年三月のことを指し、三年以前の唐代では煬帝治世の官名を継受し、「儀曹承務郎」であったはずである。

5　祠部郎中

唐初の祠部郎中は『唐会要』巻五九尚書省諸司・下・祠部郎中の条に、

隋為祠部郎。武徳三年、加中字。　隋は祠部郎と為す。武徳三年（六二〇）、「中」字を加う。

とある。「開皇令」制では祠部侍郎であったから、「隋為祠部郎」とは煬帝の「大業令」制の官名をいう。武徳元年には「大業令」制の官名を継受したはずであるから祠部郎といい、武徳三年に「中」字を加えて祠部郎中となった。

6　祠部員外郎

『大唐六典』巻四尚書礼部・祠部司に「員外郎一人、従六品上」とあり、註記に、

隋文帝置、煬帝為承務郎。皇朝復為祠部員外郎。

隋の文帝置き、煬帝　承務郎と為す。皇朝復た祠部員外郎と為す。

とある。「隋文帝置。煬帝為承務郎」は員外郎のことをいうもので、この史料から隋の文帝治世と煬帝治世の「祠部員外郎」に相当する官名は不明である。しかし、煬帝治世下の郎官が「祠部郎」であるから、その員外郎は「祠部承務郎」であったと推定できる。煬帝治世下には「祠部郎」といったことから、隋の文帝治世下の員外郎は「祠部員外郎」であったことも類推できる。

「皇朝復為祠部員外郎」は本稿に引用する他の史料から、武徳三年の名称変更をいうもので、三年以前の唐代では、煬帝治世の名称を継受して「祠部承務郎」であった。

7　膳部郎中

唐初の膳部郎中は『唐会要』巻五九尚書省諸司・下・膳部郎中の条に、

隋為膳部郎。武徳三年、加中字。　隋は膳部郎と為す。武徳三年、「中」字を加う。

とある。「隋為膳部郎」とは煬帝の「大業令」制の官名をいう。武徳三年に「中」字を加えて「膳部郎中」になったのであるから、「中」字を加える以前の唐代では膳部郎であった。

8　膳部員外郎

『大唐六典』巻四尚書礼部に「員外郎一人、従六品上」とあり、註記に、

隋文帝置。煬帝改為承務郎。皇朝復為膳部員外郎。

隋の文帝置き、煬帝改めて承務郎と為す。皇朝復た膳部員外郎と為す。

この史料の解説は「祠部員外郎」の箇所において述べたことと同じである。「皇朝復為膳部員外郎」は本稿に引用する他の史料から明らかなように、武徳三年の名称変更をいい、三年以前の唐代では、煬帝治世の官名を継受して膳部

承務郎であった。

9　主客郎中

唐初の主客郎中は『大唐六典』巻四尚書礼部・主客司に「主客郎中一人、従五品上」とあり、註記に、

隋開皇（大業の誤り）為主客郎、大業五年、改為司蕃郎。皇朝為主客郎中。

隋の大業（三年・六〇七）に主客郎と為し、大業五年（六〇九）、改めて司蕃郎と為す。皇朝は主客郎中と為す。

とある。「開皇令」においては「主客侍郎」であったから、「隋開皇為主客郎」は「隋大業為主客郎」の誤記である。『唐会要』巻五九尚書省諸司・下・主客郎中の条に、

隋為司蕃郎、皇朝為主客郎中。

隋は司蕃郎と為し、皇朝は主客郎中と為す。

とある。「主客郎中」となったのは「中」字を加えた武徳三年（六二〇）であり、三年以前の唐代では、大業五年以降の「司蕃郎」という官名を継受したであろう。

10　主客員外郎

『大唐六典』巻四尚書礼部・主客司に「員外郎一人、従六品上」とあり、註記に、

隋文帝置。煬帝為承務郎。皇朝為主客員外郎。

隋の文帝置く。煬帝は承務郎と為す。皇朝は主客員外郎と為す。

とある。「隋文帝置。煬帝為承務郎」は員外郎のことをいうもので、隋の文帝が員外郎を設置し、煬帝は員外郎を「承務郎」に改称したことをいい、「主客」をいうものではない。唐代の主客員外郎の隋代の官名が不明であるが、「開皇令」の某部員外郎が「大業令」では「某部承務郎」となり、唐の武徳三年に「某部員外郎」となっていること

を想起すれば、主客員外郎の「開皇令」の官名は主客員外郎であり、「大業令」では主客承務郎であったと推定可能である。

以上の結果をまとめれば次のようになるであろう。

武徳元年より三年三月まで尚書礼部の構成

礼部尚書	礼部侍郎	儀曹郎	儀曹承務郎
		祠部郎	祠部承務郎
		膳部郎	膳部承務郎
		司蕃郎	司蕃承務郎

武徳三年三月以降の尚書礼部の構成

礼部尚書	礼部侍郎	礼部郎中	礼部員外郎
		祠部郎中	祠部員外郎
		膳部郎中	膳部員外郎
		主客郎中	主客員外郎

武徳七年以降貞観二年までの尚書礼部の構成

礼部尚書	礼部郎中	礼部員外郎
	祠部郎中	祠部員外郎

├膳部郎中──膳部員外郎
└主客郎中──主客員外郎

四　唐初の尚書兵部

1　兵部尚書

『大唐六典』巻五尚書兵部に「兵部尚書一人正三品」とあり、註記に、
周官夏官卿也。漢置五曹、未有主兵之任也。魏始置五兵尚書、謂中兵外兵騎兵別兵都兵也。晋太始中、省五兵尚書。太康中、又置七兵尚書、以旧五兵尚書中兵外兵分為左右。東晋及宋、又為五兵。孝武大明二年、又省之、順帝昇明元年又置。歴斉梁陳後魏北斉、皆置五兵尚書。後周依周官、置大司馬卿一人。隋改為兵部尚書、皇朝因之。龍朔二年、改為司戎太常伯、咸亨元年、復為兵部尚書。光宅元年、改為夏官尚書、神龍元年復故。
「周官」の夏官卿なり。漢は五曹を置くも、未《いま》だ主兵の任有らざるなり。魏始めて五兵尚書を置く、中兵・外兵・騎兵・別兵・都兵を謂うなり。晋の太始中（太始は泰始、二六五〜二七四）、五兵尚書を省く。太康中（二八〇〜二八九）、又た七兵尚書を置き、旧の五兵尚書の中兵・外兵を以て分かちて左右と為す。東晋及び宋、又た五兵と為す。孝武の大明二年（四五八）、又た之を省き、順帝の昇明元年（四七七）又た置く。斉・梁・陳・後魏・北斉を歴して、皆な五兵尚書を置く。後周は「周官」に依り、大司馬卿一人を置く。隋は改めて兵部尚書と為し、皇朝之に因る。龍朔二年（六六二）、改めて司戎太常伯と為し、咸亨元年（六七〇）、復た兵部尚書と為す。光宅元年（六八四）、改めて夏官尚書と為し、神龍元年（七〇五）故に復す。
とある。兵部尚書の名称は五兵尚書であり、隋になって兵部尚書となった。非常に新しい官名である。

兵部尚書を夏官尚書という。これは則天武后の光宅元年に『周礼』の天官・地官・春官・夏官・秋官・冬官の六篇に準じて尚書六部を列べ替え、兵政を司るのは『周礼』では夏官であるから、夏官は兵部の別名となった。唐代の「左行」が「吏・戸・礼」、「右行」が「兵・刑・工」となったのは、光宅元年に『周礼』の六篇に準じた結果である。

兵部尚書は王朝の軍事権を有すると思われている方々があるやに見受けることがある。兵部尚書に軍事裁量権はない。軍隊の出動要請は前線から宰相府である中書門下に達し、軍隊の動員は勅書による。その勅書は中書門下（宰相府）の助言を承けて皇帝が発する。前線の作戦は指揮官である行軍総管が立案し、作戦の指揮を執るのは行軍総管である。兵部尚書が作戦に介入する餘地はない。節度使制度の確立以後は一切の軍事行動は節度使に委任されていた。兵部尚書は官名をみれば、軍事裁量権と関係あるように思えるが、軍事関係の事務処理する文官に過ぎない。

2　兵部侍郎

唐初の兵部侍郎は『大唐六典』巻五尚書兵部に「侍郎二人、正四品下」とあり、註記に、

隋煬帝置兵部侍郎、皇朝因之。　　隋の煬帝　兵部侍郎を置き、皇朝之に因る。

とある。尚書六部に通判官としての某部侍郎が設置されたのは「大業令」であるから、右の記事に問題はない。唐王朝の武徳元年の官制も「大業令」を継受し兵部侍郎は存在したであろう。

3　兵部郎中

唐初の兵部郎中は『大唐六典』巻五尚書兵部に「郎中二人、従五品上」とあり、註記に、

隋初、始置兵部郎曹、置侍郎一人。煬帝除侍字、又改為兵曹郎。武徳初、依隋。〔武徳〕三年、改為兵部郎中。

隋の初め、始めて兵部郎曹を置き、侍郎一人を置く。煬帝「侍」字を除き、又た改めて兵曹郎と為す。武徳の初

め、隋に依る。武徳三年（六二〇）、改めて兵部郎中と為す。

と兵部郎中の沿革を説明する。この記事に疑問点はない。

『唐会要』巻五九尚書省諸司・下・兵部郎中の条には、

隋為兵部郎。武徳三年、加中字。　　隋は兵部郎と為す。武徳三年、「中」字を加う。

とあるが、「隋為兵部郎」の箇所は非常に問題がある。「隋為兵曹郎」の誤記である。

「開皇令」では唐代の兵部郎中は兵部侍郎といわれ、「大業令」では兵曹郎といわれたはずであり、隋代において兵部郎という官名はない。武徳元年には兵曹郎とされ、三年に兵部郎中となった。

4　兵部員外郎

唐初の兵部員外郎は『大唐六典』巻五尚書兵部・兵部司に「員外郎二人、従六品上」とあり、註記に、

隋開皇六年、置兵部員外郎。煬帝改為兵曹承務郎。皇朝改為兵部員外郎。

隋の開皇六年（五八六）、兵部員外郎を置く。煬帝改めて兵曹承務郎と為す。皇朝改めて兵部員外郎と為す。

とある。右のうち「皇朝改為兵部員外郎」は武徳三年三月以降のことであり、武徳三年三月以前は兵曹承務郎であったはずである。

5　職方郎中

唐初の職方郎中は『大唐六典』巻五尚書兵部・職方司に「職方郎中一人、従五品上」とあり、註記に、

隋開皇初、始置職方侍郎一人。煬帝曰職方郎。武徳三年、加中字。

隋の開皇の初め、始めて職方侍郎一人を置く。煬帝は職方郎と曰う。武徳三年（六二〇）、「中」字を加う。

とあり、『唐会要』巻五九尚書省諸司・下・職方郎中の条にも、

隋為職方郎。武徳初、加中字。　隋は職方郎と為す。武徳の初め、「中」字を加う。

とあって、『大唐六典』と同じことをいう。『唐会要』の「武徳初」とは武徳三年を指すことは明らかである。武徳元年から三年三月までは職方郎であったことも明らかとなる。

6　職方員外郎

『大唐六典』巻五尚書兵部・職方司の項に「員外労一人、従六品上」とあり、註記に、

隋開皇六年、置員外郎一人。煬帝改曰承務郎。皇朝為職方員外郎。

隋の開皇六年（五八六）、員外郎一人を置く。煬帝改めて承務郎と曰う。皇朝 職方員外郎と為す。

とある。「皇朝為職方員外郎」は武徳三年のことで、それ以前の唐代では職方承務郎であった。

7　駕部郎中

唐初の駕部郎中は『大唐六典』巻五尚書兵部・駕部司に「郎中一人、従五品上」とあり、註記に、

隋文帝改為駕部侍郎、煬帝曰駕部郎。宋斉左民尚書領駕部、梁陳左民部尚書領駕部。後魏北斉、殿中尚書領駕部、隋則兵部領焉、皇朝因之。武徳三年、加中字。

隋の文帝改めて駕部侍郎と為し、煬帝 駕部郎と曰う。宋・斉、左民尚書は駕部を領し、梁・陳、左民部尚書 駕部を領す。後魏・北斉、殿中尚書は駕部を領し、隋は則ち兵部焉を領し、皇朝之に因る。武徳三年（六二〇）、「中」字を加う。

とあり、『唐会要』巻五九尚書省諸司・下・駕郎中の条に、

隋為駕部郎。武徳初、加中字。　　隋は駕部郎と為す。武徳の初め、「中」字を加う。

とある。『唐会要』の「武徳初」とは武徳三年を指すことは明らかで、三年までは駕部郎であったはずである。

8　駕部員外郎

『大唐六典』巻五尚書兵部・駕部司に「員外郎一人、従六品上」とあり、註記に、

隋開皇六年置。煬帝改曰承務郎。皇朝為駕部員外郎。

隋の開皇六年（五八六）置く。煬帝改めて承務郎と曰う。皇朝　駕部員外郎と為す。

とある。「皇朝為駕部員外郎」は武徳三年のことで、それ以前の唐代では駕部承務郎であったはずである。

9　庫部郎中

唐初の庫部郎中は『大唐六典』巻五尚書兵部・庫部司に「郎中一人、従五品上」とあり、註記に、

隋文帝為庫部侍郎、煬帝曰庫部郎。宋斉梁陳、並都官尚書領庫部。後魏北斉度支尚書領。隋則兵部尚書領焉。武徳三年、加中字。

隋の文帝　庫部侍郎と為し、煬帝は庫部郎と曰う。宋・斉・梁・陳、並びに都官尚書　庫部を領す。後魏・北斉は度支尚書領す。隋は則ち兵部尚書焉を領す。武徳三年（六二〇）、「中」字を加う。

とあり、『唐会要』巻五九尚書省諸司・下・庫部郎中の条に、

隋為庫部郎。武徳初、加中字。　　隋は庫部郎と為す。武徳の初め、「中」字を加う。

とある。『唐会要』のいう「武徳初」とは、『大唐六典』の史料から武徳三年を指すことは明らかで、三年までの唐代は庫部郎であったはずである。

10　庫部員外郎

『大唐六典』巻五尚書兵部・庫部司に「員外郎一人、従六品上」とあり、註記に、

隋開皇六年置。煬帝改曰承務郎。皇朝為庫部員外郎。

隋の開皇六年（五八六）置く。煬帝改めて承務郎と曰う。皇朝は庫部員外郎と為す。

とある。「皇朝為庫部員外郎」は武徳三年の改訂をいい、それ以前の唐代では庫部承務郎であったはずである。

以上の結果をまとめれば次のようになるであろう。

武徳元年より三年三月まで尚書兵部の構成

兵部尚書——兵部侍郎
- 兵曹郎——兵曹承務郎
- 職方郎——職方承務郎
- 駕部郎——駕部承務郎
- 庫部郎——庫部承務郎

武徳三年三月以降の尚書兵部の構成

兵部尚書——兵部侍郎
- 兵部郎中——兵部員外郎
- 職方郎中——職方員外郎
- 膳部郎中——膳部員外郎
- 庫部郎中——庫部員外郎

武徳七年以降貞観二年までの尚書兵部の構成

兵部尚書	兵部郎中	兵部員外郎
	職方郎中	職方員外郎
	膳部郎中	膳部員外郎
	庫部郎中	庫部員外郎

五　唐初の尚書刑部

1　刑部尚書

唐初の刑部尚書は『大唐六典』巻六尚書刑部に「刑部尚書一人、正三品」とあり、註記に、

隋初曰都官尚書。開皇三年、改為刑部、皇朝因之。

隋の初め、都官尚書と曰う。開皇三年（五八三）、改めて刑部と為し、皇朝之に因る。

とあり、都官尚書が刑部尚書となったのは開皇三年とする。開皇三年には度支は民部と改称された。『大唐六典』巻三尚書戸部に「戸部尚書一人、正三品」とあり、註記に、

隋初、曰度支尚書。開皇三年、改為民部、皇朝因之。

隋の初め、度支尚書と曰う。開皇三年（五八三）、改めて民部と為し、皇朝之に因る。

とあるから、開皇三年に都官尚書が刑部尚書となったとする『大唐六典』の記事に誤りがあるわけではない。

『隋書』巻二八百官志・下に、

［開皇］三年四月、詔、尚書左僕射掌判吏部礼部兵部三尚書事、御史糾不当者、兼糾弾之。尚書右僕射、掌判都官度支工部三尚書事、又知用度。餘並依旧。

開皇三年（五八三）四月、詔す、「尚書左僕射は吏部・礼部・兵部の三尚書事を判じ、御史糾して当たらざるは、兼ねて之を糾弾するを掌り、尚書右僕射は都官・度支・工部の三尚書事を判じ、又た用度を知ぶるを掌る。餘は並びに旧に依る」と。

とあるが、開皇三年四月の詔書では明らかに「都官」といっているから、都官尚書が刑部尚書と改称したのは、開皇三年四月以降の「開皇三年」である。

刑部尚書を秋官尚書という。これは則天武后の光宅元年に『周礼』の天官・地官・春官・夏官・秋官・冬官の六篇に準じて尚書六部を列べ替え、刑を司るのは『周礼』では秋官であるから、秋官は刑部の別名となった。唐代の「左行」が「吏・戸・礼」、「右行」が「兵・刑・工」となったのは、光宅元年に『周礼』の六篇に準じた結果である。

2　刑部侍郎

唐初の刑部侍郎は『大唐六典』巻六尚書刑部に「侍郎一人、正四品下」とあり、註記に、

隋煬帝置刑部侍郎、皇朝因之。　隋の煬帝　刑部侍郎を置き、皇朝之に因る。

とある。尚書六部の通判官である某部侍郎を設置したのは煬帝の「大業令」であるから、武徳元年六月、唐王朝が尚書刑部を開設したとき、刑部侍郎は設置されたのである。右の記事は正しい。

「皇朝因之」とあるが、武徳元年六月以降の唐代を通じて刑部侍郎であったわけではない。武徳七年（六二四）以降貞観二年（六二八）まで尚書六部の通判官である侍郎は廃官であった。

3　刑部郎中

唐初の刑部郎中は『大唐六典』巻六尚書刑部・刑部司に「郎中二人、従五品上」とあり、註記に、

隋初、省三公曹、置刑部郎曹、掌刑法、置侍郎一人。煬帝除侍字、又改為憲部郎、皇朝因之。武徳三年、改曰刑部郎中。

隋の初め、三公の曹を省き、刑部の郎曹を置き、刑法を掌り、侍郎一人を置く。煬帝「侍」字を除き、又た改めて憲部郎と為し、皇朝之に因る。武徳三年（六二〇）、改めて刑部郎中と曰う。

とあり、『唐会要』巻五九尚書省諸司・下・刑部郎中の条に、

隋為憲部郎、唐因之。武徳三年、改刑部、加中字。

隋は憲部郎と為し、唐之に因る。武徳三年、刑部と改め、「中」字を加う。

とある。武徳元年には「大業令」の憲部郎の官名を継受し、武徳三年に憲部郎を刑部郎と改め、また「中」字を加えて刑部郎中と改称した。

4　刑部員外郎

『大唐六典』巻六尚書刑部・刑部司「員外郎二人、従六品上」の註記に、刑部員外郎の沿革を次のように説明する。

隋開皇六年、置刑部員外郎。煬帝改為憲部承務郎、皇朝因之。武徳三年、改曰刑部員外郎。

隋の開皇六年（五八六）、刑部員外郎を置く。煬帝改めて憲部承務郎と為し、皇朝之に因る。武徳三年（六二〇）、改めて刑部員外郎と曰う。

「皇朝因之」とは、煬帝の憲部承務郎を継受した意味であり、唐代を通じて憲部承務郎であったわけではない。

5　都官郎中

唐初の都官郎中は『大唐六典』巻六尚書刑部・都官司「都官郎中一人、五品上」の註記に、

隋初、置都官侍郎二人、猶掌非違得失事。開皇三年、改都官尚書曹曰刑部。其都官郎曹、遂改掌簿録配没官私奴婢、並良賤訴競、俘囚之事。煬帝時、都官郎置二人、皇朝因置一人。武徳三年、加中字。

隋の初め、都官侍郎二人を置き、猶お非違得失の事を掌らしむ。開皇三年（五八三）、都官尚書の曹を改め刑部と曰う。其れ都官郎曹、遂に改めて配没せる官私の奴婢を簿録し、並びに良賤の訴競、俘囚の事を掌る。煬帝の時、都官郎二人を置き、皇朝因りて一人を置く。武徳三年、「中」字を加う。

とあり、『唐会要』巻五九尚書省諸司・下・都官郎中の条に、

隋為都官郎、置二人。皇朝因之、置一人。武徳三年、加中字。

隋は都官郎と為し、二人を置く。皇朝之に因り、一人を置く。武徳三年（六二〇）、「中」字を加う。

とあるから、唐初は都官郎といい、武徳三年から都官郎中となったのである。

6　都官員外郎

『大唐六典』巻六尚書刑部・都官司の項に「員外郎一人、従六品上」とあり、註記に沿革を説明して、

隋文帝置員外郎、煬帝改曰承務郎。武徳三年、改為都官員外郎。

隋の文帝　員外郎を置き、煬帝改めて承務郎と曰う。武徳三年（六二〇）、改めて都官員外郎と為す。

とある。武徳三年に都官員外郎となったから、武徳三年以前の唐代は都官承務郎であったはずである。

7　比部郎中

唐初の比部郎中は『大唐六典』巻六尚書刑部・比部司に「比部郎中一人、従五品上」とあり、註記に、

魏氏置。歴晋宋斉後魏北斉、皆有郎中。後周天官府有計部中大夫、蓋其任也。梁陳隋並為侍郎、煬帝曰比部郎。自晋宋斉梁陳皆吏部尚書領比部、後魏北斉及隋則都官尚書領之、皇朝因焉。武徳三年、加中字。

魏氏置く。晋・宋・斉・後魏・北斉を歴し、皆な郎中有り。後周の天官府に計部中大夫有り、蓋し其の任なり。梁・陳・隋並びに侍郎と為し、煬帝は比部郎と曰う。晋・宋・斉・梁・陳より皆な吏部尚書 比部を領し、後魏・北斉及び隋は則ち都官尚書之を領し、皇朝焉に因る。武徳三年（六二〇）、「中」字を加う。

とあり、『唐会要』巻五九尚書省諸司・下・比部郎中の条に、

隋為比部郎、唐因之。武徳三年、加中字。

隋は比部郎と為し、唐は之に因る。武徳三年（六二〇）、「中」字を加う。

とあるから、唐初は比部郎といい、武徳三年から比部郎中となったのである。

8　比部員外郎

『大唐六典』巻六尚書刑部に「員外郎一人、従六品上」とあり、註記に沿革を説明して、

隋置員外侍（「侍」は衍字）郎、煬帝曰承務郎。武徳三年、改為員外郎。

隋は員外郎を置き、煬帝は承務郎と曰う。武徳三年（六二〇）、改めて員外郎と為す。

とある。武徳三年以前の唐代は「比部承務郎」といったはずである。

9　司門郎中

唐初の司門郎中は『大唐六典』巻六尚書刑部に「司門郎中一人、従五品」とあり、註記に沿革を説明して、

隋開皇初、置司門侍郎、煬帝曰司門郎、皇朝因之。武徳三年、加中字。

隋の開皇の初め、司門侍郎を置き、煬帝 司門郎と曰い、皇朝之に因る。武徳三年（六二〇）、「中」字を加う。

とあり、『唐会要』巻五九尚書省諸司・下・司門郎中の条に、

隋為司門郎。武徳三年、加中字。　隋は司門郎と為す。武徳三年（六二〇）、「中」字を加う。

とある。この記事に疑義はない。武徳元年に唐王朝は「司門郎」の官名を継受し、武徳三年に「中」字を加え、「司門郎中」とした。

10　司門員外郎

『大唐六典』巻六尚書刑部に「員外郎一人、従六品上」とあり、註記に沿革を説明して、

隋置司門員外郎、煬帝改曰承務郎。武徳三年、改曰員外郎。

隋 司門員外郎を置き、煬帝改めて承務郎と曰う。武徳三年（六二〇）、改めて員外郎と曰う。

とある。「隋置司門員外郎」は二四司の「員外郎」を設置した時期をいい、「司門員外郎」を設置した時期ではない。武徳三年以前の唐代は、煬帝の「承務郎」という官名を継受し「司門承務郎」であった。

以上の結果をまとめれば次のようになるであろう。

武徳元年より三年三月まで尚書刑部の構成

- 刑部尚書—刑部侍郎
  - 憲部郎—憲部承務郎
  - 都官郎—都官承務郎
  - 比部郎—比部承務郎
  - 司門郎—司門承務郎

武徳三年三月以降の尚書刑部の構成

- 刑部尚書—刑部侍郎
  - 刑部郎中—刑部員外郎
  - 都官郎中—都官員外郎
  - 比部郎中—比部員外郎
  - 司門郎中—司門員外郎

武徳七年以降貞観二年までの尚書刑部の構成

- 刑部尚書
  - 刑部郎中—刑部員外郎
  - 都官郎中—都官員外郎
  - 比部郎中—比部員外郎
  - 司門郎中—司門員外郎

六　唐初の尚書民部

1　民部尚書

唐初の民部尚書は『大唐六典』巻三尚書戸部に「戸部尚書一人、正三品」とあり、註記に戸部尚書の沿革を次のように説明する。

隋初、曰度支尚書。開皇三年、改為民部、皇朝因之。貞観二十三年、改為戸部。顕慶元年、改為度支。

隋の初め、度支尚書と曰う。開皇三年（五八三）、改めて民部と為し、皇朝之に因る。貞観二三年（六四九）、改めて戸部と為す。顕慶元年（六五六）、改めて度支と為す。

また、『唐会要』巻五八尚書省諸司・中・戸部尚書の条にも、

武徳元年、因隋為民部尚書。貞観二十三年六月二十日、改為戸部尚書。

武徳元年（六一八）、隋に因り民部尚書と為す。貞観二三年六月二〇日、改めて戸部尚書と為す。

とあり、開皇三年以来、「民部尚書」の呼称が使用され、唐代の貞観二三年六月に至って、「尚書戸部」と改称された。これは太宗皇帝の名が「世民」であり、太宗皇帝の在位中は避諱しなかったが、崩御したことによって「民」字が避諱され、「戸部」と改称された結果である＊。

戸部尚書を地官尚書という。これは則天武后の光宅元年に『周礼』の天官・地官・春官・夏官・秋官・冬官の六篇に準じて尚書六部を列べ替え、民を司るのは『周礼』では地官であるから、戸部は地官の別名とした。唐代の「左行」が「吏・戸・礼」、「右行」が「兵・刑・工」となったのは、光宅元年に『周礼』の六篇に準じた結果である。

＊　「世」字の避諱に関しては、陳垣『史諱挙例』（中華書局　一九六二）を参照。

2　民部侍郎

唐初の民部侍郎は『大唐六典』巻三尚書戸部に「侍郎二人正四品下」とあり、註記に戸部侍郎の沿革を次のように説明する。

隋煬帝置民部侍郎、皇朝因之。貞観二十三年、改為戸部。

隋の煬帝 民部侍郎を置き、皇朝之に因る。貞観二三年（六四九）、改めて戸部と為す。

尚書六部に通判官として侍郎が設置されたのは「大業令」であるから、右の記事に問題はない。「皇朝因之」とは武徳元年以降のことをいい、貞観二三年に太宗皇帝・李世民の「民」を避諱して、民部を戸部と改称し、民部侍郎は戸部侍郎となった。

3　民部郎中

唐初の民部郎中は『大唐六典』巻三尚書戸部・戸部司に「郎中二人、従五品上」とあり、註記に戸部郎中の沿革を次のようにいう。

隋初、民部郎曹、置侍郎二人。煬帝除侍字。皇朝為郎中。貞観二十三年、改為戸［部］郎［中］。

隋の初め、民部郎曹に、侍郎二人を置く。煬帝は「侍」字を除く。皇朝は郎中と為す。貞観二三年（六四九）、改めて戸部郎中と為す。

右の史料のうち、「煬帝除侍字」は補足説明が必要であろう。煬帝は民部侍郎の「侍」字を取って民部郎としただけではない。「大業令」では、尚書六部の頭司は六部と名称が重複しないよう、尚書吏部の頭司は「選部」、尚書刑部の頭司は「憲部」というように配慮を加えた。尚書民部の場合、頭司である「民部」は「人部」と名称変更されたから、「大業令」では、民部郎は人部郎であったはずである。

「皇朝為郎中」も補足説明をしなければならない。唐代では最初から民部郎中といったのではなく、最初は煬帝の時代の「人部郎」を継受し、他の郎と同じように武徳三年になって民部郎中と改称し、貞観二三年に太宗皇帝の「世民」の「民」字を避諱し、戸部郎中となったのである。

4　民部員外郎

『大唐六典』巻三尚書戸部・戸部司に「員外郎二人、従六品上」とあり、註記に、

隋開皇六年、置民部員外郎。煬帝改為民曹承務郎。皇朝改為民部員外郎。

隋の開皇六年（五八六）、民部員外郎を置く。煬帝改めて民曹承務郎と為す。皇朝改めて民部員外郎と為す。

と民部員外郎の沿革を説明する。

右のうち「煬帝改為民曹承務郎」は補足説明が必要である。「民部郎」の箇所で述べたように、「大業令」では「民部郎」とはいわず「人部郎」といったから、「民曹承務郎」は「人部承務郎」と補訂する必要がある。

「皇朝改為民部員外郎」も補足説明が必要である。「大業令」では「人部」の員外郎は「人部承務郎」といい、それを唐王朝は継受したから、武徳元年（六一八）以降、三年までは「人部承務郎」であり、「民部員外郎」と改称されたのは武徳三年三月である。

5　度支郎中

唐初の度支郎中は『大唐六典』巻三尚書戸部・度支司「度支郎中一人、従五品上」の註記に、

隋為侍郎。煬帝但曰郎。自漢魏以来、皆度支尚書領度支郎。開皇三年、改度支尚書為民部尚書。始民部領之、皇朝因焉。武徳三年、加中字。

隋 侍郎と為す。煬帝但だ郎と曰うのみ。漢魏より以来、皆な度支尚書 度支郎を領す。開皇三年（五八三）、度支

尚書を改めて民部尚書と為す。始めて民部之を領し、皇朝焉に因る。武徳三年（六二〇）、「中」字を加う。

とあり、『唐会要』巻五九尚書省諸司・下・度支郎中の条に、

隋為度支郎。武徳初、加中字。　隋は度支郎と為す。武徳の初め、「中」字を加う。

右のうち「武徳初、加中字」の「武徳初」は武徳三年のことである。武徳元年から三年までは、「大業令」と同じく「度支郎」であった。

6　度支員外郎

『大唐六典』巻三尚書戸部・度支司「員外郎一人、従六品上」の註記に度支員外郎の沿革を次のようにいう。

隋開皇六年置、煬帝、改曰承務郎。皇朝為員外郎。

隋の開皇六年（五八六）置く。煬帝、改めて承務郎と曰う。皇朝　員外郎と為す。

「隋開皇六年置」は員外郎を置いた年をいい、「皇朝為員外郎」は武徳三年以降のことである。武徳三年以前は「大業令」と同じく「度支承務郎」であった。

7　金部郎中

唐初の金部郎中は『大唐六典』巻三尚書戸部・金部司に「金部郎中一人、従五品上」とあり、註記に、

漢置尚書郎四人、其一人主財帛委輸。蓋金部郎曹之任也。歴魏晋宋斉後魏北斉、並有金部郎中、梁陳隋為侍郎。煬帝但曰郎、皇朝因之。武徳三年、加中字。

漢　尚書郎四人を置き、其の一人財帛委輸を主る。蓋し金部郎曹の任なり。魏・晋・宋・斉・後魏・北斉を歴し、並びに金部郎中有り、梁・陳・隋は侍郎と為す。煬帝但だ「郎」と曰い、皇朝之に因る。武徳三年（六二〇）、

「中」字を加う。

とある。「皇朝因之」とは武徳元年のことをいい、武徳元年には「金部郎」の名称を継受し、武徳三年に「中」字を加えて金部郎中となった。

8　金部員外郎

『大唐六典』巻三尚書戸部・金部司に「員外郎一人、従六品上」とあり、註記に、

隋開皇六年置。煬帝改曰承務郎。皇朝為員外郎。

隋の開皇六年（五八六）置く。煬帝改めて承務郎と曰う。皇朝は員外郎と為す。

と、金部員外郎の沿革を説明するが、「隋開皇六年置」は員外郎を設置した時期をいい、「金部」を設置した時期ではない。「皇朝為員外郎」は武徳三年（六二〇）以降のことであり、それ以前の唐代は「金部承務郎」であった。

9　倉部郎中

唐初の倉部郎中は『大唐六典』巻三尚書戸部・倉部司に「倉部郎中一人、従五品上」とあり、註記に沿革を述べて、

隋初、置倉部侍郎、煬帝但曰倉部郎。宋斉梁陳後魏北斉、並以度支尚書領倉部。開皇三年、改度支為民部、領之。皇朝因隋、曰倉部郎。武徳三年、加中字。

隋の初め、倉部侍郎を置き、煬帝但だ倉部郎と曰うのみ。宋・斉・梁・陳・後魏・北斉、並びに度支尚書を以て倉部を領す。開皇三年（五八三）、度支を改めて民部と為し、之を領せしむ。皇朝　隋に因り、倉部郎と曰う。武徳三年（六二〇）、「中」字を加う。

とあり、『唐会要』巻五九尚書省諸司・下・倉部郎中の条に、

隋為倉部郎。武徳三年、加中字。　隋は倉部郎と為す。武徳三年（六二〇）、「中」字を加う。

とある。武徳元年には「大業令」の「倉部郎」を継受し、武徳三年には「中」字を加えて「倉部郎中」と改称した。

10　倉部員外郎

『大唐六典』巻三尚書戸部・倉部司に「員外郎一人、従六品上」とあり、註記に沿革を述べて、

隋開皇六年置。煬帝曰承務郎。皇朝復曰倉部員外郎。

隋の開皇六年（五八六）置く。煬帝 承務郎と曰う。皇朝は復た倉部員外郎と曰う。

とある。「皇朝復曰倉部員外郎」は他の員外郎の記事から明白なように武徳三年のことであり、武徳元年から三年までは「倉部承務郎」であった。

以上の結果をまとめれば次のようになるであろう。

武徳元年より三年三月まで尚書民部の構成

民部尚書――民部侍郎┬人部郎――人部承務郎
　　　　　　　　　　├度支郎――度支承務郎
　　　　　　　　　　├金部郎――金部承務郎
　　　　　　　　　　└倉部郎――倉部承務郎

武徳三年三月以降の尚書民部の構成

民部尚書――民部侍郎┬民部郎中――民部員外郎

- 度支郎中 ― 度支員外郎
- 金部郎中 ― 金部員外郎
- 倉部郎中 ― 倉部員外郎

武徳七年以降貞観二年までの尚書民部の構成

民部尚書
- 民部郎中 ― 民部員外郎
- 度支郎中 ― 度支員外郎
- 金部郎中 ― 金部員外郎
- 倉部郎中 ― 倉部員外郎

七　唐初の尚書工部

1　工部尚書

杜佑の『通典』巻二三職官典・尚書下・工部尚書には工部の沿革を述べて、

> 晋宋以来、有起部尚書而不常置。毎営宗廟宮室則権置之、事畢則省、以其事分属都官左民二尚書。北斉起部亦掌工造、属祠部尚書。後周有冬官大司空卿、掌五材九範之法、其属工部中大夫二人、承司之事、掌百工之籍、而理其禁令。至隋、乃有工部尚書、統工部屯田二曹。蓋因後周工部之名、兼前代起部之職。

晋・宋以来、起部尚書有るも常置せず。宗廟・宮室を営む毎に則ち権りに之を置き、事畢らば則ち省き、其の事を以て都官・左民の二尚書に分属せしむ。北斉の起部亦た工造を掌り、祠部尚書に属す。後周に冬官大司空卿有り、五材・九範の法を掌り、其の属に工部中大夫二人、承司の事、百工の籍を掌り、而して其の禁令を理む。隋に至り、乃ち工部尚書有り、工部・屯田の二曹を統《す》ぶ。蓋し後周の工部の名に因り、前代の起部の職を兼ぬ。

とあり、尚書工部は隋代になって新設された官府である。隋代以前に尚書祠部に属する起部・屯田（陳は尚書左戸部に所属）虞部と尚書都官に属する水部を移管して尚書工部が新設された。

『大唐六典』巻六尚書工部「工部尚書一人、正三品」の註記に、

隋開皇二年、始置工部尚書、皇朝因之。　隋の開皇二年（五八二）、始めて工部尚書を置き、皇朝之に因る。

と、尚書工部の沿革を述べる。右の史料で注意するべきは「始置工部尚書」とする箇所である。「始」とあるから、尚書工部が始めて設置されたのは隋代になってからである。その設置時期を『大唐六典』は開皇二年（五八二）とするが、『隋書』巻一高祖紀開皇元年（五八一）二月甲子の条に、

司宗長孫毗為工部尚書上儀同。　司宗の長孫毗を工部尚書・上儀同と為す。

とあり、開皇元年二月に長孫毗が工部尚書となっているから、「開皇二年」は「開皇元年」の誤りである可能性が高い。

『唐会要』巻五九尚書省諸司・下・工部尚書の条に、

隋為起部尚書。武徳元年、因而不改。［武徳三年］三月、改為工部尚書。

隋は起部尚書と為す。武徳元年、因りて改めず。武徳三年三月、改めて工部尚書と為す。

とあり、隋に「起部尚書」なる官があったとする。「開皇令」は工部尚書であるから、右の史料によれば、起部尚書は煬帝の「大業令」制に従来の工部尚書を改称した官名であり、唐の武徳元年には「起部尚書」を受け継ぎ、武徳三年三月に工部尚書としたと理解しなければならないが、『唐会要』の「起部尚書」は大きな疑問がある。

『隋書』巻三煬帝紀大業四年（六〇八）正月の条に、

癸酉、以工部尚書衛玄為右候衛大将軍、大理卿長孫熾為民部尚書。
癸酉、工部尚書の衛玄を以て右候衛大将軍と為し、大理卿の長孫《ちょうそん》熾《し》を民部尚書と為す。

とあり、『隋書』巻三煬帝紀大業四年の条に、

三月辛酉、以将作大匠宇文愷為工部尚書。　三月辛酉、将作大匠の宇文愷《うぶんがい》を以て工部尚書と為す。

とあり、『隋書』巻四煬帝紀大業八年の条に、

冬十月甲寅、工部尚書宇文愷卒。　冬一〇月甲寅、工部尚書の宇文愷卒す。

とあり、煬帝の「大業令」制では「工部尚書」であったとする史料があるから、「起部尚書」とあるのは、非常に奇妙な史料というべきである。

「大業令」制では、尚書六部の各頭司は尚書六部の名称と同じであることを避けて、尚書吏部の頭司は選部、礼部は儀曹、兵部は兵曹、刑部は憲部といい、民部は人部といい、工部は起部といったのであり、「起部尚書」と「工部尚書」は同じことをいっているに過ぎないのであるが、「起部尚書」なる官が存在したかどうかとは別問題である。隋代に「起部尚書」があったとする『唐会要』は史料の誤りである。『唐会要』は史料の誤りであるから、唐の武徳元年に「起部尚書」を継受したとするのも誤りで、武徳元年から「工部尚書」であった。

工部尚書を冬官尚書という。これは則天武后の光宅元年に『周礼』の天官・地官・春官・夏官・秋官・冬官の六篇に準じて尚書六部を列べ替え、土木を司るのは『周礼』では冬官であるから、工部は冬官の名が配当された。唐代の「左行」が「吏・戸・礼」、「右行」が「兵・刑・工」となったのは、光宅元年に『周礼』の六篇に準じた結果である。

2　工部侍郎

工部侍郎は「大業令」において新設された官である。『大唐六典』巻六尚書工部に「侍郎一人、正四品下」とあり、

註記に工部侍郎を次のように説明する。

隋煬帝置工部侍郎、皇朝因之。　隋の煬帝 工部侍郎を置き、皇朝之に因る。

この説明は正しい。煬帝は尚書工部を置き、長官は工部尚書といい、通判官を工部侍郎という。

3　工部郎中

唐初の工部郎中は『大唐六典』巻六尚書工部・工部司に「郎中一人、従五品上」とあり、註記に、

隋初、為工部侍郎。煬帝除侍字、又改工部為起部、皇朝因之。武徳三年、改為工部郎中。

隋の初め、工部侍郎と為す。煬帝「侍」字を除き、又た工部を改め起部と為し、皇朝之に因る。武徳三年（六二〇）、改めて工部郎中と為す。

とあり、『唐会要』巻五九尚書省諸司・下・工部郎中の条に、

隋為起部郎。武徳三年、改工部郎、加中字。　隋は起部郎と為す。武徳三年、工部郎を改め、「中」字を加う。

と工部郎中の沿革をいう。「隋為起部郎」は「大業令」制の官名をいい、武徳元年、唐王朝はこの名称を継受した。

起部に関して、『旧唐書』巻四三職官志に「工部尚書一員」の註記に、

正三品。南朝謂之起部、有所営造則置起部尚書、畢則省之。隋初、改置工部尚書。

正三品。南朝之を起部と謂い、営造する所有らば則ち起部尚書を置き、畢《おわ》らば則ち之を省く。隋の初め、改めて工部尚書を置く。

とあり、起部は南朝の官名であるといい、同じことは前掲した『通典』巻二三職官典・尚書下・工部尚書にある。煬帝が創設した起部はとんでもない名称ではなく、南朝の各王朝が継受してきた官名であった。

4　工部員外郎

『大唐六典』巻六尚書工部・工部司に「員外郎一人、従六品上」の註記に、工部員外郎を次のように説明する。

隋開皇六年、置工部員外郎。煬帝改為起部承務郎。皇朝改為工部員外郎。

隋の開皇六年（五八六）、工部員外郎を置く。煬帝改めて起部承務郎と為す。皇朝改めて工部員外郎と為す。

唐王朝において工部員外郎となったのは武徳三年三月であるから、武徳元年から武徳三年三月までは「大業令」制による起部承務郎を継受していた。

5　屯田郎中

唐初の屯田郎中は『大唐六典』巻六尚書工部・屯田司に「屯田郎中一人、従五品上」とあり、註記に、

後魏北斉並置屯田郎中。梁陳隋並為侍郎、亦郎中之任也。煬帝曰屯田郎。後魏北斉祠部尚書領屯田、陳左戸部尚書領屯田、隋則工部尚書領之、皇朝因称郎中。

後魏・北斉並びに屯田郎中を置く。梁・陳・隋並びに侍郎と為し、亦た郎中の任なり。煬帝は屯田郎と曰う。後魏・北斉　祠部尚書　屯田を領し、陳の左戸部尚書　屯田を領し、隋は則ち工部尚書之を領し、皇朝因りて、郎中と称う。

とあり、『唐会要』巻五九尚書省諸司・下・屯田郎中の条に、

隋為屯田郎。武徳三年、加中字。　隋は屯田郎と為す。武徳三年（六二〇）、「中」字を加う。

とある。屯田郎中は隋代以前は祠部尚書の管轄であったが、隋代になって工部尚書に移管された。煬帝の「大業令」制では「屯田郎」といわれ、武徳元年に「屯田郎」という名称を継受し、武徳三年になって「屯田郎中」となった。

6　屯田員外郎

『大唐六典』巻六尚書工部に「員外郎一人、従六品上」とあり、註記に屯田員外郎を次のように説明する。

隋開皇六年置。煬帝改曰承務郎。武徳三年、改曰員外郎。

隋の開皇六年（五八六）置く。煬帝改めて承務郎と曰う。武徳三年（六二〇）、改めて員外郎と曰う。

「隋開皇六年置」は屯田員外郎が設置された時期ではなく、員外郎が設置された時期をいう。屯田員外郎は大業三年（六〇七）以降、屯田承務郎となり、唐の武徳元年には屯田承務郎の名称が継受され、武徳三年に屯田員外郎と改称されたのである。

7　虞部郎中

唐初の虞部郎中は『大唐六典』巻六尚書工部・虞部司に「虞部郎中一人、従五品上」とあり、註記に、

隋虞部侍郎、煬帝但曰虞部郎。梁陳後魏北斉並祠部尚書領之、隋工部尚書領之、皇朝因焉。武徳三年、加中字。

隋は虞部侍郎、煬帝但だ虞部郎と曰う。梁・陳・後魏・北斉並びに祠部尚書之を領し、隋工部尚書之を領し、皇朝焉《これ》に因る。武徳三年（六二〇）、「中」字を加う。

とある。虞部郎中は南北朝の後期では祠部尚書の管轄であったが、隋代になって工部尚書の管轄となった。「武徳三年、加中字」とあるが、これは煬帝の大業三年（六〇七）以降に「虞部郎」といっていた呼称を唐代でも継受し、武徳三年（六二〇）になって「中」字を加え、「虞部郎中」とした意味である。

8　虞部員外郎

『大唐六典』巻六尚書工部に「員外郎一人、従六品上」とあり、註記に、

隋開皇六年置、煬帝改曰承務郎、皇朝復改為虞部員外郎。

隋の開皇六年（五八六）置く、煬帝改めて承務郎と曰い、皇朝復た改めて虞部員外郎と為す。

とあるが、「隋開皇六年置」は虞部員外郎が設置された時期ではなく、員外郎の設置された時期をいう。「皇朝復改為虞部員外郎」は武徳三年以降のことを指すものであり、武徳元年から武徳三年までは虞部承務郎であった。

9　水部郎中

唐初の水部郎中は『大唐六典』巻六尚書工部に「水部郎中一人、従五品上」とあり、註記に、

隋文帝為水部侍郎。煬帝但曰水部郎。宋斉梁陳後魏北斉並都官尚書領之、隋工部尚書領之、皇朝因焉。武徳三年、加中字。

隋の文帝、水部侍郎と為し、煬帝但だ水部郎と曰う。宋・斉・梁・陳・後魏・北斉並びに都官尚書之を領し、隋は工部尚書之を領し、皇朝焉に因る。武徳三年（六二〇）、「中」字を加う。

とある。水部は隋代以前は尚書都官の管轄であったが、隋代になって尚書工部が新設されるとその管轄になった。

『唐会要』巻五九尚書省諸司・下・水部郎中の条に、

隋為水部郎。武徳三年、加中字。　隋は水部郎と為す。武徳三年、「中」字を加う。

「隋為水部郎」は『大唐六典』の記事から「大業令」制の官名をいうことは明らかである。武徳三年に「中」字を加えて水部郎中となったのであるから、武徳元年に隋から継受した官名は水部郎であった。

10　水部員外郎

『大唐六典』巻六尚書工部・水部司に「員外郎一人、従六品上」とあり、註記に、

隋開皇六年置。煬帝改為承務郎、皇朝復為水部員外郎。

隋の開皇六年（五八六）置く。煬帝改めて承務郎と為し、皇朝復た水部員外郎と為す。

とある。「皇朝復為水部員外郎」は唐王朝が創始された武徳元年（六一八）に「水部員外郎」となった意味ではなく、武徳元年には「水部承務郎」を継受し、武徳三年に「水部員外郎」と改称した意味である。

以上の結果をまとめれば次のようになるであろう。

武徳元年より三年三月まで尚書工部の構成

工部尚書	工部侍郎	起部郎	起部承務郎
		屯田郎	屯田承務郎
		虞部郎	虞部承務郎
		水部郎	水部承務郎

武徳三年三月以降の尚書工部の構成

工部尚書	工部侍郎	工部郎中	工部員外郎
		屯田郎中	屯田員外郎
		虞部郎中	虞部員外郎
		水部郎中	水部員外郎

武徳七年以降貞観二年までの尚書工部の構成

工部尚書	工部郎中	工部員外郎
	屯田郎中	屯田員外郎
	虞部郎中	虞部員外郎
	水部郎中	水部員外郎

本章のまとめ

以上、長大なものとなったが、隋の五省六部と唐初の六省六部を概述し、官制において唐王朝は「開皇令」官制を継受したかどうかを検討した。「開皇令」官制は五省であり、唐代の六省とは異なる。この点ですでに「開皇令」官制と唐代の官制とは異なることが確認できる。唐初の六省において「開皇令」官制を採用しているのは内侍省だけであり、他の五省は「大業令」制の官制を採用し、時間の経過とともに唐王朝的独自の改訂を加えていることを大勢として感じとることができる。内侍省を除く五省は「大業令」官制の省を継受したのであるから、「開皇令」官制に依るという唐王朝の建前は創業当初から遵守されてはいないことは明白である。唐初の王言に「開皇律令に依る」とあるのは単なる政治的姿勢としての発言であり、虚構に過ぎないことがはっきりした。

『旧唐書』巻四二職官志の冒頭に、

高祖発迹太原、官名称位、皆依隋旧。及登極之初、未遑改作、随時署置、務従省便。武徳七年、定令、以太尉司徒司空為三公、尚書門下中書秘書殿中内侍為六省。……………

高祖　迹を太原に発し、官名称位、皆な隋の旧に依る。登極の初めに及んで、未《いま》だ改作に遑《いとま》あらず、時に隨い署置し、務めて省便に従う。武徳七年（六二四）、「令」を定め、太尉・司徒・司空を以て三公と為し、尚書・門下・中書・秘書・殿中・内侍を六省と為す。…………

とあるが、これが実情であって、唐王朝の開始当初から独自の官制を施行することなど無理な話で、既存の隋代の官制を採用したと考えるのが自然であろう。既存の隋代の官制といっても、官制には「開皇令」と「大業令」の官制があるが、五省の継受を見る限りにおいて唐王朝は「大業令」の官制を継受したことが明確になった。悪逆皇帝の故に官制までもが忌み嫌われたわけではないのである。

唐王朝は「開皇令」官制の内侍省を採用した。内侍省は「大業令」官制においては長秋監と改称され、宦官だけでなく一般士人も長秋監の官人に登用とした。当時としては進歩的で斬新な改革であった。唐王朝はこの斬新な煬帝の長秋監制度を受け入れる度量と見識を持ち合わせていなかったため、従来通りの宦官から構成される内侍省を採用したのである。煬帝の長秋監なり内侍省が宦官から構成されたものであったなら、煬帝の長秋監なり内侍省を採用していたであろう。煬帝が悪逆の故に煬帝の創った長秋監が採用されなかったのではない。

「大業令」官制において、特筆するべきは殿内省の設置である。殿内省の設置によって唐代六省の出発点が形成された。といっても、「大業令」官制では内侍省を長秋監としたから「大業令」官制で六省が出揃ったわけではない。

「開皇令」官制に殿内省はなく、「大業令」官制において殿内省を新設し、門下省が所管していた城門・尚食・尚薬・符璽・御府・殿内等の六局のうち、城門・尚食・尚薬・御府・殿内を殿内省に移管し、太僕寺が所管する尚乗局と尚輦局の二局を殿内省に移管し、殿内省の部局とした。このうち、後になって城門局はもとの門下省の所管となったが、他の部局は殿内省の所管となり殿内省が成立した。この殿内省が唐王朝に継受されることになる。

殿内省の成立に関連して、もっと重要な変化は門下省に生じた。「開皇令」官制の門下省は、唐代でいえば門下省と殿内省から構成されるような官府であった。「大業令」官制になって殿内省的な部分が分離され、唐代的な門下省となったのである。また「大業令」官制になって、給事郎が新たに設置されたことも見逃すことはできない。給事郎は唐代になると給事中となる。つまり、唐代の封還と駁正制度の基礎が「大業令」官制になって成立したのである。唐代の詔書式・発日勅式の原形が「大業令」官制になって準備されたわけである。
「開皇令」官制下の詔書式は次のような文書様式であったと想定できる。

門下。云云。主者施行。

年月御画日

内史令具官封臣姓名　宣

内史侍郎具官封臣姓名　奉

内史舎人具官封臣姓名　行

侍中具官封臣名

給事黄門侍郎具官封臣名　等言、

臣聞云云。臣等云云。無任云云之至。謹奉

制書如右。請奉

制付外施行。謹言。

年月日

可（御画）

この詔書式には給事郎が設置されていないから、給事郎が署名する箇所がない。封還という詔書原案の差し戻しも給事黄門侍郎の職であった。
「大業令」官制において、門下省に給事郎が初めて置かれた。給事郎は唐代の給事中に当たる官であり、唐王朝も武徳元年の王朝創業の当初から給事郎を置き、武徳三年三月に給事中と改称した。「大業令」官制における門下省給事郎に関しては、『隋書』巻二八百官志・下に次のようにあり、

煬帝即位、多所改革。三年定令、品自第一至于第九、唯置正従、而除上下階。………（中略）………。門下省、減給事黄門侍郎員、置二人、去給事之名、移吏部給事郎名、為門下之職。位次黄門下、置員四人、従五品。省読奏案。

煬帝位に即き、改革する所多し。三年（六〇七）「令」を定め、品は第一より第九に至り、唯だ正従を置き、而して上下階を除く。………（中略）………。門下省、給事黄門侍郎の員を減じ、二人を置き、「給事」の名を去り、吏部の「給事郎」の名を移し、門下の職と為す。位は黄門［侍郎］の下に次ぎ、員四人を置く、従五品。奏案を省読す。

「大業令」制の門下省給事郎は「省読奏案（奏案を省読す）」ることが職務の一である。これは唐代の給事中と同じ職であり、具体的にいえば、皇帝に上呈する奏抄式と露布式を審査することをいう。

「大業令」官制の給事郎が奏抄式を審査（駁正）するのであれば、「大業令」官制の給事郎は詔書の封還を行う職もあったと想定しなければならず、唐代の給事中と同じ職務であったと想定される。唐代的な給事中は「大業令」において成立し、奏抄式・露布式・詔書式・発日勅式に給事郎が関与することになったから、「大業令」に「公式令」という篇目があったとするなら、大業「公式令」詔書式・大業「公式令」発日勅式・大業「公式令」奏抄式には給事郎が文書の成立に関与する改変が加えられたはずであり、その給事郎を唐王朝は継受したのであるから、唐代の「公式令」は開皇「公式令」ではなく、大業「公式令」を継受したことになる。

「大業令」官制では、給事黄門侍郎が給事郎と黄門侍郎に分離され、給事郎が設置され、封還という詔書原案の差し戻しも給事郎の職となった。大業「公式令」詔書式は次の文書様式が想定可能である。

門下。云云。主者施行。
年月御画日
内史令具官封臣姓名　宣
内史侍郎具官封臣姓名　奉
内史舎人具官封臣姓名　行

侍中具官封臣名
黄門侍郎具官封臣名
給事郎具官封臣名　等言、
臣聞云云。臣等云云。無任云云之至。謹奉
詔書如右。請奉
詔付外施行。謹言。
年月日
可（御画）

この詔書式は次に示す唐代の詔書式（制書式）と同じ文書様式である。

門下。云云。主者施行。
年月御画日
中書令具官封臣姓名　宣
中書侍郎具官封臣姓名　奉
中書舎人具官封臣姓名　行

侍中具官封臣名
黄門侍郎具官封臣名
給事郎具官封臣名　等言、
臣聞云云。臣等云云。無任云云之至。謹奉
詔書如右。請奉
詔付外施行。謹言。
年月日
可（御画）

唐代の制書式に「給事中具官封臣名」と署名する箇所があるが、これは給事郎が創設された「大業令」に起源があり、大業詔書式から唐代的詔書式が開始されたことになる。唐代的公文書様式の起源は開皇「公式令」やそれ以前にあるが、より直接的起源は大業「公式令」詔書式と断言してよい。「大業令」によって成立した門下省と給事郎の設置は唐代的詔書式の直接的起源となるのである。

唐代の奏抄式は次のようである。

尚書某部謹奏、某事。
左僕射具官封臣名
右僕射具官封臣名
某部尚書具官封臣名
某部侍郎具官封臣名
某部侍郎具官封臣名　等云云。謹以申聞。謹奏。

年月日　某部郎中具官封臣姓名　上
給事中具官封臣姓名　読
黄門侍郎具官封臣姓名　省
侍中具官封臣姓名　審

聞（御画）

隋代の奏抄式は充分明らかではないが、詔書式が互いに類似すると想定可能であるから、奏抄式も唐代の奏抄式と類似していたと想定できよう。「開皇令」官制の奏抄式は「給事中具官封臣姓名　読」の箇所を取り、「黄門侍郎」を「給事黄門侍郎」と置き換えれば復元可能である。「大業令」の奏抄式は「給事中具官封臣姓名　読」の箇所を「給事郎具官封臣姓名　読」と給事中を給事郎と改訂すれば復元可能である。

想定される開皇「公式令」奏抄式と大業「公式令」奏抄式を示すと次のようである＊。

開皇「公式令」奏抄式

尚書某部謹奏、某事。
尚書令具官封臣名
左僕射具官封臣名
右僕射具官封臣名
某部尚書具官封臣名　等云云。謹以申聞。謹奏。
年月日　某部侍郎具官封臣姓名　上
給事黄門侍郎具官封臣姓名　省
納言具官封臣姓名　審

聞（御画）

大業「公式令」奏抄式

尚書某部謹奏、某事。

尚書令具官封臣名

左僕射具官封臣名

右僕射具官封臣名

某部尚書具官封臣名

某部侍郎具官封臣姓名　等云云。謹以申聞。謹奏。

年月日　某部郎具官封臣姓名　上

給事郎具官封臣姓名　読

黄門侍郎具官封臣姓名　省

侍中具官封臣姓名　審

聞（御画）

このように、隋代には「開皇令」と「大業令」があるが、王言の文書様式をみれば、「大業令」の王言文書が唐代の王言文書に近似するのである。「大業令」こそは唐令の母体となったというべきであろう。裏を返せば、「大業令」官制は最も唐代官制と近似しており、異端的官制でも何でもない。

尚書都省と六部に関しては大略次のことがいえよう。武徳元年に唐王朝が採用した尚書六部は「開皇令」官制か「大業令」官という点に限定してみれば、唐王朝が採用した尚書六部は「大業令」官制の尚書六部であることは歴然としている。唐王朝の武徳元年から「大業令」官制を否定し、雪崩をうって「開皇令」官制に回帰しているわけではない。

「開皇令」官制の尚書六部においては、開皇六年に尚書六部に員外郎が設置され唐代的尚書六部に一歩近づいた。より大きな改革は「大業令」官制に生じた。その第一は尚書都省の左右司郎中と尚書侍郎の設置である。「開皇令」官制においては、尚書六部の次官としての侍郎は設置されていなかった。六部二四司は某部侍郎という呼称であったが、「大業令」官制では、某部侍郎が設置され、某部侍郎は某部郎、員外郎は承務郎と呼称されることとなった。ここに唐代的尚書六部二四司の原形が形成されたのである。唐代の尚書六部二四司は明らかに「開皇令」官制より「大業令」官制に近似する。

六一八年に唐王朝が樹立されたとき、唐王朝が採用した尚書六部二四司は「大業令」官制の尚書六部二四司であった。武徳三年になって隋王朝の「中」字の避諱から解放され、某部郎を某部郎中、某部承務郎を某部員外郎と改訂し、「中」字のつく官府官名を採用し内史省は中書省、殿内省は殿中省に官府名を変更し、それ以降は唐代的官制が展開することとなる。唐王朝が創始されたとき、内侍省以外はすべて大業三年の「大業令」官制を継受したのである。

杜佑の『通典』巻一九職官典・総序に、

大唐初、職員多因隋制。雖小有変革而大較不異。

大唐の初め、職員多く隋制に因る。小しく変革有ると雖も大較《ほぼ》異ならず。

とあるが、この「隋制」は『唐会要』のいう「隋旧制」に相当するもので、「大業令」官制を指し、「開皇令」官制を指すものではない。この事実が判明すると、唐初の唐令制定に言及する『旧唐書』巻五〇刑法志に、

因開皇律令而損益之。　開皇律令に因りて之を損益する。

とあるのは大いに疑問が生じることになる。少なくとも統治機構である官人制は「大業令」官制を採用していた。

「大業令」制の採用は官人制だけのことであろうか。官人制は「令」の篇目においては「官品令」や「職員令」に関係するものであるが、「官品令」や「職員令」のみ「大業令」を採用し、他の篇目は「開皇令」を継受したと理解してよいものであろうか。

私は長年、唐王朝は「大業令」を継受したという見解を採り、継受の痕跡を探し求めてきた。その継受の痕跡を官制の継受に求めるとどうなるかと考え、六省六部の継受を扱った。最初はどのように官制に関する史料を利用すればよいか戸惑ったが、一官ごとの史料を示して説明するのが有効であろうと思い、以上に述べたような史料配列となった。

唐王朝の統治機構の中枢部分は「大業令」官制を継受したものである。煬帝の官制は唐人に忌み嫌われてはいないのである。地方政権下で制定された「開皇令」官制では中国全体を統治することには限界があるから、統一した中国を統治できるように考えられた「大業令」官制が採用されたのである。大業「賦役令」や大業「田令」も統一した中国の税制や田制度であるから、唐王朝は「大業令」を統治の手段として採用した可能性が高いというべきであろう。

第二章　唐初の「祠令」と大業「祠令」

はじめに

『旧唐書』巻二一礼儀志に「武徳初、定令（武徳の初め、令を定む）」とあり、これに連続して祭祀に関する六条からなる史料がある。「武徳初、定令」とあるから、この六条の史料は唐初の「祠令」である。この「祠令」は『唐令拾遺』（二六二頁以下）と『唐令拾遺補』（九七二頁以下）に、武徳七年「祠令」として採録されている。

この「祠令」六条は、隋の大業三年（六〇七）に制定された「大業令」のうちの、大業「祠令」（「大業令」の篇目は不明であるが、「祠令」という篇目があったとして。以下同じ）を継受したものであると想定するに到った。大業「祠令」の片鱗が出現し、唐王朝が「大業令」を継受した痕跡が出てきたことになる。これは隋唐史研究にとって重大な事実である。

唐初の律令は前代の隋王朝の律令を継受したと考えるのは至極当然なことで、大業律令は開皇律令を継受し、唐律令は大業律令を継受し、それに改善を加え、唐独自の律令になっていくと思考するのは極めて常識的であり、大業律令は特異な法典ではないと考えるのは無理のないことであろう。

ところが、唐代の「律令」は煬帝の大業律令ではなく、煬帝を飛び越えて高祖文皇帝の開皇律令を継受したとする説が定説となっている。この説を提唱したのは仁井田陞氏である（『唐令拾遺』一二頁、一三頁）。以来、この説を基本にして隋唐法制研究の枠組みが形成され、賦役制度や土地制度研究を始めとする唐代の制度史研究もこの説を基本に構成されている。この説は煬帝に対する伝統的な歴史評価と、唐代文献に開皇律令を継受した旨の記事があり、また大業律令を廃止した記事があることが大きく影響している。これによって、大業律令は餘程の悪法もしくは異端的法典と見なされ、研究の埒外に置かれることになった。

唐王朝は開皇律令を継受したことを一度も実證せず、開皇律令を継受していることを自明とし、研究を展開している。開皇律令を継受した旨の『旧唐書』刑法志の記事も、熟読してみれば、明確に開皇律令を継受したとはいわず、刑法に関連する新格五三条を作成したことのみをいい、「令」の改変には着手しなかったとある。であれば、開皇律令を継受していると思いこんでいるだけに過ぎないことになる。思いこみで隋唐史研究を行っていることになる。何と危ういことであろうか。『旧唐書』に所載する「祠令」六条が大業「祠令」を継受していることが明らかとなれば、前述した定説は崩壊する。隋唐史研究の基本構成も変更せざるを得なくなる。ことは僅か「祠令」六条に関することに過ぎないが、これは隋唐史研究の核心部分に関わる重大問題である。

一　唐初の「祠令」六条の原文

行論するに当たって、まず唐初の「祠令」六条の原文を示しておこう。『旧唐書』巻二一礼儀志には、

武徳初、定令。　武徳の初め（元年は六一八）、令を定む。

とあり、次の六条からなる「祠令」がある。以下には六条の「祠令」に番号を付して示す。

(1)毎歳冬至、祀昊天上帝於圓丘、以景帝配。其壇在京城明徳門外道東二里。壇制四成、各高八尺一寸、下成広二十

丈、再成広十五丈、三成広十丈、四成広五丈。毎祀則昊天上帝及配帝設位於平座、藉用藁秸、器用陶匏。五方上帝日月内官中官外官及衆星、並皆従祀。其五方帝及日月七座、在壇之第二等。内五星已下官（「内五星已下官」は「内官五星已下」の倒置）五十五座、在壇之第三等。二十八宿已下中官一百三十五座、在壇之第四等。外官百十二座、在壇下外壝之内。衆星三百六十座、在外壝之外。其牲、上帝及配帝用蒼犢二、五方帝及日月用方色犢各一、内官已下、加羊豕各九。

毎歳冬至、昊天上帝を圜丘に祀り、景帝（高祖皇帝・李淵の祖父である李虎、唐王朝成立後、景皇帝と追謚される。廟号太祖）を以て配す。其の壇は京城明徳門外の道東二里に在り。壇制は四成（四層）、各《おのおの》高さ八尺一寸、下成は広さ二〇丈、再成は広さ一五丈、三成は広さ一〇丈、四成は広さ五丈。祀毎に則ち昊天上帝及び配帝、位を平座に設け、藉くに藁秸《こうけち》（稲藁）を用い、器は陶匏《とうほう》（陶器製の瓢）を用う。五方上帝（青帝・赤帝・黄帝・白帝・黒帝）日・月・内官・中官・外官及び衆星、並びに皆な従祀す。其の五方帝及び日・月の七座、壇の第二等に在り。内［官］の五星（東方歳星・南方熒惑《けいわく》星・西方太白星・北方辰星・中央鎮星）已下五五座、壇の第三等に在り。二八宿（二八の星座、一季節七宿で四季節二八宿となる）已下、中官一三五座、壇の第四等に在り。外官一一二座、壇下外壝《い》（壝は土塀）の内に在り。衆星三六〇座、外壝の外に在り。其の牲、上帝及び配帝は蒼犢《とく》（蒼い仔牛）二を用い、五方帝及び日・月は方色の犢各《おのおの》一を用い、内官已下、羊・豕《し》（いのこぶた）各《おのおの》九を加う。

この史料には圜丘の場所や壇の構成を述べているが、圜丘の場所や壇の構成は本来の「祠令」にはなかったであろう。この「祠令」に対応する永徽「祠令」（『唐令拾遺補』九七二頁）には、

冬至日、祀昊天上帝於圜丘、太祖配。牲用蒼犢二、従祀五方上帝日月、用方色犢各一、五星以下、内官四二座、中官一百三十六座、外官一百十二座、衆星三百六十座、如（「如」は「加」）羊豕各九。

冬至の日、昊天上帝を圜丘に祀り、太祖配す。牲は蒼犢（蒼い子牛）二を用い、従祀の五方上帝・日・月は、方

色の犢各《おのおの》一を用い、五星以下の、内官四二座、中官一三六座、外官一一二座、衆星三六〇座、羊・豕（いのこぶた）各《おのおの》九を加う。

とあり、この「祠令」に対応する開元七年「祠令」（『唐令拾遺補』九七三頁）は、

冬至、祀昊天上帝於圜丘、以高祖神堯皇帝配、座在壇上。又祀東方青帝霊威仰南方赤帝赤熛怒西方白帝白招拒北方黒帝叶光紀中央黄帝含樞紐及大明夜明於壇之第一等。又祀内官五十三座於壇之第二等。又祀中官一百六十座於壇之第三等。又祀外官一百四座於内壝之内衆星三百六十座於内壝之外。

冬至、昊天上帝を圜丘に祀り、高祖神堯皇帝を以て配し、座は壇上に在り。又た東方青帝霊威仰・南方赤帝赤熛怒・西方白帝白招拒・北方黒帝叶光紀・中央黄帝含樞紐及び大明（日）夜明（月）を壇の第一等に祀る。又た内官五三座を壇の第二等に祀る。又た中官一六〇座を壇の第三等に祀る。又た外官一〇四座を内壝《い》（内壝は内側の土塀）の内・衆星三六〇座を内壝の外に祀る。

とある。永徽「祠令」と開元「祠令」とも省略のない「祠令」とはいえないが、圜丘の場所や壇の構成の言及はない。

(1)の史料の圜丘の場所と壇を述べた箇所と「毎歳」の語を削除すれば、

冬至、祀昊天上帝於圜丘、以景帝配。毎祀則昊天上帝及配帝設位於平座、藉用槀秸、器用陶匏。五方上帝日月内官中官外官及衆星、並皆従祀。其五方帝及日月七座、在壇之第二等。内五星已下官（「内五星已下官」は「内官五星已下」の倒置）五十五座、在壇之第三等。二十八宿已下中官一百三十五座、在壇之第四等。外官百十二座、在壇下外壝之内。衆星三百六十座、在外壝之外。其牲、上帝及配帝用蒼犢二、五方帝及日月用方色犢各一、内官已下、加羊豕各九。

となる。この記事のほうがもとの「祠令」に近いであろう。

(2)夏至、祭皇地祇于方丘、亦以景帝配。其壇在宮城之北十四里。壇制再成、下成方十丈、上成五丈。毎祀則地祇及

配帝、設位於壇上、神州及五岳四鎮四瀆四海五方山林川沢丘陵墳衍原隰、並皆従祀。神州在壇之第二等。五岳已下三十七座、在壇下外壝之内。丘陵等三十座、在壝外。其牲、地祇及配帝用犢二、神州用黝犢一、岳鎮已下、加羊豕各五。

夏至、皇地祇（地神）を方丘（方形の丘）に祭り、亦た景帝（高祖皇帝・李淵の祖父である李虎、唐王朝成立後、景皇帝と追諡される。廟号太祖）を以て配す。其の壇は宮城の北一四里に在り。壇制は再成（二層）、下成は方一〇丈、上成は五丈。祀毎に則ち地祇及び配帝、位を壇上に設け、神州（中国）及び五岳（東岳・泰山、南岳・衡山、中岳・嵩山、西岳・華山、北岳・恒山）四鎮（東鎮・沂山、南鎮・会稽山、西鎮・呉山、北鎮・医無閭山）四瀆《とく》（東瀆・淮河、南瀆・長江、西瀆・黄河、北瀆・済河）四海（開元七年「祠令」では、東海・莱州において祀る、南海・広州において祀る、西海・同州において祀る、北海・河南府において祀る）五方の山・林・川・沢・丘（小高い山）陵（大いなる丘）墳（堤防）衍（島・洲）原（田地）隰《しゅう》（低湿地）、並びに皆な従祀す。神州は壇の第二等に在り。五岳已下の三七座、壇下の外壝《い》（壝は土塀）の内に在り。丘・陵ら三〇座、壝外に在り。其の牲、地祇及び配帝は犢《とく》二を用い、神州は黝犢《ゆうとく》（青黒い仔牛）一を用い、岳鎮已下、羊・豕《し》（いのこぶた）各《おのおの》五を加う。

この史料には方丘の場所や壇の構成を述べているが、方丘の場所や壇の構成は本来の「祠令」にはなかったであろう。この「祠令」に対応する永徽「祠令」（『唐令拾遺補』九七四頁）は、

夏至日、祭皇地祇於方丘、太祖配。牲用犢二。神州従祀、神州［牲］用黒犢一。其岳鎮海瀆山林川沢丘陵墳衍原隰、加羊豕各五。

夏至の日、皇地祇を方丘に祭り、太祖配す。牲は犢二を用う。神州従祀し、神州の牲は黒犢（黒い仔牛）一を用う。其の岳・鎮・海・瀆・山・林・川・沢・丘（小高い山）陵（大いなる丘）墳（堤防）衍（島・洲）原（田地）隰（低湿地）、羊・豕各《おのおの》五を加う。

とあり、この「祠令」に対応する開元七年「祠令」（『唐令拾遺補』九七四頁）は、

夏至日、祭皇地祇於方丘壇上、以高祖神尭皇帝配座。祭神州地祇於壇之第一等、祭五岳四鎮四海四瀆五山五川五林五沢五丘［五］陵五墳五衍五原五隰於内壝之外。［牲］各依方面（方面は方色の誤り）。

夏至の日、皇地祇を方丘の壇上に祭り、高祖神尭《しんぎょう》皇帝を以て配座す。神州・地祇を壇の第一等に祭り、五岳・四鎮・四海・四瀆・五山・五川・五林・五沢・五丘（小高い山）五陵（大いなる丘）五墳・五衍・五原・五隰を内壝《い》の外に祭る。牲は各《おのおの》方色に依る。

とある。永徽「祠令」と開元七年「祠令」も完全な「祠令」とはいえないが、圜丘の場所や壇の構成の言及はない。

(2)の史料の方丘の場所と壇を述べた箇所を削除すれば、

夏至、祭皇地祇于方丘、亦以景帝配。毎祀則地祇及配帝、設位於壇上、神州及五岳四鎮四瀆四海五方山林川沢丘陵墳衍原隰、並皆従祀。神州在壇之第二等。五岳已下三十七座、在壇下外壝之内。丘陵等三十座、在壝外。其牲、地祇及配帝用犢二、神州用黝犢一、岳鎮已下、加羊豕各五。

となる。この記事のほうが、もとの「祠令」に近いであろう。

(3)孟春［上］辛日、祈穀。祀感帝于南郊、元帝配。牲用蒼犢二。

孟春上辛の日（正月最初の辛の日）、穀を祈る。感帝（感生帝）を南郊に祀り、元帝（唐王朝初代皇帝の高祖皇帝の父・李昞。武徳初年「元皇帝」と追尊す。廟号世祖）配す。牲は蒼犢《とく》（蒼い仔牛）二を用う。

この「祠令」に対応する開元七年と開元二五年「祠令」（『唐令拾遺補』九七三頁）は次のようである。

正月上辛、祈穀。祀昊天上帝於圜丘、以高祖神尭皇帝配座。又祀五方帝於壇之第一等。

正月上辛、穀を祈る。昊天上帝を圜丘に祀り、高祖・神尭《しんぎょう》皇帝を以て座に配す。又た五方帝を壇の第一等に祀る。

(4)孟夏之月、雩祀昊天上帝於圜丘、景帝配。牲用蒼犢二。五方上帝五人帝五官、並従祀。用方色犢十。

孟夏の月、昊天上帝を圜丘に雩祀し、景帝（高祖皇帝・李淵の祖父である李虎、唐王朝成立後、景皇帝と追諡される）配す。牲は蒼犢《とく》二を用う。五方上帝（青帝・赤帝・黄帝・白帝・黒帝）五人帝（太昊・炎帝・黄帝・少昊・顓頊）五官（句芒・祝融・后土・蓐収・玄冥）、並びに従祀す。方色の犢一〇を用う。

この「祠令」は次項において述べるから、雩祀に関する永徽「祠令」と開元七年「祠令」は示さない。

(5)季秋、祀五方天上帝於明堂、元帝配。牲用蒼犢二。五人帝五官並従祀。用方色犢十。

季秋、五方天上帝（青帝・赤帝・黄帝・白帝・黒帝）を明堂に祀り、元帝（高祖皇帝の父・李昞。武徳元年「元皇帝」と追尊す。廟号世祖）配す。牲は蒼犢二を用う。五人帝（太昊・炎帝・黄帝・少昊・顓頊）五官（句芒・祝融・后土・蓐収・玄冥）、並びに従祀す。方色の犢一〇を用う。

(5)に対応する永徽「祠令」（『唐令拾遺補』九七五頁）は、

季秋、祀五方天上帝於明堂、高祖配。五帝従祀、太宗配、五官従祀。用犢十二。帝牲依方色。高祖太宗牲、用黄。

季秋、五方天上帝を明堂に祀り、高祖配す。五帝従祀し、太宗配し、五官従祀す。［牲］は犢一二を用う。帝の牲は方色に依る。高祖・太宗の牲、黄［犢］を用う。

とあり、この「祠令」に対応する開元七年「祠令」（『唐令拾遺補』九七五頁）は次のようである。

季秋、大享於明堂、祀昊天上帝、以睿宗大聖真皇帝配座。又祀五方帝、五帝五官従祀。

季秋、明堂に大享し、昊天上帝を祀り、睿宗大聖真皇帝を以て座に配す。又た五方帝を祀り、五帝・五官従祀す。

(6)孟冬、祭神州於北郊、景帝配。牲用黝犢二。

孟冬、神州（中国）を北郊に祭り、景帝（高祖皇帝・李淵の祖父である李虎、唐王朝成立後、景皇帝と追諡される）配す。牲は黝犢《ゆうとく》（青黒い仔牛）二を用う。

この「祠令」に対応する開元七年と開元二五年「祠令」（『唐令拾遺補』九七九頁）は次のようである。

立冬後、祭神州地祇於北郊、以太宗文武聖皇帝配座。
立冬の後、神州地祇を北郊に祭り、太宗文武聖皇帝を以て座に配す。

二　「祠令」六条と『唐令拾遺補』

この「祠令」六条は前述したように『唐令拾遺』「祠令」（一六二頁以下）と『唐令拾遺補』「祠令」（九七二頁以下）とに採録され、両書とも武徳七年「祠令」としている。『唐令拾遺』と『唐令拾遺補』は『旧唐書』巻二一礼儀志に、

武徳初、定令。　武徳の初め（元年は六一八）、令を定む。

とある記事を、「武徳七年（六二四）に〈武徳令〉を制定した」と解釈した結果であるが、この解釈は明らかに誤解である。武徳という年号は九年までしかない。武徳七年は「武徳初」ではない。『旧唐書』には「武徳初、………」とある史料は多数あるが、武徳七年の意味に使用されている例は一例もない。例えば、『旧唐書』巻七四崔仁師伝に、

崔仁師、定州安喜人。武徳初、応制挙、授管州録事参軍。五年、侍中陳叔達薦仁師才堪史職、進拝右武衛録事参軍、預修梁魏等史。貞観初、再遷殿中侍御史。
崔仁師、定州安喜の人なり。武徳の初め、制挙に応じ、管州録事参軍を授かる。五年、侍中の陳叔達は仁師の才史職に堪うるを薦め、進められ右武衛録事参軍を拝し、梁魏等の史を修めるを預る。貞観の初め、殿中侍御史に再遷す。

とある。「武徳初」は武徳七年ではない。「武徳初」とは、字義通り「武徳の初め」であって、武徳元年や二年を指し、唐王朝創業当初を指すと理解するべきで、「武徳前令」ともいうべきものであろう。唐初の「祠令」六条の中には、武徳七年の定令時に変更された「祠令」⑷の雩祀に関する「祠令」もあるから、「祠令」六条は武徳七年以前に公布さ

れた「祠令」とするべきである。

『通典』巻四三礼典・郊天下・大唐に、(1)の冬至に昊天上帝を圜丘に祀る「祠令」を載せて、

大唐武徳初、定令。毎歳冬至祀昊天上帝於圜丘。壇於京城明徳門外道東二里。四成、成各高八尺一寸、下成広二十丈、再成広十五丈、三成広十丈、四成広五丈。以景帝配、五方上帝天文、皆従祀。日月内官中官外官及衆星、皆従祀。其五方帝及日月七座、在壇第二等、内官五星以下五十五座、在第三等、二十八宿以下百三十五座、在四等、外官百一十二座、在外壝之内、衆星三百六十座、在外壝之外。上帝及配帝、用蒼犢各一、五方帝及日月、用方色犢各一、内官以下、加羊豕各九。

大唐の武徳の初め、令を定む。毎歳冬至に昊天上帝を圜丘に祀る。京城明徳門外道東二里に壇す。四成、成は各《おのおの》高八尺一寸、下成広二〇丈、再成は広さ一五丈、三成は広さ一〇丈、四成は広さ五丈。景帝を以て配し、五方上帝・天文、皆な従祀す。日月・内官・中官・外官及び衆星、皆な従祀す。其の五方帝及び日月は七座、壇の第二等に在り、内官五星以下五五座、第三等に在り、二八宿以下一三五座、四等に在り、外官一一二座、外壝《い》の内に在り、衆星三六〇座、外壝の外に在り。上帝及び配帝、蒼犢《とく》各《おのおの》一を用い、五方帝及び日月、方色の犢各《おのおの》一を用い、内官以下、羊・豕《し》（いのこぶた）各《おのおの》九を加う。

とあり、『通典』巻四三礼典・郊天下・大唐に、(3)の孟春上辛に感帝を南郊壇に祭る史料を載せて、

大唐、武徳初、定令。………（中略）………。孟春辛日、祈穀祀感帝於南郊、以元帝配。牲用蒼犢二。

大唐、武徳初め、令を定む。………（中略）………。孟春辛日、穀を祈り感帝を南郊に祀り、元帝を以て配す。牲は蒼犢（蒼い仔牛）二を用う。

とあり、『通典』巻四三礼典・大雩・大唐に、(4)の雩祀に関する史料を載せて、

大唐、武徳初、定令。毎歳孟夏、雩祀昊天上帝於圜丘、景皇帝配。牲用蒼犢二、五方上帝五人帝五官並従祀、用

方色犢十。貞観雩祀於南郊、顕慶礼於圓丘。

大唐、武徳の初め、令を定む。毎歳孟夏、昊天上帝を圓丘に雩《う》祀し、景皇帝配す。牲は蒼犢《とく》二を用い、五方上帝・五人帝（太昊・炎帝・黄帝・少昊・顓頊）五官（句芒・祝融・后土・蓐収・玄冥）並びに従祀し、方色の犢一〇を用う。貞観は南郊に雩祀し、顕慶は圓丘に礼す。

とあり、『通典』巻四四礼典・大享明堂・大唐に、(5)の季秋に五方上帝を明堂に祀る史料を載せて、

大唐、武徳初、定令。毎歳季秋、祀五方上帝於明堂、以元帝配、五人帝五官並従祀。迄於貞観之末、竟未議立明堂。季秋大享、則於圓丘行事。高祖配。圓丘及明堂北郊之祀、元帝専配感帝。自餘悉依武徳令。

大唐、武徳初め、令を定む。毎歳季秋、五方上帝を明堂に祀り、元帝を以て配し、五人帝・五官並びに従祀す。貞観の末に迄《いたる》まで、竟に未だ明堂を立つるを議せず。季秋大享、則ち圓丘に行事す。高祖を配す。圓丘及び明堂北郊の祀、元帝専ら感帝に配す。自餘は悉く「武徳令」に依る。

とあり、すべて「大唐武徳初、定令」とあるから、『旧唐書』巻二一礼儀志に「武徳初、定令」とあるのは、「武徳七年、定令（武徳七年、令を定む）」の誤りではない。武徳七年の定令に先立って、武徳初年に「武徳前令」ともいうべき暫定的な唐令が制定されたのである。この時、制定された唐令は「祠令」だけではなかったであろう。

『通典』巻六食貨典・賦税下・大唐の条に武徳「二年、制（二年、制《みことのり》す）」として次のような史料がある。

(1)毎一丁租［粟］二石。
(2)若嶺南諸州則税米。上戸一石二斗、次戸八斗、下戸六斗。若夷獠之戸、皆従半輸。
(3)蕃人内附者、上戸丁銭十文、次戸五文、下戸免之。附経二年者、上戸丁輸羊二口、次戸一口、下戸三戸共一口。
(4)凡水旱蟲霜為災、十分損四分以上免租、損六分以上免租調、損七分以上課役倶免。

毎一丁 租粟二石。

嶺南諸州の若《ごと》きは則ち米に税す。上戸は一石二斗、次戸は八斗、下戸は六斗。夷獠《いりょう》の戸の若きは、皆な半輸に従る。

蕃人の内附する者、上戸丁は［銀］銭一〇文、次戸は五文、下戸は之を免ず。［貫］に附して二年を経る者、上戸丁は羊二口を輸し、次戸は一口、下戸は三戸共せて一口。

凡《およ》そ水旱蟲霜《ちゅうそう》災を為せば、一〇分の四分以上を損ずれば租を免じ、六分以上を損ずれば租調を免じ、七分以上を損ずれば課役倶《とも》に免ず。

また『冊府元亀』巻四八七邦計部・賦税に＊1、

唐高祖武徳二年、制、毎丁租二石、絹二疋綿三両。自茲以外、不得横有調斂。

唐の高祖の武徳二年、制す、「毎丁租二石、絹二疋綿三両。茲《これ》より以外、横《よこしま》に調斂《ちょうれん》有るを得ず」と。

とある。『通典』の四条と『冊府元亀』の「絹二疋綿三両」は武徳七年「賦役令」・開元七年「賦役令」・開元二五年「賦役令」であることが判明しているから、一貫して唐「賦役令」として存在した条文であり、武徳二年の「制」は唐「賦役令」の原形となったもので、武徳初年に公布された唐王朝の「賦役令」としてよい。いま問題にしている「祠令」六条も武徳二年に右の「賦役令」と共に公布された可能性がある。

「武徳初、定令」は「武徳七年、定令」ではないことを證明するのが、

孟夏之月、雩祀昊天上帝於圓丘、景帝配。牲用蒼犢二。五方上帝五人帝五官、並従祀。用方色犢十。

とある唐初の「祠令」(4)の雩祀に関する「祠令」である。この「祠令」を『唐令拾遺』と『唐令拾遺補』は武徳七年「祠令」とする。

ところが、『旧唐書』巻二四礼儀志の「武徳貞観之制、神祇大享之外（武徳・貞観の制、神祇大享の外）」に、武徳「祠令」と貞観「祠令」一七条を列挙した中の一条に、次の雩祀に関する「祠令」がある＊2。

孟夏之月、龍星見、雩五方上帝於雩壇。五［人］帝配於上、五官従祀於下。牲用方色犢十、籩豆已下、如郊祭之数。

孟夏の月、龍星（星の名、四月に黄昏れの東方に出現する）見れば、五方上帝を雩《う》壇に雩す。五人帝を上に配し、五官を下に従祀す。牲は方色の犢《とく》一〇を用い、籩《へん》（神への供物を盛る祭器の名）豆（神への供物を盛る祭器の名）已下、郊祭（天を祭る圜丘の祭祀）の数の如し。

この「祠令」は『唐令拾遺補』（九七四頁）が復元する、雩祀に関する永徽「祠令」の、

孟夏之月、雩五方上帝於雩壇。五帝配於上、五官従祀於下。牲用方色犢十。

孟夏の月、五方上帝を雩壇に雩す。五帝を上に配し、五官を下に従祀す。牲は方色の犢一〇を用う。

と極めて類似しているから、「祠令」であることは疑いない。「武徳貞観之制、神祇大享之外（武徳・貞観の制、神祇大享の外）」と限定しているから、武徳「祠令」と貞観「祠令」としてよい。同じ雩祀に関する「祠令」が同一「祠令」中に二条存在するのは不可解であるし、その「祠令」の文言が異なるのも不可解である。圜丘に昊天上帝を雩祀する史料は「武徳初、定令」時の「祠令」であり、武徳七年の定令時に改訂され、『旧唐書』巻二四礼儀志の雩壇に五方上帝を雩祀する「祠令」に変更されたことを示している。「武徳初」の「祠令」は、そのまま武徳七年の武徳「祠令」になったのではなく、武徳七年に改訂された「祠令」もあったのである。したがって、「武徳初、定令」は武徳七年の「武徳令」制定を意味するものではなく、「武徳初め」の「祠令」という意味に理解しなければならない。

なお、雩祀に関しては『隋書』巻七礼儀志に、

孟夏之月、龍星見、則雩五方上帝、配以五人帝於上、以太祖武元帝配饗、五官従配於下。牲用犢十、各依方色。

とある。この史料は『旧唐書』巻二四礼儀志「武徳貞観之制、神祇大享之外（武徳・貞観の制、神祇大享の外）」と

してある雩《う》祀に関する武徳「祠令」と貞観「祠令」と類似するから、雩祀に関する隋の「祠令」、もしくは取意文であることは疑いないが、開皇「祠令」か大業「祠令」かの判断がつかない。

唐初の「祠令」六条のうちの、圜丘に昊天上帝を雩祀する「祠令」が、もし仮に大業「祠令」を継受したものであることが明らかになれば、『隋書』巻七礼儀志にある雩祀に関する「祠令」は開皇「祠令」であることになり、『隋書』巻七礼儀志に所載する「祠令」はすべて開皇「祠令」であることになる。

開皇の雩祀に関する「祠令」は大業「祠令」になって改訂があって、前掲したような条文となり、それが唐初に継受され、武徳七年の武徳「祠令」において、前掲した『旧唐書』巻二四礼儀志のように開皇「祠令」に近い形に改訂されたのである。『隋書』巻七礼儀志所載の雩祀の「祠令」、『旧唐書』巻二四礼儀志所載の雩祀の「祠令」、雩祀に関する永徽「祠令」を甲とし、圜丘に昊天上帝を雩祀する「祠令」を乙とするなら、次のように変化したことになる。

甲　開皇「祠令」
乙　大業「祠令」・唐初の「祠令」
甲　武徳「祠令」・貞観「祠令」・永徽「祠令」
乙　開元七年「祠令」（『唐令拾遺補』九七四頁を参照）

「武徳初」に「令」を制定し、武徳七年の「武徳令」制定時にも武徳初年の「令」がそのまま採用されて「祠令」となったものもあり、『唐令拾遺』と『唐令拾遺補』が六条の史料を武徳七年「祠令」としたのは誤りであるが、雩壇に関する「祠令」を除く五条は改訂された痕跡が見あたらず、武徳七年「祠令」に継承されたと想定できるから、五条の「祠令」を武徳七年「祠令」に比定するのは誤りとはいえない。

＊1　この記事は『新唐書』巻一高祖紀武徳二年二月乙酉に「始定租庸調法」とあり、武徳二年の租庸調の制定をいう。また『唐会要』巻八三租税上に、

武徳二年二月十四日、制、毎丁租二石、絹二丈綿三両。自茲以外、不得横有調斂。

武徳二年二月一四日、制す、「毎丁租二石、絹二丈綿三両。茲《これ》より以外、横《ほしい》ままに調斂《ちょうれん》有るを得ず」と。

とあり、『資治通鑑』巻一六七武徳二年二月の条に、

初定租庸調法。毎丁租二石、絹二匹綿三両。自茲以外、不得横有調斂。

初めて租庸調の法を定む。毎丁租二石、絹二匹綿三両。茲より以外、横ままに調斂有るを得ず。

とある。各書は互いに節略はあるが、「制」と同じことをいうものである。武徳二年の制文は『通典』の内容に加えて、租庸調の調として「絹二丈綿三両」を徴収する内容であり、武徳二年に租庸調を宣言し、「自茲以外、不得横有調斂」が明記されていたと想定されよう。これらの文献によって、武徳二年（六一九）に賦役に関する王言が公布されたことが確認できよう。また中村裕一『唐令逸文の研究』（汲古書院　二〇〇五）五七八頁以下を参照。

＊2　『旧唐書』巻二四礼儀志の「武徳貞観之制、神祇大享之外」にある武徳「祠令」と貞観「祠令」一七条は『唐令拾遺』と『唐令拾遺補』が採録していない「祠令」である。この一七条の祠令は本書第三章「武徳と貞観の祠令」において詳論する予定である。

三　唐初の「祠令」と隋「祠令」

唐王朝は新王朝を創業し、天子となったのであるから、創業の多忙を理由に天地宗廟の祭祀を行わないわけにはいかない。しかし、新「祠令」など予め準備することなどできるわけがない。創業二年目の武徳二年の段階において、唐王朝は長安がある渭水盆地一帯の隋末群雄の一集団に過ぎない存在である。しかし、新王朝の樹立を宣言した以上は、天地宗廟を祭祀するのが天子として責務である。新王朝の勢力拡大に向けて軍事が優先するから、勢い前王朝の

「令」を借用し、必要部分（配帝の名前や州名）を唐王朝風に変更して、当座に間にあわせたと考えるのが自然であろう。

『旧唐書』巻一高祖紀武徳元年六月甲戌の条に大業律令を廃止したとある。これによって一応は大業律令と決別した。しかし、これ以後、一切大業律令を使用しないという意味ではない。大業律令に少しの改変を加えて、唐王朝の名において公布すれば、それは唐王朝のれっきとした「律令」である。大業律令を廃止したのは名目的決別であって、武徳元年六月甲戌を以て大業律令的法典が完全に消滅したわけではない。

『旧唐書』巻二一礼儀志一に、

神堯受禅、未遑制作、郊廟宴享、悉用隋代旧儀。太宗皇帝践祚之初、悉興文教、乃詔中書令房玄齢秘書監魏徵等礼官、修改旧礼、定著吉礼六十一篇賓礼四篇軍礼二十篇嘉礼四十二篇凶礼六篇国恤五篇、総一百三十八篇、分為一百巻。

神堯《しんぎょう》（高祖皇帝）受禅し、未《いま》だ制作に遑《いとま》あらず、郊廟の宴享、悉く隋代の旧儀を用う。太宗皇帝践祚《せんそ》の初め、悉く文教を興し、乃ち中書令の房玄齢・秘書監の魏徵ら礼官に詔し、旧礼を修改せしめ、定めて吉礼六一篇・賓礼四篇・軍礼二〇篇・嘉礼四二篇・凶礼六篇・国恤《こくじゅつ》五篇、総て一三八篇を著し、分かちて一百巻と為す。

とあり、また、『旧唐書』巻二二礼儀志二の冒頭部分にも、

高祖受禅、不遑創儀。太宗平定天下、命儒官議其制。

高祖受禅し、儀を創るに遑《いとま》あらず。太宗天下を平定し、儒官に命じて其の制を議せしむ。

とある。第二代の太宗皇帝の治世から唐王朝独自の礼儀は創始された。右の史料によって、武徳初年の「令」や「武徳令」が隋の「令」の影響下にあることは疑いないところである。問題は隋の「令」が、「開皇令」か「大業令」かということになろう。

目前の問題を解決しようとすれば、前例に倣うことが最も容易な問題解決方法である。ここで古びた「開皇令」を持ち出せば、時間を一五年以上巻き戻さねばならない。混乱は必定である。前例に倣えば、不満はあっても一時凌ぎにはなる。『旧唐書』巻二一礼儀志に「神堯受禅、未遑制作、郊廟宴享、悉用隋代旧儀」とあったが、唐王朝が採用した郊廟宴享の「隋代旧儀」とは、状況から考えて大業「祠令」であり、武徳初年の「令」全体は「大業令」であったと考えるのが最も無理のない理解であろう。

『唐会要』巻三七五礼篇目に、

武徳初、朝廷草創、未遑制作。郊祀享宴、悉用隋代旧制。

武徳の初め、朝廷草創にして、未《いま》だ制作に遑《いとま》あらず。郊祀享宴、悉く隋代の旧制を用う。

とある。郊祀享宴は隋の旧儀を用いたという点は前掲した『旧唐書』巻二一礼儀志一と同じであるが、『唐会要』には「用隋代旧制」とある。『唐会要』の「隋代旧制」「隋旧制」「隋制」は、すべて「大業令」を指すことが判明しているから、唐初の「祠令」は大業「祠令」を継受したことになる。

前掲した武徳初年の「賦役令」として示した『通典』巻六食貨典・賦税下・大唐の条に「武徳二年、制」としてある「賦役令」は、大業「賦役令」の「郡」字を「州」字に訂正して継受し、唐初の「賦役令」とした可能性が非常に高いことになる。

『旧唐書』や『新唐書』には、

武徳初、著令。　　　武徳の初め、令を著す。

として、唐初の「鹵簿令《ろぼ》」をいい、

武徳初、撰衣服令。　　　武徳の初め、「衣服令」を撰ぶ。

と、唐初の「衣服令」をいう。これらの「鹵簿令」や「衣服令」も大業「鹵簿令」や大業「衣服令」を継受していると想定することが可能となる。

四　開皇「祠令」六条

唐初の「祠令」六条と類似する史料が『隋書』巻六礼儀志にある。最初に、

高祖受命、欲新制度。乃命国子祭酒辛彦之、議定祀典。

高祖受命し、制度を新たにせんと欲す。乃ち国子祭酒の辛彦之に命じて、祀典を議定せしむ。

とあり、右の記事に連続して次に示す(1)冬至に昊天上帝を圜丘に祀る史料、(2)夏至に皇地祇を方丘に祭る史料、(3)孟春上辛に感帝を南郊壇に祭る史料、(6)孟冬に神州を北郊に祭る史料がある。

(5)の季秋に五方上帝を明堂に祀る史料は、『隋書』巻六礼儀志の明堂の項にあり、(4)の雩《う》祀に関する史料は『隋書』巻七礼儀志にある。(4)の雩祀に関する史料は唐初の雩祀に関する「祠令」と令文が異なり、昊天上帝を雩壇に祀る条文でないため、『隋書』巻六礼儀志ではなく『隋書』巻七礼儀志の一般「祠令」の部分に所載されているのである。

(1)の冬至に昊天上帝を圜丘に祀る史料は、

為圜丘於国之南、太陽門外道東二里。其丘四成、各高八尺一寸。下成広二十丈、再成広十五丈、又三成広十丈、四成広五丈。

圜丘を国の南、太陽門外の道東二里に為る。其の丘は四成（四層）、各《おのおの》高さ八尺一寸。下成は広さ二〇丈、再成は広さ一五丈、又た三成は広さ一〇丈、四成は広さ五丈。

とあり、続けて次のようにある。

再歳（毎歳の誤り）冬至之日、祀昊天上帝於其上。以太祖武元皇帝配、五方上帝日月五星内官四十二座次官一百

三十六座外官一百一十一座衆星三百六十座、並皆従祀。上帝日月在丘之第二等、北斗五星十二辰河漢内官在丘第三等、二十八宿中官在丘第四等、外官在内壝之内、衆星在内壝之外。其牲、上帝配帝用蒼犢二、五帝日月、用方色犢各一、五星已下、用羊豕各九。

毎歳冬至の日、昊天上帝を其の上に祀る。太祖・武元皇帝を以て配し、五方上帝・日・月・五星（東方歳星・南方熒惑星・西方太白星・北方辰星・中央鎮星）内官四二座・次官一三六座・外官一一一座・衆星三六〇座、並びに皆な従祀す。上帝・日・月は丘の第二等に在り、北斗・五星・一二辰・河漢・内官は丘の第三等に在り、二八宿・中官は丘の第四等に在り、外官は内壝《い》の内に在り、衆星は内壝の外に在り。其の牲、上帝・配帝は蒼犢《とく》二を用い、五［方上］帝・日・月は、方色の犢各《おのおの》一を用い、五星已下は、羊・豕《し》（いのこぶた）各《おのおの》九を用う。

(2)の夏至に皇地祇を方丘に祭る史料は、『隋書』巻六礼儀志に、

為方丘於宮城之北十四里。其丘再成、成高五丈、下成方十丈、上成方五丈。

方丘を宮城の北一四里に為る。其の丘は再成（二層）、成は高さ五丈、下成（下層）は方（一辺）一〇丈、上成（上層）は方（一辺）五丈。

とあり、続けて次のようにある。

夏至之日、祭皇地祇於其上。以太祖配。神州迎州冀州戎州拾州柱州営州咸州陽州九州山海川林沢丘陵墳衍原隰、並皆従祀。地祇及配帝在壇上、用黄犢二。神州九州神、座於第二等八陛之間。神州東南方、迎州南方、冀州戎州西南方、拾州西方、柱州西北方、営州北方、咸州東北方、陽州東方、各用方色犢一。九州山海已下、各依方面八陛之間。其冀州山林川沢丘陵墳衍、於壇之南、少西、加羊豕各九。

夏至の日、皇地祇（地の神）を其の上に祭る。太祖を以て配し、神州・迎州・冀州・戎州・拾州・柱州・営州・咸州・陽州・九州の山・海・川・林・沢・丘（小高い山）・陵（大いなる丘）墳（堤防）衍（島・洲）原（田地）隰

（低湿地）、並びに皆な従祀す。地祇及び配帝は壇上に在り、黄犢二を用う。神州・九州の神は第二等の八陛の間に座す。神州は東南方、迎州は南方、冀州・戎州は西南方、拾州は西方、柱州は西北方、営州は北方、咸州は東北方、陽州は東方、各《おのおの》方色の犢一を用う。九州の山・海已下、各《おのおの》方面の八陛の間に依る。其の冀州の山・林・川・沢・丘・陵・墳・衍、壇の南、少しく西に於てす。羊・豕《し》（いのこぶた）各《おのおの》九を加う。

また類似する史料は『通典』巻四五礼典・方丘・隋にもある。

隋因周制、夏日至、祭皇地祇於宮城北郊十四里、為方壇。其丘再成、成高五尺。下成方十丈、上成方五丈。成則重也。以太祖武元配、神州迎州冀州戎州拾州柱州営州咸州揚州其九州山林川沢丘陵墳衍原隰、皆従祀。地祇及配帝在壇上。神州九州神、座於壇第二等八陛之間。神州東南方、迎州南方、冀州戎州西南方、拾州西方、柱州西北方、営州北方、咸州東北方、揚州東方、九州山海以下、各以依方面八陛之間。唯冀州山林川沢、丘陵墳衍、於壇之南、少西。地祇配帝等牲、用黄犢二、神州以下、用方色犢一、九州山海墳衍等、加羊豕各九。

隋は周制に因り、夏の日至、皇地祇（地の神）を宮城の北郊一四里に祭り、方壇を為る。其の丘は再成、成の高さ五尺。下成は方一〇丈、上成は方五丈。成は則ち重なり。太祖・武元を以て配し、神州・迎州・冀州・戎州・拾州・柱州・営州・咸州・揚州・其の九州の山・林・川・沢・丘・陵・墳・衍・原・隰、皆な従祀す。地祇及び配帝は壇上に在り。神州・九州神、壇の第二等八陛の間に座す。神州は東南方、迎州は南方、冀州・戎州は西南方、拾州は西方、柱州は西北方、営州は北方、咸州は東北方、揚州は東方、九州の山海以下、各《おのおの》以て方面八陛の間に依る。唯だ冀州の山・林・川・沢・丘・陵・墳・衍、壇の南、少しく西に於てす。地祇・配帝等の牲は、黄犢二を用い、神州以下、方色の犢一を用い、九州の山海墳衍等は、羊・豕各《おのおの》九を加う。

(3)の孟春上辛に感帝を南郊壇に祭る史料は、『隋書』巻六礼儀志に、

南郊、為壇於国之南、太陽門外道西一里。去宮十里。壇高七尺、広四丈。

南郊、壇を国［城］の南、太陽門外道西の一里に為る。宮［城］を去ること一〇里。壇の高さ七尺、広さ四丈。

とあり、続けて次のようにある。

孟春上辛、祠所（「所」は衍字）感帝赤熛怒於其上、以太祖武元皇帝配。其礼四圭有邸、牲用騂犢二。

孟春の上辛（正月の最初の辛日）、感帝・赤熛怒を其の上に祠り、太祖・武元皇帝（文皇帝の父・楊忠、開皇元年二月、武元皇帝と追尊する。廟号太祖）を以て配す。其の礼 四圭有邸、牲は騂犢《せいとく》（赤い仔牛）二を用う。

(4)の雩《う》祀に関する史料は、『隋書』巻七礼儀志にもある。

孟夏之月、龍星見、則雩五方上帝、配以五人帝於上、以太祖武元帝配饗、五官従配於下。牲用犢十、各依方色。

孟夏の月、龍星見えれば、則ち五方上帝（青帝・赤帝・黄帝・白帝・黒帝）を雩し、五人帝（太昊・炎帝・黄帝・少昊・顓頊《せんぎょく》）を以て上に配し、太祖・武元帝を以て配饗し、五官（句芒・祝融・后土・蓐収・玄冥）下に従配す。牲は犢《とく》（仔牛）一〇を用い、各《おのおの》方色に依る。

この史料は雩祀に関する史料は武徳「祠令」・貞観「祠令」・永徽「祠令」と類似するから、雩祀に関する隋の「祠令」であることは間違いない。

(5)の季秋に五方上帝を明堂に祀る史料は、『隋書』巻六礼儀志の明堂の項にある

終隋代、祀五方上帝、止於明堂、恒以季秋在雩壇上而祀。其用幣各於其方。人帝各在天帝之左。太祖武元皇帝在太昊南、西向。五官在庭、亦各依其方。牲用犢十二。

隋代を終《おさ》め、五方上帝を祀ること、明堂を止め、恒に季秋を以て雩壇上に在りて祀る。其の用幣 各《おのおの》其の方に於てす。人帝 各《おのおの》天帝の左に在り。太祖・武元皇帝は太昊の南に在り、西向す。五官庭に在り、亦た 各《おのおの》其の方に依る。牲は犢（仔牛）一二を用う。

(6)の孟冬に神州を北郊に祭る史料は、『隋書』巻六礼儀志に、

北郊孟冬祭神州之神。以太祖武元皇帝配。牲用犢二。

北郊に孟冬 神州の神を祭る。太祖・武元皇帝を以て配し、牲は犢《とく》（仔牛）二を用う。

とあり、『通典』巻四五礼典・方丘・隋の条に次のようにある。

孟冬、祭神州于北郊。亦以太祖武元配、牲用犢二。

孟冬に、神州を北郊に祭る。亦た太祖・武元を以て配し、牲は犢二を用う。

(4)の雩祀に関する史料を除く五条の史料は、前掲した『旧唐書』巻二一礼儀志に所載する唐初の「祠令」とほぼ同じであり、隋の高祖皇帝が即位して定めた祀典であるから、開皇二年（五八二）の開皇「祠令」と断言してよい。雩祀に関する史料も武徳「祠令」・貞観「祠令」・永徽「祠令」と類似するから「祠令」であり、隋の「祠令」、特にいえば開皇「祠令」としてよい。

五　唐初の「祠令」と開皇「祠令」との比較

唐初の「祠令」六条と開皇「祠令」六条を比較して大きく異なるのは次の二点である。

(2)の夏至に皇地祇を方丘に祭る「祠令」

(4)の雩《う》祀に関する「祠令」

このうち、(2)の夏至に皇地祇を方丘に祭る「祠令」が大きく異なることによって、唐初の「祠令」は開皇「祠令」を直接に継受したものでないことが明らかとなる。

開皇「祠令」を基礎として武徳初年に(2)と(4)の「祠令」を書き換えたとするのが一案であり、開皇「祠令」が大業「祠令」に継受されたとき、(2)と(4)の「祠令」に改訂があって、唐初の「祠令」のようになり、それをそのまま唐初に継受し、唐初の「祠令」の形となったと考えるのがもう一の案である。後案は大業「祠令」が唐初の「祠令」に継受されたとするものである。果たして、孰れを是とするべきであろうか。

唐初の「祠令」六条は、『旧唐書』巻二一礼儀志一に、

　神堯受禅、未遑制作、郊廟宴享、悉用隋代旧儀。

　神堯《しんぎょう》（高祖皇帝のこと）受禅し、未《いま》だ制作に遑《いとま》あらず、郊廟の宴享、悉く隋代の旧儀を用う。

とあり、また、『旧唐書』巻二一礼儀志二の冒頭部分にも、

　高祖受禅、不遑創儀。太宗平定天下、命儒官議其制。

　高祖受禅し、儀を創るに遑《いとま》あらず。太宗天下を平定し、儒官に命じて其の制を議せしむ。

とあって、隋の「祠令」の影響下にあることは疑いないのである。

開皇「祠令」の配帝は、すべて高祖文皇帝・楊堅の父である太祖・武元皇帝（楊忠）であったのに対して、唐初の「祠令」六条の配帝は、

(1)冬至、祀昊天上帝於圜丘、以景帝配。
(2)夏至、祭皇地祇于方丘、亦以景帝配。
(3)孟春上辛日、祈穀。祀感帝于南郊、元帝配。
(4)孟夏之月、雩祀昊天上帝於圜丘、景帝配。
(5)季秋、祀五方天上帝於明堂、元帝配。
(6)孟冬、祭神州於北郊、景帝配。

とあって、景帝（唐の高祖皇帝の祖父・李虎）と元帝（唐の高祖皇帝の父・李昞《りへい》）からなる。

『隋書』巻六礼儀志に、

大業元年孟春、祀感帝。孟冬、祀神州。改以高祖文帝配、其餘並用旧礼。

大業元年孟春、感帝を祀る。孟冬、神州を祀る。改めて高祖文帝を以て配し、其の餘は並びに旧礼を用う。

とあり、煬帝の大業元年（六〇五）に感帝と神州の祭祀の配帝は高祖文帝に変更されたとする。『通典』巻四五礼典・方丘・隋の条にも、

煬帝大業元年、孟冬祭神州、改以高祖文帝配。

煬帝の大業元年、孟冬に神州を祭り、改めて高祖文帝を以て配す。

とある。煬帝の登極から「祠令」の配帝に変更が加えられたようで、唐初の「祠令」では神州の祭祀の配帝は景帝になっているから、配帝の変更は大業元年以降にもあったと考えられる。(3)の「孟春上辛日、祈穀。祀感帝于南郊、元帝配」は大業元年（六〇五）に太祖・武元皇帝（楊忠）から高祖文帝に変更されたことによく符合している。

(5)の「季秋、祀五方天上帝於明堂」は元帝が配帝となっているが、煬帝の「大業令」において、太祖・武元皇帝（楊忠）から高祖文帝に変更された可能性がある。それを伝える史料はないが、配帝の変更はあり得てもおかしくはない。煬帝の「大業令」において、(5)の「季秋、祀五方天上帝於明堂」の配帝が高祖文帝に変更され、それが唐王朝に継受されたとするなら、次のような配帝となり、唐初の「祠令」六条の配帝と基本的に一致する。

(1)冬至、祀昊天上帝於圜丘、以太祖・武元皇帝配。
(2)夏至、祭皇地祇于方丘、以太祖・武元皇帝配。
(3)孟春上辛日、祈穀。祀感帝于南郊、以高祖・文帝配。
(4)孟夏之月、雩祀昊天上帝於圜丘、以太祖・武元皇帝配。
(5)季秋、祀五方天上帝於明堂、以高祖・文帝配。
(6)孟冬、祭神州於北郊、以太祖・武元皇帝配。

煬帝からみて太祖・武元皇帝（楊忠）は祖父に当たり、高祖文帝は父である。唐初に「祠令」を公布するとき、隋の配帝のままでは唐の「祠令」とはならないから、配帝の箇所を唐王朝の制度に適合するものに置き換えた。唐の高祖皇帝からみて、太祖・武元皇帝に相当するのは祖父の景帝・李虎であり、唐の高祖皇帝からみて、高祖文帝に相当するのは父の元帝・李昞《へい》であるから、煬帝からみて祖父に当たる太祖・武元皇帝の箇所は、唐の高祖皇帝の祖父・景帝を配置し、煬帝からみて父に当たる高祖・文帝の箇所は、唐の高祖皇帝の父・元帝を配置したとすれば、唐初の「祠令」六条は煬帝の大業「祠令」六条を継受したことになる。しかし、これはあり得てもよい推論でしかない。

六　唐初の「祠令」と大業「祠令」

従来の通説では、煬帝は悪逆の皇帝であり、その律令は一顧だにすべき価値がないようにいわれているが、真実は開皇律令を継受した極めて普通の法典であったと考えるべきである。唐初の「祠令」六条は開皇「祠令」六条を直接的に継受したものでなく、大業「祠令」を継受していると想定することが妥当なようである。

そのことを示す史料が、唐初の「祠令」六条のうちの⑵の夏至に皇地祇を祭祀する「祠令」である。

夏至、祭皇地祇于方丘、亦以景帝配。其壇在宮城之北十四里。壇制再成、下成方十丈、上成五丈。毎祀則地祇及配帝、設位於壇上、神州及五岳四鎮四瀆四海五方山林川沢丘陵墳衍原隰、並皆従祀。神州在壇之第二等。五岳已下三十七座、在壇下外壝之内。丘陵等三十座、在壝外。其牲、地祇及配帝用犢二、神州用黝犢一、岳鎮已下、加羊豕各五。

同じ「祠令」は『通典』巻四五礼典・方丘・大唐の条にある。

大唐制、夏日至、祭皇地祇。於宮城之北郊十四里、為方丘壇。因隋制、以景帝配、神州五方（方は衍字）岳〔四〕

鎮［四］海［四］瀆［五方］山林川沢丘陵墳衍原隰、皆従祀。地祇及配帝牲、用黄犢二、神州黝犢一、岳鎮以下、加羊豕各五。

大唐の制、夏の日至（夏至のこと）、皇地祇（地の神）を祭る。宮城の北郊一四里に、方丘壇を為る。隋の制に因り、景帝（高祖皇帝・李淵の祖父である李虎、唐王朝成立後、景皇帝と追諡される）を以て配し、神州（中国のこと）五岳・四鎮・四海・四瀆・五方の山・林・川・沢・丘・陵・墳・衍・原・隰、皆な従祀す。地祇及び配帝の牲は、黄犢二を用い、神州は黝犢《ゆうとく》一、岳鎮以下は、羊・豕《し》（いのこぶた）各《おのおの》五を加う。

『通典』は大唐の夏至に皇地祇を祀る「祠令」は隋制に因ったという。開元七年（七一九）や開元二五年「祠令」の夏至に皇地祇を祀る「祠令」を隋の制度に因ることは決してないから、この「隋の制に因る」とは武徳元年や武徳二年ころの唐初の「祠令」を指すものに相違ない。

右にいう「隋制」とは、開皇「祠令」と大業「祠令」の孰れを指すかが問題となる。これを解き明かす鍵となるのは「以景帝配」と「岳鎮海瀆の従祀」である。この二点に関して、『隋書』巻六礼儀志に所載する開皇「祠令」六条のうち、(2)の夏至に皇地祇を祀る「祠令」は次のようにある。

夏至之日、祭皇地祇於其上、以太祖配。神州迎州冀州戎州拾州柱州営州咸州陽州九州山海川林沢丘陵墳衍原隰、並皆従祀。地祇及配帝在壇上、用黄犢二。神州九州神、座於第二等八陛之間。神州東南方、迎州南方、冀州戎州西南方、拾州西方、柱州西北方、営州北方、咸州東北方、陽州東方。各用方色犢一。九州山海已下、各依方面八陛之間。其冀州山林川沢丘陵墳衍、於壇之南、少西、加羊豕各九。

唐王朝が開皇「祠令」によったとするなら、開皇の夏至に皇地祇を祀る「祠令」は太祖・武元皇帝を配帝としているから、唐初の夏至に皇地祇を祀る「祠令」の配帝は「以元帝配」とあるべきで、「以景帝配」とあるのは妙なことになる。開皇「祠令」は皇地祇の祭祀に太祖を配している。太祖は廟号で、隋の高祖文皇帝の父・楊忠のことで、開皇元年二月、武元皇帝と追尊された。唐初、開皇「祠令」を採用したなら、開皇「祠令」にしたがい、この「祠令」は唐王朝を創始した高祖皇帝の父である李昞《へい》（武徳初年「元皇帝」と追尊す。廟号世祖）が配帝とされるべきである。ところが、唐初の「祠令」には「以景帝配」とある。これは夏至に皇地祇を祀る大業「祠令」に太祖・武元皇帝を配帝とする規定があり、この景皇帝と追諡されている。景帝は高祖皇帝・李淵の祖父である李虎のことで、唐王朝成立後、大業「祠令」を唐王朝が継受し、煬帝からみれば太祖・武元皇帝は祖父に当たるから、この部分を唐王朝の実情に合わせ改変し、高祖皇帝・李淵の祖父である李虎・景帝を配帝としたものである。

これで唐初の「祠令」は大業「祠令」を継受したことが了解されたと考えるが、この見解に不同意の向きがあるかも知れない。このために夏至に皇地祇を祀る時の「岳鎮海瀆の従祀」について述べ、唐初の「祠令」は大業「祠令」を継受したことを補強しておこうと考える。

夏至に皇地祇を祀る開皇「祠令」では、

神州迎州冀州戎州拾州柱州営州咸州陽州九州山海川林沢丘陵墳衍原隰、並皆従祀。

とあったように、神州と諸州以下が従祀され、「岳鎮海瀆」の従祀はない。

ところが、唐初の「祠令」(2)の夏至に皇地祇を祀る「祠令」に、

神州及五岳四鎮四瀆四海五方山林川沢丘陵墳衍原隰、並皆従祀。

とあり、「岳鎮海瀆」の従祀がある。『通典』巻四五礼典・方丘・大唐の条に、

大唐制、夏日至、祭皇地祇。於宮城之北郊十四里、為方丘壇。因隋制、以景帝配、神州五方（方は衍字）岳［四］鎮［四］海［四］瀆［五方］山林川沢丘陵墳衍原隰、皆従祀。

とあって、夏至に皇地祇を祀る「祠令」は「因隋制」とある。「因隋制」とは、(1)景帝を以て配帝とすることを隋制によった。

(2)「神州及五岳四鎮四瀆四海五方山林川沢丘陵墳衍原隰」を従祀することを隋制によった。

との意味である。唐初の「祠令」の(2)は唐王朝独自の「祠令」ではなく、開皇「祠令」以外の隋の「祠令」を継受したことは明らかとなる。開皇「祠令」以外の隋「祠令」において、「神州及五岳四鎮四瀆四海五方山林川沢丘陵墳衍原隰」を従祀するは大業「祠令」を措いて他にはない。

「岳鎮海瀆」とは、五岳・四鎮・四海・四瀆をいい、五岳は東岳（泰山）南岳（衡山）中岳（嵩山）西岳（華山）北岳（恒山）を指し、四鎮は東鎮（沂山）南鎮（会稽山）西鎮（呉山）北鎮（医無閭山）を指し、四瀆は東瀆（淮河）南瀆（長江）西瀆（黄河）北瀆（済河）を指し、四海は東海・南海・西海をいう。「開皇令」が制定された開皇二年（五八二）、隋はまだ北朝であり、南岳（衡山）南鎮（会稽山）南海（広州）は隋王朝の版図に入っていないから、五岳・四鎮・四海・四瀆の祭祀は成立していない。この「岳鎮海瀆」の祭祀が可能となるのは、早くても隋王朝が南朝・陳を倒し、中国を統一した開皇九年以降であり、「祠令」として確立されるのは大業三年（六〇七）の大業「祠令」であるから、『通典』のいう、

因隋制、以景帝配、神州五岳四鎮四海四瀆山林川沢丘陵墳衍原隰、皆従祀。

は大業「祠令」を措いて他にはないことになる。

隋代の五岳・四鎮・四海・四瀆に関して『隋書』巻七礼儀志に、

開皇十四年閏十月、詔、東鎮沂山南鎮会稽山北鎮医無閭山冀州鎮霍山、並就山立祠、東海於会稽県界、南海於南海鎮南、並近海立祠。及四瀆呉山、並取側近巫一人、主知灑掃、並命多蒔松柏。其霍山雩祀日遣使就焉。

開皇一四年（五九四）閏一〇月、詔す、「東鎮の沂山・南鎮の会稽山・北鎮の医無閭山・冀州鎮の霍山、並びに山に就き祠を立て、東海を会稽県界に、南海を南海鎮南（嶺南康州に鎮南県あり）に、並びに海に近く祠を立てしむ。四瀆・呉山に及んで、並びに側近の巫一人を取り、灑掃《さいそう》を主知し、並びに多く松柏を蒔《うえ》るを命ず。其の霍《かく》山 雩《う》

祀の日使を遣り焉に就かしむ」と。

とあり、開皇一四年閏一〇月の段階で、四鎮の他には冀州鎮の霍山《かくざん》が付随しており、東海神を越州会稽県界で祭る状態であり、唐代のような四鎮・四海制度は成立していない。

また『隋書』巻七礼儀志に、

〔開皇〕十六年正月、又詔、北鎮於営州龍山立祠。東鎮晋州霍山鎮、若脩造、並準西鎮呉山、造神廟。

開皇一六年正月、又た詔す、「北鎮を営州龍山に立祠す。東鎮・晋州の霍山鎮、若し脩造せば、並びに西鎮呉山に準じて、神廟を造れ」と。

とあり、開皇一六年正月の段階で北鎮を営州龍山に置くとあり、唐代の北鎮・医無閭山はまだ定着していない。この状態が整理されて、唐代のような五岳・四鎮・四海・四瀆制度が確立されるのは、大業三年（六〇七）の「大業令」ということになろう。

史料を引用する場合、ある条文は開皇「祠令」、ある条文は大業「祠令」、ある条文は唐初の独自の条文ということはないから、『旧唐書』巻二一礼儀志に引用する六条は、すべて大業「祠令」を継受した「祠令」ということになる。

『通典』巻四五礼典・方丘・大唐の条に、

神州五岳四鎮四海四瀆山林川沢丘陵墳衍原隰、皆従祀。

とある条文は、唐初の「祠令」において独自に創案されたとする考えは成立可能であろうか。夏至の祭祀に神州五岳四鎮四海四瀆以下を従祀するのは、変更されることなく永徽「祠令」や開元二五年「祠令」にも継受される「祠令」の条文である。唐初の唐王朝は長安がある渭水盆地一帯の隋末群雄の一集団に過ぎない存在であって、五岳四鎮四海四瀆はまだ勢力下に入っていない。不安定な隋末群雄の一軍事集団が百年先まで見通した「祠令」の条文を創案できるとは思えないから、唐王朝が唐初に独自に創案されたとする考えは成立しない。

本章のまとめ

唐代の「武徳令」以下の諸令は「開皇令」を継受し淵源としているとするのが定説となっている。私はこの定説に長年にわたって疑念を持ち、「隋唐賦役令の継承関係　……　武徳二年制文からの試論　……」（『唐令逸文の研究』所収　汲古書院　二〇〇五）を書き、復旦大学の韓昇教授の翻訳で「従武徳二年制論唐賦役令淵源関係」（「学術研究」二〇一〇年六期）に発表した。論旨は唐代の「賦役令」は「大業令」を継受しているというものである。

自説を補強するために、「隋と唐初の六省六部……　大業官制との関連　……」を書き、武徳初年の官制は、ほとんど「大業令」官制を継受し、武徳三年三月から唐代的官制に移行し始めることを確認した。唐代の給事中が大業「職員令」において設置された官であることを想起すれば、唐代的官制の直接的淵源は「大業令」官制にあることは明白であろう。

本稿は唐令が「大業令」を継受していることを證明するために書いたものである。契機となったのは開皇「祠令」の夏至に皇地祇を祭祀する「祠令」と唐初の「祠令」のそれが大きく異なることにある。唐初の「祠令」は『旧唐書』巻二一礼儀志一に、

　神堯受禅、未遑制作、郊廟宴享、悉用隋代旧儀。

　神堯《しんぎょう》（高祖皇帝のこと）受禅し、未《いま》だ制作に遑《いとま》あらず、郊廟の宴享、悉く隋代の旧儀を用う。

とあり、唐初の「祠令」は「隋代旧儀」による所が大と明記している。

夏至に皇地祇を祭祀する開皇「祠令」は、

　神州迎州冀州戎州拾州柱州営州咸州陽州九州山海川林沢丘陵墳衍原隰、並皆従祀。

とあって、「岳鎮海瀆」の従祀はない。唐初の夏至に皇地祇を祀る「祠令」には、

神州及五岳四鎮四瀆四海五方山林川沢丘陵墳衍原隰、並皆従祀。

とある。この相違はどの時点において生じたものか。『通典』巻四五礼典・方丘・大唐に、

大唐制、夏日至、祭皇地祇。於宮城之北郊十四里、為方丘壇。因隋制、以景帝配、神州五方（方は衍字）岳［四］鎮［四］海［四］瀆［五方］山林川沢丘陵墳衍原隰、皆従祀。

とあって、夏至に皇地祇を祀る「祠令」は「因隋制」とあるから、「岳鎮海瀆」の従祀は大業「祠令」にあったのであり、唐初の「祠令」は大業「祠令」を継受したことが明らかとなる。

大業「祠令」の継受は唐初の「祠令」六条だけではない。大業「祠令」全体を継受したと考えるのが自然であろう。また「大業令」の継受は「祠令」だけではない。武徳初年の官制は、六省のうち内侍省を除いて「大業令」の官制を継受しているから、「官品令」と「三師三公臺省職員令」も「大業令」を継受しているのであり、唐代の「賦役令」も大業「賦役令」を継受しているのである。『唐会要』巻七五選部下・選限に、

武徳初、因隋旧制、以十一月起選、至春即停。

武徳の初め、因隋の旧制に因り、一一月を以て選を起め、春に至り即ち停む。

とある。『唐会要』にいう「隋旧制」はすべて「大業令」に規定する制度を指すから、唐初の「選挙令」も大業「選挙令」を継受していたことになる。『唐会要』巻三三讌楽に、

武徳初、未暇改作。毎讌享、因隋旧制、奏九部楽。一讌楽、二清商、三西涼、四扶南、五高麗、六亀茲、七安国、八疎勒、九康国。

武徳の初め、未《いま》だ改作に暇《いとま》あらず。讌享する毎に、隋の旧制に因り、九部楽を奏《かな》ず。一は讌楽、二は清商、三は西涼、四は扶南、五は高麗、六は亀茲、七は安国、八は疎勒、九は康国。

とある唐初の九部楽も大業年間の九部楽に依ったことになる。九部楽の成立時期に関して『隋書』巻一五音楽志下に、

及大業中、煬帝、乃定清楽西涼亀茲天竺康国疏勒安国高麗礼畢、以為九部。楽器工衣、創造既成、大備於茲矣。

大業中（元年は六〇五）に及んで、煬帝乃ち清楽・西涼・亀茲・天竺・康国・疏勒・安国・高麗・礼畢を定め、以て九部と為す。楽器・工衣、創造既に成り、大いに茲に備わる。

とあり、九部楽は大業中に成立したという。これによって「隋旧制」はすべて「大業令」に規定する制度を指すと理解することは誤りでないことが確認できる。

これら史料によって、隋の高祖文皇帝の開皇律令を継受したとする、一度も実證されたことのない、思い込みによる定説は崩壊することとなる。「開皇令」を継受したとする説が崩壊すれば、隋唐の令制研究の基本構成も変更せざるを得なくなるし、煬帝や唐の太宗皇帝も従来とは違った評価になるであろう。隋唐史の概説書から書き直しが必要となり、旧態とは異なる新しい隋唐史研究の構築が展望できることになる。

唐の太宗皇帝は大唐帝国の基礎を創った不世出の皇帝と高く評価され、人為りも極端に美化され、煬帝の父帝弑逆をいうが、では太宗皇帝の玄武門の変と父帝押し込めはどうか。五〇歩百歩である。大唐帝国の基礎を準備したのは、煬帝の「大業令」であることを失念してはならないだろう。

第三章　武徳と貞観の「祠令」

はじめに

『旧唐書』巻二一礼儀志は唐代の祭祀のうち、神祇大享の祭祀を述べ、巻二二礼儀志は唐代の明堂の祭祀を述べ、巻二三礼儀志は唐代の封禅の祭祀を述べ、『旧唐書』巻二四礼儀志に「武徳貞観之制、神祇大享之外（武徳・貞観の制、神祇大享の外の「祠令」）」として、大祀に関する「祠令」以外の唐初の「祠令」に関して述べる。『旧唐書』巻二四礼儀志には武徳七年（六二四）の武徳「祠令」と貞観一一年（六三七）に編纂された貞観「祠令」と想定できる「祠令」一七条がある。

唐令の逸文を蒐集した仁井田陞氏の『唐令拾遺』と池田温氏編著の『唐令拾遺補』は、『旧唐書』巻二四礼儀志の史料一七条を武徳「祠令」や貞観「祠令」として採用していない。諸文献を博捜する『唐令拾遺』と『唐令拾遺補』が、この「祠令」一七条を採用しない理由を種々考えてみたが、単なる蒐集漏れであると考えるに至った。『旧唐書』巻二四礼儀志の一七条の史料が「祠令」であるなら、『唐令拾遺』と『唐令拾遺補』が蒐集しない唐初の武徳七年「祠令」と貞観一一年の「祠令」一七条の概括的情報を得ることとなる。

話はこれだけでは収まらない。『旧唐書』巻二一礼儀志一に、

神堯受禅、未遑制作、郊廟宴享、悉用隋代旧儀。太宗皇帝践祚之初、悉興文教、乃詔中書令房玄齢秘書監魏徴等礼官、修改旧礼、定著吉礼六十一篇賓礼四篇軍礼二十篇嘉礼四十二篇凶礼六篇国恤五篇、総一百三十八篇、分為一百巻。

神堯《しんぎょう》（高祖皇帝のこと）受禅し、未《いま》だ制作に遑《いとま》あらず、郊廟の宴享、悉く隋代の旧儀を用う。太宗皇帝践祚の初め、悉く文教を興し、乃ち中書令の房玄齢・秘書監の魏徴ら礼官に詔し、旧礼を修改せしめ、定めて吉礼六一篇・賓礼四篇・軍礼二〇篇・嘉礼四二篇・凶礼六篇・国恤《こくじゅつ》五篇、総て一三八篇を著し、分かちて一百巻と為す。

とあり、『旧唐書』巻二一礼儀志二の冒頭部分に、

高祖受禅、不遑創儀。太宗平定天下、命儒官議其制。貞観五年、太子中允孔穎達以諸儒立議違古、上言曰、………

高祖受禅し、儀を創るに遑《いとま》あらず。太宗天下を平定し、儒官に命じて其の制を議せしむ。貞観五年（六三一）、太子中允の孔穎達　諸儒の立議の古《いにしえ》に違うを以て、上言して曰わく、………

とあるように、武徳初年の「祠令」や武徳「祠令」は隋の「祠令」の影響下にあることは疑いないところである。

唐の「祠令」が隋の「祠令」の影響下にあれば、それは「祠令」だけではなく、唐令全体が隋令の影響を受けていると考えてよい。問題は隋令のうち、唐令が影響を受けているのは「開皇令」か「大業令」の孰れの「令」かということになる。本書の第二章において述べたように、唐初の「祠令」は大業「祠令」を継受しているから、一七条からなる「祠令」も大業「祠令」を継受している可能性が大であり、隋令と唐令の継受関係を考察する上においても、重要な問題を提起することになる。王朝の創業期は軍事に多忙であり、何を措いても軍事が優先するから、その最初から法体系を整備して統治に臨むことはあり得ることではない。前王朝の法体系を借用して統治に臨み、諸事が一段落して独自の法体系を整備するというのが一般的な筋道であろう。この一般的な筋道が隋と唐にも適用できるなら、唐初の武徳七年「祠令」と貞観一一年の「祠令」一七条は、隋王朝の煬帝の大業「祠令」一七条を基礎としている可能

性が高い。

煬帝の「大業令」は悪徳な異端的行政法典であり、唐王朝は隋の文皇帝の「開皇令」を継受したとされる。隋唐史の概説書と研究書はこの事実を基礎にして構成されている。もし、隋令と唐令の継受関係において、煬帝の「大業令」を唐王朝が継受していることになれば、隋唐史の根幹部分からの訂正が必要となり、隋唐史は再構築を餘儀なくされることは必定である。こうした隋令と唐令の継受関係を考察する上において、武徳七年「祠令」と貞観一一年の「祠令」一七条の持つ意味は大なるものがある。

次に示す『旧唐書』巻二四礼儀志の何条かの「祠令」には籩《へん》・豆・簠《ほ》（神に供える黍稷《しょしょく》を盛る容器、木または瓦で作り、外が方にして内が圓）簋《き》（神に供える黍稷を盛る容器、木または瓦で作り、外が圓く内が方）㽅《とう》（陶器製の高坏）俎の記述があるものがある。

一　五時の迎気に関する「祠令」
二　雩《う》祀に関する「祠令」
四　岳鎮海瀆を祭る「祠令」
五　社稷を祭る「祠令」
六　二分《にぶん》に日月を祭る「祠令」
七　帝社を祭る「祠令」
八　先蚕を祭る「祠令」
一一　風師・雨師らを祭る「祠令」
一三　馬祖らを祭る「祠令」
一四　季冬に司寒を祭る「祠令」
一五　蜡《さ》祭と臘祭に関する「祠令」

第二章で唐初の「祠令」を論じた際に示した唐初と大業「祠令」に籩・豆・簠・簋・㽅・俎の記述がなく、『唐令拾遺』と『唐令拾遺補』が蒐集する「祠令」にも籩・豆・簠・簋・㽅・俎の記述はない。『旧唐書』巻二四礼儀志の「武徳貞観之制、神祇大享之外」としてある「祠令」だけにみられる特徴である。

素直に解釈すれば、「祠令」に籩・豆・簠・簋・㽅・俎の記述は付随するものであり、他の「祠令」に籩・豆・簠・

簋《き》・甑《とう》・俎の記述がないのは省略されていると理解できる。しかし、籩《へん》・豆・簠《ほ》・簋・甑・俎の数は『旧唐書』巻二一礼儀志に

二年七月、礼部尚書許敬宗、与礼官等又奏議。

二年（顕慶二年・六五七）七月、礼部尚書の許敬宗、礼官等と又た奏議す。

とあり、続けて、

敬宗等又議籩豆之数曰、按今光禄式、祭天地日月岳鎮海瀆先蚕等、籩豆各四。祭宗廟籩豆、各十二。祭社稷先農等、籩豆各九。祭風師雨師、籩豆各二。…………

敬宗ら又た籩・豆の数を議して曰わく、「今〈光禄式〉を按ずるに、天地・日月・岳鎮・海瀆・先蚕らを祭るに、籩・豆各《おのおの》四。宗廟を祭るに、籩・豆、各《おのおの》十二。社稷・先農らを祭るに、籩・豆各《おのおの》九。風師・雨師を祭るに、籩・豆各《おのおの》二。…………

とあるように、籩・豆・簠・簋・甑・俎は本来は「光禄式」に規定するべきものであって、「祠令」本文に籩・豆・簠・簋・甑・俎の数を規定すれば、それは二重規定となるし、「光禄式」は不用となる。

武徳と貞観「祠令」までは、「祠令」本文に籩・豆等の数の規定があり、永徽「祠令」から「祠令」本文に籩・豆等の記述はなくなった、もしくは武徳と貞観「祠令」は「光禄式」から「祠令」に籩・豆等の記述を付加したとも考えられなくもないが、その證明ができない。『旧唐書』巻二四礼儀志に「武徳貞観之制、神祇大享之外」としてある「祠令」の籩・豆等の記述と「祠令」本文との関係は不明とし、籩・豆等の記述を除外して論を前に進める。

なお、本書の第四章「大唐六典の検討」において、『大唐六典』の記事を「開元七年令」とすることに疑問を呈し、『大唐六典』は「開元二五年令」を所載する書としている。本章では『唐令拾遺』や『唐令拾遺補』のように、『大唐六典』の記事を「開元七年令」として扱わないから、開元七年「祠令」の復元は行わない。

本書の第四章「大唐六典の検討」の結論からいえば、「開元七年令」なるものは現存する唐代文献には存在しない「令」である。「開元二五年令」と類似する「令」であったと想定することはできる。もし、ある「開元七年令」らしき条文があり、その条文が確かに「開元七年令」であることを証明するとなれば、「開元七年令」は文献に残存しない「令」であるから、證明不能な「令」ということになる。

一　五時の迎気に関する「祠令」

1　五時の迎気に関する史料

「五時の迎気」とは、立春に青帝、立夏に赤帝、季夏土王の日（土王は土用ともいう。四季に五行の木・火・土・金・水を配当するのは無理がある。そこで四季に木・火・金・水を当て、各季の終わり一八日餘りに土を配当した。これを土用という。現行暦では、太陽の視黄経が、それぞれ二七度、一一七度、二〇七度、二九七度に達したとき、それぞれ春の土用、夏の土用、秋の土用、冬の土用の入りで、その期間は約一八日間で、各季の土用があけると、立春、立夏、立秋、立冬である）に黄帝、立秋に白帝、立冬に黒帝を祭祀し、春夏秋冬と季夏土王の気を迎えることをいう。

青帝以下の五方帝を祭祀する史料は『大唐六典』巻四尚書祠部・祠部郎中員外郎職の条に所載する。

立春之日、祀青帝於東郊、太昊配焉、其勾芒氏歳星東方三辰七宿、並従祀。立夏之日、祀赤帝於南郊、以神農配焉、其祝融氏及熒惑星南方三辰七宿、並従祀。季夏土王日、祀黄帝於南郊、以軒轅配焉、其后土氏鎮星、並従祀。立秋之日、祀白帝於西郊、以少昊氏配焉、其蓐収氏太白星西方三辰七宿、並従祀。立冬之日、祀黒帝於北郊、以顓頊配焉、其玄冥氏辰星及北方三辰七宿、［並］従祀。

立春の日、青帝を東郊に祀り、太昊（宓羲《ふくぎ》・伏犠に同じ）配し、其の勾芒氏《こうぼう》（五行神の一、春を司る神、木を司る神）

歳星（木星）東方の三辰（日・月・星）七宿（宿は星座の意味、二八宿のうち春に当たる七星座）、並びに従祀す。立夏の日、赤帝を南郊に祀り、神農（伝説上の聖王、三皇五帝の一、民に医療と農業を教えたとされる）を以て配し、其の祝融氏（炎帝の子孫、火神、南の神）及び熒惑星《けいわく》（火星、火の神、南の神）南方の三辰・七宿、並びに従祀す。季夏土王の日、黄帝を南郊に祀り、軒轅（黄帝のこと、伏義と神農とともに三皇という。礼楽と婚姻を定め、人間とと獣の区別を教えた）を以て配し、其の后土氏（土地神・社神）鎮星（土星）並びに従祀す。立秋の日、白帝を西郊に祀り、少昊（上古の帝王、黄帝の子、秋を主宰する神）を以て配し、其の蓐収氏（秋の神、刑罰を司る）太白星（金星）西方の三辰・七宿、並びに従祀す。立冬の日、黒帝を北郊に祀り、顓頊《せんぎょく》（伝説上の帝王。名は高陽。三皇五帝の一人、黄帝の後を継いで帝位に就いたとされる『史記』五帝本紀）を以て配し、其の玄冥氏（太陰の神、冬の神、刑殺を司る）辰星（水星）及び北方の三辰・七宿、並びに従祀す。

2　『唐令拾遺補』の復元「祠令」

『唐令拾遺補』「祠令」（九七五頁以下）は五時の迎気に関する「祠令」として、永徽（六五〇）・開元五年（七一七）・開元七年・開元二五年「祠令」を次のように復元する。

八乙〔永〕
　帝宓義配、勾芒従祀之。
八甲〔開七〕〔開五〕
　立春、祀青帝於東郊。以太昊氏配、以勾芒氏歳星三辰七宿従祀。
九乙〔永〕
　帝神農氏配、祝融従祀。
九甲〔開七〕
　立夏、祀赤帝於南郊。以炎帝配、祝融氏熒惑三辰七宿従祀。
一〇乙〔永〕
　季夏土王日、迎黄帝於南郊、軒轅配、后土従祀。
一〇甲〔開七〕
　季夏、祀黄帝於南郊。以軒轅配、后土氏鎮星従祀。

一〇丙〔開二五〕　季夏土王日、祀黄帝於南郊、帝軒轅配、后土従之。
一一乙〔永〕　帝少昊配、蓐収従祀。
一一甲〔開七〕　立秋、祀白帝於西郊。以少昊配、蓐収氏太白三辰七宿従祀。
一一丙〔開二五〕　立秋、祀白帝於西郊。帝少昊配、蓐収従祀。
一二乙〔永〕　帝顓頊配、玄冥従祀。
一二甲〔開七〕　立冬、祀黒帝於北郊。以顓頊配、以玄冥氏辰星三辰七宿従祀。

復元「祠令」は八乙から一二甲までの記事は、本来は一組の記事であったに相違ない。『唐令拾遺補』は史料を五条に分断して復元しており、まことに意味が通じ難くなっている。

『唐令拾遺』と『唐令拾遺補』が五時の迎気に関する「祠令」を、五条に分けて復元するのは、『大唐六典』巻四尚書礼部・礼部郎中員外郎職の条に＊、

凡五礼之儀、一百五十有二。一曰吉礼。其儀五十有五。
凡《およ》そ五礼の儀、一百五十有二。一に曰わく吉礼。其の儀五十有五。

とあり、註記に五五の儀式の詳細を述べて、

一曰、冬至祀圜丘。二曰、祈穀于圜丘。三曰、雩祀于圜丘。四曰、大享于明堂。五曰、祀青帝于東郊。六曰、祀赤帝于南郊。七曰、祀黄帝于南郊。八曰、祀白帝于西郊。九曰、祀黒帝于北郊。………
一に曰わく、冬至に圜丘を祀る。二に曰わく、穀を圜丘に祈る。三に曰わく、圜丘に雩祀《う》す。四に曰わく、明堂に大享す。五に曰わく、青帝を東郊に祀る。六に曰わく、赤帝を南郊に祀る。七に曰わく、黄帝を南郊に祀る。八に曰わく、白帝を西郊に祀る。九に曰わく、黒帝を北郊に祀る。………

とあり、五時の迎気に関する儀式が五に分かれていることに起因するようである。『大唐開元礼』目録も、

巻十二吉礼
皇帝、立春祀青帝于東郊。　皇帝、立春に青帝を東郊に祀る。
巻十三吉礼
立春、祀青帝于東郊。有司摂事。　立春、青帝を東郊に祀る。有司摂事。
巻十四吉礼
皇帝、立夏祀赤帝于南郊。　皇帝、立夏に赤帝を南郊に祀る。
巻十五吉礼
立夏、祀赤帝于南郊。有司摂事。　立夏、赤帝を南郊に祀る。有司摂事。
巻十六吉礼
皇帝、季夏土王日祀黄帝于南郊。　皇帝、季夏土王の日に黄帝を南郊に祀る。
巻十七吉礼
季夏土王日、祀黄帝于南郊。有司摂事。　季夏土王の日、黄帝を南郊に祀る。有司摂事。
巻十八吉礼
皇帝、立秋祀白帝于西郊。　皇帝、立秋に白帝を西郊に祀る。
巻十九吉礼
立秋、祀白帝于西郊。有司摂事。　立秋、白帝を西郊に祀る。有司摂事。
巻二十吉礼
皇帝、立冬祀黒帝于北郊。　皇帝、立冬に黒帝を北郊に祀る。
巻二十一吉礼

立冬、祀黒帝于北郊。有司摂事。　立冬、黒帝を北郊に祀る。有司摂事。

とあり、皇帝親祭と有司摂事（有司代行）の五時の迎気に関する一〇の儀式をいう。『大唐六典』と『大唐開元礼』がいわんとするのは、儀式の数であって、五時の迎気に関する「祠令」が五条に分かれていたわけではない。

岳鎮・海瀆《とく》の祭祀も関して、『大唐六典』巻四尚書礼部・礼部郎中員外郎職の条に、

凡五礼之儀一百五十有二一曰吉礼其儀五十有五

凡《およ》そ五礼の儀、一百五十有二。一に曰わく吉礼。其の儀五十有五。

とあり、註記に五五の儀式の詳細を述べて、

一曰、冬至祀圜丘。………（中略）………。十七曰、祭五岳四鎮。十八曰、祭四海四瀆。

一に曰わく、冬至に圜丘に祀る。………（中略）………。一七に曰わく、五岳・四鎮を祭る。一八に曰わく、四海・四瀆を祭る。

とあり、岳鎮海瀆の祭祀を二条に分けるが、前田尊経閣所蔵の『天地瑞祥志』に引用する岳鎮・海瀆を祭る永徽「祠令」は一条である。『旧唐書』巻二四礼儀志の岳鎮海瀆を祭る武徳と貞観「祠令」も一条である。これによって、儀式の数と条文とは無関係であることが明らかとなる。『唐令拾遺』と『唐令拾遺補』が五時の迎気に関する「祠令」を五条に分けるのは何ら根拠がないことである。

＊『通典』巻一〇六礼典・開元礼纂類一・序例上に「大唐開元年之制五礼其儀百五十有二。一曰吉礼。其儀五十有五」として、『大唐六典』と同じ五五の祭祀をいう。

3　『旧唐書』礼儀志の史料

五時の迎気に関する史料は、『旧唐書』巻二四礼儀志の「武徳貞観之制、神祇大享之外」にもある。

毎歳立春之日、祀青帝於東郊、帝宓羲配、勾芒歳星三辰七宿従祀。立夏、祀赤帝於南郊、帝神農氏配、祝融熒惑三辰七宿従祀。季夏土王日、祀黄帝於南郊、帝軒轅配、后土鎮星従祀。立秋、祀白帝於西郊、帝少昊配、蓐収太白三辰七宿従祀。立冬、祀黒帝於北郊、帝顓頊配、玄冥辰星三辰七宿従祀。毎郊帝及配座、用方色犢各一、籩豆各四、簠簋各一、㽅俎各一。勾芒已下、五星及三辰七宿、毎宿及（「毎宿及」の三字は衍字か）牲用少牢、毎座籩豆簠簋㽅俎各一。

毎歳「立春の日、青帝を東郊に祀る。帝・宓羲《ふくぎ》（伏犠に同じ）配し、勾芒（五行神の一、春を司る神、木を司る神）歳星（木星）三辰（日・月・星）七宿（宿は星座の意味、二八宿のうち春に当たる七星座）従祀す。立夏、赤帝を南郊に祀る。帝・神農氏配し、祝融（炎帝の子孫、火神、南の神）熒惑《けいわく》（火星、火の神、南の神）三辰・七宿従祀す。季夏土王の日、黄帝を南郊に祀る。帝・軒轅配し、后土・鎮星従祀す。立秋、白帝を西郊に祀る。帝・少昊配し、蓐収・太白・三辰・七宿従祀す。立冬、黒帝を北郊に祀る。帝・顓頊《せんぎょく》配し、玄冥《げんめい》・辰星・三辰・七宿従祀す。郊帝（青帝・赤帝・黄帝・白帝・黒帝）及び配座（宓羲《ふつぎ》・神農氏・軒轅・少昊・顓頊）毎に、方色（方角の色）を用い、犢《とく》（仔牛）各《おのおの》一、籩《へん》（神への供物を盛る祭器の名）豆（神への供物を盛る祭器の名）各《おのおの》四、簠《ほ》（神に供える黍稷を盛る容器、木または瓦で作り、外が方にして内が圓）簋《き》（神に供える黍稷《しょしょく》を盛る容器、木または瓦で作り、外が圓く内が方）各《おのおの》一、㽅《とう》（陶器製の高坏）俎各《おのおの》一。勾芒已下、五星（東方歳星・南方熒惑星・西方太白星・北方辰星・中央鎮星）及び三辰・七宿、牲は少牢（羊と豕からなる神への饗食）を用い、座毎《ごと》に籩・豆・簠・簋・㽅・俎各《おのおの》一。

右の史料は『唐令拾遺』と『唐令拾遺補』とが断片的に復元する、五時の迎気に関する「祠令」と類似するから、武徳と貞観の五時の迎気に関する「祠令」としてよい。

『旧唐書』礼儀志の史料に類似する史料は『通典』巻四三礼典・郊天下・大唐の条に、

武徳貞観之制、大享之外、毎歳立春立夏季夏立秋立冬郊祀、並依周礼。其配食及星辰従祀亦然。毎郊帝及配座、用方色犢各一、籩豆各四、簠簋甄俎各一。句芒以下、五星三辰七宿、牲用少牢、毎［座］、籩豆簠簋俎各一。其従祀諸座、近古皆有之、不能悉載。自梁陳以後、及於国朝、多相因襲、以此不可尽書焉。甄音登。

武徳・貞観の制、大享の外、毎歳の立春・立夏・季夏・立秋・立冬の郊祀、並びに「周礼」に依る。其の配食及び星辰の従祀亦た然り。郊帝及び配座毎に、方色の犢《とく》各《おのおの》一を用い、籩《へん》・豆各《おのおの》四、簠《ほ》・簋《き》・甄《とう》・俎各《おのおの》一。句芒以下、五星・三辰・七宿、牲は少牢を用い、座毎に、籩・豆・簠・簋・俎各《おのおの》一。其の従祀の諸座、近古皆な之有り、悉く載すこと能わず。梁・陳（「梁・陳」は南朝の王朝名）より以後、国朝に及んで、多く相い因襲す。此を以て尽く書くべからず。甄の音は登《とう》。

とあり、『旧唐書』礼儀志と同じく、武徳・貞観の制度として五時の気を迎える制度があったといい、『旧唐書』礼儀志にある五時の気を迎える史料は『旧唐書』礼儀志のみにある孤立した史料ではない。

4　五時の迎気に関する永徽「祠令」

前掲した『大唐六典』の五時の迎気に関する「祠令」は取意文であり、『旧唐書』礼儀志の記事も省略が考えられる。『唐令拾遺補』の復元は条文を分断した復元となっており、復元としては感心できないところがある。

『唐令拾遺補』に引用する五時の気を迎える永徽「祠令」の逸文に、

帝神農氏配、祝融従祀之。

季夏土王日、迎（祀）黄帝於南郊、［帝］軒轅配、后土従祀。

帝少昊配、蓐収従祀。

帝顓頊配、玄冥従祀。

とあるから、永徽「祠令」では「帝神農配」「帝軒轅配」「帝少昊配」「帝顓頊《せんぎょく》配」とあったようである。これは前掲した『旧唐書』礼儀志の文字と同じであるから、五時の迎気に関する武徳「祠令」、貞観「祠令」、永徽「祠令」は『旧唐書』礼儀志の史料を基礎として次のように復元できる。

立春、祀青帝於東郊、帝宓羲配、勾芒歳星三辰七宿従祀。立夏、祀赤帝於南郊、帝神農氏配、祝融熒惑三辰七宿従祀。季夏土王日、祀黄帝於南郊、帝軒轅配、后土鎮星従祀。立秋、祀白帝於西郊、帝少昊配、蓐収太白三辰七宿従祀。立冬、祀黒帝於北郊、帝顓頊配、玄冥辰星三辰七宿従祀。毎郊帝及配座、用方色犢各一。勾芒已下、五星及三辰七宿、牲用少牢。

二　雩《う》祀に関する「祠令」

1　雩祀に関する史料

雩祀は四月の雨乞いの儀式である。大雩は『春秋左氏伝』の桓公の五年（前七〇七）の条に、

秋、大雩、書不時也。凡祀、啓蟄而郊、龍見而雩、始殺而嘗、閉蟄而烝。過則書。

秋、大雩するは、時ならざるを書す（誹《そし》ること）なり。凡《およ》そ祀りは、啓蟄（冬ごもりをしている虫が動き出すこと）にして郊（上帝を郊祭すること）し、龍（龍星座・蒼龍宿）見えて雩（雨乞いの雩祭）し、始めて殺《さい》して（始めて殺すとは萬物を枯らす陰気が始めて起こること）嘗（新嘗祭）し、閉蟄（虫が冬ごもりのために土中に隠れること）にして烝（烝祭）す。過ぐれば則ち書す。

とあり、前七〇七年には、すでに四月の龍星がみえる時期に雩の行事があったから、非常に古くからある祭祀である。

雩祀に関する史料は『大唐六典』巻四尚書礼部・祠部郎中員外郎職の条にある。

孟夏之月、大雩於圜丘、祀昊天上帝、以太宗配焉。又祀五方帝於壇之第一等、又祀太昊炎帝黄帝少昊顓頊於壇之

第二等、又祀句芒祝融后土蓐収玄冥於内壝之内。

孟夏の月、大いに圜丘に雩《う》し、昊天上帝を祀り、太宗を以て配す。又た五方帝（青帝・赤帝・黄帝・白帝・黒帝）を壇の第一等に祀り、又た太昊・炎帝・黄帝・少昊・顓頊《せんぎょく》を壇の第二等に祀り、又た句芒・祝融・后土・蓐収・玄冥を内壝《い》（内側の土塀）の内に祀る。

2　『唐令拾遺補』の復元「祠令」

『唐令拾遺補』「祠令」（九七四頁）は雩祀に関する武徳・永徽・開元七年の各「祠令」を復元する。雩祀に関する武徳「祠令」として次の「祠令」を復元する。

毎歳孟夏、雩祀昊天上帝於圓丘、景帝配。牲用蒼犢二。五方上帝五人帝五官並従祀。用方色犢十。

毎歳孟夏、昊天上帝を圓丘に雩祀し、景帝（高祖皇帝・李淵の祖父である李虎、唐王朝成立後、景皇帝と追謚される）を配す。牲は蒼犢《とく》（青みを帯びた仔牛）二を用う。五方上帝（青帝・赤帝・黄帝・白帝・黒帝）五人帝（太昊・炎帝・黄帝・少昊・顓頊）五官（句芒・祝融・后土・蓐収・玄冥）、並びに従祀す。方色の犢（仔牛）一〇を用う。

これは『旧唐書』巻二一礼儀志に「武徳初、定令」とある史料群の中から復元したものである。「武徳初、定令」の「武徳の初め」は武徳七年ではない。「武徳初、定令」は「武徳の初め、令を定む」であって、武徳初年に「祠令」が創られた意味であるから、右の「祠令」は武徳初年の「祠令」であって、武徳七年「祠令」とするのは誤っているし、雩祀に関する武徳七年「祠令」は『旧唐書』巻二四礼儀志に「武徳貞観之制、神祇大享之外」としてある「祠令」がそれである。すなわち、武徳初年の雩祀に関する「祠令」は『旧唐書』巻二四礼儀志所載の「祠令」のように武徳七年に改訂されたのである。

『唐令拾遺補』「祠令」（九七四頁）は雩祀に関する永徽「祠令」として、

孟夏之月、雩五方上帝於雩壇。五帝配於上、五官従祀於下。牲用方色犢十。

孟夏の月、五方上帝を雩壇に雩《う》す。五帝を上に配し、五官を下に従祀す。牲は方色の犢《とく》一〇を用う。

を復元する。この「祠令」の復元は東京の前田尊経閣所蔵の『天地瑞祥志』から復元したものであるから、雩祀に関する永徽「祠令」は信頼できる。

『唐令拾遺補』「祠令」（九七四頁）の雩祀に関する開元七年「祠令」は、『大唐六典』を史料として復元したものである。本書は『大唐六典』は開元二五年の唐令を引用しているという立場を採るから、『唐令拾遺補』の開元七年「祠令」は間違いとなるから、ここでは引用しない。

3　『旧唐書』礼儀志の史料

雩祀に関して『旧唐書』巻二四礼儀志に「武徳貞観之制、神祇大享之外」と題して、次の史料がある。

孟夏之月、龍星見、雩五方上帝於雩壇。五［人］帝配於上、五官従祀於下。牲用方色犢十、籩豆已下、如郊祭之数。

孟夏の月、龍星（星の名、四月に黄昏れの東方に出現する）見《あらわ》れれば、五方上帝を雩壇に雩す。五人帝を上に配し、五官を下に従祀す。牲は方色の犢一〇を用い、籩《へん》（神への供物を盛る祭器の名）豆（神への供物を盛る祭器の名）已下、郊祭（天を祭る圜丘の祭祀）の数の如し。

この史料は雩祀に関する永徽「祠令」と極めて類似するから「祠令」とみてよい。ただ「籩豆已下、如郊祭之数」の語句は「祠令」の文としては認められない。『旧唐書』礼儀志の史料源となった文献の増入であろう。

『旧唐書』巻二一礼儀志に「武徳初、定令」とあり、

孟夏之月、雩祀昊天上帝於圓丘、景帝配。牲用蒼犢二。五方上帝五人帝五官並従祀、用方色犢十。

とある、これは前述したように『唐令拾遺』と『唐令拾遺補』が武徳七年「祠令」の一条として復元している。それでは『旧唐書』巻二四礼儀志に「武徳貞観之制、神祇大享之外」としてある前掲した「祠令」は何かということになる。『旧唐書』巻二四礼儀志の「武徳貞観之制」は「武徳令」と「貞観令」という意味であるから、雩《う》祀に関する武徳「祠令」は『旧唐書』巻二一礼儀志にあるから、『旧唐書』巻二四礼儀志に記載する雩祀に関する「祠令」は武徳「祠令」ではないことになる。『唐令拾遺』と『唐令拾遺補』は「武徳初、定令」とあるのを、「武徳七年、定令」と誤解しており、武徳初年の雩祀に関する「祠令」は武徳七年「祠令」ではない。

4　永徽「祠令」以後との相違

雩祀に関する永徽「祠令」は『大唐六典』所載の雩祀に関する「祠令」と内容が大きく異にする。永徽「祠令」は信頼のおける『天地瑞祥志』から復元したものであり、『旧唐書』巻二四礼儀志には、永徽「祠令」と類似する武徳「祠令」と貞観「祠令」も存在するから、永徽「祠令」を錯誤の「祠令」とすることはできない。また雩祀に関する武徳初年「祠令」と開元七年「祠令」は内容が類似する。これも無視できない事実であり、雩祀に関する「祠令」は二種類あったことになる。

この事実から雩祀に関する「祠令」は、武徳初年「祠令」では昊天上帝を雩祀する条文であったが、武徳「祠令」と貞観「祠令」では五方上帝のみを雩祀する条文に改訂され、それを永徽「祠令」が継受し、永徽「祠令」以後、再び昊天上帝を雩祀する条文に変更され、開元七年「祠令」のようになったと想定できる。

『通典』巻四三礼典・大雩・大唐の条に、

武徳初、定令。毎歳孟夏、雩祀昊天上帝於圜丘、［以］景皇帝配。牲用蒼犢二。五方上帝五人帝五官並従祀。用方色犢十。貞観雩祀於南郊、顕慶礼於圜丘。

武徳の初め、令を定む。毎歳孟夏、昊天上帝を圜丘に雩《う》祀し、景皇帝（高祖皇帝・李淵の祖父である李虎、唐王朝成立後、景皇帝と追謚される）を以て配す。牲は蒼犢《とく》二を用う。五方上帝（青帝・赤帝・黄帝・白帝・黒帝）五人帝（太昊・炎帝・黄帝・少昊・顓頊《せんぎょく》）五官（句芒・祝融・后土・蓐収・玄冥）並びに従祀す。方色の犢《とく》（仔牛）一〇を用う。貞観（『貞観礼』）は南郊に雩祀し、顕慶（『顕慶礼』）は圜丘に礼す。

とあり、顕慶二年（六五七）に雩祀に関する「祠令」は改訂され、圜丘に祀ることになった。圜丘に礼すとは「雩祀昊天上帝於圜丘」を指すに相違ないから、顕慶二年から再び圜丘に昊天上帝を雩祀するように改訂されたのである。

『旧唐書』巻二一礼儀志に「二年七月、礼部尚書許敬宗、与礼官等又奏議（二年〈顕慶二年・六五七〉七月、礼部尚書の許敬宗、礼官等と又た奏議す）」とあり、続けて、

又按貞観礼、孟夏、雩祀五方上帝五人帝五官於南郊。顕慶礼則雩祀昊天上帝於圜丘。且雩祀上帝、蓋為百穀祈甘雨。

又た「貞観礼」を按ずるに、「孟夏、五方上帝・五人帝・五官を南郊に雩祀す」と。「顕慶礼」は則ち「昊天上帝を圜丘に雩祀す」と。且《まさ》に上帝に雩祀するは、蓋し百穀の為に甘雨を祈る。

とある。『貞観礼』では「五方上帝・五人帝・五官を南郊に雩祀した」といい、『顕慶礼』（『大唐開元礼』の基礎となった礼書）では「昊天上帝を圜丘に雩祀した」といい、『貞観礼』と『顕慶礼』では雩祀の内容が異なっていた。この相違が雩祀に関する武徳・貞観・永徽「祠令」と武徳初年と永徽「祠令」以後の「祠令」の相違になっているのである。

武徳初年の「祠令」では、昊天上帝を圜丘に雩祀し、武徳「祠令」と貞観「祠令」では、五方上帝・五人帝・五官を南郊に雩祀する祭祀に変更され、それを永徽「祠令」が継受した。『顕慶礼』では、再び昊天上帝を圜丘に雩祀する武徳初年の「祠令」のように改訂され、顕慶年間（六五六～六六〇、より具体的には顕慶二年・六五七）以降、昊天上

帝を圜丘に雩《う》祀する祭祀となったから、顕慶年間以降の「祠令」は「昊天上帝を圜丘に雩祀する」条文となっているのである。このように解釈すれば、武徳・貞観・永徽「祠令」が武徳初年や永徽以後の「祠令」と相違する理由が説明できる。

三　先代帝王を祭る「祠令」

1　先代帝王を祭る史料

ここにいう先代帝王とは帝嚳《ていこく》（上古の帝王、黄帝の玄孫、高辛氏）より漢の高祖までの帝王をいう。先代帝王を祭祀する史料は『大唐六典』巻四尚書礼部・祠部郎中員外郎職の条にある。

凡三年一享［先代帝王。享］帝嚳氏於頓丘。享唐堯於平陽、而稷卨配焉。享虞舜於河東、咎繇配焉。享夏禹於安邑、伯益配焉。享殷湯於偃師、伊尹配焉。享周文王於酆、太公配焉。享周武王於鎬、周公召公配焉。享漢高祖於長陵、蕭何配焉。皆以仲春之月。

凡《およ》そ三年一たび先代帝王を享《まつ》る。帝嚳氏を頓丘（澶州頓丘県）に享る。唐堯（五帝の一人、帝嚳の子）を平陽（晋州臨汾県）に享り、而して稷卨《しょくけい》（「卨」は「契」に同じ。殷の湯王の祖先）配す。虞舜（五帝の一人、唐堯の後を承けて天子となる）を河東に享り、咎繇《きゅうよう》（虞舜の臣、皋陶に同じ）配す。夏の禹（夏王朝の始祖）を安邑（唐代の陝州安邑県）に享り、伯益（伝説上の賢者、禹王の時、洪水を治め、道を切り開く）配す。殷の湯を偃師に享《まつ》り、伊尹（殷初の名宰相）配す。周の文王（周王朝の創始者）を酆《けい》（京兆府長安県）に享り、太公（太公望・呂尚）配す。周の武王（周王朝第二代）を鎬（京兆府長安県）に享り、周公（文王の子、武王の弟、旦という。成王の統治を補佐する）召公（文王の子、武王の弟、奭《せき》という。成王の統治を補佐する）配す。漢の高祖を長陵（京兆府咸陽県）に享り、蕭何（『漢書』巻三九）

配す。皆な仲春の月を以てす。

また『大唐開元礼』巻一序例上・神位に「仲春享先代帝王（仲春に先代帝王を享《まつ》る）」として次のようにある。

帝嚳氏享於頓丘。帝尭氏享於平陽、稷契配。帝舜氏享於河東、皐陶配。夏禹享於安邑、伯益配。殷湯享於偃師、伊尹配。周文王享於豐、太公配。周武王享於鎬、周公召公配。漢高祖享於長陵、蕭何配。

右新加帝嚳氏、餘準旧礼為定。

『大唐開元礼』は開元二〇年（七三二）に完成した儀礼書であり、『大唐開元礼』に、

右、新加帝嚳氏、餘準旧礼為定。　右、新たに帝嚳《ていこく》氏を加え、餘は旧礼に準じて定と為す。

とあるから、先代帝王として帝嚳氏を祭祀することは『大唐開元礼』において開始された。前掲した『大唐六典』の記事は帝嚳氏が登場するが、これは開元七年当時の事実を伝えるものではなく、開元二〇年以降の事実を述べているとしなければならない。

2　『唐令拾遺補』の復元「祠令」

『唐令拾遺補』「祠令」（九八三頁）は、『大唐開元礼』巻一序例上・神位と前掲した『大唐六典』の史料から、先代帝王を祭る開元七年（七一九）「祠令」を次のように復元する。

先代帝王、毎三年一享。以仲春之月、牲用太牢。祀官以長官充。若有故、遣上佐行事。帝高辛氏于頓丘。唐尭於平陽、而稷离配。帝舜于河東、咎繇配。夏禹於安邑、伯益配。商湯于偃師、伊尹配。周文王于豐、太公配。周武王于鎬、周公召公配。漢高祖于長陵、蕭何配。

右の「祠令」の「帝高辛氏」は帝嚳のことである。帝嚳が先代帝王の祭祀に加えられたのは開元二〇年であるから、『唐令拾遺補』が「開元七年」とするのは完全に誤っている。

「新たに帝嚳《ていこく》を加え、餘は旧礼に准じ定と為す」とは、開元二〇年（七三二）に『開元礼』を制定する時に、新たに「帝嚳」の祭祀を加え、餘は『顕慶礼』に准じる意味であるから、先代帝王を祭る開元七年「祠令」に「帝嚳」を祀ることはなかったことになる。『唐令拾遺補』「祠令」（九八三頁）が復元する「祠令」は開元二五年「祠令」であり、開元七年「祠令」とするのは誤りである。

3　『旧唐書』礼儀志の史料

『旧唐書』巻二四礼儀志「武徳貞観之制、神祇大享之外」として、先代帝王を祭祀する「祠令」がある。

帝嚳祭於頓丘。唐堯契配、祭於平陽。虞舜咎繇配、祭於河東。夏禹伯益配、祭於安邑。殷湯、伊尹配、祭於偃師。周文王、太公配、祭於酆。周武王、周公召公配、祭於鎬。漢高祖蕭何配、祭於長陵。三年一祭、以仲春之月。牲皆用太牢。祀官以当界州長官、有故、遣上佐行事。

帝嚳を頓丘に祭る。唐堯は契（殷の湯王の祖先）を配し、平陽に祭る。虞舜は咎繇《きゅうよう》を配し、河東に祭る。夏の禹は伯益を配し、安邑に祭る。殷の湯は伊尹を配し、偃師に祭る。周の文王は太公を配し、酆《けい》に祭る。周の武王は周公・召公を配し、鎬に祭る。漢の高祖は蕭何を配し、長陵に祭る。三年一祭、仲春の月を以てす。牲は皆な太牢（牛・羊・豕からなる饗食。羊・豕は少牢という）を用う。祀官は当界州の長官を以てし、故有らば、上佐（司馬・長史や別駕）を遣《や》りて事を行わしむ。

前掲した『大唐六典』の記事が誤りにしろ「祠令」であるならば、『旧唐書』礼儀志の史料も「祠令」であり、「武徳貞観之制」とあるから、『旧唐書』礼儀志の先代帝王を祭祀する史料は、武徳七年（六二四）「祠令」と貞観一一年（六三七）「祠令」であり、『旧唐書』のほうが長文であるから、『大唐六典』より良質の「祠令」ということになろう。帝嚳氏が先代帝王の祭祀に加えられたのは開元二〇年（七三二）であるのに、武徳「祠令」と貞観「祠令」に帝嚳氏の祭祀が登場する。これはどのように解釈すればよいであろうか。これは唐初の「祠令」に帝嚳《ていこく》氏の祭祀があって、途中で削除され、開元二〇年になって、また加えられたと解釈するしかない。

4　『通典』所載の先代帝王を祭る「祠令」

『通典』巻一〇六礼典・開元礼纂類一・序例上・神位に、

仲春之月、享先代帝王。帝嚳享於頓丘、帝堯享於平陽、稷卨配。帝舜享於河東、咎繇配。夏禹享於安邑、伯益配。殷湯享於偃師、伊尹配。周文王享於鎬、太公配。武王享於鎬、周公召公配。漢高祖享於長陵。蕭何配。毎座、籩豆各十、簠簋各二、俎各三。新加帝嚳、餘准旧礼為定。

とある。この「祠令」には帝嚳氏の祭祀があり、細字の注記に、

新加帝嚳、餘准旧礼為定。　新たに帝嚳を加え、餘は旧礼に准じ定と為す。

とある。この註記は前掲した『大唐開元礼』巻一序例上・神位「仲春享先代帝王」と同じであるから、開元二〇年以降の先代帝王の祭祀を伝えるものである。

5　「帝嚳」が削除された時期

『旧唐書』巻二四礼儀志に先代帝王を祭祀する武徳「祠令」と貞観「祠令」があり、帝嚳を頓丘に祀るとある。開元二〇年に『開元礼』を制定する時に「帝嚳」の祭祀を加えたのであるから、貞観「祠令」以降に「帝嚳」の祭祀は削除されたのである。

この削除の時期は何時であろうか。『旧唐書』巻二四礼儀志に、

貞観之礼、無祭先代帝王之文。顕慶二年六月、礼部尚書許敬宗等奏曰、請案礼記祭法云、聖王之制祀也、法施於

人則祀之。以死勤事則祀之。以労定国則祀之。能禦大災則祀之。能捍大患則祀之。又堯舜禹湯文武、有功烈於人。及日月星辰、人所瞻仰。非此族也、不在祀典。準此、帝王合与日月同例、常加祭享、義在報功。爰及隋代、並遵斯典。漢高祖祭法無文、但以前代迄今、多行秦漢故事。始皇無道、所以棄之、漢祖典章、法垂於後。自隋已下、亦在祠例。伏惟大唐稽古垂化、網羅前典、唯此一礼、咸秩未申。今請聿遵故事、三年一祭、以仲春之月、祭唐堯于平陽、以契配。祭虞舜于河東、以咎繇配。祭夏禹于安邑、以伯益配。祭殷湯于偃師、以伊尹配。祭周文王于酆、以太公配。祭武王於鎬、以周公召公配。祭漢高祖于長陵、以蕭何配。

貞観の礼（『貞観礼』のこと）、先代帝王を祭るの文なし。顕慶二年（六五七）六月、礼部尚書の許敬宗らが奏して曰わく、「〈礼記〉祭法を請《たず》ね案じて云う、『聖王の［祭］祀を制するや、法 人に施せるものは則ち之を祀る。死を以て事に勤めたるものは則ち之を祀る。労を以て国を定めたるものは則ち之を祀る。能く大災を禦《ふせ》げるものは則ち之を祀る、能く大患を捍げるものは則ち之を祀る。又た堯・舜・禹・湯・文・武、人に功烈有る者なり。及び日月星辰は、人の瞻仰する所なり。此の族《たぐい》に非ざれば、祀典に在らず』と。此に準じ、帝王合《まさ》に日月と例を同じくし、常に祭享を加え、義は報功に在るべし。爰《ここ》に隋代に及んで、並びに斯典に遵う。漢の高祖の祭法文なし、但だ以うに前代今に迄り、多く秦漢の故事を行う。始皇無道にして、之を棄てる所以、漢祖の典章、法を後に垂る。隋より已下、亦た祠例に在り。伏して惟うに大唐古を稽《かんが》え化を垂れ、前典を網羅するに、唯だ此の一礼、咸秩未《いま》だ申べず。今聿《ここ》に故事に遵い、三年一祭し、仲春の月を以てし、唐堯を平陽に祭り、契を以て配す。虞舜を河東に祭り、咎繇《きゅうよう》を以て配す。夏の禹を安邑に祭り、伯益を以て配す。殷の湯を偃師に祭り、伊尹を以て配す。周の文王を酆《けい》に祭り、太公を以て配す。武王を鎬に祭り、周公・召公を以て配す。漢の高祖を長陵に祭り、蕭何を以て配さんと請う」と。

とあり、顕慶二年（六五七）になって、先代帝王を祭祀する式次第が整備されたのである。『大唐開元礼』巻五〇「有

司享先代帝王」の前身をなす式次第である。その時の礼部尚書・許敬宗らの奏に＊、

三年一祭、以仲春之月、祭唐堯于平陽、以契配。祭虞舜于河東、以咎繇配。祭夏禹于安邑、以伯益配。祭殷湯于偃師、以伊尹配。祭周文王于酆、以太公配。祭武王於鎬、以周公召公配。祭漢高祖于長陵、以蕭何配。

三年一祭、仲春の月を以てし、唐堯を平陽に祭り、契を以て配す。虞舜を河東に祭り、咎繇《きゅうよう》を以て配す。夏の禹を安邑に祭り、伯益を以て配す。殷の湯を偃師に祭り、伊尹を以て配す。周の文王を酆《けい》に祭り、太公を以て配す。武王を鎬に祭り、周公・召公を以て配す。漢の高祖を長陵に祭り、蕭何を以て配す。

とあるから、顕慶二年に先代帝王を祭祀する「祠令」は改訂があり、帝嚳氏の祭祀は削除され、開元二〇年になって再び加えられたのである。

＊　『唐会要』巻二二前代帝王には「顕慶二年七月十一日、太尉長孫無忌議曰、謹按祭法云、聖王之制礼也」とあり、長孫無忌の議となっている。『通典』巻五三礼典・祀先代帝王・大唐には「大唐前修礼令、無祭先代帝王之文。礼部尚書許敬宗等奏、謹按礼記祭法云、聖王之制祭祀也」とあり、『旧唐書』と同じく許敬宗らの奏議となっている。

6　先代帝王を祭る永徽「祠令」

先代帝王を祭祀する「祠令」は顕慶二年（六五七）に変更されたから、それ以前は武徳「祠令」と貞観「祠令」と同じであった。先代帝王を祭祀する永徽「祠令」は武徳「祠令」と貞観「祠令」と同文であったとしてよい。『大唐六典』の文章によって復元すると次のようになる。

帝嚳享於頓丘、帝堯享於平陽、稷卨配。帝舜享於河東、咎繇配。夏禹享於安邑、伯益配。殷湯享於偃師、伊尹配。周文王享於酆、太公配。武王享於鎬、周公召公配。漢高祖享於長陵。蕭何配。三年一祭、以仲春之月。牲皆用太牢。祀官以当界州長官、有故、遣上佐行事。

7　先代帝王を祭る開元二五年「祠令」

「帝嚳祭於頓丘」は『開元礼』が制定された開元二〇年に再度加えられたから、開元二五年の先代帝王を祭祀する「祠令」は、『大唐六典』の文章によって復元すると次のようになる。

帝嚳享於頓丘、帝堯享於平陽、稷卨配。帝舜享於河東、咎繇配。夏禹享於安邑、伯益配。殷湯享於偃師、伊尹配。周文王享於酆、太公配。武王享於鎬、周公召公配。漢高祖享於長陵。蕭何配。三年一祭、以仲春之月。牲皆用太牢。祀官以当界州長官、有故、遣上佐行事。

この「祠令」は『大唐六典』の記事と内容としては同じである。『大唐六典』は開元七年の制度を伝える書とされているが、この「祠令」に限っては開元二五年の制度を伝えていることになる。これによって『大唐六典』は開元七年の制度を伝える書と一概に判断することは危険であることを暗示するものである。

四　岳鎮海瀆《とく》を祭る「祠令」

1　岳鎮海瀆を祭る史料

岳とは東岳（泰山）南岳（衡山）中岳（嵩山）西岳（華山）北岳（恒山）の五岳をいい、中国の名山の最高位に位する山である。鎮とは東鎮（沂山《ぎんざん》）南鎮（会稽山）西鎮（呉山）北鎮（医無閭山）の四鎮、海とは東海（萊州において祀る）南海（広州において祀る）西海（同州において祀る）北海（河南府において祀る）の四海、瀆とは東瀆（淮河）南瀆（長江）西瀆（黄河）北瀆（済河）の四瀆をいう。

岳鎮海瀆を祭る史料は『大唐六典』巻四尚書礼部・祠部郎中員外郎職の条にある。

立春之日、祭東岳泰山於兗州、東鎮沂山於沂州、東海於萊州、東瀆［大］淮於唐州。立夏之日、祭南岳衡山於衡州、南鎮会稽山於越州、南海於広州、南瀆［大］江於益州。季夏土王日、祭中岳嵩山於河南府。立秋之日、祭西岳華山於華州、西鎮呉山於隴州、西海及西瀆［大］河於同州。立冬之日、祭北岳恒山於定州、北鎮医無閭於営州、北海及北瀆［大］済於河南府。各於其境内本州長官行焉。

立春の日、東岳・泰山を兗州に於いて、東鎮・沂山を沂州に於いて、東海は萊州に於いて、東瀆《とく》・大淮を唐州に於いて祭る。立夏の日、南岳・衡山を衡州に於いて、南鎮・会稽山を越州に於いて、南海を広州に於いて、南瀆・大江を益州に於いて祭る。季夏土王の日、中岳・嵩山を河南府に於いて祭る。立秋の日、西岳・華山を華州に於いて、西鎮・呉山を隴州に於いて、西海及び西瀆・大河を同州に於いて祭る。立冬の日、北岳・恒山を定州に於いて、北鎮・医無閭山を営州に於いて、北海及び北瀆・大済を河南府に於いて祭る。各《おのおの》其の境内に本州長官焉《これ》を行う。

2　『唐令拾遺補』の復元「祠令」

『唐令拾遺補』（九七九頁以下）は、次に示す岳鎮海瀆の祭祀に関する永徽「祠令」、年度不明の「祠令」、開元七年（七一九）「祠令」の三種を復元している。

その一は永徽「祠令」である。これは東京の前田尊経閣所蔵の『天地瑞祥志』から復元したものである。

諸岳鎮海瀆、年別一祭、各以五郊迎気日祭之。東岳岱山於兗州界、東鎮沂山於沂州界、東海於萊州界、東瀆大淮於唐州界。南岳衡山於衡州界、南鎮会稽於越州界、南海於広州界、南瀆大江於益州界。中岳嵩山於洛州界。西岳華山於華州界、西鎮呉山於岐州界、西海西瀆大河於同州界。北岳恒山於定州界、北鎮医無閭山於営州界、北海北瀆大済於懐州界。其牲皆用大牢。祀官以当界都督刺史充。若都督刺史有事故者、遣上佐行事。

諸《すべ》て岳鎮海瀆《とく》、年別に一祭し、各《おのおの》五郊迎気の日（立春・立夏・季夏土王・立秋・立冬）を以て之を祭る。東岳・岱山は兗州《えんしゅう》の界に於いてし、東鎮・沂山《ぎんざん》は沂州の界に於いてし、東海は萊州の界に於いてし、東瀆大淮は唐州の界に於いてす。南岳・衡山は衡州の界に於いてし、南鎮・会稽は越州の界に於いてし、南海は広州の界に於いてし、南瀆大江は益州の界に於いてす。中岳・嵩山は洛州の界に於いてす。西岳・華山は華州界に於いてし、西鎮・呉山は岐州の界に於いてし、西海・西瀆大河は同州の界に於いてす。北岳・恒山は定州の界に於いてし、北鎮・医無閭山は営州の界に於いてし、北海・北瀆大済は懐州の界に於いてす。其の牲皆な大牢（牛・羊・豕からなる饗食。羊・豕は少牢という）を用う。祀官は当界の都督・刺史を以て充つ。若《も》し都督・刺史事故有らば、上佐（通判官）をして行事せしむ。

その二は編纂年度をいわず、単に唐令とするものである。これは『通典』巻四六礼典・山川・大唐の条に「武徳貞観之制（武徳・貞観の制）」として掲げる史料である。

五岳四鎮四海四瀆、年別一祭、各以五郊迎気日祭之。東岳岱山祭於兗州、東鎮沂山祭於沂州、東海於萊州、東瀆大淮於唐州、南岳衡山於衡州、南鎮会稽於越州、南海於広州、南瀆大江於益州、中岳嵩山於洛州、西岳華山於華州、西鎮呉山於隴州、西海西瀆大河於同州、北岳恒山於定州、北鎮医無閭山於営州、北海及北瀆大済於洛州。其牲皆用大牢。祀官以当界都督刺史充。

これは武徳「祠令」と貞観「祠令」であろう。

その三は前掲した『大唐六典』を基礎に復元した開元七年（七一九）「祠令」である。

立春之日、祭東岳泰山於兗州、東鎮沂山於沂州、東海於萊州、東瀆［大］淮於唐州。立夏之日、祭南岳衡山於衡州、南鎮会稽山於越州、南海於広州、南瀆［大］江於益州。季夏土王日、祭中岳嵩山於河南府。立秋之日、祭西岳華山於華州、西鎮呉山於隴州、西海及西瀆［大］河於同州。立冬之日、祭北岳恒山於定州、北鎮医無閭於営州、北海及北瀆［大］済於河南府。其祭用酒脯醢、牲饌大牢。祀官当界都督刺史充。有事故者、遣上佐行事。

右のうち「其祭用酒脯醢、牲饌大牢」は『大金集礼』巻三七雑祠廟の大定一七年（一一七七）［六月］一二日の記事に引用する唐令にあり、それを開元七年（七一九）「祠令」を復元する際に援用したものである。永徽「祠令」・唐令「祠令」・開元七年「祠令」はそれぞれ州府名が異なるが、これは編纂年度によって岳鎮海瀆が所属する州府に変化があったためである。

この復元を瞥見して奇異に感じるのは、岳鎮海瀆の祭祀に関する「祠令」は編纂年度ごとに条文が変化していることである。『大唐六典』や『通典』は唐令を引用するとき、文字を改変している可能性が高いのであり、三種の復元のうち、永徽「祠令」が最も「令」として信憑性が高いといえる。

『大唐六典』巻四尚書礼部・礼部郎中員外郎職

凡五礼之儀一百五十有二。一曰吉礼。其儀五十有五。

凡《およ》そ五礼の儀、一百五十有二。一に曰わく吉礼。其の儀五十有五。

とあり、註記に五五の儀式の詳細を述べて、

一曰、冬至祀圜丘。二曰、祈穀于圜丘。………（中略）………。十七曰、祭五岳四鎮。十八曰、祭四海四瀆。

一に曰わく、冬至に圜丘に祀る。二に曰わく、穀を圜丘に祈る。………（中略）………。一七に曰わく、五岳・四鎮を祭る。一八に曰わく、四海・四瀆《とく》を祭る。

とあり、岳鎮海瀆の祭祀は岳鎮の祭祀と海瀆の祭祀に分けている。この例にしたがって、『唐令拾遺』と『唐令拾遺補』は唐令の復元を行っているのに、岳鎮海瀆の祭祀は一条にまとめ、『天地瑞祥志』の永徽「祠令」も一条である。唐令の復元は祭祀儀式の数とは無関係であり、「祠令」を祭祀儀式の数に依り分けることは誤りであることを岳鎮海瀆を祭祀する「祠令」は示している。

3　『旧唐書』礼儀志の史料

岳鎮海瀆《とく》を祭祀する史料は、『旧唐書』巻二四礼儀志に「武徳貞観之制、神祇大享之外」としてある。

五岳四鎮四海四瀆、年別一祭、各以五郊迎気日祭之。東岳岱山祭於兗州、東鎮沂山祭於沂州、東海於莱州、東瀆大淮於唐州、南岳衡山於衡州、南鎮会稽於越州、南海於広州、南瀆大江於益州、中岳嵩山於洛州、西岳華山於華州、西鎮呉山於隴州、西海西瀆大河於同州、北岳恒山於定州、北鎮医無閭山於営州、北海北瀆大済於洛州。其牲皆用大牢、籩豆各四。祀官以当界都督刺史充。

この史料は『唐令拾遺補』が復元する「祠令」三種のうち、第二の編纂年度を明記しない「唐令」と「籩《へん》豆各四」を除いて一致する。編纂年度をいわない「唐令」は『通典』巻四六礼典・山川・大唐の史料に依拠したものであるが、『通典』は「武徳貞観之制」として史料を掲げ、『旧唐書』の史料も「武徳貞観之制、神祇大享之外」として史料があるから、『通典』と『旧唐書』の史料は史料源を同じくする史料であり、武徳七年と貞観「祠令」ということになる。『通典』と『旧唐書』が引用する「祠令」は、『唐令拾遺補』が復元する「祠令」三種のうち、「界」字を脱するものの永徽「祠令」とよく一致するから、唐初より永徽「祠令」と同じ条文が規定されていたと判断できる。

4　岳鎮海瀆を祭る開元二五年「祠令」

『唐令拾遺補』は開元七年（実は開元二五年）の岳鎮海瀆の祭祀に関する「祠令」として、『大唐六典』の史料を採用しているが、これは永徽「祠令」と餘りにも文章が異なる。『大唐六典』の史料は条文を改変していると考えるべきであろう。したがって、『唐令拾遺補』が復元する開元七年（実は開元二五年）の岳鎮海瀆の祭祀に関する「祠令」は全幅の信頼を寄せることはできない。やはり貞観「祠令」と永徽「祠令」を基本として復元するべきであろう。

「永徽令」のころと開元七年（実は開元二五年）のころでは州名が異なることがあるから、『大唐六典』の岳鎮海瀆の祭祀に関する史料にみえる州府名を採用して復元すると次のようになる。

岳鎮海瀆、年別一祭、各以五郊迎気日祭之。東岳岱山於兗州界、東鎮沂山於沂州界、東海於萊州界、東瀆大淮於唐州界。南岳衡山於衡州界、南鎮会稽於越州界、南海於広州界、南瀆大江於益州界。中岳嵩山於河南府。西岳華山於華州界、西鎮呉山於隴州界、西海西瀆大河於同州界。北岳恒山於定州界、北鎮医無閭山於営州界、北海北瀆大済於河南府。其牲皆用大牢。祀官以当界都督刺史充。若都督刺史有事故者、遣上佐行事。

五　社稷を祭る「祠令」

1　社稷を祭る史料

春秋に社稷を祭るとは、仲春上戊（二月最初の戊の日）と仲秋上戊（八月最初の戊の日）に太社と太稷を祭ることをいう。関係史料は『大唐六典』巻四尚書礼部・祠部郎中員外郎職に次のようにある。

仲春上戊、祭太社、以后土氏配焉。祭太稷、以后稷氏配焉。仲秋之月及臘日、亦如之。

仲春の上戊に、太社（王が天下のために祭る社）を祭り、后土氏（地の神）を以て配す。太稷を祭り、后稷氏（五穀の神）を以て配す。仲秋の月［上戊］及び臘日、亦た之《かく》の如《ごと》し。

2　『唐令拾遺補』の復元「祠令」

『唐令拾遺補』「祠令」（九七九頁以下）は次のような、永徽「祠令」と開元七年「祠令」を復元する。

永徽「祠令」として次の条文を復元する。

仲春仲秋上戊、祭太社、以后土配、祭太稷、以后稷配。

仲春・仲秋の上戊に、太社を祭り、后土を以て配し、太稷を祭り、后稷を以て配す。

これは東京の前田尊経閣所蔵の『天地瑞祥志』から復元したものである。

開元七年「祠令」は前掲した『大唐六典』の史料を基礎に復元したものである。

仲春仲秋吉戊、祭太社太稷。社以勾龍配、稷以后稷配。各用太牢一、牲色並黒。州県各用少牢、私社特牲。

仲春・仲秋の吉戊に、太社・太稷を祭る。社は勾龍（后土の神）を以て配し、稷は后稷（五穀の神）を以て配す。各《おのおの》太牢（牛・羊・豕からなる饗食）一を用い、牲色は並びに黒。州県各《おのおの》少牢（羊と豕からなる神への饗食）を用い、私社は特牲（一匹の牛）。

本書は『大唐六典』所載の唐令は「開元二五年令」と主張するから、『唐令拾遺補』の開元七年「祠令」は開元二五年「祠令」とするべきである。この詳細は本書第四章において述べる。

3　『旧唐書』礼儀志の史料

『旧唐書』巻二四礼儀志「武徳貞観之制、神祇大享之外」に、次のような春秋に太社・太稷を祭る史料がある。

仲春仲秋二時［上］戊日、祭太社太稷。社以勾龍配、稷以后稷配。社稷各用太牢一、牲色並黒。籩豆［各九］、簠簋各二、鉶俎各三。

仲春・仲秋の二時の上戊日、太社・太稷を祭る。社は勾龍（后土の神）を以て配し、稷は后稷（五穀の神）を以て配す。社・稷各《おのおの》太牢（牛・羊・豕からなる饗食）一を用い、牲色は並びに黒。籩《へん》（神への供物を盛る祭器の名）豆（神への供物を盛る祭器の名）各《おのおの》九、簠《ほ》（神に供える黍稷を盛る容器、木または瓦で作り、外が方にして内が圓）簋《き》（神に供える黍稷《しょしょく》を盛る容器、木または瓦で作り、外が圓く内が方）各《おのおの》二、鉶《けい》（蓋つきの羹を盛る鼎、三足両耳）俎各《おのおの》三。

『旧唐書』に類似する史料は『通典』巻四五礼典・社稷・大唐にある。

仲春仲秋二時［上］戊日、祭太社太稷。社以勾龍配、稷以后稷配。

仲春・仲秋の二時の上戊日、太社・太稷を祭る。社は勾龍を以て配し、稷は后稷を以て配す。

なお、籩《へん》豆の箇所に「各九」の二字を補字したのは、『旧唐書』巻二一礼儀志に「二年七月、礼部尚書許敬宗、与礼官等又奏議（二年〈顕慶二年・六五七〉七月、礼部尚書の許敬宗、礼官等と又た奏議す）」とあり、続けて、

敬宗等又議籩豆之数曰、按今光禄式、祭天地日月岳鎮海瀆先蚕等、籩豆各四。祭宗廟籩豆、各十二。祭社稷先農等、籩豆各九。祭風師雨師、籩豆各二。…………

敬宗ら又た籩・豆の数を議して曰わく、「今〈光禄式〉を按ずるに、天地・日月・岳鎮・海瀆・先蚕らを祭るに、籩・豆各《おのおの》四。宗廟を祭るに、籩・豆、各《おのおの》一二。社稷・先農らを祭るに、籩・豆各《おのおの》九。風師・雨師を祭るに、籩・豆各《おのおの》二。…………

とあり、この議に顕慶二年（六五七）の段階で「祭社稷先農等、籩豆各九」とあるから、『旧唐書』の「籩豆簠簋各二、鉶俎各三」は「籩豆［各九］、簠簋《ほき》各二、鉶《けい》俎各三」が本来の形であることがわかる。「州県各用少牢、私社特牲」は前掲した『大唐六典』より補字した。

前掲した『大唐六典』の史料が開元七年「祠令」であれば、『旧唐書』の史料も「祠令」であり、「武徳貞観之制」とあるから、右は武徳「祠令」と貞観「祠令」の両令ということになる。

4　社稷を祭る永徽「祠令」

春秋に社稷を祭る永徽「祠令」と『旧唐書』礼儀志は史料が一致せず、『旧唐書』の史料は『大唐六典』の史料に近い。前田尊経閣所蔵の『天地瑞祥志』が引用する永徽「祠令」は原史料の書き換えや脱字、もしくは省略があると

想定され、永徽「祠令」として絶対的なものでないことは明らかである。永徽元年（六五〇）の永徽「祠令」は『旧唐書』礼儀志の史料を基礎に復元するべきであり、次の条文が想定される。

仲春仲秋二時戊日、祭太社太稷。社以勾龍配、稷以后稷配。社稷各用太牢一、牲色並黒。州県各用少牢、私社特牲。

六　二分《にぶん》に日月を祭る「祠令」

1　二分に日月を祭る史料

二分とは春分と秋分をいう。二分に日月を祭る史料は『大唐六典』巻四尚書礼部・祠部郎中員外郎職の条にある。

春分之日、［祀］朝日於東郊、秋分之日、［祀］夕月於西郊。

春分の日、朝日を東郊に祀り、秋分の日、夕月を西郊に祀る。

2　『唐令拾遺補』の復元「祠令」

『唐令拾遺補』（九七七頁以下）は次のような日月祭祀の永徽「祠令」と開元七年（七一九）の日月祭祀の「祠令」を復元する。

二分に日月を祭る永徽「祠令」として、

春分朝、祭日於国城之東、

秋分夕、祭月於国城之西。

を復元する。この「祠令」は前田尊経閣所蔵の『天地瑞祥志』から復元したものである。

二分に日月を祭る開元七年「祠令」として、

春分、祀朝日於国城之東郊。

秋分、祀夕月於之［国城之］西郊。

を復元する。これは前掲した『大唐六典』の史料を基礎とした復元である。

春分の朝に日を祭る開元二五年「祠令」として、

春分、祀朝日於国城之東郊。

を復元する。これは『大唐開元礼』巻一序例・神位から復元したものである。

『唐令拾遺』や『唐令拾遺補』の春分に日、秋分に月を祭る「祠令」を右のように二条に分けて復元するのは、『大唐六典』巻四尚書礼部・礼部郎中員外郎職の条に、

凡五礼之儀、一百五十有二。一曰吉礼。其儀五十有五。

凡そ五礼の儀、一百五十有二。一に曰わく吉礼。其の儀五十有五。

とあり、註記に五五の儀式の詳細を述べて、

一曰、冬至祀圜丘。二曰、祈穀于圜丘。三曰、雩祀于圜丘。四曰、大享于明堂。………（中略）………。十一曰、朝日于東郊。十二曰、夕月于西郊。

一に曰わく、冬至に圜丘を祀る。二に曰わく、穀を圜丘に祈る。三に曰わく、圜丘に雩《う》祀す。四に曰わく、明堂に大享す。………（中略）………。一一に曰わく、日を東郊に朝《まつ》る。一二に曰わく、月を西郊に夕《まつ》る。

とあることに原因する＊。つまり、「朝日于東郊」を一条の令文、「夕月于西郊」を一条の令文と考え、二条の令文を予想したようである。

しかし、『大唐開元礼』目録には、

巻二十四吉礼

皇帝、春分朝日于東郊。　皇帝、春分に日を東郊に朝《まつ》る。

巻二十五吉礼

春分朝日于東郊、有司摂事。　春分に日を東郊に朝る、有司事を摂す。

巻二十六吉礼

皇帝、秋分夕月于西郊。　皇帝、秋分に月を西郊に夕《まつ》る。

巻二十七吉礼

秋分夕月于西郊、有司摂事。　秋分に月を西郊に夕る、有司事を摂す。

とあり、『大唐六典』のいう「十一曰、朝日于東郊。十二曰、夕月于西郊」は祭祀の儀式次第が朝日と夕月の二様式あることを指すものであって、春分に日を祭る「祠令」があり、秋分に月を祭る「祠令」があることをいうものではない。したがって、二分（春分と秋分）に日月を祭る「祠令」を二「祠令」とするのは誤りであることは、次に示す『旧唐書』礼儀志の史料から明らかである。

＊『通典』巻一〇六礼典・開元礼纂類一・序例上に「大唐開元年之制五礼其儀百五十有二。一曰吉礼。其儀五十有五」として、『大唐六典』と同じ史料がある。

3　『旧唐書』礼儀志の史料

『旧唐書』巻二四礼儀志に「武徳貞観之制、神祇大享之外」として、春分に日、秋分に月を祭る史料がある。

春分、朝日於国城之東、秋分、夕月於国城之西。各用方色犢一、籩豆各四、簠簋甑俎各一。

春分に、日を国城の東に朝り、秋分に、月を国城の西に夕る。各《おのおの》方色の犢《とく》一を用い、籩《へん》（神への供物を盛る祭器の名）豆（神への供物を盛る祭器の名）各《おのおの》四、簠《ほ》（神に供える黍稷《しょしょく》を盛る容器、木または瓦で作り、外が方にして内が圓）簋《き》（神に供える黍稷を盛る容器、木または瓦で作り、外が圓く内が方）㽅《とう》（陶器製の高坏）俎各《おのおの》一。

これは武徳七年（六二四）と貞観一一年（六三七）の「祠令」の逸文と判断してよい。

『旧唐書』巻二一礼儀志に「二年七月、礼部尚書許敬宗与礼官等又奏議（二年〈顕慶二年・六五七〉七月、礼部尚書の許敬宗、礼官等と又た奏議す）」とあり、続けて、

敬宗等又議籩豆之数曰、按今光禄式、祭天地日月岳鎮海瀆先蚕等、籩豆各四。祭宗廟籩豆、各十二。祭社稷先農等、籩豆各九。祭風師雨師、籩豆各二。……

敬宗ら又た籩《へん》・豆の数を議して曰わく、「今〈光禄式〉を按ずるに、天地・日月・岳鎮・海瀆・先蚕らを祭るに、籩・豆各《おのおの》四。宗廟を祭るに、籩・豆、各《おのおの》一二。社稷・先農らを祭るに、籩・豆各《おのおの》九。風師・雨師を祭るに、籩・豆各《おのおの》二。……

とある。顕慶二年の段階において日月祭祀の籩豆の数量は「各四」であったから、武徳七年（六二四）と貞観一一年（六三七）の「祠令」に「籩豆各四」とあるのは、顕慶二年（六五七）段階の「光禄式」と矛盾しない。

4　二分《にぶん》に日月を祭る永徽「祠令」

『唐令拾遺補』はこの「祠令」を分断して復元するが、『大唐六典』や『旧唐書』の記事から一条に復元するべきである。永徽「祠令」と『旧唐書』礼儀志の史料はほぼ一致し、永徽「祠令」が絶対的に正確という保證はなく、『旧唐書』の史料のほうが文が長いから、『旧唐書』を基準として復元すれば、次のようになろう。

春分朝、祭日於国城之東、秋分夕、祭月於国城之西。各用方色犢一。

七　帝社を祭る「祠令」

1　帝社を祭る史料

帝社は先農に同じ。先農の祭祀は『大唐六典』巻四尚書礼部・祠部郎中員外郎職の条にある。

孟（夏は春の誤り）吉亥、享先農於東郊、以后稷配。

孟春吉亥、先農（農業を初めて民に教えた神）を東郊に享り、后稷を以て配す。

また『大唐六典』巻一九司農寺・司農卿職の条に次のようにある。

凡孟春吉亥、皇帝親藉田之礼、有事于先農、則奉進耒耜。

凡《およ》そ孟春の吉亥、皇帝藉田の礼を親しくし、事　先農に有らば、則ち耒耜《らいし》を奉進す。

2　『唐令拾遺補』の復元「祠令」

『唐令拾遺補』（九八三頁）に、永徽「祠令」・神龍「祠令」・開元七年「祠令」・開元二五年「祠令」を復元する。

永徽「祠令」は次のようで、前田尊経閣所蔵の『天地瑞祥志』から復元したものである。

孟春吉亥、祭先農於藉田、用太牢。　孟春の吉亥、先農を藉田に祭り、太牢（牛・羊・豕からなる饗食）を用う。

神龍「祠令」として次の条文を復元する。

孟春吉亥、祀后土、以勾龍氏配。　孟春の吉亥、后土を祀り、勾龍氏（后土の神）を以て配す。

また開元七年・二五年令「祠令」として次の条文を復元する。

孟春吉亥、享先農。后稷配。　孟春の吉亥、先農を享る。后稷（五穀の神）配す。

3　『旧唐書』礼儀志の史料

『旧唐書』巻二四礼儀志に「武徳貞観之制、神祇大享之外」として次のようにある。

孟春吉亥、祭帝社於藉田、天子親耕。　孟春の吉亥、帝社を藉田に祭り、天子親耕す。

『旧唐書』の史料は武徳七年（六二四）「祠令」と貞観一一年（六三七）「祠令」の逸文と判断してよい。

八　先蚕を祭る「祠令」

1　先蚕を祭る史料

先蚕とは初めて民に養蚕を教えた神をいう。先蚕を祭る史料は『大唐六典』巻一二内侍省・内侍職の条にある。

凡季春吉日、皇后親蚕於公桑、享先蚕於北郊、則升壇執儀。

凡そ季春吉日、皇后親しく公桑（朝廷の桑畑）に蚕《かいこ》かい、先蚕（始めて民に養蚕を教えた神）を北郊に享り、則ち壇に升り儀を執る。

2　『唐令拾遺補』の復元「祠令」

『唐令拾遺補』（九八三頁）に、永徽「祠令」と開元七年（七一九）「祠令」と復元する。

永徽「祠令」は次のようで、前田尊経閣所蔵の『天地瑞祥志』から復元したものである。

季春巳日、祭先蚕於公桑。皇后親采桑、用太牢。将蚕日、内侍省預奏、移所司所事。

季春の巳の日、先蚕を公桑に祭る。皇后親しく采桑し、太牢（牛・羊・豕《し》からなる饗食）を用う。将に蚕するの日、内侍省預め奏し、所司の所事を移す。

また開元七年「祠令」として次の条文を復元する。

季春吉巳、享先蚕於郊。　季春の吉巳、先蚕を郊に享る。

3　『旧唐書』礼儀志の史料

『旧唐書』巻二四礼儀志「武徳貞観之制、神祇大享之外」に、

季春吉巳、祭先蚕於公桑、皇后親桑。並用太牢、籩豆各九、〔簠簋各二、甄三、鉶三、俎三〕。将蚕日、内侍省預奉（「奉」は「奏」の誤り）、移所司所事。

季春の吉巳、先蚕を公桑に祭り、皇后親しく桑かう。並びに太牢を用い、籩《へん》（神への供物を盛る祭器の名）豆（神への供物を盛る祭器の名）各《おのおの》九、簠《ほ》（神に供える黍稷《しょしょく》を盛る容器、木または瓦で作り、外が方にして内が圓）簋《き》（神に供える黍稷を盛る容器、木または瓦で作り、外が圓く内が方）各《おのおの》二、甄《とう》（陶器製の高坏）三、鉶（蓋つきの羹を盛る鼎、三足両耳）三、俎三。将に蚕する日、内侍省預め奏し、所司の所事を移す。

とある。『旧唐書』の史料は武徳「祠令」と貞観「祠令」と判断してよい。

九　祭祀の卜日に関する「祠令」

1　祭祀の卜日に関する史料

祭祀の卜日とは祭祀を挙行する日を占うことである。『大唐六典』巻一四太常寺太卜令職の条に、

凡国有祭祀、則率卜正占者、卜日於太廟南門之外、命亀既灼而占之。先卜上旬、不吉、次卜中旬下旬。若卜国之

大事、亦如卜日之儀。
凡《およ》そ国に祭祀有らば、則ち正占を率卜する者、日を太廟南門の外に卜し、命亀既灼して之を占う。先ず上旬を卜し、吉ならざれば、次に中旬・下旬を卜す。国の大事を卜するが若《ごと》きは、亦た卜日の儀の如《ごと》し。

とあり、『旧唐書』巻四四太常寺太卜令職の条にも次のようにある。

凡国有祭祀、則率卜正占者、卜日於太廟南門之外。
凡《およ》そ国に祭祀有らば、則ち正占を率卜する者、日を太廟南門の外に卜す。

2　『唐令拾遺補』の復元「祠令」

『唐令拾遺補』は前掲した『大唐六典』の記事を「祠令」と認定せず、『旧唐書』巻二一礼儀志の史料によって、祭祀の卜日に関する「祠令」を次のように復元する（九七二頁）。

礼令、祠祭皆卜日。　「礼令」に、「祠祭皆な日を卜す」と。

この復元「祠令」は取意文であって、祭祀の卜日に関する「祠令」ではない。参考史料である。

3　『旧唐書』礼儀志の史料

祭祀の卜日に関する「祠令」は『旧唐書』巻二四礼儀志「武徳貞観之制、神祇大享之外」に次のようにある。

諸祭祀卜日、皆先卜上旬。不吉、次卜中旬下旬。筮日亦如之。
諸《すべ》て祭祀の卜日、皆な先ず上旬を卜す。吉ならざれば、次に中旬・下旬を卜す。日を筮《ぜい》すこと亦た之の如《ごと》し。

この史料には令文の頭字である「諸」字もあり、武徳七年（六二四）と貞観一一年（六三七）の祭祀の卜日に関する「祠令」と判断してよい。

「筮日亦如之」とあるが、筮は小祀の卜日に用いられた。筮に関して『新唐書』巻一一礼楽志に「凡祭祀之節有六（凡そ祭祀の節六有り）」に、

一日卜日。凡大祀中祀無常日者卜。小祀則筮。皆于太廟。

一に曰わく卜日。凡《およ》そ大祀・中祀の常日（日が定まっていない大祀と中祀）なきものは卜す。小祀は則ち筮《ぜい》す。皆な太廟においてす。

とある。筮とは筮竹五〇本を用いる占いである。

4　祭祀の卜日に関する「祠令」

『旧唐書』の記事によって、祭祀の卜日に関する武徳と貞観「祠令」は確定された。永徽「祠令」と開元二五年「祠令」は次のように復元できよう。

諸祭祀卜日、皆先卜上旬、不吉、次卜中旬下旬、筮日亦如之。

一〇　先蚕祭祀の日取りに関する「祠令」

『旧唐書』巻二四礼儀志「武徳貞観之制、神祇大享之外」に、

其先蚕一祭、節気若晩、即於節気後取日。

其れ先蚕の一祭、節気若《も》し晩《おそ》くば、即ち節気後に日を取る。

とある。この史料以外に唐代文献には関連史料がなく、「祠令」の逸文であろうが、詳細は一切不明である。

一一　風師・雨師らを祭る「祠令」

1　風師・雨師らを祭る史料

風師（風の神）雨師（雨の神）らを祭る史料は『大唐六典』巻四尚書礼部・祠部郎中員外郎職の条にある。

立春後丑日、祀風師於国城東北。立夏後申日、祀雨師於国城西南。立秋後辰日、祀霊星於国城東南。立冬後亥日、祀司中司命司人司禄於国城西北。

立春後の丑の日、風師を国城の東北に祀る。立夏後の申の日、雨師（雨の神）を国城の西南に祀る。立秋後の辰の日、霊星（天田星、稼穡を司る）を国城の東南に祀る。立冬後の亥の日、司中（神の名、三臺星中の一で、司徒に当たる）司命（星の名、民の生死を司る神）司人（星の名、民の生死を司る神）司禄（星の名、人口・穀数を天子に奏上するとき、司民とともに祀る神）を国城の西北に祀る。

2　『唐令拾遺補』の復元「祠令」

『唐令拾遺補』「祠令」（九七七頁）は風師・雨師らを祭る永徽「祠令」として次の条文を復元する。


立春後丑日、祀風師於国城東北。　立春の後丑の日、風師を国城東北に祀る。

立夏後申日、祀雨師於国城西南。　立夏の後の申日、雨師を国城の西南に祀る。

立秋後辰日、祀霊星於国城東南。用羊一。　立秋の後の辰日、霊星を国城の東南に祀る。羊一を用う。

立冬後亥日、祀司中司命［司人］司禄於国城西北。用羊一。（「司人」を脱している）

立冬の後の亥日、司中・司命・司人・司禄を国城の西北に祀る。羊一を用う。


この「祠令」の復元は東京の前田尊経閣所蔵の『天地瑞祥志』から復元したものである。

また『大唐六典』を基礎にして、風師・雨師らを祭る開元七年（七一九）「祠令」として次の条文を復元する。

立春後丑日、祀風師於国城東北。
立夏後申日、祀雨師於国城西南。
立秋後辰日、祀霊星於国城東南。
立冬後亥日、祀司中司命司人司禄於国城西北。

『太平御覧』巻二五時序部・立秋に、

祠令曰、………（中略）………。又曰、立秋後辰、祀霊星於国城東南。

「祠令」に曰わく、「………（中略）………」。又た曰わく、「立秋の後の辰、霊星を国城の東南に祀る」と。

とあることによって、開元二五年「祠令」として次の一文を復元する。

立秋後辰、祀霊星於国城東南。

『唐令拾遺補』は風師・雨師らを祭る「祠令」を四条に分けて復元する。これは『大唐開元礼』目録に、

巻二十八吉礼

祀風師　祀雨師　祀霊星　祀司中司命司人司禄

と、四儀礼があることが原因するようで、『唐令拾遺』の風師・雨師らを祭る「祠令」の復元に倣ったようである。しかし、『大唐六典』巻四尚書礼部・礼部郎中員外郎職の条には*、

凡五礼之儀、一百五十有二。一曰吉礼。其儀五十有五。
凡《およ》そ五礼の儀、一百五十有二。一に曰わく吉礼。其の儀五十有五。

とあり、註記に五五の儀式の詳細を述べて、

一曰、冬至祀圜丘。二曰、祈穀于圜丘。三曰、雩祀于圜丘。四曰、大享于明堂。………（中略）………。十三曰、祀風伯雨師霊星司中司命司人司禄。

一に曰わく、冬至　圜丘に祀る。二に曰わく、穀を圜丘に祈る。三に曰わく、圜丘に雩《う》祀す。四に曰わく、明堂に大享す。………（中略）………。一三に曰わく、風伯・雨師・霊星・司中・司命・司人・司禄を祀る。

とあり、風師・雨師らを祭る儀式は一式とし、次に示す『旧唐書』の史料も風師・雨師らを祭る「祠令」を一条にするから、四条に分けて復元するのは誤解である。

＊　『通典』巻一〇六礼典・開元礼纂類一・序例上に「大唐開元年之制五礼其儀百五十有二。一曰吉礼。其儀五十有五」として、『大唐六典』と同じ史料がある。

3　『旧唐書』礼儀志の史料

『旧唐書』巻二四礼儀志に「武徳貞観之制、神祇大享之外」として、風師・雨師らを祭る記事がある。『旧唐書』の記事は『唐令拾遺補』が復元する風師・雨師らを祭る「祠令」によって「日」字を補字した。

立春後丑［日］、祀風師於国城東北。立夏後申［日］、祀雨師於国城西南。立秋後辰［日］、祀霊星於国城東南。立冬後亥［日］、祀司中司命司人司禄於国城西北。各用羊一、籩豆各二、簠簋［俎］各一。

立春後の丑の日、風師を国城の東北に祀る。立夏後の申の日、雨師を国城の西南に祀る。立秋後の辰の日、霊星を国城の東南に祀る。立冬後の亥の日、司中（神の名、三臺星中の一で、司徒に当たる）司命（星の名、民の生死を司る神）司人（星の名、民の生死を司る神）司禄（星の名、人口・穀数を天子に奏上するとき、司民とともに祀る神）を国城の西北に祀る。各《おのおの》羊一を用い、籩《へん》（神への供物を盛る祭器の名）豆（神への供物を盛る祭器の名）各《おのおの》二、簠《ほ》（神に供える黍稷を盛る容器、木または瓦で作り、外が方にして内が圓）簋《き》（神に供える黍稷を盛る容器、木または瓦で作り、外が圓く内が方）俎各《おのおの》一。

右の史料は『唐令拾遺補』の復元によって「祠令」と判断してよい。武徳七年（六二四）と貞観一一年（六三七）「祠令」である。

4　風師・雨師らを祭る永徽「祠令」

『旧唐書』の記事が武徳「祠令」と貞観「祠令」と判断されるならば、『唐令拾遺補』の永徽「祠令」は次のように補正できる。

立春後丑日、祀風師於国城東北。立夏後申日、祀雨師於国城西南。立秋後辰日、祀霊星於国城東南。立冬後亥日、祀司中司命司人司禄於国城西北。各用羊一。

一二　儺《だ》に関する「祠令」

1　大儺に関する史料

大儺とは、隋唐代においては大晦日の夜に悪霊を祓うことをいい、この夜を除夜（悪霊を除する夜）という。大晦日の夜に悪霊を祓うのは宮中でも行われた。『大唐六典』巻一四太常寺・太卜令職に、

凡歳季冬之晦、帥侲子、入於宮中、堂贈大儺。天子六隊、太子二隊。方相氏、右［手］執戈、左［手］執楯而導之。唱十二神、以逐悪鬼。儺者既出、乃磔雄［鶏］於宮門及城之四門、以祭焉。

凡《およ》そ歳の季冬の晦、侲子（童児）を帥《ひき》い、宮中に入り、堂に大儺を贈る（贈は送に同じ）。天子は六隊、太子は二隊。方相氏、右手に戈を執り、左手に楯を執りて之を導く。十二神を唱え、以て悪鬼を逐う。儺す者既に出ずれば、乃ち雄鶏を宮門及び城の四門に磔にし、以て祭る。

とあり、『旧唐書』巻四四太常寺・太卜令職の条に、

歳季冬之晦、帥侲子、入宮中、堂贈大儺。贈送也。堂中舞侲子、以送不祥也。
歳の季冬の晦、侲子《しんし》を帥《ひき》い、宮中に入り、堂に大儺を贈る。贈は送なり。堂中に侲子を舞わせ、以て不祥を送るなり。

とあり、『新唐書』巻四八太常寺・太卜令職に、

季冬、帥侲子、堂贈大儺。天子六隊、太子二隊。方相氏、右［手］執戈、左［手］執楯而導之、唱十二神名、以逐悪鬼。儺者出、磔雄鶏于宮門城門。

季冬、侲子を帥い、堂に大儺を贈る。天子は六隊、太子は二隊。方相氏、右手に戈を執り、左手に楯を執りて之を導く。十二神の名を唱《とな》え、以て悪鬼を逐う。儺す者出ずれば、雄鶏を宮門・城門に磔にす。

とある。これは太卜令の職を述べたもので、大儺に関する「祠令」そのものではないが、大儺の「祠令」を考える上で参考になる。

2　『唐令拾遺補』の復元「祠令」

『唐令拾遺補』（九九五頁）は永徽元年（六五〇）の大儺に関する永徽「祠令」として、次の「祠令」を復元する。

季冬晦、堂贈儺。磔牲於宮門及城四門、各用雄鶏一。将預前一日、所司奏聞。

季冬の晦、堂より儺を贈る（贈は送に同じ）。牲を宮門及び城の四門に磔にし、各《おのおの》雄鶏一を用う。預る前一日を将て、所司奏聞す。

この「祠令」は東京の前田尊経閣所蔵の天下の孤本である『天地瑞祥志』から復元したもので信頼してよい。

また『唐令拾遺補』（九九四頁）は開元七年（七一九）の大儺に関する「祠令」を次のように復元する。

凡季冬晦、行儺。大内六隊、東宮二隊。

凡《およ》そ季冬の晦、儺を行う。大内は六隊、東宮は二隊。

この大儺に関する永徽「祠令」を開元七年の「祠令」と比較すると、餘りにも文章が異なる。これでは大儺に関する

「祠令」は永徽令と開元七年令は条文がまったく異なっていたことになる。

開元七年の大儺に関する「祠令」は『大唐開元礼』巻三「序例」下・雑制と『通典』巻一〇八開元礼纂類三「序例」下・雑制から復元したものであるが、『通典』の記事は『大唐開元礼』の再録であるから、史料源は『大唐開元礼』にあるといってよい。『大唐開元礼』の記事は「祠令」である證拠がどこにもないから、大儺に関する「祠令」として採用することは不適当である。『唐令拾遺』は『大唐開元礼』の「序例」の記事に全幅の信頼をおき、唐代の「祠令」を復元するが、『大唐開元礼』の「序例」から「祠令」を復元するのは慎重でなければならない。

3　『旧唐書』礼儀志の史料

右のように考えるのは、『旧唐書』巻二四礼儀志の冒頭の「武徳貞観之制、神祇大享之外」の一節に、

季冬晦、堂贈儺。磔牲於宮門及城四門。各用雄鶏一。［将預前一日、所司奏聞］。

とあり、永徽「祠令」とほぼ同一の条文がある。『旧唐書』の史料には省略された文字があるが両者は一致する。永徽「祠令」は東京の前田尊経閣所蔵の天下の孤本である『天地瑞祥志』から復元したもので、『天地瑞祥志』の大儺に関する「祠令」の引用は正しいと認めてよい。

『旧唐書』の史料は武徳七年（六二四）と貞観一一年（六三七）の逐儺に関する「祠令」であることは明らかである。大儺に関する「祠令」は武徳「祠令」より以来、

季冬晦、堂贈儺。磔牲於宮門及城四門、各用雄鶏一。将預前一日、所司奏聞。

であることが確認され、この条文と大きく異なる『大唐開元礼』巻三序例下・雑制らの、

凡季冬晦、行儺。大内六隊、東宮二隊。

が開元七年「祠令」であるはずがないし、開元二五年「祠令」でもない。大儺の施行細則である「式」の断片であろ

う。

一三　馬祖らを祭る「祠令」

1　馬祖らを祭る史料

馬祖らを祭る史料は『大唐六典』巻四尚書礼部・祠部郎中員外郎職の条に、

仲春祀馬祖、仲夏享先牧、仲秋祭馬社、仲冬祭馬歩、並以剛日、皆於大沢之中。

仲春に馬祖を祀り、仲夏に先牧を享り、仲秋に馬社を祭り、仲冬に馬歩を祭る。並びに剛日（日を表す干支のうち、甲・庚・丙・壬・戊があれば剛日と為し、日を表す干支のうち、乙・丁・辛・癸・巳を柔日と為す）を以てし、皆な大沢の中に於いてす。

とあり、『大唐六典』巻一七太僕寺・太僕卿職の条に、

凡四仲之月、祭馬祖馬歩先牧馬社。

凡《およ》そ四仲の月、馬祖・馬歩・先牧・馬社を祭る。

とあり、『旧唐書』巻四四職官志太僕寺・太僕卿職の条に次のようにある。

凡四仲之月、祭馬祖馬歩先牧馬社。

馬祖壇は『元和郡県図志』巻二京兆府鄠《こ》県の条に、

馬祖壇在県東北三十二里龍堂沢中。毎年、太常太僕、四時祭之。春祭馬祖、夏祭先牧、秋祭馬社、冬祭馬歩。

馬祖壇は県の東北三二里の龍堂の沢中に在り。毎年、太常・太僕、四時に之を祭る。春は馬祖を祭り、夏は先牧を祭り、秋は馬社を祭り、冬は馬歩を祭る。

とあり、長安の西南六五里（唐里）にある鄠県にあった。龍堂沢は『元和郡県図志』巻二京兆府鄠《こ》県の条に、

龍堂沢在県東北三十里。周廻二十五里。　龍堂沢は県の東北三〇里に在り。周廻二五里。

とあり、周回二五里の湿地である。

2　『唐令拾遺補』の復元「祠令」

『唐令拾遺補』（九八五頁）は馬祖らを祭る「祠令」を永徽「祠令」と開元七年「祠令」の二種を復元する。永徽「祠令」は次のようであり、これは前田尊経閣所蔵の『天地瑞祥志』によって復元したものである。

皆以四時仲月、並於大沢、用剛日。牲各用羊一。

皆な四時の仲月を以て、並びに大沢において、剛日を用う。牲は各《おのおの》羊一を用う。

これでは四時の仲月に何を行うのか明らかではない。この「祠令」は取意文であろう。

開元七年「祠令」は次のようであり、この「祠令」は前掲した『大唐六典』によって復元したものである。

仲春祀馬祖、仲夏享先牧、仲秋祭馬社、仲冬祭馬歩。並以剛日、皆於大沢之中。

仲春に馬祖を祀り、仲夏に先牧を享り、仲秋に馬社を祭り、仲冬に馬歩を祭る。並びに剛日を以て、皆な大沢の中に於いてす。

3　『旧唐書』礼儀志の史料

馬祖らを祭る史料は『旧唐書』巻二四礼儀志「武徳貞観之制、神祇大享之外」にもある。

仲春祭馬祖、仲夏祭先牧、仲秋祭馬社、仲冬祭馬歩。並於大沢、用剛日。牲各用羊一、籩豆各二、簠簋各一。

仲春に馬祖を祭り、仲夏に先牧を祭り、仲秋に馬社を祭り、仲冬に馬歩を祭る。並びに大沢に於いてし、剛日を用う。牲は各《おのおの》羊一を用い、籩《へん》（神への供物を盛る祭器の名）豆（神への供物を盛る祭器の名）各《おのおの》二、簠《ほ》（神に供える黍稷を盛る容器、木または瓦で作り、外が方にして内が圓）簋《き》（神に供える黍稷《しょしょく》を盛る容器、木または瓦で作り、外が圓く内が方）各《おのおの》一。

この史料は『唐令拾遺補』が復元する開元七年「祠令」と類似するから、馬祖らを祭る武徳「祠令」と貞観「祠令」と想定してよい。

4　馬祖らを祭る永徽「祠令」

『旧唐書』の史料は『唐令拾遺補』が復元する永徽「祠令」と随分と異なる。これは「永徽令」になって令文が変更されたためではなく、馬祖らを祭る永徽「祠令」が取意文に書き直されているためと想到するのが自然である。令文の頭字が「皆」字で始まる唐令はみたことがない。

馬祖らを祭る武徳「祠令」・貞観「祠令」・永徽「祠令」は、『旧唐書』礼儀志に史料によって、

仲春祭馬祖、仲夏祭先牧、仲秋祭馬社、仲冬祭馬歩。並於大沢、用剛日。牲各用羊一。

であったと考えるべきである。

一四　季冬に司寒を祭る「祠令」

1　季冬に司寒を祭る史料

史料は『大唐六典』巻四尚書礼部・祠部郎中員外郎職に、

孟冬、祭司寒於氷室。　孟冬、司寒を氷室に祭る。

とあり、『大唐六典』巻一九司農寺・司農卿職の条にも次のようにある。

季冬蔵冰、祭司寒、以黒牡秬黍。仲春啓冰、亦如之。

季冬の蔵冰、司寒を祭るに、黒牡・秬黍を以てす。仲春の啓冰、亦た之《かく》の如《ごと》し。

2　『唐令拾遺補』の復元「祠令」

『唐令拾遺補』「祠令」（九八三頁以下）は永徽・開元七年・開元二五年「祠令」の三「祠令」を復元する。

季冬に司寒を祭る復元永徽「祠令」は次のようである。

季冬蔵冰、仲春開冰、並用黒牡秬黍、祭司寒之神於冰室。其開冰、加以桃弧棘矢、設於神座。

季冬の蔵冰、仲春の開冰、並びに黒牡（黒い仔牛）・秬黍（黒い黍）を用て、司寒の神を冰室に祭る。其の開冰、加えるに桃弧・棘矢を以てし、神座に設く。

この永徽「祠令」は前田尊経閣所蔵の『天地瑞祥志』から復元したものである。『天地瑞祥志』に引用される他の「永徽令」はかなり忠実に令文が引用されていることから、この永徽「祠令」はほぼ正確な復元である。

季冬に司寒を祭る復元開元七年「祠令」は次のようである。

季冬蔵氷、祭司寒、以黒牡秬黍。仲春啓氷、亦如之。

この復元は『大唐六典』の史料に準拠した復元である。がしかし、『大唐六典』の史料に省略があり不完全な復元である。『大唐六典』は唐令を伝える貴重な文献であるが、唐令を忠実に引用するのではなく、ほとんどが取意文であることに留意する必要がある。また『大唐六典』の記事を「開元七年令」とすることにも疑問がある。

『唐令拾遺補』の司寒を祭る復元開元二五年「祠令」は次のようである。

季冬蔵氷、［仲春開氷］、並用黒牡秬黍、祭司寒之神於氷室。其開氷、加以桃弧棘矢、設於神座。

季冬の蔵氷、仲春の開氷、並びに黒牡（黒い仔牛）秬黍を用て、司寒の神を氷室に祭る。其の開氷、加えるに桃弧・棘矢《きょくし》を以てし、神座を設く。

この復元令文は『太平御覧』巻二七時序部・冬下に

祠令曰、季冬蔵氷、仲春開氷、並用黒牡秬黍、祭司寒之神於氷室。其開氷、加以桃弧棘矢、設於神座。

「祠令」に曰わく、「季冬の蔵氷、仲春の開氷、並びに黒牡・秬黍を用て、司寒の神を氷室に祭る。其の開氷、加えるに桃弧・棘矢を以てし、神座に設く」と。

とある史料に依ったものであるが、「仲春開氷」の四字が脱落している。

右の復元は時代によって「氷」字と令文がまちまちであるが、このような不統一はありえないことである。蔵氷に関する「祠令」は時代の変化に左右されにくい令であり、時代によって令文が異なることはない。

3　『旧唐書』礼儀志の史料

季冬に司寒を祭る『旧唐書』巻二四礼儀志「武徳貞観之制、神祇大享之外」にもある。

季冬蔵冰、仲春開冰、並用黒牡秬黍、祭司寒之神於冰室。籩豆各二、簠簋俎各一。其開冰、加以桃弧棘矢、設於神座。

季冬の蔵冰、仲春の開冰、並びに黒牡（黒い仔牛）秬黍を用て、司寒の神を冰室に祭る。籩《へん》（供物を盛る祭器の名）豆（供物を盛る祭器の名）各《おのおの》二、簠《ほ》（神に供える黍稷《しょしょく》を盛る容器、木または瓦で作り、外が方にして内が圓）簋《き》（神に供える黍稷を盛る容器、木または瓦で作り、外が圓く内が方）俎（まないた）は各《おのおの》一なり。其の開冰、加えるに桃弧・棘矢を以てし、神座に設く。

この史料は『唐令拾遺補』が復元する季冬に司寒を祭る「祠令」と比べてみれば、「祠令」に相違ない。「武徳貞観之制」としてあるから、右の条文は武徳「祠令」と貞観「祠令」と想定できる。

4　季冬に司寒を祭る「祠令」の復元

『旧唐書』礼儀志の「武徳貞観之制、神祇大享之外」に引用する「祠令」と永徽「祠令」・開元二五年（七三七）「祠令」とを比較すると、「籩《へん》豆各二、簠《ほ》簋《き》俎各一」の語句を除いて一致するから、武徳「祠令」より開元二五年「祠令」までの季冬に司寒を祭る「祠令」は次のように想定できる。

季冬蔵冰、仲春開冰、並用黒牡秬黍、祭司寒之神於冰室。其開冰、加以桃弧棘矢、設於神座。

一五　蜡《さ》祭と臘祭に関する「祠令」

1　蜡祭と臘祭に関する史料

臘祭は歳終の大祭である。臘は田臘して得た禽獣を先祖に薦める祭りという。臘日には臘祭に加えて、蜡という祭りが行われるが、蜡は一年の収穫を百神に感謝する祭りという。

臘祭の性格に関して、同じ一二月にある「蜡祭」との関連で、漢代以来のいろいろな見解が提示されているが、現在に至って一致する見解がない。諸説を示すと、鄭玄《じょうげん》と孔穎達は臘祭と蜡祭を同じ祭祀としながらも、臘は蜡に包括されるとする。また、夏には「嘉平」、殷には「清祀」、周には「大蜡」といい、時代による祭名の相違とする見解を採る説もあり、蜡祭と臘祭は同祭異名とする説もあり、蜡とは祭祀名であり、臘とは対象神の名とする説もある＊。

蜡祭と臘祭に関する史料は『大唐六典』巻四尚書礼部・祠部郎中員外郎職の条に次のようにある。

季冬臘日前寅、蜡百神於南郊。大明夜明神農后稷伊耆五官五星二十八宿十二辰五岳四鎮四海四瀆五田畯青龍朱雀麒麟騶虞玄武及五方山林川沢丘陵墳衍原隰井泉水墉坊於菟鱗羽介毛贏郵表畷猫昆虫、凡一百八十七座［従祀］。

若其方有災害、則闕而不祭。祭井泉於川沢之下。

季冬臘日の前の寅、百神を南郊に蜡《まつ》る。大明（日）夜明（月）神農（伝説上の聖王、三皇五帝の一、民に医療と農業を教えたとされる）后稷（農事を司る神）伊耆（古の帝王の名）五官（句芒・祝融・后土・蓐収・玄冥）五星（東方歳星・南方熒惑星・西方太白星・北方辰星・中央鎮星）二八宿（二八の星座、一季節七宿で四季節二八宿となる）一二辰（東西南北の各三辰）五岳（泰山・衡山・嵩山・華山・恒山）四鎮（泰山・衡山・嵩山・華山・恒山）四海・四瀆・五田畯（農事の神）青龍・朱雀・麒麟・騶虞《すうぐ》（身より尾が長い霊獣）玄武及び五方の山林・川沢・丘陵・墳（堤防）衍（島・洲）原（田地）隰《しつ》（低湿地）井泉・水墉（溝の神）坊（堤防）於菟《おと》（虎）鱗・羽・介（甲殻）毛・蠃《ら》（毛の短い野獣）郵（田間の小屋）表（目印）畷（田間の道）猫・昆虫、凡そ一八七座、若《も》し其の方 災害有らば、則ち闕きて祭らず。井泉を川沢の下に祭る。

＊　池田末利「蜡・臘考　古代中国の農業祀」（『中国古代宗教史研究』東海大学出版会、一九八一年）。

2　『唐令拾遺補』の復元「祠令」

『唐令拾遺補』（九七六頁）は蜡祭《ささい》と臘祭に関する永徽「祠令」と開元七年「祠令」を復元する。

永徽「祠令」として、次の「祠令」を復元する（九九五頁）。

季冬［臘日前］寅 先臈日之者也。蜡祭百神於南郊。日月、用犢二。伊耆神農星辰以下、方別各用少牢一。当方不熟者、則闕之。其日、祭井泉於川沢之下。卯日、祭社稷於社宮。辰日、臈享於太廟。用牲皆準時祭。井泉用羊二。
季冬の臘日前の寅、臈《ろう》日に先だつのものなり。百神を南郊に蜡祭す。日・月は、犢《とく》（仔牛）二を用う。伊耆（古の帝王の名）及び神農（伝説上の聖王、三皇五帝の一、民に医療と農業を教えたとされる）星辰（五星・一二辰）以下、方別に各《おのおの》少牢（羊と豕からなる神への饗食）一を用う。方に当たり熟せざれば、則ち之を闕く。其の日、井泉を川沢の下に祭る。卯の日、社稷を社宮に祭る。辰の日、臈は太廟に享《まつ》る。牲を用うは皆な時祭に準ず。井泉は羊二を用う。

この復元は前田尊経閣所蔵の『天地瑞祥志』によったものであるが、「臘日前」の三字が明らかに脱落し、文字が改変されているから、『天地瑞祥志』の蜡祭と臘祭に関する「祠令」は、かなりの省略されたものであり、完全な「祠令」でないと想定しておく必要がある。

開元七年「祠令」として、次の「祠令」を復元する（九七六頁）。

臘日、蜡百神於南郊。大明夜明壇上。神農伊祁后稷五官五田畯五星十二辰二十八宿五岳四鎮四海四瀆五山五川五林五沢五丘五陵五墳五衍五原五隰五井泉青龍朱雀麒麟騶虞玄武五鱗五羽五贏五毛五介五水庸五坊五郵表畷五於菟五猫五昆蟲。

臘日、百神を南郊に蜡る。大明・夜明は壇上。神農・伊祁・后稷・五官・五田畯・五星（東方歳星・南方熒惑星・西方太白星・北方辰星・中央鎮星）十二辰・二八宿・五岳・四鎮・四海・四瀆・五山・五川・五林・五沢・五丘（小高い山）五陵（大きい丘）五墳・五衍（島・洲）・五原・五隰（湿り気のある低地）・五井泉・青龍・朱雀・麒麟・騶《すう》虞《ぐ》・玄武・五鱗・五羽・五贏《ら》・五毛・五介・五水庸・五坊・五郵・［五］表・［五］畷・五於菟《おと》・五猫・五昆蟲。

この復元は『大唐開元礼』巻一序例上・神位の条と前掲した『大唐六典』の史料を参酌して復元したものである。この開元七年「祠令」は、蜡祭を「季冬臘日前寅日」ではなく「臘日」とするが、蜡祭の日が「臘日」となったのは開元二〇年（七三二）であり、「祠令」として明文化されるのは開元二五年「祠令」からである。また復元した開元七年「祠令」は文字が並ぶだけで、文章になっていない。奇妙な復元「祠令」である。

3　『旧唐書』礼儀志の史料

蜡《さ》祭と臘祭に関する史料は『旧唐書』巻二四礼儀志「武徳貞観之制、神祇大享之外」にもある。

季冬［臘日前］寅日、蜡祭百神於南郊。大明夜明、用犢二、籩豆各四簠簋甑俎各一。神農氏及伊耆氏、各用少牢一、籩豆各四簠簋甑俎各一。后稷及五方十二次（「次」は「辰」とあるべき）五官五方田畯五岳四鎮四海四瀆以下、方別各用少牢一、当方不熟者、則闕之。其日、祭井泉於川沢之下、用羊一。卯日、祭社稷於社宮。辰日、臘享於太廟、用牲皆準時祭。井泉用羊二。二十八宿五方之山林川沢五方之丘陵墳衍原隰、五方之鱗羽羸毛介五方之水墉坊郵表畷、五方之猫於菟及龍麟朱鳥白虎玄武、方別各用少牢一、各座籩豆簠簋俎各一。蜡祭凡一百八十七座。当方年穀不登、則闕其祀。蜡祭之日、祭五方井泉於山沢之下、用羊一、籩豆各二簠簋及俎各一。蜡之明日、又祭社稷于社宮、如春秋二仲之礼。

季冬臘日前の寅の日、百神を南郊に蜡祭《ささい》す。大明（太陽）夜明（月）は、犢《とく》（仔牛）二を用い、籩《へん》（神への供物を盛る祭器の名）豆（神への供物を盛る祭器の名）各《おのおの》四、簠《ほ》（神に供える黍稷を盛る容器、木または瓦で作り、外が方にして内が圓）簋《き》（神に供える黍稷を盛る容器、木または瓦で作り、外が圓く内が方）甑《とう》（陶器製の高坏）俎（まな板）各《おのおの》一。神農氏（伝説上の聖王、三皇五帝の一、民に医療と農業を教えたとされる）及び伊耆氏（古の帝王の名）、各《おのおの》少牢（羊と豕からなる神への饗食）一を用い、籩・豆各《おのおの》四、簠・簋・甑・俎各《おのおの》一。后稷（農事を司る神）及び五方の一二辰・五官（句芒・祝融・后土・蓐収・玄冥）五方の田畯（農事の神）五岳・四鎮・四海・四瀆《とく》以下、方別に各《おのおの》少牢一を用い、方に当たり熟せざれば、則ち之を闕く。其の日、井泉を川沢の下に祭り、羊一を用う。卯の日、社稷を社宮に祭る。辰の日、臘は太廟に享し、用う牲は皆な時祭に準ず。井泉は羊二を用う。二八宿（二八の星座）・五方の山林・川沢・五方の丘陵・墳（堤防の神）衍（島・洲の神）原（田地の神）隰（湿り気のある低地の神）、五方の鱗・羽・羸《ら》（毛の短い野獣）毛・介（甲殻）、五方の水墉（溝の神）・坊（堤防）郵（田間の小屋）表（目印）畷（田間の道）、五方の猫・於菟（虎）及び龍・麟・朱鳥・白虎・玄武、方別に各《おのおの》少牢一を用い、各座の籩・豆・簠・簋・俎各《おのおの》一。蜡祭《ささい》は凡《およ》そ一八七座なり。当方年穀登らざれば、則ち其の祀を闕く。蜡祭の日、五方の井泉を山沢の下に祭り、羊一を用い、籩《へん》・豆各《おのおの》二簠《ほ》・簋《き》及び俎各《おのおの》一。蜡の明日、又た社稷を社宮に祭ること、春秋二仲（春二月と秋八月）の礼の如し。

また、『通典』巻四四礼典・大蜡・大唐の条にも、

貞観十一年、房玄齢等議曰、按月令蜡法、唯祭天宗。近代、蜡五天帝五人帝五地祇、皆非古典。今並除之。

貞観一一年（六三七）、房玄齢ら議して曰わく、「〈月令〉の蜡法を按ずるに、唯だ天宗（日月星辰）を祭るのみ。近代、五天帝（青帝・赤帝・黄帝・白帝・黒帝）五人帝（太昊・炎帝・黄帝・少昊・顓頊《せんぎょく》）五地祇（句芒・祝融・后土・蓐収・玄冥）を蜡《まつ》るは、皆な古典に非ず。今並びに之を除く」と。

とあり、続けて、

季冬［臘日前］寅日、蜡祭百神於南郊。大明［夜明］用犢二、籩豆各四、簋簠甄俎各一。神農及伊耆氏、各用少牢一、籩豆等与大明同。后稷及五方十二次（「次」は「辰」とあるべき）五官五方田畯五岳四鎮四海四瀆以下、方別各用少牢一。其日、祭井泉於川沢之下、用羊一。卯日、祭社稷於社宮。［辰日、臘享於太廟、用牲皆準時祭、井泉用羊二］。二十八宿五方之山林川沢丘陵墳衍原隰鱗羽羸毛介水墉坊郵表畷猫虎及龍麟朱鳥白獣玄武、方別各用少牢一、毎座籩豆各二、簠簋甄俎各一。蜡祭凡百八十七座、当方年穀不登、則闕其祀。蜡之明日、又祭社稷於社宮、如春秋二仲之礼。

季冬［臘日前の］寅の日、百神を南郊に蜡祭す。大明・夜明、犢（仔牛）二に用い、籩・豆各《おのおの》四、簋・簠・甄・俎各《おのおの》一。神農及び伊耆氏、各《おのおの》少牢一を用ち、籩・豆等は大明と同じ。后稷及び五方・一二辰・五官・五方田畯・五岳・四鎮・四海・四瀆以下、方別に各《おのおの》少牢一を用う。其の日、井泉を川沢の下に祭り、羊一を用う。卯の日、社稷を社宮に祭る。辰日に、臘を太廟に享り、牲を用うに皆な時祭に準じ、井泉は羊二を用う。二八宿・

五方の山林・川沢・丘陵・墳（堤防の神）衍（島・洲の神）原・隰（低湿地）・鱗・羽・贏《ら》・毛・介・水墉・坊・郵・表・畷・猫・虎（この後にある「白虎」を高祖皇帝の祖父・李虎を避諱して「白獣」とするなら、ここは「虎」を避けて「於菟」とするべき）及び龍・麟・朱鳥・白獣（本来は「白虎」とするべきであるが、高祖皇帝の祖父・李虎を避諱して「白獣」とする）玄武、方別に各《おのおの》少牢一を用い、座毎に、籩《へん》・豆各《おのおの》二、簠《ほ》・簋《き》・甄・俎各《おのおの》一。蜡《さ》祭《さい》凡そ一八七座、当方年穀登らざれば、則ち其の祀を闕く。蜡の明日、又た社稷を社宮に祭ること、春秋二仲（春二月と秋八月）の礼の如《ごと》し。

と、『旧唐書』の蜡祭と臘祭に関する史料に類似する史料がある。『通典』巻四四礼典・大蜡・大唐の条に、

貞観十一年、房玄齢等議曰、按月令蜡法、唯祭天宗。近代、蜡五天帝五人帝五地祇、皆非古典。今並除之。

とあったから、この『旧唐書』と『通典』の史料は蜡祭と臘祭に関する貞観「祠令」である。

4　蜡祭と臘祭に関する武徳「祠令」

『旧唐書』礼儀志の蜡祭と臘祭に関する史料を貞観「祠令」としたのは、『通典』巻四四礼典・大蜡・大唐の条に、

貞観十一年、房玄齢等議曰、按月令蜡法、唯祭天宗。近代、蜡五天帝・五人帝・五地祇、皆非古典。今並除之。

とあることによる。貞観一一年（六三七）の「貞観令」制定の時に、房玄齢らの議によって、武徳「祠令」の五天帝・五人帝・五地祇を蜡《まつ》る箇所を削除したとあるから、武徳「祠令」には「五天帝・五人帝・五地祇」を蜡る部分があったのであり、武徳「祠令」は前掲した『旧唐書』の史料とは少し異なっていたと想定される。

『旧唐書』は少々の相違であるから、一連の諸「祠令」を「武徳貞観之制、神祇大享之外」として表示しているのであろう。『通典』巻四四礼典・大蜡・大唐の史料がなかったら、蜡祭と臘祭に関する武徳「祠令」と貞観「祠令」は同文と判断するところであった。

5　蜡《さ》祭と臘祭に関する永徽「祠令」

『唐令拾遺補』は蜡祭と臘祭に関する永徽「祠令」を次のように復元している。

季冬寅　先臘日之者也、蜡祭百神於南郊。日月、用犢二。伊耆神農星辰以下、方別各用少牢一。当方不熟者、則闕之。其日、祭井泉於川沢之下。卯日、祭社稷於社宮。辰日、臘享於太廟。用牲皆準時祭。井泉用羊二。

この復元永徽「祠令」を貞観「祠令」と比較し、『大唐六典』巻四尚書礼部・祠部郎中員外郎職の条に、

季冬臘日前寅、蜡百神於南郊。大明夜明神農后稷伊耆五官五星二十八宿十二辰五岳四鎮四海四瀆五田畯青龍朱雀麒麟騶虞玄武及五方山林川沢丘陵墳衍原隰井泉水墉坊於菟鱗羽介毛贏郵表畷猫昆虫、凡一百八十七座、若其方有災害、則闕而不祭。祭井泉於川沢之下。

とあるのと比較しても餘りにも文章が異なる。

蜡祭と臘祭に関する貞観「祠令」と『大唐六典』巻四尚書礼部・祠部郎中員外郎職の条の蜡祭と臘祭に関する史料が類似するから、貞観「祠令」と永徽「祠令」は大きな変化はないと想定できる。それゆえに、永徽「祠令」は令文を省略・改変した「祠令」であると判断してよい。蜡祭と臘祭に関する永徽「祠令」は本来は貞観「祠令」と同文であったと想定するべきであろう。

一六　祈雨に関する「祠令」

1　祈雨に関する史料

唐代の晴れや雨を乞う祈願は、各地に城隍神が登場するようになると、城隍神に祈願することが多くなったが、そ

れ以前は、「祠令」に規定する所に従って行われた。その概略は『大唐六典』巻四尚書礼部・祠部郎中員外郎職に記事がある。『大唐六典』によって、まず一瞥しておこう。

凡京師孟夏已後、旱則先祈岳鎮瀆海及諸山川能興雲雨者。皆於北郊望祭、又祈社稷、又祈宗廟。毎七日一祈、不雨、還従岳瀆如初。旱甚則修雩。秋分已後、雖旱不雩。雨足皆報祀。若州県、則先祈社稷及境内山川。若霖雨、則京城禜諸門。門別三日、毎日一禜。不止、祈山川岳鎮海瀆。三日不止、祈社稷宗廟。若州県、則禜城門及境内山川而已。

凡《およ》そ京師は孟夏（四月）已後、旱なれば則ち先ず岳鎮・瀆《とく》海及び諸山川の能く雲雨を興すものを祈る。皆な北郊に望祭し、又た社稷を祈り、又た宗廟を祈る。七日毎に一祈し、雨ふらざれば、還りて岳・瀆《とく》に従ること初めの如し。旱甚だしければ則ち雩《う》（雨乞い）を修む。秋分已後は、旱と雖も雩《う》せず。雨足れば皆な報祀す。州県の若《ごと》きは、則ち先ず社稷及び境内の山川を祈る。霖雨（長雨）の若《ごと》きは、則ち京城は諸門を禜《まつ》る（禜は凶災を除く祭）。門別に三日、毎日一禜《えい》す。止《や》まざれば、山川・岳鎮・海瀆に祈る。三日にして止まざれば、社稷・宗廟に祈る。州県の若きは、則ち城門及び境内の山川を禜るのみ。

晴れや雨を乞う場合、京師と州県では祈願する対象が異なった。雨を乞う場合、京師は岳鎮・瀆海・山川・社稷・宗廟に祈願し、旱が甚だしい場合は雩を挙行した。州県は管内の社稷と山川に祈願したのである。晴れを乞う場合、京師では京城の諸門を禜り、それでも効き目がない場合は山川・岳鎮・海瀆を禜り、禜って三日して雨が止まない場合は社稷・宗廟に祈願した。州県では城門を禜り、効き目がない場合は境内の山川と社稷を禜った。

2　『唐令拾遺補』の復元「祠令」

『唐令拾遺補』（九八九頁）は祈雨に関する永徽「祠令」を次のように復元する。

京師、孟夏以後、旱則祈雨。審理寃獄、［賑］恤窮乏、掩骼埋胔。先祈岳鎮海瀆及諸山川能興雲雨者、於北郊望而告之。又祈社稷、又祈宗廟。毎七日、皆一祈、不雨、還従岳瀆如初。旱甚則脩雩。秋分以後、不雩。初祈後一旬不雨、従即［徙］市、禁屠殺、断繖扇、造土龍。雨足則報礼。祈用酒脯醢。報唯常祀。皆有司行事。已斎未祈而雨、及所経祈者、皆報［祀］。

京師、孟夏（四月）以後、旱なれば則ち雨を祈る。寃獄（無実の囚人）を審理し、窮乏を賑恤し、骼《かく》（枯骨）を掩い胔《し》（腐肉）を埋む。先ず岳鎮・海瀆《とく》及び諸山川の能く雲雨を興すものを祈る。北郊に望して之を告ぐ。又た社稷を祈り、又た宗廟を祈る。七日毎に皆な一祈し、雨ふらざれば、還た岳瀆に従ること初めの如《ごと》し。旱甚だしければ則ち雩《う》（雨乞い）を修む。秋分以後は、雩《う》せず。初めて祈りて後一旬雨ふらざれば、従りて即ち市に徙し、屠殺を禁じ、繖扇を断ち、土龍を造る。雨足れば則ち報礼す。祈るに酒・脯（乾し肉）醢《かい》（しおびしお・肉醬）を用う。報は唯だ常祀す。皆な有司行事す。已に斎し未だ祈らずして雨ふらば、祈るを経る所に及んで、皆な報祀す。

これは前田尊経閣所蔵の『天地瑞祥志』によって復元したものである。

また『唐令拾遺補』（九八九頁）は祈雨に関する開元七年「祠令」と開元二五年「祠令」を次のように復元する。

京師、四月已降、旱則祈雨。［審］理寃獄、賑［恤］窮乏、掩骼埋胔。先祈岳鎮海瀆及諸山川能興雲雨者、於北郊望而告之。又祈社稷、又祈宗廟。毎七日、皆一祈。不雨、還従岳瀆如初。旱甚、則脩雩。秋分已後、不雩。初祈後一旬不雨、即徙市、禁屠殺、断繖扇、造土龍。雨足、則報祀。祈用酒脯醢。報用常祀。皆有司行事。已斎未祈而雨、及所経祈者、皆報祀。

これは前掲した『大唐六典』の記事と『大唐開元礼』巻三「序例」祈禱、『白氏六帖事類集』巻二三祈禱の記事を勘案したものである。

3　『旧唐書』礼儀志の史料

『旧唐書』巻二四礼儀志に「武徳貞観之制、神祇大享之外」として次の記事がある。

京師、孟夏以後、旱則祈雨、審理寃獄、賑恤窮乏、掩骼埋胔。先祈岳鎮海瀆及諸山川能出（「出」字は「興」字の誤り）雲雨［者］、皆於北郊望而告之。又祈社稷、又祈宗廟、毎七日、皆一祈。不雨、還従岳瀆［如初］。旱甚則大雩。秋分以後、不雩。初祈後、一旬不雨、即徙市、禁屠殺、断繖扇、造土龍。雨足、則報礼。祈用酒脯醢。報唯常祀。皆有司行事。已斎未祈而雨、及所経祈者、皆報祀。

この記事は『唐令拾遺補』の祈雨に関する永徽「祠令」や開元二五年「祠令」と比較すれば、「祠令」であることは明白であり、武徳と貞観の晴天を祈る「祠令」であるとしてよい。

4　『通典』礼典の史料

『通典』巻四三礼典・大雩《う》・大唐に、

開元十一年（「開元十一年」は衍字）。孟夏［以］後、旱則祈雨、審理寃獄、賑恤窮乏、掩骼埋胔。先祈岳鎮海瀆及諸山川能興雲致雨者、皆於北郊遥祭而告之。又祈社稷、又祈宗廟。毎以七日、皆一祈。不雨、還従岳瀆如初。旱甚則大雩。秋分［以］後、不雩。初祈後、一旬不雨、即徙市、禁屠殺、断［繖］扇、造大土龍。雨足、則報祀。祈用酒脯醢、報准常祀、皆有司行事。已斎未祈而雨、及所経祈者、皆報祠。

とあり、『旧唐書』礼儀志と同じ記事がある。

一七　晴天を祈る「祠令」

1　晴天を祈る史料

晴天を祈るとは餘りにも長雨の場合に挙行される儀式である。晴天を祈る史料は『大唐六典』巻四尚書礼部・祠部郎中員外郎職にある。

若霖雨、則京城禁諸門、門別三日、毎日一禁、不止、祈山川岳鎮海瀆。三日不止、祈社稷宗廟。若州県、則禁城門及界内山川而已。

若し霖雨（長雨）ならば、則ち京城に諸門を禁り（禁は凶災を除く祭）、門別に三日、毎日一禁し、止まざれば、山川・岳鎮・海瀆に祈る。三日にして止まざれば、社稷・宗廟に祈る。州県の若きは、則ち城門及び界内の山川を禁るのみ。

この史料は後掲する『唐令拾遺補』の復元「祠令」と比較すると微妙に文章が異なるから、晴天を祈る「祠令」ではなく、取意文であると判断される。この史料は京師と州県の祈雨に関する史料である。

2　『唐令拾遺補』の復元「祠令」

『唐令拾遺補』「祠令」（九九〇頁）は、晴天を祈る永徽「祠令」を前田尊経閣所蔵の『天地瑞祥志』に引用する史料によって次のように復元する。

霖雨不已、禁京城門。門別三日、毎［日］一禁、不止、乃祈山川岳鎮海瀆。三日不止、祈社稷宗廟。其州県、禁城門。［不止］、祈界内山川及社稷。三禁一祈、皆準京式。並用脯醢。国城門、報用少牢。州県城門、用特牲。

霖雨（長雨）已まざれば、京城の門を禁る。門別に三日、毎日一禁し、止まざれば、乃ち山・川・岳・鎮・海・瀆を祈る。三日にして止まざれば、社稷・宗廟に祈る。其の州県は、城門を禁り、止まざれば、界内の山川及び社稷を祈る。三禁一祈、皆な京式に準ず。並びに脯（乾し肉）・醢《かい》（塩辛）を用う。国城の門は、報いるに少牢（神への饗食。羊と豕からなる）を用い、州県の城門、特牲（一匹の牛）を用う。

また晴天を祈る開元七年「祠令」として、前掲した『大唐六典』の史料と『大唐開元礼』巻三序例下・祈禱によって次の条文を復元する。

霖雨不已、禁京城諸門。門別三日、毎日一禁。不止、乃祈山川岳鎮海瀆。三日不止、祈社稷宗廟。若州県、禁城門。不止、祈界内山川及社稷。三禁一祈、皆準京都例。並用酒脯醢。国城門、報用少牢、州県城門、用特牲。

霖雨（長雨）已《や》まざれば、京城の諸門を禁《まつ》る。門別に三日、毎日一禁す。止まざれば、乃ち山川・岳鎮・海瀆を祈る。三日にして止まざれば、社稷・宗廟を祈る。州県の若《ごと》きは、城門を禁る。止まざれば、界内の山川及び社稷に祈る。三禁一祈、皆な京都の例に準ず。並びに酒・脯（乾し肉）・醢（肉ひしお）を用う。国の城門は、報いるに少牢（羊と豕からなる神への饗食）を用てし、州県の城門は、特牲（一匹の牛）を用う。

3　『旧唐書』礼儀志の史料

『旧唐書』巻二四礼儀志に「武徳貞観之制、神祇大享之外」として、

若霖雨不已、禁京城諸門、門別三日、毎日一禁。不止、乃祈山川岳鎮海瀆。三日不止、祈社稷宗廟。其州県、禁城門。不止、祈界内山川及社稷。三禁一祈、皆準京式、並用酒脯醢。国城門、報用少牢、州県城門、用一特牲。

若し霖雨（長雨）已《や》まざれば、京城の諸門を禁る。門別に三日、毎日一禁す。止まざれば、乃ち山川・岳鎮・海瀆を祈る。三日にして止まざれば、社稷・宗廟に祈る。其の州県は、城門を禁る。止まざれば、界内の山川及び社稷を祈る。三禁一祈、皆な京式に準ず。並びに酒・脯・醢《かい》を用う。国城の門は、報いるに少牢（羊と豕からなる神への饗食）を用い、州県の城門、特牲を用う。

とあるが、これは『唐令拾遺補』に復元する晴天を祈る永徽「祠令」と比較して、「祠令」であることは明らかであり、武徳七年（六二四）と貞観一一年（六三七）の晴天を祈る「祠令」であるとしてよい。

本章のまとめ

『旧唐書』巻二四礼儀志所載の武徳七年の武徳「祠令」と貞観一一年の貞観「祠令」一七条を示し、『唐令拾遺』や『唐令拾遺補』が復元する関連する永徽「祠令」や開元「祠令」と比較した。その結果、永徽「祠令」や開元「祠令」を補正し訂正できる条文もあることが判明した。この意味において、『旧唐書』巻二四礼儀志の武徳「祠令」と貞観「祠令」一七条は重要であることが再確認できた。

『唐令拾遺』「祠令」や『唐令拾遺補』「祠令」は五時の迎気に関する「祠令」として、永徽（六五〇）・開元五年（七一七）・開元七年・開元二五年「祠令」を次のように復元する。

八乙〔永〕　帝宓羲配、勾芒従祀之。

八甲〔開七〕〔開五〕　立春、祀青帝於東郊。以太昊氏配、以勾芒氏歳星三辰七宿従祀。

九乙〔永〕　帝神農氏配、祝融従祀。

九甲〔開七〕　立夏、祀赤帝於南郊。以炎帝配、祝融氏熒惑三辰七宿従祀。

一〇乙〔永〕　季夏土王日、迎黄帝於南郊、軒轅配、后土従祀。

一〇甲〔開七〕　季夏、祀黄帝於南郊。以軒轅配、后土氏鎮星従祀。

一〇丙〔開二五〕　季夏土王日、祀黄帝於南郊、帝軒轅配、后土従之。

一一乙〔永〕　帝少昊配、蓐収従祀。

一一甲〔開七〕　立秋、祀白帝於西郊。以少昊配、蓐収氏太白三辰七宿従祀。

一一丙〔開二五〕　立秋、祀白帝於西郊。帝少昊配、蓐収従祀。

一二乙〔永〕　帝顓頊配、玄冥従祀。

一二甲〔開七〕　立冬、祀黒帝於北郊。以顓頊配、以玄冥氏辰星三辰七宿従祀。

『唐令拾遺』と『唐令拾遺補』が五時の迎気に関する「祠令」を、五条に分けて復元するのは、『大唐六典』巻四尚書礼部・礼部郎中員外郎職の吉礼の註記に、五時の迎気に関する儀式を述べて、

一曰、冬至祀圜丘。二曰、祈穀于圜丘。三曰、雩祀于圜丘。四曰、大享于明堂。五曰、祀青帝于東郊。六曰、祀赤帝于南郊。七曰、祀黄帝于南郊。八曰、祀白帝于西郊。九曰、祀黒帝于北郊。………

一に曰わく、冬至に圜丘を祀る。二に曰わく、穀を圜丘に祈る。三に曰わく、圜丘に雩祀す。四に曰わく、明堂に大享す。五に曰わく、青帝を東郊に祀る。六に曰わく、赤帝を南郊に祀る。七に曰わく、黄帝を南郊に祀る。八に曰わく、白帝を西郊に祀る。九に曰わく、黒帝を北郊に祀る。………

とあり、五時の迎気に関する儀式が五式に分かれていることに起因するようであるが、このような配慮は無用であることを、『旧唐書』巻二四所載の五時の迎気に関する「祠令」は教示してくれる。『旧唐書』の五時の迎気に関する「祠令」は一文となっている。『唐令拾遺』と『唐令拾遺補』は一つの「祠令」を何条にも分けて復元しているが、その復元は適当でないことを『旧唐書』の武徳「祠令」と貞観「祠令」は教示してくれる。

『旧唐書』の一七条の「祠令」は隋の開皇「祠令」を直接的に継受した「祠令」ではない。この一端は本書の第二章に、夏至に皇地祇を祀る「祠令」を例にとって述べた。ここでは「岳鎮海瀆を祭る〈祠令〉」を例として述べよう。

岳とは東岳（泰山）南岳（衡山）中岳（嵩山）西岳（華山）北岳（恒山）の五岳をいい、中国の名山の最高位に位する山である。鎮とは東鎮（沂山）南鎮（会稽山）西鎮（呉山）北鎮（医無閭山）の四鎮、海とは東海（莱州において祀る）南

海（広州において祀る）西海（同州において祀る）北海（河南府において祀る）の四海、瀆とは東瀆（淮河）南瀆（長江）西瀆（黄河）北瀆（済河）の四瀆をいう。

岳鎮海瀆を祭る史料は『大唐六典』巻四尚書礼部・祠部郎中員外郎職の条にある。

立春之日、祭東岳泰山於兗州、東鎮沂山於沂州、東海於萊州、東瀆［大］淮於唐州。立夏之日、祭南岳衡山於衡州、南鎮会稽山於越州、南海於広州、南瀆［大］江於益州。季夏土王日、祭中岳嵩山於河南府。立秋之日、祭西岳華山於華州、西鎮呉山於隴州、西海及西瀆［大］河於同州。立冬之日、祭北岳恒山於定州、北鎮医無閭於営州、北海及北瀆［大］済於河南府。各於其境内本州長官行焉。

立春の日、東岳・泰山を兗州に於いて、東鎮・沂山を沂州に於いて、東海は萊州に於いて、東瀆・大淮を唐州に於いて祭る。立夏の日、南岳・衡山を衡州に於いて、南鎮・会稽山を越州に於いて、南海を広州に於いて、南瀆・大江を益州に於いて祭る。季夏土王の日、中岳・嵩山を河南府に於いて祭る。立秋の日、西岳・華山を華州に於いて、西鎮・呉山を隴州に於いて、西海及び西瀆・大河を同州に於いて祭る。立冬の日、北岳・恒山を定州に於いて、北鎮・医無閭山を営州に於いて、北海及び北瀆・大済を河南府に於いて祭る。各《おのおの》其の境内に本州長官焉を行う。

この岳鎮海瀆は開皇二年（五八二）の開皇「祠令」では設定することに無理がある。開皇二年、隋王朝は北中国しか支配しておらず、衡州の南岳衡山、越州の南鎮会稽山、広州の南海廟は支配下にない。

隋代の五岳・四鎮・四海・四瀆に関して『隋書』巻七礼儀志に、

開皇十四年閏十月、詔、東鎮沂山南鎮会稽山北鎮医無閭山冀州鎮霍山、並就山立祠、東海於会稽県界、南海於南海鎮南、並近海立祠。及四瀆呉山、並取側近巫一人、主知灑掃、並命多蒔松柏。其霍山雩祀日遣使就焉。

開皇一四年（五九四）閏一〇月、詔す、「東鎮の沂山・南鎮の会稽山・北鎮の医無閭山・冀州鎮の霍山、並びに山に就き祠を立て、東海を会稽県界に、南海を南海鎮南（嶺南康州に鎮南県あり）に、並びに海に近く祠を立てしむ。四瀆・呉山に及んで、並びに側近の巫一人を取り、灑掃《さいそう》を主知し、並びに多く松柏を蒔《うえ》るを命ず。其の霍山 雩祀の日使を遣り焉に就かしむ」と。

とあり、開皇一四年閏一〇月の段階で、四鎮の他には冀州鎮の霍山が付随しており、東海神を越州会稽県界で祭る状態であり、唐代のような四鎮・四海は成立していない。この「岳鎮海瀆」の祭祀が可能となるのは、早くても隋王朝が南朝・陳を倒し、中国を統一した開皇九年（五八九）以降であり、「祠令」の一条となるのは大業三年（六〇七）の大業「祠令」である。

いま述べたように『旧唐書』巻二四所載の武徳「祠令」と貞観「祠令」一七条は、直接的に開皇「祠令」を継受していない。また『隋書』巻七礼儀志に所載された開皇「祠令」と一七条を比較すれば、開皇「祠令」を継受していないことは歴然としている。では何令を継受したのか。考えられるのは大業「祠令」を継受したか、武徳七年に唐王朝が独自に創案したかの孰れかになる。『旧唐書』巻二一礼儀志一に、

神堯受禅、未遑制作、郊廟宴享、悉用隋代旧儀。太宗皇帝践祚之初、悉興文教、乃詔中書令房玄齢秘書監魏徴等礼官、修改旧礼、定著吉礼六十一篇賓礼四篇軍礼二十篇嘉礼四十二篇凶礼六篇国恤五篇、総一百三十八篇、分為一百巻。

神堯《しんぎょう》（高祖皇帝のこと）受禅し、未だ制作に遑《いとま》あらず、郊廟の宴享、悉く隋代の旧儀を用う。太宗皇帝践祚の初め、悉く文教を興し、乃ち中書令の房玄齢・秘書監の魏徴ら礼官に詔し、旧礼を修改せしめ、定めて吉礼六一篇・賓礼四篇・軍礼二〇篇・嘉礼四二篇・凶礼六篇・国恤《こくじゅつ》五篇、総て一三八篇を著し、分かちて一百巻と為す。

とあり、『旧唐書』巻二二礼儀志二の冒頭部分に、

高祖受禅、不遑創儀。太宗平定天下、命儒官議其制。

高祖受禅し、儀を創るに遑《いとま》あらず。太宗天下を平定し、儒官に命じて其の制を議せしむ。

とあるように、武徳「祠令」は隋の「祠令」の影響下にあることは疑いないところであり、武徳「祠令」一七条は開皇「祠令」を継受していないのであるから、大業「祠令」を継受し、令文の文字を唐代風に改変した「祠令」と考えるのが自然であろう。「祠令」一七条も大業「祠令」を継受したことが明らかとなる。

第四章　『大唐六典』の検討

――『大唐六典』の「開元七年令」説批判――

序　節

1　問題の所在

『大唐六典』の編纂は開元一〇年（七二二）に開始された。その当初、編纂事業は進捗しなかったが、開元一七年に蕭嵩が中書令兼集賢院知院事となって、『大唐六典』編纂の事業を推進したことによって事業が急速に進捗し始め、蕭嵩に続く張九齢が中書令兼集賢院知院事となり、開元二四年一一月に中書令を罷免され尚書右丞相となり、張九齢に替わって李林甫が中書令となった時には、ほぼ完成したようであり、最終的には中書令の李林甫の「奉勅注」として開元二六年に完成した。撰進の直前に「開元二五年令」が公布されているから、『大唐六典』の記事は「開元二五年令」を踏まえ、それが投影された書と考えるのが常識的理解であろう。しかし、開元一〇年に編纂が開始されたという時期を考慮してか、『大唐六典』所引の唐令は「開元七年令」とするのが通説である。

『大唐六典』の記事をみるとき、「開元七年令」説を裏付けるような記事は皆無である。それに反して、通説とは異なる記事が多々ある。たとえば、尚書吏部の所管官府の司封司である。司封司は開元二四年まで主爵司といっていた。『大唐六典』には「司封」として記事がある。「主爵」とあるべき箇所が「司封」とあれば、この箇所は開元二四年以降の官名変更に依っていることは明らかである。これは「司封」の箇所だけに止まるものではない。

『大唐六典』巻四尚書礼部・祠部郎中員外郎職所載の唐代「祠令」の一条に、斉の太公の釈奠に関する「祠令」がある。この「祠令」は開元一九年（七三一）に祀典の一条に組み込まれた。それであれば、斉の太公の釈奠に関する「祠令」は開元七年「祠令」ではなく、開元二五年「祠令」でなければならない。

『大唐六典』巻二一国子監の国子祭酒・司業職の条に、

凡春秋二分之月上丁、釈奠於先聖孔宣父、以先師顔回配、七十二弟子及先儒二十二賢従祀焉。

凡《およ》そ春秋二分の月の上丁（二月と八月の最初の丁の日）、先聖の孔宣父（孔子）を釈奠し、先師の顔回を以て配し、七二弟子及び先儒二二賢従祀す。

とあり、註記に、

旧令、唯祀十哲及二十二賢。開元八年勅、列曾参於十哲之次、并七十二子、並許従祀。其名歴已具於祠部。

「旧令」、唯だ一〇哲及び二二賢を祀るのみ。開元八年（七二〇）勅して、曾参を一〇哲の次に列し、七二子を并せ、並びに従祀するを許す。其の名歴（名暦）已《すで》に祠部に具す。

とあって、「旧令」の語が出てくる。「旧令」では孔宣父（孔子）の釈奠には一〇哲及び二二賢を従祀するのみであったが、開元八年の勅によって、曾参を一〇哲の次に列し、加えて七二子を従祀することになった。七二子を従祀する「祠令」は『大唐六典』の祠部郎中員外郎職所載の「祠令」にある。この「祠令」は開元二五年「祠令」である。

右にいう「旧令」は開元八年以前の「祠令」、すなわち、開元七年「祠令」ということになる。「旧令」は「新令」が存在して初めて「旧令」であるから、この記事が書かれる時に「新令」すなわち「開元二五年令」が存在していたことになる。『大唐六典』の編者は「開元七年令」を指して「旧令」といっているから、『大唐六典』は「新令」である「開元二五年令」を参照しながら、書かれていることになる。

八月五日は玄宗皇帝の誕生日である千秋節である。千秋節は開元一七年（七二九）に創設された節日である。『唐令拾遺』「假寧令」（七三二頁）は、第一条に次の「假寧令」を復元する。

諸元日冬至、並給假七日。節前三日、節後三日。寒食通清明、給假四日。八月十五日（八月五日の誤記、玄宗皇帝の千秋節）夏至及臘各三日。節前一日、節後一日。正月七日十五日晦日春秋二社二月八日三月三日四月八日五月五日三伏日七月七日十五日九月九日十月一日立春春分立秋秋分立夏立冬及毎月旬、並給休假一日。内外官五月給田假、九月給授衣假。分為両番、各十五日。田假、若風土異宜、種収不等、通随給之。

諸《すべ》て元日・冬至、並びに假七日を給す。節前三日、節後三日。寒食は清明を通じて、假四日を給す。八月五日・夏至及び臘各《おのおの》三日。節前一日、節後一日。正月七日・一五日・晦日・春秋二社・二月八日・三月三日・四月八日・五月五日・三伏日・七月七日・一五日・九月九日・一〇月一日・立春・春分・立秋・秋分・立夏・立冬及び月の旬毎に、並びに休假一日を給す。内外官は五月に田假を給し、九月に授衣假を給す。分かちて両番と為し、各《おのおの》一五日。田假、若し風土宜を異にし、種収（作付けと収穫）等しからざれば、通随して之を給す。

右の復元「假寧令」を開元二五年「假寧令」とするのなら何ら問題はない。『唐令拾遺』はこの復元「假寧令」を開元七年「假寧令」と開元二五年「假寧令」とするが、開元七年「假寧令」とするのは明らかに間違いである。『唐令拾遺』を補訂した『唐令拾遺補』「假寧令」（一四一五頁）も復元「假寧令」を開元七年「假寧令」と開元二五年「假寧令」とする。千秋節は開元一七年から開始された節日であり、千秋節は開元七年「假寧令」には絶対に存在しない節日である。『唐令拾遺』や『唐令拾遺補』が復元「假寧令」を「開元七年令」とするのは、『大唐六典』の唐令は「開元七年令」と思い込んだ結果である。

また「假寧令」に寒食清明休暇を四日とする。この休暇日数は現存文献による限りにおいては、開元二四年から開始された制度であり、開元七年「假寧令」ではない。『大唐六典』を利用した復元「假寧令」が開元七年「假寧令」でないなら、『大唐六典』の唐令を「開元七年令」とするのは、大いなる誤解であることの一證になろう。

泰山は死者の霊が宿る霊山として後漢の時代から著名であるが、泰山神が王朝から爵位を授与されることはなかった。泰山神が天斉王となるのは開元一三年（七二五）のことである。『旧唐書』巻八玄宗紀開元一三年一一月の条に、

壬辰、……（中略）……。封泰山神為天斉王、礼秩加三公一等。近山十里、禁其樵採。

壬辰、……（中略）……。泰山神を封じて天斉王と為し、礼秩は三公に一等を加う。近山一〇里、其の樵採を禁ず。

とある。この措置は開元一三年の玄宗皇帝の泰山封禅の一環である。

泰山・天斉王は『大唐六典』巻三尚書戸部・戸部郎中員外郎職の条にも登場する。

凡太山天斉王置守廟三百戸、亳州玄元皇帝廟置二十戸。………

凡《およ》そ太山・天斉王は守廟三百戸を置き、亳《はく》州の玄元皇帝廟（老子廟）は二〇戸を置く。………

『大唐六典』は編年体史書のように、個々の事実を記録する書ではなく、制度の書であり、開元二六年ころに完成した書であるから、開元二六年当時、泰山・天斉王は守廟三百戸を王朝から付与されていたと考えてよい。

右の守廟記事は戸部郎中員外郎職の条に引用された「賦役令」群の中にあり、『唐令拾遺』や『唐令拾遺補』は「賦役令」として採用していないが、「賦役令」の一条であろう。開元一三年（七二五）以降でしか「賦役令」となるはずのないものが『大唐六典』にある。『大唐六典』に引用される唐令は「開元七年令」というのが通説であるから、開元一三年以降にしか存在しない「賦役令」が「開元七年令」であるはずがない。天斉王の守廟三百戸に関する記事は「賦役令」でないとすれば解決するが、これは『大唐六典』は「開元七年令」説の立場に立った場合の解決方法である。果たして、この方法で問題が解決するであろうか。天斉王の守廟三百戸に関する記事は「賦役令」ではないか

も知れないが、今までに述べてきたように、『大唐六典』には「開元二五年令」の片鱗をみせる記事は多くあるから、天斉王に関する記事を「賦役令」でないとすることは容易ではない。

『大唐六典』の記事の年代を考える場合、有力な方法となるのが官員の定員と官品である。定員と官品は時とともに変動がある。この変動に詳細な考察を加えれば、『大唐六典』が「開元二五年令」に依っていることは明白となる。

少府監丞を例に説明しよう。『大唐六典』巻二二少府監に「丞四人、従六品下」とあり、註記に次のようにある。

漢置丞六人、比千石。後漢置一人、以明法補。魏晋因之。………（中略）………。隋煬帝分太府寺、置少府監、置丞二人。皇朝加至六人。龍朔咸亨光宅神龍、並隨監改復。開元二十三年、省置四人。

漢は丞六人を置き、比千石。後漢は一人を置き、明法を以て補す。魏・晋之に因る。………（中略）………。隋の煬帝は太府寺を分かち、少府監を置き、丞二人を置く。皇朝加えて六人に至る。龍朔・咸亨・光宅・神龍、並びに監に随いて改復す。開元二三年（七三五）、省きて四人を置く。

この少府監丞の定員と品階は、開元二三年以降開元二六年ころの状態であることに異存はないであろう。

『通典』職官典記載の定員は開元二五年の定員をいう。『通典』巻二七職官典・少府監・丞に少府監丞の定員は四人という。前掲した『大唐六典』の開元二三年以降の定員と一致するから、『大唐六典』の「丞四人」は開元二五年「職員令」である。「丞四人」が開元二五年「職員令」であれば、少府監丞の官品「従六品下」は開元二五年「官品令」であることになる。定員を開元二五年「職員令」で書き、官品を開元七年「官品令」を書くことはないからである。事実、『通典』巻四〇職官典・品秩・大唐の開元二五年官品に少府監丞を従六品下とする。

加えて、中書主事を例にとって説明しよう。『大唐六典』巻九中書省に「主事四人、従八品下」とあり、註記に開元二四年（七三六）の増品をいう。

魏氏所置。歴宋斉、中書並置主事。品並第八。梁中書令史二人、品第八。陳氏及後魏北斉、並不置。隋初、諸臺省並置主事令史、皆正第九品上。煬帝三年、並去令史之名。前代用人皆軽、而隋氏雑用士人為之。故顔愍楚文学名家、為内史主事。尋罷士人。皇朝並用流外、入流累転為之。旧令、従九品上。開元二十四年勅、進入八品。

魏氏置く所。宋・斉を歴し、中書並びに主事を置く。品は並びに第八。梁の中書令史二人、品は第八。陳氏及び後魏・北斉、並びに置かず。隋の初め、諸臺省並びに主事令史を置き、皆な正第九品上。煬帝の三年（六〇七）、並びに「令史」の名を去る。前代の用人皆な軽く、而るに隋氏雑えて士人を用い之と為す。故に顔愍楚（隋末唐初の人、隋の通事舎人）文学の名家、内史主事と為る。尋いで士人を罷む。皇朝並びに流外を用い、入流し累転して之に為る。「旧令」、従九品上。開元二四年（七三六）勅して、進めて八品に入る。

『通典』巻四〇職官典・品秩・大唐の開元二五年官品に中書主事を従八品下とする。であれば、『大唐六典』にいう中書主事の官品「従八品下」は開元二五年「官品令」であり、「主事四人」は開元二五年「職員令」となる。註記に「旧令、従九品上」とある。「旧令」は開元二四年より前の「令」であるから、開元七年「官品令」である。

少府監丞と中書主事の項のみが、開元二五年「職員令」と開元二五年「官品令」かというと、開元七年以降開元二四年までに定員や官品の変動のあった官の箇所も、開元二五年「職員令」と開元二五年「官品令」と合致するから、『大唐六典』本文の定員や官品は開元二五年「職員令」と開元二五年「官品令」を記載していることになる。本文のみに「職員令」と「官品令」のみ「開元二五年令」を引用するはずはないから、『大唐六典』全体が「開元二五年令」であると想定できる。

宰相府としての「中書門下」の名称は開元一一年（七二三）に成立した。この語は『大唐六典』に登場する。『大唐六典』が開元七年の事実を伝える書とするなら、この語が『大唐六典』にあるのは、『大唐六典』の開元七年説を疑う大きな根拠となるのではないだろうか。

『大唐六典』は唐代史研究を行う上で超一級の史料集であり、よく使用する文献である。『大唐六典』の内容は

「開元七年令」とするのが通説で、この通説が疑われたこともなく検証されたこともない。超一級の史料集が検証もなしに、開元七年の制度を記載する史料集としてまかり通っている。もし、「開元七年令」でないとするなら、従来の研究で『大唐六典』によって開元七年とした箇所はすべて間違いということになり、今後の研究において、『大唐六典』の唐令を引用し、「開元七年令」として論を組み立てれば、その研究は立論の根拠が間違っていることになる。唐代史研究を確実に推進するためにも、是非とも『大唐六典』に所載する記事の年代を検討し、正確な年代を確定しておくことが必要であろう。

2　従来の研究

『大唐六典』成立に関する研究は、中国人研究者にはなく、日本の次のような専論があるのみである。

①仁井田陞・牧野巽「故唐律疏議製作年代考」（『東方学報』東京第一冊と第二冊　一九三一、『訳註日本律令』第一冊所収　東京堂出版　一九七八）があり、『故唐律疏議』の年代を論じた中で、『大唐六典』の史料の年代を論じ、『大唐六典』所載の唐令を「開元七年令」とする。

②仁井田陞『唐令拾遺』（東方文化学院　一九三三、東京大学出版会　一九六四再版）の序説第二「唐令の採択史料に就いて」において、『大唐六典』に所載する唐令の年代を論じている。

③玉井是博「大唐六典及び通典の宋刊本に就いて」（『支那学』七の二、七の三、『支那社会経済史研究』所収　岩波書店　一九四二）がある。これは玉井氏が北京に留学した時に南宋本『大唐六典』を実見する機会があり、この書の存在を日本に紹介するに当たって、『大唐六典』成立の経緯を述べた論文である。

④内藤乾吉「唐六典の行用に就いて」（『東方学報』京都第七冊　一九三六、『中国法制史考證』所収　有斐閣　一九六三）は『大唐六典』が唐代の後半期にどのように行用され、その法的効力はどのようなものであったかを論じたもの

である。

⑤奥村郁三「大唐六典」（滋賀秀三編『中国法制史　……基本資料の研究……』所収　東京大学出版会　一九九三）は『大唐六典』の従来の研究を概観したものである。

右の『大唐六典』に関する五種の研究において、『大唐六典』の記事の年代を論じているのは、仁井田陞・牧野巽「故唐律疏議製作年代考」と仁井田陞『唐令拾遺』と内藤乾吉「唐六典の行用に就いて」である。

仁井田氏は『唐令拾遺』五八頁以下において、

集賢註記等によれば、唐六典の奏上されたのは開元二十六年であるが、同書はその前年に成つた開元二十五年律令格式を基準としたものではないらしい。尤も、唐六典の基準とせる令が開元七年（又云四年）令であるとしても、他年度令によつた部分が全然ないと確言し得るわけではないが、開元七年（又云四年）令によつた微證が多い。旧唐書巻四十二職官志に、

大都護府副都護、（旧正四品、開元令加入従三品、）

とあるが、旧唐書職官志は、開元令と開元前令とを区別してゐるのであつて、この開元令は開元二十五年令であらう。然るに唐六典巻三十によれば、大都護府副都護は正四品上とあるから、唐六典は開元二十五年令によらなかつた一證となし得よう。又、旧唐書職官志によれば、開元七年令（云四年令）には上中下各牧監（夫々監副監及び丞の職員あり）の外に沙苑監（同上職員あり）があつた。この沙苑監は唐六典巻十七沙苑監の註に、

□一本、明本、近衛本並闕、掃葉山房刊本、官板並作旧、云太僕属官、有沙苑監、開元二十三年省、

とあつて、開元二十三年省かれ、通典巻四十職官の開元二十五年官品にも存在しない。然るに中田博士が指摘された様に、旧唐書職官志の註には、「開元前令有沙苑丞、」とあるから、沙苑監並にその職員を載せてゐる唐六典は、開元二十五年令に拠らなかつた事にならう。唐六典巻二吏部の註にも、開元二十五年令によらずして沙苑監

太史監が見え、巻二十三都水監の註に「舟檝署、開元二十三年省」とある、開元二十五年令には存在しなかつたらしい舟檝署が同巻に載せられてゐる。又、開元二十五年令にあつたと思ふ封爵・禄・楽・学・假寧・捕亡の諸篇名が、唐六典所載の篇目に見当らぬ事も、同書が開元二十五年令によらなかつた一證である。但し唐六典のよつた開元七年（又云四年）律令格式と開元二十五年度のものとの間には共通點もあり、開元七年後に出来た勅によつた為、開元二十五年度のものと同一点も多くなつたらうと思ふ。唐六典の各規定には夫〻律令格式と明記してはないから、令復旧資料は特に之を判断しなければならない。日本令はこの判断に一基準を与へるが、日本令亦必ずしも常に唐令のみによつたのではなく、唐格式等によつた場合のある事を考慮せねばならぬ。

と述べ、『大唐六典』所載の唐令を「開元七年令」として『唐令拾遺』を編纂している。

『大唐六典』の唐令は「開元七年令」とする仁井田氏の論拠は以下の四点である（『唐令拾遺』六一頁と六二頁）。

①大都護府副都護の官品。

②開元二三年に廃止されたはずの沙苑監が、『大唐六典』巻一七太僕寺に所管官府としてある。

③開元二三年に廃止されたはずの舟《しゅう》檝《しゅう》署が、『大唐六典』巻二三都水監に所管官府としてある。

④『大唐六典』が「開元二五年令」であるとすれば、あるべきはずの「封爵令」「禄令」「楽令」「学令」「假寧令」「捕亡令」の篇目が『大唐六典』巻六尚書刑部・刑部郎中員外郎職の条に「凡令二十有七」とある篇目にない。

②と③は『大唐六典』編纂上の誤り、編纂上の不統一と理解するべきであり、強力な「開元七年令」説の根拠にならない。であれば、①と④を解決すれば、仁井田氏の「開元七年令」説は根拠を失うことになる。①に関する中村説の展開は三八二頁、②に関する中村説の展開は三〇六頁、③に関する中村説の展開は三〇四頁、④に関する中村説の展開は三一三頁に行っている。

内藤乾吉氏は「唐六典の行用に就いて」（『中国法制史考證』所収　有斐閣　七一頁）において次のように述べる。

この六典の記載に矛盾不統一の多いことは、仁井田学士の既に指摘されたところである。今二三の例を挙げると崇玄署は開元二十五年鴻臚寺から宗正寺に移管したので、六典はその官属を皆宗正寺に移載し、鴻臚寺の注に「旧属官有崇玄署。開元二十五年勅改宗正寺。」と記している。そしてこの時から従来鴻臚に属した道士女道士は宗正に隷し、僧尼は祠部に隷することになつたのであるが、六典祠部の條の「凡道士女道士僧尼之簿籍亦三年一造」の注に「其籍一本迭祠部。一本送鴻臚。一本留於州県。」とあり、一本鴻臚に送れという二十五年改正以前の制をそのまま残している。また諸陵廟はもと太常寺に属したが、やはり開元二十五年勅して宗正寺に属せしめた。然るに六典には仍太常寺に載せ「開元二十五年諸陵廟隷宗正寺」と注するだけで、崇玄署の場合のように本文を改訂していない。こういう例はなお少からずあり、殊に戸部の條に十道の州名・山川・賦貢等を記したところの如きは、本文と注、及び注と注との間に參差として合せぬものがあり、その中、後世の竄改によることを疑わせるものもあるが、本文と注が異時に成り、また注の中にも新旧のあることによつて生じた異同と思われるものが少くない。これはその不徹底不統一を非難されてよいことかも知れぬが、一面に於て、これを編纂者の粗漏と見るよりも、編纂者が遂に六典を以て完全な統一物とする意志を欠いたものと見ることができよう。のみならず六典にはことさらに新旧の制度を両存している場合すらある。即ち貢挙のことは、もと吏部考功員外郎の職であつたのを、開元二十四年に移し礼部侍郎の職としたが、六典には考功・礼部の両處に貢挙の制を具載し、考功のところには「開元二十四年勅以為権軽。専令礼部侍郎一人知貢挙。然以旧職故復叙於此云。」と注している。この両處の文を比較すると稍文を変じたところがあり、また互に詳略がある外に、新旧制度の異るものがある。就中、考功には「国子監大成二十員」とあるのを礼部に於ては十員と改めている。そして国子監の條を見ると「大成十人」とあつて「初置二十人。開元二十年減十人。」と注しているから、考功の二十員というのは開元二十年以前の制であることが知れる。従つてまた考功の貢挙の文は開元二十年以前の制を記したものであることが推測せられ、或いはこの部分は既に草稿ができていたかも知れない。なお六典は開元二十六年に成つたが、その中に引用された律令格式は開元二十五年度のものに依らないで、それ以前の律令格式であることは仁井田学士等の明らかにせられたところである。要するに六典に載せられた制度は、これを全体的に見て開元の制度といってもよいが、これを以て成書の日に於ける現行制度と見ることはできない。即ち此書を目して完全な統一ある体系とすることはできぬわけである。結局六典はその制作の最初の意図はともかくとして、でき上つた結果は既に中ば典故となり終つていたものと云わねばならぬ。

と述べて、仁井田氏の「開元七年令」説を支持し、「西域発見唐代官文書の研究」(『中国法制史考證』所収　有斐閣　二五一頁)においても、内藤氏は『大唐六典』巻三〇の都督府の記事から都督府一覧表を作成し、

六典の右の記事は大体は開元七年令の制であろうと思われる。

と述べ、「唐六典の行用に就いて」において、以下の諸点を問題点として指摘する。

①「其籍一本送祠部、一本送鴻臚、一本留於州県」

②貢挙のことは、もと考功員外郎の職であった。

③『大唐六典』巻二の考功に「国子監大成二十員」とある。

右の三点は『大唐六典』編纂の不備を述べたもので、「開元七年令」説の根拠ではない。内藤氏は「開元七年令」説の根拠を示さず、『大唐六典』の「開元七年令」説を主張するのである。

内藤氏の「唐六典の行用に就いて」を読んで、奇異に感じるのは次の点である。内藤氏の見解のように、「開元七年令」を所載する『大唐六典』が九世紀以降に「令」に準じる重要な書として扱われたとするなら、「開元二五年令」は『大唐六典』に採用されない「開元七年令」より劣等な「令」ということになる。では、そんな劣等な法典を何のためにわざわざ編纂したのかという疑問が想起されるし、「でき上つた結果は既に中ば典故となり終つていた」『大唐

六典』が「令」に準じる重要な書として扱われたとするのは自己矛盾ではないのか、という疑問が湧いてくる。法典の編纂は時の流れによって生じた現実と法の齟齬を是正するため行うもので、後代の法典のほうが時宜に適合するのは常識である。「開元二五年令」は「開元七年令」と比較して不備な法典であったため、『大唐六典』に採用されなかったのであろうか。不備で劣等な法典であれば、編纂する価値もない。唐代後半期、令文の改訂は行われている。改訂の基礎となった令文は「既に中ば典故となり終つていた」ところの「開元七年令」であろうか。無効となった法典ほど無用で始末の悪いものはない。無効となり無用となった法典を改訂したことになる。そうであれば、「開元二五年令」は唐代後半期の令文の改訂対象とならない、唐令史において宙に浮いた「令」となってしまう。

内藤氏の「唐六典の行用に就いて」を読むと、「開元二五年令」は「開元七年令」より不備で劣等な「令」であるから、『大唐六典』に採用されなかったことになり、「でき上つた結果は既に中ば典故となり終つていた」開元七年令を『大唐六典』に採用したことになる。『唐令拾遺』や『唐令拾遺補』に蒐集された「開元二五年令」をみる限りにおいて、「開元二五年令」はとりわけて不備で劣等な「令」とは思えない。内藤氏の「唐六典の行用に就いて」に展開する「開元七年令」説は、仁井田氏の「開元七年令」説を全面的に支持したものである。

この両氏の「開元七年令」説に異論を唱えた研究はない。『唐令拾遺補』も仁井田氏の説を踏襲している。考えてみれば、仁井田氏の「開元七年令」説は微弱な根拠によるものであり、この微弱な根拠に検證を加えた研究がないのも実に不思議なことである。

「旧令」という語が『大唐六典』に出てくる。「旧令」という以上は『大唐六典』の編纂が進行しているときに「新令」が存在していたことになる。「新令」とは「開元二五年令」である。『旧唐書』巻五〇刑法志に、

［開元］二十二年、戸部尚書李林甫、又受詔改修格令。………（中略）………。二十五年九月、奏上。勅於尚書都省、写五十本、発使散於天下。

開元二二年（七三四）、戸部尚書の李林甫、又た詔を受け、格令を改修す。………（中略）………。二五年九月、奏上す。尚書都省に勅し、五〇本を写し、使を発し天下に散ず。

とあるように、「開元二五年令」は李林甫の指揮のもとに開元二二年に編纂が開始され、開元二五年九月に公布された。『大唐六典』は「開元二五年令」編纂と軌を一にして編纂が進行した書であり、『大唐六典』の記事は開元二五年当時のものであり、その唐令は「開元二五年令」であり、『大唐六典』は「開元二五年令」を玄宗皇帝が指示した六典（理典・教典・礼典・政典・刑典・事典）に沿って分類した書と考えるべきであろう。以下には一七節に分けて、『大唐六典』の唐令は「開元二五年令」であることを述べる。

第一節　『大唐六典』の「開元七年令」に関連する記事

一　開元二五年以前の制度を残す記事

1　大成二〇人

大成とは国子監の教官である。『大唐六典』巻二一国子監に「大成、十人」とあり、註記に、

皇朝置。取貢挙及第人、考功簡聡明者、試書日誦得一千言、并口試、策試所習業等、十条通七、然後補充。仍授散官、俸禄賜会、同直官例給。初置二十人、開元二十年、減十人。

皇朝置く。貢挙及第人を取り、考功聡明なる者を簡《えう》び、書の日誦一千言を得るを試し、并せて口試し、策は習う所の業を試し、一〇条に七を通ずれば、然る後に補充す。仍お散官を授け、俸禄・賜会、直官の例に同じく給す。

初め二〇人を置き、開元二〇年（七三二）、一〇人を減ず。

とあり、最初は定員二〇人であったが、開元二〇年に一〇人に減員となった。『大唐六典』巻四尚書礼部・礼部尚書侍郎之職の「凡挙試之制（凡《およ》そ挙試の制）」にも、

其国子監大成十員、取明経及第人聡明灼然者、試日誦千言、并口試。仍策所習業、十条通七。然後補充。各授散官、依色、令於学内習業、以通四経為限。

其の国子監大成一〇員、明経及第人の聡明灼然たる者を取り、日誦千言を試し、并せて口試す。仍お習業する所を策し、一〇条に七を通ずれば、然る後に補充す。各《おのおの》散官を授け、色に依り、学内に習業せしめ、四経に通じるを以て限と為す。

とあり、『大唐六典』が完成した開元二六年ころの国子監大成は定員一〇人であった。

ところが『大唐六典』巻二尚書吏部・考功員外郎職の条に、

国子監大成二十員、取貢挙及第人聡明灼然者。試日誦千言、并口試、仍策所習業、十条通七、然後補充。各授官、依色令於学内習業、以通四経為通。

国子監の大成二〇員、貢挙及第人の聡明灼然たる者を取る。日誦千言を試し、并せて口試し、仍お習う所の業を策せしめ、一〇条に七を通ぜば、然る後に補充す。各《おのおの》官を授け、色に依り学内において業を習しめ、四経に通じるを以て通（合格）と為す。

とあり、『旧唐書』巻四四職官志・国子監・四門博士の条に、

大成二十人。通四経、業成、上於尚書吏部試、登第者、加階放選也。

大成二〇人。四経に通じ、業成らば、尚書吏部に上《のぼ》せ試し、登第する者、階を加え選を放《ゆる》すなり。

とある。『旧唐書』巻四三と巻四四の職官志の記事は『大唐六典』の記事の再録に過ぎないから、『旧唐書』を根拠に

大成の定員は二〇人であるとはいえないが、『旧唐書』の記事を示しておく。

『通典』巻二七職官典・国子監・四門博士の条に「大成二十人」とあり、『新唐書』巻四四選挙志にも、

　国子監置大成二十人。取已及第而聡明者、為之、……

　国子監に大成二〇人を置く。已《すで》に及第して聡明なる者を取り、之と為し、……

とあるが、『通典』と『新唐書』は開元二〇年（七三二）以前の定員をいうものである。

『大唐六典』巻二尚書吏部・考功員外郎職の条に、大成の定員を二〇人とするのは、開元二〇年以前に考功員外郎職の条の草稿が書かれ、大成の定員変更となった後に、単なる『大唐六典』編者の不注意で草稿の訂正を忘れた結果であって、開元七年の制度の痕跡を残すものというような大袈裟なものではないだろう。この程度の不注意で草稿の訂正を忘れた記事は他にある。

2　考功員外郎の貢挙

考功員外郎は開元二四年（七三六）まで貢挙の監督官であった。『大唐六典』巻二尚書吏部の考功員外郎の条に、

　員外郎掌天下貢挙之職。　員外郎は天下貢挙の職を掌る。

とあり、そこに付された細字の註記には、

　開元二十四年勅、以為権軽、専令礼部侍郎一人知貢挙。然以旧職故、復叙於此云。

　開元二四年年、勅す、「権軽きを以為《おも》い、専ら礼部侍郎一人をして貢挙を知《す》べしむ」と。然れども旧職を以ての故に、復た此に叙すと云う。

とある。考功員外郎が貢挙の監督官から除外されたのは開元二四年三月である。

『旧唐書』巻八玄宗紀開元二四年の条に、

三月乙未、始移考功貢挙、遣礼部侍郎掌之。
三月乙未、始めて考功の貢挙を移し、礼部侍郎をして之を掌らしむ。

とある。これは『資治通鑑』巻二一四開元二四年の条に、

旧制、考功員外郎掌試貢挙人。有進士李権、陵侮員外李昂。議者以員外郎位卑、不能服衆。三月壬辰年、勅、自今委礼部侍郎、試貢挙人。
旧制、考功員外郎は貢挙人を試すを掌る。進士（郷貢進士の意味）の李権なるもの有りて、員外の李昂を陵侮す。議者以《おも》えらく「員外郎の位卑《ひく》く、衆を服すること能わず」と。三月壬辰年、勅す、「今より礼部侍郎に委ね、貢挙人を試せん」と。

とあるように、貢挙試が礼部侍郎の所管となるは、開元二四年の貢挙試において、貢挙官の李昂が李権を不合格にしたため、それを不満とした李権が李昂を陵侮したことに原因がある。

『大唐六典』が編纂される段階では、貢挙の運営は尚書吏部の考功員外郎から、尚書礼部の次官である礼部侍郎に移管されていたが、貢挙は嘗て考功員外郎の管轄であったから、

員外郎掌天下貢挙之職。　員外郎は天下貢挙の職を掌る。

と記述したという。これによって、制度変更があり、礼部侍郎が貢挙の責任官となったことを充分に承知した上で、『大唐六典』の編者は右の記事を残したことになり、不注意で考功員外郎を貢挙の監督官としたわけではない。

3　都水監舟《しゅうしゅう》檝署

『大唐六典』巻二三都水監・都水使者に、

都水使者掌川沢津梁之政令、総舟檝河渠二署之官属。舟檝署、開元二十三年省。

舟檝署、令一人、正八品下。丞二人、正九品下。

舟檝令掌公私舟船及運漕之事。丞為之貳。諸州転運至京都者、則経其往来、理其隠失、使監漕監之。

河渠署、令一人、正八品下。秦及両漢都水水衡属官有河隄謁者、則河渠署令也。隋煬帝取史記河渠書之義、以名署。置令一人、皇朝因之。領河隄謁者漁師。丞一人、正九品下。隋煬帝置河渠署丞一人、皇朝因之。

河渠令掌供川沢魚醢之事。丞為之貳。

凡溝渠之開塞、漁捕之時禁、皆量其利害而節其多少。毎日供尚食魚及中書門下官応給者。若大祭祀、則供其乾魚魚醢、以充籩豆之実。

凡諸司応給魚及冬蔵者、毎歳支銭二十萬送都水、命河渠以時価市、供之。

都水使者は川沢・津梁の政令を掌り、舟檝《しゅうしゅう》・河渠二署の官属を総《す》べ。舟檝署、開元二三年省く。

舟檝署、令一人、正八品下。丞二人、正九品下。

舟檝令は公私の舟船及び運漕の事を掌る。丞は之が貳為り。諸州転運して京都に至るもの、則ち其の往来を経て、其の隠失を理め、監漕をして之を監せしむ。

河渠署、令一人、正八品下。秦及び両漢の都水・水衡の属官に河隄謁者有り、則ち河渠署令なり。隋の煬帝は「史記」河渠書の義を取り、以て署に名づく。令一人を置き、皇朝之に因る。河隄謁者・漁師を領す。丞一人、正九品下。隋の煬帝は河渠署丞一人を置き、皇朝之に因る。

河渠令は川沢・魚醢《ぎょかい》の事を供するを掌る。丞は之が貳為り。

凡《およ》そ溝渠の開塞、漁捕の時禁、皆な其の利害を量りて其の多少を節す。毎日尚食（殿中省尚食局、皇帝の食事を司る）の魚及び中書門下官の応《まさ》に給すべきものを供す。大祭祀の若《ごと》きは、則ち其の乾魚・魚醢《かい》を供し、以て籩《へん》（神への供物を盛る祭器の名）豆（神への供物を盛る祭器の名）の実に充つ。

凡《およ》そ諸司応に給すべき魚及び冬蔵は、毎歳銭二〇萬を支し都水に送り、河渠に命じ時価を以て市《か》い、之に供す。とある。舟檝署は開元二三年に廃止され、『大唐六典』は開元二六年に完成した。改訂に時間的餘裕があるから舟檝署の項を削除すればよさそうなものであるが、削除されずに残っている。しかし、残っているといっても註記に「舟檝署、開元二十三年省」とあるから、舟檝署が廃止されたことは、誰の目にも明々白々である。

仁井田氏は『大唐六典』に舟檝署の記事が残っていることによって、『大唐六典』は「開元七年令」を伝える論拠とするが、論拠にもならない。舟檝署は開元二三年まで置かれていた官府であり、草稿本文を訂正せずに、註記によって廃止を述べたに過ぎない。こうした例は『大唐六典』にはよくある。

4　太僕寺沙苑監

沙苑監は太僕寺に所属する官府である。『大唐六典』巻一七太僕寺に次のようにある。

沙苑監、監一人、従六品下。沙苑在同州。副監一人、正七品下。丞一人、正九品上。主簿一人、従九品下。

沙苑監掌牧養隴右諸牧牛羊、以供其宴会祭祀及尚食所用。毎歳与典牧分月以供之。丞為之貳。凡屠宰、国忌廃務日立春前後一日毎月一日八日十四日十五日十八日二十三日二十四日二十八日二十九日三十日毎歳正月五月九月、皆罷之。諸雑畜及牸羊有孕者、雖非其日月、亦免之。若百司応供者、則以時皆供之。

凡羊毛及雑畜皮角、皆具数申送所由焉。一本云、太僕属官、有沙苑監。開元二十三年省。

沙苑監、監一人、従六品下。沙苑は同州に在り。副監一人、正七品下。丞一人、正九品上。主簿一人、従九品下。

沙苑監は隴右《ろうゆう》諸牧の牛羊を牧養するを掌り、以て其の宴会・祭祀及び尚食（皇帝の御膳）の用う所に供す。毎歳典牧と月を分かち以て之を供す。丞は之が貳為り。凡《およ》そ屠宰、国忌廃務の日・立春前後一日・毎月一日・八日・一四日・一五日・一八日・二三日・二四日・二八日・二九日・三〇日・毎歳正月・五月・九月、皆な之を罷む。諸雑畜及び牸羊《しょう》（めすの羊）に孕《はら》むもの有らば、其の日月に非ざると雖も、亦た之を免ず。百司応《まさ》に供すべきものの若《ごと》きは、則ち時を以て皆な之を供す。

凡《およ》そ羊毛及び雑畜の皮角、皆な数を具し所由に申送す。一本に云う、「太僕の属官、沙苑監有り。開元二三年省く」と。

『旧唐書』巻四四職官志・太僕寺には、右の『大唐六典』の記事を省略した同じ内容の記事がある。『旧唐書』巻四三と巻四四の記事は『大唐六典』の再録に過ぎないから、同じ記事があっても不思議ではない。『旧唐書』巻四二職官志の官品一覧の「従第六品下階」項に「沙苑監」とある。『旧唐書』巻四二職官志の官品一覧は開元二五年以降の官品を示したものであり、『旧唐書』は沙苑監は開元二五年以降も存続したとする。

『太平寰宇記』巻二八沙苑監には、

沙苑監在同州馮翊朝邑両県界。按唐典、掌牧養隴右諸牧羊牛、以供其宴会祭祀及尚食所用。毎歳与典牧分月供之。若有司供応者、則四時皆供。凡羊毛及雑畜皮角、皆具数申送所由焉。唐末廃。皇朝顕徳二年、于苑内牧焉。在州南一十五里。

沙苑監は同州馮翊《ひょうよく》・朝邑の両県界に在り。「唐典」（『大唐六典』）を按ずるに、「隴右《ろうゆう》諸牧の羊牛を牧養し、以て其の宴会・祭祀及び尚食（皇帝の御膳）の用う所に供すを掌る。毎歳典牧と月を分かち之を供す。若《も》し有司供応せば、則ち四時皆な供す。凡そ羊毛及び雑畜の皮角、皆な数を具し所由に申送す」と。唐末廃す。皇朝の顕徳二年（九五五）、苑内に牧す。州南一五里に在り。

とある。『大唐六典』『旧唐書』『太平寰宇記』の三書は沙苑監が存続したとする書である。一〇世紀になって、宋王朝の沙苑監が同州に設置されたことを考慮すれば、沙苑監が廃止されることなく存続したとする説も肯首できる。

一方、『大唐六典』沙苑監の末尾の註記に、

一本云、太僕属官、有沙苑監。開元二十三年省。

一本に云う、「太僕の属官に、沙苑監有り。開元二三年（七三五）省く」と。

とあり、沙苑監は開元二三年に廃止されたという。この註記は『大唐六典』の編者が付した註記ではない。編纂の当事者が「一本云」とはいわないだろう。後世の何者かの書き込みである。北宋の『職官分紀』巻一九太僕寺の同州沙苑二監に、『大唐六典』を引用して同じ註記があるから、北宋の時代に伝存していた『大唐六典』には、すでに「一本云、………」の註記があったのである。

この註記によれば、沙苑監は開元二三年（七三五）に廃止されたことになる。『通典』巻二五職官典・諸卿上・太僕卿の所属官府に、沙苑監のことは一切いわないし、『新唐書』巻四八百官志・太僕寺の条の細字註記には、

又有沙苑楼煩天馬監。沙苑監掌畜隴右諸牧牛羊、給宴祭及尚食所用、毎歳与典牧署供焉。自監以下品数、如下牧監。至開元二十三年、廃監。

又た沙苑・楼煩・天馬監有り。沙苑監は隴右《ろうゆう》諸牧の牛羊を蓄え、宴・祭及び尚食（皇帝の御膳）の用う所に給すを掌る。毎歳典牧署と供す。監より以下の品数、下牧監の如《ごと》し。開元二三年に至り、監を廃す。

とあり、開元二三年に廃監になったとする。『通典』巻四〇職官典・品秩・大唐の条の開元二五年官品にも沙苑監はないから、「一本」や『通典』・『新唐書』は開元二三年の廃監説を採るようである。

仁井田氏は『大唐六典』に「一本云、太僕属官、有沙苑監。開元二十三年省」とあり、開元二三年に廃監となったはずの沙苑監の記事があることによって、『大唐六典』は開元七年の制度を伝える論拠とする（『唐令拾遺』六一頁）。「一本云」以下の記事は後世の書き込みであって信憑性に闕けるところがある。「一本」のいうことを鵜呑みにする必要もない。もし、開元二三年に廃監になったことが事実でも、『大唐六典』に沙苑監の記事があるのは、開元二三年に廃監となったことを忘れ、草稿の訂正を忘れたための不備と説明できるだろう。沙苑監の記事があることが『大唐六典』は開元七年の制度を伝える論拠となるのであろうか。

仁井田氏は『旧唐書』巻四二職官志の官品一覧の「正第九品上階」の「下牧監丞」項に、

開元前令、有沙苑丞。　開元前令（開元七年令）に、沙苑丞有り。

とある註記によって、『大唐六典』は開元七年の制度を伝える書とする（『唐令拾遺』六二頁）。『旧唐書』に沙苑監に関する開元七年の史料があることが、『大唐六典』「開元七年令」説とどう関係があるのか。沙苑監は少なくとも開元二三年までは設置されていたから、開元七年に沙苑監の史料があったとしても何ら奇妙なことではない。

5　沙苑監直官

『大唐六典』巻二尚書吏部・吏部郎中職に、

凡諸司置直、皆有定制。　凡《およ》そ諸司に直を置くこと、皆な定制有り。

とある。直官とは、北宋の沈括の『夢渓筆談』巻二故事二に、

唐制、官序未至而以他官権摂者、為直官。如許敬宗為直記室是也。

唐制、官序未《いま》だ至らずして他官を以て権摂する者、直官と為す。許敬宗を直記室と為すが如《ごと》きは是れなり。

とあるように、無資格者が官を権摂する臨時官である。

『大唐六典』の「凡諸司置直、皆有定制」の註記に、以下に示す各官府の直官の員数をいう。これは各官府で採用できる直官の員数であるが、直官のすべてを述べたものではなく摘記である。

諸司諸色有品直。吏部二人、兵部三人、考功・職方・庫部・戸部・度支・駕部・比部各一人、門下省明法一人、能書二人、装潢一人、刑部明法一人、弘文館学直四人、造供奉筆二人、造写御書筆二人、装書一人、榻書一人、修史館装書一人、中書省明法一人、能書四人、装制勅一人、翻書訳語十人、乗駅二十人、集賢院能書六人、装書十四人、造筆四人、大理寺明法二人、太常寺三十人、光禄寺十人、鴻臚寺訳語並計二十人、金銀作一人、漆作一

人、太府・太僕・衛尉・司農寺各三人、沙苑監一人、少府監十四人、将作監五十人、殿中省尚食局・尚薬局各十人、尚乗局二十人、尚輦局三人、尚舎局四人、尚衣局一人、秘書省図画一人、丹青五人、造筆一人、太史監五人、国子監明五経一人、文章兼明史一人、崇文館搨書一人、内侍省一百人、内坊四人、僕寺十人、家令寺七人、教坊二十人、総監十四人、軍器監四人、隴右六使孳課一十二人、太原府監牧役使孳課二人。外官直考者、選同京官。其前官及常選人、毎年任選、若散官三衛勲官直諸司者、毎年与折一番。

右の註記に「沙苑監一人」とある。沙苑監は開元二三年に廃止されたとする説と唐末まで存続したとする説があるが、仁井田氏は沙苑監は開元二三年に廃止されたとする説を採り、右の直官の中に「沙苑監一人」とあるのは開元七年の制度を伝える證拠とする。これは開元七年説の何の根拠ともならない。沙苑監は開元二三年に廃止されたとして、「沙苑監一人」の記事は、開元二三年に沙苑監が廃止されるまで有効であって、開元二三年に沙苑監が廃止された時点で「沙苑監一人」を削除しなかったため不都合が生じただけのことである。沙苑監は開元二五年以降も存続したとする史料もある。この存続説を採れば「沙苑監一人」とあるのは何ら問題はない。

右の註記に「太史監」とあるのも『大唐六典』が「開元七年令」の根拠になると仁井田氏はいう（『唐令拾遺』六二頁）。太史監が太史局と改称するのは『大唐六典』巻一〇秘書省・太史局の註記によれば、開元一四年（『旧唐書』巻八玄宗紀は開元一五年とする）であるから、この点をみれば、『大唐六典』の「凡諸司置直、皆有定制」の註記は開元一四年以前の記事ということになる。しかし、草稿の訂正忘れということも考慮する必要があるから、「太史監」とあるのは「開元七年令」説の根拠にはならない。

『大唐六典』の「開元七年令」説を主張するならば、註記の直官の中には「集賢院能書六人、装書十四人、造筆四人」とあり「太原府監牧役使孳課二人」とあるのは如何に説明するべきであろうか。集賢院は集賢殿書院の略称で、集賢殿書院は開元一三年からの名称であるし、太原府は開元一一年からの呼称である。開元七年に集賢殿書院も太原府も存在しない。沙苑監・太史監・集賢殿書院・太原府の条件を満足させる年代は開元一一年以降であり、開元七年説は成立しない。沙苑監が廃止とならず唐代を通じて存続したとすれば、不都合となるのは太史監の名称であり、開元一四年に太史局と名称変更があっても、不注意から訂正しなかったとすれば問題は解決する。沙苑監は開元二五年に存続したと『大唐六典』はいうから、『大唐六典』「凡諸司置直、皆有定制」の註記は訂正の不備はあるが、開元二五年の事実を伝える記事であるといえよう。

二　『大唐六典』の「令」の篇目

1　「令」の篇目

「令」の篇目は『大唐六典』巻五尚書刑部・刑部郎中員外郎職の条にある。

凡令二十有七。分為三十巻。一曰官品、分為上下。二曰三師三公臺省職員、三曰寺監職員、四曰衛府職員、五曰東宮王府職員、六曰州県鎮戍岳瀆関津職員、七曰内外命婦職員、八曰祠、九曰戸、十曰選挙、十一曰考課、十二曰宮衛、十三曰軍防、十四曰衣服、十五曰儀制、十六曰鹵簿、分為上下。十七曰公式、分為上下。十八曰田、十九曰賦役、二十曰倉庫、二十一曰廐牧、二十二曰関市、二十三曰医疾、二十四曰獄官、二十五曰営繕、二十六曰喪葬、二十七曰雑令。而大凡一千五百四十有六条焉。

凡《およ》そ令二十有七。分かちて三〇巻と為す。一に曰わく官品、分かちて上下と為す。二に曰わく三師三公臺省職員、三に曰わく寺監職員、四に曰わく衛府職員、五に曰わく東宮王府職員、六に曰わく州県鎮戍岳瀆関津職員、七に曰わく内外命婦職員、八に曰わく祠、九に曰わく戸、一〇に曰わく選挙、一一に曰わく考課、一二に曰わく宮衛、一三に曰わく軍防、一四に曰わく衣服、一五に曰わく儀制、一六に曰わく鹵簿《ろぼ》、分かちて上下と為す。一七に曰わく公式、分かちて上下と為す。一八に曰わく田、一九に曰わく賦役、二〇に曰わく倉庫、二一に曰わく廐牧、二二に曰わく関市、二三に曰わく医疾、二四に曰わく獄官、二五に曰わく営繕、二六に曰わく喪葬、二七に曰わく雑令。而して大凡《おおよ》そ一千五百四十有六条。

この「令」の篇目には、開元二五年に編纂された『唐律疏議』に引用されている「假寧令」「封爵令」「禄令」「楽令」「学令」「捕亡令」の各令がない。この理由によって、仁井田氏は右の篇目を「開元二五年令」の篇目ではなく、「開元七年令」の篇目と判断するようである（『唐令拾遺』六二頁）。

「假寧令」「封爵令」「禄令」「楽令」「学令」「捕亡令」がない故を以て、右の「令」の篇目を、「開元七年令」の篇目と判断するのは如何なものであろう。「開元七年令」の篇目が判明していて、右の篇目が「開元七年令」の篇目と一致するなら「開元七年令」の篇目と判断してもよいが、「開元七年令」の篇目は不明であるから、右の「令」の篇目を「開元七年令」の篇目と判断するのは論理が飛躍している。この論理の飛躍の裏には、何が何んでも『大唐六典』所引の唐令は「開元七年令」という思いがあるように見受けられる。したがって、仁井田氏の「開元七年令」説は主観に過ぎる点があり、この点を心して氏の主張を判断する必要がある。

2　「開皇令」の篇目

右に示した「令」の篇目を述べた記事の註記には、「開皇令」の篇目を伝えて次のようにある。

隋開皇、命高熲等撰令三十巻。一官品上、二官品下、三諸省臺職員、四諸寺職員、五諸衛職員、六東宮職員、七行臺諸監職員、八諸州郡県鎮戍職員、九命婦品員、十祠、十一戸、十二学、十三選挙、十四封爵俸廩、十五考課、十六宮衛軍防、十七衣服、十八鹵簿上、十九鹵簿下、二十儀制、二十一公式上、二十二公式下、二十三田、二十四賦役、二十五倉庫廐牧、二十六関市、二十七假寧、二十八獄官、二十九喪葬、三十雑。

隋の開皇（開皇二年・五八二）に、高熲《こうけい》らに命じて「令」三〇巻を撰せしむ。一は官品上、二は官品下、三は諸省臺職員、四は諸寺職員、五は諸衛職員、六は東宮職員、七は行臺諸監職員、八は諸州郡県鎮戍職員、九は命婦品員、一〇は祠、一一は戸、一二は学、一三は選挙、一四は封爵俸廩、一五は考課、一六は宮衛軍防、一七は衣服、一八は鹵簿上、一九は鹵簿下、二〇は儀制、二一は公式上、二二は公式下、二三は田、二四は賦役、二五は倉庫廐牧、二六は関市、二七は假寧、二八は獄官、二九は喪葬、三〇は雑。

この篇目には唐令にはない「学令」「封爵俸廩令」「假寧令」がある。このことが「令」はすべての令の篇目名があるべきと思わせ、『大唐六典』の「凡令二十有七」に「假寧令」「封爵令」「禄令」「楽令」「学令」「捕亡令」がないのは「開元二五年令」ではないと、予断させることになっているのではないかと推測させる。

3　「令」の篇目の解釈

「假寧令」「封爵令」「禄令」「楽令」「学令」「捕亡令」がない『大唐六典』の「令」の篇目は「開元七年令」の篇目であろうか。「假寧令」以下の「令」は『唐令拾遺補』に復元された当該「令」をみても極めて短い「令」であることが特徴である。仁井田氏は『大唐六典』の「令」の篇目に「假寧令」「封爵令」「禄令」「楽令」「学令」「捕亡令」がないことを『大唐六典』所載の唐令が「開元二五年令」でない根拠とする（『唐令拾遺』六二頁）。

浙江省寧波市にある天一閣に所蔵する明抄本『天聖令』は「田令」以下が残存し、篇目は、

田令
賦役令
倉庫令
厩牧令

関市令　捕亡令附
医疾令　假寧令附
獄官令
営繕令
喪葬令
雑令

となっており、「捕亡令」は「関市令」の付録であり、「假寧令」は「医疾令」の付録となっている。このことから考えれば、唐令のうち「假寧令」「封爵令」「禄令」「楽令」「学令」「捕亡令」は短い「令」であるから、何れかの「令」の付録となっている可能性が大であり、付録の「令」は「令」の篇目に勘定されないと想定できる。果たして、そうであれば、「假寧令」「封爵令」「禄令」「楽令」「学令」「捕亡令」は「令二十有七」にはないが、「分為三十巻」には含まれる「令」ということになる＊。

北宋の『天聖令』の例からいえば、右のようなことがいえるのであり、「開元二五年令」の「令」の篇目にあるべき「假寧令」「封爵令」「禄令」「楽令」「学令」「捕亡令」がないとの理由で、

凡令二十有七。分為三十巻。一曰官品、分為上下。二曰三師三公臺省職員、三曰寺監職員、四曰衞府職員、五曰東宮王府職員、六曰州県鎮戍岳瀆関津職員、七曰内外命婦職員、八曰祠、九曰戸、十曰選挙、十一曰考課、十二曰宮衞、十三曰軍防、十四曰衣服、十五曰儀制、十六曰鹵簿、分為上下。十七曰公式、分為上下。十八曰田、十九曰賦役、二十曰倉庫、二十一曰廏牧、二十二曰関市、二十三曰医疾、二十四曰獄官、二十五曰営繕、二十六曰喪葬、二十七曰雑令。而大凡一千五百四十有六条焉。

の史料を「開元二五年令」の篇目ではないと断定するのは慎重であるべきであろう。

＊　南宋の趙希弁の『郡斎読書後志』巻一刑法類には「天聖編勅三十巻」とあり、『天聖令』の篇目を載せて

官品一、戸二、祠三、選挙四、考課五、軍防六、衣服七、儀制八、鹵簿九、公式十、田十一、賦十二、倉庫十三、厩牧十四、関市十五、捕亡十六、疾医十七、獄官十八、営繕十九、喪葬二十、雑二十一。

とあり、「捕亡令」は独立してあり、「関市令」の附令とはなっていない。

三　蜡《さ》祭の「臘日前寅」

『大唐六典』巻四尚書礼部・祠部郎中員外郎職の条に、次のような臘祭に関する「祠令」がある。

季冬臘日前寅、蜡百神於南郊。大明夜明神農后稷伊耆五官五星二十八宿十二辰五岳四鎮四海四瀆五田畯青龍朱雀麒麟騶虞玄武及五方山林川沢丘陵墳衍原隰井泉水墉坊於菟鱗羽介毛贏郵表畷猫昆虫凡一百八十七座。［従祀］。若其方有災害、則闕而不祭。祭井泉於川沢之下。

臘祭は歳終の大祭である。臘は田臘して得た禽獣を先祖に薦める祭をいう。臘日には臘祭に加えて、蜡祭が行われるが、一年の収穫を百神に感謝する祭を蜡という。臘祭の性格に関して、同じ十二月にある「蜡祭」との関連で、漢代以来のいろいろな見解が提示されているが、現在に至って一致する見解がない。漢以来の諸学者の説を示すと、鄭玄と孔穎達は臘祭と蜡祭を同時の祭祀としながらも、臘は蜡中に包括されるとする。また、夏には「嘉平」、殷には「清祀」、周には「大蜡」といい、時代による祭名の相違とする見解を採る説もあり、蜡祭と臘祭は同祭異名とする説もあり、蜡とは祭祀の名であり、臘とは対象神の名とする説もある＊。

『唐令拾遺補』（九九五頁）は蜡祭と臘祭に関する永徽「祠令」を次のように復元する。

季冬寅、先臘日之者也。蜡祭百神於南郊。日月、用犢二。伊祁神農星辰以下、方別各用少牢一。当方不熟者、則闕之。其日、祭井泉於川沢之下。卯日、祭社稷於社宮。辰日、臘享於太廟。用牲皆準時祭。井泉用羊二。

季冬の寅、臘日に先だつのものなり。百神を南郊に蜡祭す。日・月は、犢（仔牛）二を用う。伊祁（古の帝王の名）。神農（伝説上の聖王、三皇五帝の一、民に医療と農業を教えたとされる）星辰（五星・一二辰）以下、方別に各《おのおの》少牢（羊と豕からなる神への饗食）一を用う。方に当たり熟せざれば、則ち之を闕く。其の日、井泉を川沢の下に祭る。卯の日、社稷を社宮に祭る。辰の日、太廟に臘享す。牲を用うは皆な時祭に準ず。井泉は羊二を用う。

この復元は前田尊経閣所蔵の『天地瑞祥志』に依ったものであるが、「季冬」の次の「臘日前」の三字が明らかに脱落し、文字が改変されているから、『天地瑞祥志』の蜡《さ》祭と臘祭に関する「祠令」は、かなりの省略されたものであり、完全な「祠令」でないと想定しておく必要がある。

　蜡祭と臘祭に関する史料は『旧唐書』巻二四礼儀志の「武徳貞観之制、神祇大享之外（武徳・貞観の制、神祇大享の外）」にもある。

季冬［臘日前］寅日、蜡祭百神於南郊。大明夜明、用犢二、籩豆各四簠簋甑俎各一。神農氏及伊耆氏、各用少牢一、籩豆各四簠簋甑俎各一。后稷及五方十二次（「次」は「辰」とあるべき）五官五方田畯五岳四鎮四海四瀆以下、方別各用少牢一、当方不熟者、則闕之。其日、祭井泉於川沢之下、用羊一。卯日、祭社稷於社宮。辰日、臘享於太廟、用牲皆準時祭。井泉用羊二。二十八宿五方之山林川沢五方之丘陵墳衍原隰、五方之鱗羽嬴毛介五方之水墉坊郵表畷、五方之猫於菟及龍麟朱鳥白虎玄武、方別各用少牢一、各座籩豆簠簋俎各一。蜡祭凡一百八十七座。当方年穀不登、則闕其祀。蜡祭之日、祭五方井泉於山沢之下、用羊一、籩豆各二簠簋及俎各一。蜡之明日、又祭社稷于社宮、如春秋二仲之礼。

季冬臘日前の寅の日、百神を南郊に蜡祭す。大明（太陽）夜明（月）は、犢（仔牛）二を用い、籩《へん》（神への供物を盛る祭器の名）豆（神への供物を盛る祭器の名）各《おのおの》四、簠《ほ》（神に供える黍稷を盛る容器、木または瓦で作り、外が方にして内が圓）簋《き》（神に供える黍稷を盛る容器、木または瓦で作り、外が圓く内が方）甑《とう》（陶器製の高坏）俎（まな板）各《おのおの》一。

神農氏（伝説上の聖王、三皇五帝の一、民に医療と農業を教えたとされる）及び伊耆氏（古の帝王の名）、各《おのおの》少牢（羊と豕からなる神への饗食）一を用い、籩《へん》・豆各《おのおの》四、簠《ほ》・簋《き》・甄《とう》・俎各《おのおの》一。后稷（農事を司る神）及び五方の一二辰・五官（句芒・祝融・后土・蓐収・玄冥）五方の田畯（農事の神）五岳・四鎮・四海・四瀆以下、方別に各《おのおの》少牢一を用い、方に当たり熟せざれば、則ち之を闕く。其の日、井泉を川沢の下に祭り、羊一を用う。卯の日、社稷を社宮に祭る。辰の日、太廟に臘享し、用う牲は皆な時祭に準ず。井泉は羊二を用う。二八宿（二八の星座、一季節七宿で四季節二八宿となる）・五方の山林・川沢・五方の丘陵・墳（堤防の神）衍（島・洲の神）原（田地の神）隰《しつ》（湿り気のある低地の神）、五方の鱗・羽・羸《ら》（短い毛の野獣）毛・介（甲殻）、五方の水墉（溝の神）・坊（堤防）・郵（田間の小屋）表（目印）畷（田間の道）、五方の猫・於菟（虎）及び龍・麟・朱鳥・白虎・玄武、方別に各《おのおの》少牢一を用い、各座の籩・豆・簠・簋・俎各《おのおの》一。蜡祭は凡《およ》そ一八七座なり。当方年穀登らざれば、則ち其の祀を闕く。蜡祭の日、五方の井泉を山沢の下に祭り、羊一を用い、籩・豆各《おのおの》二簠・簋及び俎各《おのおの》一。蜡の明日、又た社稷を社宮に祭ること、春秋二仲（春二月と秋八月）の礼の如し。

また、『通典』巻四四礼典・大蜡・大唐の条にも、

季冬［臘日前］寅日、蜡祭百神於南郊。大明［夜明］用犢二、籩豆各四、簋簠甄俎各一。神農及伊耆氏、各用少牢一、籩豆等与大明同。后稷及五方十二次（「次」は「辰」とあるべき）五官五方田畯五岳四鎮四海四瀆以下、方別各用少牢一。其日、祭井泉於川沢之下、用羊一。卯日、祭社稷於社宮。［辰日、臘享於太廟、用牲皆準時祭、井泉用羊二］。二十八宿五方之山林川沢丘陵墳衍原隰鱗羽羸毛介水墉坊郵表畷猫虎及龍麟朱鳥白獣玄武、方別各用少牢一、毎座籩豆各二、簠簋甄俎各一。蜡祭凡百八十七座、当方年穀不登、則闕其祀。蜡之明日、又祭社稷於社宮、如春秋二仲之礼。

とあり、『旧唐書』の蜡祭と臘祭に関する史料に類似する史料がある。

『通典』巻四四礼典・大蜡・大唐の右の記事の前段に、
　貞観十一年、房玄齢等議曰、按月令蜡法、唯祭天宗。近代、蜡五天帝五人帝五地祇、皆非古典。今並除之。

　貞観一一年（六三七）、房玄齢ら議して曰わく、「〈月令〉の蜡《さ》法を按ずるに、唯だ天宗（日月星辰）を祭るのみ。近代、五天帝（青帝・赤帝・黄帝・白帝・黒帝）五人帝（太昊・炎帝・黄帝・少昊・顓頊）五地祇（句芒・祝融・后土・蓐収・玄冥）を蜡るは、皆な古典に非ず。今並びに之を除く」と。

とあり、貞観一一年（六三七）の「貞観令」制定の時に、房玄齢らの議によって、武徳「祠令」の五天帝・五人帝・五地祇を蜡《まつ》る箇所を削除したとあるから、武徳「祠令」には「五天帝・五人帝・五地祇」を蜡る部分があったのであり、武徳「祠令」は前掲した『旧唐書』の史料とは少し異なっていたと想定される。『旧唐書』は少々の相違であるから、一連の諸「祠令」を「武徳貞観之制、神祇大享之外」として表示しているのであろう。『通典』巻四四礼典四大蜡・大唐の史料がなかったら、蜡祭と臘祭に関する武徳「祠令」と貞観「祠令」は同文と判断するところであった。『旧唐書』と『通典』の史料は蜡祭と臘祭に関する貞観「祠令」である。

　蜡祭と臘祭は開元二〇年に完成した『大唐開元礼』巻一序例上・神位に次のようにある。

　臘日、蜡百神於南郊、大明夜明壇上神農后稷伊祁五官五田畯五星二十八宿十二辰五岳五川五山五林五沢五丘五陵五墳五衍五原五隰五井泉四鎮四海四瀆青龍朱雀麒麟騶虞玄武五水墉五坊五於菟五鱗五羽五介五毛五郵表畷五贏五猫五昆蟲［従祀］。

　　右准旧礼為定。

「臘日」に注目すれば、蜡祭と臘祭に関する貞観「祠令」と永徽「祠令」には、
　季冬臘日前寅日、蜡祭百神於南郊。

とあったのに、『大唐開元礼』では「臘日」となっている。『大唐開元礼』は「右准旧礼為定（右は旧礼に准じ定と為

す）」といっているが、「臘日」だけは『大唐開元礼』が完成した時に「季冬臘日前寅日」から「臘日」に変更されたようである。『通典』巻四四礼典・大蜡・大唐の条に、

開元中、制儀、季冬臘日、蜡百神於南郊之壇。若其方不登、則闕之。其儀具開元礼。

開元中（七一三〜七四一）、儀を制る、「季冬の臘日、百神を南郊の壇に蜡《まつ》る。若《も》し其の方登《みの》らざれば、則ち之を闕く」と。其の儀は「開元礼」に具す。

とあるように、開元年間のある時期に、蜡《さ》祭の日が「臘日前寅」から「臘日」に変更されたのである。

『大唐開元礼』の「臘日」は変更された蜡祭の日であり、『大唐六典』の「臘日前寅」は変更前の蜡祭の日である。李燾《りとう》の『続資治通鑑長編』巻四乾徳元年（九六三）六月丙午に、

太常博士和峴上言、蜡者、臘之別名。聖朝以戌日為臘、而前日辛卯行蜡礼、非是。按、唐貞観中（「開元中」の思い違い）以前寅蜡百神、卯日祭社稷、辰日臘饗宗廟。開元定礼、三祭皆於臘辰、以応土徳。

太常博士の和峴《わけん》言を上る、「蜡は、臘の別名なり。聖朝 戌日を以て臘と為し、而して前日の辛卯に蜡礼を行うは、是れを非とす。按ずるに、唐の開元中、前寅を以て百神を蜡り、卯日に社稷を祭り、辰日に臘し、宗廟を饗す。開元に礼を定め（開元二〇年の『開元礼』のこと）、三祭皆な臘辰に於いてすは、土徳に応ずるを以てなり。

とある。和峴の言によれば、百神・社稷・臘の同日合祭は『大唐開元礼』の編纂時以来というから、『大唐開元礼』が開元二〇年に完成した時に、蜡祭に関する「祠令」は祭日を「臘日前寅」から「臘日」に改訂し、蜡祭と臘祭の合祭となったのである。

蜡祭と臘祭に関する「祠令」は『大唐六典』巻四尚書礼部・祠部郎中員外郎職の条にもある。

季冬臘日前寅、蜡百神於南郊。大明夜明神農后稷伊耆五官五星二十八宿十二辰五岳四鎮四海四瀆五田畯青龍朱雀麒麟騶虞玄武及五方山林川沢丘陵墳衍原隰井泉水墉坊於菟鱗羽介毛羸郵表畷猫昆虫、凡一百八十七座、若其方有

災害、則闕而不祭。祭井泉於川沢之下。

この「祠令」は永徽「祠令」や貞観「祠令」と比較して餘りにも文字に異動があり、節略があることが窺える。ところで、本稿は『大唐六典』の「祠令」は開元二五年「祠令」と述べてきた。開元二五年「祠令」は「臘日」とあるべきで、

季冬臘日前寅、蜡百神於南郊。　季冬臘日の前寅、百神を南郊に蜡《まつ》る。

とあるのは、今述べたところから大変に困ることとなる。『大唐六典』はこの箇所は開元二〇年に変更があったことを忘れ、訂正せず「季冬臘日前寅」となったと理解するしか解決の方法はない。

＊ 池田末利「蜡・臘考　古代中国の農業祀」（『中国古代宗教史研究』東海大学出版会、一九八一年）。

第二節　官員の増置と官府の削減

『大唐六典』の註記には官員の増置と官府の削減と述べている。この官員の増置と官府の削減は『大唐六典』の記事の年代を解き明かす上で大きな手掛かりを与えてくれる。以下には官員の増置と官府の削減を検討し、『大唐六典』の記事の年代を解明する基礎史料としたい。

一　集賢殿書院の吏員増置

1　榻《とう》書《しょ》手《しゅ》

『大唐六典』巻九中書省・集賢殿書院に「榻書手六人」とあり、註記に、

乾元殿、初、置二人。開元十四年、奏加至六人。取人及有官、同直院。
乾元殿に、初め、二人を置く。開元一四年（七二六）、奏して加え六人に至る。人を取り官有るに及べば、直院に同じ。

とあり、榻書手《とうしょしゅ》は最初に二人が置かれ、開元一四年に六人に増員され、『大唐六典』の完成した開元二六年（七三八）に至ったのである。「榻書手六人」は「開元二五年令」の定員並び開元二六年の状態を述べているとと考えてよい。

直院とは北宋の沈括の『夢渓筆談』巻二故事二に、

唐制、官序未至而以他官権摂者、為直官。如許敬宗為直記室是也。
唐制、官序未《いま》だ至らずして他官を以て権摂する者、直官と為す。許敬宗を直記室と為すが如きは是れなり。

とある直官に相当するものであろう。直官は無資格者が某官を権摂するから直官という。臨時代理である。榻書手は官品がなく集賢殿書院に勤務するから直院というのであろう。集賢殿書院の正規職員扱いの臨時職である。

2　画　直

『大唐六典』巻九中書省・集賢殿書院に「画直八人」とあり、註記に、

開元七年勅、縁修雑図、訪取二人。八年、又加六人。十九年、院奏定為直院。
開元七年（七一九）勅して、雑図を修めるに縁り、二人を訪取す。八年、又た六人を加う。一九年（七三一）、院奏して定めて直院と為す。

とある。集賢殿書院の画直は開元七年に二人が採用され、開元八年に六員の増員があり計八員となった。その後の増減をいわないから、『大唐六典』成立時は八員であった。この八員は開元二五「職員令」から再録した数字であろう。

書直は直院扱いである。直官とは「官序未だ至らずして他官を以て権摂する者、直官と為す」ることをいう。画直

は官品がなく集賢殿書院に勤務するから直院というのである。

3　装書直

『大唐六典』巻九中書省・集賢殿書院に「装書直十四人」とあり、註記に、

開元六年、置八人。七年、更加十人。十九年八月、減四人。

開元六年（七一八）、八人を置く。七年、更に一〇人を加う。一九年（七三一）八月、四人を減ず。

とあり、「装書直」は開元六年に八人が置かれ、七年に一〇人を増員し、計一八人となった。一九年に四人を減員したから、開元一九年以降は一四人となり、『大唐六典』が完成した開元二六年ころは一四人であった。

4　典

『大唐六典』巻九中書省・集賢殿書院に「典四人」とある。これは『大唐六典』が完成した開元二六年ころの、集賢殿書院の「典」（無品の事務吏）の定員である。註記に、

開元五年、置二人。九年、加二人。

開元五年（七一七）、二人を置く。九年、二人を加う。

とあり、「典」は開元五年に二人が置かれ、開元九年に四人に増員され、開元二五年に至った。『大唐六典』は完成した開元二六年ころの現状を述べ、それに至る過程を註記において説明する方法を採用している。開元二六年ころの現状とは「開元二五年令」と一致するから、「典四人」とは開元二五年「職員令」の一部と考えてよい。

以上、集賢殿書院の吏員の定員を通覧したが、定員は『大唐六典』が成立したころのものである。「定員は『大唐六典』が成立したころのもの」という点が重要で、『大唐六典』の他の官符の定員と官品を記述した箇所、たとえば、『大唐六典』巻八門下省・弘文館学士の条に「校書郎二人、従九品上」とある定員と官品は、開元二六年の『大唐六

典』が完成したころの定員と官品なのである。

何が重要かといえば、『大唐六典』の本文記事は開元二六年もしくは開元二六年当時の事実を伝え、開元七年の事実を伝えるものではないということである。開元二六年以前の事実を伝えないわけではない。それは細字の註記部分に限定され、本文は開元二五年以降の事実である。

『大唐六典』の本文は開元二五年以降の事実であることを「集賢殿書院の吏員増減」から指摘するだけでは心許ない。以下には「官府削減記事」「官員削減」を例にとって傍證していくこととする。

二　開元二三年の官府削減

1　殿中省の官府削減

『大唐六典』巻一一殿中省・殿中監職に、

殿中監掌乗輿服御之政令、総尚食尚薬尚衣尚乗尚舍尚輦六局之官属。

殿中監は乗輿・服御の政令を掌り、尚食・尚薬・尚衣・尚乗・尚舍・尚輦六局の官属を総《す》ぶ。

とあり、殿中監が六部局を所管することをいう。右の記事の註記に、

旧属官、又有天蔵府。開元二十三年省。

旧の属官に、又た天蔵府有り。開元二三年（七三五）省く。

とあり、天蔵府を所管していたが、開元二三年に廃止されたといい、『大唐六典』では殿中監の所管としない。殿中監の六局所管は開元二三年以降の『大唐六典』が完成した時点や「開元二五年令」当時の状態をいうものである。

2　司農寺の官府削減

『大唐六典』巻一九司農寺に、

司農卿之職、掌邦国倉儲委積之政令、総上林太倉鉤盾導官四署与諸監之官属。

司農卿の職、邦国の倉儲・委積の政令を掌り、上林・太倉・鉤盾・導官の四署と諸監の官属とを総《す》べる。

とあり、註記に、

旧属官、又有太和玉山九成宮農圃等三監。開元二十三年省。

旧の属官に、又た太和・玉山・九成宮の農圃らの三監有り。開元二三年（七三五）省く。

とある。開元二三年まで司農寺には上林署・太倉署・鉤盾署・導官署の他に太和監・玉山監・九成宮農圃監が三監があった。開元二三年以降の司農寺は上林署・太倉署・鉤盾署・導官署のみしか管轄していないから、『大唐六典』の司農寺や司農卿の職は「開元七年令」のものではなく、開元二三年以降の『大唐六典』が完成した時点や「開元二五年令」当時の状態をいうものである。

第三節　官員の削減

一　開元二五年職員と『大唐六典』

『通典』巻三一職官典「歴代王侯封爵 公主并官属附」大唐に、少し改竄されてはいるが、開元二五年「東宮王府職員令」の親王府の条の引用がある。官の員数と職務だけ記され、官品をいわない。これは員数と職務だけを規定する「職員令」の特徴を具えている。傍線部分は杜佑の註記である。

親王府置傅一人、師範輔導、参議可否。初置王師、景雲二年、改為傅。諮議参軍一人、匡正幕府、諮謀庶事。友一人、陪随左右、拾遺補闕。文学二人、修撰文章、讐校経史。東西閣祭酒各一人、接引賓客。長史司馬各一人、通判。掾一人、通判功倉戸三曹。属一人、通判兵騎法士四曹。主簿一人、覆省教命。記室参軍二人、掌表啓書疏、宣行教命。録事参軍一人、受事勾検。録事一人、功曹倉曹戸曹兵曹騎曹法曹士曹等参軍各一人、各有所主。参軍二人、行参軍四人、掌出使及雑検校。典籤二人、宣伝教命。

親王府に傅一人、師範輔導し、可否を参議す。初め王師を置く、景雲二年（七一一）、改めて傅と為す。諮議参軍一人、幕府を匡正し、庶事を諮謀す。友一人、左右に陪随し、拾遺補闕す。文学二人、文章を修撰し、経史を讐校す。東西閣祭酒各《おのおの》一人、賓客を接引す。長史・司馬各《おのおの》一人、通判す。掾一人、功・倉・戸三曹を通判す。属一人、兵・騎・法・士四曹を通判す。主簿一人、教命を覆省す。記室参軍二人、表・啓・書疏を掌り、教命を宣行す。録事参軍一人、受事勾検す。録事一人、功曹・倉曹・戸曹・兵曹・騎曹・法曹・士曹ら参軍各《おのおの》一人、各《おのおの》主る所有り。参軍二人、行参軍四人、出使及び雑検校を掌る。典籤二人、教命を宣伝す。

『通典』と類似する記事は『大唐六典』巻二九諸王府公主邑司・親王府にも次のようにある。

傅一人。諮議参軍事一人。友一人。文学二人。東閣祭酒一人、西閣祭酒一人。長史一人。司馬一人。掾一人。属一人。主簿一人、史二人。記室参軍事二人、史二人。録事参軍事一人、録事一人、府一人、史二人。功曹参軍事一人、府一人、史二人。倉曹参軍事一人、府一人、史二人。戸曹参軍事一人、府一人、史二人。兵曹参軍事一人、府一人、史二人。騎曹参軍事一人、府一人、史二人。法曹参軍事一人、府一人、史二人。士曹参軍事一人、府一人、史二人。参軍事二人。行参軍事四人。典籤二人。

府と史は品官でないから除外して、両書の「傅一人」以下の員数は完全に一致する。『通典』の記事が開元二五年「東宮王府職員令」であるから、『大唐六典』の記事も開元二五年の親王府の構成員数であり、右の『大唐六典』の員数は開元二五年の員数であるといいたい所ではあるが、そうはならない。『大唐六典』は開元七年「東宮王府職員令」

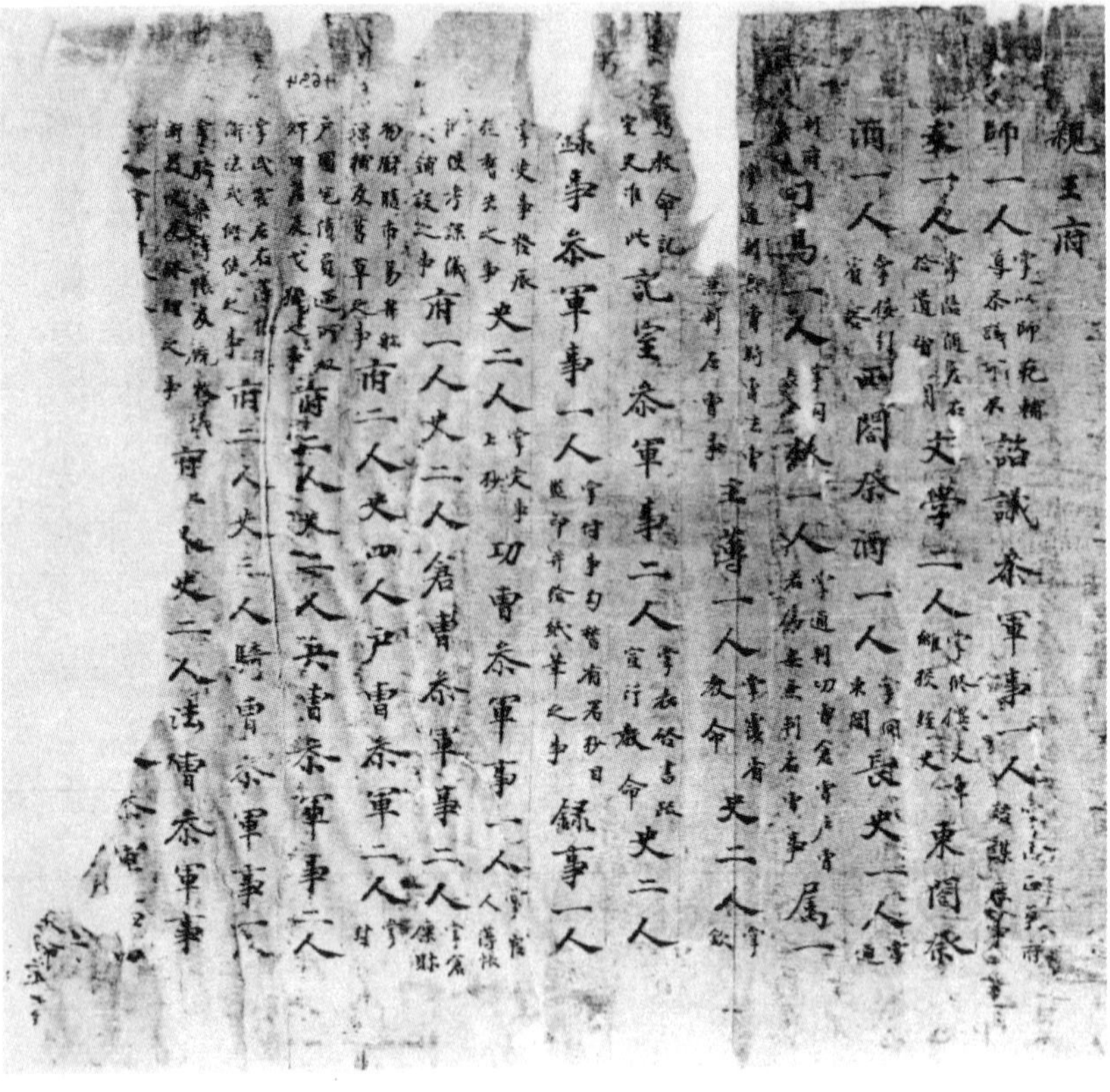

図版１　永徽「東宮諸府職員令」親王府　（伯4634）
開元25年「東宮王府職員令」の形状を知る上で参考になろう。

かも知れないからで、開元七年「東宮王府職員令」の親王府の員数と開元二五年「東宮王府職員令」の親王府の員数が同数であるかも知れないのである。

『大唐六典』の官員の員数が開元二五年の員数であることをいうためには、『大唐六典』において、明確に開元二五年の員数であるといえる史料を示し、他の文献に所載する開元二五年の員数と一致すれば、『大唐六典』の員数は開元二五年の員数であるといえる。このことを明確にすることができたら、『大唐六典』は官員の数は開元二五年「職員令」を用いていることになる。話はこれに止まるものではない。『大唐六典』の「職員令」が開元二五年「職員令」によって書かれているなら、「官品令」に関しても同じことがいえることになり、『大唐六典』に所載する唐令も「開元二五年令」であることになる。このためには判明する限りにおいて、開元七年以降の官員の削減事例を検討し、『大唐六典』に記載する官員の定員が開元七年定員と異なることを明らかにする必要がある。これができれば、『大唐六典』所引の唐令は「開元二五年令」であると明言できることになる。

二　開元二三年の官員削減

次に開元二三年の官員の定員削減の記事を示そう。開元二三年に定員削減を行い、この削減はまたすぐに増員することはないから、開元二三年の定員削減結果は開元二五年「職員令」に反映したであろう。開元二五年「職員令」の定員を伝える唐代文献と『大唐六典』の開元二三年の定員削減結果が一致すれば、『大唐六典』は開元二五年「職員令」の定員を伝えていることになる。これほど確実な史料はない。

1　弘文館校書郎

『大唐六典』巻八門下省・弘文館学士の条に「校書郎二人、従九品上」とあり、註記に次のようにある。

本置名讐校、掌校典籍。開元七年、罷讎校、置校書四人。二十三年、減二人。

本置きて讐校《しゅうこう》と名づけ、典籍を校ずることを掌る。開元七年（七一九）、讎校を罷め、校書四人を置く。［開元］二三年（七三五）、二人を減ず。

開元七年に讐校が校書郎と改称され、定員四人とされた。開元二三年（七三五）に二人を削減して定員二人とした。『大唐六典』の「校書郎二人、従九品上」の箇所は『大唐六典』が編纂された開元二六年当時の定員と品階が書いてあるから、校書郎は開元二三年に定員二人となり、開元二六年まで同じ定員であったことになる。

『通典』巻二一職官典・門下省・弘文館校書に弘文館校書郎は定員二人とある。これは開元二五年の弘文館校書郎の定員をいい、開元二三年に減員された『大唐六典』の定員と一致するから、『大唐六典』の定員は開元二五年「職員令」の定員であることになる。

2　尚乗奉御

『大唐六典』巻一一殿中省・尚乗局に「奉御二人、従五品上」とあり、註記に次のようにある。

自秦漢已来、其職皆在太僕。北斉太僕驊騮署有奉乗十人、管十二閑馬。隋煬帝取之、置尚乗局。皇朝因之、増置奉御四人。一人掌左六閑馬、一人掌右六閑馬、一人掌粟草飼丁請受配給及勾勘出入破用之事、一人掌鞍韉轡勒、供馬調度、及療馬医薬料度之事。龍朔二年、改為奉駕大夫、咸亨元年、復故。開元二十三年、減二人。先是別置閑廐使、因隷焉、猶属殿中。

秦漢より已来、其の職は皆な太僕に在り。北斉の太僕驊騮《かりゅう》署に奉乗一〇人有り、一二閑馬を管す。隋の煬帝之を取り、尚乗局を置く。皇朝之に因り、奉御四人を増置す。一人は左六閑馬を掌り、一人は右六閑馬を掌り、一人は粟草・飼丁・配給を請受し、及び出入破用の事を勾勘し、一人は鞍韉《あんせん》・轡勒《ひろく》・供馬の調度及び療馬・医薬・

料度の事を掌る。龍朔二年（六六二）、改めて奉駕大夫と為し、咸亨元年（六七〇）、故に復す。開元二三年（七三五）、二人を減ず。是より先別に閑廏使を置き、因りて焉《これ》に隷せしめ、猶お殿中に属す。

尚乗奉御は開元二二年に定員四人から二人に減員された。『大唐六典』の「奉御二人」は開元二三年以降、開元二六年の定員である。

『通典』巻二六職官典・殿中監・尚乗局に奉御は定員二人とある。この数は開元二五年の定員をいうから、『大唐六典』の開元二三年以降の定員と一致する。『大唐六典』の「奉御二人」は開元二五年「職員令」である。「奉御二人」が開元二五年「職員令」であれば、奉御の官品「従五品上」は開元二五年「官品令」であることになる。

3　尚乗局直長

『大唐六典』巻一一殿中省・尚乗局に「直長十人、正七品下」とあり、註記に次のようにある。

隋煬帝置十四人、皇朝因之。開元二十三年、減四人。

隋の煬帝一四人を置き、皇朝之に因る。開元二三年（七三五）、四人を減ず。

尚乗局直長は定員一四人であったが、開元二三年に四人を削減し、一〇人となった。「直長十人、正七品下」の箇所は『大唐六典』が編纂された開元二六年当時の定員と品階であるから、直長は開元二三年以降、開元二六年まで定員一〇人であった。

『通典』巻二六職官典・殿中監・尚乗局に尚乗局直長は一〇人とする。『通典』の定員は開元二五年の定員を伝えたもので、開元二三年に四人を削減し一〇人となったとする『大唐六典』の記事と一致するから、『大唐六典』の直長一〇人は開元二五年「職員令」である。

4　尚乗局奉乗

『大唐六典』巻一一殿中省尚乗局に「奉乗十八人、正九品下」とあり、註記に次のようにある。

後魏有奉乗郎、従五品下。後周左右厩、各有奉乗二十人。隋煬帝置尚乗局、有奉乗十人。皇朝加置二十四人、毎閑二人。開元二三年、減六人。

後魏に奉乗郎有り、従五品下。後周の左右厩、各《おのおの》奉乗二〇人有り。隋の煬帝は尚乗局を置き、奉乗一〇人有り。皇朝は加えて二四人を置き、閑毎に二人。開元二三年（七三五）、六人を減ず。

隋の煬帝の時、奉乗は定員一〇人であったが、唐王朝になって二四人に増員し、開元二三年に六人を減員して一八人となったのである。「奉乗十八人、正九品下」の箇所は『大唐六典』が編纂された開元二六年当時の定員と品階であるから、奉乗は開元二三年以降、開元二六年まで定員一八人であった。

『通典』巻二六職官典・殿中監・尚乗局に尚乗局奉乗の定員は記事がないが、尚乗局直長に関して「尚乗局直長」において述べたようなことがいえるのであれば、尚乗局奉乗に関しても同じことが推定可能であり、奉乗の定員と品階は「開元二五令」の規定をいうものである。

5　尚乗局司庫

『大唐六典』巻一一殿中省尚乗局に「司庫一人、正九品下」とあり、註記に次のようにある。

皇朝初、置二人。掌六閑の庫物。開元二十三年、減［一人］。

皇朝の初め、二人を置く。六閑庫物を掌る。開元二三年、一人を減ず。

この司庫の定員と品階は、開元二三年以降開元二六年ころの状態をいう。

『通典』巻二六職官典・殿中監・尚乗局に司庫の定員に関して記事がない。『旧唐書』巻四四殿中省尚乗局に「司庫一人、正九品下」とあるが、『旧唐書』巻四三と巻四四の記事は『大唐六典』の再録に過ぎないから、依拠することができない。『新唐書』巻四七殿中省尚乗局に、

司廩司庫各一人、正九品下。　司廩・司庫各《おのおの》一人、正九品下。

とあるのは、開元二三年以降の定員を伝えたものとすることができる。

尚乗局司庫の記事は『大唐六典』巻一一殿中省尚乗局にあり、尚乗局直長と尚乗局奉乗の条において述べたようなことは、尚乗局司庫についても類推できるから、尚乗局司庫の定員と品階は「開元二五年令」の規定である。

6　尚輦局掌輦

『大唐六典』巻一一殿中省尚輦局に「掌輦二人、正九品下」とあり、註記に次のようにある。

皇朝初、置四人。開元二十三年、減二人。　皇朝の初め、四人を置く。開元二三年（七三五）、二人を減ず。

『通典』巻二六職官典・殿中監・尚輦局に尚輦局掌輦の定員に関して記事がない。『旧唐書』巻四四殿中省尚輦局に「掌輦二人、正九品下」とあるが、『旧唐書』巻四三と巻四四の記事は『大唐六典』の再録に過ぎないから、依拠することができない。『新唐書』巻四七殿中省尚輦局に「掌輦、二人、正九品下」とあるのは、開元二三年以降の定員を伝えたものとすることができる。この掌輦の定員と品階は、開元二三年以降開元二六年ころの状態を伝えたものである。

『通典』巻二六職官典・殿中監・尚輦局に掌輦の定員に関して記事がない。『旧唐書』巻四四殿中省尚輦局に「掌輦二人、正九品下」とあるが、『旧唐書』巻四三と巻四四の記事は前述したように『大唐六典』の再録に過ぎないから、依拠することができない。

尚乗局の各官について今までに述べたことがいえるなら、尚輦局掌輦について同じことがいえ、掌輦の定員と品階は「開元二五年令」の規定であることになる。

7　太常寺太祝

『大唐六典』巻一四太常寺に「太祝三人、正九品上」とあり、註記に次のようにある。

礼記曰、天子建天官、先六大。則有太祝之置、此夏殷之制也。………（中略）………。隋太祝署、令一人丞一人太祝八人祝史十六人。煬帝廃太祝署、以太祝属寺。後又増為十人。皇朝減置七人。後又増置九人。開元二十三年、減六人、祝史減七人。

「礼記」（『礼記』曲礼下）に曰わく、「天子は天官（官に同じ、天子の官）を建て、六大（六大官）を先にす」と。則ち太祝の置く有るは、此れ夏・殷の制なり。………（中略）………。隋の太祝署、令一人・丞一人・太祝八人・祝史一六人。煬帝太祝署を廃し、太祝を以て寺に属さしむ。後に又た増して一〇人と為す。皇朝減じて七人を置く。後に又た増して九人を置く。開元二三年（七三五）、六人を減じ、祝史は七人を減ず。

この太祝の定員と品階は、開元二三年以降開元二六年ころの状態をいい、より具体的には開元二五年「職員令」の規定をいうものである。

『通典』巻二五職官典・太常寺・太祝に定員は三人とある。この数は開元二五年の定員であり、『大唐六典』の開元二三年以降の定員と一致する。『大唐六典』の「太祝三人」は開元二五年「職員令」である。「太祝三人」が開元二五年「職員令」であれば、太祝の「正九品上」は開元二五年「官品令」であることになる。一方に開元二五年「職員令」を引き、他方に開元七年「官品令」を引くことはない。因みに開元七年「職員令」の太祝は定員九人で、官品は「正九品上」であった。『大唐六典』が「開元七年令」ならば、「太祝九人、正九品上」とあるはずである。

8　太常寺奉礼郎

『大唐六典』巻一四太常寺に「奉礼郎、二人、従九品上」とあり、註記に次のようにある。

漢大鴻臚有治礼郎三十七人、晋太常諸博士有治礼史二十四人、大行令有治礼郎四人。………（中略）………。隋太常寺有治礼郎十六人。其後改為奉礼郎。又置賛者十二人。煬帝減奉礼郎、置六人。皇朝武徳中、為治礼郎、置四人。永徽之後、改為奉礼郎。開元二十三年、減二人。掌師賛者、以供其事。

漢の大鴻臚に治礼郎三七人有り、晋の太常諸博士に治礼史二四人有り、大行令に治礼郎四人有り。………（中略）………。隋の太常寺に治礼郎一六人有り。其の後改めて奉礼郎と為す。又た賛者一二人を置く。煬帝は奉礼郎を減じ、六人を置く。皇朝の武徳中（六一八～六二六）、治礼郎と為し、四人を置く。永徽の後（元年は六五〇）、改めて奉礼郎と為す。開元二三年（七三五）、二人を減ず。師賛を掌る者、以て其の事を供す。

この奉礼郎の定員と品階は、開元二三年以降開元二六年ころの状態を伝えるものである。

『通典』巻二五職官典・太常寺・奉礼郎に奉礼郎は定員二人とある。この数は開元二五年の定員をいい、『大唐六典』の開元二三年以降の定員と一致するから、『大唐六典』の「奉礼郎二人」は開元二五年「職員令」である。「奉礼郎二人」が開元二五年「職員令」であれば、一方に開元二五年「職員令」を引用し、他方に開元七年「官品令」を引用することはないから、奉礼郎の官品「従九品上」は開元二五年「官品令」であることになる。

9　太楽令

『大唐六典』巻一四太常寺・太楽署に「令一人、従七品下」とあり、註記に次のようにある。

周礼太司楽、中大夫二人楽師下大夫四人、掌成均之法、以楽舞教国子。………（中略）………。隋太常寺統太楽令丞二人、皇朝因之。開元二十三年、各減一人。

「周礼」の太司楽に、「中大夫二人、楽師、下大夫四人、成均の法を掌り、楽舞を以て国子に教える」と。………（中略）………。隋の太常寺は太楽令・丞二人を統《す》べ、皇朝之に因る。開元二三年（七三五）、各《おのおの》一人を減ず。

この太楽令の定員と品階は、開元二三年以降開元二六年ころの状態をいう。

『通典』巻二五職官典・太常寺・太楽署に「令一人」とある。この数は開元二五年の定員で、『大唐六典』の開元二三年以降の定員と一致するから、『大唐六典』の「太楽令一人」は開元二五年「職員令」である。「太楽令一人」が開元二五年「職員令」であれば、太楽令の官品「従七品下」は開元二五年「官品令」であることになる。

10　太楽丞

『大唐六典』巻一四太常寺・太楽署に「丞一人、従八品下」とあり、註記に次のようにある。

歴代皆有一人。隋置二人、皇朝因之。開元二十三年、減一人。

歴代皆な一人有り。隋は二人を置き、皇朝之に因る。開元二三年、一人を減ず。

太楽丞は隋代から二人が置かれたが、開元二三年になって定員一人となった。この太楽丞の定員と品階は「開元二五令」の規定である。

『通典』巻二五職官典・太常寺・太楽署に「丞、一人」とある。この数は開元二五年の定員であり、『大唐六典』の開元二三年以降の定員と一致するから、『大唐六典』の「丞一人」は開元二五年「職員令」であり、太楽丞の官品「従八品下」は開元二五年「官品令」であることになる。

11　鼓吹令

『大唐六典』巻一四太常寺・鼓吹署に「令一人、従七品下」とあり、註記に次のようにある。

又隋太常寺統鼓吹清商二、令丞各二人。皇朝因、省清商、并于鼓吹。開元二十三年、減一人。

又た隋の太常寺は鼓吹・清商の二を統《す》べ、令・丞各《おのおの》二人。皇朝因るも、清商を省き、鼓吹に并す。開元二三年（七三五）、一人を減ず。

この鼓吹令の定員と品階は、開元二三年以降開元二六年ころの状態をいう。

『通典』巻二五職官典・太常寺・鼓吹署に「令一人」とある。この数は開元二五年の定員であるから、『大唐六典』の開元二三年以降の定員と一致するから、『大唐六典』の「令一人」は開元二五年「職員令」であり、鼓吹令の官品「従七品下」は開元二五年「官品令」であることになろう。

12　鼓吹丞

『大唐六典』巻一四太常寺・鼓吹署に「丞一人、従八品下」とあり、註記に次のようにある。

隋置二人皇朝因之。開元二十三年、減一人。　隋二人を置き、皇朝之に因る。開元二三年、一人を減ず。

『通典』巻二五職官典・太常寺・鼓吹署に「丞一人」とある。この数は開元二五年の定員であり、『大唐六典』の開元二三年以降の定員と一致するから、『大唐六典』の「丞一人」は開元二五年「職員令」であり、鼓吹丞の官品「従八品下」は開元二五年「官品令」であることになる。

13　廩犧丞

『大唐六典』巻一四太常寺・廩犧署に「丞一人、正九品上」とあり、註記に次のようにある。

隋置二人、皇朝因之。開元二十三年、減一人。

隋は二人を置き、皇朝之に因る。開元二三年、一人を減ず。

『通典』巻二五職官典・太常寺・廩犧署に「丞一人」とある。この数は開元二五年の定員であり、『大唐六典』の開元二三年以降の定員と一致するから、『大唐六典』の「丞一人」は開元二五年「職員令」であり、廩犧丞の官品「正九品上」は開元二五年「官品令」であることになる。『大唐六典』が「開元七年令」を伝えているならば、「丞二人、正九品上」とあったはずである。『新唐書』巻四八百官志・太常寺・廩犧署には「丞一人、正九品下」とあり、丞一人は一致するが、官品が一致しない。『新唐書』の官品は何時の官品であろうか。

14　太官署監膳

『大唐六典』巻一五光禄寺・太官署に「監膳十人、従九品下」とあり、註記に次のようにある。

晋太官令有厨史二十四人。後周内膳有主食十二人。隋太官有監膳十一人。武徳中、太官監膳八人。貞観中、加置十二人。開元二十三年、減二人。

晋の太官令に厨史二四人有り。後周の内膳に主食一二人有り。隋の太官に監膳一一人有り。武徳中（六一八～六二六）、太官の監膳は八人。貞観中（六二七～六四九）、加えて一二人を置く。開元二三年（七三五）、二人を減ず。

この監膳の定員と品階は、開元二三年以降開元二六年ころの状態をいい、さらにいえば開元二五年「職員令」である。光禄寺太官署に「監膳十人、従九品下」とある。註記によれば、貞観年間に監膳は一二人であったが、開元二三年に二人を減員した。開元二三年以降、監膳は一〇人となったから、本文に「監膳十人、従九品下」とあるのである。『大唐六典』は「監膳十人、従九品下」と本文で示し、その変遷を註記によって説明している。

「監膳十人、従九品下」は開元二三年の減員の結果を受けたものであるから、開元二三年以降、『大唐六典』が完成する開元二六年ころの規定である。このころの規定といえば、開元二五年の「職員令」や「官品令」が想起される。

「監膳十人、従九品下」や「丞四人、従六品下」は開元二五年の「職員令」や「官品令」の当該部分を必要に応じて抜き書きしたものである。

15　少府監丞

『大唐六典』巻二二少府監に「丞四人、従六品下」とあり、註記に次のようにある。

漢置丞六人、比千石。後漢置一人、以明法補。魏晋因之。………（中略）………。隋煬帝分太府寺、置少府監、置丞二人。皇朝加至六人。龍朔咸亨光宅神龍、並隨監改復。開元二十三年、省置四人。

漢は丞六人を置き、比千石。後漢は一人を置き、明法を以て補す。魏・晋之に因る。………（中略）………。隋の煬帝は太府寺を分かち、少府監を置き、丞二人を置く。皇朝加えて六人に至る。龍朔・咸亨・光宅・神龍、並びに監に隨いて改復す。開元二三年（七三五）、省きて四人を置く。

この少府監丞の定員と品階は、開元二三年以降開元二六年ころの状態をいう。

少府監に「丞四人、従六品下」とあるのは、何時の定員と品階であろうか。『旧唐書』職官志や『新唐書』百官志は後世に編集した職官類であって、どの時点の官制を反映したものか不明であることが多い。それに比較して『大唐六典』は開元二六年に完成した書で、そこに記載された官の定員と品階は『大唐六典』完成時のものである。『大唐六典』の少府監丞は註記には、開元二三年に減員されて定員四人となったとあるが、これは開元二五年「職員令」をいうものである。

『通典』巻二七職官典・諸卿・少府監の丞には、開元二五年の定員を伝えて「大唐、置四人」とある。

16　少府監主簿

『大唐六典』巻二二少府監・少府監主簿に「主簿二人、従七品下」とあり、註記に次のようにある。

晋令、少府置主薄二人。宋斉因之。………（中略）………。隋煬帝置主簿一人、皇朝加至四人。龍朔咸亨光宅神龍、並随監改復。開元二十三年、減二人。

「晋令」に、「少府は主薄二人を置く」と。宋・斉之に因る。………（中略）………。隋の煬帝は主簿一人を置き、皇朝は加えて四人に至る。龍朔・咸亨・光宅・神龍、並びに監に随い改復し。開元二三年（七三五）、二人を減ず。

この少府監主簿の定員と品階は「開元二五令」の規定をいうものである。

『通典』巻二七職官典・諸卿・少府監の主簿には、開元二五年の定員を伝えて「大唐、有二人」とある。

三　開元二六年の官員削減

1　著作佐郎

『大唐六典』巻一〇秘書省・著作局に「著作佐郎四人、従六品上」とあり、註記に次のようにある。

著作佐郎修国史。………（中略）………。隋置八人、正第七品上。煬帝三年、著作二人、増品従第六。皇朝置四人、龍朔二年、改為司文郎、咸亨元年復故。開元二十六年、減置二人。

著作佐郎は国史を修む。………（中略）………。隋（文帝の時代、すなわち開皇「職員令」）は八人を置き、正第七品上。煬帝の三年（六〇七、「大業令」を指す）、著作二人、品を増して従第六（大業「官品令」上下階なし）。皇朝は四人を置き、龍朔二年（六六二）、改めて司文郎と為し、咸亨元年（六七〇）故に復す。開元二六年（七三八）、減じて二人を置く。

著作佐郎は定員四人であったが、開元二六年に定員二人とした。であれば、『大唐六典』は著作佐郎の箇所を「著作佐郎二人、従六品上」と書けばよいと思うのであるが、開元二六年以前の定員のままにしている。減員が開元二六年の初期であれば、『大唐六典』の草稿は書き直すことは可能である。しかし、改訂作業を行っていない。これは何故であろうか。ここに『大唐六典』は何に依拠し記事を書いているか示す鍵があるように思われる。

『大唐六典』が「著作佐郎四人、従六品上」とし、註記に開元二六年の減員を書いたのは以下の事情であろう。「著作佐郎四人、従六品上」は開元二五年「職員令」と開元二五年「官品令」を規定をそのまま残し、開元二六年の減員を註記することによって、定員の変動があったことを示したと考えられる。

『旧唐書』巻四二職官志の官品一覧と『通典』巻四〇職官典・品秩・大唐の条は開元二五年の官品を伝えた記事であるが、『旧唐書』巻四二職官志と『通典』の官品一覧の「従第六品上」の項に、著作佐郎があるから、「著作佐郎四人、従六品上」は開元二五年の定員と官品を伝えたものである。

『唐会要』巻六五秘書省に、

著作郎、本四員。開元二十六年正月二十八日、減両員。掌修史。

著作郎、本は四員。開元二六年正月二八日、両員を減ず。修史を掌る。

とある著作郎は著作佐郎の誤りである。

2　著作局校書郎

同じことは秘書省著作局校書郎の箇所にも起きている。すなわち、『大唐六典』巻一〇秘書省・著作局に「校書郎二人、正九品上」とあり、注記に次のようにいう。

後魏著作省、置校書郎、史闕其員品。北斉著作省、置校書郎二人、正第九品上。隋及皇朝因之。開元二十六年、減置一人。

後魏の著作省、校書郎を置くも、史は其の員品を闕く。北斉の著作省、校書郎二人を置き、正第九品上。隋及び皇朝之に因る。開元二六年（七三八）、減じて一人を置く。

この場合も本文には開元二六年の減員の結果を書かないで、開元二六年以前のままにしている。減員の結果を放置するのは『大唐六典』編纂官の不注意に起因するものではない。註記に減員を記録しているから、意識的に本文を訂正しなかったのである。

では何故に訂正しないのであろうか。これは開元二五年「職員令」との関係においてであろう。「開元二五年令」は開元二五年九月に頒布されている。本文は開元二五年の「職員令」のままにしておいて、註記によって「開元二五年令」以降の変化を述べたのである。そうすれば、『大唐六典』は「開元二五年令」を実見して、開元二五年までの変遷やそれ以後の変遷を註記で述べていることになる。「校書郎二人、正九品上」は開元二五年「職員令」や「官品令」ということになる。事実、『旧唐書』巻四二職官志の官品一覧と『通典』巻四〇職官典・品秩・大唐の条は開元二五年の官品を伝えて、「正九品上」の項に「校書郎」とある。

『大唐六典』は「開元二五年令」を引用する書であり、「開元二五年令」が凝縮された書であると私は考えている。『大唐六典』は減員の結果を書かないで、開元二五年のままに放置している。「開元二五年令」は開元二五年に成立し、九月に頒布されていることは注目に値する。「著作佐郎四人、従六品上」と「校書郎二人、正九品上」は開元二五年「職員令」と開元二五年「官品令」の混合文であろう。令文をそのままにしておいて、註記において令文の変化を示している、このように考えれば、本文と註記の関係は合理的に説明ができよう。

3　著作局正字

正字という官は、唐代では秘書省本省と秘書省著作局に置かれた。『大唐六典』巻一〇秘書省に「正字四人、正九

品下」とあり、註記に、

掌詳定典籍、正其文字。前代才学之士、多以佗官兼其任者。斉秘書省有正書、蓋是正字之任。北斉秘書省、始置正字四人、従第九品上。隋因之、皇朝為正第九品下。

典籍を詳定し、其の文字を正すを掌る。前代の才学の士、佗官を以て其の任を兼ねる者多し。斉の秘書省に正書有り、蓋し是れ正字の任なり。北斉の秘書省、始めて正字四人を置き、従第九品上。隋之に因り、皇朝は正第九品下と為す。

とあるのは、秘書省本省の正字である。

『大唐六典』巻一〇秘書省著作局に「正字二人、正九品下」とあり、註記に、

隋著作曹置正字二人、従九品上。　隋の著作曹に正字二人を置く、従九品上。

とあるのは、著作局の正字である。『太平御覧』巻二三四職官部・正字に、

六典曰、正字四人、正九品下。掌［詳］定典籍、刊正文字。

「六典」に曰わく、「正字四人、正九品下。典籍を詳定し、文字を刊正すを掌る」と。

とあるのは、定員の員数からみて秘書省本省の正字である。

『唐会要』巻六五秘書省に、

正字、本二員。開元二十六年、減一人。　正字、本は二員。開元二六年、一人を減ず。

とあるのは、定員の員数からみて著作局正字に関する記事である。著作局正字は開元二六年（七三八）に一員が減員となったにも拘わらず、『大唐六典』は「正字二人、正九品下」と記載し、註記に定員に変動があったことを伝えない。著作佐郎や著作局校書郎は開元二六年の減員を註記に書いていた。註記に定員に変動があったことを伝えないのは『大唐六典』の不注意から生じたことであるが、「正字二人、正九品下」は開元二五年「職員令」と開元二五年

「官品令」を伝えたものであることは疑いない。『旧唐書』巻四二職官志の官品一覧と『通典』巻四〇職官典・品秩・大唐の条は開元二五年の官品を伝えて「正九品下」の項に「正字」とある。

4　秘書省校書郎

『大唐六典』巻一〇秘書省著作局に「校書郎八人、正九品上」とあり、註記に次のようにある。

漢成帝命光禄大夫劉向、於天禄閣校経伝、諸子詩賦、歩兵校尉任宏校兵書、太史令尹咸校数術、太医監李柱国校方術。其後、揚雄以大夫亦典校於天禄閣。斯皆有其任而未置其官。………（中略）………。至後魏、秘書省始置校書郎、正第九品上。北斉置十二人。隋初亦置十二人、煬帝三年、減為十人。其後又増為四十人、皇朝減為八人。

漢の成帝　光禄大夫の劉向に命じて、天禄閣に経伝・諸子・詩賦を校せしめ、歩兵校尉の任宏は兵書を校し、太史令の尹咸は数術を校し、太医監の李柱国は方術を校す。其の後、揚雄は大夫を以て亦た天禄閣に典校す。斯れ皆な其の任有りて未だ其の官を置かず。………（中略）………。後魏に至り、秘書省始めて校書郎を置き、正第九品上。北斉は一二人を置く。隋の初め亦た一二人を置き、煬帝の三年、減じて一〇人と為す。其の後又た増して四〇人と為し、皇朝減じて八人と為す。

『唐会要』巻六五秘書省には、開元二六年正月の減員を伝えて、

校書郎、本八員。開元二十六年正月二十八日、省四員。

校書郎、本は八員。開元二六年正月二八日、四員を省く。

とあり、四員の減員をいうが、『大唐六典』の註記はこの減員を伝えない。前掲した著作佐郎や著作局校書郎の項では開元二六年の減員を註記に書いていたから、この場合は編纂上の不注意による註記洩れとしか考えようがないが、「校書郎八人、正九品上」は開元二六年の減員前の状態であるから、これは開元二五年「職員令」と「官品令」を伝

えたものであることは疑いない。『旧唐書』巻四二職官志の官品一覧と『通典』巻四〇職官典・品秩・大唐の条は開元二五年の官品を伝えて「正九品上」の項に「校書郎」とある。『大唐六典』の官人の定員と官品を伝えた部分、たとえば、校書郎であれば「校書郎八人、正九品上」の部分は例外なく開元二五年「職員令」と開元二五年「官品令」を伝えたものであると考えてよい。

四　開元二五年の定員と『大唐六典』

『大唐六典』の官人の定員を伝えた部分、たとえば、「校書郎八人、正九品上」の「校書郎八人」の部分は例外なく開元二五年「職員令」であることを再度確認しよう。『大唐六典』の員数が開元二五年の員数であること確認するためには、『大唐六典』の開元二五年の員数の史料を示し、他の文献に所載する確実な開元二五年の員数と一致すれば、『大唐六典』の員数は開元二五年の員数、すなわち、開元二五年「職員令」といえる。

「開元二三年の官員削減」において述べた官について検討する。「開元二三年の官員削減」において述べた官のうち、尚乗局奉乗・尚乗局司庫・尚輦局掌輦は『通典』に員数の記事がないため、比較することができない。

弘文館校書郎	二人	（『通典』巻二一職官典・門下省・弘文館校書）
尚乗奉御	二人	（『通典』巻二六職官典・殿中監・尚乗局）
尚乗局直長	一〇人	（『通典』巻二六職官典・殿中監・尚乗局）
太常寺太祝	三人	（『通典』巻二五職官典・太常寺・太祝）
太常寺奉礼郎	二人	（『通典』巻二五職官典・太常寺・奉礼郎）
太楽令	一人	（『通典』巻二五職官典・太常寺・太楽署）
太楽丞	一人	（『通典』巻二五職官典・太常寺・太楽署）

鼓吹令　一人　（『通典』巻二五職官典・太常寺・鼓吹署）
鼓吹丞　一人　（『通典』巻二五職官典・太常寺・鼓吹署）
廩犠丞　一人　（『通典』巻二五職官典・太常寺・廩犠署）
少府監丞　四人　（『通典』巻二七職官典・少府監・丞）
少府監主簿　二人　（『通典』巻二七職官典・少府監・主簿）
著作佐郎　四人　（『通典』巻二六職官典・秘書監・佐郎）
著作局校書郎　二人　（『通典』巻二六職官典・秘書監・佐郎）
著作局正字　二人　（『通典』巻二六職官典・秘書監・佐郎）
秘書省校書郎　八人　（『通典』巻二六職官典・秘書監・校署郎）

員数は『通典』が員数である。この員数は「開元二三年の官員削減」で述べた『大唐六典』の員数と完全に一致するから、『大唐六典』の員数は開元二五年「職員令」の員数であるといえる。『大唐六典』の職員数が開元二五年「職員令」によって書かれているなら、『大唐六典』にみえる他の唐令も「開元二五年令」である可能性が大変に高いといえよう。

第四節　官品の増品記事

一　開元一八年の増品

1 中尚令

『大唐六典』巻二二少府監・中尚署に「令一人、従六品上」とあり、註記に、
隋開皇中、有内左右三尚方署、猶属太府寺。内尚方令二人、正八品下。掌諸織作。煬帝分属少府。皇朝因、置二人、省方字。但曰中尚左尚右尚。開元十八年、省一人、升為従六品上。

隋の開皇中（五八一〜六〇〇）、内・左・右の三尚方署有り、猶お太府寺に属す。内尚方令二人、正八品下。諸《もろもろ》の織作を掌る。煬帝分かちて少府に属さしむ。皇朝因りて、二人を置き、「方」字を省き、但だ中尚・左尚・右尚と曰うのみ。開元一八年（七三〇）、一人を省き、升して従六品上と為す。

とあり、開元一八年に定員一人とし、官品を従六品上とした。

『通典』巻四〇職官典・品秩・大唐の条「正六品上階」に「武庫中尚署令（武庫令と中尚署令）」とあり、『旧唐書』巻四二職官志の百官一覧でも、「正六品上階」に中尚令を配当し、敦煌発見の職官表（伯二〇五四）も衛尉寺武庫令を「正六品上階」に配当する。

『大唐六典』巻一六衛尉寺・両京武庫令では、武庫令は従六品上とし、『大唐六典』の中尚令・武庫令と官品一覧の中尚令・武庫令の官品は一致しない。

中尚令に関して、北宋の『職官分紀』巻二二少府監に、
六典少府監、一人、従三品。………（中略）………。中尚署、令一人、従六品上。

とあり、『職官分紀』に引用する『大唐六典』も中尚令を従六品上とする。原本『大唐六典』に中尚令は従六品上であったことは間違いないようである。

『通典』巻四〇職官典・品秩・大唐と『旧唐書』巻四二職官志の百官一覧には「正六品上」としている＊。この史

料も捨てがたい。『大唐六典』の中尚令・従六品上は「正六品上」の誤記であろうか。

＊　『旧唐書』巻四四職官志・少府監・中尚署には「令一人、従六品下」とあり、『新唐書』巻四八百官志・少府監・中尚署には「令一人、従七品下」とある。

2　左尚令

『大唐六典』巻二二少府監・左尚署に「令一人、正七品下」とあり、注記に、

隋開皇中、三尚方並属太府寺。………（中略）………。皇朝置一人。開元十八年、為正七品下。

隋の開皇中（五八一〜六〇〇）、三尚方並びに太府寺に属す。………（中略）………。皇朝一人を置く。開元一八年（七三〇）、正七品下と為す。

とあり、開元一八年に左尚令を正七品下としたとある。

『通典』巻四〇職官典・品秩・大唐の条「従七品下階」に「上署令（上と区分される署の令）」とある。註記に上署令を説明して、

郊社太楽鼓吹太医太官左蔵黄乗典厩典客上林太倉平準左尚右尚典牧。

郊社・太楽・鼓吹・太医・太官・左蔵・黄乗・典厩・典客・上林・太倉・平準・左尚・右尚・典牧。

とあり、上署令とされたのは郊社・太楽・鼓吹・太医・太官・左蔵・黄乗・典厩・典客・上林・太倉・平準・左尚・右尚・典牧の各令であった。少府監・左尚署は上署である。『通典』巻四〇職官典・品秩・大唐の条では左尚令は「従七品下」とし、郊社令・太楽令以下はすべて『大唐六典』は「従七品下」とする。『大唐六典』の「正七品下」は「従七品下」の誤りであろう。

3　左尚丞

『大唐六典』巻二二少府監・左尚署に「丞五人、従八品下」とあり、注記に、

隋左尚方丞八人、正九品下。皇朝置五人。開元十八年、為従八品下。

隋の左尚方の丞八人、正九品下。皇朝五人を置く。開元一八年（七三〇）、従八品下と為す。

とあり、開元一八年に左尚丞は従八品下となった。『大唐六典』ができた開元二六年でも左尚署の丞は「丞五人、従八品下」であったから「丞五人、従八品下」と記載されるのである。開元二五年「職員令」では左尚丞は定員五人であり、開元二五年「官品令」では従八品下であった。

4　右尚令

『大唐六典』巻二二少府監・右尚署に「令一人、正七品下」とあり、注記に、

隋左右尚方属太府寺、令三人、正八品下。煬帝始改隷少府焉。皇朝因、置令二人。掌造甲冑貝装刀斧鉞及皮毛雑作膠墨紙筆薦蓆等事。開元十八年、省一人、升為正七品下。

隋の左右尚方は太府寺に属し、令三人、正八品下。煬帝始めて改めて少府に隷せしむ。皇朝因り、令二人を置く。甲冑・貝装刀・斧鉞及び皮毛・雑作・膠・墨・紙・筆・薦蓆らを造る事を掌る。開元一八年、一人を省き、升《のぼ》して正七品下と為す。

とあり、開元一八年（七三〇）に右尚令は正七品下となった。

『通典』巻四〇職官典・品秩・大唐の条「従七品下階」の「上署令」の註記に、

郊社太楽鼓吹太医太官左蔵黄乗典厩典客上林太倉平準左尚右尚典牧。

郊社・太楽・鼓吹・太医・太官・左蔵・黄乗・典厩・典客・上林・太倉・平準・左尚・右尚・典牧。

とあるから、右尚令は「従七品下」である可能性もある。

5　右尚丞

『大唐六典』巻二二少府監・右尚署に「丞四人、従八品下」とあり、注記に、

漢魏已来、与左尚方同。隋右尚方丞六人、皇朝置四人。開元十八年（七三〇）、為従八品下。

漢魏已来、左尚方と同じ。隋の右尚方の丞は六人、皇朝四人を置く。開元一八年、従八品下と為す。

とあり、開元一八年に従八品下となった。この結果が『大唐六典』の右尚署に「丞四人、従八品下」と書かれているから、開元二五年「職員令」では定員「四人」とあり、「官品令」では「従八品下」とあったはずである。

二　開元二四年の増品

1　吏部主事の増品

『大唐六典』巻二尚書吏部・吏部尚書・侍郎の条に「主事四人、従八品下」とあり、この註記に、

隋煬帝初置。［皇朝］為従九品下、開元二十四年、升為［従］八品［下］。

隋の煬帝初めて置く。皇朝は従九品下と為し、開元二四年（七三六）、升せて従八品下と為す。

とある。尚書吏部の主事は従来は従九品下であったが、開元二四年に従八品下となった。

『旧唐書』巻四二職官志の官品一覧の「従八品下」項に「中書門下尚書都省兵吏部考功礼部主事」とあり、註記に、

旧従九品上。開元二十四年、改七司［主事］、入八品。

旧は従九品上。開元二四年、七司の主事（中書省・門下省・尚書都省・兵部・吏部・考功・礼部主事）を改め、八品に入れる。

とあるから、『大唐六典』の註記は『旧唐書』と一致する。『旧唐書』巻四二職官志の官品一覧は開元二五年の官品一覧であり、同じ開元二五年の官品一覧は『通典』巻四〇職官典・品秩・大唐の条である。『通典』にも、

中書門下尚書都省兵部吏部考功礼部主事。　中書・門下・尚書都省・兵部・吏部・考功・礼部主事。

とあるから、『大唐六典』吏部の「主事四人、従八品下」のうちの「従八品下」は、開元二五年の吏部主事の官品であることが判明する。であれば、「主事四人」は吏部主事の定員ということになる。

『大唐六典』吏部の「主事四人、従八品下」は「開元二五年令」の「職員令」と「官品令」の吏部主事の部分を混合したものということになろう。

2　兵部主事の増品

『大唐六典』巻五尚書兵部・兵部主事に「主事四人、従八品下」とあり、註記に、

隋煬帝初置。［皇朝］為従九品下。開元二十四年勅、改為八品。

隋の煬帝初めて置く。皇朝は従九品下と為す。開元二四年（七三六）勅して、改めて八品と為す。

とある。兵部主事は煬帝の時に初めて設置された官である。大業官制の官品は正従のみで上下はないから、「大業令」制下の兵部主事が従九品下であることはないから、脱字があると想定し「皇朝」の二字を補足した。

吏部主事は従来は従九品下であったが、開元二四年になって従八品下となった。このことは前掲した「吏部主事の増品」の項に示した『旧唐書』と『通典』の史料からも明らかであり、「主事四人、従八品下」は「開元二五年令」の「職員令」と「官品令」の兵部主事の部分を混合して記載したものということになる。

3　門下主事の増品

『大唐六典』巻八門下省に「主事四人、従八品下」とあり、註記に、

晋置門下主事。歴宋斉、品第八。梁陳名為門下主事令史。北斉門下主事令史八人、従第八品上。隋初、諸臺省並置主事令史。煬帝三年、直曰主事。旧令、従九品上。開元二十四年勅、加入八品。

晋は門下主事を置く。宋・斉を歴て、品は第八。梁・陳は名づけて門下主事令史と為す。北斉の門下主事令史八人、従第八品上。隋の初め、諸臺省並びに主事令史を置く。煬帝の三年（六〇七）、直ちに主事と曰う。「旧令」（「開元七年令のこと」）、従九品上。開元二四年（七三六）勅して、加えて八品に入る。

とある。門下主事は従来においては従九品上であったが、開元二四年に従八品下とされた。註記に「旧令」とあるのは『大唐六典』の実体を知る上で極めて重要である。「旧令」とあるからには、それに対する「新令」が存在しなければならない。『大唐六典』の編者は「新令」の存在を承知していたのである。では、「旧令」とは何か。また「新令」とは何を指すものであろうか。

『大唐六典』は開元二六年ころ完成しており、「開元二五年令」は開元二五年九月に公布された。「開元二五年令」の編纂と『大唐六典』の編纂は同時進行しており、「開元二五年令」の内容は極秘にするほどのことでもないから、『大唐六典』の編者は「開元二五年令」の内容を知り得る立場にあった。この事実を把握しておれば、自然と「旧令」の実体は解明されよう。「旧令」では門下主事は従九品上であったが、開元二四年の勅命によって従八品下となった。開元二四年以降の時点、「開元二五年令」と『大唐六典』の編纂が同時進行している時点からみて、「旧令」とは「開元七年令」を指すことになる。

4　中書主事の増品

『大唐六典』巻九中書省に「主事四人、従八品下」とあり、註記に、開元二四年の増品をいう。

魏氏所置。歴宋斉、中書並置主事。品並第八。梁中書令史二人、品第八。陳氏及後魏北斉、並不置。隋初、諸臺省並置主事令史、皆正第九品上。煬帝三年、並去令史之名。前代用人皆軽、而隋氏雑用士人為之。故顔慜楚文学名家、為内史主事。尋罷士人。皇朝並用流外、入流累転為之。旧令、従九品上。開元二十四年勅、進入八品。

魏氏置く所。宋・斉を歴し、中書並びに主事を置く。品は並びに第八。梁の中書令史二人、品第八。陳氏及び後魏・北斉、並びに置かず。隋の初め、諸臺省並びに主事令史を置き、皆な正第九品上。煬帝の三年（大業三年・六〇七）、並びに「令史」の名を去る。前代の用人皆な軽く、而るに隋氏雑えて士人を用い之と為す。故に顔慜楚（隋末唐初の人、隋の通事舎人）文学の名家、内史主事と為る。尋いで士人を罷む。皇朝並びに流外を用い、入流し累転して之に為る。「旧令」、従九品上。開元二四年（七三六）勅して、進めて八品に入る。

5　主事の増品

『大唐六典』は開元二四年の主事の増品に関して、吏部主事・兵部主事・門下主事・中書主事の四主事しか伝えないが、『旧唐書』巻四二職官志の官品一覧の「従八品下」項に「中書・門下・尚書都省・兵・吏部・考功・礼部主事」とあり、七主事が列挙され、註記に、

旧従九品上。開元二十四年、改七司、入八品。　旧は従九品上。開元二四年、七司を改め、八品に入れる。

とあるから、四例以外に尚書都省主事・考功主事・礼部主事も増品されたことが判明する。

『通典』巻四〇職官典・品秩・大唐の条は、開元二五年官品を伝えた項であるが、「従八品下」項に、

中書門下尚書都省兵部吏部考功礼部主事。

とある。これによって、『大唐六典』は事実のすべてを伝えているわけではないことが看取できる。

『大唐六典』巻一尚書都省主事には「主事六人、従九品上」と開元二四年の昇格の結果が反映されていない。改訂漏れであろう。『大唐六典』巻二尚書吏部の考功司・考功主事には「主事二人、従九品上」とあるのみで、開元二四年の昇格はなかった感を与える。『大唐六典』巻四尚書礼部の礼部主事には「主事二人、従八品下」とあり、開元二四年の昇格が反映されているが、註記には開元二四年の昇格に言及する記事がない。

三　開元二五年の官品と『大唐六典』

1　秘書省と親王府の官品

『大唐六典』の官品は何年度の官品が記載されているのであろうか。「職員令」が開元二五年のものなら、「官品令」も開元二五年と考えるのが自然であろう。

この問題の解決に当たっては秘書省と親王府・尚書吏部・少府監の官品を採り上げる。本当は官員全部の官品を検討するのが最適であるが、『大唐六典』の官品はすべて開元二五年の官品であるという確証がないため、開元二五年の官品である官府しか比較することができない。上段は秘書省、中段は親王府、下段は尚書吏部と少府監の官品である。開元二五年の官品は『通典』巻四〇職官典・品秩・大唐の条に伝える。

監	従三品	傅	従三品	吏部尚書	正三品
少監	従四品上	諮議参軍事	正五品上	吏部侍郎	正四品上
丞	従五品上	友	従五品下	吏部郎中	従五品上

秘書郎	従六品上
校書郎	正九品
正字	正九品下
主事	従九品上
著作局	
著作郎	従五品上
著作佐郎	従六品上
校書郎	正九品上
正字	正九品下
太史局	
太史令	従五品下
太史丞	従七品下
司暦	従九品上
保章正	従八品上
監候	従九品下
靈臺郎	正八品下
挈壷正	従八品下
司辰	正九品下

文学	従六品上
東閣祭酒	従七品上
西閣祭酒	従七品上
長史	従四品上
司馬	従四品下
掾	正六品上
属	正六品上
主簿	従六品上
記室参軍事	従六品上
録事参軍事	従六品上
録事	従九品上?
功曹参軍事	正七品上
倉曹参軍事	正七品上
戸曹参軍事	正七品上
兵曹参軍事	正七品上
騎曹参軍事	正七品上
法曹参軍事	正七品上
士曹参軍事	正七品上
参軍事	正八品下

吏部員外郎	従六品上
吏部主事	従八品下
少府監	従三品
少府少監	従四品下
少府監丞	従六品下
少府監主簿	従七品下
録事	従九品上
中尚令	従六品上?
中尚丞	従八品下
左尚令	従七品下
左尚丞	従八品下
右尚令	従七品下
右尚丞	従八品下

行参軍事	従八品上
典籤	従八品下

秘書省・親王府・尚書吏部・少府監の官品は、『大唐六典』の官品と『通典』巻四〇職官典・品秩・大唐の条に伝える開元二五年の官品とみごとに一致するが、秘書省と親王府の一致からは『大唐六典』の官品は開元二五年の官品ということはできない。『大唐六典』の官品は開元二五年「官品令」であるという証明ができていないからである。この段階では参考史料程度である。

2　尚書兵部の官品

重要なのは下段の尚書吏部の官品が『大唐六典』の記載する官品と一致することである。吏部の属官である吏部主事は開元二四年に従八品下となった。開元二五年当時は従八品下であったはずで、それが『通典』巻四〇職官典・品秩・大唐に記載される開元二五年官品と一致するから、『大唐六典』に記載する尚書吏部の官品は開元二五年の官品としてよい。少府監の官品は少し一致しない箇所があった。少し手直しすれば『通典』巻四〇職官典・品秩・大唐に記載される開元二五年官品と一致するから、『大唐六典』に記載する少府監の官品は開元二五年の官品としてよい。

史料は他にもある。開元二四年に主事の官品が昇格した尚書兵部であり、門下省であり、中書省である。

兵部尚書	正三品	侍中	正三品	中書令	正三品
兵部侍郎	正四品下	黄門侍郎	正四品上	中書侍郎	正四品上
兵部郎中	従五品上	給事中	正五品上	中書舎人	正五品上
兵部員外郎	従六品上	録事	従七品上	主署	従七品上
兵部主事	従八品下	主事	従八品下	主事	従八品下

尚書兵部・門下省・中書省の官品は『大唐六典』と完全に一致する。これらの官府の官品は『通典』巻四〇職官典・品秩・大唐に記載される開元二五年官品と一致する。ここまで一致するなら、参考史料とした秘書省と親王府の官品は参考史料ではない。『大唐六典』の秘書省と親王府の官品は開元二五年官品といってよい。さらに、いうなら『大唐六典』の官品は開元二五年「官品令」ということになる。

3　太公廟令の官品

右の方法で開元二五年「官品令」を説明するならば、太公廟令も同じ方法で説明できるはずである。『大唐六典』巻一四太常寺・両京斉太公廟署には、

両京斉太公廟署、令各一人、従七品下。丞各一人、従八品上。並開元十八年置。

両京の斉の太公廟署、令各《おのおの》一人、従七品下。丞各《おのおの》一人、従八品上。並びに開元一八年（七三〇）置く。

とあり、太公廟令は従七品下であり、丞は従八品上である。

ところが『通典』巻四〇職官典・品秩・大唐に開元二五年の官品を述べて、「従六品下階」に太公廟令があり、「正八品下階」に太公廟丞がある。『旧唐書』巻四二職官志の開元二五年官品一覧にも、太公廟令を従六品下とし、太公廟丞を正八品下とし、『新唐書』巻四八・百官志太常寺・両京武成王（両京斉太公に同じ）廟に、

令一人、従六品下。丞一人、正八品下。掌開闔灑掃釈奠之礼（開闔・灑掃《さいそう》・釈奠の礼を掌る）。

とあり、敦煌発見の職官表（伯二五〇四、天宝元年以降の天宝年間の記録）の「従六品下階」に太公廟令があり、「正八品下階」に太公廟丞があって、『大唐六典』巻一四太常寺・両京斉太公廟署にいう、

両京斉太公廟署、令各一人、従七品下。丞各一人、従八品上。

とは合致しない。開元二五年「官品令」において、太公廟令は従六品下であり、太公廟丞は正八品下であることは疑

問の餘地はない。

それでは『大唐六典』巻一四太常寺・両京斉太公廟署の「太公廟令一人、従七品下。丞一人、従八品上」の官品に誤記があるのかというと、『旧唐書』巻四三太常寺・両京斉太公廟署に、

令各一人、従七品下。丞各一人、従八品上。令丞掌開闔洒掃及春秋仲釈奠之礼。

令各《おのおの》一人、従七品下。丞各《おのおの》一人、従八品上。令・丞は開闔・洒掃及び春秋仲（二月・八月）の釈奠の礼を掌る。

とある。『旧唐書』巻四三・巻四四の記事は『大唐六典』の再録であるから、『旧唐書』の両京斉太公廟署に「令各一人、従七品下。丞各一人、従八品上」とあることは、『旧唐書』が編纂された一〇世紀の『大唐六典』にも同じようにあったことになり、『大唐六典』の誤記ではないことが確認できる。

では、『大唐六典』に太公廟令・従七品下、太公廟丞・従八品上とあり、開元二五年官品に太公廟令・従六品下、太公廟丞・正八品下とある事実を、どのように説明するかということになる。本書の見解は『大唐六典』本文にいう定員と官品は、たとえば、

両京斉太公廟署、令各一人、従七品下。丞各一人、従八品上。

は開元二五年の「職員令」と「官品令」であると繰り返し述べてきた以上、一方の誤記として片付けることはできない。では、どのように、太公廟令・従七品下、太公廟丞・従八品上とあるのと、開元二五年官品に太公廟令・従六品下、太公廟丞・正八品下とあるのを説明すればよいものであろうか。

4　「令」確定後の令文の変更

ここで想起すべき事実がある。それは第三節「官員の削減」の「開元二六年の官員削減」で述べた事実である。『大唐六典』巻一〇秘書省・著作局に「校書郎二人、正九品上」とあり、註記の一節に次のようにある。

北斉著作省、置校書郎二人、正第九品上。隋及皇朝因之。開元二十六年、減置一人。

北斉の著作省、校書郎二人を置き、正第九品上。隋及び皇朝之に因る。開元二十六年（七三八）、減じて一人を置く。

著作局校書郎は定員二人であったが、開元二十六年に定員一人となった。『大唐六典』は著作局校書郎の箇所を「著作局校書郎一人、正九品上」と書くべきなのに、開元二五年「職員令」の定員のままにしている。減員を放置したのは『大唐六典』編纂官の不注意ではない。註記に減員を記録しているから、意識的に本文を訂正しなかったのである。

訂正しないのは開元二五年「職員令」と関係がある。「開元二五年令」は開元二五年九月に頒布されている。本文は開元二五年「職員令」のままにしておいて、註記によって開元二五年「職員令」以降の変化を述べる形を採用しているのである。太公廟令と太公廟丞は開元二五年「官品令」が確定した直後に官品の改訂があったが、改訂のあった註記が脱落したため、前後の事情が不明となったのである。

いま一つは「開元二五年令」の草稿の締め切りと関連する。「開元二五年令」は開元二五年九月に公布されたが、公布直前までの「令」の変更をすべて盛り込んでいるわけではない。草稿の締め切りまでは変更するが、草稿の締め切り以降は、変更があっても令文は改正せず、浄書して皇帝に撰進し、天下に公布したのである。

『大唐六典』巻一六宗正寺・崇玄署に「令一人、正八品下」とあり、註記に崇玄署の沿革を述べ、その一節に、

開元二十五年勅、以為道本玄元皇帝之教、不宜属鴻臚。自今已後、道士女道士、並宜属宗正、以光我本根。故署亦随而隷焉。其僧尼別隷尚書祠部也。

開元二五年（七三七）勅す、「以為《おも》えらく道は本は玄元皇帝の教え、宜しく鴻臚に属すべからず。自今已後、道士・女道士、並びに宜しく宗正に属し、以て我が本根を光《かがやか》すべし」と。故に署（崇玄署）亦た随いて隷す。其の僧尼は別に尚書祠部に隷すなり。

とあり、崇玄署は開元二五年に宗正寺の所管となった。

その所管となる詳細な月日に関して『唐会要』巻六五宗正寺・崇玄署には、

自開元二十五年二月二日、宗正卿魯王道堅奏、今年正月七日勅、道士女冠、並隷宗正寺。其崇玄署、今既鴻臚不管、其署請属宗正寺。勅旨、依奏。

開元二五年二月二日を自《もっ》て、宗正卿の［嗣］魯王の道堅（『旧唐書』巻六四高祖二二子のうちの魯王・李霊夔《れいき》の子孫）奏す、「今年正月七日の勅に、『道士・女冠、並びに宗正寺に隷せしむ』と。其の崇玄署、今既に鴻臚管せず、其の署は宗正寺に属さんと請う」と。勅旨す、「奏に依れ」と。

とあり、開元二五年二月である。開元二五年二月の令文変更は可能であり、崇玄署は宗正寺の所管となるように令文が変更されたのである。

諸陵廟署は同じ開元二五年に太常寺から宗正寺の所管となった。ところが、『大唐六典』巻一六宗正寺は諸陵廟署の所管をいわない。所管となった時期に関して『旧唐書』巻九玄宗紀開元二五年（七三七）七月に、

己卯、勅、諸陵廟並隷宗正寺。其宗正寺官員、自今並以宗枝為之。

己卯、勅す、「諸陵廟並びに宗正寺に隷せしむ。其の宗正寺の官員、今より並びに宗枝を以て之と為す」と。

とあり、『冊府元亀』巻三〇帝王部・奉先三に、

［開元］二十五年七月己卯、詔、諸陵廟［署］、並隷宗正寺。其官員悉以宗子為之。

開元二五年七月己卯、詔す、「諸陵廟署、並びに宗正寺に隷せしめよ。其の官員悉く宗子を以て之と為す」と。

とある。開元二五年七月の令文変更は「開元二五年令」の草稿の書き直しは不可とされたのであり、『大唐六典』巻一四太常寺は諸陵署を太常寺の所管とし、註記において、

隋令、諸署、毎陵令一人。皇朝因之。開元二十五年、諸陵廟［署］隷宗正寺。

「隋令」に、「諸署、陵毎に令一人」と。皇朝之に因る。開元二五年、諸陵廟署は宗正寺に隷す。

と述べている。『大唐六典』の編者は諸陵署の所管変更を充分に承知していて、開元二六年に完成した『大唐六典』においては諸陵署は太常寺の所管としている。

『大唐六典』は開元二六年に完成した書であるから、開元二五年七月の制度変更は訂正が可能であるが、訂正がなされていない。これは何故か。これは「開元二五年令」の浄書と公布に関係するからであろう。「開元二五年令」は開元二五年九月壬申に公布された。開元二五年七月には「開元二五年令」の草案は完成して、天下に向けて公布するため謄写の段階にあり、開元二五年七月の制度変更を「開元二五年令」に反映させなかった。それゆえに諸陵署の箇所はこれを承けて、諸陵署を太常寺の所管のままとして「開元二五年令」を公布し、公布に際しての訂正記事が付随した。『大唐六典』はこれを承けて諸陵署の記事を「開元二五年令」のままとし、訂正部分は註記によって処理する方法を採っているのである。

この事実によって、「開元二五年令」は公布直前までの制度変更を記載していないことが明らかとなる。開元二五年七月の制度変更を記載していないから、開元二五年六月ころに草稿は締め切られ、開元二五年六月ころまでの規定が「開元二五年令」として浄書され、皇帝に撰進され「諾」となれば公布されたのである。六月以降、撰進までの制度変更は「開元二五年令」の追加史料として、開元二五年九月の公布時に附属史料として同時に布告されたのである。

5　太公廟令官品の解釈

『大唐六典』の太公廟令官品は従七品下とする。本書は『大唐六典』の本文所載の官品は、開元二五年官品とする見解であるから、これは開元二五年「官品令」の官品である。『通典』らの開元二五年官品一覧では、太公廟令の官品を従六品下とし、「開元二五年令」公布前後に太公廟令の官品は昇格があったようである。この「開元二五年令」公布前後の相違を如何に説明したものであろうか。

この課題は「〈令〉確定後の令文の変更」において述べたように、「開元二五年令」公布直後に改訂があったか、「開元二五年令」の草稿の締め切り後に改訂があったかの、どちらかであろう。孰れにせよ、註記において、その旨を述べておいてくれたら、事情が判明して理解も容易であったのであるが、註記がないため、『大唐六典』の太公廟令の官品に誤記があるとか、いや『通典』の開元二五年官品一覧に誤記があるとかの疑念を持たせることになったのである。『大唐六典』と『通典』の開元二五年官品のどちらも誤記ではない。『大唐六典』は「開元二五年令」の官品を忠実に書いたから、「太公廟令、従七品下」としたのであり、「開元二五年令」公布後は昇格の事実を踏まえて「太公廟令、従六品下」となるのである。

第五節　太廟署と宗正寺

一　太　廟　署

1　太廟署の廃止

太廟署は宗廟の祭祀を行う官府である。『大唐六典』巻一四太常寺・太常卿職に、

太常卿之職、掌邦国礼楽郊廟社稷之事、以八署分而理焉。一曰郊社、二曰太廟、開元二十四年勅、廃太廟署、令少卿一人知太廟事。三曰諸陵、四曰太楽、五曰鼓吹、六曰太医、七曰太卜、八曰廩犧、総其官属、行其政令。少卿為之貳。

太常卿の職、邦国の礼楽・郊廟・社稷の事を掌り、八署を以て分かちて理《おさ》む。一に曰わく郊社、二に曰わく太廟、

開元二四年勅して、太廟署を廃し、少卿一人をして太廟事を知《す》べしむ。三に曰わく諸陵、四に曰わく太楽、五に曰わく鼓吹、六に曰わく太医、七に曰わく太卜、八に曰わく廩犠、其の官属を総《す》べ、其の政令を行う。少卿は之が貳為《た》り。

とある。太廟署は開元二四年（七三六）に廃止され、太常少卿一人が太廟令の職務を行うことになった。この記事の後段の太常寺の所管官府を具体的に記述する箇所に太廟署の名はないから、太廟署は廃止されたことが確認できる。右の記事は過去に太廟署が太常寺の所管であったことを示すためのものであり、記事の訂正を忘れたためではない。

太廟署の廃止時期に関して、『唐会要』巻六五太常寺太廟署に、

開元二十四年四月四日廃、以太常寺奉宗廟。　開元二四年（七三六）四月四日廃し、太常寺を以て宗廟を奉ず。

とあり、『大唐六典』と同じく開元二四年とするが、『旧唐書』巻八玄宗紀開元二二年四月の条には、

乙未、廃太廟署、以太常寺奉宗廟。　乙未、太廟署を廃し、太常寺を以て宗廟を奉ず。

とあり、開元二二年とし、『唐会要』巻一九廟隷名額には、

太廟署、旧隷太常。官有廟令丞各一員。至開元二十一年二月二日、勅、宗廟所奉、尊敬之極。因以名署、情所未安。宜令礼官、詳択所宜奏聞。至五月十六日、太常少卿韋縚奏曰、謹按経典、竊尋令式、宗廟享薦、皆主奉常、別置署司、事非稽古。其太廟署望廃省、本寺専奉其事。許之。

太廟署、旧は太常に隷す。官に廟令・丞 各《おのおの》 一員有り。開元二一年（七三三）二月二日に至り、勅す、「宗廟奉ずる所、尊敬の極。因りて以て署に名づくも、情未だ安んぜざる所あり。宜しく礼官をして、宜とする所を詳択し奏聞せよ」と。五月一六日に至り、太常少卿の韋縚《いとう》奏して曰わく、「謹みて経典を按じ、竊かに令式に尋むるに、宗廟享薦、皆な常を奉ずるを主り、別に署司を置くこと、事を古を稽《かんが》うに非ず。其の太廟署望むらくは廃省し、本寺専ら其の事を奉ぜん」と。之を許す。

とあり、開元二一年五月とし、廃止の年次が各書で一致しない。孰れの史料の廃止記年が是か判断がつきかねる。

『通典』巻二五職官典・諸卿上・宗正卿には、

太廟令、旧属太常。大唐、開元二十五年二月勅、宗廟所奉、尊敬之極。因以名署、情所未安。宜令礼官詳擇所宜奏聞。至五月、太常少卿韋縚奏曰、謹詳経典、兼尋令式、宗廟享薦、皆主奉常。別置署司、事非稽古。其太廟署請廃省、本司専奉其事。許之。

とあり、廃止時期を開元二五年二月とするが、これでは廃止の時期が遅すぎるように思う。

2　太廟の斎郎

太廟の斎郎とは太廟の祭祀に奉仕する職掌人で、『新唐書』巻四五選挙志下に、

凡斎郎、太廟以五品以上子孫及六品職事并清官子為之、六考而満。郊社以六品職事官子為之、八考而満。皆読両経粗通。限年十五以上、二十以下、択儀状端正無疾者。

凡《およ》そ斎郎、太廟は五品以上の子・孫及び六品職事并せて清官の子を以て之と為し、六考して満つ。郊社は六品職事官の子を以て之と為し、八考にして満つ。皆な両経を読み粗《ほ》ぼ通とす。年は一五以上、二〇以下に限り、儀状端正にして疾なき者を択ぶ。

とあるように、五品（文散官五品）以上の子・孫、六品の職事官の子、清官の子らが選抜された＊。斎郎になることは中級官僚になる一経途で、一般には門蔭の制といわれた。

『旧唐書』巻一一九崔佑甫伝に付伝された一族の崔倰《さいりょう》伝に、

倰、字徳長。祖壽、大理卿孝公沔之弟也。濤生儀甫、終大理丞、即倰之父。以門蔭由太廟斎郎、調授太平東陽二主簿。

僚《りょう》、字《あざな》は徳長。祖の濤、大理卿・孝公沔《べん》の弟なり。濤は儀甫を生み、大理丞に終わる、即ち僚の父なり。門蔭を以て太廟の斎郎に由り、調せられて太平・東陽の二主簿を授かる。

とあるのが、斎郎から出身した例で、蔭子出身が唐代の中級官人を形成した。

『大唐六典』巻四尚書礼部・礼部尚書・侍郎職に、

太廟斎郎、亦試両経、文義粗通、然後補授。考満簡試。其郊社斎郎簡試、亦如太廟斎郎。

太廟の斎郎、亦た両経を試し、文義粗ぼ通ずれば、然る後に補授せらる。考満ち簡試あり。其の郊社の斎郎の簡試、亦た太廟の斎郎の如し。

とあるから、斎郎となる基礎資格を有する者は二経に関する試験を受け合格すれば、太廟の斎郎や郊社の斎郎となり、考（通常は四考）満ちて簡単な試験を受験して、合格すれば官員となったのである。

太廟の斎郎は太廟の祭祀に奉仕する職掌人で太廟署に所属する。太廟署は開元二一年から二五年の間に廃止され、太常少卿が太廟署の祭祀を主宰したから、斎郎は太常寺本寺の所属となったようである。

『大唐六典』巻一四太常寺・太常卿職に、

凡有事於宗廟、少卿率太祝斎郎、入薦香燭、整払神幄、出入神主。将享、則与良醞令実尊罍。

凡《およ》そ事 宗廟に有らば、少卿は太祝・斎郎を率い、入りて香燭を薦め、神幄を整払し、神主を出入す。将に享《まつ》らんとせば、則ち良醞令《りょううんれい》と尊罍《そんらい》を実す。

とあるのは、太廟署廃止以後、斎郎が太常寺に所属し、太常少卿の指揮によって祭祀業務を行っていたことを示す史料である。『大唐六典』巻二吏部・考功員外郎職に、

応簡［試］斎郎、準貢挙例帖試。　　簡試に応じる斎郎、貢挙の例に準じ帖試す。

とあり、註記に、

太常解申礼部勘責。十月内、送考功、帖論語及一大経、及第者、奏聞。

太常は礼部に解申（「解」という上行文書で報告すること）して勘責す。一〇月内に、考功に送り、「論語」及び一大経（大経は「礼記」と「春秋左氏伝」をいう）を帖（経帖）し、及第する者、奏聞す。

とあるのは、太廟署らに所属する斎郎の簡試の方法を伝えるものである。

『大唐六典』巻一四の巻首目次の太常寺の項に、

太廟斎郎、京都各一百三十人。　太廟の斎郎、京・都（東都）各《おのおの》一三〇人。

とあり、太常寺の本文中に斎郎の記事がないのは、所属官府が廃止されたことにより、所属官府がないから太常寺本寺に付されているのである。

＊　清望官と清官に関しては『大唐六典』巻二尚書吏部・吏部郎中職の条にある。清望官として、

内外三品已上官及中書・黄門侍郎・尚書左右丞・諸司侍郎、太常少卿・秘書少監・太子少詹事・左右庶子・左右率及国子司業。

の各官をいい、四品已下、八品已上清官として、

太子左右諭徳、左右衛・左右千牛衛中郎将、左右副率、率府中郎将。御史中丞・諫議大夫・給事中・中書舎人・賛善大夫・太子洗馬・国子博士・諸司郎中・秘書丞・著作郎・太常丞・左右衛郎将・左右率府郎将。起居郎・舎人・太子司議郎・舎人・諸司員外郎・侍御史・秘書郎・著作佐郎・太常博士・詹事丞・太子文学・国子助教。左右補闕・殿中侍御史・太常博士・詹事司直・四門博士・太学助教。八品として左右拾遺・監察御史・四門助教。

の各官を挙げる。

3　斎郎の宗正寺移管

太廟署の斎郎は宗正寺に所属することとなった。『大唐六典』巻二尚書吏部・吏部員外郎職に、

応簡試、如貢挙之例。　　簡試に応じるは、貢挙の例の如《ごと》し。

とあり、註記に、

旧、斎郎隷太常、則礼部簡試。開元二十五年、隷宗正。其太廟斎郎、則十月下旬、宗正申吏部、応［簡］試則帖論語及一大経。

旧、斎郎は太常に隷し、則ち礼部簡試す。開元二五年（七三七）、宗正に隷せしむ。其の太廟の斎郎、則ち一〇月下旬、宗正は吏部に申し、簡試に応じるは則ち論語及び一大経（大経とは「礼記」「春秋左氏伝」をいう）を帖す。

とあるように、開元二五年になって旧太廟署の斎郎は宗正寺所管となった。

ところが、『大唐六典』巻一六宗正寺の条には斎郎に関して何も記事はなく、巻一四太常寺の巻首目次に斎郎が太常寺に所属することをいい、太常少卿に統率されて太廟の祭祀業務を行う記事がある。宗正寺の所属となったから、斎郎の記事は宗正寺の項にあるべきである。これは如何なる事情によるものであろうか。

斎郎の記事が宗正寺の項にないのは、斎郎の移管時期と関係があるようである。斎郎の宗正寺所管時期に関して、『唐会要』巻五九太廟斎郎には開元二五年正月とする。

至［開元］二十五年正月七日、勅、諸陵廟並宜隷宗正寺。其斎郎遂司封補奏。

開元二五年正月七日に至り、勅す、「諸陵廟並びに宜しく宗正寺に隷すべし。其の斎郎は遂に司封に補奏せしむ」と。

諸陵廟の宗正寺の所管と並記して斎郎の史料があるから、諸陵廟が宗正寺の所管となった時に、斎郎は宗正寺の所属となったようであり、「其斎郎」は「宗正寺の斎郎」の意味である。『唐会要』はその移管時期を開元二五年正月とする。開元二五年正月であれば、『大唐六典』は未完成であるから、記事の変更は可能なはずで、宗正寺の項に斎郎の記事があってもよい。

諸陵廟署の宗正寺移管時期に関して『冊府元亀』巻三〇帝王部・奉先三には、

［開元］二十五年七月己卯、詔、諸陵廟［署］、並隷宗正寺。其官員悉以宗子為之。

開元二五年七月己卯、詔す、「諸陵廟署、並びに宗正寺に隷せしむ。其の官員悉く宗子を以て之と為す」と。

とあり、『旧唐書』巻九玄宗紀開元二五年七月に、

己卯、勅、諸陵廟並隷宗正寺。其宗正寺官員、自今並以宗枝為之。九月壬申、頒新定令式格及事類一百三十巻於天下。

己卯、勅す、「諸陵廟並びに宗正寺に隷せしむ。其の宗正寺の官員、今より並びに宗枝を以て之と為す」と。九月壬申、新定の令式格及び事類一三〇巻を天下に頒つ。

とあり、開元二五年七月に諸陵廟署は宗正寺所管となったとあり、『唐会要』巻五九太廟斎郎の「開元二十五年正月」は「開元二十五年七月」の誤りであることが判明する。

旧太廟の斎郎が開元二五年七月に宗正寺に移管されても、『大唐六典』は開元二六年に完成し開元二七年の初めに撰進されたから、斎郎の記事を訂正し移管後の事実を記述することは時間的にみて可能なはずである。しかし、開元二五年七月の斎郎移管を『大唐六典』は本文に記載せず、註記にいうのみである。何故に移管後の事実を本文に書かず、註記するに留めたのであろうか。

これは『大唐六典』が「開元二五年令」に準拠して記載を行っているためと考えられる。「開元二五年令」は前掲した『旧唐書』の記事から明らかなように、開元二五年九月に公布されている。開元二五年七月に「開元二五年令」はすでに完成しており、開元二五年七月の制度変更は時間的に「開元二五年令」の令文変更とならなかったのである。『大唐六典』は開元二六年に完成した書であるから、開元二五年七月の制度変更を記述することは可能であるはずであるが、それを行っていない。このことから、『大唐六典』は「開元二五年令」に準拠して記載を行っている事実が

浮かび上がり、「開元二五年令」と『大唐六典』の記載は連動しているということができる。
それ故に、『大唐六典』巻一四の巻首目次の太常寺の項に「太廟斎郎、京都各一百三十人」という記事があり、『大唐六典』巻一四太常寺・太常卿職に、

凡有事於宗廟、少卿帥太祝斎郎、入薦香燭、整払神幄、出入神主。将享、則与良醞令実尊罍。

とあり、『大唐六典』巻二吏部・考功員外郎職の註記に、

太常解申礼部勘責。十月内、送考功、帖論語及一大経、及第者、奏聞。

という記載があるのであろう。

二　宗正寺の官府と官員

1　宗正寺崇玄署

崇玄署は宗正寺の所管官府である。『大唐六典』巻一六宗正寺に、

宗正卿之職、掌皇九族六親之属籍、以別昭穆之序、紀親疎之列。并領崇玄署。少卿為之貳。

宗正卿の職、皇の九族六親の属籍を掌り、以て昭穆の序を別ち、親疎の列を紀す。并せて崇玄署を領す。少卿之が貳と為す。

とあり、宗正寺が崇玄署を所管していた。崇玄署の所管に関しては、『旧唐書』巻四四職官志・宗正寺には、

崇玄署、令一人。正八品下。丞一人。正九品下。府二人史三人典事六人掌固二人。令掌京都諸観之名数道士之帳籍与其斎醮之事。丞為之貳。

崇玄署、令一人。正八品下。丞一人。正九品下。府二人・史三人・典事六人・掌固二人。令は京都諸観の名数・

道士の帳籍と其の斎醮の事を掌る。丞は之が貳と為す。

とあるが、詳細な来歴はいわない。

『大唐六典』巻一六宗正寺・崇玄署に「令一人、正八品下」とあり、註記に崇玄署の詳細な沿革を述べる。

北斉有昭玄寺、掌釈道二教。置大統一人都維那三人、亦有主簿功曹員、以管諸州県沙門。又鴻臚寺統典寺署、有丞一人。後周有司寂上士中士、掌法門之政。又有司玄中士下士、掌道門之政。隋置崇玄署令丞。煬帝改仏寺為道場、改道観為玄壇、各置監丞。皇朝又為崇玄署令。又置諸寺観監、隷鴻臚寺。毎寺観、各監一人。貞観中省。開元二十五年勅以為道本玄元皇帝之教、不宜属鴻臚。自今已後、道士女道士、並宜属宗正、以光我本根。故署亦随而隷焉。其僧尼別隷尚書祠部也。

北斉に昭玄寺有り、釈道二教を掌る。大統一人・都維那三人を置き、亦た主簿功曹の員有り、以て諸州県の沙門を管す。又た鴻臚寺は典寺署を統《す》べ、丞一人有り。後周に司寂上士・中士有り、法門の政を掌る。又た司玄中士・下士有り、道門の政を掌る。隋は崇玄署の令・丞を置く。煬帝は仏寺を改めて道場と為し、道観を改めて玄壇と為し、各《おのおの》監・丞を置く。皇朝又た崇玄署令と為す。又た諸寺観に監を置き、鴻臚寺に隷す。寺観毎に、各《おのおの》監一人。貞観中（六二七～六四九）省く。開元二五年（七三七）勅す、「以為《おも》えらく道は本は玄元皇帝の教え、宜しく鴻臚に属すべからず。自今已後、道士・女道士、並びに宜しく宗正に属し、以て我が本根を光《かがやか》すべし」と。故に署（崇玄署）亦た随いて隷す。其の僧尼は別に尚書祠部に隷すなり。

崇玄署はもともとは鴻臚寺の管轄下にあったが、開元二五年に宗正寺の所属となった。

『大唐六典』巻一八鴻臚寺・鴻臚卿職の条に、

鴻臚卿之職、掌賓客及凶儀之事、領典客司儀二署、以率其官属而供其職務。少卿為之貳。

鴻臚卿の職は、賓客及び凶儀の事を掌り、典客・司儀の二署を領し、以て其の官属を率いて其の職務に供す。少卿之が貳と為す。

とあり、『大唐六典』の鴻臚卿は崇玄署を所管していない。鴻臚卿職の註記にも、

旧属官有崇玄署。開元二十五年勅、改隷宗正寺。

旧の属官に崇玄署有り。開元二五年勅して、改めて宗正寺に隷せしむ。

とあり、崇玄署は開元二五年に宗正寺の所管となった。鴻臚卿が典客と司儀の二署を所管するというのは開元二五年以降の状態を伝えるものであり、これは「開元二五年令」を反映したものである。

宗正寺の所属となった開元二五年の詳細な時期に関して、『唐会要』巻六五宗正寺・崇玄署には、

自開元二十五年二月二日、宗正卿魯王道堅奏、今年正月七日勅、道士女冠、並隷宗正寺。其崇玄署、今既鴻臚不管、其署請属宗正寺。勅旨、依奏。

開元二五年（七三七）二月二日を自て、宗正卿の〔嗣〕魯王の道堅（『旧唐書』巻六四高祖二二子のうちの魯王・李霊《れい》夔《き》の子孫）奏す、「今年正月七日の勅に、『道士・女冠、並びに宗正寺に隷せしむ』と。其の崇玄署、今既に鴻臚管せず、其の署は宗正寺に属さんと請う」と。勅旨す、「奏に依れ」と。

とあり、開元二五年二月の宗正卿・李道堅の上奏によって宗正寺の所属となった。李道堅の上奏と「勅旨、依奏」との関係は、李道堅が「崇玄署を宗正寺に属さんと願う」上奏を行い、皇帝は「上奏に全面的に依れ」と勅旨式によって回答を行ったのである。

嗣魯王の李道堅の上奏にみえる「勅」とは、具体的にいえば『文苑英華』巻四四〇所収の「優恤《ゆうじゅつ》徳音」である。

門下、朕猥集休運、多謝哲王、然而哀矜之情、大小必慎。自臨寰宇、子育黎蒸、未嘗行極刑、起大獄。上玄降鑑、応以祥和、叶平邦之典、致之仁寿之域。自今有犯死刑、除十悪〔死罪造偽頭首刼殺故殺謀殺外〕、宜令中書門下与法官詳所犯軽重、具状奏聞。崇徳尚歯、三代不易。移風勧俗、五教攸先。其曾任五品已上清資官以理去職者、

所司具録名奏。老疾不堪釐務者、与致仕禄。道士女道士、宜隷宗正寺、僧尼令祠部検校。百司毎旬休節假、並不須親識事、追勝為楽。以示内外、知朕意焉。［主者施行］。開元二十五年正月十七日。

門下、朕は猥《みだ》りに休運を集め、多く哲王に謝し、然りて哀矜の情、大小必ず慎む。寰宇に臨みてより、黎烝を子育し、未だ嘗て極刑を行い、大獄を起こさず。上玄鑑を降し、応ずるに祥和を以てし、平邦の典に叶い、之が仁寿の域を致す。今より死刑を犯す有らば、一〇悪（謀反・謀大逆・謀叛・悪逆・不道・大不敬・不孝・不睦・不義・内乱）の死罪・造偽頭首（偽造を禁止してある皇帝の御璽らを偽造した主犯）劫殺・故殺（故意の殺人）謀殺（殺人の予備と陰謀）を除くの外、宜しく中書門下と法官と犯す所の軽重を詳らかにし、具に状もて奏聞せよ。徳を崇び歯を尚ぶこと、三代易らず。風を移し俗に勧め、五教攸先す。其の曾て五品已上の清資官に任じられ、理を以て職を去る者、所司具に名を録して奏せよ。老疾にして釐務に堪えざる者、致仕の禄を与えよ。道士・女道士、宜しく宗正寺に隷せしめ、僧尼は祠部をして検校せしめよ。百司旬休・節假毎に、並びに識事を親しくすべからず、追勝して楽を為せ。以て内外に示し、朕が意を知らしめよ。主者施行せよ。開元二五年正月一七日。

「優恤《ゆうじゅつ》徳音」は嗣魯王の道堅の上奏には「勅」とあるが、実際には制書によって公布された王言である。この制書は開元二五年正月一七日の公布とする。『旧唐書』巻九玄宗紀開元二五年正月に、同じ制書を摘記した記事があり、

壬午、制、朕猥集休運、多謝哲王、然而哀矜之情、小大必慎。………（中略）………。道士女道士、宜隷宗正寺、僧尼令祠部検校。………

壬午、制《みことのり》す、「朕は猥りに休運を集め、多く哲王に謝し、然りて哀矜の情、小大必ず慎む。………（中略）………。道士・女道士、宜しく宗正寺に隷し、僧尼は祠部をして検校せしむべし。………

とある。正月「壬午」は正月八日であり、「優恤徳音」の日付と一致しない。嗣魯王の李道堅の奏文によれば、「優恤徳音」が公布されたのは正月七日とする。「優恤徳音」の「開元二十五年正月十七日」は「開元二十五年正月七日」

が正しく、「十七日」の「十」は衍字である可能性がある。三史料とも日付は一致しないが、開元二五年正月に「優恤徳音」が公布されたことは疑いない＊。

『大唐六典』は開元二五年二月の制度変更を記録している。この事実は『大唐六典』の記事の元史料が何であるかを解き明かす上で大きな示唆となる。崇玄署を長々と述べた理由はここにある。

＊　『唐会要』巻四九僧尼所隷では、

至二十五年七月七日、制、道士女冠、宜隷宗正寺、僧尼令祠部検校

とあり、王言の公布年月日を「開元二五年七月七日」とするが、「開元二五年正月七日」の誤りであろう。

2　諸陵廟署

諸陵廟署の所管に関して『唐会要』巻一九廟隷名額には、

至開元二十二年七月二十七日、勅、宗正設官、実司属籍、而陵寝崇敬、宗廟惟厳。別隷太常、殊乖本系。奉先之旨、深所未安。自今已後、諸陵廟署、並隷宗正寺。其宗正官属、並択宗子為之。永以前（前は薦？）奉園廟、敦叙親親、我之宗盟、異姓為後。

開元二二年（七三四）七月二七日に至り、勅す、「宗正の設官、実に属籍を司り、而も陵寝崇敬し、宗廟惟《こ》れ厳か。別に太常に隷するは、殊《はなは》だ本系に乖《もと》る。奉先の旨、深く未だ安んぜざる所なり。今より已後、諸陵廟署、並びに宗正寺に隷せしむ。其の宗正の官属、並びに宗子を択び之と為せ。永く以て園廟を薦奉し、敦く親親を叙べ、我れの宗盟、異姓 後と為らん」と。

とある。前述したように、開元二五年二月に宗正寺の所管となった崇玄署が『大唐六典』に記載されているから、開元二二年七月に諸陵廟署が宗正寺の所管となったなら、『大唐六典』に宗正寺の所管として記載されてよいはずであ

る。ところが何も記載がない。これはどうしたことであろうか。

諸陵廟署に関して『冊府元亀』巻三〇帝王部・奉先三には、

〔開元〕二十五年七月己卯、詔、諸陵廟〔署〕、並隷宗正寺。其官員悉以宗子為之。

開元二五年七月己卯、詔す、「諸陵廟署、並びに宗正寺に隷せしめよ。其の官員悉く宗子を以て之と為せ」と。

とあり、『旧唐書』巻九玄宗紀開元二五年七月に、

己卯、勅、諸陵廟並隷宗正寺。其宗正寺官員、自今並以宗枝為之。九月壬申、頒新定令式格及事類一百三十巻於天下。

己卯、勅す、「諸陵廟並びに宗正寺に隷せしむ。其の宗正寺の官員、今より並びに宗枝を以て之と為せ。九月壬申、新定の令式格及び事類一三〇巻を天下に頒つ。

とあり、開元二五年七月に宗正寺所管となったとある。『唐会要』巻一九廟隷名額にいう諸陵廟が宗正寺の所管となった時期は「開元二五年七月」の誤りであることが判明する。

しかし、『大唐六典』宗正卿職には諸陵署の所管をいわず、『大唐六典』巻一四太常寺・諸陵署（顕陵・昭陵・乾陵・定陵・橋陵・恭陵署）の註記に、

隋令、諸署、毎陵令一人。皇朝因之。開元二十五年、諸陵廟〔署〕隷宗正寺。

「隋令」に、「諸署、陵毎《ごと》に令一人」と。皇朝之に因る。開元二五年（七三七）、諸陵廟署は宗正寺に隷す。

とあるように、『大唐六典』の編者は諸陵署の所管変更を充分に承知していて、なお太常寺の所管としている。『大唐六典』は開元二六年に完成した書であるから、開元二五年七月の制度変更は訂正が可能である。それであるのに訂正がなされていない。

これは「開元二五年令」の成立と関係するであろう。「開元二五年令」は前掲したように、開元二五年九月壬申に

公布された。開元二五年七月には「開元二五年令」の原案は完成して、天下に向けて公布するため謄写の段階にあり、開元二五年七月の制度変更を「開元二五年令」に反映させることはできなかった。諸陵署の箇所はこれを承けて、諸陵署を太常寺の所管とし、所管の異動を註記したのである。『大唐六典』は「開元二五年令」を参照し、記事を書いているのである。ここにおいても、「開元二五年令」と『大唐六典』の記載は連動しているということができる。

なお、『新唐書』巻四八百官志・宗正寺には

宗正寺、………（中略）………。掌天子族親属籍、以別昭穆、領陵臺崇玄二署。

宗正寺、………（中略）………。天子族親の属籍を掌り、以て昭穆を別ち、陵臺・崇玄の二署を領す。

とある。陵臺は諸陵署のことであろう。『新唐書』巻四八百官志は宗正寺が諸陵署を所管すると明記し、『新唐書』百官志のみを覧ると、よくできた書と思われるかも知れないが、官府には所管の変更がつきまとうから、この点を考えれば『新唐書』百官志の記事は信頼性に問題があるといわなければならない。

3　宗正寺丞

宗正寺の丞に関して『旧唐書』巻九玄宗紀開元二五年（七三七）二月に、

壬子、加宗正丞一員。　　壬子、宗正丞一員を加う。

とあり、『唐会要』六五宗正寺にも同じ記事がある。

丞、開元二十五年二月八日、加一員。　　丞、開元二五年二月八日、一員を加う。

『大唐六典』巻一六宗正寺・宗正寺丞に「丞二人、従六品上」とあり、註記に、

隋初、丞二人、並［正］七品下。煬帝大業五年、増為従五品。皇朝置一人、従六品上。

隋初、丞二人、並びに正七品下。煬帝の大業五年（六〇九）、増して従五品と為す。皇朝は一人を置く、従六品上。

とあり、本来は一員であったが開元二五年二月に一人が増員され、「丞二人、従六品上」とあるのである。

『職官分紀』巻一八宗正寺・丞には、

六典、宗正丞一人、従六品上。　　「六典」に、「宗正の丞一人、従六品上」と。

とあるが、「丞一人」は「丞二人」の誤写としなければ話は整合しない。標点本『大唐六典』を編著した陳仲夫氏は諸本には「丞一人、従六品上」とあるが、意を以て「丞二人、従六品上」としたという。註記の「皇朝置二人」は『大唐六典』には「皇朝置一人」とあるが、陳仲夫氏は「皇朝置二人」と訂正したという。「皇朝置二人」であれば、開元二五年に一員が増員されたから、宗正寺丞の定員は「丞三人、従六品上」となければならない。本来は一員であって開元二五年に一員が増員されて合計二員となったのであり、「皇朝置一人」が正しい。『大唐六典』の註記は「開元二十五年二月、加一人」を註記することを忘れている。

4　宗正寺主簿

『大唐六典』巻一六宗正寺に宗正寺主簿の定員と官品を述べて「主簿二人、従七品上」とあり、註記に、

梁天監十年、置為七班。陳因之。北斉同。隋置二人、皇朝置一人。開元二十五年、加一人。自卿以下、並於宗室中択才行者、補授也。

梁の天監一〇年（五一一）、置きて七班と為す。陳は之に因る。北斉同じ。隋は二人を置き、皇朝は一人を置く。開元二五年（七三七）、一人を加う。卿より以下、並びに宗室中において才行ある者を択び、補授するなり。

とある。宗正寺主簿は唐代では一員であったが、開元二五年に一員を加えて二員となった。その増員は「主簿二人、従七品上」として反映している。開元二五年七月の諸陵署の所属変更は『大唐六典』の本文に反映されなかったのに、同じ開元二五年の宗正寺主簿の増員は『大唐六典』の本文に反映されている。この増員は開元二五年七月より以前の

ことであろうと推測できる。さらに推測すれば、「開元二五年令」が確定する以前は令文の変更が可能であり、『大唐六典』本文も変更された内容を本文に取り入れるが、「開元二五年令」が確定した以後は『大唐六典』本文を変更せず、註記において変更したことを述べる体裁を採用しており、宗正寺主簿の増員は「開元二五年令」が確定する以前であったと推測できる。

第六節　大都督府・都護府・八節度使

一　五大都督府

1　五大都督府

五大都督府に関して『通典』巻三二職官典・州郡上・都督・大唐に、

太極初、以并益荊揚為四大都督府。開元十七年、加潞州、為五焉。其餘都督、定為上中下等。上都督府五、中都督府十三、下都督府十六。前後制置、改易不恒。難可備叙。

太極の初め（七一二）、并・益・荊・揚を以て四大都督府と為す。開元一七年（七二九）、潞州を加え、五と為す。其の餘の都督、定めて上・中・下等と為す。上都督府は五、中都督府は一三、下都督府は一六。前後の制置改易恒《つね》ならず。備えて叙ぶべきこと難《かた》し。

とあって、都督府は常に改易があり、簡潔に説明することは困難であるという。

『大唐六典』巻三尚書戸部・戸部郎中員外郎職掌の条に、五大都督府の記事がある。

凡天下之州府三百一十有五、而羈縻之州、蓋八百焉。京兆河南太原為三都、潞揚益荆幽為大都督府、単于安西安北為大都護府、安南安東北庭為上都護府、涼秦霊延代兗梁安越洪潭桂広戎福為中都督府、夏原慶豊勝営松洮鄯西雅瀘茂巂姚夔黔辰容邕為下都督府。

凡《およ》そ天下の州府三百一十有五、而して羈縻の州、蓋《けだ》し八百。京兆・河南・太原を三都と為し、潞・揚・益・荆・幽を大都督府と為し、単于《ぜんう》・安西・安北を大都護府と為し、安南・安東・北庭を上都護府と為し、涼・秦・霊・延・代・兗《えん》・梁・安・越・洪・潭・桂・広・戎・福を中都督府と為し、夏・原・慶・豊・勝・営・松・洮《とう》・鄯《ぜん》・西・雅・瀘・茂・巂《すい》・姚・夔《き》・黔《きん》・辰・容・邕を下都督府と為す。

これは何時の時点の数を述べるものであろうか。

右の記事において下都督府とされる慶州都督府は『旧唐書』巻三八地理志・慶州中都督府の条に、

慶州中都督府、隋弘化郡。武徳元年、改為慶州、領合水楽蟠三泉馬嶺弘化五県。………（中略）………。開元四年、復置都督府。二十六年、昇為中都督府。天宝元年、改為安化郡。

慶州中都督府、隋の弘化郡なり。武徳元年（六一八）、改めて慶州と為し、合水・楽蟠・三泉・馬嶺・弘化の五県を領す。………（中略）………。開元四年（七一六）、復た都督府を置く。二六年（七三八）、昇して中都督府と為す。天宝元年（七四二）、改めて安化郡と為す。

とあり、『太平寰宇記』巻三三関西道・慶州に

開元四年、復置都督府。二十六年、升為中都督府。天宝元年、改為安化郡。

開元四年（七一六）、復た都督府を置く。二六年、升して中都督府と為す。天宝元年、改めて安化郡と為す。

とあるから、慶州都督府の昇格記事を信頼すれば、慶州中都督府は開元二六年に中都督府に昇格したから、右の『大唐六典』の記事は最下限が開元二六年である。

2　并州大都督府

前掲した『通典』巻三二職官典・州郡上・都督・大唐には、

太極初、以并益荆揚為四大都督府。

太極の初め（七一二）、并・益・荆・揚を以て四大都督府と為す。

とあり、八世紀初頭には四大都督府の一として并州大都督府の名がある。ところが『大唐六典』巻三尚書戸部・戸部郎中員外郎職の条には、

潞揚益荆幽為大都督府。　潞・揚・益・荆・幽を大都督府と為す。

とあり、并州大都督府の名がない。これはどういう事情であろうか。

并州大都督府の名がないのは、『旧唐書』巻八玄宗紀開元一一年正月の条に、

己巳、北都巡狩。勅所至處、存問高年鰥寡惸独征人之家、減流死罪一等、徒以下放免。庚辰、幸并州潞州、宴父老、曲赦大辟罪已下、給復五年。別改其旧宅為飛龍宮。辛卯、改并州為太原府、官吏補授、一準京兆河南両府。

己巳、北都に巡狩す。至る所の處に勅し、高年・鰥寡《かんか》（年老いて配偶者のいない男女）惸独《けいどく》（身寄りのない独り者）征人の家を存問し、流・死罪は一等を減じ、徒以下は放免す。庚辰、并州・潞州に幸し、父老を宴し、大辟罪（死罪）已下を曲赦し、復五年を給う。別に其の旧宅を改めて飛龍宮と為す。辛卯、并州を改めて太原府と為し、官吏の補授、一に京兆・河南の両府に準ぜしむ。

とあるように、開元一一年（七二三）正月に并州に行幸した時に、并州大都督府を太原府に昇格したことにより、并州大都督府の名は消滅したのである。したがって、『大唐六典』の五大都督府は開元一一年より以降の状態を伝えていることは明らかである。

3　幽州大都督府

并州大都督府に替わって大都督府に昇格したのが幽州都督府である。『旧唐書』巻八玄宗紀開元一三年正月に、

以幽州都督府為幽州大都督府。　幽州都督府を以て幽州大都督府と為す。

とあり、『旧唐書』巻三九地理志・幽州大都督府に、

開元十三年、昇為大都督府。　開元一三年（七二五）、昇して大都督府と為す。

とある。幽州大都督府は開元一三年正月であるから、『大唐六典』巻三の五大都督府は開元一三年以降の事実を伝えていることになる。

4　潞州大都督府

右の五大都督府の一である潞州大都督府は、『旧唐書』巻三八地理志・河東道・潞州大都督府に、

開元十七年、以玄宗歴職、此州置大都督府、管慈儀石沁四州。

開元一七年（七二九）、玄宗 職を歴するを以て、此の州に大都督府と置き、慈・儀・石・沁の四州を管す。

とあり、前掲した『通典』巻三二職官典・州郡上・都督・大唐と同じことをいうから、潞州大都督府は開元一七年に設置されたとしてよい。潞州大都督府は開元一七年の設置であるから、『大唐六典』の「凡天下之州府三百一十有五」以下の記事は、開元一七年以降、『大唐六典』が完成した開元二六年までの期間と限定できる。

二　大都督の考課

1　大都督の考課

大都督の考課は皇帝の勅裁であった。『大唐六典』巻二尚書吏部・考功郎中職に、

其親王及中書門下、与京官三品已上外官五大都督、並以功過状奏、聴裁。

其れ親王及び中書門下、京官三品已上・外官の五大都督とは、並びに功過（功労）を以て状奏し、裁を聴く。

とある。これは『唐令拾遺』（三四五頁以下）や『唐令拾遺補』（一一〇二頁）が述べるように「考課令」の一節である。

『唐会要』巻八一考上には、

其年十二月、校外官考使奏、准考課令、三品以上官及同中書門下平章事考、並奏取裁。注云、親王及大都督亦同。伏詳此文、則職位崇重、考績褒貶、不在有司、皆合上奏。今縁諸州観察刺史大都督府長史及上中下都督都護等有帯節度使者、方鎮既崇、名礼当異。毎歳考績、亦請奏裁。其非節度観察等州府長官、有帯省官者、請不在此限。

其の年一二月（貞元七年一二月）、校外官の考使奏す、「〈考課令〉に准ずるに、三品以上の官及び同中書門下平章事の考、並びに奏して裁を取る。注に云う、〈親王及び大都督亦た同じ〉」と。伏して此の文を詳らかにするに、則ち職位崇重にして、考績の褒貶、有司に有らず、皆な合に上奏するべし。今縁諸州の観察刺史・大都督府長史及び上中下都督・都護らの節度使を帯びる者有り、方鎮既に崇く、名礼当に異なるべし。毎歳の考績、亦た奏裁を請う。其の節度観察らに非ざる州府の長官、省官を帯る者有らば、請わば此の限りには在らず。

とあり、親王と大都督の考課の奏裁は当該「考課令」の註文にあったことがわかる。

親王・中書門下・京官三品已上・五大都督の考課は高級官過ぎるから、考功郎中の職務である勤務評定の埒外にあり、皇帝に上奏し皇帝の裁定を仰ぐ規定であった。

考課の奏裁対象官に五大都督がある。五大都督といえば、時代によっては存在しないことはないが、玄宗皇帝の開

元年間においては、前掲した『大唐六典』の潞州・揚州・益州・荆州・幽州の五大都督府しかない。潞州都督府は開元一七年以降の大都督府であるから、右の「考課令」は開元一七年以降の「考課令」、すなわち開元二五年「考課令」であり、開元七年「考課令」の一条ではない。

2　三品官以上の考課

三品官以上の考課の実例として、唐の張九齢（六七三～七四〇）の『唐丞相曲江張先生文集』に附録された「誥命」の中に次のような文書がある。この附録は嶺南・韶州曲江県にある張九齢の墳墓を発掘した際に出土した文書を『唐丞相曲江張先生文集』の附録としたものである。この文書は唐代の宰相の考課、また三品官以上の考課の具体的実例文書として唯一のものである。

銀青光禄大夫守中書令集賢院学士修国史上柱国曲江県開国男張九齢
開元二十三年正月日、在中書省考
右、御註詞云、允釐庶政、財成物宜。利器無前、明心皆無。臨事能断、輸忠必尽。況識貫古今、思周変通。寰宇乂安、斯人是頼。考中上。
以前右丞相嵩奏、准令、京官三品以上考奏裁。臣等各得所由司牒、報功状如前。
勅旨。上考依註。餘並中中。
奉
金紫光禄大夫守尚書右丞相集賢院学士修国史上柱国徐国公嵩
勅旨如右。符到奉行。
開元二十三年二月五日

尚書考功［牒］　銀青光禄大夫守中書令集賢院学士上柱国曲江県開国男張九齢

牒。奉

勅旨如右。今以状牒。牒至准

勅。故牒。

開元二十三年二月五日　令史　寿

［考功郎中具官封　名　　主事　姓名］

開元二三年正月日、中書省に在るの考

銀青光禄大夫守中書令・集賢院学士・修国史・上柱国・曲江県開国男・張九齢

右、御註詞に云う、「庶政を允釐し、財成り物宜し。利器前になく、明心皆なし。事に臨んで能く断じ、忠を輸し必ず尽す。況んや古今に識貫して、思いは周く変じ通ず。寰宇乂安に、斯人是れ頼《よ》る。考は中上」と。前を以て右丞相の嵩奏す、「〈令〉に准じ、京官三品以上の考奏裁す。臣等各《おのおの》所由の司牒を得、功状を報ずること前の如《ごと》し。

勅旨す。考を上ること註に依れ。餘は並びに中中。

金紫光禄大夫守尚書右丞相集賢院学士修国史上柱国徐国公嵩

勅旨を奉ずること右の如し。符到らば奉行せよ。

開元二三年二月五日

尚書考功　銀青光禄大夫守中書令集賢院学士上柱国曲江県開国男張九齢に牒す

牒す。勅旨を奉ずること右の如し。今状を以て牒す。牒至らば勅に准ぜよ。故に牒す。

開元二三年二月五日　令史　寿

考功郎中具官封　名　　　　　　　　主事　姓名

右の文書は開元二二年（七三四）度の中書令・張九齢の考課を、右丞相の蕭嵩が奏裁を仰ぎ「上考依註。餘並中中」と勅旨で示され、その考課を尚書吏部に属する考功司が張九齢に伝達したものである。この文書の最後は明らかに闕落があり、途中においても闕落している部分があるかも知れない。

三　大都護府副都護の官品

1　大都護府

開元年間（七一二～七四一）の都護府と都督府に関して、『大唐六典』巻三尚書戸部・戸部郎中員外郎職の条に、

凡天下之州府三百一十有五、而羈縻之州、蓋八百焉。京兆河南太原為三都、潞揚益荊幽為大都督府、単于安西安北為大都護府、安南安東北庭為上都護府、涼秦霊延代兗梁安越洪潭桂広戎福為中都督府、夏原慶豊勝営松洮鄯西雅瀘茂巂姚䕫黔辰容邕為下都督府。

凡《およ》そ天下の州府三百一十有五、而して羈縻の州、蓋《けだ》し八百。京兆・河南・太原を三都と為し、潞・揚・益・荊・幽を大都督府と為し、単于《ぜんう》・安西・安北を大都護府と為し、安南・安東・北庭を上都護府と為し、涼・秦・霊・延・代・兗《えん》・梁・安・越・洪・潭・桂・広・戎・福を中都督府と為し、夏・原・慶・豊・勝・営・松・洮《とう》・鄯《ぜん》・西・雅・瀘・茂・巂《すい》・姚《よう》・䕫《き》・黔《きん》・辰・容・邕を下都督府と為す。

とある。潞州が大都督府になったのは開元一七年であり、慶州下都督府が中都督府に昇格したのが開元二六年であるから、この記事は開元一七年以降、『大唐六典』が完成する開元二六年ころのことを伝えるものである。この期間、単于・安西・安北が大都護府で、安南・安東・北庭が上都護府であった。

2　大都護府副都護

『大唐六典』巻三〇「三府督護州県官吏」の大都護・上都護府官吏に、

大都護府、大都護一人、従二品。副大都護一人、従三品。副都護二人、正四品上。…………

上都護府、都護一人、正三品。副都護二人、従四品上。………

とあり、大都護府には大都護・副大都護・副都護が置かれ、上都護府に都護と副都護が置かれたとする。

右の註記に、

皇朝永徽中、始置安南安西大都護。景雲二年、又置単于都護。開元初、置北庭都護。今有単于副都護。

皇朝の永徽中（六五〇～六五六）、始めて安南・安西大都護を置く。景雲二年（七一一）、又た単于《ぜんう》都護を置く。開元の初め（七一二）、北庭都護を置く。今　単于副都護有り。

とあり、「今」の時点で大都護府に副都護が設置されるのは単于大都護府であると述べる。「今とは」『大唐六典』が完成しつつある開元二五年から二六年の時点をいう。開元二五年から二六年の時点において、安西大都護府と安北大都護府には副都護は設置されていなかった。

『新唐書』巻四九下・百官志・都護府には、

大都護一人、従二品。副大都護二人、従三品。副都護二人、正四品上。

とあり、各大都護府には常に副都護二人が置かれていたような誤解を招く記事がある。『新唐書』は年次不詳の記事が多くあり、『新唐書』の解釈は慎重を期すべきである。

『旧唐書』巻四四職官志・大都護府の条には、

大都護一員、従二品。副都護四人、正四品上。

とあり、大都護府には大都護・副都護が置かれたとし、副大都護が闕落し、副都護の員数も『大唐六典』や『新唐書』と合致しない。『旧唐書』巻四二職官志の官品一覧の「従第三品」の項に、

大都護府副都護、旧、正四品上。開元令、加入従三品。

とあり、大都護府副都護は、旧制では正四品上であったが、「開元令」から従三品となったとある。「開元令」は開元二五年「官品令」を指すが、開元二六年以降の改訂も「開元二五年令」と表現するのであろう。

『旧唐書』巻四二職官志の官品一覧の「正第四品上階」の項に、

門下侍郎中書侍郎、旧正四品下階。開元令、加入上階也。

門下侍郎・中書侍郎、旧は正四品下階。「開元令」、加えて上階に入れるなり。

とある。開元二六年に完成した『大唐六典』巻八の黄門侍郎と巻九の中書侍郎の項をみても、両官は「正四品上」とあるから、開元二五年「官品令」において両官は「正四品上」となったことは疑いない。「旧」で正四品下であったものが、「開元令」から正四品上となったのであるから、『旧唐書』巻四二職官志の官品一覧の「開元令」は、開元二五年「官品令」を指し「旧」は開元二五年「官品令」より以前の状態を指すと判断して間違いない。

3　大都護府副都護の官品

『大唐六典』巻三〇「三府督護州県官吏」の大都護・上都護府官吏に、

大都護一人、従二品。副大都護一人、従三品。副都護二人、正四品上。

とあり、副都護は正四品上である。『旧唐書』巻四二職官志の官品一覧の「従第三品」には、

大都護府副都護、旧正四品上。開元令、加入従三品。

とあり、大都護府副都護は「旧」では正四品上であったが、開元二五年以降の「官品令」では従三品とする。

右の『旧唐書』が伝える事実を以て、仁井田陞氏は大都護府副都護の官品を正四品上とする『大唐六典』は「開元二五年令」ではなく、「開元七年令」の官品を伝える書とし、『大唐六典』の唐令は「開元七年令」とする（『唐令拾遺』六二頁）。仁井田氏の『大唐六典』「開元七年令」説の重要な根拠となる部分である。

今まで幾度となく述べてきたように、本章は『大唐六典』本文の定員と官品を述べた部分、大都護府であれば、

大都護一人、従二品。副大都護一人、従三品。副都護二人、正四品上。

とある部分は、開元二五年の「職員令」と「官品令」を伝えるという見解を採る。この見解は妄想ではない。『大唐六典』の諸例に当たり得た結果である。『大唐六典』が大都護府副都護の官品を「正四品上」とするのは、開元二五年「官品令」に「正四品上」とあったからに相違ない。しかし、『通典』巻四〇職官典・品秩・大唐は開元二五年の官品を伝えて、大都護府副都護を従三品とする。この両書の相違を如何に合理的に説明するかが課題となる。

仁井田氏の見解を敷延すれば、『大唐六典』本文に記載する官品は開元七年官品ということになる。しかし、『大唐六典』本文に記載する官品は開元二五年官品であることは、すでに「開元二五年の官品と大唐六典」（三五四頁以下）において明らかにした。仁井田氏の見解は成立しない。この事実を踏まえて、「副都護、従三品」と「副都護二人、正四品上」を究明しなければならない。

4　四種類の官品一覧

次に関係ある官の官品一覧表を示そう。「六典官品」は『大唐六典』にいう官品であり、「通典官品」は『通典』巻四〇にいう開元二五年官品であり、「敦煌官品」は敦煌発見の職官表（伯二五〇四、天宝元年以降の天宝年間の記録）の所載の官品であり、「旧書官品」は『旧唐書』巻四二職官志の官品一覧である。

六典官品	
従二品	大都護
正三品	上都護　太常卿
従三品	副大都護　宗正卿
正四品上	大都護府副都護　黄門侍郎　中書侍郎
従四品上	上都護府副都護

通典官品	
従二品	大都護
正三品	上都護　太常卿
従三品	大都護府副都護　宗正卿
正四品上	上都護府副都護　黄門侍郎　中書侍郎

敦煌官品	
従二品	大都護
正三品	上都護　太常卿　宗正卿
従三品	大都護府副都護
正四品上	上都護府副都護　門下侍郎　中書侍郎

旧唐書官品	
従二品	大都護
正三品	上都護　太常卿　宗正卿　門下侍郎　中書侍郎
従三品	大都護府副都護
正四品上	上都護府副都護

「六典官品」では上都護と太常卿が正三品、大都護府副大都護と宗正卿が従三品、大都護府副都護と黄門侍郎・中

書侍郎が正四品上、上都護府副都護は従四品上である。「通典官品」では上都護と太常卿が正三品、大都護府副都護と宗正卿が従三品、上都護府副都護と黄門侍郎・中書侍郎が正四品上である。「通典官品」では上都護府副都護が二階昇格している。そうすれば、上都護府副都護より上階の大都護府副都護を据え置きにすれば、上都護府副都護と同品となる。本来、上都護府副都護と大都護府副都護は同品でないから、同品になることは避けねばならない。そこで大都護府副都護を一階昇格させて従三品とし、大都護府副大都護と同品とした。本来の大都護府副都護と大都護府大都護が消滅し新しい大都護府副都護を設置したのである。

「敦煌官品」では太常卿と宗正卿を正三品とする。「旧唐書官品」も同じであり、「旧唐書官品」は門下侍郎（黄門侍郎）と中書侍郎も正三品とする。「敦煌官品」と「旧唐書官品」は「六典官品」や「通典官品」と異なる事実をいう。この異なる事実を究明するため、『旧唐書』巻四二職官志の官品一覧を当該部分をみると、

太常卿宗正卿、天宝初、昇入正三品也。　太常卿・宗正卿、天宝の初め、昇して正三品に入るなり。

とある。宗正卿は天宝初年（元年は七四二）に正三品となったのである。「敦煌官品」はこの事実を採り入れて太常卿と宗正卿を正三品とするのである。「敦煌官品」は開元二五年当時の官品表ではなく、天宝年間（七四二〜七五五）の官品表なのである。しかし、黄門侍郎と中書侍郎は正三品としていない。

「旧唐書官品」は黄門侍郎と中書侍郎は正三品とする。『旧唐書』巻四二職官志の官品一覧を当該部分をみると、

門下侍郎中書侍郎、旧班正四品上。大暦二年升。　門下侍郎・中書侍郎、旧班は正四品上。大暦二年（七六七）升す。

とあり、大暦二年（七六七）の昇品結果という。『旧唐書』巻四二職官志の官品一覧は大暦二年ころまでの官品一覧であり、「敦煌官品」は天宝年間までの官品一覧、開元二五年の官品一覧は「通典官品」のみであることがわかる。

5　再び副都護の官品

四種類の官品一覧の性格は明らかになったが、大都護府副都護の問題は解決されたわけではない。『大唐六典』の伝える官品は誤りとして、軽々に変更するべきではない。また同じく他の官品一覧も誤りがあるとして改変するべきでない。「六典官品」を官品一覧と整合させるかが残された課題となる。

	従二品	正三品	従三品	正四品上	従四品上
「六典官品」	大都護	上都護	副大都護	大都護府副都護	上都護府副都護
「他の官品」	大都護	上都護	大都護府副都護	上都護府副都護	

『大唐六典』巻三〇「三府督護州県官吏」の大都護・上都護府官吏に、

大都護一人、従二品。副大都護一人、従三品。副都護二人、正四品上。…………

上都護府、都護一人、正三品。副都護二人、従四品上。…………

とある大都護以下の定員と官品は、『大唐六典』の他官の箇所では開元二五年の定員と官品をいうから、大都護以下の箇所だけ開元七年の定員と官品をいっているとすることはできない。やはり、これも開元二五年の定員と官品とするべきであろう。

ここで想起されるのが、前述した著作佐郎の例である（三四〇頁以下）。『大唐六典』巻一〇秘書省・著作局に「著作佐郎四人、従六品上」とあり、註記に、

皇朝置四人、龍朔二年、改為司文郎、咸亨元年復故。開元二十六年、減置二人。

皇朝は四人を置き、龍朔二年（六六二）、改めて司文郎と為し、咸亨元年（六七〇）故に復す。開元二六年（七三八）、減じて二人を置く。

とある。著作佐郎は定員四人であったが、開元二六年に定員二人となった。『大唐六典』は著作佐郎の定員を「著作佐郎二人、従六品上」とすればよいと思うのであるが、開元二六年以前の定員のままにしている。減員が開元二六年

の初期であれば、『大唐六典』の草稿は書き直すことは可能である。しかし、改訂作業を行っていない。

『大唐六典』が「著作佐郎四人、従六品上」とし、開元二五年の減員を注記したのは、開元二五年の「職員令」と「官品令」を残す意図があったためである。『通典』巻二六職官典・秘書監・佐郎には「著作佐郎四人」とある。『通典』の「著作佐郎四人」は開元二五年「職員令」の定員である。

著作佐郎の定員の記述方法からみれば、『大唐六典』に、

大都護、従二品。上都護、正三品。副大都護、従三品。大都護府副都護、正四品上。上都護府副都護、従四品上。

とあるのは、開元二五年「官品令」を伝えていると考えざるを得ないし、「官品一覧」に、

大都護、従二品。上都護、正三品。大都護府副都護、従三品。上都護府副都護、正四品上。

とあるのも、開元二五年の「官品令」を伝えていると考えざるを得ない。開元二六年に大都護府副都護と上都護府副都護の官品変更があったとすれば、著作佐郎の定員の記述方法からみて、

大都護、従二品。上都護、正三品。大都護府副都護、従三品。上都護府副都護、正四品上。

とはならないことになる。大都護府副都護の官品変更は『旧唐書』巻四二職官志の「官品一覧」の「従第三品」に、

大都護府副都護、旧正四品上。開元令、加入従三品。

とあるように、やはり「開元二五年令」制定時にあったと想定せざるを得ない。

では、どうして『大唐六典』巻三〇「三府督護州県官吏」の大都護・上都護府官吏に、

大都護一人、従二品。副大都護一人、従三品。副都護二人、正四品上。

とある記事と、『旧唐書』巻四二職官志の官品一覧に、

大都護府副都護、旧正四品上。開元令、加入従三品。

とある記事とを整合させるかである。

ここで今一つ想起するべきは、令文確定後の令文の変更の扱いである。このことは「〈令〉確定後の令文の変更」(三五六頁)において述べた。「開元二五年令」は開元二五年九月に公布されたが、公布直前までの「令」の変更をすべて盛り込んでいるわけではない。草稿の締め切りまでは令文を変更するが、草稿の締め切り以降は、変更があっても令文は改正せず、浄書して皇帝に撰進し、天下に公布した。その一例として諸陵廟署の事例を示した(三七一頁)。

これに属するのが大都護府副都護と上都護府副都護であろう。『大唐六典』巻三〇「三府督護州県官吏」の大都護・上都護府官吏に、

大都護一人、従二品。副大都護一人、従三品。副都護二人、正四品上。

とある。これは開元二五年の官品を伝えている。しかし、『旧唐書』巻四二職官志には、

大都護府副都護、旧正四品上。開元令、加入従三品。

とあり、開元二五年「官品令」で大都護府副都護は従三品となったともいう。

この両書のいうところを満足させるのは、『大唐六典』は草稿を締め切った開元二五年官品をいい、『旧唐書』は草稿を締め切り後の変更をいうと考えることであろう。締め切った草稿は浄書され天下に公布されることになる。草稿を締め切り後の変更事項は追って告知され、両者は孰れも「開元二五年令」である。『大唐六典』は草稿を締め切り後に官品の変更があった旨の註記がない。それゆえに『大唐六典』の大都護府副都護の官品に誤記がある、いや『通典』の開元二五年官品一覧に誤記があるとの疑念を持たせることになったのである。『大唐六典』と『通典』の開元二五年官品のどちらも誤記ではない。『大唐六典』は「開元二五年令」の官品を忠実に書いたから、「大都護府副都護、正四品上」とあり、「開元二五年令」公布後の官品昇格の事実を踏まえて『旧唐書』には従三品とあるのである。

右の推測がもし誤っているとしても、『旧唐書』巻四二職官志に、

大都護府副都護、旧正四品上。開元令、加入従三品。

とあることによって、『大唐六典』の「副都護二人、正四品上」という官品が開元七年の官品とはならないであろう。それはすでに指摘したように『大唐六典』の本文所載の官品は開元二五年の官品であり、「開元二五年令」である事例が『大唐六典』には多くあるからである。

四　八節度使の年代

1　八節度使

『大唐六典』巻五尚書兵部・兵部郎中員外郎職の条に、八節度使と管轄する軍名と守捉使名を列挙する。

凡天下之節度使有八。其一曰、関内朔方節度使。其統有単于安北東受降城中受降城西受降城豊安軍定遠城皆属焉。其二曰、河東節度使。其統有大同横野岢嵐三軍雲州守捉使属焉。其三曰、河北幽州節度使。其統有経略平盧静塞威武清夷横海高陽唐興恒陽北平十軍安東鎮守渝関守捉北平守捉三使属焉。其四曰、河西節度使。其統有赤水大斗建康玉門墨離豆盧六軍新泉守捉甘州守捉粛州鎮守三使属焉。其五曰、隴右節度使。其統有臨洮河源白水安人積石莫門振武七軍平夷五門富耳藍州平戎綏和五守捉使皆属焉。其六曰、剣南節度使。其統有昆明軍松州当州防禦卭崍守捉姚巂州経略四使属焉。其七曰、磧西節度使。其統有安西疎勒于闐焉耆、為四鎮経略使。又有伊吾瀚海二軍西州鎮守使属焉。其八曰、嶺南節度使。其統有広桂邕容安南等五府経略使。若諸州在節度内者、皆受節度焉。其福州経略使登州平海軍、則不在節度之内。

凡《およ》そ天下の節度使八有り。其の一に曰わく、関内朔方節度使。其の統に単于・安北・東受降城・中受降城・西受降城・豊安軍・定遠城有り皆な焉《これ》に属す。其の二に曰わく、河東節度使。其の統に大同・横野・岢嵐の三軍・雲州守捉使有り焉《これ》に属す。其の三に曰わく、河北幽州節度使。其の統に経略・平盧・静塞・威武・清夷・横海・高陽・唐興・恒陽・北平の一〇軍・安東鎮守・渝関守捉・北平守捉の三使有り焉《これ》に属す。其の四に曰わく、河西節度使。其の統に赤水・大斗・建康・玉門・墨離・豆盧の六軍・新泉守捉・甘州守捉・粛州鎮守の三使有り焉《これ》に属す。其の五に曰わく、隴右節度使。其の統に臨洮・河源・白水・安人・積石・莫門・振武の七軍・平夷・五門。富耳・藍州・平戎・綏和の五守捉使有り皆な焉《これ》に属す。其の六に曰わく、剣南節度使。其の統に昆明軍・松州・当州防禦・卭崍《きょうこう》守捉・姚嶲《ようすい》州経略の四使有り焉《これ》に属す。其の七に曰わく、磧西節度使。其の統に安西・疎勒・于闐・焉耆有り、四鎮経略使と為す。又た伊吾・瀚海の二軍・西州鎮守使有り焉《これ》に属す。其の八に曰わく、嶺南節度使。其の統に広・桂・邕・容・安南等の五府経略使有り。諸州の節度内に在るもの若《ごと》きは、皆な節度を受く。其の福州経略使・登州平海軍、則ち節度の内に在らず。

この八節度使の時期は何時であろうか。

『通典』巻三二職官典・州郡上・都督・大唐にも、

開元中、凡八節度使。磧西河西隴右朔方河東幽州剣南嶺南、此八節度也。後更増加、兼改名号。

開元中（七一三〜七四一）、凡そ八節度使。磧西・河西・隴右・朔方・河東・幽州・剣南・嶺南、此れ八節度なり。後に更に増加し、兼ねて名号を改む。

とある。八節度使の時代を『通典』は開元中といい、年次を明確にしない。七世紀末から辺境地帯に「軍」が設置されたことは周知の事実であり、「軍」には多くの変遷があるから、年次を明確にしないのであろう。

『通典』巻三二職官典・州郡上・都督・大唐には、

其辺方有寇戎之地、則加以旌節、謂之節度使。自景雲二年四月、始以賀抜延嗣為涼州都督、充河西節度使。其後諸道因同此号、得以軍事専殺。行則建節、府樹六纛。外任之重、莫比焉。

其れ辺方に寇戎の地有り、則ち加えるに旌節を以てし、之を節度使と謂う。景雲二年四月より、始めて賀抜延嗣を以て涼州都督と為し、河西節度使に充つ。其の後諸道因りて此の号を同じくし、以て軍事の専殺を得。行けば則ち節を建て、府に六纛《とう》（六本の旗矛）を樹つ。外任の重きは、焉《これ》に比するは莫し。

とあり、涼州都督が兼任する河西節度使が節度使の最初であるという。『唐会要』巻七八節度使にも、

河西節度使、景雲二年四月、賀抜廷嗣為涼州都督、充河西節度使。自此始有節度之号。

河西節度使、景雲二年（七一一）四月、賀抜廷嗣を涼州都督と為し、河西節度使に充つ。此れより始めて節度の号有り。

とあり、河西節度使が節度使の最初であることが確認できる。

『唐会要』巻七八節度使によって、節度使の設置年代を見ていくと、朔方節度使は、

朔方節度使、開元元年十月六日勅、朔方行軍大総管、宜準諸道例、改為朔方節度使、其定遠豊安軍西［受降城］中［受降］城単于豊勝霊夏塩銀匡長安楽等州、並受節度。

朔方節度使、開元元年（七一三）一〇月六日勅す、「朔方行軍大総管、宜しく諸道の例に準じ、改めて朔方節度使と為し、其の定遠・豊安軍・西受降城・中受降城・単于《ぜんう》・豊・勝・霊・夏・塩・銀・匡・長・安・楽らの州、並びに節度を受けるべし。

とあり、開元元年である。隴右節度使は『唐会要』巻七八節度使の条に、

隴右節度使、開元元年十二月、鄯州都督陽矩除隴右節度。自此始有節度之号。

隴右節度使、開元元年一二月、鄯州都督の陽矩を隴右節度に除す。此れより始めて節度の号有り。

とあり、これも開元元年である。剣南節度使は『唐会要』巻七八節度使の条に、

剣南節度使、開元五年二月、斉景昌除剣南節度使度支営田兼姚嶲等州處置兵馬使、因此使有節度之号。

剣南節度使、開元五年（七一七）二月、斉景昌 剣南節度使・度支営田兼姚嶲《ようすい》等州處置兵馬使に除せられ、此の使

に因りて節度の号有り。

とあり、開元五年である。河東節度使は『唐会要』巻七八節度使の条に、

河東節度使、開元十一年以前、称天兵軍節度。其年三月四日、改為太原已北諸軍節度。至十八年十二月、宋之悌除河東節度。已後遂為定額。

河東節度使、開元一一年（七二三）以前、天兵軍節度と称す。其の年三月四日、改めて太原已北諸軍節度と為す。一八年一二月に至り、宋之悌を河東節度に除す。已後遂に定額と為す。

とあり、開元一八年である。

以上のことから、『大唐六典』の八節度使は開元一八年以降、『大唐六典』が完成する開元二六年までの状態をいっていることは明らかであろう。

2　八節度使の年代

右の『大唐六典』に登場する八節度使に所属する軍名のうち、設置年代が明確な軍は次のようである。河東節度使に属する大同軍は『唐会要』巻七八「節度使。毎使管内軍附（節度使。使毎に管内軍附す）」に、

大同軍置在朔方州。本大武軍。調露二年、裴行倹改為神武軍。天授二年、改為平狄軍。大足元年五月十八日、改為大武軍。開元十二年三月四日、改為大同軍。

大同軍は置きて朔方州に在り。本は大武軍。調露二年（六八〇）、裴行倹改めて神武軍と為す。天授二年（六九一）、改めて平狄軍と為す。大足元年（七〇一）五月一八日、改めて大武軍と為す。開元一二年（七二四）三月四日、改めて大同軍と為す。

とあり、開元一二年に大同軍と改称された軍である。

河北幽州節度使に属する静塞軍は『唐会要』巻七八「節度使。毎使管内軍附（節度使。使毎に管内軍附す）」に、

漁陽軍在幽州北盧龍右塞。開元十九年、改為静塞軍。

漁陽軍は幽州の北・盧龍の右塞に在り。開元一九年（七三一）、改めて静塞軍と為す。

とあり、開元一九年に静塞軍と改称された軍である。

同じく河北幽州節度使に属する横海軍は『唐会要』巻七八「節度使。毎使管内軍附（節度使。使毎に管内軍附す）」に、

横海軍在滄州、並開元十四年四月十二日置。各以刺史為使。

横海軍は滄州に在り、並びに開元一四年（七二六）四月一二日置く。各《おのおの》刺史を以て使と為す。

とあり、開元一四年に開設された軍であり、同じく河北幽州節度使に属する高陽軍は『元和郡県図志』巻二二易州に、

武徳四年、又改為易州。高陽軍在州城内、開元二〇年置。

武徳四年（六二一）、又た改めて易州と為す。高陽軍は州城内に在り、開元二〇年（七三二）置く。

とあり、開元二〇年に設置された軍である。

河西節度使に属する大斗軍は『唐会要』巻七八「節度使。毎使管内軍附（節度使。使毎に管内軍附す）」に、

大斗軍、本是守捉使。開元十六年、改為大斗軍焉。

大斗軍、本は是れ守捉使。開元一六年（七二八）、改めて大斗軍と為す。

とあり、『元和郡県図志』巻四〇隴右道下涼州に、

大斗軍、涼州西二百里。本是赤水軍守捉。開元十六年、改為大斗軍。因大斗抜谷為名。管兵七千五百人馬二千四百匹。

大斗軍、涼州の西二百里なり。本は是れ赤水軍守捉。開元一六年（七二八）、改めて大斗軍と為す。大斗抜谷に因り名と為す。兵七千五百人・馬二千四百匹を管す。

とあり、開元一六年に赤水軍守捉が大斗軍に改称したものである。

隴右節度使に属する安人軍は『唐会要』巻七八「節度使。毎使管内軍附（節度使。使毎に管内軍附す）」に、

安人軍置在星宿川、鄯州西北界。開元七年三月置。

安人軍は置きて星宿川に在り、鄯州西北界なり。開元七年（七一九）三月置く。

とあり、『通典』巻一七二州郡典・序目下・大唐に、

安人軍。西平郡星宿川西。開元七年置。管兵萬人馬三百五十疋。

安人軍。西平郡星宿川の西。開元七年置く。兵萬人・馬三五〇疋を管す。

とあり、『元和郡県図志』巻三九隴右道上・鄯州に、

安人軍、河源軍西一百二十里星宿川。開元七年、郭知運置。管兵萬人馬三百五十匹。

安人軍、河源軍の西一二〇里の星宿川に在り。開元七年（七一九）、郭知運置く。兵萬人・馬三五〇匹を管す。

とあるように、開元七年に開設された軍である。

隴右節度使に属する振武軍は『唐会要』巻七八「節度使。毎使管内軍附（節度使。使毎に管内軍附す）」に、

振武軍置在鄯州鄯城県西界。吐蕃鉄仞城、亦名石堡城。開元十八年三月二十四日、信安王抜之置。四月、改為鎮武軍。

振武軍は置きて鄯州鄯城県の西界に在り。吐蕃の鉄仞《てつじん》城、亦た石堡城と名づく。開元一八年（七三〇）三月二四日、信安王之を抜きて置く。四月、改めて鎮武軍と為す。

とあり、開元一八年の開設に掛かる軍である。

剣南節度使に属する昆明軍は『唐会要』巻七八「節度使。毎使管内軍附（節度使。使毎に管内軍附す）」に、

昆明軍置在嶲州。開元十七年十一月置。

昆明軍は置きて嶲《すい》州に在り。開元一七年（七二九）一一月置く。

とあるように、開元一七年に置かれた軍である。

登州平海軍は『旧唐書』巻八玄宗紀開元二二年九月の条に、

辛巳、移登州平海軍於海口、安置。　辛巳、登州平海軍を海口に移し、安置す。

とあり、開元二二年に置かれた軍であり、『南部新書』巻戊集に次のようにある。

初制、節度使天下有八。若諸州在節度内者、皆受節度焉。其福州経略使登州平海軍使、不在節度之内。

初制、節度使天下に八有り。若《も》し諸州の節度の内に在るものは、皆な節度を受ける。其の福州経略使・登州平海軍使、節度の内に在らず。

『大唐六典』の八節度使に出てくる軍名を検討した結果、『大唐六典』の八節度使は開元二二年以降の状態を伝えるものであることが判明するから、『大唐六典』の八節度使は「開元二五年令」が完成するころの八節度使をいうことが確認できる。このようなことを長々と述べたのは、『大唐六典』は開元六年や七年のことを述べていないことを明らかにするためである。

第七節　『大唐六典』の府州県

一　州県の等第

1　州の等第

州の等第を述べて『大唐六典』巻三尚書戸部・戸部郎中員外郎職の条に「四萬戸已上は上州と為す」とある。

四萬戸已上為上州、陝汝虢仙沢邠隴涇寧鄜坊戸、雖不足亦為上州。三萬戸已上為中州、不満為下州。

四萬戸已上を上州と為し、陝・汝・虢《かく》・仙・沢・邠《ひん》（開元一三年に豳《ひん》州を邠州と改名）・隴・涇・寧・鄜《ふ》・坊の戸、足らざると雖も亦た上州と為す。三萬戸已上を中州と為し、満たざるを下州と為す。

また『大唐六典』巻三〇「三府督護州県官吏」の上州中州下州官吏に、

上州、凡戸満四萬已上為上州。……　中州、戸二萬已上。……　下州、戸不満二萬者為下州。

とある。これは何時の制度を指すものであろうか。『唐会要』巻七〇「量戸口、定州県等第例（戸口を量り、州県の等第を定む例）」に、

武徳令、三萬戸已上為上州。永徽令、二萬戸已上為上州。至顕慶元年九月十二日、勅、戸満三萬已上為上州、二萬已上為中州。先已定為中州下州者、仍旧。至開元十八年三月十七日、勅、太平時久、戸口日殷。宜以四萬戸已上為上州、二萬五千戸為中州、不満二萬戸為下州。其六雄十望州三輔等、及別勅同上州都督及畿内州並同上州。縁辺州三萬戸已上為上州、二萬戸已上為中州。其親王任中州下州刺史者、亦為上州、王去任後、仍旧。

「武徳令」に、「三萬戸已上を上州と為す」と。「永徽令」に、「二萬戸已上を上州と為す」と。顕慶元年（六五六）九月一二日に至り、勅す、「戸三萬已上に満てば上州と為し、二萬已上を中州と為す。先に已に定めて中州・下州と為すものは、旧に仍る」と。開元一八年（七三〇）三月一七日に至り、勅す、「太平時に久しく、戸口日々に殷ん。宜しく四萬戸已上を以て上州と為し、二萬五千戸を中州と為し、二萬戸に満たざれば下州と為す。其の六雄・一〇望州・三輔ら、別勅に及べば上州に同じく、都督及び畿内州並びに上州に同じ。縁辺州の三萬戸已上を上州と為し、二萬戸已上を中州と為す。其れ親王 中州・下州の刺史に任ずれば、亦た上州と為し、王任を去る後は、旧に仍る」と。

とあり、『通典』巻三三職官典・郡太守・大唐に、

開元中、定天下州府、自京都及都督都護府之外。以近畿之州為四輔、同華岐蒲四州、謂之四輔。八年、都督刺史品卑者、借緋魚袋。按武徳令、三萬戸以上為上州。永徽令、二萬戸以上為上州。顕慶元年九月勅、戸満三萬以上為上州、二萬以上為中州。先以為上州中州者、仍旧。至開元十八年三月勅、太平時久、戸口日殷。宜以四萬戸以上為上州、二萬五千戸為中州、不満二萬戸為下州。六千戸以上為上県、三千戸以上為中県、不満二千戸為下県。其餘為六雄、鄭陝汴絳懐魏六州為六雄。十望、宋亳滑許汝晋洺虢衛相十州為十望。十緊。初有十緊州、後入緊者甚多、不復具列。及上中下之差。凡戸四萬以上為上州、二萬五千以上為中州、不満二萬為下州。亦有不約戸口以別勅為上州者、又謂近畿者為畿内州、戸雖不満四萬、亦為上州。其親王任中下州刺史者、亦為上州。王去任後、即依旧式。天宝中、通計天下、凡上州一百九、中州二十九、下州一百八十九、総三百二十七州也。

開元中（七一二〜七四一）、天下の州府を定め、京都より都督・都護府の外に及ぶ。近畿の州を以て四輔と為し、同・華・岐・蒲の四州、之を四輔と謂う。八年、都督・刺史の品卑《ひく》き者、緋魚袋を借す。「武徳令」を按ずるに、「三萬戸以上を上州と為す」と。「永徽令」に、「二萬戸以上を上州と為す」。顕慶元年（六五六）九月勅す、「戸の三萬に満つる以上を上州と為し、二萬以上を中州と為す。先に以て上州・中州と為すものは、旧に仍る」と。開元一八年（七三〇）三月に至り、勅す、「太平時に久しく、戸口日々に殷《さか》ん。宜しく四萬戸以上を以て上州と為し、二萬五千戸を中州と為し、二萬戸に満たざるを下州と為す。六千戸以上を上県と為し、三千戸以上を中県と為し、二千戸に満たざるを下県と為す」と。其の餘を六雄、鄭・陝・汴・絳・懐・魏の六州を六雄と為す。一〇望、宋・亳《はく》・滑・許・汝・晋・洺《めい》・虢《かく》・衛・相の一〇州を一〇望と為す。一〇緊と為す。初め一〇緊州有り、後に緊に入るもの甚だ多し、復た具さに列せず。上・中・下の差に及ぶ。凡そ戸四萬以上を上州と為し、二萬五千以上を中州と為し、二萬に満たざるを下州と為す。亦た戸口を約さず別勅を以て上州と為すもの有り、又た近畿を謂いて畿内州と為し、戸は四萬に満たずと雖も、亦た上州と為す。其れ親王 中・下州刺史に任ぜられれば、亦た上州と為す。王の任を去るの後、即ち旧式に依る。天宝中（七四二〜七五五）、天下を通計するに、凡《およ》そ上州は一〇九、中州は二九、下州は一八九、総《す》べて三二七州なり。

とある。『大唐六典』の中州・下州の戸数と『唐会要』『通典』のある記事が一致しないが、「四萬戸以上は上州」は開元一八年（七三〇）以降の制度と理解してよく、中州・下州の等第は開元一八年以降に改訂があったと考えるべきであろう。

『旧唐書』巻八玄宗紀開元一八年三月の条に、

辛卯、改定州県上中下戸口之数、依旧給京官職田。

辛卯、改めて州県の上中下戸口の数を定め、旧に依り京官の職田を給す。

とある。この記事によっても『大唐六典』に記載する州の等第は開元七年の制度ではないことが確認できる。

『大唐六典』の、

四萬戸已上為上州、陝汝虢仙沢邠隴涇寧鄜坊戸、雖不足亦為上州。三萬戸已上為中州、不満為下州。

という記事は『大唐六典』が完成した開元二六年当時の州の等第を伝えるものであろうし、開元二五年の状態を投影したものであることは疑いない。

2　県の等第

県の等第を述べて『大唐六典』巻三尚書戸部・戸部郎中員外郎職の条に次のようにある。

凡三都之県在城内、曰京県 奉先同京城。城外曰畿県。又望県有八十五焉。………（望県の註記は省略）………。其餘則六千戸已上為上県、二千戸已上為中県、一千戸已上為中下県、不満一千戸、皆為下県。

凡《およ》そ三都の県 城内に在るものを、京県と曰い 奉先［県］は京城（京県）に同じ。城外は畿県と曰う。又た望県に八五有り。………（望県の註記は省略）………。其の餘は則ち六千戸已上を上県と為し、二千戸已上を中県と為し、一千戸已上を中下県と為し、一千戸に満たざるは、皆な下県と為す。

『唐会要』巻七〇「量戸口定州県等第例（戸口を計り州県の等第を定む例）」に、

武徳令、戸五千已上為上県、二千戸已上為中県、一千戸已上為中下県。至開元十八年三月［十］七日、［勅］、以六千戸已上為上県、三千戸已上為中県、不満三千戸為中下県、其赤畿望緊等県、不限戸数、並為上県。去京五百里内、并縁辺州県、戸五千已上亦為上県、二千已上為中県、一千已上為下県。

「武徳令」に、「戸五千已上を上県と為し、二千戸已上を中県と為し、一千戸已上を中下県と為す」と。開元一八年（七三〇）三月一七日に至り、勅す、「六千戸已上を以て上県と為し、三千戸已上を中県と為し、三千戸に満たざるを中下県と為し、其れ赤・畿・望・緊らの県、戸数に限らず、並びに上県と為す。京を去る五百里内、并びに縁辺州県、戸五千已上は亦た上県と為し、二千已上を中県と為し、一千已上を下県と為す」と。

とあり、『通典』巻三三職官典・郡太守・大唐の註記に、

顕慶元年九月勅、戸満三萬以上為上州、二萬以上為中州。先以為上州中州者、仍旧。至開元十八年三月勅、太平時久、戸口日殷。宜以四萬戸以上為上州、二萬五千戸為中州、不満二萬戸為下州。六千戸以上為上県、三千戸以上為中県、不満二千戸為下県。

顕慶元年九月勅す、「戸満三萬以上に満たば上州と為し、二萬以上を中州と為す。先に以て上州・中州と為すものは、旧に仍る」と。開元一八年三月に至り、勅す、「太平時に久しく、戸口日々に殷ん。宜しく四萬戸以上を以て上州と為し、二萬五千戸を中州と為し、二萬戸に満たざるを下州と為す。六千戸以上を上県と為し、三千戸以上を中県と為し、二千戸に満たざるを下県と為す」と。

とあるから、『大唐六典』にいう県の等第は開元一八年以降のものである。

『通典』には、開元一八年の県の等第を、

六千戸以上為上県、三千戸以上為中県、不満二千戸為下県。

とあり、『唐会要』には、

以六千戸已上為上県、三千戸已上為中県、不満三千戸為中下県。

とあり、中県以下の戸数が『大唐六典』と一致しない。
　これは開元一八年以降に中県以下の戸数の変更があり、『大唐六典』に、

六千戸已上為上県、二千戸已上為中県、一千戸已上為中下県、不満一千戸、皆為下県。

とある戸数になったのであろう。『大唐六典』にいう県の等第は開元一八年以降の制度であることは明らかである。

3　四輔・六雄・一〇望

『大唐六典』巻三尚書戸部・戸部郎中員外郎職の条に、

四萬戸已上為上州、陝汝虢仙沢邠隴涇寧鄜坊戸、雖不足亦為上州。三萬戸已上為中州、不満為下州。
四萬戸已上を上州と為し、陝・汝・虢《かく》・仙・沢・邠《ひん》・隴・涇・寧・鄜《ふ》・坊の戸、足らざると雖も亦た上州と為す。三萬戸已上を中州と為し、満たざるを下州と為す。

とある記事の下部には、四輔州・六雄州・一〇望州を述べて、

同華岐蒲為四輔州、蒲、新升入。陝懐鄭汴魏絳為六雄州、絳、新升入。虢汝汾晋宋許滑衛相洺為十望州。汾、新升入。
同・華・岐・蒲を四輔州と為し、蒲、新たに升して入る。陝・懐・鄭・汴・魏・絳を六雄州と為し、絳、新たに升して入る。虢・汝・汾・晋・宋・許・滑・衛・相・洺《めい》を一〇望州と為す。汾、新たに升して入る。

とある。「四萬戸已上為上州、………」の記事が開元一八年以降の制度を伝えるものであるなら、この記事は「四萬

戸已上為上州、………」と一連の記事であるから、開元一八年以降の記事ということになろう。

『旧唐書』巻三九地理志・河東道・河中府蒲州に、

又与陜鄭汴懐魏為六雄。〔開元〕十二年、昇為四輔。

又た陜・鄭・汴・懐・魏と六雄と為す。開元一二年（七二四）、昇して四輔と為す。

とあり、河中府・蒲州は六雄州の一であったが、開元一二年に四輔州に昇格したとある。

開元一二年に六雄州は五雄州となったが、闕けた一州は絳州が昇格して六雄州となった。絳州が六雄州となったのは開元一二年のことであろう。州の順位は一〇望→六雄→四輔の順であり、四輔が高位にある。開元一二年以前は一〇望・六雄・三輔の制度であったが、開元一二年に河中府・蒲州が昇格して四輔となったため、六雄州の闕を充足するため絳州が昇格した。絳州は開元一二年以前は一〇望州の一州であったのであろう。開元一二年に一〇望州の一州である絳州が六雄州に昇格したため、汾州が一〇望州の一に昇格したと理解できる。

『大唐六典』の四輔・六雄・一〇望の記事は開元一二年の変動以降を伝えたもので、註記部分を省略した、

同華岐蒲為四輔州、陜懐鄭汴魏絳為六雄州、虢汝汾晋宋許滑衛相洺為十望州。

の部分は開元二六年の『大唐六典』が完成した時の四輔・六雄・一〇望をいうものである。

4　辺要州

辺州に関して、『大唐六典』巻三尚書戸部・戸部郎中員外郎職の条に、

安東平営檀嬀蔚朔忻安北単于代嵐雲勝豊塩霊会涼粛甘瓜沙伊西北庭安西河蘭鄯廓疊洮岷扶柘維静悉翼松当戎茂嶲姚播黔驩容為辺州。

安東・平・営・檀・嬀《ぎ》・蔚・朔・忻・安北・単于《ぜんう》・代・嵐・雲・勝・豊・塩・霊・会・涼・粛・甘・瓜・沙・伊・

西・北庭・安西・河・蘭・鄯・廓・疊・洮・岷・扶・柘・維・静・悉・翼・松・当・戎・茂・巂《すい》・姚・播・黔・驩《かん》・容を辺州と為す。

とある。この記事は三七五頁に述べた五大都督府の記事に連続する記事としてある。『大唐六典』にみえる五大都督府は開元一七年以降の制度であるから、辺州の制度も開元一七年以降となる。

『唐会要』巻二四諸侯入朝に、

［開元］十八年十一月勅、霊勝涼相代黔巂豊洮朔蔚嬀檀安東疊廓蘭鄯甘粛瓜沙嵐塩翼戎慎威西牢当郎茂驩安北［北］庭単于会河岷扶柘安西静悉姚雅播容燕順忻平霊臨薊等五十九州為辺州、揚益幽潞荊秦夏汴澧広桂安等十二州為要州。都督刺史、並不在朝集之例。

開元一八年（七三〇）一一月勅す、「霊・勝・涼・相・代・黔・巂《すい》・豊・洮・朔・蔚・嬀《ぎ》・檀・安東・疊・廓・蘭・鄯・甘・粛・瓜・沙・嵐・塩・翼・戎・慎・威・西・牢・当・郎・茂・驩・安北・北庭・単于《ぜんう》・会・河・岷・扶・柘・安西・静・悉・姚・雅・播・容・燕・順・忻・平・霊・臨・薊《けい》ら五九州を辺州と為し、揚・益・幽・潞・荊・秦・夏・汴・澧・広・桂・安ら一〇州を要州と為す。都督・刺史、並びに朝集の例に在らず。

とある。開元一八年の辺州は『大唐六典』の辺州と同じではないから、開元一八年の辺州を改訂したものが『大唐六典』の辺州であろうから、『大唐六典』の辺州は開元一八年以降の辺州ということになる。全体の記事は開元二五年のことを伝えたものであるから、この辺州も開元二五年当時の辺州と考えてよいだろう。要州も同じである。

二　太原府の官員構成

『大唐六典』巻三〇「三府督護州県官吏」の「京兆河南太原三府官吏」に、京兆府・河南府・太原府の官員構成を述べて次のようにある。

京兆河南太原府牧、各一人、従二品。昔舜分九州為十二州、始置十二牧。大禹鋳鼎、貢金九牧。周礼八命作牧。秦分天下為三十六郡、京為内史、漢武帝改為京兆尹、秩二千石。後漢都洛陽、為河南尹、魏晋因之。歴代所都皆為尹。江左為丹陽尹、北斉為清都尹、後周及隋復為京兆尹。始秦分天下、令御史監郡、漢省之、丞相遣史分刺諸州。武帝初置部刺史十三人、掌奉詔条察州、秩六百石、類今之十道使也。又置司隷校尉、部三輔三河弘農、類今之京畿按察使也。成帝更名刺史為牧、秩二千石。後漢復為刺史、後復為牧。魏晋已下、皆為刺史。晋武帝罷司隷校尉、置司州牧。江左為揚州刺史、後魏北斉皆為司州牧。後周置雍州牧、隋因之。大業三年、罷州置郡、京兆河南皆為尹、則兼牧之任矣。皇朝又置雍州牧、洛州初為都督府、及置都亦為牧。開元初、復為京兆河南尹。

尹一人、従三品。漢京兆尹有都尉丞、皆詔除。都尉比二千石、典武職、丞秩六百石。後漢省都尉、州又置別駕治中、皆刺史自辟除。魏晋已下、皆因之。隋文帝罷郡、以州統県、改別駕治中為長史司馬。煬帝罷州置郡、罷長史司馬、置賛治、後改為丞。又置通守以貳太守、京兆河南等為内史。皇朝置雍州別駕。永徽中、改為長史、正四品下。開元初、改長史為尹、従三品。然親王為牧、皆不知事、職務総帰於尹、亦漢氏京尹之任也。

少尹二人、従四品下。魏晋已下、有治中、隋文帝改為司馬、煬帝改為賛治、後改為丞。皇朝復曰治中、後避高宗諱、改曰司馬。開元初、改為少尹、置二員。

司録参軍事二人、正七品上。漢魏已来、及江左、郡有督郵主簿。蓋録事参軍之任也。皆太守自辟除。後魏北斉後周隋氏、州皆有録事参軍。及罷郡、以州統県、皆吏部選除。煬帝罷州置郡、有東西曹掾及主簿。皇朝省主簿、置録事参軍。開元初、改為司録参軍。

録事四人、従九品上。隋置京兆録事四人、皇朝因之。府史各三人。

功曹参軍事二人、正七品下。漢魏已下、司隷校尉及州郡皆有功曹戸曹賦曹兵曹等員。北斉諸州、有功曹倉曹中兵外兵甲曹法曹士曹左戸等参軍事。隋諸州有功曹戸曹兵曹等参軍事法曹士曹行参軍。郡有西曹金曹戸曹兵曹法曹士曹　等。及罷郡置州、以曹為名者、改曰司。煬帝罷州置郡、改司功司倉司戸司兵司法司士等為書佐朝因其六司、而改書佐為参軍事。開元初、為功曹参軍。府六人、史十二人。

倉曹参軍事二人、正七品下。北斉諸州、有倉曹参軍事。隋文帝改為司倉参軍、煬帝改為司倉書佐、皇朝復為倉曹参軍。府八人、史十六人。

戸曹参軍事二人、正七品下。漢魏已来、州郡皆有戸曹掾、或為左戸。隋有戸曹参軍、文帝改為司戸参軍、煬帝為司戸書佐、皇朝因為司戸参軍。開元初、為戸曹参軍。府十一人、史二十二人、帳史一人。景雲初置。

兵曹参軍事二人、正七品下。漢魏已下、諸州皆有兵曹、或為中兵外兵騎兵。北斉已下、改復並与功曹同。府九人、史十八人。

法曹参軍事二人、正七品下。漢魏已下、州郡有賦曹決曹掾、或法曹或墨曹。自隋已下、改復並与上同。府九人、史十八人。

士曹参軍事二人、正七品下。北斉諸州、有士曹行参軍。已下改復、並与上同。府七人、史十四人。

参軍事六人、正八品下。執刀十五人、典獄十八人、問事十二人。白直二十四人。

経学博士一人、従八品上。助教二人、魏晋已下、郡国並有文学、即博士助教之任。並皇朝置。学生八十人。皇朝置。

医学博士一人、助教一人、開元初置。

医学生二十人。貞観初置。

京兆・河南・太原府牧、各一人、従二品。昔舜は九州を分かちて一二州と為し、始めて一二牧を置く。大禹鼎を鋳て、九牧より貢金せしむ。「周礼《しゅらい》」の八命は牧に作る。秦は天下を分かちて三六郡と為し、京を内史と為し、漢の武帝改めて京兆尹と為す、秩二千石。後漢は洛陽に都し、河南尹と為し、魏晋之に因る。歴代都する所皆な尹と為す。江左は丹陽尹と為し、北斉は清都尹と為し、後周及び隋は復た京兆尹と為す。始め秦は天下を分かち、御史をして郡を監せしめ、漢之を省き、丞相史を遣わして諸州を分刺す。武帝初めて部刺史一三人を置く、奉詔を奉じて州を条察する掌る、秩六百石、今の一〇道使に類するなり。又た司隷校尉を置き、三輔・三河・弘農を部す、今の京畿按察使に類するなり。成帝は刺史を更名して牧と為し、秩二千石。後漢復た刺史と為し、後に復た牧と為す。魏晋已下、皆な刺史と為す。晋の武帝は司隷校尉を罷め、司州牧を置く。江左は揚州刺史と為し、後魏・北斉皆な司州牧と為す。後周は雍州牧を置き、隋之に因る。大業三年（六〇七）、州を罷め郡を置き、京兆・河南皆な尹と為す、則ち兼牧の任なり。皇朝又た雍州牧を置き、洛州初め都督府と為し、都を置くに及んで亦た牧と為す。開元初め、復た京兆・河南尹と為す。

尹一人、従三品。漢の京兆尹に都尉・丞有り、皆な詔除す。都尉は比二千石、武職を典じ、丞は秩六百石。後漢は都尉を省き、州に又た別駕・治中を置き、皆な刺史自ら辟除す。魏晋已下、皆な之に因る。隋の文帝は郡を罷め、州を以て県を統《す》べ、別駕治中を改めて長史・司馬と為す。煬帝州を罷め郡を置き、長史・司馬を罷め、賛治を置き、後に改めて丞と為す。又た通守を置き以て太守の貳とし、京兆・河南等は内史と為す。皇朝は雍州別駕を置く。永徽中、改めて長史と為し、正四品下。開元初め、長史を改めて尹と為す、従三品。然れども親王の牧と為らば、皆な事を知《す》べず、職務は尹に総帰す、亦た漢氏京尹の任なり。

少尹二人、従四品下。魏晋已下、治中有り、隋の文帝改めて司馬と為し、煬帝改めて賛治と為し、後に改めて丞と為す。皇朝復た治中と曰い、後に高宗の諱《いみな》を避け、改めて司馬と曰う。開元の初め、改めて少尹と為し、二員を置く。

司録参軍事二人、正七品上。漢魏已来、江左に及んで、郡に督郵・主簿有り。蓋し録事参軍の任なり。皆な太守自ら辟除す。後魏・北斉・後周・隋氏、州に皆な録事参軍有り。郡を罷るに及んで、州を以て県を統べ、皆な吏部選除す。煬帝 州を罷め郡を置き、東西曹掾及び主簿有り。皇朝主簿を省き、録事参軍を置く。開元初め、改めて司録参軍と為す。

録事四人、従九品上。隋は京兆録事四人を置き、皇朝之に因る。府史各三人。

功曹参軍事二人、正七品下。漢魏已下、司隷校尉及び州郡皆な功曹・戸曹・賦曹・兵曹等の員有り。北斉の諸州、功曹・倉曹・中兵・外兵・甲曹・法曹・士曹・左戸等の参軍事有り。隋の諸州に功曹・戸曹・兵曹等の参軍事・法曹・士曹行参軍有り。郡に西曹・金曹・戸曹・兵曹・法曹・士曹等有り。郡を罷め州を置くに及んで、曹を以て名と為すものは、改めて司と曰い。煬帝州を罷め郡を置き、司功・司倉・司戸・司兵・司法・司士等を改めて書佐と為す。皇朝は其の六司に因り、書佐を改めて参軍事と為す。開元初め、功曹参軍と為す。府六人、史一二人。

倉曹参軍事二人、正七品下。北斉の諸州、倉曹参軍事有り。隋の文帝改めて司倉参軍と為し、煬帝は改めて司倉書佐と為し、皇朝復た倉曹参軍と為す。府八人、史一六人。

戸曹参軍事二人、正七品下。漢魏已来、州郡に皆な戸曹掾有り、或いは左戸と為す。隋に戸曹参軍有り、文帝改めて司戸参軍と為し、煬帝は司戸書佐と為し、皇朝因りて司戸参軍と為す。開元初め、戸曹参軍と為す。府一一人、史二二人、帳史一人。景雲の初め置く。

兵曹参軍事二人、正七品下。漢魏已下、諸州に皆な兵曹有り、或いは中兵・外兵・騎兵と為す。北斉已下、改復すること並びに功曹と同じ。府九人、史一八人。

法曹参軍事二人、正七品下。漢魏已下、州郡に賦曹・決曹掾有り、或いは法曹或いは墨曹。隋より已下、改復すること並びに上と同じ。府九人、史一八人。

士曹参軍事二人、正七品下。北斉の諸州、士曹行参軍有り。已下改復すること、並びに上と同じ。府七人、史一四人。

参軍事六人、正八品下。執刀一五人、典獄一八人、問事一二人。白直二四人。

経学博士一人、従八品上。助教二人、魏晋已下、郡国並びに文学有り、即ち博士・助教の任なり。並びに皇朝置く。

学生八〇人。皇朝置く。

医学博士一人、助教一人、開元初め置く。

医学生二〇人。貞観の初め置く。

京兆府・河南府・太原府が一時に存立し、右のような属僚構成である時期は開元一一年（七二三）以降である。并州大都督府が太原府となった時期は『旧唐書』巻八玄宗紀開元一一年正月の条に、

己巳、北都巡狩。勅所至處、存問高年鰥寡惸独征人之家、減流死罪一等、徒以下放免。庚辰、幸并州潞州、宴父老、曲赦大辟罪已下、給復五年。別改其旧宅為飛龍宮。辛卯、改并州為太原府、官吏補授、一準京兆河南両府。

己巳、北都に巡狩す。至る所の處に勅し、高年・鰥寡《かんか》（年老いて配偶者のいない男女）惸独《けいどく》（身寄りのない独り者）征人の家を存問し、流・死罪は一等を減じ、徒以下は放免す。庚辰、并州・潞州に幸し、父老を宴し、大辟罪已下を曲赦し、復《ほく》（租税の免除）五年を給う。別に其の旧宅を改めて飛龍宮と為す。辛卯、并州を改めて太原府と為し、官吏の補授、一に京兆・河南の両府に準ぜしむ。

とある。『元和郡県図志』巻一三太原府の条に、并州の変遷を述べて以下のようにいう。

［武徳］七年又改為大都督。天授元年、罷都督府、置北都。神龍元年、依旧為并州大都督府。開元十一年、玄宗行幸至此州。以王業所興、又建北都、改并州為太原府、立起義堂碑、以紀其事。………（中略）………。天宝元年、改北都為北京。

武徳七年（六二四）又た改めて大都督と為す。天授元年（六九〇）、都督府を罷め、北都を置く。神龍元年（七〇五）、旧に依り并州大都督府と為す。開元一一年（七二三）、玄宗行幸して此の州に至る。王業の興る所を以て、又た北都を建て、并州を改めて太原府と為し、起義堂碑を立て、以て其の事を紀す。………（中略）………。天宝元年（七四二）、北都を改めて北京と為す。

三　北都留守

『唐律疏議』「賊闘律」盗宮殿門符（宮殿の門符を盗む）に「北都留守」の語がある。

諸盗宮殿門符発兵符伝符者、流二千里。使節及皇城京城門符、徒三年。餘符、徒一年。門鑰、各減三等。盗州鎮及倉厨厩庫関門等鑰、杖一百。県戍等諸門鑰、杖六十。

疏議曰、開閉殿門、皆用銅魚合符。用符鑰法式、已於擅興律解訖。発兵符、以銅為之、左者進内、右者付州府監及提兵鎮守之所、並留守応執符官人。其符雖通餘用、為発兵事重、故以発兵為目。伝符、謂給将乗駅者。依公式令、下諸方伝符、両京及北都留守為麟符、東方青龍、西方白虎、南方朱雀、北方玄武。両京留守二十、左十九、右一。餘皆四。左三、右一。左者進内、右者付外州府監応執符人。其両京及北都留守符、並進内。須遣使向四方、皆給所詣處左符、書於骨帖上、内着符、裹用泥封、以門下省印印之。所至之處、以右符勘合、然後承用。盗者、合流二千里。節者、皇華出使、黜陟幽明、輶軒奉制、宣威殊俗、皆執旌節、取信天下。及皇城門、謂朱雀等門。京城門、謂明徳等門。盗此門符及使節者、各徒三年。餘符徒一年。餘符、謂禁苑及交巡等符。案擅興律、凡言餘符者、契亦同。即契応発兵者、同発兵符法。然則盗発兵契、各同魚符之罪。門鑰、各減三等、謂各減所開閉之門魚符三等。假有盗宮殿門符、合流二千里。門鑰減三等、得徒二年。餘鑰応減門符、並準此。若是禁苑門鑰、不可軽於州鎮関門等鑰。盗州鎮及官倉厨厩庫及関門等鑰、各杖一百。県戍等諸門鑰、称諸門鑰者、謂内外百司及坊市門。官有門禁、盗其鑰者、各杖六十。

諸《すべ》て宮殿門符・発兵符・伝符を盗む者は、流二千里。使節及び皇城・京城の門符は、徒三年。餘の符は、徒一年。門鑰《やく》は、各《おのおの》三等を減ず。州・鎮及び倉厨・厩庫・関門らの鑰を盗まば、杖一百。県戍ら諸門の鑰は、杖六〇。

疏議して曰わく、殿門を開閉するは、皆な銅魚合符を用う。符・鑰を用うるの法式、已に「擅興律」に解き訖る。発兵符は、銅を以て之を為り、左は内に進め、右は州・府・監及び提兵鎮守の所、並びに留守の応に符を執るべき官人に付す。其れ符は餘の用に通ずと雖も、発兵は事重きが為に、故に発兵を以て目と為す。「伝符」とは、将に駅に乗らんと者に給すを謂う。「公式令」に依るに、「諸方に下す伝符は、両京及び北都留守は麟符と為し、東方は青龍、西方は白虎、南方は朱雀、北方は玄武。両京留守には二〇、左一九、右一。餘は皆な四。左三、右一。左は内に進め、右は外州府・監の応に符を執るべき人に付す。其れ両京及び北都留守符は、並びに内に進む。須らく使を遣わして四方に向わしむるに、皆な所詣の處の左符を給い、骨帖上に書き、内に符を着け、裹《つつむ》に泥封を用てし、「門下省印」を以て之に印す。所至の處、右符を以て勘合し、然る後に承用す」と。盗む者は、合に流二千里たるべし。節は、皇華（「皇皇者華」の略形、「詩経」小雅、天子の使臣のいい）使を出さば、幽明に黜陟《ちゅっちょく》し（黄泉の世界まで天子の勤務評定があること）、輶軒《ゆうけん》（天子の使臣）制を奉じ、威を殊俗に宣するは、皆な旌節を執り、信を天下に取る。「及び皇城門」とは、朱雀らの門を謂う。「京城の門」とは、明徳らの門を謂う。此の門符及び使節を盗む者は、各《おのおの》徒三年。餘の符は徒一年。「餘符」とは、禁苑及び交・巡らの符を謂う。「擅興律」を案ずるに、「凡《およ》そ餘の符と言うは、契亦た同じ。即ち契の応《まさ》に発兵すべきものは、発兵符の法に同じ」と。然らば則ち発兵の契を盗まば、各《おのおの》魚符の罪に同じ。「門鑰は、各《おのおの》三等を減ず」とは、各《おのおの》開閉する所の門魚符より三等を減ずるを謂う。假《たと》えば宮殿の門符を盗むこと有らば、合《まさ》に流二千里たるべし。門鑰は三等を減じ、徒《やく》二年を得。餘の鑰の応に門符より減ずるべきは、並びに此れに準ず。若し是れ禁苑の門鑰は、州・鎮・関門ら鑰より軽かるべからず。州・鎮及び官の倉厨・厩庫及び関門らの鑰を盗まば、各《おのおの》杖一百。県・戍らの諸門鑰、「諸門の鑰」と称うは、内外百司及び坊・市門を謂う。官に門禁有り、其の鑰を盗む者は、各《おのおの》杖六〇。

「北都留守」が開元一一年以降に使用された語であることは疑いない。『唐律疏議』は開元二五年の律疏であることは仁井田陞・牧野巽両氏の「故唐律疏議製作年代考」（『東方学報　東京』第一冊、第二冊、『訳註日本律令　一』所収一九七八）によって證明され、證明する史料として「盗宮殿門符」の条文を使用した。ここでも「賊闘律」の「盗宮殿門符」の条文を「北都留守」が開元二五年のことを示す史料として使用しておく。

四　三　都

『大唐六典』巻三尚書戸部・戸部郎中員外郎職の条に「三都」の語がある。

凡天下之州府三百一十有五、而羈縻之州、蓋八百焉。京兆河南太原為三都。

凡《およ》そ天下の州府三百一十有五、而して羈縻の州、蓋し八百。京兆・河南・太原を三都と為す。

この三都は今問題としている開元七年か開元二五年かという年代では、開元一一年以降でしか存在しないから、この記事は開元七年とは無縁の記事であることは了解されるであろう。

五　北都軍器監

『大唐六典』巻二二北都軍器監に、

北都軍器監、監一人、正四品上。少監一人、正五品上。丞二人、正七品。主簿一人、正八品上。録事一人、正九品下。開元初、令少府監置。十六年、移向北都。

北都軍器監、監一人、正四品上。少監一人、正五品上。丞二人、正七品。主簿一人、正八品上。録事一人、正九品下。開元の初め、少府監に置かしめる。一六年、北都に移向す。

とある。北都軍器監は開元一六年に北都・太原府に置かれた兵器工廠である。『大唐六典』の「監一人、正四品上」は開元二五年「職員令」と「官品令」であるというのが私の持論であるから、この記事は『大唐六典』が編纂された開元二六年ころの状態を伝えたものである。北都軍器監という以上、東都軍器監もあることになるが、軍器監は北都にしか設置されない官府で東都軍器監はない。北都軍器監は北都にある軍器監という意味である。

第八節　『大唐六典』の中書門下

一　中書門下

1　「中書門下」とある史料

『大唐六典』の本文や註記に「中書門下」の語が登場する。中書門下は中書省と門下省という意味と宰相府という意味がある。中書門下を宰相府の意味に理解すると、その記事は宰相府を中書門下と呼称するようになった時期以降のものということになる。『大唐六典』の本文には「中書門下」が以下のように一〇例みえる。

①凡選授之制、毎歳孟冬、以三旬会其人。去王城五百里之内、集於上旬。千里之内、集於中旬。千里之外、集於下旬。以三銓分其選。一曰尚書銓、二曰中銓、三曰東銓。以四事択其良。一曰身、二曰言、三曰書、四曰判。毎試判之日、皆平明集於試場、試官親送、侍郎出問目、試判両道。或有糊名、学士考為等第。或有試雑文、以収其俊乂。以三類観其異。一曰徳行、二曰才用、三曰労效。徳鈞以才、才鈞以労。其優者擢而升之、否則量以退焉。所以正権衡、明与奪、抑貪冒進賢能也。然後、拠其状以覈之、量其資以擬之。五品已上以名聞、送中書門下、聴制授焉。六品已下常参之官、量資注定。其才識頗高、可擢為拾遺補闕監察御史者、亦以名送中書門下、聴勅授焉。其餘則各量資注擬。若都畿清望歴職三任、経十考已上者、得隔品授之。不然則否。謂監察御史左右拾遺大理評事畿県丞簿尉三任十考已上、有隔品授者。（『大唐六典』巻二尚書吏部・吏部尚書・侍郎之職）

凡《およ》そ選授の制、毎歳孟冬、三旬を以て其の人を会す。王城を去る五百里の内、上旬に集《つど》う。千里の内、中旬に集う。千里の外、下旬に集う。三銓を以て其の選を分かつ。一に曰わく尚書銓、二に曰わく中銓、三に曰わく東銓。四事を以て其の良を択ぶ。一に曰わく身、二に曰わく言、三に曰わく書、四に曰わく判。試判の日毎に、皆な平明に試場に集い、試官親しく送り、侍郎は問目を出だし、判両道を試す。或いは糊名有り、学士考して等第を為す。或いは試雑文有り、以て其の俊乂を収む。三類を以て其の異を観る。一に曰わく徳行、二に曰わく才用、三に曰わく労效。徳鈞しければ才を以てし、才鈞しければ労を以てす。其の優る者は擢て之を升し、否ざれば則ち量りて以て退く。権衡を正し、与奪を明らかにし、貪冒を抑え、賢能を進める所以なり。然る後に、其の状に拠りて以て之を覈し、其の資を量り以て之を擬す。五品已上の名を以て聞せらるもの、中書門下に送り、制授を聴す。六品已下常参の官、資を量り注定す。其の才識頗る高く、擢て拾遺・補闕・監察御史と為すべき者、亦た名を以て中書門下に送り、勅授するを聴す。其の餘は則ち各《おのおの》資を量り注擬す。若し都畿の清望職三任を歴し、一〇考を経る已上の者は、品を隔て之を授くるを得。然らざれば則ち否。監察御史・左右拾遺・大理評事・畿県の丞・簿・尉三任一〇考已上、品を隔て授くる者有るを謂う。

②凡内外官清白著称、強幹有聞、若上第、則中書門下改授。………（中略）………。五品已上、量加進改。六品已下、至冬選量第加官。若第二等三等人、五品已上、改日稍優之。六品已下、不待秩満、聴選、加優授焉。（『大唐六典』巻二尚書吏部・吏部郎中職）

凡《およ》そ内外官清白にして著称せられ、強幹聞有り、若《も》し上第ならば、則ち中書門下改授す。………（中略）………。五品已上、量りて進改を加う。六品已下、冬選に至り第を量り官を加う。第二等・三等の人の若きは、五品已上、日を改めて稍《よう》よう之を優す。六品已下、秩満つるを待たず、選を聴し、優授を加う。

③郎中一人、掌小銓。凡未入仕而吏京師者、復分為九品、通謂之行署。其応選之人、以其未入九流、故謂之流外銓、亦謂之小銓。其校試銓注、与流内銓略同。謂六品已下、九品已上子及州県佐吏。若庶人参流外選者、本州量其所堪、送尚書省。其在吏部兵部考功都省御史臺中書門下、是謂前行要望、目為七司。其餘則曰後行間司。（『大唐六典』巻二尚書吏部・吏部郎中職）

郎中一人、小銓を掌る。凡《およ》そ未だ入仕せずして京師に吏たる者、復た分かちて九品を為し、通じて之を行署と謂う。其の応選の人、其の未だ九流に入らざるを以て、故に之を流外銓と謂い、亦た之を小銓と謂う。其の校試・銓注、流内の銓と略ぼ同じ。六品已下、九品已上の子及び州県の佐吏を謂う。庶人の流外選に参ずる者の若《ごと》きは、本州其の堪える所を量り、尚書省に送る。其の吏部・兵部・考功・都省・御史臺・中書・門下に在りては、是を前行要望と謂い、目して七司と為す。其の餘は則ち後行間司と曰う。

④其親王及中書門下与京官三品已上外官五大都督、並以功過状、奏聴裁。（『大唐六典』巻二尚書吏部・考功郎中職）

其の親王及び中書門下と京官三品已上・外官の五大都督は、並びに功過の状を以て、奏して裁を聴く。

⑤凡左右金吾衛有角手、諸衛有弩手、左右羽林軍有飛騎及左右萬騎彍騎、天下諸軍有健児、旧、健児在軍皆有年限、更来往、頗為労弊。開元二十五年勅、以為天下無虞、宜与人休息、自今已後、諸軍鎮量閑劇利害、置兵防健児、於諸色征行人内及客戸中召募、取丁壮情願充健児長住辺軍者、毎年加常例給賜、兼給永年優復。其家口情願同去者、聴至軍州、各給田地屋宅。人頼其利、中外獲安。是後州郡之間、永無徴発之役矣。皆定其籍之多少、与其番之上下、毎季上中書門下。（『大唐六典』巻五尚書兵部兵部郎中職）

凡《およ》そ左右金吾衛に角手有り、諸衛に弩手有り、左右羽林軍に飛騎及び左右萬騎・彍騎有り、天下の諸軍に健児有り。旧、健児の在軍皆な年限有り、更《こも》ごも来往し、頗る労弊を為す。開元二五年勅す、「以為《おも》うに天下虞なし、宜しく人に休息を与うべし、自今已後、諸軍鎮は閑劇・利害を量り、兵防・健児を置き、諸色征行人の内及び客戸中に召募し、丁壮にして情願して健児に充て辺軍に長住する者を取り、毎年常例に加えて賜を給し、兼ねて永年の優復《ほく》を給す。其の家口の同去を情願する者、軍州に至るを聴し、各《おのおの》田地屋宅を給す。人は其の利に頼り、中外安を獲。是の後州郡の間、永く徴発の役なし。皆な其の籍の多少を定め、其の番の上下と、季毎《ごと》に中書門下に上《たてまつ》る。

⑥凡決死刑、皆於中書門下詳覆。（『大唐六典』巻六尚書刑部・刑部郎中職）

凡そ死刑を決するは、皆な中書門下において詳覆す。

⑦凡天下諸州断罪応申覆者、毎年正月与吏部択使、取歴任清勤明職法理者、仍過中書門下定訖以聞、乃令分道巡覆。若応句会官物者、加判官及典。刑部録囚徒所犯以授使、嶺南使以九月上旬先発遣。使牒与州案同、然後復送刑部。………（『大唐六典』巻六尚書刑部・刑部郎中職）

凡《およ》そ天下諸州の断罪応に申覆するべき者、毎年正月に吏部と使を択び、歴任清勤に法理に明職なる者を取り、仍お中書門下を過ぎ定め訖らば以て聞し、乃ち分道して巡覆せしむ。若し応に官物を句会すべき者は、判官及び典を加う。刑部は囚徒を録し犯す所以て使に授け、嶺南使は九月上旬を以て先ず発遣す。使牒州案と同じならば、然る後に復た刑部に送る。………

『唐令拾遺』（七五九頁）と『唐令拾遺補』（一四二五頁）はこの史料を開元七年「獄官令」とする。

⑧凡諸司百官、所送犯徒刑已上、九品已上、犯除免官当、庶人犯流死已上者、詳而質之、以上刑部、仍於中書門下詳覆。其杖刑已下、則決之。………（『大唐六典』巻一八太理寺太理卿職）

凡そ諸司百官、送る所徒刑已上を犯さば、九品已上、除免・官当を犯し、庶人流死已上を犯す者、詳らかに之を質《ただ》し、以て刑部に上す。仍お中書門下において詳覆す。其の杖刑已下は、則ち之を決す。

⑨凡西京之大内大明興慶宮、東都之大内上陽宮、其内外廓臺殿楼閣并仗舎等、苑内宮亭、中書門下左右羽林軍左右萬騎仗十二閑厩屋宇等、謂之内作。凡山陵及京都之太廟郊社諸壇廟京都諸城門、尚書殿中秘書内侍省御史臺九寺三監十六衛諸街使弩坊温湯東宮諸司王府官舎屋宇、諸街橋道等、並謂之外作。（『大唐六典』巻二三将作大匠職）

凡そ西京の大内・大明・興慶宮、東都の大内・上陽宮、其の内外の廓臺殿・楼閣并せて仗舎等、苑内の宮・亭、中書・門下・左右羽林軍・左右萬騎仗・一二閑の厩屋宇等、之を内作と謂う。凡そ山陵及び京都の太廟・郊社・

諸壇廟・京都の諸城門、尚書・殿中・秘書・内侍省・御史臺・九寺・三監・一六衛・諸街使・弩坊・温湯・東宮諸司・王府の官舎屋宇、諸街・橋道等、並びに之を外作と謂う。

⑩河渠令掌供川沢魚醢之事。丞為之貳。凡溝渠之開塞、漁捕之時禁、皆量其利害而節其多少。毎日供尚食魚及中書門下官応給者。若大祭祀、則供其乾魚魚醢、以充籩豆之実。（『大唐六典』巻二三都水監・河渠令職）

河渠令は川沢・魚醢を供するの事を掌る。丞は之が貳と為る。凡そ溝渠の開塞、漁捕の時禁、皆な其の利害を量りて其の多少を節す。毎日尚食（殿中省尚食局、皇帝の食事を司る）の魚及び中書門下の官の応に給すべきものを供す。大祭祀の若《ごと》きは、則ち其の乾魚・魚醢《ぎょかい》を供し、以て籩《へん》（神への供物を盛る祭器の名）豆（神への供物を盛る祭器の名）の実に充つ。

右の一〇例のうち、③・⑨・⑩の「中書門下」は中書省と門下省という意味で使用されているから、『大唐六典』の記事の年代を考える上で参考にならない。他の史料は宰相府が「中書門下」といわれるようになった時期以降の記事ということになろう。

2　中書門下の成立

ところで、「中書門下」という名称が成立したのは何時であろうか。『通典』巻二一職官典・宰相に、

旧制、宰相常於門下省議事、謂之政事堂。至永淳二年七月、中書令裴炎以中書執政事筆、其政事堂合在中書、遂移在中書省。開元十一年、張説奏改政事堂為中書門下、其政事印亦改為中書門下之印。

旧制、宰相常に門下省に事を議す、之を政事堂と謂う。永淳二年（六八三）七月に至り、中書令の裴炎 中書を以て政事の筆を執り、其の政事堂合して中書に在り、遂に移して中書省に在り。開元一一年（七二三）、張説奏して

政事堂を改めて中書門下と為し、其の「政事印」亦た改めて「中書門下之印」と為す。

とあり、『唐会要』巻五一中書令に、

旧制、宰相常於門下省議事、謂之政事堂。故長孫无忌魏徴房玄齢皆知門下事。至永淳二年七月、中書令裴炎以中書執政事筆、其政事堂合在中書、遂移在中書省。至開元十一年、張説奏改政事堂為中書門下、其政事印亦改為中書門下之印。

旧制、宰相常に門下省に於いて事を議す、之を政事堂と謂う。故に長孫无忌・魏徴・房玄齢皆な「知門下事」と。永淳二年七月に至り、中書令の裴炎 中書を以て政事の筆を執り、其の政事堂合して中書に在り、遂に移して中書省に在り。開元一一年に至り、張説奏して政事堂を改め中書門下と為し、其の「政事印」亦た改めて「中書門下之印」と為す。

とあり、『旧唐書』巻四三職官志・門下省・侍中の註記に、

旧制、宰相常於門下省議事、謂之政事堂。永淳二年七月、中書令裴炎以中書執政事筆、遂移政事堂於中書省。開元十一年、中書令張説改政事堂為中書門下、其政事印改為中書門下之印也。

とあって、開元一一年（七二三）に政事堂が中書門下となり、印章も「政事印」から「中書門下之印」となったとある。

そうすれば、前掲した『大唐六典』の中書門下とある史料は、開元一一年以降の記事ということになる。もっとも、『通典』巻七〇礼典・元正冬至受朝賀・大唐には、

開元八年十一月、中書門下奏曰、伏以冬至、一陽始生、萬物潜動。所以自古聖帝明王、皆此日朝萬国、観雲物、礼之大者、莫逾是時。

開元八年（七二〇）一一月、中書門下奏して曰わく、「伏して以《おも》うに冬至、一陽始めて生えじ、萬物潜動す。古よ

り聖帝明王、皆な此の日萬国を朝し、雲物を観る所以にして、礼の大なるは、是の時を逾《こ》ること莫し」と。とあり、同じ記事は『冊府元亀』巻一〇七帝王部・朝会にもあるから、開元八年にすでに「中書門下」という呼称はあったようである。

ともかく、開元一一年の中書門下の成立によって、史書にも変化が生じている。開元一一年以前は『旧唐書』本紀に中書門下の語は登場するが、宰相としての中書門下三品であり、「中書門下五品以上」とあるように、中書省と門下省の五品以上の官の意味でしか使用されないのに、『旧唐書』巻八玄宗紀開元一七年の条には、

四月癸亥、令中書門下分就大理京兆萬年長安等獄、疏決囚徒。制天下繫囚死罪減一等、餘並宥之。

四月癸亥、中書門下をして分けて大理・京兆の萬年・長安等の獄に就き、囚徒を疏決せしむ。制して天下の繫囚死罪は一等を減じ、餘は並びに之を宥す。

とあるように、宰相府として「中書門下」の語が使用されるようになる。『旧唐書』巻八玄宗紀開元二〇年に、

十月丙戌、命巡幸所至、有賢才未聞達者挙之。仍令中書門下疏決囚徒。

一〇月丙戌、巡幸至る所に命じ、賢才未《いま》だ聞達せざる者有らば之を挙ぐ。仍《な》お中書門下をして囚徒を疏決せむ。

とあり、『旧唐書』巻八玄宗紀開元二三年四月の条に、

乙巳、詔、京都見禁囚徒、令中書門下及留守検校覆降罪、天下諸州委刺史。

乙巳、詔す、「京都見禁の囚徒、中書門下及び留守・検校をして罪を覆降せしめ、天下の諸州は刺史に委ぬ」と。

とある。これによって明らかなように、「中書門下」の成立は史書に変化を与えている。

3　「中書門下」史料の年代

宰相府としての「中書門下」は開元一一年に成立したから、前掲した中書門下の文言のある唐令もしくは法規は開

元一一年以降の唐令もしくは法規ということになろう。「中書門下」の語がある史料は一〇条であるが、そのうち、あるものは開元一一年の史料であり、あるものは開元二〇年の史料ということはないだろう。『大唐六典』は開元二六年に完成したから、一〇条の史料は開元二六年当時において、死文ではない現行法規であったと考えるべきである。

史料一〇条のうちで、史料④の五大都督の成立は三七五頁以下において述べたように、開元一七年以降の事象であり、五大都督の考課の奏裁は開元二五年「考課令」に規定されたもので、開元七年「考課令」には存在しない令文である。史料⑥の死刑の決定は中書門下の詳覆を必要とする規定は開元二五年に開始された。このことは次の「死罪の中書門下詳覆」において詳細を述べる。史料⑦と⑧にも「中書門下詳覆」がある。史料⑦と⑧は『唐令拾遺』（七五九頁）や『唐令拾遺補』（一四二五頁）によれば、開元七年「獄官令」の逸文とするが、死刑の「中書門下詳覆」は開元二五年に開始されたから、開元七年「獄官令」の逸文ではありえない。

『大唐六典』は「令確定後の令文の変更」（三五六頁）において述べたように、開元二五年七月以降の制度変更は改訂することができたのに、改訂を行わず開元二五年七月のままにし、註記で変更があったことを述べている点を斟酌すれば、「開元二五年令」の形を残そうと意識していることが窺えるから、一〇条の史料は「開元二五年令」完成当時に通用する法規があったとしてよいだろう。

二　死罪の中書門下詳覆

『大唐六典』巻六尚書刑部・刑部郎中員外郎職の条に、死刑は中書門下（宰相府）が決定するとある。

凡決死刑、皆於中書門下詳覆。　凡《およ》そ死刑を決するは、皆な中書門下において詳覆す。

この規定は何時のものであろうか。中書門下の語があるから開元一一年以降のものであることは確かである。右の記事の註記に、

旧制、皆於刑部詳覆、然後奏決。開元二十五年勅、以為庶獄既簡、且無死刑。自今已後、有犯死刑、除十悪死罪造偽頭首劫殺故殺謀殺外、宜令中書門下与法官等詳所犯軽重、具状聞奏。其在降官、除逆人親、并犯賄贓名教、如有刻已自新、以功補過、使司応合聞薦、不須限以貶黜。

旧制、皆な刑部において詳覆し、然る後に奏して決す。開元二五年（七三七）勅す、「以為《おも》えらく庶獄既に簡、且つ死刑なし。自今已後、死刑を犯すこと有らば、一〇悪（謀反・謀大逆・謀叛・悪逆・不道・大不敬・不孝・不睦・不義・内乱）の死罪・造偽の頭首（偽造を禁止してある皇帝の御璽らを偽造した主犯）劫殺（強殺）故殺（故意の殺人）謀殺（殺人の予備と陰謀）を除くの外、宜しく中書門下をして法官等と犯す所の軽重を詳《つまびらか》にし、具《つぶさ》に状もて聞奏せよ。其の在降官、逆人の親を除き、并せて賄贓の名教を犯すも、如し已に刻み自新有らば、功を以て過を補い、司をして応合《まさ》に聞薦せしめ、以て貶黜《へんちょく》に限るべからず」と。

とある。註記によれば、死罪は中書門下が詳覆して決定するのは開元二五年（七三七）からである。右の『大唐六典』本文には開元二五年以降のことが記載されていることになる。

『大唐六典』巻一八大理寺・大理卿職に、

凡諸司百官所送犯徒刑已上、九品已上犯除免官当、庶人犯流死已上者、詳而質之、以上刑部。仍於中書門下詳覆。其杖刑已下、則決之。

凡《およ》そ諸司百官送る所の徒刑已上を犯すもの、九品已上は除・免・官当を犯し、庶人は流死已上を犯す者、詳らかにして之を質《ただ》し、以て刑部に上る。仍お中書門下において詳覆す。其の杖刑已下、則ち之を決す。

とあって、『大唐六典』巻六尚書刑部・刑部郎中員外郎職の条ある史料と同じことを伝え、『旧唐書』巻四三職官志・尚書刑部・刑部郎中員外郎職の条にも、

凡決死刑、皆於中書門下詳覆。

凡そ死刑を決するは、皆な中書門下において詳覆す。

とあり、『旧唐書』巻四四職官志・大理寺の条にも次のようにある。

大理卿之職、掌邦国折獄詳刑之事。少卿為之貳。凡犯至流死、皆詳而質之、以申刑部。仍於中書門下詳覆。

大理卿の職は、邦国の折獄・詳刑の事を掌る。少卿は之が貳為《た》り。凡そ犯して流・死に至らば、皆な詳らかに之を質し、以て刑部に申す。仍お中書門下において詳覆す。

『旧唐書』職官志の記事は『大唐六典』の強力な援護となるように思えるが、実は『旧唐書』巻四三と巻四四の六省六部九寺一臺の部分は、『大唐六典』の記事の再録に過ぎず、史料の配置も同じであるから傍證史料にもならない。『旧唐書』職官志で史料的価値のあるのは巻四二だけであるといってよい。無価値に近い『旧唐書』を何故に引用したのかということになるが、唐代の官制を説明する場合に『旧唐書』巻四三と巻四四を引用してはならない。引用するなら『大唐六典』の当該条を引用するべきであることをいわんがためである。しかし、これも条件がある。『大唐六典』にいう官制は八世紀初頭から中葉までのもので、唐初や唐末の官制を説明するには不適当である。

『大唐六典』の註記に引用する開元二五年の王言は『旧唐書』巻九玄宗紀開元二五年正月の条に、

壬午、制、朕猥集休運、多謝哲王、然而哀矜之情、小大必慎。………（中略）………。自今有犯死刑、除十悪罪、宜令中書門下与法官詳所犯軽重、具状奏聞。………

壬午、制《みことのり》す、「朕は猥《みだ》りに休運を集め、多く哲王に謝し、然りて哀矜の情、小大必ず慎む。……（中略）……。今より死刑を犯す有らば、一〇悪の罪を除き、宜しく中書門下をして法官と犯す所の軽重を詳らかにし、具《つぶさ》に状もて奏聞せむべし」と。………

とある。この王言『唐大詔令集』巻八二「令宰臣与法官詳死刑勅（宰臣をして法官と死刑を詳らかにする勅）」にもあるが、王言が短い。最も長いのは『文苑英華』巻四四〇翰林制詔二三・徳音七・雑徳音「優恤《ゆうじゅつ》徳音」に、

門下、朕猥集休運、多謝哲王、［然］而哀矜之情、大小必慎。自臨寰宇、子育黎蒸、未嘗行極刑、起大獄。上玄

降鑑、応以祥和、叶平邦之典、致之仁寿之域。自今有犯死刑、除十悪［死罪造偽頭首劫殺故殺謀殺外］、宜令中書門下与法官詳所犯軽重、具状奏聞。崇徳尚歯、三代不易。移風勧俗、五教攸先。其曾任五品已上清資官、以理去職者、所司具録名奏。老疾不堪釐務者、与致仕禄。道士女道士、宜隷宗正寺、僧尼令祠部検校。百司毎旬休節假、並不須親識（識は職）事、追勝為楽。以示内外、知朕意焉。［主者施行］。開元二十五年正月十七日（「開元二十五年正月七日」の誤り）。

門下、朕は猥りに休運を集め、多く哲王に謝し、然りて哀矜の情、小大必ず慎む。寰宇に臨みてより、黎蒸を子育し、未《いま》だ嘗て極刑を行い、大獄を起こさず。上玄鑑を降し、応ずるに祥和を以てし、平邦の典に叶い、之が仁寿の域を致す。今より死刑を犯す有らば、一〇悪（謀反・謀大逆・謀叛・悪逆・不道・大不敬・不孝・不睦・不義・内乱）の死罪・造偽頭首（偽造を禁止してある皇帝の御璽らを偽造した主犯）劫殺・故殺（故意の殺人）謀殺（殺人の予備と陰謀）を除くの外、宜しく中書門下と法官と犯す所の軽重を詳らかにし、具に状もて奏聞せよ。徳を崇び歯を尚ぶこと、三代易らず。風を移し俗に勧め、五教攸先す。其の曾て五品已上の清資官に任じられ、理を以て職を去る者、所司具に名を録して奏せよ。老疾にして釐務《りむ》に堪えざる者、致仕の禄を与えよ。道士・女道士、宜しく宗正寺に隷せしめ、僧尼は祠部をして検校せしめよ。百司旬休・節假毎《ごと》に、並びに職事を親しくすべからず、追勝して楽を為せ。以て内外に示し、朕が意を知らしめよ。主者施行せよ。開元二五年正月七日。

とあるものであるが、これも『大唐六典』の王言と比較すると省略されている箇所がある。

「決死刑、皆於中書門下詳覆」という王言は開元二五年正月一七日に公布されている。この王言が「開元二五年令」に採用され、また開元二六年の『大唐六典』の記事に採用されたのである。

三　進士合格者の中書門下詳覆

『大唐六典』巻四尚書礼部・礼部尚書侍郎職の「凡挙試之制（凡《およ》そ挙試の制）」には、秀才科・明経科・進士科・明法科・明書科・明算科の六科を述べた後に、

凡此六科、求人之本、必取精究理実、而升為第。其有博綜兼学、須加甄奨、不得限以常科。

凡《およ》そ此の六科、求人の本、必ず理実を精究して取り、而して升して第と為す。其れ博綜兼学有らば、須らく甄奨を加え、限るに常科を以てするを得ざるべし。

とあり、註記に、

開元二十五年、勅、明経進士中、除所試外、明経有兼明五経已上、毎経帖十通五已上、口問大義十条、疏義精通、通五已上、進士有兼通一史、試策及口問各十条、通六已上、須加甄奨、所司録名奏聞。其進士唱及第訖、具所試雑文及策、送中書門下詳覆。其明経口問、仍須対同挙人考試。其試弘文崇文生、自依常式。

開元二五年、勅す、「明経・進士中、試する所を除くの外、明経に五経已上に兼明し、経帖一〇毎に五已上に通じ、大義一〇条を口問し、疏義精通し、五已上に通じること有り、進士に一史に兼通し、試策及び口問各《おのおの》一〇条、六已上に通じること有らば、須らく甄奨を加え、所司は名を録して奏聞するべし。其れ進士及第を唱《とな》え訖らば、試す所の雑文及び策を具し、中書門下に送り詳覆せしむ。其の明経の口問、仍お須《すべか》らく同じく挙人に対《むか》いて考試するべし。其の弘文・崇文生を試すは、自ら常式に依る」と。

とあり、『旧唐書』巻二四礼儀志に、

［開元］二十五年三月、勅、明経自今已後、帖十通五已上、口問大義十条、取通六已上。仍答時務策三道、取粗有文理者及第。進士停帖小経、宜準明経例試大経、帖十通四、然後試雑文及策、訖、封所試雑文及策、送中書門下詳覆。

開元二五年三月、勅す、「明経今より已後、一〇を帖し五已上を通じれば、大義一〇条を口問し、六已上に通じ

るを取る。仍お時務策三道を答えしめ、粗《ほ》ぼ文理有る者を取りて及第とす。進士は小経を帖するを停め、宜しく明経の例に準じて大経を試し、一〇を帖し四に通ずれば、然る後に雑文及び策を試し、訖らば、試す所の雑文及び策を封じて、中書門下に送り詳覆するべし」と。

とあるように、開元二五年三月から進士科の合格者の答案は中書門下に送り、再審査されることになった。

この進士合格者の答案の中書門下による再審査は『通典』巻一五選挙典・歴代制・下・大唐に、

［開元］二十五年二月、制、明経毎経帖十、取通五以上、免旧試一帖、仍按問大義十条、取通六以上、免試経策十条。令答時務策三道、取粗有文理者、与及第。其進士停小経、准明経帖大経十帖、取通四以上、然後准例試雑文及策、考通与及第。其明経中有明五経以上、試無不通者。進士中兼有精通一史、能試策十条、得六以上者、奏聴進止。其応試進士等、唱第訖、具所試雑文及策、送中書門下詳覆。

開元二五年二月、制す、「明経は経帖一〇毎《ごと》に、五以上を取通せば、旧試の一帖を免じ、仍お大義一〇条を按問し、六以上を取通せば、経策一〇条を試すを免ず。時務策三道を答えしめ、粗ぼ文理有る者を取り、及第を与う。其の進士小経を停め、明経の大経一〇帖に准じ、四以上を取通せば、然る後に例に准じ雑文及び策を試し、考通せば及第を与う。其の明経中に五経以上に明なるもの有らば、試は不通なる者なし。進士中に兼ねて一史に精通するもの有らば、能く策一〇条を試し、六以上を得る者、奏して進止を聴け。其の応試の進士ら、唱第（合格発表）訖らば、試する所の雑文及び策を具し、中書門下に送り詳覆するべし」と。

とあり、『唐会要』巻七五帖経条例と『冊府元亀』巻六三九貢挙部・総序、それに『太平御覧』巻六二九治道部・貢挙下に『唐書』に出るとして同じような勅文がある。二月と三月の相違は魯魚の誤りであろう。

第九節　『大唐六典』の開元二五年の記事

一　尚書司封

尚書司封郎中や尚書司封員外郎という官名は、唐代史を専攻する者なら慣れ親しんだ官名である。『大唐六典』巻二尚書吏部の吏部尚書・侍郎職の条に「司封」が登場する。

吏部尚書侍郎之職、掌天下官吏選授勲封考課之政令。………（中略）………。其属有四。一曰吏部、二曰司封、三曰司勲、四曰考功。尚書侍郎総其職務、而奉行其制命。

吏部尚書・侍郎の職、天下の官吏の選授・勲封・考課の政令を掌る。………（中略）………。其の属に四有り。一に曰わく吏部、二に曰わく司封、三に曰わく司勲、四に曰わく考功。尚書・侍郎は其の職務を総《す》べ、其の制命を奉行す。

また『大唐六典』巻二尚書吏部に、

司封郎中一人、従五品上。員外郎一人、従六品上。主事二人、従九品上。

とある。この「司封郎中一人」「員外郎一人」「主事二人」は『大唐六典』が完成した当時の官名と定員であり、「従五品上」「従六品上」「従九品上」は『大唐六典』が完成した当時の品階であり、開元七年の記事ではない。『大唐六典』は何によって右のように記述したかというと、それは開元二五年「職員令」に規定してあった定員であり、品階は開元二五年「官品令」に規定してあった品階であり、それを『大唐六典』が右のように摘記したものである。

右の記事の註記に「司封郎中」の官名の変化を説明して、

北斉置主爵郎中一人、隋文帝為主爵侍郎、煬帝改為主爵郎。武徳初、為主爵郎中。龍朔二年、改為司封大夫。咸亨元年、復故。光宅元年、改為司封郎中。神龍元年、復故。開元二十四年、復為司封。

北斉は主爵郎中一人を置き、隋の文帝は主爵侍郎と為し、煬帝は改めて主爵郎と為す。武徳の初め（武徳三年・六二一年のこと、武徳元年から武徳三年までは主爵郎であった）、主爵郎中と為す。龍朔二年（六六二）、改めて司封大夫と為す。咸亨元年（六七〇）、故に復す。光宅元年（六八四）、改めて司封郎中と為す。神龍元年（七〇五）、故に復す。開元二四年（七三六）、復た司封と為す。

とあり、唐代の主爵郎中は主爵郎（武徳元年）→主爵郎中（武徳三年）→司封大夫（龍朔二年）→主爵郎中（咸亨元年）→司封郎中（光宅元年）→主爵郎中（神龍元年）→司封郎中（開元二四年）の順で変化した。

　この官名の変遷は『唐会要』巻五八司封郎中にも、

武徳元年、因隋旧号、為主爵郎中（「中」は衍字）。[武徳三年、為主爵郎中]。龍朔二年、改為司封大夫。咸亨元年、改為主爵郎中。垂拱元年二月二日、改為司封郎中。神龍元年九月五日、改為主爵郎中。開元二十四年九月六日、復故。

武徳元年、隋の旧号に因り、主爵郎と為す。武徳三年、主爵郎中と為す。龍朔二年、改めて司封大夫と為す。咸亨元年、改めて主爵郎中と為す。垂拱元年（光宅元年に同じ、この年、文明・光宅・垂拱と三度の改元があった）二月二日、改めて司封郎中と為す。神龍元年九月五日、改めて主爵郎中と為す。開元二四年九月六日、故《もと》（司封郎中）に復す。

とあり、『大唐六典』の註記と同じことをいい、開元年間において主爵郎中が司封郎中となったのは、開元二四年（七三六）九月のことである。『旧唐書』巻八玄宗紀開元二四年にも、

九月壬午、改尚書主爵曰司封。　九月壬午（六日）、尚書主爵を改めて[尚書]司封と曰う。

とあり、『旧唐書』巻四二職官志にも、

〔開元〕二十四年九月、改主爵為司封。　開元二四年九月、主爵を改めて司封と為す。

とあるから、「司封郎中」という官名が定まったのは開元二四年九月六日であり、「開元七年令」に官名としての「司封郎中」「司封員外郎」は存在しない。

この事実から何がいえるであろうか。「開元二五年令」は開元二五年（七三七）九月に公布され、『大唐六典』が完成したのは開元二六年であるから、『大唐六典』が編纂されている時期と「開元二五年令」が編纂されている時期とは重なる。『大唐六典』に「司封郎中一人、従五品上」とあるのは、「開元二五年令」の「司封郎中一人、従五品上」を反映した結果であると断言してもよい。『大唐六典』は「開元二五年令」を基礎としており、「開元七年令」を基礎とする書ではない。

官制は「開元二五年令」を基礎としているかも知れないが、そこに引用された唐令は「開元七年令」であるとの見解も出てくるかも知れない。この主張は一見妥当なようであるが、開元二五年の制度を述べる書に「開元七年令」が引用されることはない。『大唐六典』所引の「令」即「開元七年令」説を強く主張すればするほど、自己矛盾に陥ることになる。この主張の不当なることは、後段の「斉太公」以下においても詳論する。

二　宗正卿職条の「司封」

「司封」は『大唐六典』巻一六宗正寺・宗正卿職にみえる。

凡太皇太后皇太后皇后之親分五等、皆先定於司封、宗正受而統焉。

凡《およ》そ太皇太后・皇太后・皇后の親は五等に分け、皆な先ず司封において定め、宗正は受けて統ぶ。

同じく宗正卿職に、

凡大祭祀及冊命朝会之礼、皇親諸親応陪位豫会者、則為之簿書、以申司封。若皇親為王公、子孫応襲封者、亦如之。

凡そ大祭祀及び冊命・朝会の礼、皇親・諸親応《まさ》に陪位し会に豫《あずか》るべき者、則ち之が簿書を為り、以て司封に申ぶ。若《も》し皇親　王公と為り、子孫応《まさ》に襲封すべき者、亦た之《かく》の如《ごと》し。

とあって、『大唐六典』の宗正卿職の条には「司封」という官府名がみえる。尚書主爵が尚書司封と改称されたのは、『旧唐書』巻八玄宗紀開元二四年九月の条に、

壬午、改尚書主爵曰司封。　九月壬午、尚書主爵を改めて［尚書］司封と曰う。

とあるように、開元二四年（七三六）九月のことである。『大唐六典』巻二尚書吏部・司封郎中に「一人、従五品上」とあり、註記に「司封」の来歴を説明して、

武徳初、為主爵郎中。龍朔二年、改為司封大夫。咸亨元年、復故。光宅元年、改為司封郎中。神龍元年、復故。開元二十四年、復為司封。

武徳の初め（武徳三年・六二〇のこと）、主爵郎中と為す。龍朔二年（六六二）、改めて司封大夫と為す。咸亨元年（六七〇）、故に復す。光宅元年（六八四）、改めて司封郎中と為す。神龍元年（七〇五）、故に復す。開元二四年（七三六）、復た司封と為す。

とあるから、右の二条の宗正卿職の記事は開元二四年以降の宗正卿の職を述べていることになり、『大唐六典』の草稿に「主爵」とあったのを、開元二四年九月以降に官名の変更に伴って「司封」と書き直したのである。

『大唐六典』の「凡」字は法令の頭字であることが多いことを考えれば、右の宗正卿職にある二条は法令であった可能性が高い。開元二四年以降の法令といえば「開元二五年令」が想起される。右の二条は開元二五年の「職員令」の宗正卿の職を述べた箇所か、その取意文であろう。右の二条が開元二五年「職員令」の一部でなくてもよい。開元

二五年の宗正卿の職を述べていることは確かである。

三　明経と進士の「帖経」

1　明経の「帖経」

帖経とは書物の一行を取り出し、その一行の中で何字かを伏せ字にして、その伏せ字を回答させる試験をいう。『大唐六典』巻四尚書礼部・礼部尚書侍郎職の「凡挙試之制（凡《およ》そ挙試の制）」に、明経科の試験を述べて、

凡明経先帖経、然後口試并答策、取粗有文理者為通。

凡《およ》そ明経先ず帖経し、然る後に口試し并せて策に答え、粗《ほ》ぼ文理有る者を取り通（合格）と為す。

とある。明経科は帖経し、その後に口頭試問と時務策三道の試験があった。右の記事の註記には、

旧制、諸明経試、毎経十帖、孝経二帖、論語八帖、老子兼注五帖、毎帖三言、通六已上、然後試策十条、通七、即為高第。開元二十五年勅、諸明経先帖経、通五已上、然後口試、毎経通問大義十条、通六已上、並答時務策三道。

旧制、諸《すべ》て明経試、経（「礼記」「春秋左氏伝」「毛詩」「周礼」「儀礼」「周易」「尚書」「春秋公羊伝」「春秋穀梁伝」）毎《ごと》に一〇帖（伏せ字の問題一〇問）「孝経」は二帖（伏せ字の問題二問）「論語」は八帖（伏せ字の問題八問）「老子兼注」は五帖（伏せ字の問題五問）、帖毎に三言、六已上に通ぜば、然る後に策一〇条を試し、七に通ぜば、即ち高第と為す。開元二五年（七三七）勅す、「諸て明経先ず帖経し、五已上に通ぜば、然るに後に口試し、経毎に大義一〇条を通問し、六已上に通ぜば、並びに時務策三道に答う」と。

とあり、『大唐六典』本文の明経科の試験方法は、「旧制」とは異なり、開元二五年（七三七）以降の明経科の試験方

法を簡略化して述べたものであることがわかる。

開元二五年の明経科の試験方法の変更は『唐会要』巻七五帖経条例にもある。

2　進士の「帖経」

『大唐六典』の「凡挙試之制（凡《およ》そ挙試の制）」には、進士科の試験を述べて、

凡進士先帖経、然後試雑文及策、文取華実兼挙、策須義理惬当者為通。

凡そ進士先ず帖経し、然る後に雑文及び策を試し、文は華実兼挙（華美と実用の両方を兼ね備えた）なるを取り、策は義理惬当《きょうとう》（義と理が快く当を得ている）なるものを須《もっ》て通（合格）と為す。

とあり、進士科の試験は帖経・雑文・時務策からなるという。右の註記には、

旧例、帖一小経并注、通六已上、帖老子兼注、通三已上、然後試雑文両道時務策五条。開元二十五年、依明経、帖一大経、通四已上。餘如旧。

旧例、一小経（小経は「周易」「尚書」「春秋公羊伝」「春秋穀梁伝」をいう）并注」を帖し、六已上に通じ、「老子兼注」を帖し、三已上に通じ、然る後に雑文両道・時務策五条を試す。開元二五年（七三七）、明経に依り、一大経（大経は「礼記」「春秋左氏伝」をいう）を帖し、四已上を通となす。餘は旧の如《ごと》し。

とあり、明経科の例に倣って帖経を実施したというから、『大唐六典』本文の進士科の試験方法も、開元二五年以降の進士科の試験方法を簡略化したものであり、『大唐六典』の明経科と進士科の試験方法の本文は、開元二五年の制度が記載されている。

『白氏六帖《りくじょう》事類集』巻一二「挙選五十七　清倹」の「進士秀才」の註に、

考課令、進士試時務策五条、帖大経通四。其策文辞順序、義理惬当、并帖経文過者為通。帖策全通為甲第。諸秀

才試方策五条、文理倶高者為上上、文高理平、理高文平、為上中、云云。

「考課令」に、「進士は時務策五条を試し、大経（「礼記」「春秋左氏伝」）を帖し四に通ず。其れ策の文辞順序し、義理愜当《きょうとう》（義と理が快く当を得ている）なるもの、并せて帖経の文過ぐる者を通と為す。帖・策全通を甲第と為す。諸て秀才は方策五条を試し、文理倶に高き者を上上と為し、文高く理平なるもの、理高く文平なるものを、上中と為す、云云」と。

とあるのは、開元二五年「考課令」の進士科と秀才科の試験方法を一文にして述べたものである。『大唐六典』は「凡挙試之制（凡《およ》そ挙試の制）」は前掲したように、この「考課令」を本文と註記に分けて述べている。

この「考課令」を『唐令拾遺』（三五四頁）は開元七年と開元二五年「考課令」とし、『唐令拾遺補』（一二一四頁）は「并帖経文過者為通」以下を日本の養老「考課令」によって条文を改訂し、やはり開元七年と開元二五年「考課令」とする。進士科の大経の帖経は開元二五年から開始された試験方法であるから、右の「考課令」を開元七年「考課令」とするのは正しくない。『大唐六典』の記事は「開元七年令」との先入観があっての誤解である。

3　六学生の「帖経」

『大唐六典』巻二一国子監・国子祭酒司業職の条に、

凡六学生、毎歳有業成上于監者、以其業与司業祭酒試之。明経帖経、口試、策経義、進士帖一中経、試雑文、策時務、徴事。其明法明書［明］算、亦各試所習業。登第者白祭酒、上于尚書礼部。

凡《およ》そ六学生、毎歳業成り監に上る者有、其の業を以て司業・祭酒と之を試す。明経は帖経し、口試し、経義を策せしめ、進士は一中経（中経は「毛詩」「周礼」「儀礼」をいう）を帖し、雑文を試し、時務を策せしめ、事に徴す。其の明法・明書・明算、亦た各《おのおの》習う所の業を試す。登第の者は祭酒に白し、尚書礼部に上す。

六学（国子学・太学・四門学・律学・書学・算学）の学生の中で明経科と進士科の者は帖経するとあるが、この帖経も「開元二五年令」の制度であろう。

四　祭祀の供物の年代

1　供物規定一般

祭祀の供物は「俎豆」や「籩豆《へんとう》」という供物を盛る容器の語で示される。供物の数量は『大唐開元礼』巻一序例上に「俎豆」という項目があり、開元二〇年の各祭祀の供物の数量は判明している。供物の数量は大祀・中祀・小祀で差異があった。『旧唐書』巻二四礼儀志に、

顕慶中、更定籩豆之数、始一例。大祀籩豆各十二、中祀各十、小祀各八。

顕慶中、更に籩《へん》（神への供物を盛る祭器の名）豆（神への供物を盛る祭器の名）の数を定め、一例を始む。大祀は籩・豆各《おのおの》一二、中祀は各《おのおの》一〇、小祀は各《おのおの》八。

とあり、顕慶年間（六五六〜六六〇、より具体的には顕慶二年・六五七）以降、供物のうち籩・豆の数は大祀一二、中祀一〇、小祀八と変更された。

大祀・中祀・小祀は『大唐六典』巻四尚書祠部・祠部郎中員外郎の条に、

若昊天上帝五方帝皇地祇神州宗廟為大祀、日月星辰社稷先代帝王岳鎮海瀆帝社先蚕孔宣父斉太公諸太子廟為中祀、司中司命風師雨師衆星山林川沢五龍祠等及州県社稷釈奠為小祀。

昊天上帝・五方帝・皇地祇・神州・宗廟の若《ごと》きは大祀と為し、日月・星辰・社稷・先代帝王・岳鎮海瀆・帝社・先蚕・孔宣父・斉太公・諸太子廟を中祀と為し、司中・司命・風師・雨師・衆星・山林・川沢・五龍祠等及び州

県の社稷・釈奠を小祀と為す。

とあり、昊天上帝・五方帝・皇地祇・神州・宗廟の祭祀は籩・豆の数は一二であり、日月・星辰・社稷・先代帝王・岳鎮海瀆・帝社・先蚕・孔宣父・斉太公・諸太子廟の祭祀は籩《へん》・豆一〇であり、司中・司命・風師・雨師・衆星・山林・川沢・五龍祠ら・州県の社稷・州県の釈奠は籩・豆八である。

籩豆簠簋㽅俎の内容に関しては『大唐開元礼』巻一序例上・俎豆には次のようにある。

凡祭器、用籩豆各十二者、籩実盛以石塩乾魚乾棗栗黄榛子仁菱仁芡仁鹿脯白餅黒餅糗餌粉餈、豆実以韭菹醓醢菁菹鹿醢芹菹兎醢筍菹魚醢脾析菹豚胉酏食糝食。用籩豆各十者、籩減糗食粉食、豆減酏食糝食。用籩豆各八者、籩又減白餅黒餅、豆又減脾析菹豚胉。……

凡《およ》そ祭器、籩《へん》・豆 各《おのおの》 一二を用うとは、籩は実盛するに石塩・乾魚・乾棗・栗黄（栗の実）榛子仁（はしばみの実）菱仁（ひしの実）・芡仁《けんじん》（ひしの実）・鹿脯（鹿肉の乾し肉）白餅・黒餅・糗餌《きゅうじ》（米麦を炒り、粉末にしたもの）・粉餈《ふん》（だんご）を以てし、豆は実すに韭菹《ひそ》（ニラの漬け物）醓醢《たんかい》（水分の多い塩辛）菁菹《せいそ》（かぶらの漬け物）鹿醢《ろっかい》（鹿肉の塩辛）芹菹《きんそ》（芹の漬け物）兎醢《とかい》（兎の塩辛）筍菹《じゅんそ》（竹の子の漬け物）魚醢（魚の塩辛）脾析菹《ひせきそ》（動物の胃袋の酢漬け）豚胉《とんぱく》（豚の脇腹の肉）酏食《いしょく》（粥）糝食《さんしょく》（粉がき）を以てす。籩・豆 各《おのおの》 一〇を用うとは、籩は糗餌・粉餈を減じ、豆は酏食《いしょく》・糝食《さんしょく》を減ず。籩・豆 各《おのおの》 八を用うとは籩又た白餅・黒餅を減じ、豆又た脾析菹・豚胉を減ず。……

『旧唐書』巻二一礼儀志に「二年七月、礼部尚書許敬宗、与礼官等又奏議（二年〈顕慶二年・六五七〉七月、礼部尚書の許敬宗、礼官等と又た奏議す）」とあり、その一節に、

敬宗等又議籩豆之数曰、按今光禄式、祭天地日月岳鎮海瀆先蚕等、籩豆各四。祭宗廟、籩豆各十二。祭社稷先農等、籩豆各九。祭風師雨師、籩豆各二。尋此式文、事深乖謬。社稷多於天地、似不貴多。風雨少於日月、又不貴少。且先農先蚕、倶為中祭、或六或四、理不可通。又先農之神、尊於釈奠、籩豆之数、先農乃少、理既差舛、難

以因循。謹按礼記郊特牲云、籩豆之薦、水土之品、不敢用褻味而貴多品、所以交於神明之義也。此即祭祀籩豆、以多為貴。宗廟之数、不可踰郊。今請大祀同為十二、中祀同為十、小祀同為八、釈奠準中祀。自餘従座、並請依旧式。詔並可之、遂附于礼令。

敬宗ら又た籩《へん》（神への供物を盛る祭器の名）豆（神への供物を盛る祭器の名）の数を議して曰わく、「今〈光禄式〉を按ずるに、天地・日月・岳鎮・海瀆・先蚕らを祭るに、籩・豆各《おのおの》四。宗廟を祭るに、籩・豆、各《おのおの》一二。社稷・先農らを祭るに、籩・豆各《おのおの》九。風師・雨師を祭るに、籩・豆各《おのおの》二。此の式文を尋ぬるに、事深く乖謬す。社稷は天地より多く、多きを貴ばざるに似たり。風雨は日月より少なし、又た少きを貴ばず。且つ先農・先蚕、倶に中祭と為し、或いは六或いは四、理として通ずべからず。又た先農の神、釈奠より尊きに、籩・豆の数、先農乃ち少なし、理既に差舛し、以て因循するに難し。謹んで〈礼記〉郊特牲を按ずるに云う、『籩・豆の薦、水土の品、敢えて褻味《せつみ》（調理をくわえること）を用いずして多品を貴ぶ、神明に交わる所以の義なり』と。此れ即ち祭祀の籩・豆、多きを以て貴と為す。宗廟の数、郊を踰えるべからず。今請うに大祀は同じく一二と為し、中祀は同じく一〇と為し、小祀は同じく八と為し、釈奠は中祀に準ず。自餘の従座、並びに旧式に依らんことを請う」と。詔して並びに之を可とし、遂に礼令に附す。

とあるから、供物の数量は「光禄式」に規定されていたようである。

2　『大唐六典』の供物

供物の数量を伝えて『大唐六典』巻一五光禄寺・太官令職には次のようにある。これは礼部尚書の許敬宗らの議にいうように「光禄式」であろう。

○凡冬至圜丘之祀昊天上帝、籩豆各十二、簠簋㽅俎各一。配帝亦如之。五方帝、籩豆各去其二。大明夜明、又去其二。内官中官、籩豆各二簠簋俎各一。外官衆星、籩豆各一簠簋俎各一。

凡《およ》そ冬至圜丘の祀昊天上帝は、籩・豆各《おのおの》一二、簠《ほ》（神に供える黍稷を盛る容器、木または瓦で作り、外が方にして内が圓）簋《き》（神に供える黍稷を盛る容器、木または瓦で作り、外が圓く内が方）瓾《とう》（陶器製の高坏）俎（まな板）各《おのおの》一。配帝は亦た之の如し。五方帝は、籩・豆各《おのおの》其の二を去る。大明・夜明は、又た其の二を去る。内官・中官は、籩・豆各《おのおの》二、簠・簋・俎各《おのおの》一。外官・衆星は、籩・豆各《おのおの》一、簠・簋・俎各《おのおの》一。

○孟春、祈穀之祀昊天上帝配帝五方帝、如冬至之儀。

孟春、祈穀の祀昊天上帝・配帝の五方帝は、冬至の儀の如し。

○孟夏、雩祀昊天上帝配帝五方帝、如祈穀之儀。五帝、籩豆各八簠簋瓾俎各一。五官、籩豆各二簠簋俎各一。

孟夏、雩祀の昊天上帝・配帝の五方帝は、祈穀の儀の如し。五帝は、籩《へん》（神への供物を盛る祭器の名）・豆（神への供物を盛る祭器の名）各《おのおの》八、簠《ほ》・簋《き》・瓾《とう》・俎各《おのおの》一。五官（句芒・祝融・后土・蓐収・玄冥）は、籩・豆各《おのおの》二、簠・簋・俎各《おのおの》一。

○季秋、享明堂、如雩祀。　季秋、享明堂は雩祀の如し。

○五郊迎気、正坐配坐、籩豆各十二簠簋瓾俎各一。五星十二辰二十八宿五官、籩豆各二簠簋俎各一。

五郊の迎気、正坐・配坐は、籩・豆各《おのおの》一二、簠・簋・瓾・俎各《おのおの》一。五星（東方歳星・南方熒惑星・西方太白星・北方辰星・中央鎮星）一二辰・二八宿（二八の星座、一季節七宿で四季節二八宿となる）五官（句芒・祝融・后土・蓐収・玄冥）は、籩・豆各《おのおの》二、簠・簋・俎各《おのおの》一。

○蜡祭大明夜明、籩豆各十簠簋俎各一。神農伊耆、籩豆各四簠簋俎各一。五星已下凡九十八坐、籩豆各二簠簋俎各一。丘陵以下凡八十五坐、籩豆各一簠簋俎各一。

蜡《さ》祭の大明・夜明は、籩・豆各《おのおの》一〇、簠・簋・俎各《おのおの》一。神農伊耆は、籩・豆各《おのおの》四、簠・簋・俎各《おのおの》一。五

星已下、凡そ九八坐は、籩・豆各《おのおの》二、簠・簋・俎各《おのおの》一。丘陵以下、凡そ八五坐は、籩・豆各《おのおの》一、簠・簋・俎各《おのおの》一。

○朝日夕月、籩豆各十、簠簋㽅俎各一。　朝日夕月は、籩《へん》・豆各《おのおの》一〇、簠《ほ》・簋《き》・㽅《とう》・俎各《おのおの》一。

○風師雨師霊星司中司命司人司禄、籩豆各八簠簋俎各一。

風師・雨師・霊星・司中・司命・司人・司禄は、籩・豆各《おのおの》八、簠・簋・俎各《おのおの》一。

○夏至、方丘祭皇地祇、籩豆各十二簠簋㽅俎各一。配帝亦如之。神州、籩豆各四簠簋㽅俎各一。岳鎮已下、籩豆各二簠簋俎各一。丘陵已下、籩豆各一簠簋俎各一。

夏至、方丘に皇地祇を祭るは、籩・豆各《おのおの》一二、簠・簋・㽅・俎各《おのおの》一。配帝は亦た之の如し。神州は、籩・豆各《おのおの》四、簠・簋・㽅・俎各《おのおの》一。岳鎮已下は、籩・豆各《おのおの》二、簠・簋・俎各《おのおの》一。丘陵已下は、籩・豆各《おのおの》一、簠・簋・俎各《おのおの》一。

○孟冬祭神州、籩豆各十二、簠簋㽅俎各一、配帝亦如之。

孟冬の祭神州は、籩・豆各《おのおの》一二、簠・簋・㽅・俎各《おのおの》一、配帝は亦た之の如し。

○太社太稷、籩豆各十、簠簋鉶俎各二。配帝亦如之。

太社・太稷は、籩・豆各《おのおの》一〇、簠・簋・鉶《けい》・俎各《おのおの》二。配帝亦た之の如し。

○馬祖馬社先牧馬歩、籩豆各八簠簋俎各一。　馬祖・馬社・先牧・馬歩は、籩・豆各《おのおの》八、簠・簋・俎各《おのおの》一。

○時享太廟、毎室、籩豆各十八簠二簋二㽅三鉶三俎三。七祀及配享功臣、毎坐籩豆各二簠簋俎各一。旧制、籩豆十二。開元二十四年、加籩豆各六。

時享太廟は、毎室、籩・豆各《おのおの》一八、簠二簋二㽅三鉶三俎三。七祀及び配享功臣は、毎坐籩・豆各《おのおの》二、簠・簋・俎各《おのおの》一。旧制、籩・豆一二。開元二四年、籩・豆各《おのおの》六を加う。

○帝社先蚕、籩豆各十簠二簋二甑三鉶三俎三。配坐亦如之。
帝社先蚕は、籩豆各《おのおの》一〇、簠二簋二甑三鉶三俎三。配坐は亦た之《かく》の如《ごと》し。
○司寒、籩豆八簠簋俎各一。　司寒は、籩《へん》・豆八、簠《ほ》・簋《き》・俎各《おのおの》一。
○五龍祠、毎坐籩豆各八、簠簋甑鉶俎各一。
五龍祠は、毎坐の籩・豆各《おのおの》八、簠・簋・甑・鉶・俎各《おのおの》一。
○釈奠于孔宣父、籩豆各十簠簋各二、甑鉶俎各三。配坐亦如之。従祀八十六坐、籩豆各二簠簋俎各一。
孔宣父を釈奠するは、籩・豆各《おのおの》一〇、簠・簋各《おのおの》二、甑・鉶・俎各《おのおの》三。配坐は亦た之の如し。従祀の八六坐は、籩・豆各《おのおの》二、簠・簋・俎各《おのおの》一。
○釈奠于斉太公、籩豆各十簠簋各二甑鉶俎各三。配坐亦如之。
斉の太公を釈奠するは、籩・豆各《おのおの》一〇、簠・簋各《おのおの》二、甑《とう》・鉶《けい》・俎各《おのおの》三。配坐は亦た之《かく》の如《ごと》し。

3　供物の年代

『大唐開元礼』巻一序例上・俎豆には、太廟を時享する俎豆に関して、

時享太廟、毎室籩十二豆十二簠二簋二甑三鉶三俎三。七祀七座、各籩二豆二簠一簋一俎一。禘祫享功臣準七祀。
太廟を時享するに、毎室籩一二豆一二簠二簋二甑三鉶三俎三。七祀の七座、各《おのおの》籩二豆二簠一簋一俎一。禘祫に功臣を享るは七祀に準ず。

とあり、「籩十二豆十二簠」とする。『大唐開元礼』は開元二〇年（七三二）に完成した書であるから、この籩・豆の数は開元二〇年の数である。

前掲した『大唐六典』巻一五光禄寺・太官令職の条にある籩・豆の数は、「時享太廟」の箇所に、

毎室、籩豆各十八簠二簋二甑三鉶三爼三。七祀及配享功臣、毎坐籩豆各二簠簋爼各一。

とあり、註記に、

旧制、籩豆十二。開元二十四年、加籩豆各六。

とある。旧制では籩《へん》・豆は各一二であったが、開元二十四年（七三六）に各六を増加して籩・豆各一八としたから、「籩豆各十八」とあるのである。すなわち、『大唐六典』巻一五光禄寺・太官令職の条にいう籩・豆の数は開元二四年以降、『大唐六典』が完成するころまでの数を伝えるものである。

また、加えて、

釈奠于斉太公、籩豆各十簠簋各二甑鉶爼各三。配坐亦如之。

ともある。斉太公の釈奠は開元一九年に開始されたから、『大唐六典』巻一五光禄寺・太官令職にいう供物の数量は開元一九年以降の記事であることは間違いなく、開元二五年ころと想定することは許されるであろう。

五　軍州の屯田

『大唐六典』巻七尚書工部・屯田郎中員外郎職に、次の軍州のような屯田に関する記事がある。

凡天下諸軍州管屯、総九百九十有二。河東道大同軍四十屯、横野軍四十二屯、雲州三十七屯、朔州三屯、蔚州三屯、嵐州一屯、蒲州五屯、関内道北使二屯、塩州監牧四屯、太原一屯、長春一十屯、単于三十一屯、定遠四十屯、東城四十五屯、西城二十五屯、勝州一十四屯、会州五屯、塩地七屯、原州四屯、夏州二屯、豊安二十七屯、中城四十一屯、河南道陳州二十三屯、許州二十二屯、豫州三十五屯、寿州二十七屯、河西道赤水三十六屯、甘州一十九屯、大斗一十六屯、建康一十五屯、粛州七屯、玉門五屯、安西二十屯、疎勒七屯、焉耆七屯、北庭二十屯、伊吾一屯、天山一屯、隴右道渭州四屯、秦州四屯、成州三屯、武州一屯、岷州二屯、軍器四屯、莫門軍六屯、臨洮軍三十屯、河源二十八屯、安人一十一屯、白水十屯、積石一十二屯、富平九屯、平夷八屯、綏和三屯、平戎一屯、河州六屯、鄯州六屯、廓州四屯、蘭州四屯、南使六屯、西使一十屯、河北道幽州五十五屯、清夷一十五屯、北郡六屯、威武一十五屯、静塞二十屯、平川三十四屯、平盧三十五屯、安東一十二屯、長陽使六屯、渝関一十屯、剣南道巂州八屯、松州一屯、開元二十二年、河南道陳許豫寿又置百屯。二十五年、勅以為不便、并長春宮田三百四十餘頃、並令分給貧人。大者五十頃、小者二十頃。

凡《およ》そ天下の諸軍州は屯を管す、総《す》べて九百九十有二。河東道大同軍四〇屯、横野軍四二屯、雲州三七屯、朔州三屯、蔚州三屯、嵐州一屯、蒲州五屯、関内道北使二屯、塩州監牧四屯、太原一屯、長春一〇屯、単于三一屯、定遠四〇屯、東城四五屯、西城二五屯、勝州一四屯、会州五屯、塩地七屯、原州四屯、夏州二屯、豊安二七屯、中城四一屯、河南道陳州二三屯、許州二二屯、豫州三五屯、寿州二七屯、河西道赤水三六屯、甘州一九屯、大斗一六屯、建康一五屯、粛州七屯、玉門五屯、安西二〇屯、疎勒七屯、焉耆七屯、北庭二〇屯、伊吾一屯、天山一屯、隴右道渭州四屯、秦州四屯、成州三屯、武州一屯、岷州二屯、軍器四屯、莫門軍六屯、臨洮軍三〇屯、河源二八屯、安人一一屯、白水一〇屯、積石一二屯、富平九屯、平夷八屯、綏和三屯、平戎一屯、河州六屯、鄯州六屯、廓州四屯、蘭州四屯、南使六屯、西使一〇屯、河北道幽州五五屯、清夷一五屯、北郡六屯、威武一五屯、静塞二〇屯、平川三四屯、平盧三五屯、安東一二屯、長陽使六屯、渝関一〇屯、剣南道巂州八屯、松州一屯、開元二二年（七三四）、河南道の陳・許・豫・寿、又た百屯を置く。二五年、勅して以て不便と為すもの、并せて長春宮の田三四〇餘頃、並びに分かちて貧人に給せしむ。大なるものは五〇頃、小なるものは二〇頃。

右の記事の本文は、

凡天下諸軍州管屯、総九百九十有二。大者五十頃、小者二十頃。

凡そ天下の諸軍州は屯を管す、総《す》べて九百九十有二。大なるものは五〇頃、小なるものは二〇頃。

である。諸軍州は屯田を管理し、合計で九九二屯ある。一屯の規模は五〇頃から二〇頃であるという意味である。

『通典』巻二食貨典・屯田・大唐に、

開元二十五年令、諸屯隷司農寺者、毎三十頃以下二十頃以上為一屯。隷州鎮諸軍者、毎五十頃為一屯。［其屯］応置者、皆従尚書省処分。其旧屯重置者、一依承前封疆為定。新置者、並取荒間無籍広占之地。其屯雖料五十頃、易田之処、各依郷原、量事加数。其屯官取勲官五品以上及武散官并前資辺州県府鎮戍八品以上文武官内、簡堪者充。拠所収斛斗等級為功優。

「開元二五年令」に、諸《すべ》て屯の司農寺に隷すものは、三〇頃以下二〇頃以上毎《ごと》に一屯と為す。州鎮諸軍に隷すものは、五〇頃毎に一屯と為す。其の屯の応《まさ》に置くべきは、皆な尚書省の処分に従《よ》る。其れ旧屯の重ねて置く者は、一に承前の封疆に依り定と為す。新たに置く者は、並びに荒間・無籍・広占の地を取る。其の屯は五〇頃を料ると雖も、易田の処、各《おのおの》郷原に依り、事を量り数を加う。其の屯官は勲官五品以上及び武散官并せて前資の辺州県府鎮戍の八品以上の文武官内より取り、堪《た》える者を簡び充つ。収む所の斛斗の等級に拠り功優を為す。

とある＊1。『唐令拾遺』（六五五頁）と『唐令拾遺補』（一三四一頁）は右の記事を開元二五年「田令」とする。

右の「田令」に「隷州鎮諸軍者、毎五十頃為一屯」とあるが、この記事は『大唐六典』の、

凡天下諸軍州管屯、総九百九十有二。大者五十頃、小者二十頃。

と類似し、「田令」の「隷州鎮諸軍者、毎五十頃為一屯」は「隷州鎮諸軍者、毎五十頃以下二十頃以上為一屯」ではないかと思われ、「以下二十頃以上」の七字が脱字していると考えられる。ともかく、『大唐六典』の、

凡天下諸軍州管屯、総九百九十有二。大者五十頃、小者二十頃。

の記事は開元二五年の屯田に関する「田令」と関係がある記事であろう。

『通典』巻一〇食貨典・塩鉄・大唐に、

［開元］二十五年倉部格、蒲州塩池、令州司監当租分与有力之家営種之、課収塩。………（中略）………。又屯田格、幽州塩屯、毎屯配丁五十人、一年収率満二千八百石以上、准営田第二等、二千四百石以上、准第三等、二千

石以上、准第四等。大同横野軍塩屯、配兵五十人、毎屯一年収率千五百石以上、准第二等、千二百石以上、准第三等、九百石、准第四等。……

開元二五年の「倉部格」に、「蒲州の塩池、州司をして当租分を監し有力の家と之を営種せしめ、課は塩を収む」と。………（中略）………。又た「屯田格」に、「幽州の塩屯、毎屯丁五〇人を配し、一年の収率二千八百石以上に満てば、営田第二等に准じ、二千四百石以上は、第三等に准じ、二千石以上は、第四等に准ず。大同・横野軍の塩屯、兵五〇人を配し、毎屯一年の収率千五百石以上は、第二等に准じ、千二百石以上は、第三等に准じ、九百石は、第四等に准ず」と。……

とあり、開元二五年の「屯田格」に大同軍と横野軍の塩屯がみえるから＊2、『大唐六典』の、

凡天下諸軍州管屯、総九百九十有二。大者五十頃、小者二十頃。

は開元二五年の記事に相違ないであろう。

註記に「河東道大同軍四十屯」とあるが、河東節度使に属する大同軍は『唐会要』巻七八「節度使。毎使管内軍附（節度使。使毎に管内軍附す）」に、

大同軍置在朔方州。本大武軍。調露二年、裴行倹改為神武軍。天授二年、改為平狄軍。大足元年五月十八日、改為大武軍。開元十二年三月四日、改為大同軍。

大同軍は置きて朔方州に在り。本は大武軍。調露二年（六八〇）、裴行倹改めて神武軍と為す。天授二年（六九一）、改めて平狄軍と為す。大足元年（七〇一）五月一八日、改めて大武軍と為す。開元一二年（七二四）三月四日、改めて大同軍と為す。

とあり、開元一二年に大同軍と改称されたから、この記事は開元一二年以降であることがわかる。

註記に「横野軍四十二屯」とあるが、『唐会要』巻七〇州県改置上・河東道に、

朔州安辺県、開元十二年七月置。在横野軍。　　朔州安辺県、開元一二年七月置く。横野軍在り。

とあり、『元和郡県図志』巻一四蔚州興唐県に、

本霊丘県也。開元十二年、於州東北一百三十里横野軍子城南、置安辺県、属蔚州。天宝元年、改為安辺郡。仍自霊丘移州、理于安辺城。至徳二年、改為興唐郡。仍改安辺県為興唐県。

本は霊丘県なり。開元一二年、州の東北一三〇里横野軍の子城の南に、安辺県を置き、蔚州に属す。天宝元年、改めて安辺郡と為す。仍《な》お霊丘より州を移し、安辺城に理む。至徳二年、改めて興唐郡と為す。仍お安辺県を改めて興唐県と為す。

とあり、横野軍は開元一二年ころに存在した軍である。

註記に「大斗一十六屯」とある。河西節度使に属する大斗軍は『唐会要』巻七八「節度使。每使管内軍附（節度使。每使毎に管内軍附す）」に、

大斗軍、本是守捉使。開元十六年、改為大斗軍焉。

大斗軍、本は是れ守捉使。開元一六年（七二八）、改めて大斗軍と為す。

とあり、『元和郡県図志』巻四〇隴右道・涼州に、

大斗軍、涼州西二百里。本是赤水軍守捉。開元十六年、改為大斗軍。因大斗抜谷為名。管兵七千五百人馬二千四百匹。

大斗軍、涼州の西二百里なり。本は是れ赤水軍守捉。開元一六年（七二八）、改めて大斗軍と為す。大斗抜谷に因り名と為す。兵七千五百人・馬二千四百匹を管す。

とあり、開元一六年に赤水軍守捉が大斗軍に改称したものである。

註記に「安人一十一屯」とある。隴右節度使に属する安人軍は『唐会要』巻七八「節度使。每使管内軍附（節度使。

使毎に管内軍附す）」に、

安人軍置在星宿川、鄯州西北界。開元七年三月置。

安人軍は置きて星宿川に在り、鄯州の西北界なり。開元七年（七一九）三月置く。

とあり、『通典』巻一七二州郡典・序目下・大唐に、

安人軍。西平郡星宿川西。開元七年置。管兵萬人馬三百五十疋。

安人軍。西平郡星宿川の西。開元七年置く。兵萬人・馬三五〇疋を管す。

とあり、『元和郡県図志』巻三九隴右道・鄯州に、

安人軍、河源軍西一百二十里星宿川。開元七年、郭知運置。管兵萬人馬三百五十匹。

安人軍、河源軍の西一二〇里の星宿川に在り。開元七年（七一九）、郭知運置く。兵萬人・馬三五〇匹を管す。

とあるように、開元七年に開設された軍である。

註記に「静塞二十屯」とある。『唐会要』巻七八「節度使。毎使管内軍附（節度使。使毎に管内軍附す）」に、

漁陽軍在幽州北盧龍右塞。開元十九年、改為静塞軍。

漁陽軍は幽州の北・盧龍右塞に在り。開元一九年、改めて静塞軍と為す。

とあるから、静塞軍は開元一九年以降にあった軍名である。

註記に引用された軍名からは、開元一六年の大斗軍、開元一九年の静塞軍が指摘できるから、『大唐六典』の、

凡天下諸軍州管屯、総九百九十有二。大者五十頃、小者二十頃。

の記事は開元二五年の状態を伝えたものであろうと推測できる。また註記に

開元二十二年、河南道陳許豫寿又置百屯。二十五年、勅以為不便、并長春宮田三百四十餘頃、並令分給貧人。

とあるから、記事全体は開元二五年の状態を伝えたものであることは疑いない。

＊1　『太平御覧』巻三三三兵部・屯田に「又曰開元二十五年令」として同じ記事がある。

＊2　『冊府元亀』巻邦計部・山沢にも「屯田格」を引用し同じ記事がある。

六　九廟の子孫

『大唐六典』巻一六宗正寺・宗正卿職の条に九廟の子孫をいう。

宗正卿之職、掌皇九族六親之属籍、以別昭穆之序、紀親疎之列、并領崇玄署。少卿為之貳。九廟之子孫、其族五十有九。光皇帝一族、定州刺史乞豆。景皇帝之族六、譙蔡畢雍郇鄭。譙王・蔡王二族、無後。元皇帝之族三、梁蜀漢。梁王・漢王二族、無後。高祖之族二十有一、隠太子衛巣楚荆漢酆周徐韓彭鄭霍虢道鄧舒魯江密滕。隠太子衛王巣王楚王荆王漢王酆王周王八族、無後。太宗之族十有三、恒山楚呉濮斉蜀蔣越紀代江趙曹。楚王斉王蜀王越王江王代王趙王七族、無後。恒山王、貞観中、降為庶人。開元二十四年、孫適之、為御史大夫、朝政粛清、多所綱紀。上嘉其才能、因追雪而復旧焉。高宗之族六、梁許沢郇孝敬章懐。梁王許王孝敬三族、無後。郇王追封許王。中宗之族四、懿徳庶人節閔殤帝。懿徳太子庶人重福殤帝、並無後。睿宗之族五、寧王恵荘恵文恵宣隋王。隋王無後。

宗正卿の職、皇の九族六親の属籍を掌り、以て昭穆の序を別ち、親疎の列を紀す。并せて崇玄署を領す。少卿之が貳と為す。九廟の子孫、其の族は五十有九。光皇帝は一族、定州刺史乞豆。景皇帝の族は六、譙・蔡・畢・雍・郇・鄭。譙王・蔡王の二族、後なし。元皇帝の族は三、梁・蜀・漢。梁王・漢王の二族、後なし。高祖の族は二十有一、隠太子・衛・巣・楚・荆・漢・酆《けい》・周・徐・韓・彭・鄭・霍・虢《かく》・道・鄧・舒・魯・江・密・滕。隠太子・衛王・巣王・楚王・荆王・漢王・酆王・周王の八族、後なし。太宗の族は十有三、恒山・楚・呉・濮・斉・蜀・蔣・越・紀・代・江・趙・曹。楚王・斉王・蜀王・越王・江王・代王・趙王の七族、後なし。恒山王、貞観中、降して庶人と為す。開元二四年、孫の適之、御史大夫と為り、朝政粛清し、綱紀する所多し。上は其の才能を嘉《よみ》し、因りて追雪して旧に復す。高宗の族は六、梁・許・沢・郇《しゅん》・孝敬・章懐。梁王・許王・孝敬の三族、後なし。郇王は許王に追封す。中宗の族は四、懿徳・庶人・節閔・殤帝。懿徳太子・庶人重福・殤帝、並びに後なし。睿宗の族は五、寧王・恵荘・恵文・恵宣・隋王。隋王後なし。

右の史料中に、「領崇玄署」とあり、宗正寺宗正卿は崇玄署を所管するという。崇玄署が宗正寺の所管となったのは前述した（三六九頁）ように開元二五年（七三七）のことであるから、「宗正卿之職、掌皇九族六親之属籍、以別昭穆之序、紀親疎之列、并領崇玄署。………」以下の史料は、開元二五年以降、『大唐六典』が完成する開元二六年ころの状態を伝えるものであることは疑いない。

註記に、

恒山王、貞観中、降為庶人。開元二十四年、孫適之、為御史大夫、朝政粛清、多所綱紀。上嘉其才能、因追雪而復旧焉。

とあり、開元二四年に恒山王の名誉回復がなった。この記事からも「宗正卿之職、掌皇九族六親之属籍、………」以下の史料全体は崇玄署を所管から想定した開元二五年以降、『大唐六典』が完成する開元二六年ころの史料とする推定を助けるものである。

また「睿宗之族五、寧王恵荘恵文恵宣隋王。隋王無後」とある。この五王は玄宗皇帝の兄弟である。隋王は幼少にして亡くなっている。玄宗皇帝の同母の長兄である李成器（開元四年、改名して李憲）は死後、譲皇帝と諡された人であるが、『大唐六典』が書かれた開元二六年の段階では「寧王」と記載されている。これは寧王がまだ薨去していないからである。寧王は開元二九年に薨去している。

他の兄弟達は恵荘・恵文・恵宣となっている。これは『大唐六典』が書かれた開元二六年の段階で、すでに薨去し、恵荘太子・恵文太子・恵宣太子を追贈されたからである。恵宣太子は睿宗皇帝の第五子で、略歴は『旧唐書』巻九五恵宣太子業伝にある。

恵宣太子業、睿宗第五子也。本名隆業、後単名業。………（中略）………。二十一年、業進拝司徒。二十二年正月、薨。冊贈恵宣太子、陪葬橋陵。

恵宣太子・業、睿宗の第五子なり。本は隆業と名づくも、後に単に「業」と名づく。………（中略）………。二十一年（七三三）、業は進められて司徒を拝す。二十二年正月、薨ず。恵宣太子を冊贈し、橋陵に陪葬す。

恵宣太子は開元二二年に薨去している。『旧唐書』巻八玄宗紀開元二二年七月の条に、

己巳、司徒薛王業薨、追謚為恵宣太子。　己巳、司徒・薛王の業薨じ、追謚《ついし》して恵宣太子と為す。

とあるから、恵宣太子と追謚されたのは開元二二年七月である。

この恵宣太子の薨去年から考えて、『大唐六典』巻一六宗正寺・宗正卿職の条の「九廟の子孫」を述べる史料は、開元七年のものではなく、開元二五年であることを示している。

七　名山大川と封爵

『大唐六典』巻二尚書吏部・司封郎中員外郎職に、

凡名山大川及畿内県、皆不得以封。　凡《およ》そ名山・大川及び畿内の県、皆な以て封ずるを得ず。

とあり、『旧唐書』巻四三職官志・尚書吏部・司封郎中員外郎職に、

凡名山大川及畿内諸県、皆不以封。　凡そ名山大川及び畿内の諸県、皆な以て封ぜず。

とある。『旧唐書』巻四三職官志と巻四四の記事は『大唐六典』の再録であって、史料的価値は低いが『大唐六典』の記事を確認するため引用した＊。『大唐六典』の記事は賜爵する時に新しい爵名が必要となるが、その爵名には名山・大川と畿内県の県名を使用してはならないというものである。「封爵令」の取意文であろう。天下の名山・大川

の具体的名称は『大唐六典』巻三尚書戸部・戸部郎中員外郎の一〇道の項に列挙してある。

ところで、右の規定は何時のものであろうか。この点に関して『唐会要』巻九〇縁封雑記に、

［開元］二十二年九月勅、………（中略）………。諸名山大川及畿内県、並不封。

開元二二年（七三四）九月勅す、「………（中略）………。諸《すべ》て名山・大川及び畿内の県、並びに封ぜず」と。

とあり、開元二二年九月の勅書によって決定されたとある。右の勅書は従来の勅書の申明かもしれないが、申明であることが確認できないため、開元二二年九月に決定されたとせざるをえない。天下の名山・大川の名を爵名に使用してはならないという規定は開元二二年九月に公布された。多分、この規定は開元二五年「封爵令」の一条であろう。

＊『大唐六典』と『旧唐書』職官志の記事の関係は本章第一七節に述べる。

八　三品・五品官となる

『大唐六典』巻二尚書吏部・吏部郎中に、

応入三品五品者、皆待別制而進之。不然則否。

応《まさ》に三品・五品に入る者、皆な別制を待ちて之を進むべし。然らざれば則ち否なり。

とあり、註記に、

謂応入三品者、皆須先在四品已上官。仍限三十考已上本階正四品上無痕累者、奏聴進止。応入五品者、皆須先在六品已上官。及左右補闕殿中侍御史太常博士詹事司直京兆河南太原府判司、皆限十六考已上本階正六品上。伎術官本司無六品官、頻任三政七品者、仍限二十考已上。並所司勘責、訖、上中書門下、重勘訖、然後奏聞、別制以授焉。

応に三品に入るべき者と謂うは、皆な須《すべか》らく先に四品已上官に在るべし。仍お三〇考已上・本階（文散官・本品）

正四品上にして痕累なき者に限り、奏して進止を聴く。応に五品に入るべき者とは、皆な須らく先に六品已上の官に在るべし。左右補闕・殿中侍御史・太常博士・詹事《せんじ》・司直・京兆・河南・太原府の判司に及んでは、皆な一六考已上・本階（文散官・本品）正六品上なるに限る。伎術官は本司六品官なし、頻りに三政七品に任ぜらる者、仍お二〇考已上に限る。並びに所司勘責し、訖らば、中書門下に上せ、重ねて勘《しら》べ訖らば、然る後に奏聞し、別制し以て授く。

とあり、五品に進むべき者は六品官であることが最低の条件であるが、左右補闕・殿中侍御史・太常博士・太子詹事・大理司直と京兆府・河南府・太原府の各《おのおの》判司（司録参軍事以下の参軍事）は、一六考（一年考であるから、一六考は一六年の考課の考査を受ける）已上で文散官（本品）が正六品上であることを要件とした。

『唐令拾遺』（二八八頁）は右の史料を開元七年「選挙令」逸文とし、『唐令拾遺補』（一〇六七頁）も開元七年「選挙令」逸文とする。註記にある「京兆河南太原府判司」の太原府は『旧唐書』巻八玄宗紀開元一一年正月の条に、

己巳、北都巡狩。勅所至處、存問高年鰥寡惸独征人之家、減流死罪一等、徒以下放免。庚辰、幸并州潞州、宴父老、曲赦大辟罪已下、給復五年。別改其旧宅為飛龍宮。辛卯、改并州為太原府、官吏補授、一準京兆河南両府。

己巳、北都に巡狩す。至る所の處に勅し、高年・鰥寡《かんか》（年老いて配偶者のいない男女）惸独《けいどく》（身寄りのない独り者）征人の家を存問し、流・死罪は一等を減じ、徒以下は放免す。庚辰、并州・潞州に幸し、父老を宴し、大辟罪已下を曲赦し、復《ほく》五年を給う。別に其の旧宅を改めて飛龍宮と為す。辛卯、并州を改めて太原府と為し、官吏の補授、一に京兆・河南の両府に準ぜしむ。

とあるように、并州大都督府が太原府となったのは、開元一一年（七二三）であるから、右の「選挙令」の一条は開元七年「選挙令」ではない。太原府は開元一一年以降であるから、三品・五品官となる記事が令文とすれば、開元二五年「選挙令」である。

第一〇節　『大唐六典』の「旧令」

『大唐六典』の註記部分に「旧令」という語が四回出てくる。「旧令」の語があるということは、いうまでもなく開元二五年九月に公布された「開元二五年令」である。

『大唐六典』の編纂は「開元二五年令」の編纂と同時進行していたのであり、『大唐六典』と「開元二五年令」は密接な関係にあり、『大唐六典』は「新令」もしくは完成間近い「新令」を参照していたことは疑いないところである。「旧令」の実体を究明することは『大唐六典』の記載内容と密接に関連する問題である。この「旧令」が解明できれば、『大唐六典』の記事の年代は自然と明らかとなる。いや、「旧令」の実体が判明すれば、『大唐六典』の記事の年代は解決したに等しく、長々とした史料の羅列は必要なくなる。

一　門下省条の「旧令」

『大唐六典』巻八門下省・主事に「主事四人、従八品下」とあり、註記に「旧令」の語がみえる。

晋置門下主事、歴宋斉、品第八。梁陳名為門下主事令史。北斉門下主事令史八人、従第八品上。隋初、諸臺省並置主事令史。煬帝三年、直曰主事。旧令、従九品上。開元二十四年勅、加入八品。

晋は門下主事を置き、宋・斉を歴して、品第八。梁・陳名づけて門下主事令史と為す。北斉の門下主事令史は八人、従第八品上。隋の初め、諸臺省並びに主事令史を置く。煬帝の三年（大業三年・六〇七）、直に主事と曰う。「旧令」では、従九品上。開元二四年（七三六）勅し、加えて八品に入る。

門下省の主事は「旧令」では従九品上の品階であったが、開元二四年の勅によって一階進められて従八品下となった。ここでは開元二四年以前の「令」を「旧令」というのであるから、「旧令」は開元七年「官品令」であることになる。すなわち、『大唐六典』巻八門下省に「主事四人、従八品下」とあるうちの、「従八品下」は新令（「開元二五年令」）の官品をいい、「主事四人」は新令の「職員令」の門下主事の定員をいっていることになる。これによって『大唐六典』は「開元七年令」を述べた書ではないことは明らかである。

二　中書省条の「旧令」

『大唐六典』巻九中書省・主事に「主事四人、従八品下」とあり、註記に「旧令」の語がある。

魏氏所置。歴宋斉、中書並置主事。品並第八。梁中書令史二人、品第八。陳氏及後魏北斉、並不置。隋初、諸臺省並置主事令史、皆正第九品上。煬帝三年、並去令史之名。前代用人皆軽、而隋氏雑用士人為之。故顔愍楚文学名家、為内史主事。尋罷士人。皇朝並用流外、入流累転為之。旧令、従九品上。開元二十四年勅、進入八品。

魏氏の置く所。宋・斉を歴し、中書並びに主事を置く。品は並びに第八。梁の中書令史二人、品第八。陳氏及び後魏・北斉、並びに置かず。隋の初め、諸臺省並びに主事令史を置き、皆な正第九品上。煬帝の三年（大業三年・六〇七）、並びに「令史」の名を去る。前代の用人皆な軽く、而るに隋氏雑えて士人を用い之と為す。故に顔愍楚（隋末唐初の人、隋の通事舎人）文学の名家、内史主事と為る。尋いで士人を罷む。皇朝並びに流外を用い、入流し累転して之に為る。「旧令」、従九品上。開元二四年（七三六）勅して、進めて八品に入る。

中書省の主事は開元二四年以前は従九品上であったが、開元二四年の勅によって従八品下となった。「旧令」は開元二四年以前の「令」であるから、開元七年「官品令」ということになろう。

『大唐六典』の中書省主事の註記に「旧令」とあることによって、中書省主事の「主事四人、従八品下」は「開元二五年令」の中書省主事の定員と官品をいっていることは明らかである。

三　国子監条の「旧令」

1　国子監条の「旧令」(1)

『大唐六典』巻二一国子監の「国子祭酒司業之職（国子祭酒・司業の職）」の条に、

凡春秋二分之月上丁、釈奠於先聖孔宣父、以先師顔回配、七十二弟子及先儒二十二賢従祀焉。

凡《およ》そ春秋二分の月の上丁（二月と八月の最初の丁の日）、先聖の孔宣父を釈奠し、先師の顔回を以て配し、七二弟子及び先儒二二賢従祀す。

とあり、註記に「旧令」の語がある。

旧令、唯祀十哲及二十二賢。開元八年勅、列曾参於十哲之次并七十二子、並許従祀。其名歴已具於祠部。

「旧令」、唯だ一〇哲及び二二賢を祀るのみ。開元八年（七二〇）勅して、曾参を一〇哲の次并びに七二子を列し、並びに従祀するを許す。其の名歴已に祠部に具す。

「旧令」では一〇哲と二二賢を祀るのみであったが、開元八年の勅によって、曾参と七二子を一〇哲の次に従祀することになった。ここにいう「旧令」は開元八年以前の「祠令」、すなわち開元七年「祠令」ということになる。「旧令」は「新令」が存在して初めて「旧令」であるから、「旧令」という以上は註記が書かれたころに「新令」が存在していたことになる。この註記は開元二五年「祠令」をみて書いたものである。「旧令」が開元七年「祠令」なら「新令」は開元二五年「祠令」である。

2　国子監条の「旧令」(2)

『大唐六典』巻二一国子監に「国子祭酒司業之職（国子祭酒・司業の職）」の条に、

凡教授之経、以周易尚書周礼儀礼礼記毛詩春秋左氏伝公羊伝穀梁伝各為一経。孝経論語老子、学者兼習之。

凡《およ》そ教授の経、「周易」「尚書」「周礼」「儀礼」「礼記」「毛詩」「春秋左氏伝」「公羊伝」「穀梁伝」を以て各《おのおの》一経と為す。「孝経」「論語」「老子」、学ぶ者兼ねて之を習う。

とあり、註記に「旧令」の語がある。

諸教授正業。周易、鄭玄王弼注。尚書、孔安国・鄭玄注。三礼毛詩、鄭玄注。左伝、服虔杜預注。公羊、何休注。穀梁、范甯注。論語、鄭玄何晏注。孝経・老子、並開元御注。旧令、孝経、孔安国鄭玄注。老子、河上公注。其礼記・左伝為大経、毛詩・周礼儀礼為中経、周易尚書公羊・穀梁為小経。

諸《すべ》て教授は業を正す。「周易」は、鄭玄《じょうげん》・王弼の注。「尚書」は、孔安国・鄭玄の注。「三礼毛詩」は、鄭玄の注。「左伝」は、服虔・杜預《どよ》の注。「公羊」は、何休の注。「穀梁」は、范甯の注。「論語」は、鄭玄・何晏の注。「孝経」「老子」は、並びに開元御注。「旧令」は、「〈孝経〉は、孔安国・鄭玄の注。〈老子〉は、河上公の注」。其の「礼記」「左伝」を大経と為し、「毛詩」「周礼」「儀礼」を中経と為し、「周易」「尚書」「公羊」「穀梁」を小経と為す。

『孝経』と『老子』（『老子道徳経』）は玄宗皇帝が注釈した「開元御注本」を定本とするというものである。「旧令」では『孝経』は孔安国と鄭玄の注釈本を使用し、『老子』は河上公の注釈本を使用していた。

では、『孝経』と『老子』の定本が「開元御注本」に変更された時期は何時か。この点に関して『旧唐書』巻八玄宗紀開元一〇年（七二二）六月の条に、

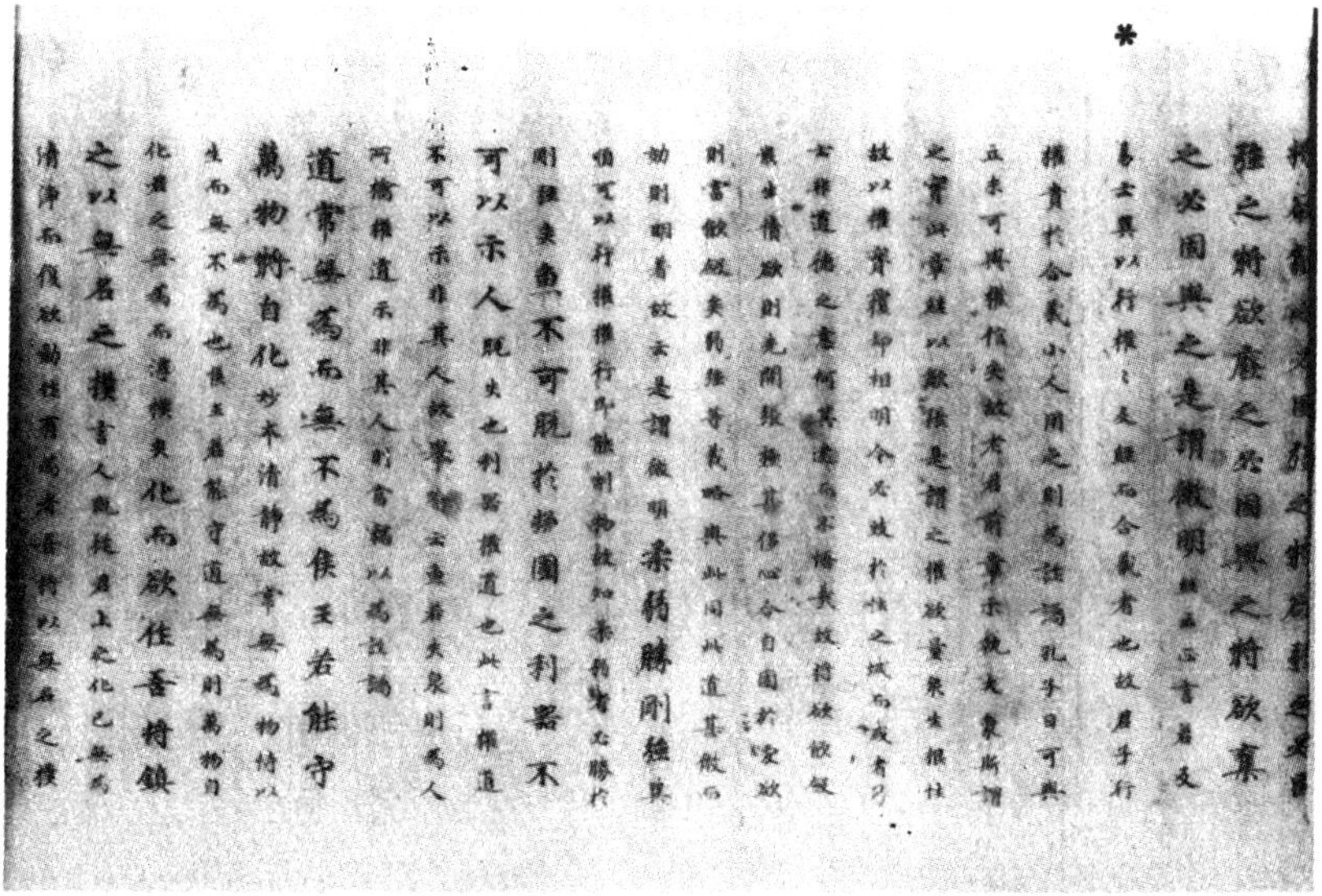

図版２－１　敦煌本　玄宗御注『老子道徳経』（伯3725）巻上の巻尾部分

図版２－２　この『老子道徳経』は開元23年５月の写本である。

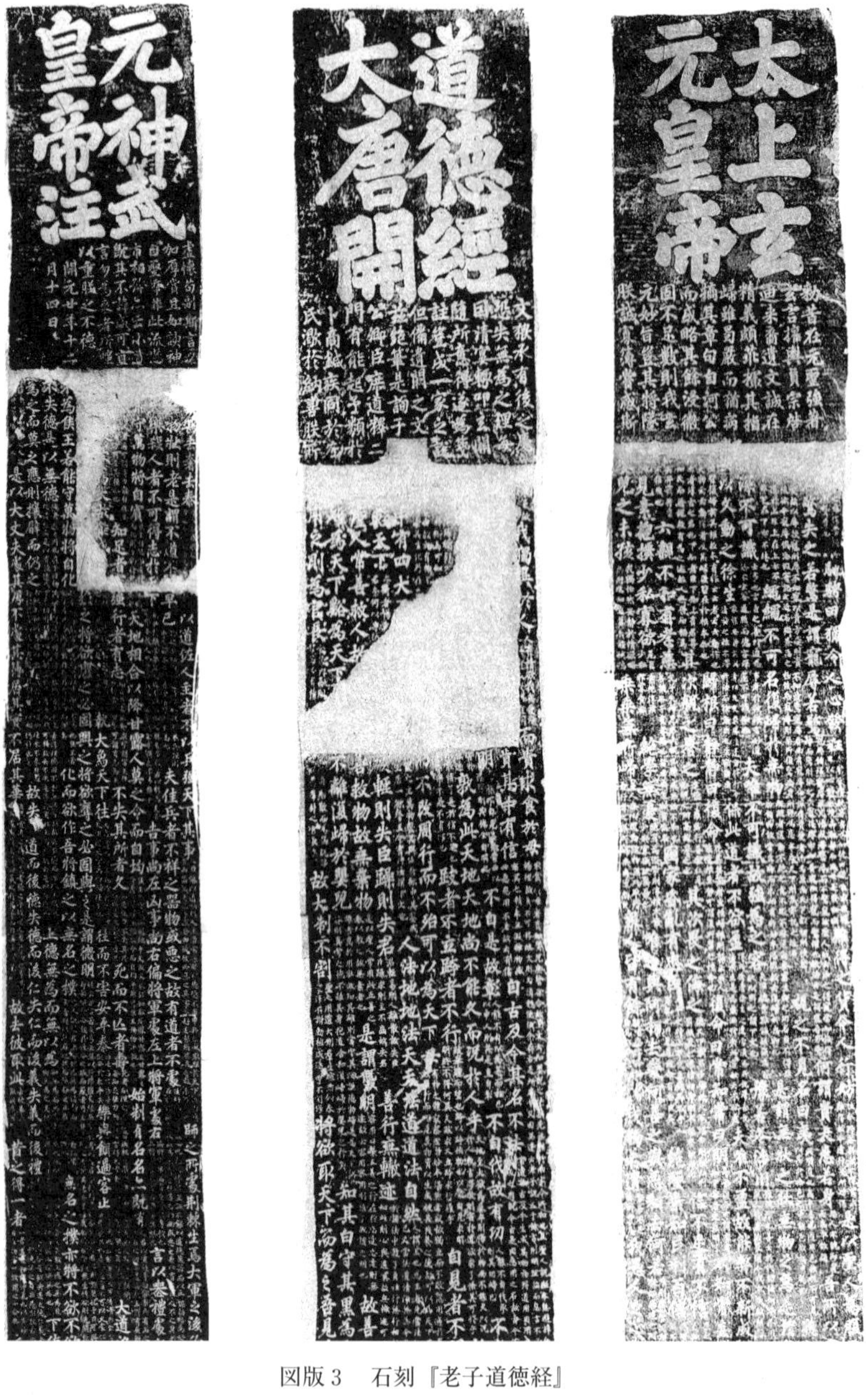

図版３　石刻『老子道徳経』

辛丑、上訓註孝経頒于天下。　辛丑、上《おかみ》の訓註せる「孝経」を天下に頒つ。

とあり、『唐会用』巻三六修撰に、

［開元］十年六月二日、上注孝経、頒于天下及国子学。

開元一〇年（七二二）六月二日、上《おかみ》は「孝経」を注し、天下及び国子学に頒つ。

とあり、開元一〇年に御註の『孝経』は完成し、天下に頒布した。

御註の『老子道徳経』に関しては、『旧唐書』巻八玄宗紀開元二一年（七三三）正月の条に、

庚子朔、制、令士庶家蔵老子一本、毎年貢挙人、量減尚書論語両条策、加老子策。

庚子朔、制《みことのり》す、「士庶の家をして〈老子〉一本を蔵さしめ、毎年の貢挙人、〈尚書〉〈論語〉両条策を量減し、〈老子策〉を加う」。

とあり、開元二一年には御註の『老子道徳経』は完成して天下に頒布されたから、開元二一年としてよい。

『旧唐書』は制書によって右の指示が公布されたとするが、右の王言は『唐大詔令集』巻八六政事「歳初處分徳音」に全文が所収され、「勅、云云、………」とある。この王言を起草したのは張九齢であり、彼の『曲江張先生文集』巻七所収の「勅歳初處分」にも「勅、云云、………」とあるから、「制」は発日勅とするのが正しいようである。

開元一〇年や開元二一年からみて「旧令」とは何令を指すか。それは「開元七年令」を措いて他にはない。『大唐六典』のいう「旧令」とはすべて「開元七年令」を指すのである。

『唐令拾遺』「学令」（二七三頁）では、「旧令」を「開元七年令」と理解し、

諸教授正業。周易、鄭玄王弼注。尚書、孔安国・鄭玄注。三礼毛詩、鄭玄注。左伝、服虔杜預注。公羊、何休注。穀梁、范甯注。論語、鄭玄何晏注。孝経、孔安国・鄭玄注。老子、河上公注。

を開元七年「学令」としている。この「学令」の『唐令拾遺』の判断は正しい。

第一一節　『大唐六典』礼部所載の史料

一　「礼部所載の史料」全文

『大唐六典』巻四尚書礼部・礼部郎中員外郎職の条に、以下に示す長文の史料群がある。この史料群は「儀制令」だけでなく、「衣服令」や「祠令」もあるから、多くの唐令や式から構成されると想定できる。この史料群は異なった年度の法規が集成されているのではなく、本書の第一二節に示す『大唐六典』巻四尚書礼部・祠部郎中員外郎職の条と同じく同一年度の法規の集成と考えるのが自然であろう。

①凡君臣上下、皆有通称。　凡《およ》そ君臣上下、皆な通称有り。

②凡夷夏之通称天子曰皇帝、臣下内外兼称曰至尊、天子自称曰朕、臣下敷奏於天子曰陛下、服御曰乘輿、行幸曰車駕。皇太子已下、率土之内、於皇帝皆称臣。六宮已下、率土之内、婦人於太皇太后皇太后皇后、皆称妾。百官曰殿下、自称曰臣。百官於皇太子亦曰殿下、自称名、東宮官則称臣。
凡そ夷夏の天子を通称して皇帝と曰い、臣下は内外兼称して至尊と曰い、天子自ら称《い》いて朕と曰い、臣下天子に敷奏するは陛下と曰い、服御を乘輿と曰い、行幸は車駕と曰う。皇太子已下、率土《そっと》の内、皇帝に皆な臣と称う。六宮已下、率土の内、婦人は太皇太后・皇太后・皇后に、皆な「妾」と称う。百官は殿下と曰い、自らは称いて「臣」と曰う。百官は皇太子に亦た殿下と曰い、自らは名を称い、東宮官は則ち「臣」と称う。

③凡散官正二品、職事官従三品已上、爵郡王已上、於公文皆不称姓。
凡《およ》そ散官正二品、職事官従三品已上、爵郡王已上、公文《くもん》に皆な姓を称わず。

④凡六品已上官人奏事、皆自称官号臣姓名、然後陳事。通事舎人侍御史殿中侍御史、則不称官号。
凡そ六品已上官人の奏事、皆な自ら官号・臣・姓名を称い、然る後に事を陳ぶ。通事舎人・侍御史・殿中侍御史は、則ち官号を称わず。

⑤凡上表疏牋啓及判策文章、如平闕之式。謂、昊天后土天神地祇上帝天帝廟号祧皇祖妣皇考皇妣先帝先后皇帝天子陛下至尊太皇太后皇太后皇后皇太子、皆平出。宗廟社稷太社太稷神主山陵陵号乗輿車駕制書勅旨明制聖化天恩慈旨中宮御前闕廷朝廷之類、並闕字。宗廟中陵中行陵陵中樹木待制乗輿車中馬挙陵廟名為官、如此之類、皆不闕字。若泛説古典、延及天地、不指説平闕之名者、亦不平出。若写経史群書及撰録旧事、其文有犯国諱者、皆為字不成。
凡そ上表・疏・牋・啓及び判・策・文章、平闕の式の如し。謂いは、昊天・后土・天神・地祇・上帝・天帝・廟号・祧皇祖・妣・皇考・皇妣・先帝・先后・皇帝・天子・陛下・至尊・太皇太后・皇太后・皇后・皇太子、皆な平出す。宗廟・社稷・太社・太稷・神主・山陵・陵号・乗輿・車駕・制書・勅旨・明制・聖化・天恩・慈旨・中宮・御前・闕廷・朝廷の類、並びに闕字す。宗廟中・陵中・行陵陵中樹木・待制・乗輿車中馬・挙陵廟名為官、此の如きの類、皆な闕字せず。古典を泛説し、延べて天地に及ぶ若きは、平闕の名を指説せざるものは、亦た平出せず。経史群書を写し及び旧事を撰録するが若きは、其の文国諱を犯す有るもの、皆な字を為して成さず。

⑥凡元日大陳設於太極殿。今大明宮於含元殿、在都則於乾元殿。皇帝袞冕臨軒、展宮県之楽、陳歴代宝玉輿輅、備黄麾仗。二王後及百官朝集使皇親諸王、並朝服陪位。皇太子献寿、次上公献寿、次中書令奏諸州表、黄門侍郎奏祥瑞、戸部尚書奏諸州貢献、礼部尚書奏諸蕃貢献、太史令奏雲物、侍中奏礼畢、然後、中書令又与供奉官献寿。時、殿上皆呼萬歳。按旧儀、闕供奉官献寿礼、但位次立、礼畢、竟無拝賀。開元二十五年、臣林甫謹草其儀、奏而行之。

凡《およ》そ元日大いに太極殿に於いて陳設す。今は大明宮の含元殿に於いてし、都（東都）に在りては則ち乾元殿に於いてす。皇帝袞冕して臨軒し、宮県の楽を展《の》ぶ、歴代の宝玉・輿輅《よらく》を陳べ、黄麾仗を備う。二王（北周と隋の二王）の後及び百官・朝集使・皇親・諸王、並びに朝服し陪位す。皇太子寿を献じ、次に上公寿を献じ、次に中書令諸州の表を奏し、黄門侍郎祥瑞を奏し、戸部尚書は諸州の貢献を奏し、礼部尚書は諸蕃の貢献を奏し、太史令は雲物を奏し、侍中は「礼畢る」を奏す。然る後に、中書令又た供奉官と寿を献ず。時に、殿上皆な「萬歳」を呼う。「旧儀」を按ずるに、供奉官の献寿の礼を闕き、但だ位して次に立ち、礼畢るのみ。竟に拝賀なし。開元二十五年（七三七）、臣林甫謹みて其の儀を草し、奏して之を行う。

⑦大会之日、陳設亦如之。皇帝服通天冠。皇太子称觴献寿、次上公称觴献寿、侍中宣賜束帛有差。其日、外命婦朝中宮、為皇后称觴献寿、司宮宣賜束帛有差。

大会の日、陳設亦た之の如し。皇帝は通天冠を服す。皇太子觴《さかずき》を称げ寿を献し、次に上公觴を称げ寿を献し、侍中「束帛を賜うに差有り」を宣す。其の日、外命婦は中宮に朝し、皇后の為に觴を称げ寿を献し、司宮「束帛を賜うに差有り」を宣す。

⑧凡冬至大陳設、如元正之儀。其異者、皇帝服通天冠、無諸州表奏祥瑞貢献。

凡《およ》そ冬至の大陳設、元正の儀の如し。其の異なるは、皇帝は通天冠を服し、諸州の表奏・祥瑞・貢献なし。

⑨凡元正冬至大会之明日、百官朝集使等、皆詣東宮、為皇太子献寿。
凡そ元正・冬至大会の明日、百官・朝集使ら、皆な東宮に詣り、皇太子の為に寿を献ず。

⑩凡千秋節、皇帝御楼、設九部之楽、百官袴褶陪位、上公称觴献寿。
凡そ千秋節、皇帝は楼（花萼楼）に御し、九部の楽を設け、百官は袴褶もて陪位し、上公は觴を称げ寿を献す。

⑪凡京司文武職事九品已上、毎朔望朝参。五品已上及供奉官員外郎監察御史太常博士、毎日朝参。
凡そ京司の文武職事九品已上、朔望毎に朝参す。五品已上及び供奉官・員外郎・監察御史・太常博士、毎日朝参す。

⑫凡蕃国王朝見、皆設宮県之楽及黄麾仗。若蕃国使則減黄麾之半。
凡そ蕃国王朝見せば、皆な宮県の楽及び黄麾仗を設く。蕃国使の若きは則ち黄麾の半を減ず。

⑬凡冊皇后皇太子皇太子妃諸王王妃公主、並臨軒冊命、陳設如冬正之儀。訖、皆拝太廟。
凡そ皇后・皇太子・皇太子妃・諸王・王妃・公主を冊すは、並びに臨軒して冊命し、陳設は冬正（冬至と元日）の儀の如し。訖らば、皆な太廟を拝す。

⑭凡車駕巡幸及還京、百官辞迎皆於城門外。留守宮内者、在殿門外。行従官毎日起居、両京文武職事五品已上、三日一奉表起居、三百里内刺史朝見。東都留司文武官、毎月於尚書省拜表、及留守官共遣使起居、皆以月朔日、使奉表以見、中書舍人一人、受表以進。北都留守、毎季一起居。

凡《およ》そ車駕巡幸し京に還るに及べば、百官辞迎すること皆な城門の外に於いてす。宮内を留守する者、殿門の外に在り。行従官は毎日起居し、両京の文武職事五品已上、三日に一たび表を奉じて起居し、三百里内の刺史は朝見す。東都留司の文武官、毎月尚書省に表を拝し、留守官に及んでは共に使を遣わし起居し、皆な月の朔日を以てし、使は表を奉じて以て見え、中書舎人一人、表を受け以て進む。北都留守、季毎に一たび起居す。

⑮凡皇太子行、先一日、在京文武職事五品已上、並詣宮辞。還宮明日、詣宮参。

凡そ皇太子行かば、先だつ一日、在京の文武職事五品已上、並びに宮に詣り辞す。宮に還る明日、宮に詣り参ず。

⑯凡元正、若皇帝加元服、皇太后加号、皇后皇太子初立、天下諸州刺史、若京官五品已上在外者、並奉表疏賀。皆礼部整比、送中書総奏之。

凡そ元正、皇帝 元服を加え、皇太后 号を加え、皇后・皇太子初立するが若きは、天下の諸州刺史、京官五品已上の外に在る者の若きは、並びに表疏を奉じ賀す。皆な礼部整比し、中書に送り之を総奏す。

⑰凡祥瑞応見、皆弁其物名。若大瑞（この三字衍字）。大瑞謂景星慶雲黄星真人河精麟鳳鸞比翼鳥同心鳥永楽鳥富貴吉利神亀龍騶虞白沢神馬龍馬沢馬白馬赤髦白馬朱騣之類、周匝角端獬豸比肩獣六足獣茲白騰黄騶駼白象一角獣天鹿鼈封酋耳豹犬露犬玄珪明珠玉英山称萬歳慶山山車象車烏車根車金車朱草屈軼蓂莢平露蓮莆蒿柱金牛玉馬玉猛獣玉瓮神鼎銀瓮丹甑醴泉浪井河水清

江河水五色海水不揚波之類、皆為大瑞。上瑞、謂三角獣白狼赤羆赤狡赤兎九尾狐白狐玄狐白鹿白麞白兕玄鶴赤烏青烏三足烏赤鷰赤雀比目魚甘露廟生祥木福草礼草萍実大貝白玉赤文紫玉玉羊玉亀玉牟玉英玉璜黄銀金藤珊瑚鉤駭鶏犀戴通璧玉瑠璃鶏趣璧之類、皆為上瑞。中瑞、謂白鳩白烏蒼烏白沢白雉雉白首翠鳥黄鵠小鳥生大鳥朱雁五色雁白雀赤狐黄羆青燕玄貉赤豹白兎九真奇獣充黄出谷沢谷生白玉琅玕景碧石潤色地出珠陵出黒丹威綏延喜福并紫脱常生賓連濶達善茅草木長生如此之類、並為中瑞。下瑞、謂秬秠嘉禾芝草華苹人参生竹実満椒桂合生木連理嘉木戴角麀鹿駮鹿神雀冠雀黒雉之類、為下瑞。皆有等差。若大瑞、随即表奏、文武百僚、詣闕奉賀。其他並年終、員外郎具表以聞、有司告廟、百僚詣闕奉賀。其鳥獣之類、有生獲者、各随其性而放之原野。其有不可獲者、若木連理之類、所在案験非虚、具図画上。

凡そ祥瑞応見、皆な其の物名を弁ず。大瑞は景星・慶雲・黄星真人・河精・麟・鳳・鸞・比翼鳥・同心鳥・永楽鳥・富貴・吉利・神亀・龍・騶虞・白沢・神馬・龍馬・沢馬・白馬赤髦・白馬朱鬉の類、周匝・角端・獬豸・比肩獣・六足獣・茲白・騰黄・騊駼・白象・一角獣・天鹿・鼈封・酋耳・豹犬・露犬・玄珪・明珠・玉英・山称萬歳・慶山・山車・象車・烏車・根車・金車・朱草・屈軼・蓂莢・平露・萐莆・蒿柱・金牛・玉馬・玉猛獣・玉瓮・神鼎・銀瓮・丹甑・醴泉・浪井・河水清・江河水五色・海水不揚波の類を謂い、皆な大瑞と為す。上瑞、三角獣・白狼・赤羆・赤狡・赤兎・九尾狐・白狐・玄狐・白鹿・白麞・白兕・玄鶴・赤烏・青烏・三足烏・赤鷰・赤雀・比目魚・甘露・廟生祥木・福草・礼草・萍実・大貝・白玉赤文・紫玉・玉羊・玉亀・玉牟・玉英・玉璜・黄銀・金藤・珊瑚鉤・駭鶏犀・戴通璧・玉瑠璃・鶏趣璧の類を謂い、皆な上瑞と為す。中瑞、白鳩・白烏・蒼烏・白沢・白雉・雉白首・翠鳥・黄鵠・小鳥生大鳥・朱雁・五色雁・白雀・赤狐・黄羆・青燕・玄貉・赤豹・白兎・九真奇獣・充黄出谷・沢谷生白玉・琅玕景・碧石潤色・地出珠・陵出黒丹・威綏・延喜・福并・紫脱常生・賓連濶達・善茅・草木長生・此の如きの類を謂い、並びに中瑞と為す。下瑞、秬秠・嘉禾・芝草・華苹・人参生・竹実満・椒桂合生・木連理・嘉木・戴角麀鹿・駮鹿・神雀・冠雀・黒雉の類を謂い、下瑞と為す。皆な等差有り。大瑞の若きは、随即に表奏し、文武百僚、闕に詣り奉賀す。其の他は並びに年終に、員外郎表を具し以聞し、有司廟に告げ、百僚闕に詣《いた》り奉賀す。其れ鳥獣の類、生獲するもの有らば、各《おのおの》其の性に随いて之を原野に放つ。其れ獲るべからざるもの、若し木の連理の類有らば、所在に虚に非ざるを案験し、図画を具して上る。

⑱凡太陽虧、所司預奏、其日置五鼓五兵於太社。皇帝不視事、百官各素服守本司、不聴事、過時乃罷。月蝕則撃鼓於所司救之。若五岳四鎮四瀆崩竭、皆不視事三日。

凡《およ》そ太陽虧くこと、所司預め奏し、其の日に五鼓・五兵を太社に置く。皇帝は事を視ず、百官各《おのおの》素服して本司を守し、事を聴かず、時を過ぎれば乃ち罷む。月蝕は則ち鼓を所司に撃ち之を救う。五岳・四鎮・四瀆崩竭するが若きは、皆な事を視ざること三日。

⑲凡二分之月、三公巡行山陵、則太常卿為之副焉。若献祖懿祖二陵、令趙州刺史年別一度巡行。

凡そ二分の月（春分を秋分の月）、三公は山陵を巡行せば、則ち太常卿之が副と為す。献祖・懿祖二陵の若きは、趙州刺史をして年別に一度巡行せしむ。

⑳凡百官拝礼各有差。文武官三品已下、拝正一品。中書門下則不拝。東宮官、拝三師、四品已下、拝三少。自餘属官、於本司隔品者、皆拝焉。其准品応致敬而非相統摂、則不拝。謂尚書都事於諸司郎中、殿中主事於主局直長之類、其品雖卑、則亦不拝。若流外官、拝本司品官。

凡そ百官の拝礼各《おのおの》差有り。文武官三品已下、正一品を拝す。中書門下は則ち拝さず。東宮官は、三師（太師・太傅・太保）を拝し、四品已下は、三少（太子太師・太子太傅・太子太保）を拝す。自餘の属官、本司において品を隔つ者、皆な拝す。其の品に准じ応に致敬すべきにして相い統摂する非ざれば、則ち拝さず。尚書都事は諸司郎中に、殿中主事は主局の直長の類を謂う、其の品卑《ひく》きと雖も、則ち亦た拝さず。流外官の若きは、本司の品官を拝す。

㉑凡致敬之式、若非連属応敬之官相見、或自有親戚者、各従其私礼。諸官人在路相遇者、四品已下、遇正一品、東宮官四品以下、遇三師、諸司郎中、遇丞相、皆下馬。凡行路之間、賤避貴、少避老、軽避重、去避来。

凡《およ》そ致敬の式、若し連属に非ず応に敬すべきの官相い見えれば、或いは自ら親戚に有る者、各《おのおの》其の私礼に従る。諸て官人路に在りて、相い遇えば、四品已下、正一品に遇い、東宮官四品以下、三師に遇い、諸司郎中、丞相に遇わば、皆な下馬す。凡そ行路の間、賤は貴を避け、少きは老を避け、軽きは重きを避け、去るは来るを避く。

㉒凡国有五声八音。五声為宮商角徴羽、八音謂金石絲竹匏土革木。六律六呂、六律、黄鍾太簇姑洗蕤賓夷則無射。六呂、大呂夾鍾中呂林鍾南呂応鍾。陳四県之度、四県謂宮県軒県判県特県。分二舞之節、謂文舞武舞。以和人倫、以調節気、以享神鬼、以序賓客。凡衆楽之制、並載太常寺。

凡そ国に五声八音有り。五声は宮・商・角・徴・羽を為し、八音は金・石・絲・竹・匏・土・革・木を謂う。六律・六呂、六律は、黄鍾・太簇・姑洗・蕤賓《ずいひん》・夷則・無射《ぶえき》。六呂は、大呂・夾鍾・中呂・林鍾・南呂・応鍾。四県の度を陳べ、四県は宮県・軒県・判県・特県を謂う。二舞の節に分かち、文舞・武舞を謂う。以て人倫に和し、以て節気を調え、以て神鬼を享り、以て賓客を序す。凡そ衆楽の制、並びに太常寺に載す。

㉓凡私家不得設鐘磬。三品已上得備女楽、五品已上、女楽不得過三人。居大功已上喪、受冊及之官、雖有鼓楽、縦而不作。

凡そ私家に鐘磬を設けるを得ず。三品已上は女楽を備うるを得、五品已上、女楽三人を過ぐるを得ず。大功已上の喪に居らば、冊を受け之に及ぶ官、鼓楽有りと雖も、縦《ほしいまま》に作さず。

㉔凡太廟太社及諸宮殿門、東宮及一品已下諸州門、施戟有差。
凡《およ》そ太廟・太社及び諸宮殿の門、東宮及び一品已下諸州の門、戟《げき》を施すに差有り。

㉕凡太廟太社及諸宮殿門、各二十四戟。東宮諸門、施十八戟。正一品門、十六戟。開府儀同三司嗣王郡王若上柱国柱国帯職事二品已上及京兆河南太原府大都督大都護門、十四戟。上柱国柱国帯職事三品已上中都督府上州上都護門、十二戟。国公及上護軍護軍帯職事三品若下都督中下州門、各《おのおの》一十戟。
凡そ太廟・太社及び諸宮殿の門は、各《おのおの》二四戟。東宮の諸門は、一八戟を施す。正一品の門は、一六戟。開府儀同三司・嗣王・郡王、若しくは上柱国・柱国にして職事二品已上を帯びるもの及び京兆・河南・太原府・大都督・大都護の門は、一四戟。上柱国・柱国にして職事三品已上を帯びるもの、中都督府・上州・上都護の門は、一二戟。国公及び上護軍・護軍にして職事三品を帯びるもの、若しくは下都督・中・下州の門は、各《おのおの》一〇戟。

㉖凡内外百司皆給銅印一鈕。吏部司勲各置二印、兵部置一印、考功駕部金部尚食尚乗局各別置一印。其文曰某司之印、東都即云東都某司之印。内外諸司有伝符銅符之處、各給封符印一枚、発駅封符及封魚函則用之。諸司従行者、各給行従印、其文曰某司行従之印。駕還、則封納本司。
凡そ内外百司、皆な銅印一鈕を給す。吏部・司勲は各《おのおの》二印を置き、兵部は一印を置き、考功・駕部・金部・尚食・尚乗局は各《おのおの》別に一印を置く。其の文は「某司之印」と曰い、東都は即ち「東都某司之印」と云う。内外諸司伝符・銅符有るの處、各《おのおの》符を封ずる印一枚を給し、発駅に符を封じ及び魚函を封じるに則ち之を用う。諸司の従行する者、各《おのおの》行従印を給し、

其の文は「某司行従之印」と曰う。駕還らば、則ち封じて本司に納む。

㉗凡内外百官、有魚符之制。並出於門下省。
凡《およ》そ内外百官、魚符の制有り。並びに門下省に出づ。

㉘凡服飾尚黄、旗幟尚赤。乗輿之服、則有大裘冕衮冕鷩冕毳冕絺冕絺冕通天冠武弁弁服黒介幘白紗幘平巾幘翼善冠之服。並出於殿中省。皇后之服、則有褘衣鞠衣鈿釵礼衣之制。並出於内侍省。皇太子之服、則有衮冕具服遠遊冠公服遠遊冠烏紗帽弁服平巾幘進徳冠之服。並出於左春坊。皇太子妃之服、則有褕翟鞠衣鈿釵礼衣。並出於右春坊。
凡そ服飾は黄を尚び、旗幟は赤を尚ぶ。乗輿の服、則ち大裘冕・衮冕・鷩冕・毳冕・絺冕・絺冕・通天冠・武弁・弁服・黒介幘・白紗幘・平巾幘・翼善冠の服有り。並びに殿中省に出づ。皇后の服、則ち褘衣・鞠衣・鈿釵礼衣の制有り。並びに内侍省に出づ。皇太子の服、則ち衮冕・具服遠遊冠・公服遠遊冠・烏紗帽・弁服・平巾幘・進徳冠の服。並びに左春坊に出づ。皇太子妃の服、則ち褕翟・鞠衣・鈿釵・礼衣有り。並びに右春坊に出づ。

㉙凡王公第一品服衮冕、垂青珠九旒、以組為纓、色如其綬。青纊充耳。角簪導。青衣纁裳、服九章、毎章一行、重以為等、毎行九。白紗中単、黼領、青褾襈裾革帯鉤艓、大帯、韍、剣、珮、綬、朱韈、赤舄。二品服鷩冕、八旒、七章、餘同衮冕。三品服毳冕、七旒、五章、餘同鷩冕。四品服絺冕、六旒、三章、餘同毳冕。五品服玄冕、五旒、無章、餘同絺冕。六品至九品、服爵弁。玄纓、簪導、青衣纁裳、白紗中単、青領褾襈裾、革帯鉤艓、大帯、爵韠、白韈、赤履之服。
凡そ王公第一品は衮冕を服し、青珠九旒を垂れ、組を以て纓と為し、色は其の綬の如し。青纊を耳に充つ。角簪導。青衣・纁裳、九章を服し、毎章一行、重ねて以て等と為し、行毎に九。白紗中単、黼領、青褾・襈・裾、革帯・鉤艓、大帯、韍、剣、

珮、綬、朱韈、赤舄。二品は鷩冕を服し、八旒、七章、餘は袞冕に同じ。三品は毳冕を服し、七旒、五章、餘は鷩冕に同じ。四品は絺冕を服し、六旒、三章、餘は毳冕に同じ。五品は玄冕を服し、五旒、無章、餘は絺冕に同じ。六品より九品に至りては、爵弁を服す。玄纓、簪導、青衣・纁裳、白紗中単、青領・褾・襈・裙、革帯・鉤褋、大帯、爵韠、白韈、赤履の服。

㉚凡冕服及爵弁服、助祭親迎則服之。若私家祭祀、三品已上、及褒聖侯祭孔子、皆服玄冕。五品已上、服爵弁。六品已下、通服進賢冠之服。若職事官三品已上有公爵者、嫡子婚、聴假絺冕。五品已上孫九品已上子及五等爵婚、皆假以爵弁服。庶人婚、假以絳公服。

凡《およ》そ冕服及び爵弁服、助祭・親迎則ち之を服す。私家の祭祀の若《ごと》きは、三品已上、褒聖侯の孔子を祭るに及んで、皆な玄冕を服す。五品已上は、爵弁を服す。六品已下は、通じて進賢冠の服を服す。職事官三品已上の公爵有る者の若きは、嫡子婚、絺冕を假すを聴す。五品已上の孫・九品已上の子及び五等爵の婚、皆な假すに爵弁服を以てす。庶人婚、假すに絳公服を以てす。

㉛凡百官朝服、陪祭朝会、大事則服之。冠、幘、纓、簪導、絳紗単衣、白紗中単、皂領、褾、襈、裾、白裙、襦、革帯、鉤褋、假帯、曲領、方心、絳紗蔽膝、韈、舄、剣、雙珮、雙綬。六品已下、去剣珮綬。公服、朔望朝謁、見皇太子則服之。冠、幘、纓、簪導絳、紗単衣、白裾襦、革帯、鉤褋、假帯、方心韈、履、紛鞶嚢、隻珮。六品已下、去紛鞶嚢隻珮。凡綬、親王纁朱綬、一品緑綟綬、二品三品紫綬、四品青綬、五品黒綬。凡有綬則有紱。弁服、尋常公事則服之。牙簪導、纓、玉琪、朱衣、素裳、革帯、鞶嚢、小綬、隻珮、白襪、烏皮履。一品九琪、二品八琪、三品七琪、四品六琪、五品五琪、六品以下、去琪及鞶嚢隻綬。平巾幘之服、武官及衛官、尋常公事則服之。冠及褶、依本品色、並大口袴、起梁帯、烏皮韡。若武官陪

位大仗、加縢蛇裲襠。袴褶之服、朔望朝参則服之。五品已上、通用紬綾及羅、六品已下、用小綾。応著袴褶、並起十月一日、至二月三十日已前。

凡《およ》そ百官朝服、陪祭・朝会、大事則ち之を服す。冠、幘、纓、簪導、絳紗単衣、白紗中単、皀領、褾、襈、裾、白裙、襦、革帯、鉤䚢、假帯、曲領、方心、絳紗蔽膝、韈、舄、剣、雙珮、雙綬。六品已下は、剣・珮・綬を去る。公服、朔望の朝謁、皇太子に見えるに則ち之を服す。冠、幘、纓、簪導絳、紗単衣、白裙襦、革帯、鉤䚢、假帯、方心韈、履、紛鞶嚢、隻珮。六品已下は、紛鞶嚢・隻珮を去る。凡そ綬、親王は纁朱綬、一品は緑綟綬、二品・三品は紫綬、四品は青綬、五品は黒綬。凡そ綬有れば則ち紱有り。弁服、尋常の公事則ち之を服す。牙簪導、纓、玉琪、朱衣、素裳、革帯、鞶嚢、小綬、隻珮、白韈、烏皮履。一品は九琪、二品は八琪、三品は七琪、四品は六琪、五品は五琪、六品以下、琪及び鞶嚢・隻綬を去る。平巾幘の服、武官及び衛官、尋常の公事則ち之を服す。冠及び褶は、本品の色に依る、並びに大口袴、起梁帯、烏皮韡。若し武官 大仗に陪位せば、縢蛇裲襠を加う。袴褶の服、朔望の朝参、則ち之を服す。五品已上、紬綾及び羅を通用し、六品已下、小綾を用う。応に袴褶を著るべきは、並びに一〇月一日に起まり、二月三〇日已前に至る。

㉜凡百僚冠笏、遠遊三梁冠黒介幘青綏、皆諸王服之。親王即加金附蟬。若進賢冠、三品已上三梁、五品已上両梁、九品已上一梁。三師三公太子三師三少五等爵尚書省秘書省諸寺監詹事府東宮三寺及散官親王傅友文学並関津岳瀆等流内九品已上服之。武弁平巾幘、文武官及中書門下殿中内侍省諸衛及太子諸坊諸率府及鎮戍流内九品已上服之。侍中中書令散騎常侍加貂蟬。法冠、一名獬豸、監察御史已上服之。高山冠、内侍省内謁者等服之。郤非冠、亭長門僕服之。進徳冠、五品已上、附山雲加琪、如弁服之制。三品已上笏、前詘後直、五品已上、前詘後挫、並用象。九品已上、任用竹木、上挫下方。男以上、聴依爵品執笏。繖幰、若職事官五品已上、上及散官三品已上、爵国公已上及県令、並用繖。一品青油纁通幰、朱裏。三品已上、青通幰、朱裏。五品已上、青偏幰、碧裏。珂珮、珂、三品已上九子、四品七子、五品五子。珮、一品山玄玉、五品已上水蒼玉。各有差。

凡《およ》そ百僚の冠笏、遠遊三梁冠。黒介幘・青緌、皆な諸王之を服す。親王即ち金附蟬《せん》を加う。進賢冠の若《ごと》きは、三品已上は三梁、五品已上は両梁、九品已上は一梁。三師・三公・太子三師・三少・五等爵・尚書省・秘書省・諸寺・監・詹事府・東宮三寺及び散官・親王傅・友・文学・並関・津・岳・瀆ら流内九品巳上之を服す。武弁・平巾幘《さく》、文武官及び中書・門下・殿中・内侍省・諸衛及び太子諸坊・諸率府及び鎮戍流内九品巳上之を服す。侍中・中書令・散騎常侍は貂蟬《せん》を加う。法冠、一に獬豸《かいち》（牛に似た獣の名）と名づけ、監察御史已上之を服す。高山冠、内侍省内謁者ら之を服す。郤非冠、亭長・門僕之を服す。進徳冠、五品已上、附山雲に琪を加え、弁服の制の如《ごと》し。三品已上の笏、前詘《ぜんくつ》後直、五品已上は、前詘後挫、並びに象を用う。九品已上は、竹木を用うを任《ゆる》し、上挫下方。男（男爵）以上は、爵品に依り笏を執るを聴す。繖《さん》（きぬがさ）・幰（車のほろ）、職事官五品已上及び散官三品已上の若《ごと》きは、上は爵・国公已上及び県令は、並びに繖を用う。一品は青油纁通幰、朱裏。三品已上は、青通幰、朱裏。五品已上は、青偏幰、碧裏。珂・珮、珂、三品已上は九子、四品は七子、五品は五子。珮、一品は山玄玉、五品已上は水蒼玉。各《おのおの》差有り。

㉝凡常服亦如之。親王三品已上二王後服、用紫、飾以玉。五品已上服、用朱、飾以金。七品已上服、用緑、飾以銀。九品以上服、用青、飾以鍮石。流外庶人服、用黄、飾以銅鉄。

凡そ常服亦た之の如し。親王・三品已上・二王後の服は、紫を用い、飾るに玉を以てす。五品已上の服は、朱を用い、飾るに金を以てす。七品已上の服は、緑を用い、飾るに銀を以てす。九品以上の服は、青を用い、飾るに鍮石を以てす。流外・庶人の服は、黄を用い、飾るに銅・鉄を以てす。

㉞凡凶服不入公門。遭喪被起在朝者、各依本品、著浅色絁縵。周已下慘者、朝参起居、亦依品色、無金玉之飾。起復者、朝会不預。周喪未練、大功未葬、則亦准此例。

凡《およ》そ凶服もて公門に入らず。喪に遭い起（復起）せらて朝に在る者、各《おのおの》本品に依り、浅色の絁縵を著る。周已下の惨者、朝参起居するに、亦た品色に依り、金玉の飾なし。起復する者は、朝会預らず。周喪の未練（未だ小祥の祭りを終わらないこと）、大功の未《いま》だ葬らざるは、則ち亦た此の例に准ず。

㉟凡外命婦之服、若花釵翟衣、外命婦受冊従蚕朝会婚嫁則服之。第一品、花釵九樹、翟九等。二品、花釵八樹、翟八等。三品、花釵七樹、翟七等。四品、花釵六樹、翟六等。五品、花釵五樹、翟五等。其服並素紗中単、黼領、朱褾襈、蔽膝、青衣、革帯、青襪舄、珮、綬。其衣通用羅縠充。鈿釵礼衣、外命婦朝参辞見及礼会則服之。一品九鈿、二品八鈿、三品七鈿、四品六鈿、五品五鈿。並通用雑色、制与翟衣同。加隻珮小綬、去舄加履。

凡そ外命婦の服、花釵の翟衣の若きは、外命婦の受冊・従蚕・朝会・婚嫁則ち之を服す。第一品、花釵九樹、翟九等。二品、花釵八樹、翟八等。三品、花釵七樹、翟七等。四品、花釵六樹、翟六等。五品、花釵五樹、翟五等。其の服並びに素紗中単、黼領、朱褾襈、蔽膝、青衣、革帯、青襪舄、珮、綬。其の衣は羅縠を通用して充つ。鈿釵の礼衣、外命婦の朝参・辞見及び礼会則ち之を服す。一品は九鈿、二品は八鈿、三品は七鈿、四品は六鈿、五品は五鈿。並びに雑色を通用し、制は翟衣と同じ。隻珮・小綬を加えば、舄を去り履を加う。

㊱凡婚嫁花釵礼衣、六品已下妻及女嫁則服之。其釵履笄而已。其両博鬢任以金銀雑宝為飾。礼衣則大袖連裳、青質。素紗中単、朱褾襈。蔽膝、大帯。以青衣帯革履襪。其次花釵礼衣、庶人嫁女則服之。釵以金銀塗、琉璃等飾。連裳青質、以青衣帯革履襪、皆自制也。

凡そ婚嫁の花釵・礼衣、六品已下の妻及び女嫁則ち之を服す。其の釵履笄のみ。其の両博鬢は金・銀・雑宝を以て飾と為すを任す。礼衣は則ち大袖連裳、青質。素紗中単、朱褾・襈。蔽膝、大帯。青衣帯・革履・襪を以てす。其の次の花釵礼衣、庶人の嫁女則ち之を服す。釵は金・銀を以て塗り、琉璃らを飾る。連裳青質、青衣帯・革履・韈を以てし、皆な自ら制《つく》るなり。

㊲凡婚嫁之服、若資蔭高者、皆従高。女初嫁、聴攝母服廟見、已後准常。親王孺人服依本品。五品已上媵、降妻一等、妾降媵一等。
凡《およ》そ婚嫁の服、資蔭高き者の若きは、皆な高きに従る。女初めて嫁せば、母服を攝り廟見するを聴し、已後常に准ず。親王孺人の服は本品に依る。五品已上の媵、妻より一等を降し、妾は媵より一等を降す。

㊳凡婦人常服、五等已上諸親女婦及五品已上母妻通服者、従多給。服已終則不給。
凡そ婦人の常服、五等已上の諸親女・婦及び五品已上の母・妻通じて服するは、多きに従りて給す。服已に終わらば則ち給さず。

㊴凡内外職事五品已上、在両京薨卒、及身死王事、将葬、皆祭以少牢。三品已上、贈以束帛、一品加乗馬。既引、又遣使贈於郭門之外、皆以束帛、一品加璧。致仕薨卒、並依職事見任之法。
凡そ内外職事五品已上、両京に在りて薨卒し、身の王事に死するに及び、将に葬らんとせば、皆な祭るに少牢を以てす。三品已上、贈るに束帛を以てし、一品は乗馬を加う。既に引けば、又た使を遣わし郭門の外に贈り（贈は送に同じ）、皆な束帛を以てし、一品は璧を加う。致仕して薨卒せば、並びに職事見任の法に依る。

㊵凡百官葬礼、皆有轜車引披鐸翣明器方相魌頭之制、皆載於鴻臚之職焉。碑碣之制、五品已上立碑。螭首亀趺、趺

上高不過九尺。七品已上立碣。圭首方趺、趺上高不過四尺。若隠淪道素、孝義著聞、雖不仕、亦立碣。
凡そ百官の葬礼、皆な輀車・引・披・鐸・翣・明器・方相・魌頭の制有り、皆な鴻臚の職に載す。碑碣の制、五品已上は碑を立つ。螭首亀趺、趺上の高さ九尺を過ぎず。七品已上は碣を立つ。圭首方趺、趺上の高さ四尺を過ぎず。道素の隠淪し、孝義著聞せらるるが若きは、仕えざると雖も、亦た碣を立つ。

㊶凡石人石獣之類、三品已上用六、五品已上用四。凡徳政碑及生祠、皆取政績可称、州為申省、省司勘覆定、奏聞乃立焉。
凡《およ》そ石人石獣の類、三品已上は六を用い、五品已上は四を用う。凡そ徳政碑及び生祠、皆な政績称すべきをとり、州は省に申を為し、省司勘覆して定め、奏聞して乃ち立つ。

二　「礼部所載の史料」の年代

「礼部所載の史料」と題して示した『大唐六典』巻四尚書礼部・礼部郎中員外郎職の史料群は「儀制令」「衣服令」「祠令」を含んでおり、「儀制令」一色ではない。しかし、これらの史料群は年代が異なる史料が恣意的に引用されているのではなく、尚書礼部と深く関連する同一年の史料群であろうと想定される。

同一年代の史料群であれば、四一種の史料の中で年代が明確な史料を一つでも指摘することができたら、他の史料は年代が明確な史料と同一年の史料ということになろう。次には年代が明確な史料を列挙する。

1　元日の儀礼記事

前掲した「礼部所載の史料」の⑥に、次に示す元日の儀式次第があった。

凡元日大陳設於太極殿。今大明宮於含元殿、在都則於乾元殿。皇帝衮冕臨軒、展宮県之楽、陳歴代宝玉輿輅、備黄麾仗。二王後及百官朝集使皇親諸王、並朝服陪位。皇太子献寿、次上公献寿、次中書令奏諸州表、黄門侍郎奏祥瑞、戸部尚書奏諸州貢献、礼部尚書奏諸蕃貢献、太史令奏雲物、侍中奏礼畢。然後、中書令又与供奉官献寿。時、殿上皆呼萬歳。按旧儀、闕供奉官献寿礼、但位次立、礼畢。竟無拝賀。開元二十五年、臣林甫謹草其儀、奏而行之。

凡《およ》そ元日大いに太極殿に陳設す。今は大明宮の含元殿に於いてし、都（東都）に在りては則ち乾元殿に於いてす。皇帝袞冕《こんべん》して臨軒し、宮県の楽を展《の》ぶ、歴代の宝玉・輿輅を陳べ、黄麾仗を備う。二王（北周と隋の二王）の後及び百官・朝集使・皇親・諸王、並びに朝服し陪位す。皇太子寿を献じ、次に上公寿を献じ、次に中書令諸州の表を奏し、黄門侍郎祥瑞を奏し、戸部尚書は諸州の貢献を奏し、礼部尚書は諸蕃の貢献を奏し、太史令は雲物を奏し、侍中「礼畢る」を奏す。然る後に、中書令又た供奉官と寿を献ず。時に、殿（太極殿、もしくは含元殿、もしくは乾元殿）上に皆な「萬歳」を呼《い》う。「旧儀」を按ずるに、供奉官の献寿の礼を闕き、但だ位して次に立ち、礼畢るのみ。竟に拝賀なし。開元二五年（七三七）、臣林甫謹みて其の儀を草し、奏して之を行う。

この史料は「令」ではなく儀式次第に関する史料のようである。註記から開元二五年に李林甫が意見具申し、元日の儀式次第に「中書令又与供奉官献寿」の一項が加えられた。開元二〇年に完成した『大唐開元礼』巻九七「皇帝元正冬至受群臣朝賀　并会（皇帝元正・冬至に群臣の朝賀を受く　并せて会）」に「中書令又与供奉官献寿」の一項はないから、註記のいう通り、記事全体は開元二五年のものということができる＊。

＊　李林甫が中書令となったのは開元二四年一一月のことである。

2　千秋節

前掲した「礼部所載の史料」の⑩に千秋節の記事がある。

凡千秋節、皇帝御楼、設九部之楽、百官袴褶陪位、上公称觴献寿。

凡《およ》そ千秋節、皇帝は楼に御し、九部の楽を設け、百官は袴褶もて陪位し、上公は觴を称げて寿を献ず。

「楼」とは興慶宮の花萼楼である。『旧唐書』巻八玄宗紀によれば、開元一八年（七三〇）の千秋節に玄宗皇帝は花萼楼に出御している。

八月丁亥、上御花萼楼、以千秋節百官献賀。賜四品已上金鏡珠嚢縑綵、賜五品已下束帛有差。

八月丁亥、上は花萼《かがく》楼に御し、千秋節を以て百官賀を献ず。四品已上に金鏡・珠嚢（八月一日の承露嚢のこと）縑綵（細緻に織った色絹の織物）を賜い、五品已下に束帛を賜うこと差有り。

千秋節は玄宗皇帝の生日を祝う節日である。玄宗皇帝以前の中国において、生日を特別な日とするのは釈尊の生日だけである。千秋節の創設は、以後の歴代王朝の皇帝生日を節日とする起源となり、大なる影響を後世に与えた。『大唐六典』に千秋節の記事があるのは、『大唐六典』の内容が開元七年の制度に限定されないことを知る上において極めて重要な指標となる。

玄宗皇帝は李三郎と呼ばれ、睿宗皇帝の第三子として、垂拱元年（六八五）八月戊寅（五日）に生れた。千秋節を制定したのは開元一七年（七二九）八月癸亥のことである。『旧唐書』巻八玄宗紀開元一七年の条に次のようにある。

八月癸亥、上以降誕日、讌百僚于花萼楼下。百僚表請以毎年八月五日為千秋節、王公已下、献鏡及承露嚢、天下諸州咸令讌楽、休暇三日、仍編為令。従之。

八月癸亥（五日）、上は降誕の日を以て、百僚を花萼《かがく》楼下に讌す。百僚表して毎年八月五日を以て千秋節と為し、王公已下、鏡及び承露嚢を献じ、天下の諸州咸な讌楽し、休暇三日とし、仍《よっ》て編みて「令」と為さんと請う。之に従う。

八月五日の千秋節は開元一七年から開始された行事であり、「開元七年令」には絶対にない節日である。

『唐会要』巻八二休暇には、

開元二十二年六月十七日、勅、諸州千秋節多有聚歛、頗成糜費。自今以後、宜聴五日一会、尽其歓宴、餘両日休假而已。任用当處公廨、不得別有科率。

開元二二年六月一七日、勅す、「諸州の千秋節　聚歛《しゅうれん》有ること多く、頗る糜費《ひひ》を成す。自今以後、宜しく五日（八月五日）に一会し、其の歓宴を尽くすを聴し、餘の両日は休假のみ。当處の公廨（公費）を用うを任《ゆる》し、別に科率有るを得ず」と。

とあり、千秋節休暇三日は開元二五年の「假寧令」を待たず、千秋節が成立した開元一七年より実施されていたことがわかる。この勅書の様子では千秋節が成立より三日の休暇は三日連続の宴会を行っていたようである。

前掲した「礼部所載の史料」に千秋節の記事があることによって、「礼部所載の史料」は開元七年の制度や唐令ではないことは明確になる。『大唐六典』が開元二六年に完成したことを思えば、この千秋節は開元二五年当時の千秋節の事実を伝えるものと考えて大過ない。

3　北都留守の起居

前掲した「礼部所載の史料」の⑭に「北都留守、毎季一起居」をいう記事がある。

凡車駕巡幸及還京、百官辞迎皆於城門外。留守宮内者、在殿門外。行従官毎日起居、両京文武職事五品已上、三日一奉表起居、三百里内刺史朝見。東都留司文武官、毎月於尚書省拝表、及留守官共遣使起居、皆以月朔日、使奉表以見、中書舎人一人、受表以進。北都留守、毎季一起居。

凡《およ》そ車駕巡幸し京に還らるに及べば、百官辞迎すること皆な城門の外に於いてす。宮内を留守する者、殿門の外に在り。行従官は毎日起居し、両京の文武職事五品已上、三日に一たび表を奉じて起居し、三百里内の刺史は朝見す。東都留司の文武官、毎月尚書省に表を拝し、留守官に及んでは共に使を遣わし起居し、皆な月の朔日を以てし、使は表を奉じて見え、中書舎人一人、表を受け以て進む。北都留守、季毎に一たび起居す。

北都とは太原府のことで、「都」以外に留守は設置されない。東都・洛陽は通常においては皇帝不在であるから、東都を管轄する河南尹（河南府の長官）は東都留守を兼任し、県令以外の河南府中枢を構成する官員を留司といった。太原尹（太原府の長官）も同じで通常では北都留守を兼任していた。

「北都留守、毎季一起居」のある記事は『唐令拾遺』（四七二頁）によれば、開元七年「儀制令」とする。ここでは北都の成立年代が問題となるだろう。『元和郡県図志』巻一三太原府の条に、并州の変遷を述べて、

［武徳］七年又改為大都督。天授元年、罷都督府、置北都。神龍元年、依旧為并州大都督府。開元十一年、玄宗行幸至此州。以王業所興、又建北都、改并州為太原府、立起義堂碑、以紀其事。………（中略）………。天宝元年、改北都為北京。

武徳七年（六二四）又た改めて大都督と為す。天授元年（六九〇）、都督府を罷め、北都を置く。神龍元年（七〇五）、旧に依り并州大都督府と為す。開元一一年（七二三）、玄宗行幸して此の州に至る。王業の興る所を以て、又た北都を建て、并州を改めて太原府と為し、起義堂碑を立て、以て其の事を紀す。………（中略）………。天宝元年（七四二）、北都を改めて北京と為す。

とあり、并州は天授元年に北都となり、神龍元年にまた并州大都督府と改称され、開元一一年の玄宗の并州行幸によって北都・太原府となった。『旧唐書』巻九玄宗紀天宝元年二月に、

丙申、合祭天地于南郊。………（中略）………。改侍中為左相、中書令為右相、左右丞相依旧為僕射、又黄門侍郎為門下侍郎。東都為東京、北都為北京、天下諸州改為郡、刺史改為太守。

丙申、天地を南郊に合祭す。………（中略）………。侍中を改め左相と為し、中書令を右相と為し、左右丞相は旧に依り僕射《ぼくや》と為し、又た黄門侍郎を門下侍郎と為す。東都を東京と為し、北都を北京と為し、天下の諸州を改め

て郡と為し、刺史は改めて太守と為す。

とあって、天宝元年（七四二）に北都・太原府は北京・太原府となっているから、北都留守が存在するのは開元一一年から天宝元年までの期間である。この期間の「儀制令」は開元二五年「儀制令」しかない。『唐令拾遺』（四七二頁）が開元七年「儀制令」とするのは間違いである。

「礼部所載の史料」の中に開元二五年「儀制令」があることは、「礼部所載の史料」全体は開元二五年の「令」もしくは法規であることを強く予想させるものである。

4　門戟《げき》

戟とは戈と矛の機能を兼ね備えた武器で、門戟とは門に施す飾り戟のことで、下州刺史（正四品下）以上に許され、官身分の高下によって門戟の数が決っていた。前掲した「礼部所載の史料」の㉔に門戟の史料がある。

凡太廟太社及諸宮殿門、各二十四戟。東宮諸門、施十八戟。正一品門、十六戟。開府儀同三司嗣王郡王、若上柱国柱国帯職事二品已上及京兆河南太原府大都督大都護門、十四戟。上柱国柱国帯職事三品已上、中都督府上州上都護門、十二戟。国公及上護軍護軍帯職事三品、若下都督中下州門、各一十戟。

凡《およ》そ太廟・太社及び諸宮殿の門は、各《おのおの》二四戟。東宮の諸門は、一八戟を施す。正一品の門は、一六戟。開府儀同三司・嗣王・郡王、若しくは上柱国・柱国にして職事二品已上を帯びるもの及び京兆・河南・太原府・大都督・大都護の門は、一四戟。上柱国・柱国にして職事三品已上を帯びるもの、中都督府・上州・上都護の門は、一二戟。国公及び上護軍・護軍にして職事三品を帯びるもの、若しくは下都督・中・下州の門は、各《おのおの》一〇戟。

この史料は「儀制令」の一条であるが、門戟を施す官府の中に太原府の名がある。

『唐会要』巻三二戟に、

開元八年九月勅、廟社宮門正一品開府儀同三司嗣王郡王、上柱国柱国帯職事二品已上及京兆河南尹大都督上都護開国及護軍帯職事三品、若下都督諸州門、其門戟幡有破壊、五年一易、百官門不在官易之限。薨者葬訖追納。若子孫合給者、聴準数留、不足更給。其以理去任及改為四品官、非被貶責、並不合追収。

開元八年九月勅す、「廟・社・宮門・正一品・開府儀同三司・嗣王・郡王、上柱国・柱国にして職事二品已上を帯るもの及び京兆・河南尹・大都督・上都護・開国［公］及び護軍にして職事三品を帯びるもの、若《も》しくは下都督・諸州の門、其の門戟・幡の破壊有らば、五年一易し、百官の門は官易の限りに在らず。薨ずる者は葬訖らば追納せしむ。子孫の合《まさ》に給すべき者の若《ごと》きは、数に準じて留むるを聴し、足らざれば更に給せ。其れ理を以て任を去るもの及び改められて四品官と為り、貶責せられるに非ざれば、並びに合《まさ》に追収すべからず」と。

とあり、開元八年（七二〇）の勅書には門戟を施す官府に太原府がない。これは太原府の成立と関連している。

并州大都督府が太原府となったのは、開元一一年（七二三）である。『旧唐書』巻八玄宗紀開元一一年正月の条に

己巳、北都巡狩。勅所至處、存問高年鰥寡惸独征人之家、減流死罪一等、徒以下放免。庚辰、幸并州潞州、宴父老、曲赦大辟罪已下、給復五年。別改其旧宅為飛龍宮。辛卯、改并州為太原府、官吏補授、一準京兆河南両府。

己巳、北都に巡狩す。至る所の處に勅し、高年・鰥寡《かんか》（年老いて配偶者のいない男女）惸独《けいどく》（身寄りのない独り者）征人の家を存問し、流・死罪は一等を減じ、徒以下は放免す。庚辰、并州・潞州に幸し、父老を宴し、大辟罪已下を曲赦し、復五年を給う。別に其の旧宅を改めて飛龍宮と為す。辛卯、并州を改めて太原府と為し、官吏の補授、一に京兆・河南の両府に準ぜしむ。

とある。『元和郡県図志』巻一三太原府の条に、并州の変遷を述べて、

［武徳］七年、又改為大都督。天授元年、罷都督府、置北都。神龍元年、依旧為并州大都督府。開元十一年、玄宗行幸至此州。以王業所興、又建北都、改并州為太原府、立起義堂碑、以紀其事。………（中略）………。天宝元

年、改北都為北京。

武徳七年（六二四）、又た改めて大都督と為す。天授元年（六九〇）、都督府を罷め、北都を置く。神龍元年（七〇五）、旧に依り并州大都督府と為す。開元一一年（七二三）、玄宗行幸して此の州に至る。王業の興る所を以て、又た北都を建て、并州を改めて太原府と為し、起義堂碑を立て、以て其の事を紀す。………（中略）………。天宝元年（七四二）、北都を改めて北京と為す。

とあり、『旧唐書』巻九玄宗紀天宝元年二月に、

丙申、合祭天地于南郊。………（中略）………。改侍中為左相、中書令為右相、左右丞相依旧為僕射、又黄門侍郎為門下侍郎。東都為東京、北都為北京、天下諸州改為郡、刺史改為太守。

丙申、天地を南郊に合祭す。………（中略）………。侍中を改め左相と為し、中書令を右相と為し、左右丞相は旧に依り僕射と為し、又た黄門侍郎を門下侍郎と為す。東都を東京と為し、北都を北京と為し、天下の諸州を改めて郡と為し、刺史は改めて太守と為す。

とあって、天宝元年（七四二）には北京・太原府となっている。

『唐会要』巻三二戟に、天宝六載（七四七）の「儀制令」の改訂をいう。

天宝六載四月八日、初改儀制令。廟社門宮殿門、毎門各二十戟。東宮毎門、各十八戟。一品門十六戟。嗣王郡王、若上柱国柱国帯職事二品、散官光禄大夫已上鎮軍大将軍已上各同職事品及京兆河南太原尹大都督大都護門、十四戟。上柱国柱国帯職事三品、上護軍帯職事二品、若中都督上州上都護門、十二戟。国公及上護軍帯職事三品若下都督中下州門、各十戟。並官給。

天宝六載四月八日、初めて「儀制令」を改む。「廟社の門・宮殿の門は、門毎に各《おのおの》二〇戟。東宮は門毎に、各《おのおの》一八戟。一品の門は一六戟。嗣王・郡王、若《も》しくは上柱国・柱国にして職事二品を帯びるもの、散官・光禄

大夫已上・鎮軍大将軍已上にして各《おのおの》職事品に同じきもの及び京兆・河南・太原尹・大都督・大都護の門は、一四戟。上柱国・柱国にして職事三品を帯びるもの、上護軍にして職事二品を帯びるもの、若しくは中都督・上州・上都護の門は、一二戟。国公及び上護軍にして職事三品を帯びるもの、若《も》しくは下都督・中・下州の門は、各《おのおの》一〇戟。並びに官給す」と。

天宝六載の「儀制令」の改訂でも并州は太原府のままであり、門戟一四の官府であった。同じ史料は『通典』巻二五職官典・諸卿上・衛尉卿・武庫令にもある。

天宝六年四月勅、改儀制令。廟社門宮門、毎門各二十戟。東宮毎門各十八戟。一品門十六戟。嗣王郡王若上柱国帯職事二品散官光禄大夫以上鎮国大将軍以上各同職事品及京兆河南太原府大都督大都護門、十四戟。上柱国帯職事三品上護軍帯職事二品若中都督上都護門、十二戟。国公及上護軍帯職事三品若下都督諸州門、各十戟。並官給。

天宝六年（七四七）四月勅して、「儀制令」を改む。「廟社門・宮門は、門毎に、各《おのおの》二〇戟。東宮は門毎に各《おのおの》一八戟。一品の門は一六戟。嗣王・郡王若しくは上柱国にして職事二品を帯びるもの・散官光禄大夫以上・鎮国大将軍以上にして各《おのおの》職事の品に同じきもの及び京兆・河南・太原府・大都督・大都護の門は、一四戟。上柱国にして職事三品を帯び上護軍にして職事二品を帯びるもの若しくは中都督・上都護の門は、一二戟。国公及び上護軍にして職事三品を帯びるもの若しくは下都督・諸州の門は、各《おのおの》一〇戟。並びに官給す」と。

以上によって、最初に示した『大唐六典』巻四尚書礼部・礼部郎中員外郎の条に、太原府の門戟一四戟とある史料は開元一一年（七二三）以降、『大唐六典』が完成した開元二六年までのことを伝える史料であり、天宝六載の改訂「儀制令」と比較すると、文字の並びがほぼ同一であるから「儀制令」と判断できる。開元一一年以降、開元二六年までという条件を満たす「儀制令」は開元二五年「儀制令」しかない。太原府の門戟をいう『大唐六典』の記事は開元二五年「儀制令」であると断定できる。

『大唐六典』の本文に開元二五年「儀制令」があることが判明したことは大きな意味がある。『大唐六典』のような制度を記す書においては、ある箇所は「武徳令」、ある箇所は「永徽令」という、まちまちの「唐令」を引用する記述はしない。「永徽令」なら「永徽令」で全編が貫徹される特性を有する。いまここに一条が開元二五年「儀制令」であることが判明したから、『大唐六典』は「開元二五年令」で全編が貫徹されている可能性を強く予想させるのに充分である。そして、この予想は「儀制令」からだけの予想ではない。『大唐六典』の「祠令」も「開元二五年令」である可能性が高いし、「軍防令」も同様である。『大唐六典』に引用する「田令」「賦役令」「假寧令」に関しては後論するが、ともに「開元二五年令」である可能性が非常に高いというべきである。

第一二節　『大唐六典』の「祠令」

一　「祠令」全文

『大唐六典』巻四尚書礼部・祠部郎中員外郎職の条には、以下に掲げるような四二条の史料がある。これらの史料の大部分は『唐令拾遺』や『唐令拾遺補』によって、「祠令」であることが確認されているから、證明されていない史料も「祠令」としてよいだろう。以下に示す史料を便宜的に「祠令」と呼ぶこととする。以下の「祠令」はそのままの文章が本来の「祠令」にあったとは限らない。取意文であったり、一部書き換えがある可能性も多分にあるから、これに類似した「祠令」が唐代には存在したと想定するのがよいだろう。また、以下に示す四二条の「祠令」は編纂年度の異なる「祠令」が混在するのではなく、すべて同一年度の「祠令」であると考えるのが普通であろう。

①若昊天上帝五方帝皇地祇神州宗廟為大祀、日月星辰社稷先代帝王岳鎮海瀆帝社先蚕孔宣父斉太公諸太子廟為中祀、司中司命風師雨師衆星山林川沢五龍祠等及州県社稷釈奠為小祀。
昊天上帝・五方帝・皇地祇・神州・宗廟の若《ごと》きは大祀と為し、日月・星辰・社稷・先代帝王・岳鎮海瀆・帝社・先蚕・孔宣父・斉太公・諸太子廟を中祀と為し、司中・司命（星の名、民の生死を司る神）風師・雨師・衆星・山林・川沢・五龍祠ら及び州県の社稷・釈奠を小祀と為す。

②冬至、祀昊天上帝於圜丘、以高祖配焉。又祀東方青帝霊威仰南方赤帝赤熛怒西方白帝白招拒北方黒帝叶光紀中央黄帝含樞紐及大明夜明於壇之第一等、又祀内官五十五座於壇之第二等、又祀中官一百五十九座於壇之第三等、又祀外官一百五座衆星三百六十座於内壝之内。
冬至に、昊天上帝を圜丘に祀り、高祖を以て配す。又た東方青帝霊威仰・南方赤帝赤熛怒・西方白帝白招拒・北方黒帝叶光紀・中央黄帝含樞紐及び大明・夜明を壇の第一等に祀り、又た内官五五座を壇の第二等に祀り、又た中官一五九座を壇の第三等に祀り、又た外官一〇五座・衆星三六〇座を内壝《い》（内側の土塀）の内に祀る。

③正月上辛、祈穀于圜丘、祀昊天上帝、以高祖配焉。祀五方帝於壇之第一等。
正月上辛、穀を圜丘に祈り、昊天上帝を祀り、高祖を以て配す。五方帝（青帝・赤帝・黄帝・白帝・黒帝）を壇の第一等に祀る。

④孟夏之月、大雩於圜丘、祀昊天上帝、以太宗配焉。又祀五方帝於壇之第一等。又祀太昊炎帝黄帝少昊顓頊於壇之第二等。又祀句芒祝融后土蓐収玄冥於内壝之内。

孟夏の月、大いに圜丘に雩《う》し、昊天上帝を祀り、太宗を以て配す。又た五方帝（青帝・赤帝・黄帝・白帝・黒帝）を壇の第一等に祀り、又た太昊・炎帝・黄帝・少昊・顓頊《せんぎょく》を壇の第二等に祀り、又た句芒・祝融・后土・蓐収・玄冥を内壝《い》（内側の土塀）の内に祀る。

⑤季秋之月、大享於明堂、祀昊天上帝、以睿宗配焉。又祀五方帝五帝五官、各於其方。
季秋の月、明堂に大享し、昊天上帝を祀り、睿宗を以て配す。又た五方帝・五帝・五官（句芒・祝融・后土・蓐収・玄冥）を祀ること、各《おのおの》其の方に於いてす。

⑥夏至、祭皇地祇於方丘、以高祖配焉。祭神州於壇之第一等、五岳四鎮四海四瀆五方山林川沢丘陵墳衍原隰、凡七十座、皆於内壝之内。
夏至、皇地祇を方丘に祭り、高祖を以て配す。神州を壇の第一等に祭り、五岳・四鎮・四海・四瀆・五方山林・川沢・丘陵・墳衍・原隰、凡そ七〇座、皆な内壝の内に於いてす。

⑦汾陰后土祠廟、亦四時祭焉。
汾陰（河中府・蒲州宝鼎県）の后土の祠廟、亦た四時に祭る。

この記事は「祠令」⑥の後に細字であるが、「祠令」⑥とは無関係な記事であるので、大字に直した。

⑧孟冬之月、祭神州地祇於北郊、奉太宗以配焉。
孟冬の月、神州・地祇を北郊に祭り、太宗を奉じ以て配す。

⑨立春之日、祀青帝於東郊、以太昊配焉。其句芒氏及歳星東方三辰七宿並従祀。立夏之日、祀赤帝於南郊、以神農配焉。其祝融氏及熒惑星南方三辰七宿並従祀。季夏土王日、祀黄帝於南郊、以軒轅配焉。其后土氏鎮星並従祀。立秋之日、祀白帝於西郊、以少昊配焉。其蓐収氏太白星西方三辰七宿並従祀。立冬之日、祀黒帝於北郊、以顓頊配焉。其玄冥氏辰星及北方三辰七宿並従祀。

立春の日、青帝を東郊に祀り、太昊（宓犧《ふくぎ》・伏犠に同じ）を以て配し、其の勾芒氏（五行神の一、春を司る神、木を司る神）歳星（木星）東方の三辰（日・月・星）七宿（宿は星座の意味、二八宿のうち春に当たる七星座）、並びに従祀す。立夏の日、赤帝を南郊に祀り、神農（伝説上の聖王、三皇五帝の一、民に医療と農業を教えたとされる）を以て配し、其の祝融氏（炎帝の子孫、火神、南の神）及び熒惑《けいわく》星（火星、火の神、南の神）南方の三辰・七宿（二八宿のうち夏に当たる七星座）、並びに従祀す。季夏土王の日、黄帝を南郊に祀り、軒轅（黄帝のこと、伏義と神農とともに三皇という。礼楽と婚姻を定め、人間と獣の区別を教えた）を以て配し、其の后土氏（土地神・社神）鎮星（土星）並びに従祀す。立秋の日、白帝を西郊に祀り、少昊（上古の帝王、黄帝の子、秋を主宰する神）を以て配し、其の蓐収氏（秋の神、刑罰を司る）太白星（金星）西方の三辰・七宿（二八宿のうち秋に当たる七星座）、並びに従祀す。立冬の日、黒帝を北郊に祀り、顓頊《せんぎょく》（伝説上の帝王。名は高陽。三皇五帝の一人、黄帝の後を継いで帝位に就いたとされる『史記』五帝本紀）を以て配し、其の玄冥氏（太陰の神、冬の神、刑殺を司る）辰星（水星）及び北方の三辰・七宿（二八宿のうち冬に当たる七星座）、並びに従祀す。

⑩春分之日、朝日於東郊、秋分之日、夕月於西郊。

春分の日、日を東郊に朝《まつ》り、秋分の日、月を西郊に夕《まつ》る。

⑪立春後丑日、祀風師於国城東北、立夏後申日、祀雨師於国城西南。立秋後辰日、祀霊星於国城東南、立冬後亥日、祀司中司命司人司禄於国城西北。
立春後の丑の日、風師を国城の東北に祀る。立夏後の申の日、雨師（雨の神）を国城の西南に祀る。立秋後の辰の日、霊星（天田星、稼穡を司る）を国城の東南に祀る。立冬後の亥の日、司中（神の名、三臺星中の一で、司徒に当たる）司命（星の名、民の生死を司る神）司人（星の名、民の生死を司る神）司禄（星の名、人口・穀数を天子に奏上するとき、司民とともに祀る神）を国城の西北に祀る。

⑫仲春上戊、祭太社、以后土氏配焉。祭太稷、以后稷氏配焉。仲秋之月及臘日、亦如之。
仲春の上戊（二月の最初の戊の日）、太社を祭り、后土氏を以て配す。太稷を祭り、后稷氏を以て配す。仲秋の月及び臘日、亦た之《かく》の如《ごと》し。

⑬四孟月及臘日、大享太廟、春享則兼祭司命及戸、夏享兼祭竈。季夏之月、祭中霤、秋享兼祭門及厲、冬享兼祭行。若臘享則七祀徧祭、皆於太廟之西門内之南。
四孟月及び臘日（冬至より三回目の辰の日）、太廟を大享し、春享は則ち司命（星の名、民の生死を司る神）及び戸を兼祭し、夏享は竈を兼祭す。季夏の月、中霤（室中）を祭り、秋享は門及び厲（悪鬼・まがこと）を兼祭し、冬享は行（路の神）を兼祭す。臘享の若きは、則ち七祀徧祭し、皆な太廟の西門内の南に於いてす。

⑭凡三年一祫享、以孟冬、五年一禘享、以孟夏、皆七祀徧祭、若祫享則配享功臣、皆列於当室之前。高祖之廟則開

府儀同三司淮安王神通礼部尚書河間王孝恭陝東道大行臺右僕射鄭国公殷開山戸部尚書渝国公劉政会配饗。太宗之廟則司空梁国公房元齢尚書左僕射莱国公杜如晦尚書左僕射申国公高士廉配享。高宗之廟則司空英国公李勣尚書左僕射北平県公張行成中書令高唐県公馬周配享。中宗之廟則侍中平陽郡王敬暉侍中扶陽郡王桓彦範中書令博陵郡王崔玄暐中書令漢陽郡王張柬之中書令南陽郡王袁恕已配饗。睿宗之廟則太子少傅許国公蘇瓌尚書左丞相徐国公劉幽求配饗。

凡《およ》そ三年一たびの祫享《こうきょう》（先祖の廟に合わせ祭ること）は、孟冬を以てし、五年一たびの禘享《ていきょう》（大祭）は、孟夏を以てし、皆な七祀偏く祭る。若し祫享せば則ち功臣を配享し、皆な当室の前に列す。高祖の廟は則ち開府儀同三司淮安王の神通・礼部尚書河間王の孝恭・陝東道大行臺右僕射鄭国公の殷開山・戸部尚書渝国公の劉政会配饗す。太宗の廟は則ち司空梁国公の房玄齢・尚書左僕射莱国公の杜如晦・尚書左僕射申国公の高士廉配享す。高宗の廟は則ち司空英国公の李勣・尚書左僕射北平県公の張行成・中書令高唐県公の馬周配享す。中宗の廟は則ち侍中平陽郡王の敬暉・侍中扶陽郡王の桓彦範・中書令博陵郡王の崔玄暐・中書令漢陽郡王の張柬之・中書令南陽郡王の袁恕已配饗す。睿宗の廟は則ち太子少傅許国公の蘇瓌・尚書左丞相徐国公の劉幽求配饗す。

右の配享の功臣は『旧唐書』巻八玄宗紀開元六年（七一八）六月の条に、

乙酉、制、以故侍中桓彦範敬暉故中書令兼吏部尚書張柬之故特進崔玄暐故中書令袁恕已配饗中宗廟庭、故司空蘇瓌故左丞相太子少保郴州刺史劉幽求配饗睿宗廟庭。

乙酉、制す、「故の侍中の桓彦範・敬暉・故の中書令兼吏部尚書の張柬之・故の特進の崔玄暐・故の中書令の袁恕已を以て中宗の廟庭に配饗し、故の司空の蘇瓌・故の左丞相の太子少保郴州刺史の劉幽求を睿宗廟庭に配饗す」と。

とあるから、⑭の規定は開元七年の規定にあったことは確実であるが、⑭の規定を以て『大唐六典』の記事は開元七年のことを伝える記事とすることはできない。同じ規定は『大唐開元礼』巻三九「皇帝祫享於太廟」の功臣配享にあり、開元二〇年の祀典に継承されている。

この功臣配享に変化が生じるのは、『旧唐書』巻二六礼儀志に、

天宝六載正月、詔、京城章懐節愍恵文恵壮恵宣太子、与隠太子懿徳太子同為一廟、呼為七太子廟、以便於祀享。太廟配饗功臣、高祖室加裴寂劉文静、太宗室加長孫無忌李靖杜如晦、高宗室加褚遂良高季輔劉仁軌、中宗室加狄仁傑魏元忠王同皎等十一人。大祭祀、騂犢減数。

天宝六載（七四七）正月、詔す、「京城の章懐・節愍・恵文・恵壮・恵宣太子、隠太子・懿徳太子と同じく一廟と為し、呼びて七太子廟と為し、以て祀享に便とす。太廟配饗の功臣、高祖の室に裴寂・劉文静を加え、太宗の室に長孫無忌・李靖・杜如晦を加え、高宗の室に褚遂良・高季輔・劉仁軌を加え、中宗の室に狄仁傑・魏元忠・王同皎等一一人を加う。大祭祀、騂犢《せいとく》（赤き仔牛）は数を減ず」と。

とあるように天宝六載正月であるから、開元六年六月から天宝六載正月までの功臣の配享は同じであった。

『旧唐書』巻二六礼儀志に、

旧儀、高祖之廟則開府儀同三司淮安王神通礼部尚書河間王孝恭陝東道大行臺右僕射鄖国公殷開山吏部尚書渝国公劉政会配饗、太宗之廟則司空梁国公房玄齢尚書右僕射莱国公杜如晦尚書左僕射申国公高士廉配饗、高宗之廟則司空英国公李勣尚書左僕射北平県公張行成中書令高唐県公馬周配饗、中宗之廟則侍中平陽郡王敬暉侍中扶陽郡王桓彦範中書令南陽郡王袁恕己配享、睿宗之廟則太子太傅許国公蘇瓌尚書左丞相徐国公劉幽求配饗。

旧儀に、高祖の廟は則ち開府儀同三司淮安王の神通・礼部尚書河間王の孝恭・陝東道大行臺右僕射鄖国公の殷開山・吏部尚書渝国公の劉政会配饗し、太宗の廟は則ち司空梁国公の房玄齢・尚書右僕射莱国公の杜如晦・尚書左僕射申国公の高士廉配饗し、高宗の廟は則ち司空英国公の李勣・尚書左僕射北平県公の張行成・中書令高唐県公の馬周配饗し、中宗の廟は則ち侍中平陽郡王の敬暉・侍中扶陽郡王の桓彦範・中書令南陽郡王の袁恕己

配享し、睿宗の廟は則ち太子太傅許国公の蘇瓌・尚書左丞相徐国公の劉幽求配饗す。
とある「旧儀」は開元二五年の「儀」である可能性が高い＊。

＊　『大唐六典』には杜如晦の配饗がみえるのに、『旧唐書』巻二六礼儀志では、杜如晦の配饗は天宝六載正月から開始されたとする。この点は疑問として残しておく。

⑮孟夏（夏は春の誤り）吉亥、享先農於東郊、以后稷配。　孟春の吉亥、先農を東郊に享り、后稷を以て配す。

⑯季春吉巳、享先蚕於西郊。　季春の吉巳に、先蚕を西郊に享る。

⑰仲春上丁、釈奠于孔宣父、以顔回配。其七十二弟子及先儒並従配。謂子淵子騫伯牛仲弓子有子路宰我子貢子游子夏曾参顓孫師澹臺滅明宓子賤原憲公冶長南宮适公晳哀曽點顔路商瞿高柴漆雕開公伯寮司馬牛樊遅有若公西赤巫馬期梁鱣顔相冉孺曹卹伯虔公孫龍冉季産秦子南漆雕哆顔子驕漆雕徒父壤駟赤商沢石作蜀任不斉公夏首公良孺后處秦冉奚容箴公肩定顔辛郎単句井疆罕父黒秦商申党公祖子之榮子旂県成左人郢燕伋鄭子徒秦非施之常顔噲歩叔乗顔之僕陳亢籍楽欣廉潔顔何叔仲会狄黒邽巽孔忠公西与如公西蔵等及左丘明公羊高穀梁赤伏勝高堂生戴聖毛萇孔安国劉向鄭衆杜子春馬融盧植鄭玄服虔賈逵何休王粛王弼杜預范甯等凡九十八人。仲秋之月亦如之。

仲春の上丁（二月の最初の丁の日）、孔宣父を釈奠し、顔回を以て配す。其の七二弟子及び先儒並びに従配す。子淵・子騫・伯牛・仲弓・子有・子路・宰我・子貢・子游・子夏・曾参・顓孫師・澹臺滅明・宓子賤・原憲・公冶長・南宮适・公晳哀・曽點・顔路・商瞿・高柴・漆雕開・公伯寮・司馬牛・樊遅・有若・公西赤・巫馬期・梁鱣・顔相・冉孺・曹卹・伯虔・公孫龍・冉季産・秦子南・漆雕哆・顔子驕・漆雕徒父・壤駟赤・商沢・石作蜀・任不斉・公夏首・公良孺・后處・秦冉・奚容箴・公肩定・顔辛・郎単・句井疆・罕父黒・秦商・申党・公祖子之・榮子旂・県成・左人郢・燕伋・鄭子徒・秦非・施之常・顔噲・歩叔乗・顔之僕・陳亢籍・楽欣・廉潔・顔何・叔仲会・狄黒・邽巽・孔忠・公西与如・公西蔵らを謂い、左丘明・公羊高・穀梁赤・伏勝・高堂生・戴聖・毛萇・孔安国・劉向・鄭衆・杜子春・馬融・盧植・鄭玄・服虔・賈逵・何休・王粛・王弼・杜預・范甯らに及ぶ、凡そ九八人。仲秋の月、亦た之《かく》の如《ごと》し。

⑱仲春上戊、釈奠于斉太公、以留侯張良配焉。仲秋之月、亦如之。
仲春の上戊、斉太公を釈奠し、留侯の張良を以て配す。仲秋の月、亦た之《かく》の如《ごと》し。

⑲孟冬、祭司寒於氷室。　孟冬、司寒を氷室に祭る。
この「祠令」は省略がある。全文は『太平御覧』巻二七時序部・冬下に次のようにある。

祠令曰、季冬蔵氷、仲春開氷、並用黒牡秬黍、祭司寒之神於氷室。其開氷、加以桃弧棘矢、設於神座。

「祠令」に曰わく、「季冬の蔵氷、仲春の開氷、並びに黒牡《こくぼ》・秬黍《きょしょ》を用て、司寒の神を氷室に祭る。其の開氷、加えるに桃弧・棘矢を以てし、神座に設く」と。

なお『太平御覧』所載の唐令は「開元二五年令」である。
⑳仲春祀馬祖、仲夏享先牧、仲秋祭馬社、仲冬祭馬歩、並以剛日、皆於大沢之中。
仲春に馬祖を祀り、仲夏に先牧を享《まつ》り、仲秋に馬社を祭り、仲冬に馬歩を祭り、並びに剛日を以てし、皆な大沢の中に於いてす。

㉑季冬臘日前寅、蜡百神於南郊。大明夜明神農后稷伊耆五官五星二十八宿十二辰五岳四鎮四海四瀆五田畯青龍朱雀麒麟騶虞玄武及五方山林川沢丘陵墳衍原隰井泉水墉坊於菟鱗羽介毛贏郵表畷猫昆虫凡一百八十七座。若其方有災害、則闕而不祭。祭井泉於川沢之下。

季冬臘日の前寅、百神を南郊に蜡る。大明・夜明・神農・后稷・伊耆・五官（句芒・祝融・后土・蓐収・玄冥）五星・二八宿（二八の星座、一季節七宿で四季節二八宿となる）一二辰（東西南北の各三辰）・五岳・四鎮・四海・四瀆・五田畯・青龍・朱雀・麒麟・騶虞・玄武及び五方山林・川沢・丘陵・墳衍・原隰・井泉・水墉・坊・於菟・鱗・羽・介・毛・贏・郵・表・畷・猫・昆虫凡そ一八七座。若《も》し其の方災害有らば、則ち闕きて祭らず。井泉を川沢の下に祭る。

㉒立春之日、祭東岳泰山於兗州、東鎮沂山於沂州、東海於莱州、東瀆［大］淮於唐州。立夏之日、祭南岳衡山於衡州、南鎮会稽山於越州、南海於広州、南瀆［大］江於益州。季夏土王日、祭中岳嵩山於河南府。立秋之日、祭西岳華山於華州、西鎮呉山於隴州、西海及西瀆［大］河於同州。立冬之日、祭北岳恒山於定州、北鎮医無閭於営州、北海及北瀆［大］済於河南府。各於其境内本州長官行焉。

立春の日、東岳・泰山を兗州に於いて、東鎮・沂山を沂州に於いて、東海は莱州に於いて、東瀆・大淮を唐州に於いて祭る。立夏の日、南岳・衡山を衡州に於いて、南鎮・会稽山を越州に於いて、南海を広州に於いて、南瀆・大江を益州に於いて祭る。季夏土王の日、中岳・嵩山を河南府に於いて祭る。立秋の日、西岳・華山を華州に於いて、西鎮・呉山を隴州に於いて、西海及び西瀆・大河を同州に於いて祭る。立冬の日、北岳・恒山を定州に於いて、北鎮・医無閭を営州に於いて、北海及び北瀆・大済を河南府に於いて祭る。各《おのおの》其の境内に本州長官焉《これ》を行う。

㉓蜀州青城丈人山、毎歳春秋二時、享、以蔬饌、委県令行。側近以三両人洒掃。
蜀州青城の丈人山、毎歳春秋二時、享《まつ》るに蔬饌を以てし、県令に委ね行わしむ。側近三・両人を以て洒掃《せいそう》せしむ。

㉔凡三年一享帝嚳氏于頓丘、享唐堯於平陽、而稷卨配焉。享虞舜於河東、咎繇配焉。享夏禹於安邑、伯益配焉。享殷湯於偃師、伊尹配焉。享周文王於酆、太公配焉。享周武王於鎬、周公召公配焉。享漢高祖於長陵、蕭何配焉。皆以仲春之月。
凡《およ》そ三年一たび帝嚳氏を頓丘（澶州頓丘県）に享《まつ》る。唐堯（五帝の一人、帝嚳の子）を平陽（晋州臨汾県）に享り、而して稷卨《しょくけい》（契に同じ）配す。虞舜（五帝の一人、唐堯の後を承けて天子となる）を河東に享り、咎繇（虞舜の臣、皐陶に同じ）配す。夏の禹（夏王朝の始祖）を安邑（唐代の陝州安邑県）に享り、伯益（伝説上の賢者、禹王の時、洪水を治め、道を切り開く）配す。殷湯を偃師に享り、伊尹（殷初の名宰相）配す。周の文王（周王朝の創始者）を酆《けい》（京兆府長安県）に享り、太公（太公望・呂尚）配す。周の武王（周王朝第二代）を鎬（京兆府長安県）に享り、周公（文王の子、武王の弟、旦という。成王の統治を補佐する）召公（文王の子、武王の弟、奭《せき》という。成王の統治を補佐する）配す。漢の高祖を長陵（京兆府咸陽県）に享り、蕭何（『漢書』巻三九）配す。皆な仲春の月を以てす。

㉕四時仲月、享隠章懐懿徳節愍恵荘恵文恵宣七太子廟、令其子孫主祭、有司給牲牢楽県、太常博士相礼焉。
四時の仲月、隠・章懐・懿徳・節愍・恵荘・恵文・恵宣の七太子廟を享り、其の子孫をして主祭せしめ、有司は牲牢・楽県を給し、太常博士相礼す。

㉖四仲月、享隋文帝周武帝廟、酇公介公主祭。
四仲月、隋の文帝・周の武帝廟を享《まつ》り、酇《けい》公・介公 祭を主る。

㉗凡州県皆置社稷、如京都之制。仲春上戊、州県官親祭、仲秋上戊、亦如之。
凡《およ》そ州県皆な社稷を置くこと、京都の制の如し。仲春の上戊（二月最初の戊の日）、州県官親祭し、仲秋の上戊（八月最初の戊の日）、亦た之《かく》の如《ごと》し。

㉘凡州県皆置孔宣父廟、以顔回配焉。仲春上丁、州県官行釈奠之礼、仲秋上丁、亦如之。
凡そ州県皆な孔宣父廟を置き、顔回を以て配す。仲春の上丁（二月最初の丁の日）、州県官 釈奠の礼を行い、仲秋上丁（八月最初の丁の日）、亦た之の如し。

㉙凡官爵二品已上祠四廟、五品已上祠三廟、六品已下、達於庶人、祭祖禰而已。
凡そ官爵二品已上は祠四廟、五品已上は祠三廟、六品已下、庶人に達し、祖禰《そでい》を祭るのみ。

㉚凡国有封禅之礼、則依圜丘方沢之神位。若親征、禡類昭告、各依本神位焉。
凡そ国に封禅の礼有らば、則ち圜丘・方沢の神位に依る。若し親征せば、禡類《ばるい》の昭告、各《おのおの》本神の位に依る。

㉛車駕巡幸、路次名山大川、古昔聖帝明王名臣将相陵墓及廟、応致祭者、名山大川三十里内、聖帝明王二十里内、名臣将相十里内、並令本州祭之。（本来は細字であるが、通常の字で示す）

車駕巡幸し、路次の名山大川、古昔の聖帝・明王・名臣・将相の陵墓及び廟、応《まさ》に致祭すべきもの、名山大川は三〇里内、聖帝・明王は二〇里内、名臣・将相は一〇里内、並びに本州をして之を祭らしむ。

㉜凡国有大祭祀之礼、皇帝親祭、則太尉為亜献、光禄卿為終献。若有司摂事、則太尉為初献、太常卿為亜献、光禄卿為終献。孔宣父廟、則国子祭酒為初献、司業為亜献、国子博士為終献。斉太公廟、則太常卿為初献、少卿為亜献、丞為終献。諸小祀唯官一献。
凡《およ》そ国に大祭祀の礼有らば、皇帝親祭し、則ち太尉を亜献と為し、光禄卿を終献と為す。若し有司摂事（代行）せば、則ち太尉を初献と為し、太常卿を亜献と為し、光禄卿を終献と為す。孔宣父廟、則ち国子祭酒を初献と為し、司業を亜献と為し、国子博士を終献と為す。斉太公廟、則ち太常卿を初献と為し、少卿を亜献と為し、丞を終献と為す。諸小祀は唯だ官一献するのみ。

㉝凡大祀散斎四日、致斎三日。中祀散斎三日、致斎二日。小祀散斎二日、致斎一日。皆祀前習礼沐浴、並給明衣。
凡そ大祀は散斎四日、致斎三日。中祀は散斎三日、致斎二日。小祀は散斎二日、致斎一日。皆な祀前習礼沐浴、並びに明衣を給す。

㉞諸大祀斎官、皆於散斎日平明、集尚書省受誓戒。其致斎日、三公於都省安置、所司鋪設。若車駕親行及斎官向祀祭之所、本司預告州県及金吾相知、令平明視所行之路、道次不得見諸凶穢縗絰、及聞哭泣之声。散斎日、不得弔喪問疾、不判署刑殺文書、不決罰罪人。（本来は細字であるが、通常の字で示す）
諸《すべ》て大祀の斎官、皆な散斎の日の平明に、尚書省に集い誓戒を受く。其の致斎の日、三公は都省に安置し、所司

鋪設す。若し車駕親行し及び斎官祀祭の所に向かわば、本司は州県及び金吾に預告し相い知らしめ、平明をして行く所の路を視せしめ、道次に諸の凶穢・縗経を見、及び哭泣の声を聞くを得ず。散斎の日、弔喪・問疾するを得ず、刑殺文書に判署せず、罪人を決罰せず。

㉟凡京師、孟夏已後、旱則先祈岳鎮瀆海及諸山川能興雲雨者。皆於北郊望祭。又祈社稷、又祈宗廟。毎七日、一祈不雨、還従岳瀆、如初。旱甚則修雩。秋分已後、雖旱不雩。雨足皆報祀。若州県、則先祈社稷及境内山川。

凡《およ》そ京師、孟夏（四月）已後、旱なれば則ち先ず岳鎮・瀆《とく》海及び諸山川の能く雲雨を興すものを祈る。皆な北郊に望祭し、又た社稷を祈り、又た宗廟を祈る。七日毎に一祈し、雨ふらざれば、還た岳瀆に従ること初めの如《ごと》し。旱甚だしければ則ち雩《う》（雨乞い）を修む。秋分已後は、旱と雖も雩《う》せず。雨足れば皆な報祀す。州県の若きは、則ち先ず社稷及び境内の山川に祈る。

㊱若霖雨、則京城禜諸門、門別三日、毎日一禜、不止、祈山川岳鎮海瀆。三日、不止、祈社稷宗廟、若州県、則禜城門及境内山川而已。

霖雨（長雨）の若《ごと》きは、則ち京城は諸門を禜《まつ》る（禜は凶災を除く祭）。門別に三日、毎日一禜る。止《や》まざれば、山川・岳鎮・海瀆に祈る。三日にして止まざれば、社稷・宗廟に祈る。州県の若きは、則ち城門及び境内の山川を禜《まつ》るのみ。

㊲凡道士女道士僧尼之簿籍、亦三年一造。其籍一本送祠部、一本送鴻臚、一本留於州県。

凡そ道士・女道士・僧・尼の簿籍、亦た三年一造す。其の籍一本は祠部に送り、一本は鴻臚に送り、一本は州県に留む。

『唐令拾遺』はこの「令」を「雑令」に置く（八五九頁）。『唐令拾遺補』も同じ（一四八二頁）。

㊳凡道士女道士衣服、皆以木蘭青碧皂荆黄緇壞之色。若服俗衣及羅綾、乗大馬、酒酔、与人闘打、招引賓客、占相吉凶、以三宝物餉饋官寮、勾合朋党者、皆還俗。若巡門教化、和合婚姻、飲酒食肉、設食五辛、作音楽博戯、毀罵三綱、凌突長宿者、皆苦役也。

凡そ道士・女道士の衣服、皆な木蘭・青・碧・皂・荆・黄・緇・壞の色を以てす。若し俗衣及び羅綾を服し、大馬に乗り、酒に酔い、人と闘打し、賓客を招引し、吉凶を占相し、三宝物を以て官寮に餉饋し、勾合して朋党する者、皆な還俗せしむ。若し巡門して教化、婚姻を和合し、酒を飲み肉を食らい、食に五辛を設け、音楽・博戯を作し、三綱を毀罵し、長宿者を凌突せば、皆な苦役なり。

㊴凡道観、三元日千秋節日、凡修金録明真等斎、及僧寺別勅設斎、応行道官給料。

凡そ道観、三元の日・千秋節の日、凡そ金録・明真らの斎を修め、僧寺に及んでは別勅設斎し、応《まさ》に行道せば官料を給す。

㊵高祖神堯皇帝、五月六日。文穆皇后、五月一日。太宗文武聖皇帝、五月二十六日。文徳聖皇后、六月二十一日。高宗天皇大帝、十二月四日。大聖天后、十一月二十六日。中宗孝和皇帝、六月二日。和思皇后、四月七日。睿宗大聖［玄］真皇帝、六月十日。昭成皇后、正月二日。皆廃務。凡廃務之忌、若中宗已上、京城七日行道、外州三日行道。睿宗及昭成皇后之忌、京城二七日行道、外州七日行道。八代祖献祖宣皇帝、十二月二十三日。宣荘皇后、六月三日。七代祖懿祖光皇帝、九月八日。光懿皇后、八月九日。皆不廃務。六代祖太祖景皇帝、九月十八日。景烈皇后、五月六日。五代祖

代祖元皇帝、四月二十四日。元真皇后、三月六日。孝敬皇帝、四月二十五日。哀皇后、十二月二十日。皆不廃務、京城一日設斎。

高祖神尭《しんぎょう》皇帝、五月六日。文穆皇后、五月一日。太宗文武聖皇帝、五月二六日。文徳聖皇后、六月二一日。高宗天皇大帝、一二月四日。大聖天后、一一月二六日。中宗孝和皇帝、六月二日。和思皇后、四月七日。睿宗大聖玄真皇帝、六月一〇日。昭成皇后、正月二日。皆な廃務す。凡《およ》そ廃務の忌、中宗已上の若《ごと》きは、京城は七日行道し、外州は三日行道す。睿宗及び昭成皇后の忌、京城は二七日行道し、外州は七日行道す。八代祖の献祖・宣皇帝、一二月二三日。宣荘皇后、六月三日。七代祖の懿祖・光皇帝、九月八日。光懿皇后、八月九日。皆な廃務せず。六代祖の太祖・景皇帝、九月一八日。景烈皇后、五月六日。五代祖の代祖・元皇帝、四月二四日。元真皇后、三月六日。孝敬皇帝、四月二五日。哀皇后、十二月二〇日。皆な廃務せず、京城は一日設斎す。

㊶凡国忌日、両京定大観寺各二、散斎。諸道士女道士及僧尼、皆集于斎所。京文武五品以上、与清官七品已上、皆集行香、以退。若外州亦各定一観一寺、以散斎。州県官行香。応設斎者、蓋八十有一州焉。

凡そ国忌の日、両京は大なる観・寺各《おのおの》二を定め、散斎す。諸道士・女道士及び僧・尼、皆な斎所に集う。京文武五品以上、清官七品已上と、皆な行香に集い、以て退く。外州の若きは亦た各《おのおの》一観一寺を定め、以て散斎す。州県官行香す。応《まさ》に設斎すべきは、蓋し八十有一州。

㊷凡遠忌日、雖不廃務、然非軍務急切、亦不挙事。餘如常式。

凡そ遠忌の日、廃務せざると雖も、然れども軍務急切に非ざれば、亦た事を挙げず。餘は常式の如《ごと》し。

二　斉の太公

前掲した史料群の⑱に、「斉太公」の釈奠に関する「祠令」がある。「斉太公」の釈奠は開元一九年（七三一）から開始されたものであって、この「祠令」は開元七年「祠令」には存在しないはずである。であれば、『大唐六典』の四二条からなる「祠令」は開元二五年の「祠令」ということになろう。

『唐令拾遺』「祠令」と『唐令拾遺補』「祠令」は、この「祠令」を開元七年「祠令」とする。「斉太公」の釈奠に関する「祠令」が開元七年「祠令」であろうはずがない。これは『大唐六典』の唐令はすべて開元七年の「令」と思い込んだ結果によるものである。希薄な根拠によって『大唐六典』の唐令はすべて「開元七年令」とする、『唐令拾遺』と『唐令拾遺補』の考えが誤っていることの一端を示すものであろう。

1　両京斉太公廟署

『大唐六典』巻一四太常寺・両京斉太公廟署に、

両京斉太公廟署、令各一人、従七品下。丞各一人、従八品上。並開元十八年置。

太公廟令丞掌門闔灑掃及春秋二仲釈奠之礼。

両京の斉の太公廟署、令各《おのおの》一人、従七品下。丞各《おのおの》一人、従八品上。並びに開元一八年（七三〇）置く。

太公廟令・丞は門闔《もんこう》の灑掃《さいそう》及び春秋二仲（春秋の中の月、すなわち二月と八月）の釈奠の礼を掌る。

とあり、両京の斉の太公廟が置かれたのは開元一八年とする。開元一八年は開元一九年の間違いではないかと思われるが、開元一八年に両京に斉の太公廟署が置かれ、開元一九年に斉の太公を祭祀する法令が公布されたと考えてもよい。『長安志』巻九によれば、長安の斉の太公廟（武成王廟）は太平坊にあるといい、洛陽の廟所は不明である。

『新唐書』巻四八・百官志太常寺・両京武成王（両京斉太公に同じ）廟に、

令一人、従六品下。丞一人、正八品下。掌開闔灑掃釈奠之礼。

令一人、従六品下。丞一人、正八品下。開闔《こう》・灑掃・釈奠の礼を掌る。

とあり、註記に、

有録事一人、府二人、史四人、廟幹二人、掌固四人、門僕八人。神龍二年、両京置斉太公廟署、其後廃。開元十九年、復置。

録事一人・府二人・史四人・廟幹二人・掌固四人・門僕八人有り。神龍二年（七〇六）、両京に斉の太公廟署を置き、其の後廃す。開元一九年（七三一）、復た置く。

とあり、斉太公廟は開元一九年に設置されたとし、『大唐六典』の設置年代と合致しない。

『通典』巻二五職官典・諸卿上・太常卿の条の汾祠署・斉太公廟署には、

汾祠署斉太公廟署、並有令丞各一人。大唐開元中置。

汾祠署・斉太公廟署、並びに令・丞各《おのおの》一人有り。大唐の開元中（汾祠署の設置は開元二一年・七三三）に置く。

とあり、両京の斉太公廟が置かれたのは八世紀前半の開元年間とするのは、設置の年代に両説があることを承知して、「開元中置」としたものであろう。

また、両京の斉の太公廟署は神龍二年に置かれたと『新唐書』はいい、『唐会要』巻六五太常寺に太公廟の神龍二年をいう。『新唐書』と『唐会要』とは斉の太公廟は神龍二年に設置され、それが廃れて開元一九年（七三一）に再置されたというのである、開元一九年以降の「斉太公」が祀典に記載され、王朝国家的祭祀になったのであり、斉の太公廟はそれ以前に存在したとしても存在しないにも等しい。『新唐書』と『唐会要』の記事は開元一九年以降の「斉太公」を考える上において意味はない。

2　斉の太公

「斉太公」が王朝の祠典に登場するのは開元一九年である。『旧唐書』巻八玄宗紀開元一九年四月の条に、

丙申、令両京及天下諸州各置太公尚父廟、以張良配饗。春秋二時仲月上戊日、祭之。

丙申、両京及び天下諸州をして各《おのおの》太公尚父廟を置き、張良を以て配饗せしむ。春秋二時の仲月の上戊（二月と八月の最初の戊の日）の日、之を祭る。

とあり、『唐会要』巻二三武成王廟にも、

開元十九年四月十八日、両京及天下諸州、各置太公廟一所、以張良配享、春秋取仲月上戊日祭。

開元一九年（七三一）四月一八日、両京及び天下の諸州、各《おのおの》太公廟一所を置き、張良を以て配享し、春秋の仲月上戊の日を取り祭る。

とある。開元一九年に両京と各州に太公廟が設置されたことは疑いのない事実である。

『旧唐書』巻一三七李紓《りじょ》伝に、

嘗議享武成王不当視文宣廟、奏云、準開元十九年勅、置斉太公廟、以張良配、太常卿及少卿丞、充三献官。

嘗て武成王（斉太公）を享《まつ》るは文宣（孔子）廟に視《なぞら》えるべからざるを議し、奏して云う、「開元一九年の勅に準じ、斉の太公廟を置き、張良を以て配し、太常卿及び少卿・丞、三献の官に充つ」と。

とあり、李紓（?～七九二）は徳宗皇帝朝の人である。唐代後半期においても太公廟は開元一九年に設置されたと確信されており、九世紀の『封氏聞見記』巻四武監に、

開元十九年、置先師太公廟。春秋二仲上戊日釈奠、用張良配享。牲用太牢、軒県之楽八佾之舞。出師将発日、皆引辞。

開元一九年（七三九）、先師・太公廟を置く。春秋二仲の上戊の日に釈奠し、張良を用て配享す。牲は太牢を用い、軒県の楽八佾《いつ》の舞。出師将《まさ》に発せんとする日、皆な引きて辞す（暇乞い）。

とあり、『太平御覧』巻五三五礼儀部・立廟附に引用された『唐書』にも開元一九年とする。

［唐書］又曰、開元十九年、始於両京治斉太公廟、以張良配。上元初、特加封太公為武成王、以歴代名将従其祀。

「唐書」に又た曰わく、「開元一九年、始めて両京に斉の太公廟を治め、張良を以て配す。上元の初め（七六〇）、特に太公に加封して武成王と為し、歴代の名将を以て其の祀に従う」と。

3　『大唐開元礼』の斉の太公

開元二〇年に完成した『大唐開元礼』巻一序例上・神位に、

仲春仲秋上戊、釈奠于斉太公。以留侯張良配。

右、准勅新撰享礼。

仲春・仲秋の上戊、斉太公を釈奠す。留侯の張良を以て配す。

右、勅に准じて新たに享礼を撰す。

とあり、開元一九年に祠典に加えられた斉の太公の祭祀は、開元二〇年に完成した『大唐開元礼』巻五五「仲春仲秋、釈奠于斉太公（仲春・仲秋に、斉の太公を釈奠す）」と同書巻八八「制遣大将出征、有司告于斉太公廟（制して大将を遣り出征せば、有司は斉の太公廟に告ぐ）」に祭祀の詳細な式次第が規定されている。『大唐開元礼』の規定は祠典上の規定であって、「祠令」の一条となるのは開元二五年「祠令」からである。

三　「祠令」の年代

1　大祀・中祀・小祀

「〈祠令〉全文」の最初に、祭祀の大祀・中祀・小祀に関する「祠令」がある。「祠令」にみえる「斉太公」の釈奠は開元一九年（七三一）から開始された。『大唐開元礼』巻一「序例」上・択日に、

凡国有大祀中祀小祀昊天上帝五方上帝皇地祇神州宗廟、皆為大祀、日月星辰社稷先代帝王岳鎮海瀆帝社先蚕孔宣父斉太公諸太子廟並為中祀、司中司命風師雨師霊星山林川沢五龍祠等並為小祀。州県社稷釈奠及諸神祀、並同為小祀。

凡《およ》そ国に大祀・中祀・小祀有り。昊天上帝・五方上帝・皇地祇・神州・宗廟、皆な大祀と為し、日月・星辰・社稷・先代帝王・岳鎮海瀆・帝社・先蚕・孔宣父・斉の太公・諸太子廟、並びに中祀と為し、司中・司命・風師・雨師・霊星・山林・川沢・五龍祠ら、並びに小祀と為す。州県の社稷・釈奠及び諸神祀、並びに同じく小祀と為す。

とあるが、これは祀典の中祀に斉の太公の釈奠が位置づけられた開元二〇年のことをいうものである。

『大唐六典』の四二条の「祠令」の最初に、次のように斉の太公の釈奠を中祀と規定するのは、開元二五年「祠令」であることを示している。

若昊天上帝五方帝皇地祇神州宗廟為大祀、日月星辰社稷先代帝王岳鎮海瀆帝社先蚕孔宣父斉太公諸太子廟為中祀、司中司命風師雨師衆星山林川沢五龍祠等及州県社稷釈奠為小祀。

昊天上帝・五方帝・皇地祇・神州・宗廟の若きは大祀と為し、日月・星辰・社稷・先代帝王・岳鎮海瀆・帝社・先蚕・孔宣父・斉の太公・諸太子廟を中祀と為し、司中・司命（星の名、民の生死を司る神）風師・雨師・衆星・山林・川沢・五龍祠等及び州県の社稷・釈奠を小祀と為す。

『旧唐書』巻四三職官志尚書礼部・祠部郎中員外郎職に、『大唐六典』と同じく斉の太公の釈奠がある。

若昊天上帝皇地祇神州宗廟為大祀、日月星辰社稷先代帝王岳鎮海瀆帝社先蚕孔宣父斉太公諸太子廟為中祀、司中司命風師雨師衆星山林川沢五龍祠等及州県社稷釈奠為小祀、祀天地、皆以祖宗配享。

これも開元二五年「祠令」であると判断される。

『旧唐書』巻二一礼儀志に、

昊天上帝五方帝皇地祇神州及宗廟為大祀、社稷日月星辰先代帝王岳鎮海瀆帝社先蚕釈奠為中祀、司中司命風伯雨師諸星山林川沢之属為小祀。

昊天上帝・五方帝・皇地祇・神州及び宗廟を大祀と為し、社稷・日月・星辰・先代帝王・岳鎮海瀆・帝社・先蚕・釈奠を中祀と為し、司中・司命・風伯・雨師・諸星・山林・川沢の属を小祀と為す。

とあり、「釈奠」としかいわないのは、釈奠といえば孔宣父の釈奠しか存在しなかった年代の「祠令」、開元一九年（七三一）以前の「祠令」であり、開元七年「祠令」もしくはそれ以前の「祠令」であろう。

『大唐六典』祠部郎中員外郎職に所載される史料群の一に、祭祀の大小の別を述べる「祠令」に斉の太公が登場する。この「祠令」は開元一九年以降の「祠令」であり、開元二五年「祠令」と断言してよいだろう。

2　汾陰の后土を祭る「祠令」

「〈祠令〉全文」の⑦に、汾陰の后土を祭る「祠令」がある。『唐令拾遺』「祠令」と『唐令拾遺補』「祠令」はこの規定を「祠令」と認定しない。類例が他の文献にないから、「祠令」と認定しなかったのであろう。

汾陰の后土の祭祀は『旧唐書』巻二四礼儀志に、

汾陰后土之祀、自漢武帝後、廃而不行。玄宗開元十年、将自東都北巡、幸太原、便還京、乃下制曰、王者承事天地以為主、郊享泰尊以通神。蓋燔柴泰壇、定天位也。………（中略）………。行幸至汾陰、宜以来年二月十六日、祠后土。所司準式。先是、脽上有后土祠、嘗為婦人塑像。則天時、移河西梁山神塑像、就祠中配焉。至是、有司送梁山神像於祠外之別室、内出錦繡衣服、以上后土之神、乃更加装飾焉。又於祠堂院外設壇、如皇地祇之制。及所司起作、獲宝鼎三枚以献。十一年二月、上親祠于壇上、亦如方丘儀。礼畢、詔改汾陰為宝鼎。亜献邠王守礼、終献寧王憲。已下頒賜各有差。二十年、車駕又従東都幸太原、還京。中書令蕭嵩上言、去十一年、親祠后土、為祈穀。自是神明昭格、累年豊登、有祈必報、礼之大者。且漢武親祠脽上、前後数四。伏請準旧祀后土、行［報］賽之礼。上従之。其年十一月、至宝鼎、又親祠以申賽謝。礼畢、大赦。仍令所司刊石祠所、上自為其文。

汾陰后土の祀、漢の武帝より後、廃して行わず。玄宗の開元一〇年（七二二）、将《まさ》に東都より北巡し、太原に幸し、便ち京に還らんとし、乃《すなわ》ち制を下して曰わく、「王者は事を天地より承け以て主と為り、泰尊を郊亨し以て神に通ず。蓋し柴を泰壇に燔《た》き、天位を定むなり。………（中略）………。行幸して汾陰に至り、宜しく来年二月一六日を以て、后土を祠るべし。所司は式に準ぜよ」と。是れより先、脽《すい》上に后土祠有り、嘗て婦人の塑像を為る。則天の時、河西の梁山神の塑像を移し、祠中に就き配す。是れに至り、有司は梁山の神像を祠外の別室に送り、錦繡の衣服を内出（皇帝の蔵である内蔵庫より出すこと）し、以て后土の神に上り、乃ち更に装飾を加う。又た祠堂院の外に壇を設けること、皇地祇の制の如し。所司起作するに及んで、宝鼎三枚を獲て以て献ず。一一年二月、上《おかみ》は壇上に親祠すること、亦た方丘の儀の如し。礼畢り、詔して汾陰を改めて宝鼎と為す。亜献は邠《ひん》王・守礼、終献は寧王・憲なり。已下の頒賜 各《おのおの》差有り。二〇年、車駕又た東都より太原に幸し、京に還る。中書令の蕭嵩言を上る、「去る一一年、后土を親祠し、祈穀を為す。是れより神明昭格、累年豊登。祈有らば必ず報じるは、礼の大なるものなり。且ち漢武は脽上に親祠すること、前後数四なり。伏して請うらくは旧に準じ后土を祀り、報賽の礼を行わん」と。上之に従う。其の年の一一月、宝鼎に至り、又た親祠し以て賽謝を申ぶ。礼畢り、大赦す。仍ち所司をして祠所に刊石せしめ、上自ら其の文を為る。

とあり、『通典』巻四五礼典「方丘　神州后土附」大唐に、

開元十一年、玄宗自東都将還西京、便幸并州。至十二年二月二十二日、祠后土於汾陰脽上。太史奏、栄光出河、

休気四塞、祥風繞壇、日揚其光。旧祠堂為婦人塐像。武太后時、移河西梁山神塐像、就祠中配焉。至十一年、有司遷梁山神像于祠外之別室。二十年、車駕欲幸太原、中書令蕭嵩上言云、十一年親祠后土、為蒼生祈穀。自是神明昭祐、累年豊登。有祈必報、礼之大者。且漢武親祠脽上、前後数四。伏請准旧事、至后土、行報賽之礼。従之。至十一月二十一日、祀后土於脽上。

開元一一年（七二三）、玄宗東都より将《まさ》に西京に還らんとし、便ち并州に幸す。一二年二月二一日に至り、后土を汾陰の脽《すい》上に祠る。太史奏す、「栄光河より出で、気の四塞に休し、祥風壇を繞《めぐ》り、日其の光を揚ぐ。旧の祠堂に婦人の塐像を為る。武太后の時、河西の梁山神の塐像を移し、祠中に就け配す。一一年に至り、有司は梁山の神像を祠外の別室に遷す。二〇年、車駕太原に幸せんと欲し、中書令の蕭嵩は言を上りて云う、「一一年に后土を親祠し、蒼生の為に穀を祈る。是れより神明昭祐し、累年豊登なり。祈有れば必ず報じるは、礼の大なるものなり。且つ漢武は脽《すい》上を親祠すること、前後数四。伏して請うらくは旧事に准じ、后土に至り、報賽の礼を行わん」と。之に従う。一一月二一日に至り、后土を脽上に祀る。

とあり、開元一一年と二一年の太原行幸の途中に后土を汾陰の脽上に祠った。

汾陰の后土とは『元和郡県図志』巻一四河中府（蒲州）宝鼎県（もとの汾陰県）の条に、

后土祠在県西北一十一里。　后土祠は県の西北一一里に在り。

とあるように、黄河が南流から東流に変化する部分の蒲州汾陰県にあった。

『大唐六典』巻一四太常寺・汾祠署には、

汾祠署、令一人、従七品下。丞一人、従八品上。並開元二十一年置。

汾祠署、令一人、従七品下。丞一人、従八品上。並びに開元二一年（七三三）置く。

とあり、汾祠署は開元二一年に設置されたとあるから、后土を汾陰に祠る祭祀は開元二一年から開始されたものである。開元二〇年に完成した『大唐開元礼』には后土を汾陰に祭祀する儀礼は存在しない。

この開元二一年からの后土を汾陰に祭祀する「祠令」が『大唐六典』の「祠令」中に存在することによって、『大唐六典』の「祠令」全体は、開元七年の「祠令」ではないことの一證となろう。

3　孔宣父釈奠の七二弟子

「〈祠令〉全文」の⑰に孔宣父釈奠の「祠令」があり、七二弟子を加える記事が出てくる。再度、記事を引用しておこう。『大唐六典』巻二一国子監に「国子祭酒・司業之職」として、

凡春秋二分之月上丁、釈奠於先聖孔宣父、以先師顔回配、七十二弟子及先儒二十二賢従祀焉。

凡《およ》そ春秋二分の月の上丁（二月と八月の最初の丁の日）、先聖の孔宣父を釈奠し、先師の顔回を以て配し、七二弟子及び先儒二二賢従祀す。

とあり、註記に、

旧令、唯祀十哲及二十二賢。開元八年勅、列曾参於十哲之次、并七十二子、並許従祀。其名歴已具於祠部。

「旧令」、唯だ一〇哲及び二二賢を祀るのみ。開元八年（七二〇）勅して、曾参を一〇哲の次に列し、七二子を并せ、並びに従祀するを許す。其の名歴已に祠部に具す。

とあって、開元八年までは一〇哲及二二賢を従祀するのみであった。開元八年の勅命によって、曾参と七二弟子を従祀することになった。

開元八年の勅命は『通典』巻五三礼典・孔子祠・大唐に、

開元八年勅、改顔生等十哲為坐像、悉応従祀。曾参大孝、徳冠同列。特為塐像、坐於十哲之次。図画七十子及二十二賢於堂壁上。以顔子亜聖、親為之賛、以書於石。閔損以下、令当朝文士分為之賛。

開元八年（七二〇）勅す、「顔生等一〇哲を改め坐像と為し、悉く従祀に応ぜよ。曾参大孝にして、徳は同列に冠たり。特に塐像（塑像）を為り、一〇哲の次に坐さしめよ。七〇子及び二二賢を堂壁上に図画せよ。顔子亜聖なるを以て、親ら之が賛を為り、以て石に書け。閔損以下、当朝の文士をして分かちて之が賛を為らしめよ」と。とある。この記事には以下の註記がある。

時国子司業李元瓘奏称、先聖孔宣父廟、先師顔子配坐、今其像立侍、配饗合坐。十哲弟子、雖復列像廟堂、不応饗祀。謹検祠令、何休范甯等二十二賢、猶霑従祀。其十哲請春秋釈奠、列享在二十二賢之上、七十子、請準都監廟堂、図形於壁、兼為立賛。又曾参孝道可崇、独受経於夫子、請準二十二賢応饗。

時に国子司業の李元瓘奏して称う、「先聖・孔宣父廟、先師・顔子配坐するも、今其の像立侍し、配饗合に坐すべし。一〇哲の弟子、復た廟堂に列像すと雖も、饗祀に応じず。謹みて「祠令」を検するに、何休・范甯ら二二賢、猶お従祀に霑《あずか》る。其の一〇哲は春秋の釈奠、列して享《まつ》りて二二賢の上に在らんと請い、七〇子、都監の廟堂に準じて、壁に図形し、兼ねて立賛を為さんと請う。又た曾参の孝道崇ぶべし、独り経を夫子に受く、二二賢の応饗に準ぜんと請う」と。

この細字の記事を読むと、開元八年に国子司業の李元瓘の上奏があり、上奏を承けて勅命が出たようであるから、開元八年の勅命は皇帝が一方的に公布する発日勅によって公布された勅命ではなく、上奏を承けて公布する勅旨か勅牒であり、本来は「勅旨、云云」とか「奉勅、云云」とあったものが、史書の編纂過程において「開元八年勅、云云」と書き換えられたようである。

開元二〇年（七三二）に完成した『大唐開元礼』巻一序例上・神位に、

仲春仲秋上丁、釈奠于太学。

孔宣父為先聖、顔子為先師。冉伯牛仲弓宰我子貢冉有子路子游子夏閔子騫曾参　…………

右新加七十二弟子之名、餘准旧定。

仲春・仲秋の上丁、太学に釈奠す。

孔宣父を先聖と為し、顔子を先師と為す。冉伯・牛仲弓・宰我・子貢・冉有・子路・子游・子夏・閔子騫・曾参　…………

右新たに七二弟子の名を加え、餘は旧に准じて定む。

とあり、開元八年の七二弟子を加え、従祀する決定は『大唐開元礼』に採用され、祀典に加えられた。この決定が「祠令」となるのは開元八年以降であるから、七二弟子を加え従祀する「祠令」は開元二五年「祠令」ということになろう。

前掲した『大唐六典』の註記に、

「旧令」、唯祀十哲及二十二賢。　「旧令」は、唯だ一〇哲及び二二賢を祀るのみ。

とある「旧令」は開元八年以前の「旧令」であるから、開元七年「祠令」を指すことになり、『大唐六典』の「祠令」は「開元二五年令」ということになる。

4　青城丈人山の祭祀

前掲した「〈祠令〉全文」の㉓に、丈人山を祭祀する記事がある。『唐令拾遺』は何も言及しないが、多分、「祠令」の一条であろう。再度引用する。

蜀州青城丈人山、毎歳春秋二時、享以蔬饌、委県令行。側近以三両人洒掃。

蜀州青城の丈人山、毎歳春秋二時、享るに蔬饌を以てし、県令に委ね行わしむ。側近三・両人を以て洒掃せしむ。

青城丈人山の祭祀に関連して、『冊府元亀』巻五三帝王部・尚黄老に、

［開元］二十年四月己酉、勅曰、五岳先制真君祠廟、朕為蒼生祈福。宜令祭岳、使選精誠道士、以時設醮。及廬

山使者青城丈人廟、並准此祭醮。

開元二〇年（七三二）四月己酉、勅して曰わく、「五岳先に真君祠廟を制《つく》り、朕は蒼生の為に福を祈る。宜しく岳を祭るに、精誠の道士を選ばしめ、時を以て醮《しょう》（酒を供えた祭）を設くべし。廬山使者・青城丈人廟に及んでは、並びに此れに准じて祭醮せよ」と。

とあるから、蜀州青城の丈人山を春秋二時に祭るようになったのは開元二〇年に起源があり、これが発展して開元二五年「祠令」の一条となったものであろう。

5　先代帝王に関する「祠令」

前掲した「〈祠令〉全文」の㉔に先代帝王に関する「祠令」がある。

凡三年一享［先代帝王。享］帝嚳氏於頓丘。享唐堯於平陽、而稷卨配焉。享虞舜於河東、咎繇配焉。享夏禹於安邑、伯益配焉。享殷湯於偃師、伊尹配焉。享周文王於酆、太公配焉。享周武王於鎬、周公召公配焉。享漢高祖於長陵、蕭何配焉。皆以仲春之月。

右の史料は『唐令拾遺』や『唐令拾遺補』によって「祠令」であることが確認されている。類似する「祠令」は『旧唐書』巻二四礼儀志の「武徳貞観之制、神祇大享之外」とする史料群にもある。

帝嚳祭於頓丘。唐堯契配、祭於平陽。虞舜咎繇配、祭於河東。夏禹伯益配、祭於安邑。殷湯、伊尹配、祭於偃師。周文王、太公配、祭於酆。周武王、周公召公配、祭於鎬。漢高祖蕭何配、祭於長陵。三年一祭、以仲春之月。牲皆用太牢。祀官以当界州長官、有故、遣上佐行事。

帝嚳《ていこく》を頓丘に祭る。唐堯は契を配し、平陽に祭る。虞舜は咎繇《きゅうよう》を配し、河東に祭る。夏の禹は伯益を配し、安邑に祭る。殷の湯は伊尹《いいん》を配し、偃師に祭る。周の文王は太公を配し、酆に祭る。周の武王は周公・召公を配し、鎬に祭る。漢の高祖は蕭何を配し、長陵に祭る。三年一祭、仲春の月を以てす。牲は皆な太牢（牛・羊・豕《し》からなる饗食）を用う。祀官は当界州の長官を以てし、故有らば、上佐（司馬や別駕）を遣りて事を行わしむ。

前掲した『大唐六典』の記事が「祠令」であるならば、『旧唐書』礼儀志の史料も「祠令」であり、「武徳貞観之制、神祇大享之外（武徳・貞観の制、神祇大享の外）」とあるから、武徳七年（六二四）「祠令」と貞観一一年（六三七）「祠令」であることになる。

この「祠令」は加えて開元二〇年に完成した『大唐開元礼』巻一序例上・神位に「仲春享先代帝王（仲春に先代帝王を享る）」としてある。

帝嚳氏享於頓丘。帝堯氏享於平陽、稷契配。帝舜氏享於河東、皐陶配。夏禹享於安邑、伯益配。殷湯享於偃師、伊尹配。周文王享於酆、太公配。周武王享於鎬、周公召公配。漢高祖享於長陵、蕭何配。

右新加帝嚳氏、餘準旧礼為定。

右の『大唐開元礼』に、

右新加帝嚳氏、餘準旧礼為定。　右新たに帝嚳《ていこく》氏を加え、餘は旧礼に準じて定と為す。

とあるから、先代帝王として帝嚳氏を祭祀することは『大唐開元礼』において開始された。

帝嚳氏が先代帝王の祭祀に加えられたのは開元二〇年であるにも拘わらず、武徳と貞観「祠令」に帝嚳氏の祭祀が登場する。これはどうしたことであろうか。『旧唐書』礼儀志の記事も誤りとすることはできない。これは唐初の「祠令」に帝嚳氏の祭祀があって途中で削除され、開元二〇年になって再び加えられたと解釈するしかない。

では、削除の時期は何時であろうか。『旧唐書』巻二四礼儀志に、

貞観之礼、無祭先代帝王之文。顕慶二年六月、礼部尚書許敬宗等奏曰、請案礼記祭法云、聖王之制祀也、法施於人則祀之。以死勤事則祀之。以労定国則祀之。能禦大災則祀之。能捍大患則祀之。又堯舜禹湯文武、有功烈於人。

及日月星辰、人所瞻仰。非此族也、不在祀典。準此、帝王合与日月同例、常加祭享、義在報功。爰及隋代、並遵斯典。漢高祖祭法無文、但以前代迄今、多行秦漢故事。始皇無道、所以棄之、漢祖典章、法垂於後。自隋已下、亦在祠例。伏惟大唐稽古垂化、網羅前典、唯此一礼、咸秩未申。今請聿遵故事、三年一祭、以仲春之月、祭唐堯于平陽、以契配。祭虞舜于河東、以咎繇配。祭夏禹于安邑、以伯益配。祭殷湯于偃師、以伊尹配。祭周文王于酆、以太公配。祭武王於鎬、以周公召公配。祭漢高祖于長陵、以蕭何配。

貞観の礼（『貞観礼』のこと）、先代帝王を祭るの文なし。顕慶二年（六五七）六月、礼部尚書の許敬宗らが奏して曰わく、「〈礼記〉祭法を請《たず》ね案じて云う、『聖王の［祭］祀を制するや、法 人に施せるものは則ち之を祀る。死を以て事に勤めたるものは則ち之を祀る。労を以て国を定めたるものは則ち之を祀る。能く大災を禦げるものは則ち之を祀る、能《よ》く大患を捍げるものは則ち之を祀る。又た堯・舜・禹・湯・文・武、人に功烈有る者なり。及び日月星辰は、人の瞻仰する所なり。此の族《たぐい》に非ざれば、祀典に在らず』と。此に準じ、帝王合に日月と例を同じくし、常に祭享を加え、義は報功に在るべし。爰に隋代に及んで、並びに斯典に遵う。漢の高祖の祭法文なし、但だ以うに前代今に迄り、多く秦漢の故事を行う。始皇無道にして、之を棄てる所以、漢祖の典章、法を後に垂る。隋より已下、亦た祠例に在り。伏して惟うに大唐古を稽《かんが》え化を垂れ、前典を網羅するに、唯だ此の一礼、咸秩未《いま》だ申べず。今聿《ここ》に故事に遵い、三年一祭し、仲春の月を以てし、唐堯を平陽に祭り、契を以て配す。虞舜を河東に祭り、咎繇《きゅうよう》を以て配す。夏の禹を安邑に祭り、伯益を以て配す。殷の湯を偃師に祭り、伊尹《いいん》を以て配す。周の文王を酆《けい》に祭り、太公を以て配す。武王を鎬に祭り、周公・召公を以て配す。漢の高祖を長陵に祭り、蕭何を以て配さんと請う」と。

とあり、顕慶二年（六五七）になって、先代帝王に関する式次第が整備された。『大唐開元礼』巻五〇「有司享先代帝王」の前身をなす式次第である。その時の礼部尚書・許敬宗らの上奏の一節に、

三年一祭、以仲春之月、祭唐堯于平陽、以契配。祭虞舜于河東、以咎繇配。祭夏禹于安邑、以伯益配。祭殷湯于偃師、以伊尹配。祭周文王于酆、以太公配。祭武王於鎬、以周公召公配。祭漢高祖于長陵、以蕭何配。

三年一祭、仲春の月を以てし、唐堯を平陽に祭り、契を以て配す。虞舜を河東に祭り、咎繇《きゅうよう》を以て配す。夏の禹を安邑に祭り、伯益を以て配す。殷の湯を偃師に祭り、伊尹《いいん》を以て配す。周の文王を酆《けい》に祭り、太公を以て配す。武王を鎬に祭り、周公・召公を以て配す。漢の高祖を長陵に祭り、蕭何を以て配す。

とあるから、顕慶二年に先代帝王に関する「祠令」は改訂があり、帝嚳《ていこく》氏の祭祀は削除され、開元二〇年になって再び加えられたのである＊。

『大唐六典』の先代帝王に関する「祠令」に帝嚳氏の祭祀があるのは、『大唐六典』が開元二五年「祠令」を引用していることを證明するものであり、開元七年の先代帝王に関する「祠令」には帝嚳氏の祭祀はないのである。

＊『唐会要』巻二二前代帝王には「顕慶二年七月十一日、太尉長孫無忌議曰、謹按祭法云、聖王之制礼也」とあり、長孫無忌の議となっている。『通典』巻五三礼典・祀先代帝王・大唐には「大唐前修礼令、無祭先代帝王之文。礼部尚書許敬宗等奏、謹按礼記祭法云、聖王之制祭祀也」とあり、『旧唐書』と同じく許敬宗らの奏議となっている。

6　七太子廟に関する「祠令」

前掲した「〈祠令〉全文」の㉕に次のような七太子廟に関する「祠令」がある。

四時仲月、享隠章懐懿徳節愍恵荘恵文恵宣七太子廟、令其子孫主祭、有司給牲牢楽県、太常博士相礼焉。

隠太子から恵宣太子までの七太子廟に関する「祠令」がある。確かに「祠令」である根拠を示せといわれれば回答に窮するが、『大唐六典』祠部郎中の箇所にある他の条項が「祠令」であるから、七太子に関する規定も「祠令」であろう程度の回答しかできない。

七太子廟に関する規定は「祠令」でなく、単なる規定であってもよい。この規定が『大唐六典』祠部郎中の箇所にあることが重要なのである。『大唐六典』祠部郎中の箇所にある「祠令」は他の年度の種々入り交じった「祠令」ではなく、ある時期の「祠令」群であろう。その中に七太子廟に関する「祠令」もしくは規定があり、この「祠令」もしくは規定の年代が判明すれば、「祠令」群の年代が判明することになる。

七太子のうち、恵荘太子は睿宗皇帝の第二子であり、『旧唐書』巻九五恵荘太子撝《き》伝には次のようにある。

恵荘太子撝、睿宗第二子也。本名成義。母柳氏、掖庭宮人。………（中略）………。先天元年七月、加実封一千戸。八月、行司徒兼益州大都督。開元二年、帯司徒兼幽州刺史。俄避昭成太后之称、改名撝。歴鄧虢絳三州刺史。八年、因入朝、停刺史、依旧為司徒。性弘裕、儀形瓌偉、善於飲啖。十二年、病薨、冊贈恵荘太子、陪葬橋陵。

恵荘太子・撝《き》は、睿宗の第二子なり。本は成義と名づく。母は柳氏、掖庭の宮人なり。………（中略）………。先天元年（七一二）七月、実封一千戸を加う。八月、行司徒（正一品）兼益州大都督（「行司徒」の「行」は保持する文散官より職事官の司徒のほうが高い品階にある場合に用いる。文散官の最高位は従一品の開府儀同三司であるから、職事官・司徒であれば、常に「行司徒」と表記することとなる。司徒は実職はないから「兼益州大都督」が実職となる）。開元二年（七一四）、司徒を帯びて幽州刺史を兼ぬ。俄に昭成太后の称（昭成太后は睿宗皇帝の皇后、玄宗皇帝の母・竇氏のこと。竇氏は睿宗皇帝の即位前に薨去しており、睿宗皇帝の即位によって昭成皇后と追諡され、玄宗皇帝が即位して昭成太后と追尊された。「昭成」の「成」字が「成義」と重なるため改名した）を避け、撝と改名す。鄧・虢《かく》・絳三州刺史を歴す。八年、入朝するに因り、刺史を停め、旧に依り司徒と為す。性は弘裕、儀形瓌偉にして、飲啖を善くす。一二年（七二四）、病もて薨ず。恵荘太子に冊贈し、橋陵に陪葬す。

恵荘太子は玄宗皇帝（睿宗皇帝の第三子）の兄に当たるが、生母が異なるから異母兄である。彼は開元一二年に薨去し恵荘太子を追贈された。恵荘太子の冊文は『唐大詔令集』巻三二に「恵荘太子冊文」と題してあり、維開元十二年十一月甲申、皇帝若曰、………　維《こ》れ開元一二年一一月甲申、皇帝曰《い》うが若《ごと》きは　………

とあるから、恵荘太子となったのは開元一二年一一月である。

恵文太子の列伝は『旧唐書』巻九五文太子範伝にある。

恵文太子範、睿宗第四子也。本名隆範、後避玄宗連名、改単称範。………（中略）………。十四年、病薨。上哭之甚慟、輟朝三日。為之追福、手写老子経、徹膳累旬、百寮上表勧喩、然後復常。開元十四年、命工部尚書摂太尉盧従愿、冊贈王為恵文太子、陪葬橋陵。

恵文太子・範は、睿宗の第四子なり。本は隆範と名づくも、後に玄宗と連名なるを避け、改めて単に「範」と称す。………（中略）………。一四年（七二六）、病にて薨ず。上之に哭し甚だ慟《な》き、輟朝する三日。之が追福の為に、「老子経」を手写し、徹膳すること累旬なり。百寮上表して勧喩し、然る後に常に復す。開元一四年、工部尚書摂太尉の盧従愿に命じ、王を冊贈し恵文太子と為し、橋陵に陪葬す。

恵文太子の生母は不明であるが、名が隆範であり、玄宗皇帝が隆基であり、恵文太子が薨去した時、玄宗皇帝が一〇日も食事をしなかったことを思えば、玄宗皇帝と同母兄弟であったとしてよい。恵文太子は開元一四年に薨去している。恵文太子の冊文は『唐大詔令集』巻三二にある。

維開元十四年四月二十二日、皇帝若曰、………　維《こ》れ開元一四年四月二二日、皇帝曰《い》うが若《ごと》きは、………

恵文太子廟が「祠令」の一条になるのは開元一四年四月以降であるから、七太子廟に関する「祠令」は開元七年「祠令」ではない。開元二〇年に完成した『大唐開元礼』巻一序例上・神位に、

隠太子廟章懐太子廟懿徳太子廟節愍太子廟恵荘太子廟恵文太子廟。

右並新撰享礼、毎年四享。

隠太子廟・章懐太子廟・懿徳太子廟・節愍太子廟・恵荘太子廟・恵文太子廟。

右並びに新たに享礼を撰し、毎年四享す。

とあり、開元二〇年に享礼が撰定され、毎年四享されることになった。恵荘太子は開元一二年に薨去し、恵文太子は開元一四年に薨去している。

七太子の最後は恵宣太子である。恵宣太子は睿宗皇帝の第五子で、略歴は『旧唐書』巻九五恵宣太子業伝にある。

恵宣太子業、睿宗第五子也。本名隆業、後単名業。………（中略）………。二十一年、業進拝司徒。二十二年正月、薨。冊贈恵宣太子、陪葬橋陵。

恵宣太子の業、睿宗の第五子なり。本は隆業と名づくも、後に単に「業」と名づく。………（中略）………。二一年（七三三）、業進められて司徒を拝す。二二年正月、薨ず。恵宣太子を冊贈し、橋陵に陪葬す。

恵宣太子は睿宗皇帝の第五子で、開元二二年に薨去している。『旧唐書』巻八玄宗紀開元二二年七月の条に、

己巳、司徒薛王業薨、追謚為恵宣太子。　己巳、司徒・薛王の業 薨じ、追謚《ついし》して恵宣太子と為す。

とあるから、恵宣太子と追謚されたのは開元二二年七月である。

右に示した七太子廟に関する「祠令」もしくは法規には、恵荘太子・恵文太子・恵宣太子が含まれる。恵荘太子は開元一二年、恵文太子は開元一四年に薨去している。恵宣太子は右に述べた通りであるから、七太子廟に関する「祠令」は開元七年「祠令」ではない。『唐令拾遺補』はこの「祠令」を開元七年「祠令」とするが、開元二五年「祠令」の一条と想定するのが妥当である。

7　家廟規定

前掲した「〈祠令〉全文」の㉙に、五品以上の家廟数を規定する記事がある。

凡官爵二品已上祠四廟、五品已上祠三廟、六品已下、達於庶人、祭祖禰而已。

凡《およ》そ官爵二品已上は祠四廟、五品已上は祠三廟、六品已下、庶人に達し、祖禰《そでい》を祭るのみ。

『唐令拾遺』（五〇八頁）は、この記事が『大唐六典』にあるから開元七年「儀制令」とし、『唐令拾遺補』（九九五頁）は開元七年「祠令」とする。この記事は『大唐六典』の「祠令」群の中にあるから、「祠令」の一条とする『唐令拾遺補』の判断は正しい。開元七年の「祠令」とするところがいただけない。

家廟に関する規定は『唐会要』巻一九百官家廟にある。

開元十三年、勅、一品許祭四廟、三品許祭三廟、五品許祭二廟、嫡士許祭一廟、庶人祭於寝。

開元一三年（七二五）、勅す、「一品は四廟を祭るを許し、三品は三廟を祭るを許し、五品は二廟を祭るを許し、嫡士は一廟を祭るを許し、庶人は寝に祭る」と。

同じ記事は勅書の公布年次が異なるが『新唐書』巻一三礼楽志にもある。

開元十二年、著令。一品二品四廟、三品三廟、五品二廟、嫡士一廟、庶人祭於寝。及定礼、二品以上四廟、三品三廟、三品以上、不（不は衍字）須爵者亦四廟、四廟有始封為五廟。四品五品有兼爵亦三廟、六品以下、達於庶人、祭於寝。

開元一二年、令に著す。「一品・二品は四廟、三品は三廟、五品は二廟、嫡士は一廟、庶人は寝に祭る。礼（「開元礼」）を定めるに及んで、二品以上は四廟、三品は三廟、三品以上、爵を須いる者は亦た四廟、四廟にして始封有らば五廟と為す。四品・五品にして兼爵有らば亦た三廟、六品以下、庶人に達するまで、寝に祭る」と。

臣僚の廟数の規定を公布したのは開元一二年か一三年のようである。魯魚の間違いは往々にしてあるから、一二年が是か非を論じることに、この場合は意味がない。重要なのは臣僚の廟数規定が公布されたのは、開元一二年（もしくは一三年）であることである。

『新唐書』巻一三礼楽志によれば、開元一二年（もしくは一三年）の最初の勅書において、廟数規定は、

一品二品四廟、三品三廟、五品二廟、嫡士一廟、庶人祭於寝。

であったようで、開元二〇年に完成した『大唐開元礼』において、

二品以上四廟、三品三廟、三品以上、不（不は衍字）須爵者亦四廟、四廟有始封為五廟。四品五品有兼爵亦三廟、六品以下、達於庶人、祭於寝。

と改訂されたようである。『大唐開元礼』巻三序例下・雑制には、

凡文武官二品已上、祠四廟。五品已上、祠三廟。三品已上、不（不は衍字）須兼爵、四廟。外有始封祖者、通祠五廟。牲皆用少牢。六品已下、達於庶人、祭祖禰于正寝、用特牲。縦祖父官有高下、皆用子孫牲。

凡《およ》そ文武官二品已上は、四廟を祠り、五品已上は、三廟を祠る。三品已上、兼爵を須《もち》い、四廟。外に始封の祖有る者は、通じて五廟を祠る。牲は皆な少牢を用う。六品已下、庶人に達するまで、祖禰《そでい》を正寝に祭り、特牲を用う。縦《も》し祖父の官高下有らば、皆な子孫の牲を用う。

とあり、『大唐六典』の家廟規定に関する「祠令」に近い記事がある。

『通典』巻四八礼典・諸侯大夫士宗廟・大唐に次のようにある。

大唐、制、凡文武官二品以上、祠四廟、三品以上、須兼爵四廟、外有始封祖、通祠五廟、五品以上、祠三廟。牲皆用少牢。六品以下、達於庶人、祭祖禰於正寝。縦祖父官有高下、皆用子孫之牲、用少牢。

大唐、制《みことのり》す、「凡《およ》そ文武官二品以上は、四廟を祠る、三品以上、兼爵を須《もち》い、四廟、外に始封の祖有らば、通じて五廟を祠り、五品以上は、三廟を祠る。牲は皆な少牢を用う。六品以下、庶人に達するまで、祖禰を正寝に祭る。縦し祖父の官高下有らば、皆な子孫の牲を用い、少牢を用う」と。

ここで再度考えなければならないのは、臣下の廟数規定は開元一二年か一三年に、初めて公布された事実である。であれば、『大唐六典』「祠令」の㉙に、

凡官爵二品已上祠四廟、五品已上祠三廟、六品已下、達於庶人、祭祖禰而已。

とある「祠令」は、開元七年の「祠令」ではないことになる。開元一二年か一三年に公布された勅書は格として行用され、開元二〇年までに改訂されて『大唐開元礼』に著録され、「祠令」となるのは開元二五年からとなる。『大唐六典』「祠令」㉙の「祠令」は開元七年の「祠令」ではなく、開元二五年「祠令」である。この想定は唐突ではない。『大唐六典』には「開元二五令」であることを示す記事が多くあるから、家廟規定が開元二五年から「祠令」の一条になったとするのは無理のない想定であろう。

8　初献・亜献・終献

前掲した「〈祠令〉全文」の㉜に、祭祀の初献・亜献・終献を述べた記事がある。

凡国有大祭祀之礼、皇帝親祭、則太尉為初献、太常卿為亜献、光禄卿為終献。若有司摂事、則太尉為初献、太常卿為亜献、光禄卿為終献。孔宣父廟、則国子祭酒為初献、司業為亜献、国子博士為終献。斉太公廟、則太常卿為初献、少卿為亜献、丞為終献。諸小祀唯官一献。

凡《およ》そ国に大祭祀の礼有らば、皇帝親祭し、則ち太尉を亜献と為し、光禄卿を終献と為す。若し有司摂事（代行）せば、則ち太尉を初献と為し、太常卿を亜献と為し、光禄卿を終献と為す。孔宣父廟、則ち国子祭酒を初献と為し、司業を亜献と為し、国子博士を終献と為す。斉太公廟、則ち太常卿を初献と為し、少卿を亜献と為し、丞を終献と為す。諸小祀は唯だ官一献するのみ。

右の記事に斉の太公の祭祀の初献・亜献・終献を述べた箇所がある。斉の太公の祭祀は開元一九年以降であるから、「凡国有大祭祀之礼、………」の記事は開元七年の制度を述べたものではない。

以上、『大唐六典』巻四尚書礼部・祠部郎中員外郎職に所載された「祠令」と「祠令」に関係する記事四二条を示し、その中で明瞭に開元七年以降であることが判明する記事を九種示した。四二条の記事は同一年代の記事であろうと考えるのが妥当であろう。その中で開元七年以降であることが明瞭な記事が一例でもあれば、四二条の記事は開元七年の制度をいうものではないということになる。検討した結果、開元七年以降の制度であることが判明した記事が九例もあった。これは四二条の記事全体は開元七年以降の制度であることになる。中には「祠令」であることが判然としている記事もある。「祠令」であって、開元七年「祠令」でないとすれば、それは開元二五年「祠令」しかない。四二条の記事全体は開元二五年「祠令」とそれに関連する記事と断定してよいだろう。

右の事実が判明すると、次の推定が可能となる。すなわち、『大唐六典』の記事全体は開元二五年の事実を述べたものである。これで『大唐六典』の記事の検證は終了としてよいのであるが、開元二五年の事実を述べているのは、祠部郎中員外郎職に所載された「祠令」と「祠令」に関係する記事四二条だけであるという反論が出るかも知れないので、以下にも、種々の史料を挙例して『大唐六典』は開元二五年の事実を述べたものであることを検證していくこととする。

9　千秋節の金録斎

前掲した「〈祠令〉全文」の㊴に、三元の日と千秋節日の金録斎と明真斎の規定がある。千秋節日は開元一七年にできた節日であるから、三元の日と千秋節日に金録斎と明真斎を挙行する規定は開元一七年以降に設定された規定であることは疑いない。『唐令拾遺』「祠令」と『唐令拾遺補』「祠令」はこの規定を「祠令」と認定しない。

三元の日と千秋節に金録斎と明真斎が挙行される規定は「祠令」でなくてもよい。この規定が『大唐六典』祠部の「祠令」群に存在することが重要なのである。『大唐六典』祠部の「祠令」群は年代の異なる「祠令」が引用されるのではなく、同一時期の「祠令」と考えるのが常識的であろうから、この「祠令」群に開元一七年以降に設定されたであろう三元の日と千秋節に金録斎と明真斎が挙行される規定が存在することは、『大唐六典』巻四尚書礼部祠部郎中員外郎職条の「祠令」群は開元一七年以降の「祠令」であるといえよう。

『唐令拾遺』「祠令」と『唐令拾遺補』「祠令」は、三元の日と千秋節に金録斎と明真斎が挙行される規定を「祠令」と認定しないのは、この規定が「祠令」であるという明確な類例がないからであって、この規定は「祠令」でないとはいえない。「祠令」群の中にあるという状況から考えて「祠令」と想定するのが妥当であろう。

四　「祠令」から判明する事実

1　「監察御史職」記事の年代

『大唐六典』巻一三御史臺・監察御史職の条に、監察御史の職務を述べて次のようにある。

○監察御史、掌分察百僚、巡按郡県、糾視刑獄、粛整朝儀。朝廷有不粛敬、御史則糾而劾之。毎二人五日分和東西朝堂。旧例、監察正門無籍、非因奏事、不得入至殿廷。開元七年三月勅、並令隨仗而入、不得供奉、位在尚書員外郎後。十道巡按、則選判官二人、以為之佐。如本道務繁、得量差官人歴官清幹者、号為支使。

監察御史、百僚を分察し、郡県を巡按し、刑獄を糾視し、朝儀を粛整することを掌る。朝廷に不粛敬有らば、御史則ち糾して之を劾す。二人をして五日毎に東西朝堂に分和せしむ。旧例、正門に籍なきを監察し、奏事に因るに非ざれば、入りて殿廷に至るを得ず。開元七年三月勅し、並びに仗に隨いて入らしめ、供奉するを得ず、位は尚書員外郎の後に在り。一〇道の巡按、則ち判官二人を選び、以て之が佐と為す。如し本道の務繁ならば、量りて官人の歴官清幹なる者を差すを得、号して支使と為す。

○凡将師戦伐、大克殺獲、数其俘馘、審其功賞、弁其真偽。若諸道屯田及鋳銭、其審功糾過、亦如之。
凡《およ》そ将師戦伐、大克殺獲、其の俘馘を数え、其の功賞を審し、其の真偽を弁ず。諸道の屯田及び鋳銭の若《ごと》きは、其功を審し過を糾すこと、亦た之の如し。

○凡嶺南及黔府選補、亦令一人監其得失。　凡そ嶺南及び黔府の選補、亦た一人をして其の得失を監す。

○凡決囚徒、則与中書舎人金吾将軍監之。若京師忌斎、則与殿中侍御史分察寺観。七品已上清官皆預行香、不到、則牒送法司。若在京都、則分察尚書六司、糾其過失、及知太府司農出納。
凡そ囚徒を決せば、則ち中書舎人・金吾将軍と之を監す。京師の忌斎の若きは、則ち殿中侍御史と寺観を分察す。七品已上清官皆な行香に預り、到らざれば、則ち法司に牒送す。若《も》し京都に在れば、則ち尚書六司を分察し、其の過失を糾し、及び太府・司農の出納を知《す》べる。

○凡冬至祀圜丘、夏至祭方丘、孟春祈穀、季秋祀明堂、孟冬祭神州、五郊迎気及享太廟、則二人共監之。若朝日夕月及祭社稷孔宣父斉太公蜡百神、則一人率其官属、閲其牲牢、省其器服、弁其軽重、有不修不敬則劾之。
凡そ冬至の祀圜丘、夏至の祭方丘、孟春の祈穀、季秋の祀明堂、孟冬の祭神州、五郊迎気及び享太廟、則ち二人共に之を監す。朝日夕月及び祭社稷・孔宣父・斉太公・蜡《さ》百神の若《ごと》きは、則ち一人其の官属を率い、其の牲牢を閲し、其の器服を省み、其の軽重を弁じ、不修不敬有らば則ち之を劾す。

○凡尚書省有会議、亦監其過謬。………　凡そ尚書省に会議有らば、亦た其の過謬を監す。………

この五種の監察御史の職はある時点の職をいうものであって、年度の異なる職を寄せ集めたものではない。『大唐六典』は開元二五年の制度を述べる書であることは、ほぼ理解してもらえたであろう。右の職の一に祭祀の監察をいうが、その中に「斉太公」の祭祀の監察がある。「斉太公」は開元一九年（七三一）以降に祭祀され、「祠令」の一条となったから、右の五種の職は開元二五年「職員令」の監察御史の職をいうものである。

2　「軍防令」の斉の太公廟

『大唐六典』巻五尚書兵部・兵部郎中員外郎職の条に「軍防令」に関する記事がある。

凡大将出征、皆告廟、授斧鉞。辞斉太公廟。辞訖、不反宿於家。臨軍対寇、士卒不用命、並得専行其罰。既捷、及軍未散、皆会衆而書労与其費用、執俘折馘之数、皆露布以聞、乃告太廟。元帥凱旋之日、天子遣使郊労。有司先献捷於太廟、又告斉太公廟。諸軍将若須入朝奏事、則先状奏聞。

凡《およ》そ大将出征せば皆な廟に告げ、斧鉞を授かり、斉の太公廟に辞す（暇乞い）。辞し訖らば、反りて家に宿さず。軍に臨み寇に対い、士卒命を用いざれば、並びに其の罰を専行するを得。既に捷ち、軍未だ散ぜざるにおよび、皆な会衆して労と其の費用とを書き、俘の折馘の数を執り、皆な露布（戦勝報告書、規定の文書式がある）もて以聞す。乃ち太廟に告ぐ。元帥凱旋の日、天子使を遣わし郊労す。有司先ず捷を太廟に献じ、又た斉の太公廟に告ぐ。諸軍将若し須らく入朝して事を奏せば、則ち先ず状して奏聞するべし。

『唐令拾遺』は右のうちの、

①凡大将出征、皆告廟、授斧鉞。辞斉太公廟。辞訖、不反宿於家。元帥凱旋之日、天子遣使郊労、有司先献捷於太廟、又告斉太公廟。

の記事を開元七年「軍防令」として（三七一頁）、

②諸大将出征、臨軍対寇、士卒不用命、並得専行其罰。

③諸大将出征、既捷、及軍未散、皆会衆、而書労与其費用、執俘折馘之数、皆露布以聞。乃告太廟。

の二条を復元する（『唐令拾遺』三七四頁、三七五頁）。がしかし、「斉太公廟」は開元一九年であるから、①の復元条文を開元七年「軍防令」とするのは誤りである。

『唐令拾遺補』「軍防令」（一一五一頁）は、右の『大唐六典』から、

諸大将出征、皆告廟、授斧鉞。辞訖（この二字不要）、不反宿於家。元帥（前に「大将」とあるから、ここで「元帥」とあるのは奇妙である。「元帥」の二字は不要）凱旋之日、天子遣使郊労。有司先献捷於太廟。

という開元七年「軍防令」を復元し、また、②と③を開元七年「軍防令」とする（一一五六頁と一一五八頁）。

この『唐令拾遺補』「軍防令」二条の復元は合理的で肯首してよいであろう。しかし、開元七年「軍防令」とするところに疑問がある。三条とも出典は『大唐六典』巻五尚書兵部・兵部郎中員外郎職の記事である。この記事には「斉太公廟」がある。『唐令拾遺補』は開元七年「軍防令」に開元一九年以降の「斉太公廟」があってはならないから、意図的に「斉太公廟」を消去し、

諸大将出征、皆告廟、授斧鉞。辞訖、不反宿於家。元帥凱旋之日、天子遣使郊労。有司先献捷於太廟。

という令文を作成している。開元七年「軍防令」にこのような条文が存在したかも知れないが、確かに開元七年であることを例證する史料がない。となれば、右の復元は机上の産物でしかない。やはり、開元七年とする「軍防令」の繫年に難があるといわざるを得ない。

この「軍防令」には「斉太公廟」が登場するから、開元一九年以降の「軍防令」であることは明らかである。この条文に似た「軍防令」は開元二五年以前にもあったと想定できるが、開元二五年以前であれば、「斉太公廟」の語はなかったであろう。

3　祭祀の幣色

『大唐六典』巻二〇太府寺・太府卿職の条に、

凡供祀昊天上帝幣以蒼、配帝亦如之。皇地祇幣以黄、配帝亦如之。祀大明幣以青、夜明幣以白、神州幣以黄、大社太稷之幣、皆以玄、后稷亦如之。先農幣以青、先蚕幣以玄。蜡祭神農幣以赤、伊祁氏幣以玄。祀五方帝五帝五官内官中官外官五星二十八宿及衆星岳鎮海瀆林川沢丘陵墳衍等之幣、皆以其方色。祈告宗廟之幣及孔宣父斉太公皆以白。凡幣皆長一丈八尺。

凡《およ》そ供えて昊天上帝を祀る幣は蒼を以てし、配帝亦た之の如《ごと》し。皇地祇の幣は黄を以てし、配帝亦た之《かく》の如し。大明を祀る幣は青を以てし、夜明の幣は白を以てし、神州の幣は黄を以てし、大社・太稷の幣は、皆な玄を以てし、后稷亦た之の如し。先農の幣は青を以てし、先蚕の幣は玄を以てす。蜡《さ》祭の神農の幣は赤を以てし、伊祁《いぎ》氏の幣は玄を以てす。五方帝・五帝・五官（句芒・祝融・后土・蓐収・玄冥）内官・中官・外官・五星・二八宿（二八の星座、一季節七宿で四季節二八宿となる）及び衆星・岳鎮海瀆・林川沢・丘陵・墳衍らを祀るの幣は、皆な其の方色を以てす。宗廟を祈告するの幣及び孔宣父・斉の太公、皆な白を以てす。凡そ幣は皆な長さ一丈八尺。

と祭祀の幣色をいう。この中に「祈告宗廟之幣及孔宣父斉太公皆以白」とある。「斉太公」の祭祀は何度もいうが開元一九年からの祭祀であり、「斉太公」が絡む行事は開元一九年以降の行事である。右の記事は「太府式」ではないかと考えられるが、開元七年の「太府式」ではない。やはり開元二五年「太府式」であろう。

第一三節　『大唐六典』の「田令」

一　「田令」全文

『大唐六典』巻三尚書戸部・戸部郎中員外郎職に、次のような唐代の「田令」を所載する。

○凡天下之田、五尺為歩、二百有四十歩為畝、百畝為頃。度其肥瘠寛狭、以居其人。
凡《およ》そ天下之田、五尺を歩と為し、二百有四十歩を畝と為し、百畝を頃と為す。其の肥瘠・寛狭を度《はか》り、以て其の人を居らしむ。

○凡給田之制有差。丁男中男以一頃、中男年十八已上者、亦依丁男給。老男篤疾廃疾以四十畝、寡妻妾以三十畝、若為戸者則減丁之半。
凡そ給田の制に差有り。丁男・中男は一頃を以てし、中男年一八已上は、亦た丁男により給す。老男・篤疾・廃疾は四〇畝を以てし、寡・妻・妾は三〇畝を以てし、戸と為る者の若きは則ち丁の半を減ず。

○凡田分為二等。一曰永業、一曰口分。丁之田、二為永業、八為口分。
凡そ田分かちて二等と為す。一に曰わく永業、一に曰わく口分。丁の田、二を永業と為し、八を口分と為す。

○凡道士給田三十畝、女冠二十畝。僧尼亦如之。
凡そ道士は田三〇畝を給し、女冠は二〇畝。僧尼亦た之の如し。

○凡官戸受田、減百姓口分之半。　凡そ官戸の受田、百姓口分の半を減ず。

○凡天下百姓、給園宅地者、良口三人已上給一畝、三口加一畝。賤口五人給一畝、五口加一畝、其口分永業不与焉。若京城及州県郭下園宅、不在此例。
凡《およ》そ天下の百姓、園宅地を給すは、良口三人已上は一畝を給し、三口に一畝を加う。賤は口五人に一畝を給し、五口に一畝を加え、其れ口分・永業は与らず。京城及び州県郭下の園宅の若きは、此の例に在らず。

○凡給口分田、皆従便近。居城之人、本県無田者、則隔県給受。
凡そ口分田を給すに、皆な便近に従《よ》る。居城の人、本県に田なき者は、則ち県を隔て給受す。

○凡応収授之田、皆起十月、畢十二月。
凡そ応に収授すべきの田、皆な一〇月に起《はじ》まり、一二月に畢《おわ》る。

○凡授田先課後不課、先貧後富、先無後少。
凡そ授田は課を先にし不課を後にし、貧を先にし富を後にし、無を先にし少を後にす。

○凡州県界内、所部受田、悉足者為寛郷、不足者為狭郷。
凡そ州県界内、所部の受田、悉く足るは寛郷と為し、足らざるは狭郷と為す。

○凡官人受永業田、親王一百頃、職事官正一品六十頃、郡王及職事官従一品五十頃、国公若職事官二品四十頃、郡公若職事官従二品三十五頃、県公若職事官正三品二十五頃、職事官従三品二十頃、侯若職事官正四品十四頃、伯若職事官従四品十一頃、子若職事官正五品八頃、男若職事官従五品五頃。上柱国三十頃、柱国二十五頃、上護軍二十頃、護軍十五頃、上軽車都尉一十頃、軽車都尉七頃、上騎都尉六頃、騎都尉四頃、驍騎尉飛騎尉各八十畝、雲騎尉武騎尉各六十畝、其散官五品已上、同職事給。………

凡《およ》そ官人受永業田、親王は一百頃、職事官正一品は六〇頃、郡王及び職事官従一品は五〇頃、国公若しくは職事官二品は四〇頃、郡公若しくは職事官従二品は三五頃、県公若しくは職事官正三品は二五頃、職事官従三品は二〇頃、侯［爵］若《も》しくは職事官正四品は一四頃、伯［爵］若しくは職事官従四品は一一頃、子［爵］若しくは職事官正五品は八頃、男［爵］若しくは職事官従五品は五頃。上柱国は三〇頃、柱国は二五頃、上護軍は二〇頃、護軍は一五頃、上軽車都尉は一〇頃、軽車都尉は七頃、上騎都尉は六頃、騎都尉は四頃、驍騎尉・飛騎尉は各《おのおの》八〇畝、雲騎尉・武騎尉は各《おのおの》六〇畝、其の散官五品已上は、職事と同じく給す。………

○凡天下諸州公廨田、大都督府四十頃、中都督府三十五頃、下都督都護上州各三十頃、中州二十頃、宮総監下州各十五頃、上県十頃、中県八頃、中下県六頃、上牧監上鎮各五頃、下県及中牧下牧司竹監中鎮諸軍折衝府各四頃、諸冶監諸倉監下鎮上関各三頃、互市監諸屯監上戍中関及津各二頃、津隷都水、則不別給。下関一頃五十畝、中戍下戍岳瀆各一頃。

凡そ天下諸州の公廨田、大都督府は四〇頃、中都督府は三五頃、下都督・都護・上州は各《おのおの》三〇頃、中州は二〇頃、宮総監・下州は各《おのおの》一五頃、上県は一〇頃、中県は八頃、中・下県は六頃、上牧監・上鎮は各《おのおの》五頃、下県及び中牧・下牧・司竹監・中鎮・諸軍・折衝府は各《おのおの》四頃、諸冶監・諸倉監・下鎮・上関は各《おのおの》三頃、互市監・諸屯監・上戍・中関及び津は各《おのおの》二頃、津は都水に隷す、則ち別給せず。下関は一頃五〇畝、中戍・下戍・岳・瀆は各《おのおの》一頃。

○凡諸州及都護府官人職分田、二品一十二頃、三品四品以二頃為差、五品至八品、以一頃為差、九品二頃五十畝。鎮戍関津岳瀆及在外監官、五品五頃、六品三頃五十畝、七品三頃、八品二頃、九品一頃五十畝。三衛中郎将上府折衝都尉各六頃、中府下府以五十畝為差、郎将各五頃、上府果毅都尉四頃、中府下府以五十畝為差、上府長史別将各三頃、中府下府各二頃五十畝、親王府典軍五頃五十畝、副典軍四頃、千牛備身備身左右太子千牛備身各三頃、諸軍上折衝府兵曹各二頃、中府下府各一頃五十畝。其外軍校尉一頃二十畝、旅帥一頃、隊正副各八十畝。凡給公廨田、若陸田限三月三十日、稲田限四月三十日、以前上者、並入後人。以後上者、入前人。其麦田以九月三十日為限。若応給職田、無地可充者、率畝給粟二斗。

凡《およ》そ諸州及び都護府官人の職分田、二品は一二頃、三品・四品は二頃を以て差と為し、五品より八品に至り、一頃を以て差と為し、九品は二頃五〇畝。鎮・戍・関・津・岳・瀆及び在外監官、五品は五頃、六品は三頃五〇畝、七品は三頃、八品は二頃、九品は一頃五〇畝。三衛中郎将・上府折衝都尉は各《おのおの》六頃、中府・下府は五〇畝を以て差と為し、郎将は各《おのおの》五頃、上府果毅都尉は四頃、中府・下府は五〇畝を以て差と為し、上府長史・別将は各《おのおの》三頃、中府・下府は各《おのおの》二頃五〇畝、親王府典軍は五頃五〇畝、副典軍は四頃、千牛備身・備身左右・太子千牛備身は各《おのおの》三頃、諸軍・上折衝府兵曹は各《おのおの》二頃、中府・下府は各《おのおの》一頃五〇畝。其の外軍校尉は一頃二〇畝、旅帥は一頃、隊正・副は各《おのおの》八〇畝。凡そ公廨田に給すに、陸田の若きは三月三〇日に限り、稲田は四月三〇日に限り、以前上る者は、並びに後人に入る。以後上る者は、前人に入る。其の麦田は九月三〇日を以て限と為し。若し応に職田を給すべきに、地の充つべきなきは、率《おおむ》ね畝に粟二斗を給す。

二　「田令」の年代

1　官人永業田

前掲した『大唐六典』所載の「田令」に官人永業田の規定があった。これと同じ規定は『通典』巻二食貨典・田制・下・大唐に開元二五年「田令」の一条として次のようにある。

其永業田、親王百頃、職事官正一品六十頃、郡王及職事官従一品各五十頃、国公若職事官正二品、各四十頃、郡公若職事官従二品各三十五頃、県公若職事官正三品各二十五頃、職事官従三品二十頃、侯若職事官正四品各十四頃、伯若職事官従四品各十頃、子若職事官正五品各八頃、男若職事官従五品各五頃、上柱国三十頃、柱国二十五頃、上護軍二十頃、護軍十五頃、上軽車都尉十頃、軽車都尉七頃、上騎都尉六頃、騎都尉四頃、驍騎尉飛騎尉各八十畝、雲騎尉武騎尉各六十畝。其散官五品以上、同職事給、兼有官爵及勲、倶応給者、唯従多、不並給。

右の規定を『通典』は「開元二五年令」と明記する。『大唐六典』の唐令は「開元二五年令」であることが、「田令」以外の唐令において圧倒的に多いことが指摘でき、「開元七年令」と目される記事はない。この部分だけが「開元七年令」であることはなく、『大唐六典』の官人永業田の規定も開元二五年「田令」と理解すべきである。

2　諸州公廨田

諸州公廨田に関する記事は『通典』巻三五職官典・禄秩の職田公廨田の頃にある。

在外諸司公廨田、亦各有差。大都督府、四十頃。中都督府、三十五頃。下都督都護府上州、各三十頃。中州、二十頃。宮総監下州、各十五頃。上県、十頃。中県、八頃。下県、六頃。上牧監上鎮、各五頃。下県及中下牧司竹監中鎮諸軍折衝府、各四頃。諸冶監諸倉監下鎮上関、各三頃。互市監諸屯監上戍戍中関及津、各二頃。其津隷都水使者不給。下関、一頃五十畝。中戍下戍岳瀆、各一頃。

『唐令拾遺』（六四四頁）と『唐令拾遺補』（一三二三頁）は、この規定を開元二五年「田令」とする。次に示す「諸州職分田」の規定は『通典』巻二食貨典・田制・大唐に「開元二五年令」としてあり、同じ規定は『通典』巻三五職官典・職田公廨田にもあるから、『通典』巻三五職官典・職田公廨田の規定は、開元二五年「田令」と考えてよい。

『通典』と同じ記事は前掲した『大唐六典』の「田令」にあるが、『大唐六典』の諸州公廨田に関する規定は開元二五年「田令」と考えてよいであろう。これでは證明になっていないが、右の『大唐六典』の規定が開元七年「田令」であることを證明することは、傍證史料がないから不可能に近い。『通典』という傍證史料があるだけ、開元二五年「田令」説のほうが有力であろう。「諸州職分田」以下も同じ理由で開元二五年「田令」説とするべきであろう。

3　諸州職分田

前掲した『大唐六典』所載の「田令」に諸州公廨田の規定があった。同じ規定は『通典』巻二食貨典・田制・下・大唐の頃に「開元二五年令」としてある＊。

諸州及都護府親王府官人職分田。二品一十二頃、三品一十頃、四品八頃、五品七頃、六品五頃、京畿県亦准此。七品四頃、八品三頃、九品二頃五十畝。鎮戍関津岳瀆及在外監官五品五頃、六品三頃五十畝、七品三頃、八品二頃、九品一頃五十畝。三衛中郎将上府折衝都尉各六頃、中府五頃五十畝、下府及郎将各五頃、上府果毅都尉四頃、中府三頃五十畝、下府三頃、上府長史別将各三頃、中府下府各二頃五十畝。親王府典軍五頃五十畝、副典軍四頃、千牛備身左右太子千牛備身各三頃、諸軍上折衝府兵曹二頃、中府下府各一頃五十畝。其外軍校尉一頃二十畝、旅帥一頃、隊正副各八十畝、皆於領所州県界内給。其校尉以下、在本県及去家百里内領者不給。

諸州及び都護府・親王府官人の職分田。二品は一二頃、三品は一〇頃、四品は八頃、五品は七頃、六品は五頃、京畿県亦た此に准ず。七品は四頃、八品は三頃、九品は二頃五〇畝。鎮・戍・関・津・岳・瀆及び在外監官は五品五頃、六品は三頃五〇畝、七品は三頃、八品は二頃、九品は一頃五〇畝。三衛中郎将・上府折衝都尉は各《おのおの》六頃、中府は五頃五〇畝、下府及び郎将は各《おのおの》五頃、上府果毅都尉は四頃、中府は三頃五〇畝、下府は三頃、上府の長史・別将は各《おのおの》三頃、中府・下府は各《おのおの》二頃五〇畝。親王府典軍は五頃五〇畝、副典軍は四頃、千牛備身・左右太子千牛備身は各《おのおの》三頃、諸軍・上折衝府兵曹は二頃、中府・下府は各《おのおの》一頃五〇畝。其の外軍の校尉は一頃二〇畝、旅帥は一頃、隊正・副は各《おのおの》八〇畝、皆な領所州県界内に於いて給す。其の校尉以下、本県及び家を去る百里内に在りて領する者は給さず。

『大唐六典』の諸州職分田の規定も開元二五年「田令」と理解すべきであろう。

＊　外官職分田の規定は『通典』巻三五職官典・職田公廨田にもある。

4　京官職分田

『大唐六典』巻七尚書工部・屯田郎中員外郎職に、京官職分田に関する記事がある。

凡在京文武職事官有職分田。一品十二頃。二品十頃。三品九頃。四品七頃。五品六頃。六品四頃。七品三頃五十畝。八品二頃五十畝。九品二頃。京兆河南府及京県官亦准此。其地子応入前人、後人皆同外官、具在戸部。

凡《およ》そ在京の文武職事官に職分田有り。一品は一二頃。二品は一〇頃。三品は九頃。四品は七頃。五品は六頃。六品は四頃。七品は三頃五〇畝。八品は二頃五〇畝。九品は二頃。京兆・河南府及び京県官亦た此に准ず。其の地子は応に前人に入れるべし、後人皆な外官と同じく、具して戸部に在り。

この規定とほぼ同文の規定は『通典』巻二食貨典・田制・大唐に「開元二五年令」として次のようにある＊。

諸京官文武職事職分田。一品一十二頃、二品十頃、三品九頃、四品七頃、五品六頃、六品四頃、七品三頃五十畝、八品二頃五十畝、九品二頃、並去京城百里内給。其京兆河南府及京県官人職分田、亦准此。即百里外給者亦聴。

諸《すべ》て京官文武職事の職分田。一品は一二頃、二品は一〇頃、三品は九頃、四品は七頃、五品は六頃、六品は四頃、七品は三頃五〇畝、八品は二頃五〇畝、九品は二頃、並びに京城を去る百里内に給す。其の京兆・河南府及び京県官人の職分田、亦た此に准ず。即ち百里外に給するは亦た聴す。

同じ内容の京官職分田の規定は開元七年「田令」にあったかも知れないが、今問題としているのは『大唐六典』に所載された京官職分田の規定である。『大唐六典』の京官職分田の記事は開元二五年「田令」と考えるべきであろう。

＊『通典』巻三五職官典・禄秩・職田公廨田にもある。

5　京官公廨田

『大唐六典』巻七尚書工部・屯田郎中員外郎職に、京官公廨田に関する規定がある。

凡在京諸司有公廨田。司農寺二十六頃。殿中省二十五頃。少府監二十二頃。太常寺二十頃。京兆府河南府各十七頃。太府寺十六頃。吏部戸部各十五頃。兵部及内侍省各十四頃。中書省及将作監各十三頃。刑部大理寺各十二頃。尚書都省門下省太子左春坊各十一頃。工部一十頃。光禄寺太僕寺秘書省各九頃。礼部鴻臚寺都水監太子詹事府各八頃。御史臺国子監京県各七頃。左右衛太子家令寺各六頃。衛尉寺左右驍衛左右武衛左右威衛左右領軍衛左右金吾衛左右監門衛太子右春坊各五頃。太子左右衛率府太史局各四頃。宗正寺左右千牛衛太子僕寺左右司禦率府左右清道率府左右監門率府各三頃。内坊左右内率府率更府各二頃。其有管署局子府、各準官品人数均配。皆視其品命、而審其分給。

凡《およ》そ在京の諸司に公廨田有り。司農寺二六頃。殿中省二五頃。少府監二二頃。太常寺二〇頃。京兆府・河南府各《おのおの》一七頃。太府寺一六頃。吏部・戸部各《おのおの》一五頃。兵部及び内侍省各《おのおの》一四頃。中書省及び将作監各《おのおの》一三頃。刑部・大理寺各《おのおの》一二頃。

尚書都省・門下省・太子左春坊 各《おのおの》一一頃。工部一〇頃。光禄寺・太僕寺・秘書省 各《おのおの》九頃。礼部・鴻臚寺・都水監・太子詹事府 各《おのおの》八頃。御史臺・国子監・京県 各《おのおの》七頃。左右衛・太子家令寺 各《おのおの》六頃。衛尉寺・左右驍衛・左右武衛・左右威衛・左右領軍衛・左右金吾衛・左右監門衛・太子右春坊 各《おのおの》五頃。太子左右衛率府・太史局 各《おのおの》四頃。宗正寺・左右千牛衛・太子僕寺・左右司禦率府・左右清道率府・左右監門率府 各《おのおの》三頃。内坊・左右内率府・率更府 各《おのおの》二頃。其の管する署局の子府有らば、各《おのおの》官品・人数に準じ均配す。皆な其の品命を視て、其の分給を審らかにす。

同じような内容の記事は『通典』巻三五職官典・禄秩の職田公廨田の頃にもある。

凡京諸司各有公廨田。司農寺、給二十六頃。殿中省、二十五頃。少府監、二十二頃。太常寺、二十頃。京兆府河南府、各十七頃。太府寺、十六頃。吏部戸部、各十五頃。兵部内侍省、各十四頃。中書省将作監、各十三頃。刑部大理寺、各十二頃。尚書都省門下省太子左春坊、各十一頃。工部、一十頃。光禄寺太僕寺秘書省、各九頃。礼部鴻臚寺都水監太子詹事府、各八頃。御史臺国子監京県、各七頃。左右衛太子家令寺、各六頃。衛尉寺左右驍衛左右武衛左右威衛左右領軍衛左右金吾衛左右監門衛太子右春坊、各五頃。太子左右衛率府太史局、各四頃。宗正寺左右千牛衛太子僕寺左右司禦率府左右清道率府左右監門率府、各三頃。内坊左右内率府率更府、各二頃。

凡《およ》そ京の諸司 各《おのおの》公廨田有り。司農寺、二六頃を給す。殿中省、二五頃。少府監、二二頃。太常寺、二〇頃。京兆府・河南府、各《おのおの》一七頃。太府寺、一六頃。吏部・戸部、各《おのおの》一五頃。兵部・内侍省、各《おのおの》一四頃。中書省・将作監、各《おのおの》一三頃。刑部・大理寺、各《おのおの》一二頃。尚書都省・門下省・太子左春坊、各《おのおの》一一頃。工部、一〇頃。光禄寺・太僕寺・秘書省、各《おのおの》九頃。礼部・鴻臚寺・都水監・太子詹事府、各《おのおの》八頃。御史臺・国子監・京県、各《おのおの》七頃。左右衛・太子家令寺、各《おのおの》六頃。衛尉寺・左右驍衛・左右武衛・左右威衛・左右領軍衛・左右金吾衛・左右監門衛・太子右春坊、各《おのおの》五頃。太子左右衛率府・太史局、各《おのおの》四頃。宗正寺・左右千牛衛・太子僕寺・左右司禦率府・左右清道率府・左右監門率府、各《おのおの》三頃。内坊・左右内率府・率更府、各《おのおの》二頃。

『通典』巻三五職官典・禄秩・職田公廨田の規定は開元二五年「田令」であるから、同じ京諸司公廨田をいう『大唐六典』の規定は開元二五年「田令」とするべきであろう。

第一四節　『大唐六典』の「賦役令」

一　「賦役令」全文

『大唐六典』巻三尚書戸部・戸部郎中員外郎職の条に、次に示すような「賦役令」が引用されている。

○賦役之制、有四。一曰租、二曰調、三曰役、四曰雑徭。開元二十二年、勅、以為天下無事、百姓徭役務従減省。遂減諸司色役一十二萬二百九十四。

賦役《えき》の制、四有り。一に曰わく租、二に曰わく調、三に曰わく役、四に曰わく雑徭。開元二二年、勅す、「以為《おも》うに天下無事、百姓徭役務めて減省に従う」と。遂に諸司の色役一二萬二九四を減ず。

○課戸毎丁租粟二石。其調随郷土所産綾絹絁各二丈、布加五分之一。輸綾絹絁者綿三両、輸布者麻三斤、皆書印焉。若当戸不成四端屯綾者、皆随近合成。其調麻毎年支科有餘、折一斤納粟一斗。

課戸毎丁租粟二石。其の調は郷土の産する所に随い綾・絹・絁・各《おのおの》二丈、布は五分の一を加う。綾・絹・絁を輸す者は綿三両、布を輸す者は麻三斤、皆な書印す。若《も》し当戸四端屯綾を成さざれば、皆な近に随い合成す。其の調麻毎年支科に餘有らば、一斤を折して粟一斗を納む。

○凡丁歳役二旬、有閏之年加二日。無事則収其庸、毎日三尺。布加五分之一。有事而加役者、旬有五日免其調、三旬則租調倶免。通正役並不得過五十日。

凡《およ》そ丁の歳役二旬、閏有るの年は二日を加う。事なければ則ち其の庸を収めること、毎日三尺。布は五分の一を加う。事有りて役を加う者、旬有五日（一五日のこと）にして其の調を免じ、三旬にして則ち租調倶に免ず。正役を通じて並びに五〇日を過ぐるを得ず。

○凡庸調之物、仲秋而斂之、季秋発於州。租則准土収穫早晩、量事而斂之、仲冬起輸、孟春而納畢。江南諸州、従水路運送之處、若冬月水浅上埭難者、四月已後運送。本州納者、季冬而畢。

凡そ庸調の物、仲秋にして斂め、季秋に州を発す。租は則ち土の収穫の早晩に准じ、事を量りて之を斂め、仲冬に輸を起め、孟春に納め畢る。江南諸州、水路により運送の處、若し冬月水浅く埭に上ること難きは、四月已後運送す。本州納める、季冬にして畢る。

○凡諸国蕃胡内附者、亦定為九等。四等已上為上戸、七等已上為次戸、八等已下為下戸。上戸丁税銀銭十文、次戸［丁］五文、下戸［丁］免之。附貫経二年已上者、上戸丁輸羊二口、次戸［丁］一口、下戸［丁］三戸［丁］共一口。無羊之處、准白羊估折納軽貨。若有征行、令自備鞍馬、過三十日已上者、免当年輸羊。凡内附後所生子、即同百姓、不得為蕃戸也。

凡そ諸国蕃胡の内附する者、亦た定めて九等と為す。四等已上を上戸と為し、七等已上を次戸と為し、八等已下を下戸と為す。上戸丁は銀銭一〇文を税し、次戸丁は五文、下戸丁は之を免ず。貫に附して二年已上を経る者、上戸丁は羊二口を輸し、次戸丁は一口、下戸丁は三戸丁共せて一口。羊なきの處、白羊の估に准じて軽貨を折納す。

若《も》し征行有らば、自ら鞍馬を備えしめ、三〇日已上を過ぐる者は、当年の輸羊を免ず。凡そ内附後に生まれる所の子、即ち百姓と同じ、蕃戸と為すを得ざるなり。

○凡嶺南諸州税米者、上戸一石二斗、次戸八斗、下戸六斗。若夷獠之戸、皆従半輸軽税。

凡《およ》そ嶺南諸州の米に税するは、上戸は一石二斗、次戸は八斗、下戸は六斗。夷獠の戸の若《ごと》きは、皆な半輸・軽税（米六斗もしくは、それ以下）に従《よ》る。

○諸州高麗［人］百済［人］応差征鎮者、並令免課役。

諸州の高麗人・百済人の応《まさ》に征鎮に差《つかわ》される者は、並びに課役を免ぜしむべし。

「諸州の高麗人・百済人」とは意味不明な語であるが、『大唐六典』巻五尚書兵部・兵郎中員外郎職に、

秦成岷渭河蘭六州有高麗羌兵。皆令当州上佐一人専知統押、毎年両度教練、使知部伍。如有警急、即令赴援。諸州城傍子弟、亦常令教習、毎年秋集本軍、春則放散。

秦・成・岷・渭・河・蘭六州に高麗・羌兵有り。皆な当州上佐一人をして統押を専知せしめ、毎年両度教練し、部伍を知《す》べしむ。如し警急有らば、即ち援に赴かしむ。諸州の城傍の子弟、亦た常に教習せしめ、毎年秋に本軍に集め、春則ち放散。

とあるから、秦・成・岷・渭・河・蘭の六州には高麗兵が居たとあるから、唐代には中国に移り住む高麗人や百済人がいたのである。

○凡天下諸州税銭各有準常、三年一大税。其率一百五十萬貫、毎年一小税、其率四十萬貫、以供軍国伝駅及郵逓之用。毎年又別税八十萬貫、以供外官之月料及公廨之用。

凡《およ》そ天下諸州の税銭各《おのおの》準常有り、三年一たび大税す。其れ率ね一五〇萬貫、毎年一たび小税し、其れ率ね四〇萬貫、以て軍国の伝駅及び郵逓の用に供す。毎年又た別に八〇萬貫を税し、以て外官の月料及び公廨の用に供す。

○凡水旱蟲霜為災害、則有分数。十分損四已上、免租、損六已上、免租調、損七已上、課役俱免。若桑麻損尽者、各免調。若已役已輸者、聴免其来年。

凡そ水旱蟲霜災害を為さば、則ち分数有り。一〇分の四已上を損ずれば、租を免じ、六已上を損ずれば、租調を免じ、七已上を損ずれば、課役俱《とも》に免ず。若し桑麻損尽する者、各《おのおの》調を免ず。若し已《すで》に役し已に輸す者は、其の来年を免ずるを聴す。

○凡丁新附於籍帳者、春附則課役並徵、夏附則免課従役、秋附則課役俱免。其詐冒隠避、以免課役、不限附之早晩、皆徵之。

凡そ丁の新たに籍帳に附す者、春附は則ち課役並びに徵し、夏附は則ち課を免じ役に従り、秋附は則ち課役俱《とも》に免ず。其の詐冒・隠避し、以て課役を免れるは、附の早晩に限らず、皆な之を徵す。

○凡丁戸皆有優復蠲免之制。諸皇宗籍属宗正者及諸親、五品已上父祖兄弟子孫、及諸色雜有職掌人（この細字は衍字?）。若孝子順孫義夫節婦志行聞於郷閭者、州県申省奏聞、表其門閭、同籍悉免課役。有精誠致応者、則加優賞焉。

凡そ丁戸皆な優復蠲免の制有り。孝子・順孫・義夫・節婦の志行郷閭に聞こえる者の若きは、州県は省に申して奏聞し、其の門閭《もんりょ》を表し、同籍悉く課役を免ず。精誠応を致す者有らば、則ち優賞を加う。

○凡京畿充奉陵県及諸陵墓及廟邑戸、各有差降焉。橋陵尽以奉先、献陵以三原、昭陵以醴泉、乾陵以奉天、定陵以富平、各三千戸。若献祖懿祖二陵、各置洒掃三十人、興寧永康二陵、各置一百人、恭陵亦如之。隠太子及章懐懿徳節愍恵荘恵文恵宣等七陵、各置三十人、諸親王墓各置十人、諸公主墓各置五人。周文帝隋文帝陵各置二十人。周隋諸帝陵各置十人。皆取側近下戸充、仍分作四番上下。

凡《およ》そ京畿奉陵に充つ県及び諸陵墓及び廟の邑戸、各《おのおの》差降有り。橋陵は尽く奉先［県］を以てし、献陵（初代皇帝・李淵の陵）は三原［県］を以てし、昭陵（第二代皇帝である太宗皇帝・李世民の陵）は醴泉《れいせん》［県］を以てし、乾陵（第三代皇帝である高宗皇帝の陵）は奉天［県］を以てし、定陵（第四代皇帝である中宗皇帝の陵）は富平［県］を以てし、各《おのおの》三千戸。献祖（八代祖・李熙、陵名は建初陵という）懿祖（七代祖・李天賜、陵名は啓運陵という）の二陵の若きは、各《おのおの》洒掃《しゃそう》三〇人を置く。興寧（初代皇帝・李淵の父、李昞の陵）永康（初代皇帝・李淵の祖父、李虎の陵）の二陵、各《おのおの》一百人を置き、恭陵（高宗皇帝の第五子・李弘の陵、追謚して孝敬皇帝という）亦た之の如し。隠太子（初代皇帝・李淵の長子で廃皇太子）及び章懐（高宗皇帝の第六子・李賢）懿徳（中宗皇帝の第四子・李重潤）節愍（中宗皇帝の第三子・李重俊）恵荘・恵文・恵宣らの七陵、各《おのおの》三〇人を置き、諸親王墓は各《おのおの》一〇人を置き、諸公主墓は各《おのおの》五人を置く。周の文帝・隋の文帝陵は各《おのおの》二〇人を置き、周・隋の諸帝陵は各《おのおの》一〇人を置く。皆な側近の下戸を取り充て、仍って分かちて四番と作し上下す。

○凡内外職事官葬者、一品給営墓夫一百人、以三十人為差、至五品、二十人。執人別役十日。

凡そ内外職事官の葬、一品は営墓夫一百人を給し、三〇人を以て差を為し、五品に至り、二〇人。執人は別役一〇日。

○凡太山天斉王置守廟三百戸、亳州玄元皇帝廟置三十戸。其亳州毎戸営田十畝、以充祠祭等用。
凡《およ》そ太山天斉王は守廟三百戸を置き、亳《はく》州の玄元皇帝廟は三〇戸を置く。其の亳州は毎戸営田一〇畝、以て祠祭らの用に充つ。

○凡京司文武職事官、皆有防閤。一品九十六人、二品七十二人、三品三十八人、四品三十二人、五品二十四人、六品給庶僕十二人、七品八人、八品三人、九品二人。公主邑士八十人、郡主六十人、県主四十人、特封県主三十四人。京官任両職者、従多給。
凡そ京司の文武職事官、皆な防閤有り。一品は九六人、二品は七二人、三品は三八人、四品は三二人、五品は二四人、六品は庶僕一二人を給し、七品は八人、八品は三人、九品は二人。公主の邑士は八〇人、郡主は六〇人、県主は四〇人、特封の県主は三四人。京官の両職に任ぜらる者、多により給す。

○凡州県官僚、皆有白直。二品四十人、三品三十二人、四品二十四人、五品十六人、六品十人、七品七人、七品佐官六人。八品五人、九品四人。
凡そ州県官僚、皆な白直有り。二品は四〇人、三品は三二人、四品は二四人、五品は一六人、六品は一〇人、七品は七人、七品の佐官は六人。八品は五人、九品は四人。

○凡州県官及在外監官、皆有執衣、以為駆使。二品十八人、三品十五人、四品十二人、五品九人、六品七品各六人、八品九品各三人。執衣並以中男充。
凡そ州県官及び在外の監官、皆な執衣有り、以て駆使と為す。二品は一八人、三品は一五人、四品は一二人、五品は九人、六品・七品は各《おのおの》六人、八品・九品は各《おのおの》三人。執衣並びに中男を以て充つ。

○凡諸親王府属、並給士力。其品数如白直。其防閤庶僕白直士力納課者、毎年不過二千五百、執衣不過一千文。

凡《およ》そ諸親王府の属、並びに士力を給す。其の品数は白直の如し。其の防閤・庶僕・白直・士力の課を納む者、毎年二千五百に過ぎず、執衣は一千文に過ぎず。

○凡州県有公廨白直及雑職、其数見州県中。両番上下、執衣、三番上下。辺州無白直執衣者、取比州充。

凡そ州県に公廨の白直及び雑職有り、其の数は州県中に見る。両番上下し、執衣は、三番上下す。辺州の白直・執衣なき者、比州（近隣州）に取りて充つ。

○凡有功之臣賜実封者、皆以課戸充。準戸数、州県与国官邑官、執帳、共収其租調。各準配租調遠近、州県官司収其脚直、然後付国邑官司。其丁亦準此、入国邑者、収其庸。

凡そ有功の臣にして実封を賜う者、皆な課戸を以て充つ。戸数に準じ、州県は国官・邑官と、帳を執り、共に其の租調を収む。各《おのおの》租調を配する遠近に準じ、州県官司は其の脚直を収め、然る後に国邑官司に付す。其れ丁亦た此れに準じ、国邑に入る者、其の庸を収む。

○凡食封皆伝於子孫。食封人、身沒以後、所封物、随其男数為分、承嫡者加与一分。若子亡者、即男承父分。寡妻無男、承夫分。若非承嫡房、至玄孫即不在分限、其封物総入承嫡房、一依上法為分。其非承嫡房、毎至玄孫、準前停。其応得分房無男、有女在室者、準当房分得数与半。女雖多、更不加。雖有男、其姑姉妹在室者、亦三分減男之二。若公主食実封、則公主薨乃停。

凡《およ》そ食封皆な子孫に伝う。食封の人、身没する以後、封ずる所の物其の男数に随い分を為し、承嫡の者は加えて一分を与う。若し子亡くなる者は、即ち男は父分を承く。寡妻に男なくば、夫分を承く。若し承嫡の房に非ざれば、玄孫に至り即ち分ける限り在らず、其の封物総て承嫡の房に入れ、一に上法に依り分と為す。其れ承嫡の房に非ざれば、玄孫に至る毎に、準前に準じて停む。其れ応に分を得べき房に男なく、女の在室に有る者は、当房分の得数に準じて半ばを与う。女多きと雖も、更に加えず。男有りと雖も、其の姑・姊・妹の在室の者、亦た三分して男の二を減ず。公主の実封を食むが若きは、則ち公主薨ぜば乃ち停む。

○凡庶人年八十及篤疾、給侍丁一人、九十給二人、百歳三人。皆先儘子孫、次取近親、次取軽色丁。

凡そ庶人年八〇及び篤疾は、侍丁一人を給し、九〇は二人を給し、百歳は三人。皆な先に子・孫を儘し、次は近親を取り、次は軽色の丁を取る。

○凡親王入朝、皆給車牛駄馬。車牛六十乗、駄馬一百匹。若大妃同来、加車牛十乗馬二十匹。別勅追入、給馬六十匹。内外百官家口、応合遞送者、皆給人力車牛。一品手力三十人、車七乗、馬十匹、驢十五頭。二品手力二十四人、車五乗、馬六匹、驢十頭。三品手力二十人、車四乗、馬四匹、驢六頭。四品五品手力十二人、車二乗、馬二匹、驢四頭。六品七品手力八人、車一、馬二匹、驢三頭。八品九品手力五人、車一乗、馬一匹、驢二頭。若別勅給遞者、三分加一。家口少者、不要満此数。無車牛處、以馬驢代。

凡そ親王入朝せば、皆な車牛・駄馬を給す。車牛六〇乗、駄馬一百匹。若し大妃同来せば、車牛一〇・乗馬二〇匹を加う。別勅の追入は、馬六〇匹を給す。内外百官の家口、応合に遞送するべきは、皆な人力・車牛を給す。一品は手力三〇人、車七乗、馬一〇匹、驢一五頭。二品は手力二四人、車五乗、馬六匹、驢一〇頭。三品は手力二〇人、車四乗、馬四匹、驢六頭。四品・五品は手力一二人、車二乗、馬二匹、驢四頭。六品・七品は手力八人、車一、馬二匹、驢三頭。八品・九品は手力五人、車一乗、馬一匹、驢二頭。別勅給逓の若きは、三分に一を加う。家口少きは、此の数を満たすを要せず。車・牛なき處、馬驢を以て代う。

○凡天下朝集使、皆令都督刺史及上佐更為之。若辺要州都督刺史及諸州水旱成分、則佗官代焉。皆以十月二十五日至於京都、十一月一日、戸部引見、訖、於尚書省与群官礼見、然後集於考堂、応考績之事。元日、陳其貢篚於殿庭。

凡《およ》そ天下の朝集使、皆な都督・刺史及び上佐をして更《こもごも》に之と為る。辺要州の都督・刺史及び諸州水旱の分を成す若きは、則ち佗官代る。皆な一〇月二五日を以て京都に至り、一一月一日、戸部引見し、訖らば、尚書省に於いて群官と礼見し、然る後に考堂に集い、考績の事に応ず。元日、其の貢篚を殿庭に陳ぶ。

○凡京都諸県令、毎季一朝。　　凡そ京都の諸県令、季毎に一朝す。

二　「賦役令」の年代

前掲した『大唐六典』所載の「賦役令」は、年度の異なる「賦役令」が引用されているのではなく、同時代の「賦役令」であろうと推定することは可能であろう。この推定に間違いなければ、『大唐六典』所載の「賦役令」は開元二五年「賦役令」であると明言できる。以下にその根拠を示そう。

1　七太子陵

この「賦役令」には隠太子・章懐太子・懿徳太子・節愍太子・恵荘太子・恵文太子・恵宣太子ら七陵に関する規定がある。このうち、恵荘太子は『旧唐書』巻九五恵荘太子撝《き》伝によって略歴が判明する。

恵荘太子撝、睿宗第二子也。本名成義。母柳氏、掖庭宮人。………（中略）………。先天元年七月、加実封一千戸。八月、行司徒兼益州大都督。開元二年、帯司徒兼幽州刺史。俄避昭成太后之称、改名撝。歴鄧虢絳三州刺史。八年、因入朝、停刺史、依旧為司徒。性弘裕、儀形瓌偉、善於飲啖。十二年、病薨、冊贈恵荘太子、陪葬橋陵。

恵荘太子・撝《き》、睿宗の第二子なり。本名は成義。母は柳氏、掖庭の宮人なり。………（中略）………。先天元年（七一二）七月、実封一千戸を加う。八月、行司徒（正一品）兼益州大都督（「行司徒」の「行」は保持する文散官より職事官の司徒のほうが高い品階にある場合に用いる。文散官の最高位は従一品の開府儀同三司であるから、職事官・司徒であれば、常に「行司徒」と表記することとなる。司徒は実職はないから「兼益州大都督」が実職となる）。開元二年（七一四）、司徒を帯びて幽州刺史を兼ぬ。俄に昭成太后の称（昭成太后は睿宗皇帝の皇后、玄宗皇帝の母・竇氏のこと。竇氏は睿宗皇帝の即位前に薨去しており、睿宗皇帝の即位によって昭成皇后と追謚され、玄宗皇帝が即位して昭成太后と追尊された。「昭成」の「成」字が「成義」と重なるため改名した）を避け、撝に改名す。鄧・虢《かく》・絳三州刺史を歴す。八年、入朝するに因り、刺史を停め、旧に依り司徒と為す。性は弘裕、儀形瓌偉にして、飲啖を善くす。一二年（七二四）、病もて薨ず。贈恵荘太子に冊し、橋陵に陪葬す。

恵荘太子は睿宗皇帝の第二子であり、玄宗皇帝は第三子であるから、玄宗皇帝の兄に当たるが、異母兄弟である。彼は開元一二年に病気により薨去し、贈恵荘太子となった。贈恵荘太子の冊文は『唐大詔令集』巻三二「恵荘太子冊文」としてあり、冊文の冒頭は「維開元十二年十一月甲申、皇帝若曰、…………（維《こ》れ開元一二年一一月甲申、皇帝曰うが若《ごと》きは…………）」とあるから、贈恵荘太子となったのは開元一二年一一月である。

恵文太子の略歴は『旧唐書』巻九五恵文太子範伝によって判明する。

恵文太子範、睿宗第四子也。本名隆範、後避玄宗連名、改単称範。………（中略）………。十四年、病薨。上哭之甚慟、輟朝三日。為之追福、手写老子経、徹膳累旬、百寮上表勧喩、然後復常。開元十四年、命工部尚書摂太尉盧従愿、冊贈王為恵文太子、陪葬橋陵。

恵文太子・範、睿宗の第四子なり。本は隆範と名づくも、後に玄宗と連名なるを避け、改めて単に「範」と称す。………（中略）………。一四年（七二六）、病にて薨ず。上之に哭し甚だ慟き、輟朝する三日。之が追福の為に、「老子経」を手写し、徹膳すること累旬なり。百寮上表して勧喩し、然る後に常に復す。開元一四年、工部尚書摂太尉の盧従愿に命じ、王を冊贈し恵文太子と為し、橋陵に陪葬す。

恵文太子の生母は不明であるが、名が隆範であり、玄宗皇帝が隆基であり、恵文太子が薨去した時、玄宗皇帝が一〇日も食事しなかったことを思えば、玄宗皇帝と同母兄弟であったとしてよい。恵文太子は開元一四年に薨去している。恵文太子の冊文は『唐大詔令集』巻三二に「維開元十四年四月二十二日、皇帝若曰、………（維《こ》れ開元一四年四月二二日、皇帝曰うが若《ごと》きは、…………）とある。

恵宣太子は『旧唐書』巻九五恵宣太子業伝に列伝がある。

恵宣太子業、睿宗第五子也。本名隆業、後単名業。………（中略）………。二十一年、業進拝司徒。二十二年正月、薨。冊贈恵宣太子、陪葬橋陵。

恵宣太子・業は、睿宗の第五子なり。本は隆業と名づくも、後に単に業と名づく。………（中略）………。二一年、業進められて司徒を拝す。二二年正月、薨ず。恵宣太子を冊贈し、橋陵に陪葬す。

恵宣太子は睿宗皇帝の第五子で、開元二二年に薨去している。『旧唐書』巻八玄宗紀開元二二年七月の条に、

己巳、司徒薛王業薨、追謚為恵宣太子。　　己巳、司徒・薛王の業薨じ、追謚して恵宣太子と為す。

とあるから、恵宣太子に追謚されたのは開元二二年七月である。

右に示した睿宗皇帝の陵である橋陵以下の陵戸と廟戸の規定は恵荘太子・恵文太子・恵宣太子に言及するから、開元一二年以降の規定であることは疑いない。開元一二年以降の法規が開元七年の法規であるはずがないから、「開元二五年令」の一部分であり、戸部郎中員外郎の箇所に記事が配置されるから開元二五年「賦役令」であろう。

2　泰山・天斉王

前掲した「賦役令」の史料群に泰山・天斉王に関する史料がある。泰山は死者の霊が宿る霊山として後漢の時代から著名であるが、泰山神が王朝から爵位を授与されることはなかった。泰山神が天斉王となるのは開元一三年（七二五）のことである。『旧唐書』巻八玄宗紀開元一三年一一月の条に、

壬辰、……（中略）……。封泰山神為天斉王、礼秩加三公一等。近山十里、禁其樵採。

壬辰、……（中略）……。泰山神を封じて天斉王と為し、礼秩は三公の一等を加う。近山一〇里、其の樵採を禁ず。

とある。この措置は開元一三年の玄宗皇帝の泰山封禅の一環である。

泰山・天斉王は『大唐六典』巻三尚書戸部・戸部郎中員外郎職の条にも登場する。

凡太山天斉王置守廟三百戸、亳州玄元皇帝廟置二十戸。其亳州毎戸営田十畝、以充祠祭等用。

凡《およ》そ太山天斉王は守廟三百戸を置き、亳《はく》州の玄元皇帝廟は二〇戸を置く。其の亳州は毎戸営田一〇畝、以て祠祭等の用に充つ。

『大唐六典』は編年体史書のように、個々の事実を記録する書ではなく、制度の書であり、開元二六年ころに完成した書であるから、開元二六年当時、泰山・天斉王は守廟三百戸を唐王朝から付与されていたと考えてよい。

右の守廟記事は戸部郎中員外郎職の条に引用された「賦役令」の中にあり、『唐令拾遺』や『唐令拾遺補』は「賦

役令」として採用していないが、「賦役令」の一条としてよいであろう。開元一三年（七二五）以降の「賦役令」が『大唐六典』に一条としてある。『大唐六典』に引用される唐令は「開元七年令」というのが通説であるから、開元一三年以降にしか存在しない「賦役令」が「開元七年令」であるはずがない。

天斉王の守廟三百戸に関する記事は「賦役令」でないとすれば解決するが、これは『大唐六典』は「開元七年令」説の立場に立った場合の解決方法である。果たして、この解決方法問題が解決するであろうか。天斉王の守廟三百戸に関する記事は「賦役令」ではないかも知れないが、今までに述べてきたように、『大唐六典』には「開元二五年令」の片鱗をみせる記事は多くあるから、天斉王に関する記事が「賦役令」でないと片付けることは容易なことではない。

七太子陵の記事は開元二五年「賦役令」であるから、同列に並ぶ天斉王の守廟三百戸に関する記事も開元二五年「賦役令」の一条と考えるが妥当であろう。七太子陵の記事と天斉王の守廟三百戸に関する記事から「開元二五年令」を唱えるのは危険であるが、『大唐六典』の記事は「開元二五年令」であることを示す根拠が累々としてあるから、それらの史料に援護されて、天斉王の守廟三百戸に関する記事は開元二五年「賦役令」として大過ない。

3　侍丁

前掲した「賦役令」の史料群に侍丁に関する史料がある。

凡庶人年八十及篤疾、給侍丁一人。九十給二人、百歳三人。皆先儘子孫、次取近親、次取軽色丁。

凡《およ》そ庶人年八〇及び篤疾は、侍丁一人を給し、九〇は二人を給し、百歳は三人。皆な先に子孫を儘し、次は近親を取り、次は軽色の丁を取る。

同じ記事は『通典』巻食貨典・丁中・大唐に、「按開元二五年戸令、云」として次のようにある。

諸年八十及篤疾、給侍［丁］一人、九十二人、百歳三人。皆先尽子孫、次取近親、皆先軽色。無近親、外取白丁者、人取家内中男者、并聴。

諸《すべ》て年八〇及び篤疾、侍丁一人を給し、九〇は二人、百歳は三人。皆な先ず子孫を尽し、次に近親を取り、皆な軽色を先にす。近親なくんば、外に白丁の者を取り、人は家内の中男を取る者并びに聴す。

『唐令拾遺』（二三二頁）と『唐令拾遺補』（二〇一九頁）は侍丁に関する規定を、開元七年と開元二五年「戸令」の一条とする。開元二五年「戸令」としたのは『通典』の記載によるもので、開元七年「戸令」としたのは『大唐六典』の記載による。

侍丁の規定は開元七年「戸令」に存在したかも知れないが、本書は『大唐六典』の記載が「開元七年令」であることを疑問視しており、いままでに考察したように『大唐六典』の規定は開元二五年の規定であるという多くの例を鑑みれば、この場合も開元二五年「戸令」の侍丁の規定であると考えるのが妥当であろう。

4　朝集使の上京日

前掲した「賦役令」の史料群に朝集使の上京に関する史料がある。朝集使の上京に関する史料が唐令の何に属するかは明らかではない。

凡天下朝集使、皆令都督刺史及上佐更為之。若辺要州都督刺史及諸州水旱成分、則佗官代焉。皆以十月二十五日至於京都、十一月一日、戸部引見、訖、於尚書省与群官礼見、然後集於考堂、応考績之事。元日、陳其貢篚於殿庭。

凡《およ》そ天下の朝集使、皆な都督・刺史及び上佐をして更《こもごも》に之と為《な》る。辺要州の都督・刺史及び諸州水旱の分を成す若《ごと》きは、則ち佗官代る。皆な一〇月二五日を以て京都に至り、一一月一日、戸部引見し、訖らば、尚書省に於いて群官と礼見し、然る後に考堂に集い、考績の事に応ず。元日、其の貢篚《こうひ》を殿庭に陳ぶ。

朝集使は隋の開皇六年（五八六）より開始された制度であり、唐代では貞観初期により制度として存在したが＊、制度の詳細は不明である。

朝集使の上京に関して、『唐会要』巻二四諸侯入朝に、

開元八年十月勅、都督刺史上佐、毎年分蕃朝集、限十月二十五日到京［都］、十一月一日、［戸部引］見、［訖、於尚書省与群官礼見、然後集於考堂、応考績之事。元日、陳其貢篚於殿庭］。

開元八年（七二〇）一〇月勅す、「都督・刺史・上佐、毎年分蕃朝集するは、一〇月二五日を限り京都に到り、一一月一日、戸部引見し、訖らば、尚書省に於いて群官と礼見し、然る後に考堂に集い、考績の事に応ず。元日、其の貢篚《こうひ》を殿庭に陳ぶ」と。

と、朝集使の上京の期日の原形となるような勅書が公布されている。この勅書が何度も公布される申明勅書ではなく最初の勅書なら、朝集使の上京日に関する最初の規定は開元八年一〇月ということになり、「凡天下朝集使、皆令都督刺史及上佐更為之。………」とある規定は、開元七年とは無関係で、開元八年以降の規定ということになろう。

＊　この一端は中村裕一『中国古代の年中行事　第四冊　冬』の二〇五頁にも述べている。

第一五節　『大唐六典』の「假寧令」

一　「假寧令」全文

唐代官人の休暇は「假寧令」に規定されていた。「假寧」とは養老「假寧令」第二五の義解に、

謂、假者、休暇。即毎六日、並給休暇一日之類、是也。寧者、帰寧。即三年一給定省假、是也。

謂うこころ、假とは、休暇なり。即ち六日毎に、並びに休暇一日を給するの類、是れなり。寧とは、帰寧なり。即ち三年一たび定省假を給するは、是れなり。

とある。日本令は右の定義でよいのであろうが、唐代の「寧」は右の定義には少々疑問がある。「令義解」にしたがって、唐代の「寧」を理解する必要はない。唐代の假寧の「假」は、官が定め自動的に休日となる休日、「寧」は官吏に個人的に勤務を休む必要が生じ、官に申請して特別に付与される休暇の意味である。

『大唐六典』巻二尚書吏部・吏部郎中職に、

内外官吏則有假寧之節。　内外官吏則ち假寧の節有り。

とあり、註記に「假寧令」を引用する。

○謂、元正冬至各給假七日。寒食通清明四日。八月十五日（八月五日の誤写）夏至及臘各三日。正月七日十五日晦日春秋二社二月八日三月三日四月八日五月五日三伏日七月七日十五日九月九日十月一日立春春分立秋秋分立夏立冬毎旬、並給休假一日。五月給田假、九月給授衣假。為両番、各十五日。

謂うこころ、元正・冬至 各《おのおの》 假七日を給す。寒食は清明を通して四日。八月五日・夏至及び臘は 各《おのおの》 三日。正月七日・一五日・晦日・春秋二社・二月八日・三月三日・四月八日・五月五日・三伏日・七月七日・一五日・九月九日・一〇月一日・立春・春分・立秋・秋分・立夏・立冬・毎旬、並びに休假一日を給す。五月に田假を給し、九月に授衣假を給す。両番と為し、 各《おのおの》 一五日。

○私家祔廟、各給假五日。四時祭、各四日。

私家の祔廟（あわせ祀る廟）は、 各《おのおの》 假五日を給す。［家廟の］四時の祭は、 各《おのおの》 四日を［給］す。

○父母在三千里外、三年一給定省假三十五日。五百里、五年一給拜掃假十五日、並除程。五品已上並奏聞。
父母三千里外に在らば、三年一たび定省假三五日を給す。五百里は、五年一たび拜掃假一五日を給し、並びに程を除く。五品已上は並びに奏聞す。

○冠給［假］三日。五服内親冠、給假一日、不給程。
冠は假三日を給す。五服内の親の冠、假一日を給し、程は給さず。

○婚嫁［給假］九日、除程。周親婚嫁、［給假］五日、大功［婚嫁、給假］三日、小功［婚嫁、給假］一日、不給程。
婚嫁は假九日を給し、程を除く。周親の婚嫁は、假五日を給し、大功の婚嫁は假三日を給し、小功の婚嫁は假一日を給し、程は給さず。

○斉衰周、給假三十日。葬三日、除服二日。小功五月、給假十五日。葬二日。除服一日。緦麻三月、給假七日。葬及除服皆一日。周已上親、皆給程。
斉衰の周は、假三〇日を給す。葬は三日、除服は二日。小功五月は、給假一五日。葬は二日。除服は一日。緦麻三月は、假七日を給す。葬及び除服は皆な一日。周已上の親、皆な程を給す。

○若聞喪、挙哀、並三分減一。　　若し喪を聞かば、挙哀、並びに三分の一を減ず。

○私忌、給假一日。忌前之夕聽還。　　私忌、假一日を給す。忌前の夕還るを聴す。

○五品已上、請假出境、皆吏部奏聞。　　五品已上、假を請い出境せば、皆な吏部奏聞す。

二　「假寧令」の復元

1　「假寧令」の復元

『大唐六典』巻二尚書吏部・吏部郎中の「内外官吏則有假寧之節（内外官吏則ち假寧の節有り）」の註記に、

謂、元正冬至各給假七日。寒食通清明四日。八月十五日（五日の誤写）夏至及臘各三日。正月七日十五日晦日春秋二社二月八日三月三日四月八日五月五日三伏日七月七日十五日九月九日十月一日立春春分立秋秋分立夏立冬毎旬、給休假一日。五月給田假、九月給授衣假、為両番、各十五日。

謂いは、元正・冬至は各《おのおの》假七日を給す。寒食は清明を通じて四日。八月五日・夏至及び臘は各《おのおの》三日。正月七日・一五日・晦日・春秋二社・二月八日・三月三日・四月八日・五月五日・三伏日・七月七日・一五日・九月九日・一〇月一日・立春・春分・立秋・秋分・立夏・立冬・毎旬、休假一日を給す。五月に田假を給し、九月に授衣假を給し、両番を為し、各《おのおの》一五日。

とあり、敦煌発見の「唐職官表」（伯二五〇四）に「假寧令」を引用して、

元日冬至、並給［假］七日。節前三日、節後三日。寒食通清明、給假四日。［八月五日］夏至臘各三日。節前一日、節後一日。正月七日十五日晦日春秋二社二月八日三月三日［四月八日］五月五日三伏［日］七月七日十五日九月九日十月一日［立春春分立秋秋分立夏立冬］及毎月旬休假一日。［内］外官五月九月、給田假授衣假。分為両番、

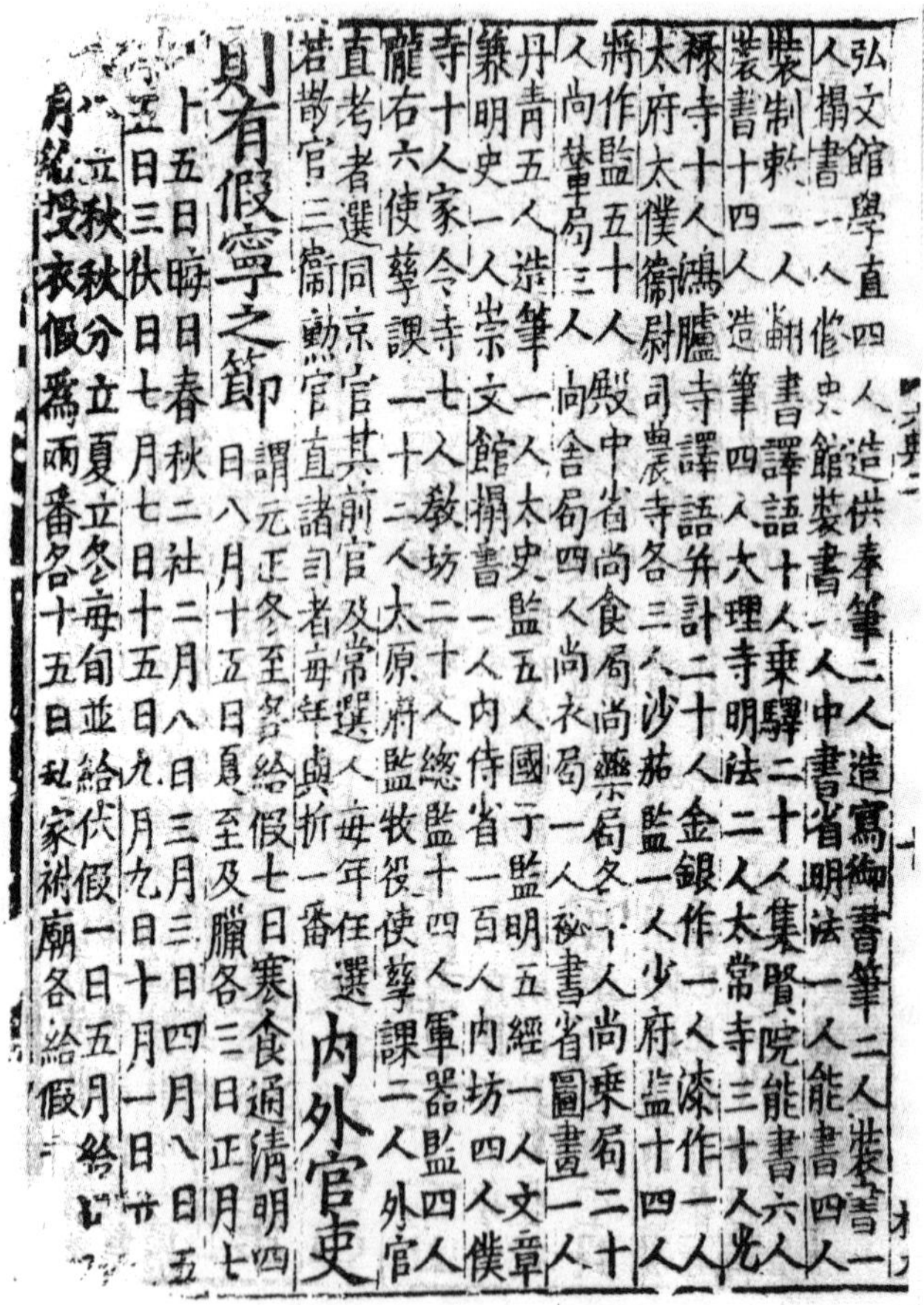
弘文館學直四人造供奉筆二人造寫御書筆二人裝書一
人搨書一人修史館裝書一人中書省明法一人能書四人
裝制敕一人翻書譯語十人乘驛二十人集賢院能書六人
裝書十四人造筆四人大理寺明法二人太常寺三十人光
祿寺十人鴻臚寺譯語并計二十人金銀作一人漆作一人
太府太僕衛尉司農寺各三人沙苑監一人少府監十四人
將作監五十人殿中省尚食局尚藥局各一人尚乘局二十
人尚輦局三人尚舍局四人尚衣局一人秘書省圖畫一人
丹青五人造筆一人太史監五人國子監明五經一人文章
兼明史一人崇文館搨書一人內侍省一百人內坊四人僕
寺十人家令寺七人教坊二十人總監十四人軍器監四人
隴右六使孳課一十二人太原府監牧役使孳課二人外官
直考者選同京官其前官及常選人每年任選
若散官三衛勳官直諸司者每年與折一番
內外官吏
則有假寧之節
謂元正冬至各給假七日寒食通清明四
日八月十五日夏至及臘各三日正月七
十五日晦日春秋二社二月八日三月三日四月八日五
五日三伏日七月七日十五日九月九日十月一日[illegible]
立秋秋分立夏立冬每旬並給休假一日五月給[illegible]
月給授衣假爲兩番各十五日私家祔廟各給假[illegible]

図版４　南宋版『大唐六典』巻２尚書吏部・吏部郎中職「内外官吏則有假寧之節」の条。
前半は直官の記事である。本書の309頁を参照。

各十五日。
元日・冬至、並びに假七日を給す。節前三日、節後三日。寒食は清明を通じて、假四日を給す。八月五日・夏至・臘各《おのおの》三日。節前一日、節後一日。正月七日・一五日・晦日・春秋二社・二月八日・三月三日・四月八日・五月五日・三伏日・七月七日・一五日・九月九日・一〇月一日・立春・春分・立秋・秋分・立夏・立冬・及び月の旬毎に、休假一日。内外官は五月・九月、田假・授衣假を給す。分かちて両番と為し、各《おのおの》一五日。

と「八月五日」と「四月八日」を脱する開元二五年「假寧令」があり、『太平御覧』巻六三四治道部・急假に次の開元二五年「假寧令」がある。

假寧令曰、諸内外官、五月給田假、九月給授衣假、為両番、各十五日。田假若風土異宜、種収不等、通隨［便］給之。

「假寧令」に曰わく、「諸《すべ》て内外官、五月に田假を給し、九月に授衣假を給し、両番と為し、各《おのおの》一五日。田假若《も》し風土宜を異にし、種収等《ひとし》からざれば、便を通隨して之を給す。

右の三史料より、仁井田氏は『唐令拾遺』「假寧令」（七三二頁）の第一条に、

諸元日冬至、並給假七日。節前三日、節後三日。寒食通清明給假四日。八月十五日（八月五日の誤記、玄宗皇帝の千秋節）夏至及臘各三日。節前一日、節後一日。正月七日十五日晦日春秋二社二月八日三月三日四月八日五月五日三伏日七月七日十五日九月九日十月一日立春春分立秋秋分立夏立冬及毎月旬、並給休假一日。内外官五月給田假、九月給授衣假。分為両番、各十五日。田假若風土異宜、種収不等、通隨給之。

という「假寧令」を復元し、この「假寧令」は開元七年と開元二五年「假寧令」とする。

2　天聖「假寧令」

天一閣所蔵の明鈔本『天聖令』の天聖「假寧令」の冒頭に次の「假寧令」三条がある＊。

①元正冬至寒食各給假七日。前後各三日。

元正・冬至・寒食各《おのおの》假七日を給す。前後各《おのおの》三日。

②天慶先天降聖乾元長寧上元夏至中元下元臘等節、各給假三日。前後各一日。長寧節、惟京師給假。

天慶（正月三日、天書降る日）・先天・降聖（一〇月二四日、天書降る日）・乾元（四月一四日、仁宗皇帝の生日）・長寧（正月八日、仁宗皇帝の義母・章献皇大后の生日）・上元・夏至・中元・下元・臘らの節、各《おのおの》假三日を給す。前後各《おのおの》一日。長寧節、惟だ京師は假を給す。

③天祺天貺中和節春秋社三月上巳重五三伏七夕九月授衣假重陽立春春分立秋秋分立夏立冬諸大忌及毎旬、並給休假一日。若公務急速、不在此限。

天祺（四月一日、天書再降の日）・天貺（六月六日、天書再降の日）・中和節・春秋社・三月上巳・重五・三伏・七夕・九月の授衣假・重陽・立春・春分・立秋・秋分・立夏・立冬・諸大忌及び毎旬、並びに休假一日を給す。若し公務急速ならば、此の限りに在らず。

この天聖「假寧令」は唐の「假寧令」を復元する上で大きな参考となる。

＊『天一閣蔵明鈔本天聖令校證　下冊』（中華書局　二〇〇六）三二二頁以下。

3　「假寧令」の再復元

『唐令拾遺』は次のように「假寧令」を復元した。

諸元日冬至、並給假七日。節前三日、節後三日。寒食通清明給假四日。八月十五日（八月五日の誤記、玄宗皇帝の千秋節）夏至及臘各三日。節前一日、節後一日。正月七日十五日晦日春秋二社二月八日三月三日四月八日五月五日三伏日七月七日十五日九月九日十月一日立春春分立秋秋分立夏立冬及毎月旬、並給休假一日。内外官、五月給田假、九月給授衣假。分為両番、各十五日。田假若風土異宜、種収不等、通随給之。

右の復元「假寧令」を天聖「假寧令」に準拠して訂正復元すれば、『唐令拾遺』の復元する「假寧令」は、次のようにあった可能性が高いといえよう＊。

○諸元正冬至、各給假七日。節前三日、節後三日。

○諸寒食通清明、［給假］四日。

○諸八月五日夏至及臘、［給假］各三日。節前一日、節後一日。

○諸正月七日十五日晦日春秋二社二月八日三月三日四月八日五月五日三伏日七月七日十五日九月九日十月一日立春春分立秋秋分立夏立冬毎旬、給休假一日。

○諸内外官、給田衣假。五月給田假、九月給授衣假。分為両番、各十五日。其田假、若風土異宜、種収不等、通隨［便］給之。

＊復元した各条文は、『大唐六典』の「内外官吏則有假寧之節」が「假寧令」の条文を正確に引用しているとは限らないから、大体の条文である。丸山裕美子「律令国家と假寧制度」（『日唐律令比較研究の新段階』所収　山川出版社　二〇〇八）において、右の「假寧令」を復元している。私案の復元と字句が異なるが、大変参考になる復元である。丸山さんは「假寧令」を復元し、開元二五年「假寧令」としている。至当な見解である。

三　『太平御覧』の「假寧令」

『太平御覧』巻六三四治道部・急假に、次の六条の「假寧令」を所載する。『太平御覧』の唐令は「開元二五年令」であるから、以下の六条の「假寧令」も開元二五年「假寧令」である。六条の中には『大唐六典』の「假寧令」と重複する「假寧令」もある。

①假寧令曰、諸内外官、五月給田假、九月給受（授）衣假。［分］為両番、各十五日。田假、若風土異宜、種収不等、通隨給之。

「假寧令」に曰わく、「諸《すべ》て内外官、五月に田假を給し、九月に授衣假を給す。分かちて両番と為し、各《おのおの》一五日。田假、若し風土宜を異にし、種収等しからざれば、通隨して之を給す」と。

②又曰、諸百官九品、私家祔廟、除程、給假五日。四時祭祀、各給假四日。並課（課は謂の誤写）主祭者。去任所三百里内、亦給程。若在京師除祭日。仍各依朝参［假例］。

又た曰わく、「諸て百官九品、私家の祔廟（あわせ祀る廟）は、程を除き、假五日を給す。［家廟の］四時の祭祀、各《おのおの》假四日を給す。並びに主祭を謂うなり。任所を去る三百里内、亦た程を給す。京師に在るが若きは祭日を除く。仍お各《おのおの》朝参の假例に依る」と。

③又曰、諸文武官、若流外已上者、父母在三百里［外］、三年［一］給定［省］假三十日。其拝墓、五年一［給］假十［五］日、並除程。若已経還家者、計還後［年］給。其五品已上、所司勘当於事毎（無）闕者、奏［聞］。不得輒自奏請。

又た曰わく、「諸て文武官、若しくは流外已上の者、父母三百里外に在らば、三年に一たび定省假三〇日を給す。其れ拝墓、五年に一たび假一五日を給し、並びに程を除く。若し已経《すで》に家に還る者は、還る後の年を計え給す。其れ五品以上、所司は事に闕くるなきを勘当し、奏聞す。輒《みだり》に自ら奏請するを得ず。

④［諸］冠給假三日、五服内親冠、給假一日、並不給程。

諸て冠は、假三日を給す。五服内の親の冠、假一日を給し、並びに程は給さず。

⑤又曰、諸婚給假九日、除程。周親婚嫁五日、大功五日、小功已下一日、並不給程。周已下無主者、百里内除程。

又た曰わく、「諸て婚は假九日を給し、程を除く。周親の婚嫁は五日、大功は五日、小功已下は一日、並びに程を給さず。周已下の主なき者、百里内は程を除く。

⑥諸本服周親已上、疾病危篤、遠行久別、及諸急難、並量給假。

諸《すべ》て本服の周親已上、疾病・危篤、遠行久しく別れ、諸《もろもろ》の急難に及べば、並びに量りて假を給す。

四　「假寧令」の年代

『大唐六典』所載の「假寧令」は敦煌発見の「唐職官表」（伯二五〇四）と『太平御覧』に同じ「假寧令」があり、「唐職官表」と『太平御覧』の「假寧令」は開元二五年「假寧令」であるから、『大唐六典』の「假寧令」を開元二五年「假寧令」とするのは何ら問題はない。しかし、『唐令拾遺』と『唐令拾遺補』「假寧令」（一四一五頁）は『大唐六典』の「假寧令」を開元七年「假寧令」に比定する。これは『大唐六典』の唐令はすべて「開元七年令」とするから、『大唐六典』の「假寧令」を開元七年「假寧令」とせざるを得なくなるのである。

1　寒食清明休暇

『大唐六典』の唐令は『唐令拾遺』や『唐令拾遺補』がいうように「開元七年令」であろうか。今までに多くの史料を挙げて、『大唐六典』の記事は開元二五年のものであることを述べてきた。『大唐六典』の記事で開元七年であることを示す記事は皆無であった。

『太平御覧』の唐令は「開元二五年令」である。『太平御覧』の「假寧令」と『大唐六典』の「假寧令」が互いに類似するという理由によって、『大唐六典』の「假寧令」は開元二五年「假寧令」とはいえない。『大唐六典』の「假寧令」を開元七年「假寧令」と仮定すると、開元七年「假寧令」と『太平御覧』の開元二五年「假寧令」が近似した

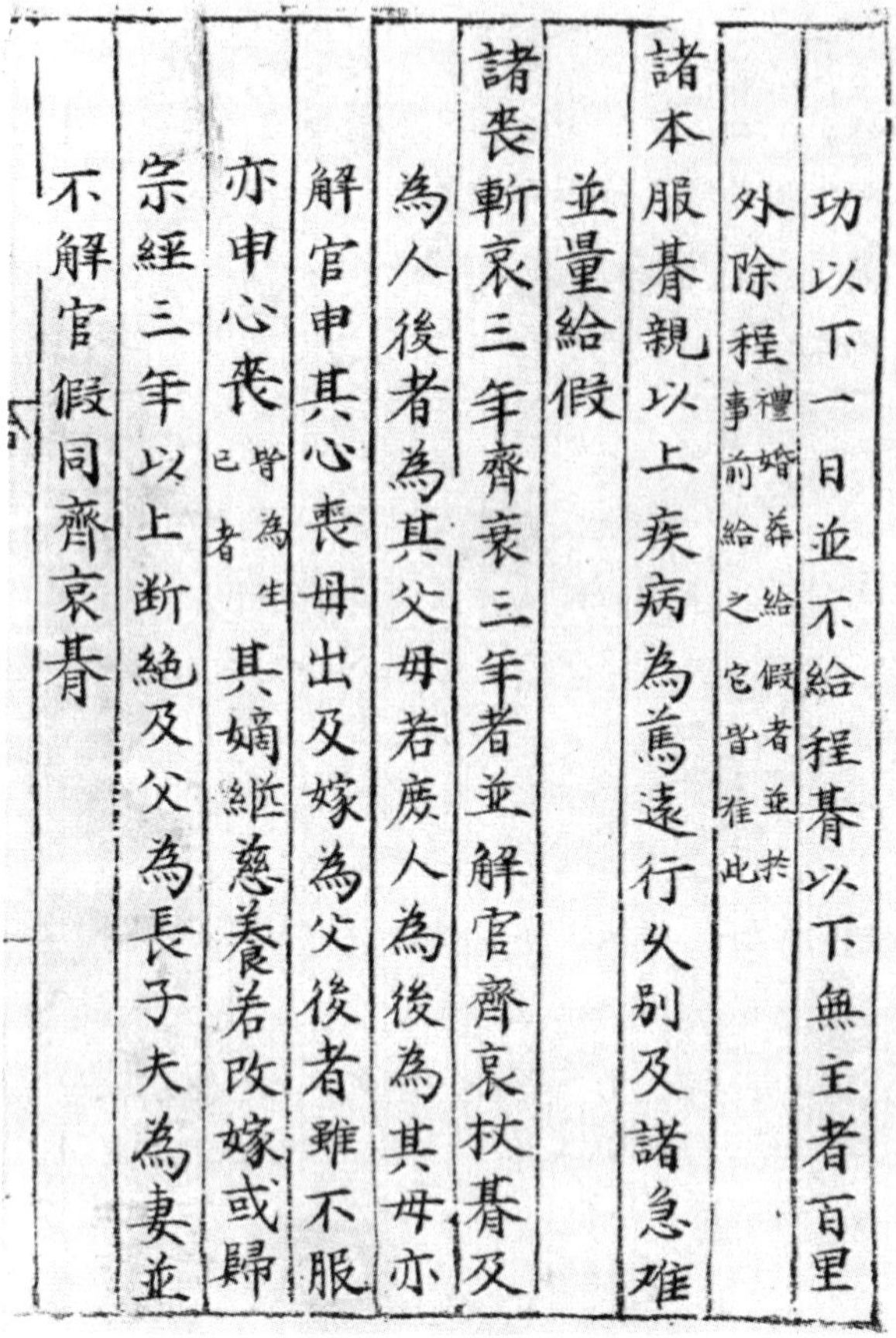
功以下一日並不給程朞以下無主者百里
外除程禮婚葬給假者並於事前給之它皆准此
諸本服朞親以上疾病為篤遠行久別及諸急難
並量給假
諸喪斬衰三年齊衰三年者並解官齊衰杖朞及
為人後者為其父母若庶人為後為其母亦
解官申其心喪母出及嫁為父後者雖不服
亦申心喪皆為生己者其嫡継慈養若改嫁或歸
宗經三年以上斷絶及父為長子夫為妻並
不解官假同齊衰朞

図版5　天聖「假寧令」部分

関係にあるから、両「假寧令」が近似しているのかも知れないからである。『大唐六典』の「假寧令」は開元二五年「假寧令」であるというためには、『大唐六典』の「假寧令」の各条が開元二五年「假寧令」であることを示す必要がある。

『大唐六典』の「假寧令」に寒食から清明の休暇四日をいう。寒食休暇四日は、『冊府元亀』巻六〇帝王部・立制度によれば、

〔開元〕二十四年二月壬戌、許寒食通清明、四日為假。

開元二四年（七三六）二月壬戌（一二日）、寒食より清明を通じて、四日を假と為すを許す。

とあり、『唐会要』巻八二休暇に、

〔開元〕二十四年二月十一日勅、寒食清明、四日為假。至大暦十三年二月十五日、勅、自今已後、寒食通清明、休暇五日。至貞元六年三月九日、勅、寒食清明、宜准元日節、前後各給三日。

開元二四年二月一一日勅す、「寒食清明、四日を假と為す」と。大暦一三年（七七八）二月一五日に至り、勅す、「自今已後、寒食通清明、休暇五日」と。貞元六年（七九〇）三月九日に至り、勅す、「寒食清明、宜しく元日節に准じ、前後各《おのおの》三日を給すべし」と。

とあり、寒食・清明休暇四日は開元二四年から開始されたとある。寒食・清明休暇は開元二四年以前にもあったが、休暇が四日でなかったのであろう。休暇四日は開元二四年二月に公布されている。寒食は冬至の日から数えて一〇五日目が寒食の初日である。開元二三年の冬至は一一月三〇日であり、この年は閏一一月があるから、開元二四年二月一五日が寒食初日となる。二月一二日は冬至から数えて一〇二日に当たるから、勅書の内容がすぐに知ることができる長安でもぎりぎり施行できたかどうかの日限であるから、全国的施行は開元二五年の寒食からであろう。

『大唐六典』の「假寧令」の寒食から清明の休暇は確かに開元二五年「假寧令」であることが判明した。これによっ

て、『大唐六典』の「假寧令」の各条は、開元二五年「假寧令」であることになる。『大唐六典』の「假寧令」が、どうして開元七年「假寧令」でありえよう。『大唐六典』即「開元七年令」説は明らかに間違いである。

2　千秋節

加えて、八月五日の千秋節休暇三日は開元七年「假寧令」にはない節日であり、開元一七年八月から開始された行事である。仁井田氏が千秋節を「開元七年令」の一条とするのは、『大唐六典』の記事は「開元七年令」と思い込んだ結果であり、『大唐六典』の記事全体を「開元七年令」と考えるのは大いなる誤解である一證になる。『大唐六典』が所載する「假寧令」は一団となった史料群であり、その中の二条が開元二五年「假寧令」であるから、一団となった史料全体は開元二五年「假寧令」ということになる。

3　『天聖令』の唐「假寧令」

『天聖令』の唐「假寧令」には、以下に示す①から④の「假寧令」がある。「〈假寧令〉の再復元」（五五四頁）において言及した田假と授衣假、

①諸内外官、給田衣假。五月給田假、九月給授衣假。分為両番、各十五日。其田假、若風土異宜、種収不等、隨便給之。

とあり、「〈假寧令〉全文」（五五〇頁）に示した、以下の三条の「假寧令」は天聖「假寧令」は唐令としてある＊。

②私家祔廟、各給假五日。四時祭、各四日。

私家の祔廟（あわせ祀る）は、各《おのおの》假五日を給す。四時祭は、各《おのおの》四日を［給］す。

③父母在三千里外、三年一給定省假三十五日（三十日？）。五百里、五年一給拝掃假十五日、並除程。五品已上並奏

聞。
父母三千里外に在らば、三年一たび定省假三〇日を給す。五百里は、五年一たび拝掃假一五日を給し、並びに程を除く。五品已上は並びに奏聞す。

④冠給［假］三日。五服内親冠、給假一日、不給程。

冠は假三日を給す。五服内の親の冠、假一日を給し、程は給さず。

天聖「假寧令」の当該の唐令を示せば次のようである。

①諸内外官、五月給田假、九月給授衣假。分為両番、各十五日。其田假、若風土異宜、種収不等、随便給之。

諸《すべ》て内外官、五月に田假を給し、九月に授衣假を給し、分かちて両番と為し、各《おのおの》一五日。其の田假、若し風土宜を異にし、種収等しからざれば、便に随いて之を給す。

②諸百官九品以上私家祔廟、除程、給假五日。四時祭者、各給假四日。並謂主祭者。去任所三百里内、亦給程。若在京都、除祭日、仍各依朝参假例。

諸て百官九品以上の私家の祔廟（あわせ祀る）、程を除き、假五日を給す。［家廟の］四時の祭は、各《おのおの》假四日を給す。並びに祭を主る者を謂う。任所を去る三百里内、亦た程を給す。若し京都に在らば、祭日を除き、仍お各《おのおの》朝参の假例に依る。

③諸文武官、若流外以上長上者、父母在三百里外、三年一給定省假三十日。其拝墓、五年一給假十五日、並除程。若已経還家者、計還後年給。其五品以上、所司勘当於事無闕者、奏聞。不得輒自奏請。

諸て文武官、若《も》しくは流外以上長上の者、父母三百里外に在らば、三年に一たび定省假三〇日を給す。其の拝墓、五年に一たび假一五日を給し、並びに程を除く。若し已《すで》に還家する者は、還る後の年を計え給す。其の五品以上、所司は事に闕くるなきを勘当し、奏聞す。輒《みだ》りに自ら奏請するを得ず。

④諸冠、給假三日。五服内親冠、給假一日、並不給程。
諸《すべ》て冠は、假三日を給す。五服内の親の冠、假一日を給し、並びに程は給さず。

実際に行用され、最も北宋時代に近い唐令は「開元二五年令」であるから、『天聖令』が引用する唐令は「開元二五年令」であり、廃棄され無効となった「開元七年令」を引用するはずはない。天聖「假寧令」の唐令は開元二五年「假寧令」から引用したことになる。

『天聖令』には多くの唐令が引用してあるが、「假寧令」の場合のみ「開元二五年令」を引用し、他は年度の異なる唐令ということはないから、他の唐令も「開元二五年令」を引用していることになる。『大唐六典』の「假寧令」を検討しても『大唐六典』の記事は「開元七年令」であるという積極的な根拠は見あたらず、むしろ「開元二五年令」という結果となる。

＊　『天一閣蔵明鈔本天聖令校證　下冊』（中華書局　二〇〇六）三二四頁以下。

第一六節　『大唐六典』の「倉庫令」

一　「倉庫令」全文

1　賜物一〇段

『大唐六典』巻三尚書戸部・金部郎中員外郎職に、賜物一〇段の具体的内訳をいう。

凡賜物十段、則約率而給之。絹三匹布三端綿四屯。貲布紵布罽布、各一端。春夏以絲代綿。

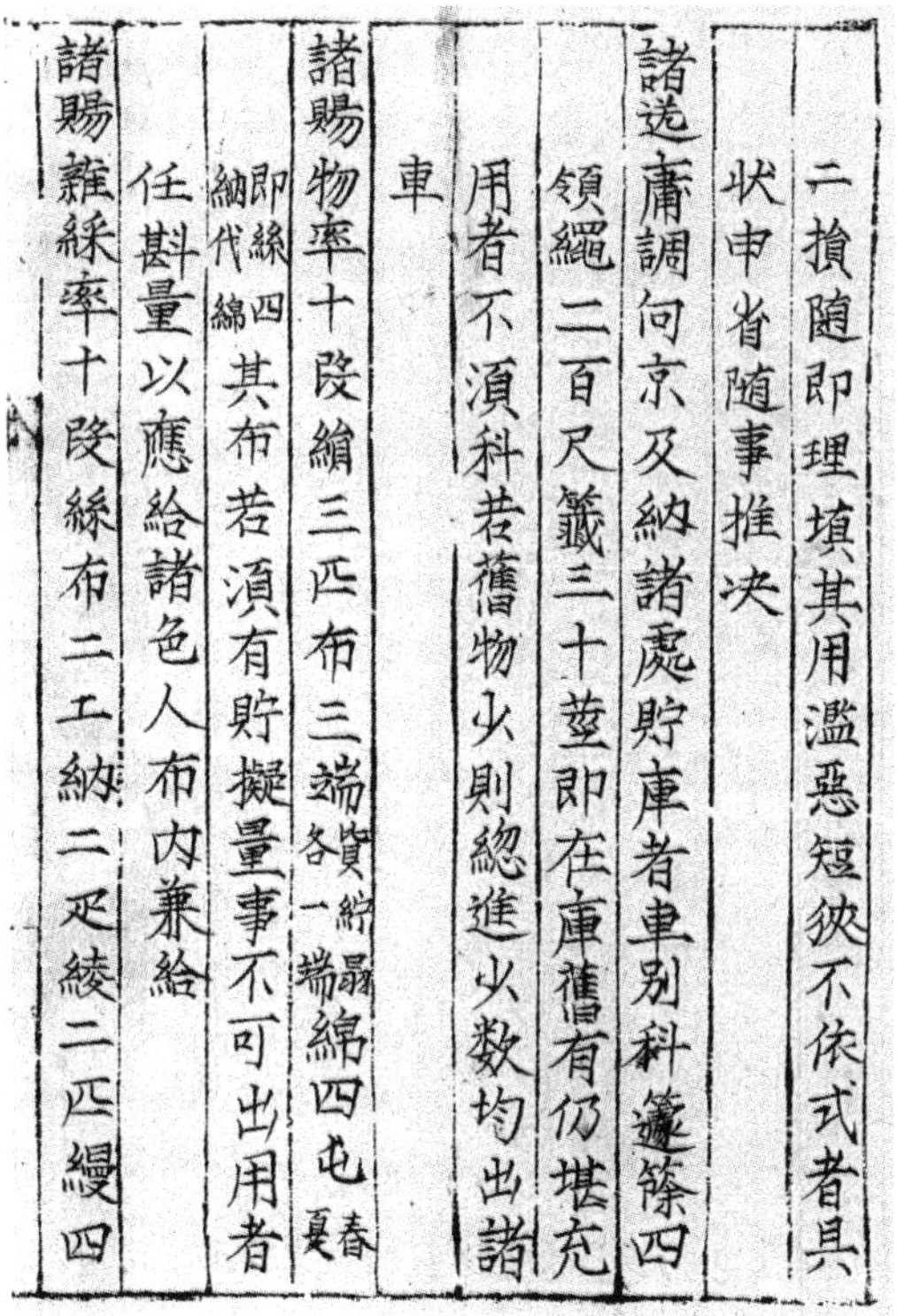
二撿隨即理塡其用濫惡短狹不依式者具
狀申省隨事推決
諸送庸調向京及納諸處貯庫者車別科籧篨四
領繩二百尺籤三十莖即在庫舊有仍堪充
用者不須科若舊物少則總進少數均出諸
車
諸賜物率十段絹三疋布三端貲紵罽各一端綿四屯春夏
即絲四紬代綿其布若須有貯擬量事不可出用者
任斟量以應給諸色人布內兼給
諸賜雜綵率十段絲布二工紬二疋綾二疋縵四

図版６　天聖「倉庫令」部分

凡《およ》そ賜物一〇段、則ち約率して之を給す。絹三匹・布三端・綿四屯。貲《し》布《ふ》・紵《ちょ》布《ふ》・罽《けい》布《ふ》、各《おのおの》一端。春夏は絲を以て綿に代う。

この「賜物十段」の規定は唐「倉庫令」の逸文であるらしい。天一閣所蔵の明鈔本『天聖令』のうちに、次の唐「倉庫令」がある＊。

諸賜物率十段、絹三匹布三端　貲紵罽、各一端。綿四屯　春夏即絲四絇代綿。其布若須有貯擬、量事不可出用者、任斟量以応給諸色人布内兼給。

諸《すべ》て賜物率一〇段、絹三匹・布三端　貲《し》・紵《ちょ》・罽《けい》、各《おのおの》一端。綿四屯　春夏は即ち絲四絇（絲五両＝絇であるから、絲四絇は二〇両）を以て綿に代う。其れ布若し貯擬有るを須て、事を量り出用すべからざれば、斟量し応《まさ》に諸色人に給すべき布内を以て兼給するを任す。

この「倉庫令」によって、『大唐六典』の「凡賜物十段、………」の記事は「倉庫令」であることが判明する。『大唐六典』の記事は、註記が文末に集められている。「貲布・紵布・罽布、各一端」は布三端の説明であることは「各一端」とあることによって理解できるが、『天聖令』の唐「倉庫令」のほうが、註記の位置も正しく、本来の「倉庫令」の記事と認められる。

＊　『天一閣蔵明鈔本天聖令校證　下冊』（中華書局　二〇〇六）二八五頁。

2　賜雑綵一〇段

『大唐六典』巻三尚書戸部・金部郎中員外郎職に、

若雑綵十段、則絲布二匹紬二匹綾二匹縵四匹。

雑綵一〇段の若きは、則ち絲布二疋・紬二疋・綾二疋・縵四疋。

とある。「賜雑綵十段」は絲布二匹・紬二匹・綾二匹・縵四匹から構成される賜物である。
「賜物十段」の規定が「倉庫令」の一条であったから、「雑綵十段」の規定も「倉庫令」の一条に相違ない。天一閣所蔵の明鈔本『天聖令』のうちに、次の唐「倉庫令」がある＊。

諸賜物雑綵十段、絲布二匹紬二疋綾二匹縵四匹。

諸《すべ》て賜物雑綵一〇段は、絲布二匹・紬二疋・綾二匹・縵四匹。

これによって、『大唐六典』の「若雑綵十段、………」は唐の「倉庫令」の取意文であることがわかる。

＊　『天一閣蔵明鈔本天聖令校證　下冊』（中華書局　二〇〇六）二八五頁。

3　賜錦綵一〇段

『大唐六典』巻三尚書戸部・金部郎中職員外郎に、「賜錦綵十段（錦綵一〇段を賜う）」の規定がある。

若賜蕃客錦綵、率十段、則錦一張綾二匹縵三匹綿四屯。

若《も》し蕃客に錦綵を賜えば、率《おおむ》ね一〇段は、則ち錦一張・綾二疋・縵三疋・綿四屯

「賜錦綵某段」という場合は外国の使節に対する賜物に限定して使用したようである。
天一閣所蔵の明鈔本『天聖令』のうちに、次の唐の「倉庫令」がある＊。

諸賜蕃客錦綵十段、錦一疋綾二匹縵三匹綿四屯。

諸《すべ》て蕃客に賜う錦綵一〇段は、錦一疋・綾二匹・縵三匹・綿四屯。

この「倉庫令」は『大唐六典』の規定と近似するから、『大唐六典』の規定は「倉庫令」としてよい。

＊　『天一閣蔵明鈔本天聖令校證　下冊』（中華書局　二〇〇六）二八六頁。

4　時服に関する「倉庫令」

時服に関する「倉庫令」は『大唐六典』巻三尚書戸部・金部郎中員外郎職に、

凡時服、称一具者、全給之。一副者、減給之。

凡《およ》そ時服、一具と称うは、全て之を給し、一副とは、減じて之を給す。

とあり、註記に「一具と一副」を説明する。

一具者、春秋、袍一絹汗衫頭巾一白練袴一絹褌一鞾一量並氈。夏則以衫代袍、以単袴代裌袴、餘依春秋。冬則袍加綿一十両襖子八両袴六両。一副者、除襖子汗衫褌頭巾鞾。餘同上。

一具とは、春・秋は、袍一・絹の汗衫《かんさん》・頭巾一・白練の袴一・絹の褌一・鞾一量並びに氈。夏は則ち衫を以て袍に代え、単袴を以て裌袴に代え、餘は春秋に依る。冬は則ち袍に綿一〇両・襖子八両・袴六両を加う。一副とは、襖子・汗衫・褌・頭巾・鞾を除く。餘は上に同じ。

「賜衣一具（衣一具を賜う）」とは、春と秋では袍一・絹汗衫・頭巾一・白練袴一・絹褌一・鞾一量を賜うことをいい、夏は衫・単袴・頭巾一・絹褌一・鞾一量を賜うことをいい、冬は袍一・綿一〇両・襖子八両・袴六両・絹汗衫・頭巾一・白練袴一・絹褌一・鞾一量を賜うことをいう。

「賜衣一副（衣一副を賜う）」とは、春と秋では袍一・白練袴一を賜うことをいい、夏は衫・単袴を賜うことをいい、冬は袍一・綿一〇両・袴六両・白練袴一を賜うことをいう。

ところで、右の「一具と一副」の規定は唐代の法令のうち、「令」であろうか「式」であろうか。天一閣所蔵の明鈔本『天聖令』のうちに、次の唐「倉庫令」がある＊。

凡給時服、称一具者、春秋給裌袍一領絹汗衫一領頭巾一枚白練裌袴一腰絹褌一腰鞾一量并毡。其皮以麋鹿牛羊等充。

下文准此。夏則布衫一領絹汗衫一領頭巾一枚絹袴一腰絹褌一腰鞾一量。冬則複袍一領白練襖子一領頭巾一枚白練複袴一腰絹褌一腰鞾一量。其称時服一副者、除襖子汗衫褌頭巾鞾。餘同上。冬服（服は則？）衣袍、加綿一十両襖子八両袴六両。其財帛精麁、並依別式。即官人外使経時、応給時服者、所須財帛、若当處無、以郷土所出充、給訖申省。

凡《およ》そ時服を給すに、一具と称うは、春・秋は裌袍《きょうほう》（袷の長い上着）一領・絹の汗衫《かんさん》（下着）一領・頭巾《ずきん》一枚・白練の裌袴《きょうこ》（袷の袴）一腰・絹褌《けんこん》（絹のふんどし）一腰・鞾《か》（革靴）一量并せて毡《せん》（毛氈）を給す。其の皮は麞・鹿・牛・羊等を以て充つ。下文此れに准ず。夏は則ち布衫《ふさん》一領・絹の汗衫一領・頭巾一枚・絹袴一腰・絹褌一腰・鞾一量なり。冬は則ち複袍（綿入れの上着）一領・白練の襖子《おうす》（白い練り絹の短い上着）一領・頭巾一枚・白練の複袴（白い練り絹の綿入れの袴）一腰・絹褌一腰・鞾一量なり。其の時服一副と称うは、襖子（短い上着）・汗衫・褌・頭巾・鞾を除く。餘は上に同じ。冬は則ち衣袍に、綿一〇両・襖子八両・袴六両を加う。其れ財帛の精麁、並びに別式に依れ。即ち官人外に使し時を経て、応に時服を給すべきは、須《もち》いる所の財帛、若し当處になくんば、郷土出す所を以て充て、給し訖らば省に申せ。

『大唐六典』の「一具と一副」の記事は、唐「倉庫令」の節略文であることが判明する。『唐令拾遺』（八五一頁）と『唐令拾遺補』（一四七四頁）は右に示した『大唐六典』の記事を「倉庫令」の逸文とせず、開元七年（七一九）の「雑令」の一条としている。その理由は日本の「倉庫令」に闕落があって不完全で参考にならず、『大唐六典』の記事が唐令逸文であるとの傍證史料が皆無であったからであろう。右の「倉庫令」は天一閣所蔵の明鈔本『天聖令』によって判明した、新たに判明した唐「倉庫令」である。

＊　『天一閣蔵明鈔本天聖令校證　下冊』（中華書局　二〇〇六）二八七頁。

二　「倉庫令」の年代

「倉庫令」四条は何年度の「倉庫令」であろうか。『唐令拾遺』（八五一頁）と『唐令拾遺補』（一四七四頁）は時服に関する「令」を開元七年（七一九）の「雑令」とする。「開元七年令」の根拠は『唐令拾遺』と『唐令拾遺補』が『大唐六典』の唐令をすべて「開元七年令」とすることに起因する。

北宋の『天聖令』の唐令は、「開元二五年令」の公布によって法的効力が失効し無用となった「開元七年令」を引用するものであろうか。「開元二五年令」編纂以後の唐代において、「令」の編纂はなく、「開元二五年令」は唐末まで有効な唐令であった。北宋において引用される唐令は、唐王朝の最後まで効力があった「開元二五年令」を唐代を代表する唐令として取り扱い、引用したと想定するのが一般的考えであろう。『太平御覧』が引用する唐令は「開元二五年令」であり、『南部新書』壬集に開元二五年「雑令」を引くのがその好例である。

「〈假寧令〉の年代」において明らかにしたように、『天聖令』が引用する唐令は「開元二五年令」であり、『大唐六典』が引用する「假寧令」も「開元二五年令」である。この論法でいけば、『天聖令』に引用する唐の「倉庫令」は「開元二五年令」であり、『大唐六典』の「假寧令」は開元二五年「假寧令」であるから、同じ『大唐六典』の「倉庫令」も開元二五年「倉庫令」ということになる。

第一七節　『大唐六典』と『旧唐書』職官志

1　天下の水泉と戸口

『大唐六典』巻七尚書工部・水部郎中員外郎職に、

凡天下水泉、三億三萬三千五百五十有九、其在遐荒絶域、殆不可得而知矣。其江河自西極達于東溟、中国之大川者也。其餘百三十有五水、是為中川者也。桑欽水経所引天下之水、百三十七江河在焉。其千二百五十有二水、斯為小川者也。酈善長注水経、引其枝流一千二百五十二。

凡《およ》そ天下の水泉、三億三萬三千五百五十有九、其の遐荒絶域に在るもの、殆んど得て知るべからず。其の江河西極より東溟に達するは、中国の大川なるものなり。其の餘百三十有五水、是れを中川と為すものなり。桑欽の「水経」引く所の天下の水、百三十七江河在り。其の千二百五十有二水、斯れ小川と為すものなり。酈善長は「水経」に注し、其の枝流一千二百五十二を引く。

とある。「天下の水泉、三億三萬三千五百五十有九」とはすごい数字と思い、強く印象に残った。『旧唐書』を通覧していると、『旧唐書』巻四三職官志・尚書工部・水部郎中員外郎職に、

凡天下水泉三億三萬三千五百五十九、其在遐荒絶域、殆不可得而知矣。其江河自西極達于東溟、中国之大川者也。其餘百三十五水、是為中川。其又千二百五十二水、斯為小川也。

とある。また『大唐六典』巻七尚書戸部・戸部郎中員外郎職に、

凡天下之戸八百一萬八千七百一十、口四千六百二十八萬五千一百六十一。開元二十二年数。

とある。この数字は『旧唐書』巻四三職官志・尚書戸部・戸部郎中員外郎職にも、

凡天下之戸八百一萬八千七百一十、口四千六百二十八萬五千一百六十一。

とある。『旧唐書』巻四三職官志と巻四四職官志の記事は『大唐六典』の記事の再録なのである。

そこで『大唐六典』巻二尚書都省以下の記事と『旧唐書』巻四三職官志・尚書都省以下と巻四四職官志の記事を対比してみた所、両書の記事はほとんど同じで、記事の順序も同じであることが判明した。『旧唐書』巻四三と巻四四

の記事は『大唐六典』の再録であることは明らかである。『大唐六典』は開元二六年に完成した書であり、『旧唐書』は一〇世紀であるから、史料的価値は『大唐六典』のほうが高いことは歴然としている。史料を利用する場合、同じ史料であれば『大唐六典』の史料を使用するべきで、『旧唐書』巻四三と巻四四の史料を『大唐六典』の史料の傍證として利用できない。

2　左右司郎中員外郎条の記事の対比

『大唐六典』の記事と『旧唐書』巻四三職官志と巻四四職官志の記事を対比して、両書の記事がほとんど同じであることを提示しようと考えるが、すべての記事となると厖大な量となるから、ここでは『大唐六典』巻二尚書都省の記事と『旧唐書』巻四三尚書都省の記事を示し、その一端を窺うこととする。最初が『大唐六典』の記事で〇印を付したものが『旧唐書』の記事である。記事の順序は元のままである。

①左右司郎中員外郎、各掌付十有二司之事、以挙正稽違、省署符目。都事監而受焉。

左右司郎中員外郎、各《おのおの》十有二司の事を付し、以て正を挙げ違を稽え、符目を省署するを掌る、都事は監して受く。

〇左右司郎中員外郎、各掌副十有二司之事、以挙正稽違、省署符目焉。

②凡都省掌挙諸司之綱紀与其百僚之程式、以正邦理、以宣邦教。

凡《およ》そ都省は諸司の綱紀と其の百僚の程式を挙げ、以て邦理を正し、以て邦教を宣ぶるを掌る。

〇凡都省掌挙諸司之綱紀与百寮之程式、以正邦理、以宣邦教。

③凡上之所以逮下、其制有六。曰制勅冊令教符。天子曰制、曰勅、曰冊。皇太子曰令。親王公主曰教。尚書省下於州、州下於県、県下於郷、皆曰符。
凡《およ》そ上の以て下に逮ぶ所、其の制六有り。曰わく制・勅・冊・令・教・符。天子は制と曰い、勅と曰い、冊と曰う。皇太子は令と曰う。親王・公主は教と曰う。尚書省が州に下し、州が県に下し、県が郷に下すは、皆な符と曰う。
○凡上之所以迨下、其制有六。曰制勅冊令教符。天子曰制、曰勅、曰冊。皇太子曰令。親王公主曰教。尚書省下於州、州下於県、県下郷、皆曰符也。

④凡下之所以達上、其制亦有六。曰表状牋啓辞。表〔状〕上於天子、其近臣亦為状。牋啓於皇太子、然於其長亦為之、非公文所施。九品已上公文、皆曰牒。庶人言曰辞。
凡そ下の以て上に達する所、其の制亦た六有り。曰わく表・状・牋・啓・辞。表・状は天子に上り、其の近臣亦た状と為す。牋・啓は皇太子に於いてし、然れども其の長に亦た之を為し、公文に非ずして施す所なり。九品已上の公文、皆な牒と曰い、庶人の言は辞と曰う。
○凡下之所以達上、其制亦有六。曰表状牋啓辞牒。表〔状〕上於天子。其近臣亦為状。牋啓上皇太子、然於其長亦為之、非公文所施。有品已上公文、皆曰牒。庶人言曰辞也。

⑤諸司自相質問、其義有三。曰関刺移。関謂関通其事。刺謂刺挙之。移謂移其事於他司。移則通判之官、皆連署。
諸司自ら相い質し問うに、其の義に三有り。曰わく関・刺・移。関は其の事を関通するを謂う。刺は之を刺挙するを謂う。移は其の事を他司に移すを謂う。移は則ち通判の官、皆な連署す。
○諸司自相質問、其義有三。曰関刺移。関謂関通其事。刺謂刺挙之。移謂移其事於他司。移則通判之官、皆連署也。

⑥凡内外百司、所受之事、皆印其発日、為之程限。一日受、二日報。其事速、及送囚徒、隨至即付。小事五日、謂不須検覆者。中事十日、謂須検覆前案及有所勘問者。大事二十日、謂計算大簿帳及須諮詢者。獄案三十日、謂徒已上弁定須断結者。其急務者不与焉。小事判句経、三人已下者給一日、四人已上給二日、中事、毎経一人給二日、大事各加一日。内外諸司咸率此。若有事速及限内可了者、不在此例。其文書受付日及訊囚徒、並不在程限。

凡《およ》そ内外百司、受ける所の事、皆な其の発日に印し、之が程限と為す。一日受け、二日報ず。其の事速かに、囚徒を送るに及んでは、至るに隨い即付す。小事は五日、須《すべ》からく検覆せざるを謂う。中事は一〇日、須《すべ》からく前案を検覆し及び勘問する所有るべきを謂う。大事は二〇日、大簿帳を計算し諮詢を須うに及ぶを謂う。獄案は三〇日、徒已上弁定し断結を須うを謂う。其の急務なるものは与らず。小事の判句経、三人已下は一日を給し、四人已上は二日を給し、中事、毎経一人に二日を給し、大事各《おのおの》一日を加う。内外諸司咸な此れに率う。若し事速及び限内に了るべきもの有らば、此の例に在らず。其の文書受付の日及び囚徒を訊ねるは、並びに程限に在らず。

○凡内外百司所受之事、皆印其発日、為之程限。

⑦凡尚書省施行制勅、案成則給以鈔之。通計符移関牒、二百紙已下限二日。過此以往、毎二百紙已上加二日、所加多者不得過五日。若軍務急速者、不出其日。若諸州計奏達於京、量事之大小与多少以為之節。二十条以上、二日。倍之、三日。又倍之、四日。又倍之、五日。雖多、不是過焉。

凡そ尚書省施行の制勅、案成らば則ち給するに以て之を鈔す。符・移・関・牒を通計し、二百紙已下は二日に限る。此れ過ぎ以て往くは、二百紙已上毎に二日を加え、加える所多きもの五日を過ぐるを得ず。軍務急速なるものの若きは、其の日を出でず。諸州計奏の京に達するものの若きは、事の大小と多少とを量り以て之が節を為る。二〇条以上は、二日。之に倍すれば、三日。又た之に倍すれば、四日。又た之に倍すれば、五日。多きを雖も、是れ焉を過ぎず。

○凡尚書省施行制勅、案成則給程以鈔之。若急速者、不出其日。若諸州計奏達于京師、量事之大小与多少以為之節。

⑧凡制勅施行、京師諸司、有符移関牒。下諸州者、必由於都省、以遣之。若在京差使者、令使人於都省受道次符牒、然後発遣。若諸方使人欲還、亦令所由司先報尚書省、所有符牒、並令受送。

凡《およ》そ制勅の施行、京師の諸司には、符・移・関・牒有り。諸州に下すは、必ず都省に由り、以て之を遣る。若し京に在りて使者を差せば、使人をして都省に道次の符牒を受けしめ、然る後に発遣す。若し諸方の使人還らんと欲すれば、亦た所由の司をして先ず尚書省に報ぜしめ、所有の符・牒、並びに受送せしむ。

○凡京師諸司、有符移関牒。下諸州者、必由於都省、以遣之。

⑨凡文案既成、勾司行朱、訖、皆書其上端、記年月日、納諸庫。

凡そ文案既に成らば、勾司は朱を行い、訖らば、皆な其の上端に書き、年月日を記し、諸庫に納む。

○凡文案既成、勾司行朱訖、皆書其上端、記年月日、納諸庫。

⑩凡施行公文応印者、監印之官、考其事目、無或差繆、然後印之。必書於暦、毎月終、納諸庫。其印、毎至夜、在京諸司付直官掌。在外者、送当処長官掌。

凡そ施行公文応に印すべきもの、監印の官、其の事目を考え、或いは差繆なくば、然る後に之に印す。必ず暦（冊子）に書き、毎月の終わり、諸庫に納む。其の印、夜に至る毎に、京諸司は直官掌に付し。在外のものは、当処長官掌に送る。
○凡施行公文応印者、監印之官、考其事目、無差、然後印之。必書於歴、毎月終、納諸庫。
⑪凡尚書省官、毎日一人宿直。都司執直簿、一転以為次。凡諸司長官、応通判者及上佐県令、皆不直也。
凡《およ》そ尚書省の官、毎日一人宿直す。都司は直簿を執り、一転せば以て次と為す。凡そ諸司長官、応に通判すべき者及び上佐・県令、皆な直せざるなり。
○凡尚書省官、毎日一人宿直。都司執直簿、転以為次。
⑫凡内外百僚、日出而視事、既午而退。有事則直官省之。其務繁、不在此例。
凡そ内外百寮、日出でて事を視、午に既りて退く。事有らば則ち直官之を省る。其の務め繁なれば、此の例に在らず。
○凡内外百僚、日出而視事、既午而退。有事則直官省之。其務繁、不在此例。
⑬凡天下制勅計奏之数、省符宣告之節、率以歳終為断。京師諸司、皆以四月一日納于都省。其天下諸州、則本司推校、以授勾官。勾官審之、連署封印、附計帳使、納于都省。常以六月一日、都事集諸司令史対覆。若有隠漏不同、皆附于考課焉。
凡そ天下の制・勅・計奏の数、省符・宣告の節、率《おおむ》ね歳終を以て断と為す。京師の諸司、皆な四月一日を以て都省に納む。其れ天下の諸州、則ち本司推校し、以て勾官に授く。勾官之を審し、連署封印し、計帳使に附し、都省に納む。常に六月一日を以て、都事は諸司の令史を集め対覆す。若し隠漏して同じからざる有らば、皆な考課

に附す。

○凡天下制勅計奏之数、省符宣告之節、率以歳終為断。京師諸司、皆以四月一日納于都省。其天下諸州、則本司推校、以授勾官。勾官審之、連署封印、附計帳使、納于都省。常以六月一日、都事集諸司令史対覆。若有隠漏不同、皆附于考課焉。

以上、『大唐六典』巻一尚書都省の記事と『旧唐書』巻四三職官志・尚書都省の記事を示した。『大唐六典』の記事と『旧唐書』巻四三職官志・尚書都省の記事はほとんど同じであることが確認できたであろう。『大唐六典』巻二尚書吏部以下の尚書六部や中書省・門下省の記事も『旧唐書』巻四三職官志に順序も同じで再録されている。『旧唐書』巻四三職官志・尚書都省の記事は『大唐六典』の記事の再録に過ぎないのである。時としては『大唐六典』の記事を縮めている場合もあり、註記を省略している場合もあり、意味が通じ難い所も生じている。『大唐六典』が存在しなかったら、『旧唐書』巻四三職官志・巻四四職官志の史料は貴重であろうが、幸いにも『大唐六典』が存在するのであるから、同じ記事を引用するなら、『大唐六典』の記事を引用しなければならない。

『大唐六典』の記事は開元二六年当時の状況を伝えたものであり、記事の年代が明確に判明する。『旧唐書』巻四三職官志と巻四四職官志の記事は、唐代後半期に適合するよう、少し記事の内容に変更を加えているが、『大唐六典』の記事が基礎であることには変わりはない。『大唐六典』によって、唐代初期や後期の官制を説明することは適当ではないし、『旧唐書』巻四三職官志と巻四四職官志の記事で唐代初期や後期の官制を説明することも適当でない。両書によって唐代初期や後期の官制を説明する場合は、唐代初期や後期の官制が『大唐六典』や『旧唐書』の官制と同じかどうか充分な吟味を行うことが必須となる。

近衛家熙（一六六七～一七三六）が明版『大唐六典』の校訂に『旧唐書』を利用し、近衛本『大唐六典』を作成したのは正解だったのである。がしかし、『旧唐書』の記事は『大唐六典』の記事を短縮することがあるので、『旧唐書』

の記事を利用して明版『大唐六典』を訂正することはできても、『大唐六典』の闕落箇所の復元には限界があることを知るべきである。

本章のまとめ

『大唐六典』の記事の年代に検討を加えた。『大唐六典』は「開元七年令」を伝える書というのが従来からの通説であるが、その根拠は微弱なもので、『大唐六典』編纂上の不注意から生じた錯誤を捉えて「開元七年令」説を展開するに過ぎない。この説が提示されたのは一九三〇年代のことであり、爾来、八〇年近くに亘って、「開元七年令」説に疑問を呈した者はなかった。かくいう私もその一人である。『中国古代の年中行事』を書き終えるまで気がつかなかった。『大唐六典』の記事を拾い読みしていては「開元七年令」説に疑問を抱くことはないだろう。中国法制史研究の第一人者が「開元七年令」と明言するのだから、その言に疑問など抱くはずもない。

『大唐六典』に開元一七年八月から開始された千秋節の記事があり、千秋節の休暇規定がある。最初のころ、私は「開元七年令」の書に新たに生じた千秋節の記事が追加されたと理解していた。『大唐六典』の註記に開元二四年とか二五年の記年を有する勅があるが、これも必要に応じて付加された註記であり、記事の基本は「開元七年令」と考えていた。『中国古代の年中行事　第一冊　春』に寒食休暇の項を設け、寒食休暇を書いた。『大唐六典』の「寒食通清明」休暇四日の史料を引用し、『冊府元亀』巻六〇帝王部・立制度に、

［開元］二十四年二月壬戌、許寒食通清明、四日為假。

開元二四年（七三六）二月壬戌（一二日）、寒食より清明を通じて、四日を假と為すを許す。

とある史料を指摘し、「開元二四年二月に休暇四日となったのであり、この一条は開元二四年以降の〈假寧令〉であ

る」とまでいいながら、『大唐六典』の「寒食通清明」が開元二五年「假寧令」であることに気がついてはいない。『大唐六典』は「開元七年令」という思いがあったからである。

『中国古代の年中行事』を書くときに、唐代の「祠令」にも関心を払い、『大唐六典』巻四尚書礼部・祠部郎中員外郎職の「祠令」記事を拾い読みをした。その中に斉の太公に関する「祠令」がある。この「祠令」は開元一九年（七三一）から開始された祭祀と『旧唐書』を始めとする史書が指摘している。そうであれば、この「祠令」は開元七年「祠令」にはないことになる。『中国古代の年中行事　第四冊　冬』の校了となるまで、気づいてはいたが気にならなかったが、校了となったとたんに、なぜか斉の太公に関する「祠令」を思い出し、「開元七年令」説に疑問が生じ、『大唐六典』の点検を始めた次第である。

開元二〇年代に改訂された官品が『通典』巻四〇所載の開元二五年官品とよく一致する事実を見いだした。開元二〇年代に改訂された官品であるから、この改訂官品は開元七年官品ではない。『大唐六典』の改訂官品は開元二五年官品ではないかと思うようになった。さらに改訂官品だけが開元二五年官品ではなく、『大唐六典』の本文に記載される官品全体は開元二五年官品と思うに至った。『通典』の開元二五年官品と対照したところよく一致する。『大唐六典』に記載される官品は開元二五年「官品令」であろうと心証を得た。官品だけ開元二五年「官品令」で、あとの「令」は「開元七年令」では話はしっくりしない。定員を検討してみた。これも『通典』が記載する開元二五年の定員と一致する。それも開元七年以降の改訂定員とである。改訂定員は開元七年の定員ではなく、これが『通典』が記載する開元二五年の定員と一致するから、『大唐六典』の本文に記載する定員は開元二五年「職員令」ということになる。「官品令」と「職員令」だけが「開元二五年令」で、残りは「開元七年令」というのも実に奇妙である。

『大唐六典』の註記に「旧令」という語がある。たとえば、『大唐六典』巻八門下省・主事に「主事四人、従八品下」とあり、註記に「旧令」の語がみえる。

　晋置門下主事、歴宋斉、品第八。梁陳名為門下主事令史。北斉門下主事令史八人、従第八品上。隋初、諸臺省並置主事令史。煬帝三年、直曰主事。旧令、従九品上。開元二十四年勅、加入八品。

　晋は門下主事を置き、宋・斉を歴して、品第八。梁・陳名づけて門下主事令史と為す。北斉の門下主事令史は八人、従第八品上。隋の初め、諸臺省並びに主事令史を置く。煬帝の三年（大業三年・六〇七）、直に主事と曰う。「旧令」では、従九品上。開元二四年（七三六）勅し、加えて八品に入る。

門下省の主事は「旧令」では従九品上の品階であったが、開元二四年の勅によって一階進められて従八品下となった。開元二四年以前の「官品令」を「旧令」というのであるから、「旧令」は開元七年「官品令」を指すことになる。これによって『大唐六典』は「開元七年令」を述べた書ではないことは明らかである。『大唐六典』は「開元七年令」を「旧令」と呼んでいる。

『大唐六典』巻四尚書礼部に所載する「祠令」の点検を開始したところ、年代が不明な「祠令」もあるが、「開元七年令」ではあり得ない「祠令」があることも判明した。『大唐六典』に所載する「祠令」と考えられる史料は四〇条餘りあるが、この四〇条餘りの史料は年代の異なる史料が集められているのではなく、同一年代の史料と考えるのが自然であろう。その中に一例でも開元七年「祠令」ではない「祠令」があれば、『大唐六典』の「祠令」四〇条餘りは開元七年「祠令」ではないことになる。

七太子廟に関する「祠令」はその典型的事例であろう。『唐令拾遺補』「祠令」はこの「祠令」を開元七年「祠令」とするが、この「祠令」は開元七年「祠令」ではない。七太子には隠太子を筆頭として恵荘太子・恵文太子・恵宣太子が含まれる。この三太子は睿宗皇帝の子であり、恵荘太子は第二子で、開元一二年に薨去し、恵文太子は開元一四年に薨去し、恵宣太子は開元二二年に薨去しているから、七太子廟に関する「祠令」は開元七年「祠令」ではない。

私廟に関して『大唐六典』巻四尚書礼部・祠部郎中員外郎職に、

凡官爵二品已上祠四廟、五品已上祠三廟、六品已下、達於庶人、祭祖禰而已。

凡《およ》そ官爵二品已上は祠四廟、五品已上は祠三廟、六品已下、庶人に達し、祖禰を祭るのみ。

とある。『唐令拾遺』（五〇八頁）は、この史料が『大唐六典』にあるから開元七年「儀制令」とし、『唐令拾遺補』（九九五頁）は開元七年「祠令」とするが、開元七年「儀制令」でも「祠令」でもない。右の規定は開元一二年か開元一三年の勅書に直接的起源があるからである。

『大唐六典』の唐令は年代の異なる唐令ではなく、同一年代の唐令と考え、『大唐六典』の「田令」「賦役令」「假寧令」「倉庫令」に考察を加えた。その結果、開元七年以降でしか「令」とならない「令」がある。一団となっている史料群に「開元七年令」ではない「令」があるから、その一団は「開元七年令」ではないことになる。「開元七年令」は「旧令」といわれているから、一団となっている「開元七年令」ではない史料群は、新令すなわち「開元二五年令」ということになる。

『太平御覧』の唐令は「開元二五年令」であり、『太平御覧』に唐代の「假寧令」が引用される。『太平御覧』の「假寧令」は『大唐六典』の「假寧令」が互いに類似する。類似するという理由を以て『大唐六典』の「假寧令」は開元二五年「假寧令」とはいえない。『大唐六典』の「假寧令」は開元七年「假寧令」かも知れないのである。開元七年「假寧令」と『太平御覧』の開元二五年「假寧令」が近似した関係にあることも考えられるからである。『大唐六典』の「假寧令」は開元二五年「假寧令」であり、『太平御覧』の「假寧令」と同一年度の「假寧令」というためには、『大唐六典』の「假寧令」が開元二五年「假寧令」であることを示す必要がある。

『大唐六典』の「假寧令」には、寒食・清明の休暇四日と千秋節休暇三日がある。寒食・清明の休暇四日は開元二四年二月から開始され、千秋節休暇三日は開元一七年八月から開始された。開元七年「假寧令」には存在しない給假日数と節日が『大唐六典』「假寧令」にあることによって、『大唐六典』「假寧令」全体は開元二五年「假寧令」と決定できる。『大唐六典』「假寧令」が「開元二五年令」であるなら、「假寧令」のみ「開元二五年令」で他の唐令は「開元七年令」ということは考え難いから、『大唐六典』に所載する他の唐令はすべて「開元二五年令」であるといえるだろう。

『大唐六典』は「開元二五年令」を所載する書である。内藤乾吉氏は「唐六典の行用に就いて」において、

なお六典は開元二十六年に成つたが、その中に引用された律令格式は開元二十五年度のものに依らないで、それ以前の律令格式であることは仁井田学士等の明らかにせられたところである。要するに六典に載せられた制度は、これを全体的に見て開元の制度といつてもよいが、これを以て成書の日に於ける現行制度と見ることはできない。即ち此書を目して完全な統一ある体系とすることはできぬわけである。結局六典はその制作の最初の意図はともかくとして、でき上つた結果は既に中ば典故となり終つていたものと云わねばならぬ。

と述べ、『大唐六典』を「でき上つた結果は既に中ば典故となり終つていたもの」とするが、実は出来上がったばかりの「開元二五年令」を玄宗皇帝が指示した六典（理典・教典・礼典・政典・刑典・事典）に沿って分類した書であったのである。

『大唐六典』の唐令は「開元二五年令」であると主張した。「開元七年令」と「開元二五年令」は類似していたであろうから、「開元七年令」は「開元二五年令」から類推することはできる。「開元二五年令」と類似した「令」があるとして、その「令」が確かに「開元七年令」であることを証明するとなると、「開元七年令」を伝える文献は現存しないから、「開元七年令」は證明する方法がない幻の「令」となる。

第五章　井真成の「贈尚衣奉御」授官の実体

一　はじめに

西安で出土した井真成の墓誌をめぐっては種々の問題が提起され、七世紀から一〇世紀における東アジアの国際関係史や交流史に、新しい知見が提示され、従来の見解を一新しつつある。東アジア国際関係史が着実に進化していることを実感する。

井真成の墓誌をめぐって多く議論された中で井真成は何者か、という点に限っていえば、井真成は遣唐留学生というのが一般的見解であり、この説が流布している。この説の致命的弱点は根拠薄弱・主観的・情緒的であるというところにある。充分な史料の吟味からなる、従来の日本古代史研究の通例からして薄弱な根拠に基づく遣唐留学生説は誠に奇異の感を受ける。井真成の解釈に限って、なにゆえに主観的・情緒的となるのであろうか。

この情緒的見解に異を唱えたのが、復旦大学の韓昇教授である＊。彼は井真成が贈尚衣奉御の官を授与されたことに着目し、尚衣奉御は五品官であり、井真成が五品官を授与されたことは、井真成が遣唐使節の中で五位相当の官であったと考え、遣唐使節の中で五位の官にあるのは判官である。井真成が参加した遣唐使節の判官四名は姓名が全員判明しているから、井真成は判官ではない。井真成が参加した遣唐使節には准判官が置かれているから、井真成は准判官の一人と結論したのである。論旨明快、細部において異論はあろうが、与えられた条件を満たす鉄案であろう。

韓昇教授は論考において、遣唐使節の借位に言及された。これは日本の遣唐使節のみならず、唐王朝を取り巻く国際関係を考察する上において、誠に貴重な指摘といわなければならない。日本の遣唐使節の長官である大使が三位、通判官である副使が四位、三等官である判官が五位の位階を帯びて入唐するのは、日本側の事情だけではないようで、唐王朝が外国使節を受容する際には、大使＝三品、副使＝四品、判官＝五品という規定があるからであろうということを浮かび上がらせることとなった。唐代文献に残らないこの規定を外堀を埋めて明確化した韓昇教授の借位に関する指摘は唐王朝を取り巻く国際関係の考察に大きな成果というべきである。

韓昇教授が専修大学で報告される二〇〇九年の夏、彼は原稿を私に送付され、論評しろとの依頼があった。その時まで井真成のことは新聞で知る程度で特段の関心はなかった。この時から井真成に関心を持つようになり、告身という文書的側面から贈尚衣奉御・井真成に言及する論考がないかと調査すると一件もない。私は隋唐時代の律令公文書研究を専門としており、告身の研究をしたこともあるので、唐代公文書の側面から井真成の「贈尚衣奉御」に言及してみたいと考え、この一文を書いた次第である。

＊　韓昇「井真成墓誌の再検討」（『東アジア世界史研究センター年報』第三号　専修大学社会知性開発研究センター　二〇〇九）

二　贈尚衣奉御

井真成の墓誌には「詔贈尚衣奉御」とある。井真成は制授告身式によって「贈尚衣奉御」の官を授与された。尚衣奉御は殿中省尚衣局の長官で従五品上である。

「詔贈尚衣奉御」の読み方は次の三通りの読み方が想定される。

①詔して尚衣奉御を贈る。
②尚衣奉御を贈るを詔す。
③詔して贈尚衣奉御とす。

井真成は「贈尚衣奉御」を授与されたのであり「尚衣奉御」を授与されたのではないから、「詔して贈尚衣奉御とす」と読むのがよいだろう＊。「尚衣奉御」は生きている人が授与される官であり、死者に授与する場合は「贈」字が官名の冒頭につく。

一例ではあるが、『旧唐書』巻四高宗紀貞観二三年（六四九）九月の条に、

丙寅、贈太尉梁国公玄齢贈司徒申国公士廉贈左僕射蔣国公屈突通、並可配食太宗廟庭。

丙寅、贈太尉梁国公の玄齢・贈司徒申国公の士廉・贈左僕射蔣国公の屈突通、並びに太宗の廟庭に配食するべし。

とあり、『旧唐書』巻六則天武后紀天授元年（六九〇）九月の条に、

丙戌、初立武氏七廟於神都、追尊神皇父贈太尉太原王士彠、為孝明皇帝。

丙戌、初めて武氏の七廟を神都に立て、神皇の父の贈太尉太原王の士彠を追尊し、孝明皇帝と為す。

とある。「贈某官」は「某官を贈られた某」と読むべきではないことがわかる。この例をみれば、『白氏文集』巻五三中書制誥六「武寧軍陣亡大将軍李自明贈濠州刺史制（武寧軍の陣亡せる大将軍・李自明〈贈濠州刺史〉制）」に、

勅。王師之討蔡平鄆也、自明為武寧裨将、隷于元戎。凡所指蹤、必先致命。三軍之士、于今称之。有労未図、無禄早代。生不及賞、歿而加恩。庶使猛将義夫、聞而相勧、曰死猶不忘、況生者乎。可贈濠州刺史。

とある史料は、

勅す。王師の蔡を討ち鄆《うん》を平らぐるや、自明を武寧の裨将と為し、元戎（節度使）に隷せしむ。凡《およ》そ指蹤《ししょう》（指揮）する所、必ず先に命を致す。三軍の士、今に之を称す。労有りて未だ図らず、禄なくして早代す。生きて賞に及

ばざるも、歿して恩を加う。庶《こいねが》わくば猛将義夫をして、聞きて相い勧め、死して猶お忘れず、况んや生ける者をやと曰わしめんことを。贈濠州刺史を可とす。

と読むべきであり、「濠州刺史を贈るを可とす」と読むべきではないだろう。また『唐大詔令集』巻六五「贈淮寧軍大将軍周曽等勅　建中四年（淮寧軍大将軍の周曽らを贈するの勅　建中四年）」の一節に、

秀琳可贈尚書右僕射、賜実封一百戸、通前一百五十戸。儋可贈兵部尚書、賜実封二百戸。興朝可贈戸部尚書、賜実封一百戸。楽卿可贈刑部尚書、賜実封二百戸。仙欽可贈工部尚書、賜実封一百戸。

とある史料は、

秀琳は贈尚書右僕射を可とし、実封一百戸を賜い、通前一百五十戸。儋は贈兵部尚書を可とし、実封二百戸を賜う。興朝は贈戸部尚書を可とし、実封一百戸を賜う。楽卿は贈刑部尚書を可とし、実封二百戸を賜う。仙欽は贈工部尚書を可とし、実封一百戸を賜う。

と読むべきであろう。

そうであれば、『旧唐書』巻五八唐倹伝に、

顕慶元年卒、年七十八。高宗為之挙哀、罷朝三日。贈開府儀同三司并州都督、賻布帛一千段粟一千石、賜東園秘器、陪葬昭陵。謚曰襄、官為立碑。

とある史料は、

顕慶元年（六五六）卒す、年七十八。高宗之が為に挙哀し、朝を罷むこと三日。贈開府儀同三司・并州都督、布帛一千段・粟一千石を賻《おく》り、東園の秘器を賜い、昭陵に陪葬す。謚して襄と曰い、官為《ため》に碑を立つ。

と読むべきであろうし、『旧唐書』巻一〇九馮盎伝に、

［貞観］二十年卒、贈左騎（「左騎」は「左驍」の誤り）衛大将軍荆州都督。

とある史料は、

貞観二〇年（六四六）卒し、贈左驍衛大将軍・荆州都督。

と読むべきであり、「左驍衛大将軍・荆州都督を贈る」と読むべきでないだろう。

＊　唐代文献は「詔」字と「制」字をよく混用するから、「詔贈尚衣奉御」を「制贈尚衣奉御」と読み替えても何ら問題はない。

三　贈官告身の贈官表記

唐代の贈官告身の実例は東京の二玄社から出版された『忠義堂帖』の上冊にある。そこには乾元元年（七五八）の「顔昭甫贈華州刺史制授告身」、宝応元年（七六二）の「顔惟貞贈秘書少監制授告身」、宝応二年の「顔允南母・殷氏贈蘭陵郡太夫人制授告身」の三通がある。顔昭甫は顔真卿の祖父であり、顔惟貞は顔真卿の父であり、殷氏は顔真卿の母である。殷氏が「顔允南母」と書かれるのは、顔氏の戸籍筆頭者が顔真卿ではなく、兄の顔允南であるからである。

次に各告身の冒頭制詞部分と告身尾部の「告」以下の部分を示す。

〈顔昭甫贈華州刺史制授告身〉

故曹王属曹王晋王侍読顔昭甫

右可贈華州刺史。

門下。有後之慶、諒存乎義。飾終之典、用彰於錫類。故利州司功参軍厳方約。…………。可依前件。主者施行。

……………（中略）……………。

告贈華州刺史顔昭甫第。奉被

制書如右。符到奉行。

〈顔惟貞贈秘書少監制授告身〉

正議大夫行国子司業顔允南亡父、故通議大夫行薛王友上柱国惟貞

右可贈秘書少監。

門下。悼往之義、必在於懐賢。飾終之典、允資於錫類。銀青光……（中略）……。可依前件。主者施行。

……（中略）……。

告贈秘書少監顔惟貞第。奉被

制書如右。符到奉行。

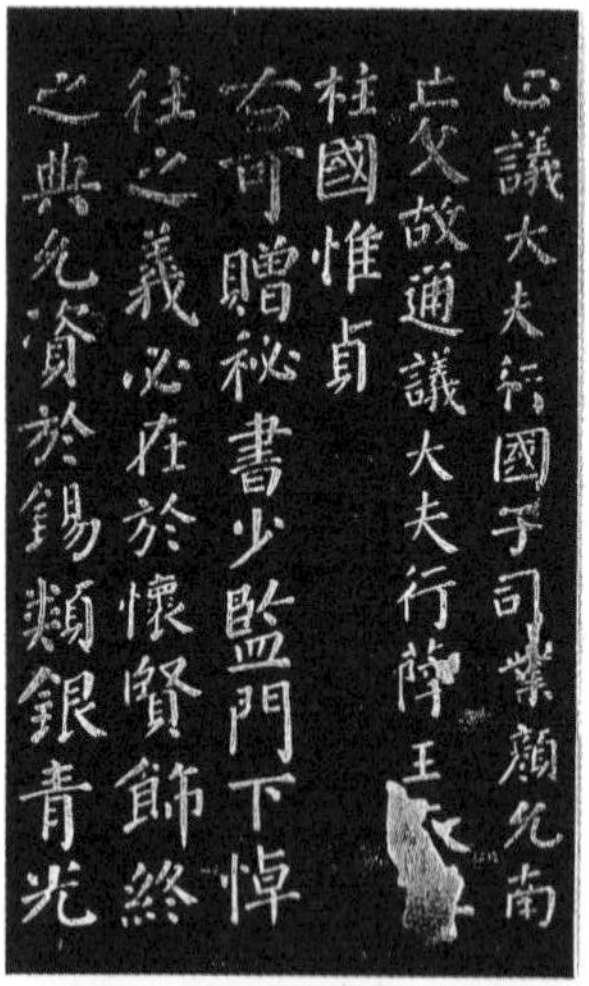

正議大夫行國子司業顔允南
亡父故通議大夫行薛王
柱國惟貞
右可贈秘書少監門下悼
往之義必在於懷賢飾終
之典允資於錫類銀青光

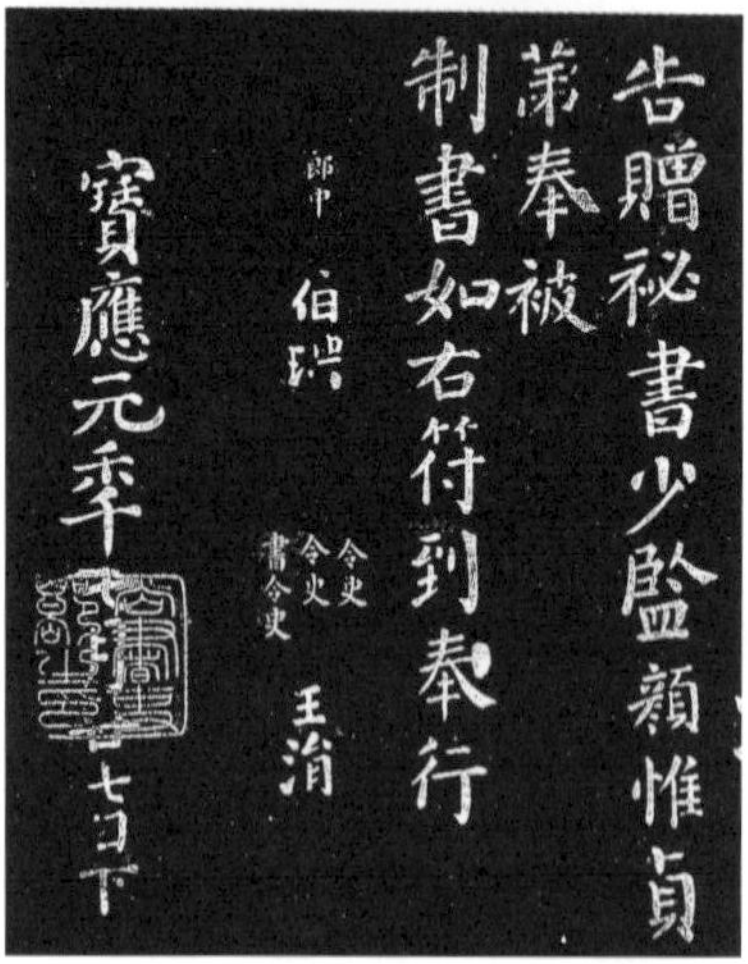

告贈秘書少監顔惟貞
第奉被
制書如右符到奉行
郎中　伯瑀
令史
令史
書令史　王消
寶應元年

図版7　顔惟貞贈秘書少監告身の首部と尾部

〈顔允南母・殷氏贈蘭陵郡太夫人制授告身〉

正議大夫行国子司業上柱国金郷県開国男顔允南亡母、贈蘭陵郡太君殷氏

右可贈蘭陵郡太夫人。

門下。礼厚飾終、義殷錫………（中略）………。可依前件。主者施行。

………………（中略）………………。

告贈蘭陵郡太夫人殷氏第。奉被

制書如右。符到奉行。

各告身の制詞が「可依前件。主者施行」で結句されている。「可依前件」の句があるのは、各告身は同一制詞によって複数の人が授官したことを示している。また、「告」以下の新授の官を本人に告知する部分に「第（家）」とある。これは授官本人は死亡しており、新授官を告知することはできないから、その家に通告するという意味である。

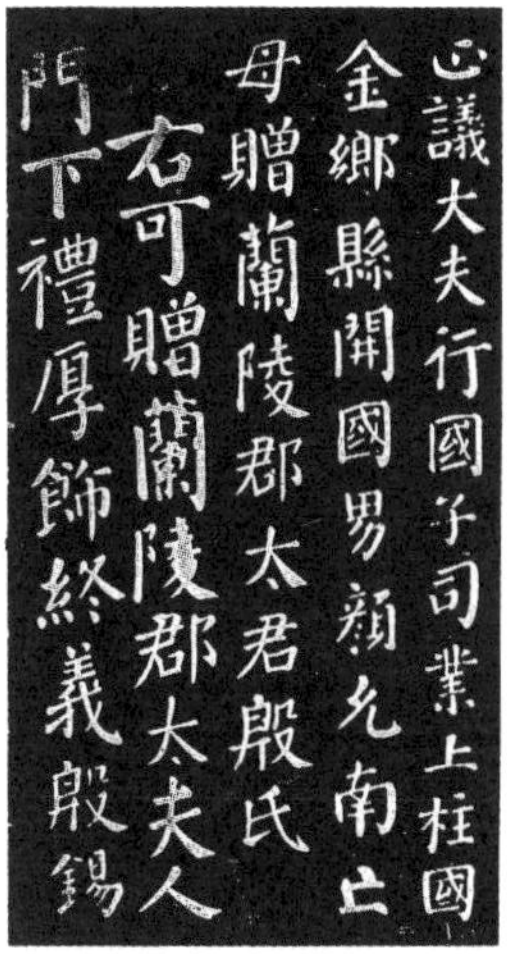

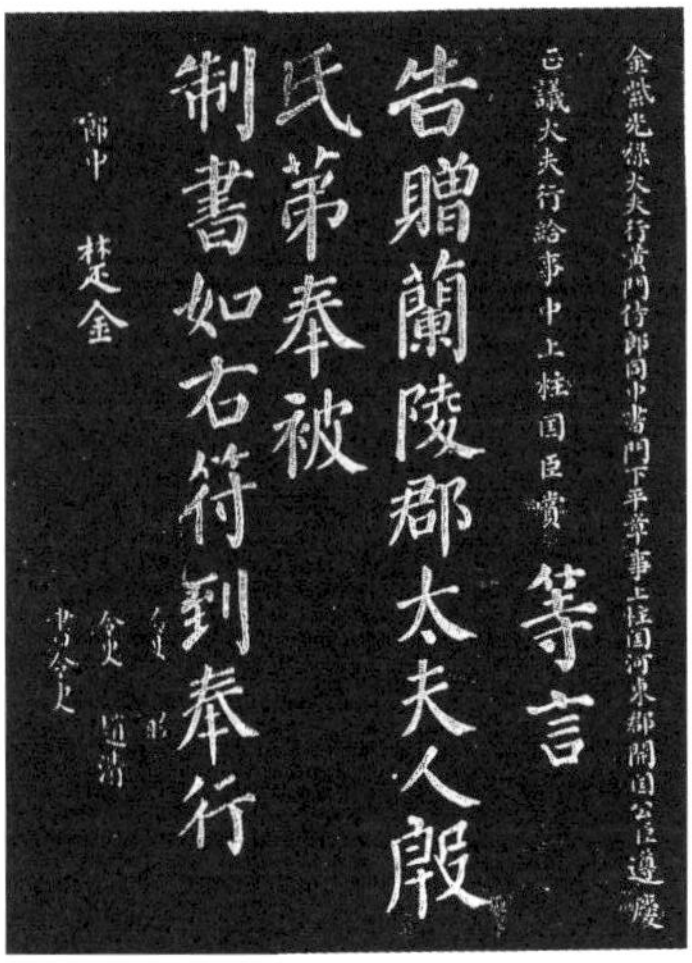

図版8　顔允南母・殷氏贈蘭陵郡太夫人制授告身の首部と尾部

顔昭甫贈華州刺史告身は「右　贈華州刺史を可とす」と読み、「贈華州刺史顔昭甫第に告ぐ」と読むべきで「華州刺史を贈る顔昭甫の第に告ぐ」と読むべきでない。右の理由によって、井真成の「詔贈尚衣奉御」は「詔して贈尚衣奉御とす」と読むべきである。

四　井真成の身分

井真成の墓誌が発見されてより、明確な根拠があるわけではないが、何となく彼は遣唐留学生と理解されてきた。これに対して、「はじめに」において紹介したように、復旦大学の韓昇教授は遣唐使准判官説を提示された。

井真成の身分を解く鍵は次の三点にあるようにおもう。

①「贈尚衣奉御」という官　②「三六歳」という年齢　③「終于官第」の語

「終于官第」については次のことがいえる。唐代、中央から地方に赴任した官は地方の官舎に住まいし、そこで死亡した場合は「某州の官舎を卒す」「某州某県の官舎を卒す」と墓誌銘に書かれ、長安や洛陽において卒した場合は「某坊の第に卒す」と書かれる。長安において死亡し、「官舎を卒す」と書かれるのは地方から公務で上京し卒した地方の官人である。

井真成は長安の官第で客死している。留学生宿舎は官の建物に相違ないが、この場合の官第は迎賓館を意味すると考えるのが至当であり、井真成は唐王朝の客人であったことを示すものであろう。

井真成は客死して「贈尚衣奉御」の官を授与された。尚衣奉御は殿中省尚衣局の長官で従五品上である。一介の留学生の死に対して従五品上の官を与えるであろうか。五品官は制書で授与する制授官である。制授官が簡単に授与されるとは考えられない。

奉使途中において物故し官を授与された事例には次の事例がある。『冊府元亀』巻九七四外臣部・褒異一に、

［開元七年］五月丁酉、新羅、遣使来朝、死于路。贈太僕卿、賻絹一百疋。

開元七年（七一九）五月丁酉、新羅、使を遣わして来朝するも、路に死ぬ。贈太僕卿（従三品）とし、絹一百疋を賻《おく》る。

とある。これは新羅の遣唐大使が物故し贈官したことを伝えるものである。唐王朝は新羅の遣唐大使に贈太僕卿を授与している。これは新羅の遣唐大使が唐王朝の従三品に相当する官品を帯びて入唐していたか、従四品上に相当する官位を帯びて入唐していたから、奉使死亡という点を考慮して、特に一階進めて従三品としたものであろう。

『冊府元亀』巻九七五外臣部・褒異二に、

［開元］二十三年二月癸卯、新羅賀正副使金栄死、贈光禄少卿（従四品上）。

開元二三年（七三五）二月癸卯、新羅賀正副使の金栄死し、贈光禄少卿とす。

とある。唐王朝は新羅の遣唐副使の金栄に対して贈光禄少卿（従四品上）を授与している。これは新羅の遣唐副使が唐王朝の従四品上に相当する官位を帯びて入唐していたか、従四品下に相当する官位を帯びて入唐していたから、奉使死亡という点を考慮して特に一階進めて従四品上としたものであろう。

『冊府元亀』巻九七五外臣部・褒異二に、

［開元二十三年二月癸卯］、契丹蕃中郎［将］可突于死、贈左衛将軍。

開元二三年二月癸卯、契丹の蕃中郎将の可突于死し、贈左衛将軍（従三品）とす。

とある。「契丹蕃中郎将」は「契丹蕃の中郎将」と読むべきでなく、「契丹の蕃中郎将」と読むべきである。蕃中郎将は唐王朝の中郎将と同じではない。『冊府元亀』巻九七四外臣部・褒異一に、

［開元］八年正月巳巳、契丹遣蕃中郎将張少免倶等三百五十四人、来朝。並授游撃将軍果毅都尉、賜緋袍銀帯物

各二千段、放還蕃。

開元八年（七二〇）正月己巳、契丹は蕃中郎将の張少免倶等三五四人を遣わし、来朝す。並びに授游撃将軍・果毅都尉を授け、緋袍・銀帯・物各《おのおの》二千段を賜い、蕃に還るを放す。

とあるからである。この贈左衛将軍も新羅の遣唐使節と同じ理由によって授与されたものである。

『冊府元亀』巻九七五外臣部・褒異二に、

［開元二十三年］閏十一月壬辰、新羅王、遣従弟大阿飡金相来朝、死于路。帝深悼之、贈衛尉卿。

開元二三年（七三五）閏一一月壬辰、新羅王、従弟の大阿飡《あそん》・金相を遣わし来朝せしむるに、路に死す。帝深く之を悼み、贈衛尉卿（従三品）とす。

とある。この授官も前掲史料に推定した理由と同じ理由によって、贈衛尉卿（従三品）を授官したものであろう。

以上、四例ではあるが奉使の途中に物故した場合の唐王朝の授官の例をみた。少ない事例ではあるが、そこから窺えることは遣唐大使の死亡には三品官、遣唐副使は四品官を授与するということである。

井真成は死亡して「贈尚衣奉御」（従五品上）を追贈された。これを以上の四例から推定するならば、どのようなことがいえるであろうか。遣唐大使が死亡すれば三品官、遣唐副使の場合は四品官が授与されるなら、五品官の授与は遣唐使判官の身分を有する者ということになり、井真成は遣唐使判官の身分にあったことになろう。

五　外国使節の贈官授与規定

唐代の外国使節に対する贈官授与の規定は『大唐六典』巻一八鴻臚寺・典客署令職の条にある（【　】は細字であることを示す）。

凡朝貢宴享送迎預焉、皆弁其等位、而供其職事。
凡酋渠首領朝見者、則館而以礼供之。【三品已上、準第三等、四品五品、準第四等、六品已下、準第五等。其無官品者、大酋渠首領、準第四等、小酋渠首領、準第五等。所乗私畜、抽換客舎放牧、仍量給芻粟。若諸蕃献薬物滋味之属、入境州県与蕃使、苞匭封印、付客及使、具其名数、牒寺。寺司勘訖、牒少府監及市、各一官領、識物人定価、量事奏送。仍牒中書、具客所将献物。応須引見宴労、別聴進止】。

凡《およ》そ朝貢・宴享・送迎 焉に預り、皆な其の等位を弁じて、其の職事に供す。
凡そ酋渠首領の朝見する者は、則ち館せしめ（宿舎を提供すること）礼を以て之に供す。【三品已上は、第三等に準じ、四品・五品は、第四等に準じ、六品已下は、第五等に準ず。其の官品なき者は、大なる酋渠首領は、第四等に準じ、小なる酋渠首領は、第五等に準ず。乗る所の私畜、抽換客舎放牧し、仍お量りて芻粟を給す。若し諸蕃 薬物・滋味の属を献ぜば、入境の州県 蕃使と、苞匭して封印し、客及び使に付し、其の名数を具し、寺（鴻臚寺）に牒す。寺司勘し訖らば、少府監及び市に牒し、各《おのおの》一官領し、識物の人 価を定め、事を量り奏送す。仍お中書に牒し、客の将いる所の献物を具す。応須《まさ》に引見宴労は、別に進止を聴くべし】。

上記の史料のうち、

凡酋渠首領朝見者、則館而以礼供之。【三品已上、準第三等、四品五品、準第四等、六品已下、準第五等。其無官品者、大酋渠首領、準第四等、小酋渠首領、準第五等。……】

の箇所は要約すれば、次のようであろう。

外国使節が来朝すれば、宿舎を与え礼を以て待遇する。外国使節は多くの品階に属する者が来朝するが、三品以上の品階を有して来朝する者は蕃望第三等に準じて待遇し、四品・五品の者は蕃望第四等に準じて待遇し、六品以下は蕃望第五等に準じて待遇するものとする。品階なくして来朝する大酋渠首領は蕃望第四等に準じ、小酋渠首領は蕃望第五等に準じて待遇するものとする。………

『大唐六典』は上記の史料に続けて次のようにある。

若疾病、所司遣医人、給以湯薬。若身亡、使主副及第三等已上官、奏聞。其喪事所須、所司量給、欲還蕃者、則給轝逓至境。【首領第四等已下、不奏聞。但差車牛、送至墓所】。諸蕃使主副・五品已上、給帳氈席、六品已下、給幕及食料。丞一人判厨事、季終則会之。若還蕃、其賜各有差。給於朝堂、典客佐其受領、教其拝謝之節焉。

若《も》し病を疾めば、所司医人を遣わし、給するに湯薬を以てす。若し身亡くなれば、使の主副及び第三等已上の官は、奏聞す。其の喪事の須《もちい》る所、所司量給し、蕃に還らんと欲する者は、則ち轝を給し逓して境に至らしむ。【首領の第四等已下、奏聞せず。但だ車牛を差わし、送りて墓所に至るのみ】。諸《すべ》て蕃使の主・副・五品已上には、帳・氈・席を給し、六品已下には、幕及び食料を給す。丞一人、厨事を判じ、季終則ち之を会す（会は計会すること）。若し蕃に還るなれば、其の賜各《おのおの》差有り。朝堂に給し、典客は其の受領を佐け、其の拝謝の節を教う。

上記の史料のうち、

若身亡、使主副及第三等已上官、奏聞。其喪事所須、所司量給、欲還蕃者、則給轝逓至境。【首領第四等已下、不奏聞。但差車牛、送至墓所】。

とある箇所は、

奉使の途中において、使節が唐国において死亡すれば、遣唐大使と副使及び使節中の蕃望第三等以上の官（三品官）は、死亡を唐王朝に報告する。その葬儀に必要な物品は所司が支給し、遺骸を本国に連れ帰らんと希望すれば、国境まで轝《れん》を支給し、首領の第四等以下は、死亡を唐王朝に報告せず、葬儀用の車牛を遣わし、墓所に至るのみである。

という意味である。

問題となるのは「首領第四等已下、不奏聞」の解釈である。この箇所は「使主副及第三等已上官、奏聞」とあるから「第四等已下、不奏聞」と解釈するべきではない。蕃望第四等は四品と五品の官階を有して唐国に入朝する者と品階を帯びないで唐国に入朝する大なる酋渠首領の二組から構成されていたから、「首領第四等已下、不奏聞」とは、蕃望第四等のうち、「品階を帯びないで唐国に入朝する大なる酋渠首領以下の者は、その死亡を唐王朝に報告しない」という意味であり、蕃望第四等のうち、四品と五品の官階を帯びて唐国に入朝した者が死亡した場合、その死亡が唐王朝に報告されたと解釈するべきである。

『冊府元亀』巻九七五外臣部・褒異一に、

［開元］四年三月丁亥、新羅、遣其臣金楓厚、来賀正。授員外郎、放還蕃。

開元四年（七一六）三月丁亥、新羅、其の臣・金楓厚を遣わし、来り賀正せしむ。員外郎（従六品上）を授け、蕃に還ることを放す。

とある。開元四年度の新羅国賀正使は金楓厚であった。彼は帰国するとき、員外郎（従六品上）を授官している。開元四年度の新羅国賀正副使は金楓厚より下位の官であり、判官は賀正副使より下位の官である。使節の正使・副使が奉使途中において物故すれば奏聞する規定であるが、この場合の判官は六品より下位の官であることは明白であるから、もし判官が奉使途中に物故しても、奏聞されることはなかったことになる。

『冊府元亀』巻九七五外臣部・褒異二に、

［開元十六年十月］丙戌、吐蕃莽悉曩等来朝。授鎮将、賜緋［袍］、遣之。

開元一六年（七二八）一〇月丙戌、吐蕃の莽悉曩《もうしつのう》等来朝す。鎮将（上鎮将、正六品下）を授け、緋袍を賜い、之を遣る。

とある。開元一六年の吐蕃の遣唐正使は鎮将（上鎮将、正六品下）と同等の官位であるから、この使節の判官も奉使途中に物故しても、奏聞されることはなかったであろう。

『冊府元亀』巻九七五外臣部・褒異二に、

［天宝二年］十二月乙巳、新羅王、遣弟来賀正。授左清道率府員外長史、賜緑袍銀帯、放還蕃。

天宝二年（七四三）一二月乙巳、新羅王、弟を遣わし、来り賀正せしむ。左清道率府員外長史（正七品上）を授け、緑袍・銀帯を賜い、蕃に還ることを放す。

とある。この使節の判官も前掲した開元四年の判官と同じことがいえる。

『冊府元亀』巻九七六外臣部・褒異三に、

［同光二年］八月、渤海朝貢使王姪学堂親衛大元謙可試国子監丞。

同光二年（九二四）八月、渤海朝貢使・王の姪の学堂親衛・大元謙を試国子監丞（従六品下）を可とす。

とある。この場合の判官も奉使途中に物故しても、奏聞されることはなかった。

六　贈官授与規定からみた井真成の身分

上記の史料によって、五品以上の品階を帯びて唐国に入朝した者が、唐国において死亡した場合、その死亡を唐王朝に報告する規定があったことが判明する。果たしてそうであれば、井真成が唐国で物故し「贈尚衣奉御」（従五品上）

という官を与えられたことは、上記の規定による措置と考えるのが自然な理解であり、井真成は入唐時に五品官を帯びていたと想定するべきであろう。

新羅国の使節が奉使途中において物故し贈官された事例において示したように、遣唐大使が従三品官、副使が四品官を授与されていた。この例から井真成の場合を推定すれば、彼は五品官を授与されているから、彼は入唐時に五品官を帯びる遣唐使判官であると考えるのが最も妥当であろう。

井真成は留学生という説がある。留学生は無位無冠が原則であるから、物故しても皇帝へ奏聞する対象ではないから「贈尚衣奉御」を授官しない。彼が「贈尚衣奉御」となるには借位にしろ五位の官にあって留学していたことになる。このようなことはあり得ることであろうか。井真成は三六歳で死亡しているから、留学したのは二〇歳のころである。二〇歳で借位にしろ五位の官を得ることは可能なことであろうか。井真成を同伴して帰国する遣唐使が五位の位記を持参したと想定することもできる。しかし、どうせ帰国するのであるから、帰国してから五位に叙せばよいのであり、五位の位記をわざわざ唐国に持参したとするのも妙である。

彼が留学生であるとするなら、七一七年度か七三三年度の留学生と想定される。七三三年度の留学生としては年齢の点において説明できない。もし七三三年度の留学生とすれば、日本の遣唐使は「二〇年一航」と一般的にいわれるから、井真成が帰国するのは五六歳となる。これでは何のための留学か判らなくなる。したがって、井真成は七三三年度の留学生ではない。それでは七一七年度の留学生ということになる。

この時の留学生に吉備真備がおり、井真成と真備と留学生仲間ということになる。真備と留学生仲間と仮定すると、これもまた奇妙なこととなる。真備は一六年に亘る留学の末に帰国して従八位下に除せられている。吉備真備が在唐時に従八位下を有し、四階の借位していたとしても、従七位下しかならないし、六階借位していたとしても正七位下にしかならない。同じ留学生であって井真成だけが五位で、吉備真備が最高で正七位下程度なのか。その説明がまったくつかない。

井真成が学生として優秀であり、その死を玄宗皇帝が特に悼んで「贈尚衣奉御」としたという説がある。笑止の極みとは、このことをいうのであろう。長安の人口は約百萬人であり、奈良とは異なる。玄宗皇帝が一介の無位の留学生である井真成の名を聞き及ぶはずがない。皇帝の周辺に一介の無位の外国人が近づけるはずがない。

百歩譲って、井真成は優秀な留学生だったことにしよう。その井真成を「贈尚衣奉御」とすることは、無位の外国人が死亡すれば五品官を与える前例を作ることになる。優秀はどのような状態を示すものか客観的な基準がない。この前例ができれば、次には無位の外国人が死亡すれば、五品を授与する事態が生じることになる。これでは唐王朝の官人体系が崩壊する。

徳宗皇帝の治世に宰相を務めた権徳輿（『旧唐書』巻一四八）が、彼が晩年に墓地を洛陽に定め、従来の墓地を整理したことが、彼の『権載之文集』巻四六「応縁遷奉状制書手詔等」に所収されている。元和一二年（八一七）のことである。その時、権徳輿は自ら有する官と爵を削って亡祖父・右羽林軍録事参軍・倕《すい》の贈官に宛てんことを請い、権倕は「贈礼部郎中」とされた。礼部郎中は従五品上である。権徳輿が自らの官と爵を削ってまで願い、実現したのが権倕の「贈礼部郎中」である。この例をみても規則（詳細不明）があって贈官といえども簡単に出るものではないのである。

七　遣唐使節に対する唐王朝の授官

唐王朝は遣唐使節に告身を授与した。『冊府元亀』巻九七六外臣部・褒異第三によって具体的史料を示せば次のようである。

①［元和七年正月］甲申、賜渤海使官告三十五通衣各一襲。

元和七年（八一二）正月甲申、渤海使に官告三五通・衣各《おのおの》一襲を賜う。

②［元和十年］十一月丁酉、帰契丹使、以告身十九通賜其貴人。

元和一〇年（八一五）一一月丁酉、契丹使を帰し、告身一九通を以て其の貴人に賜う。

③［元和十年］十二月辛丑、賜南詔蛮使楊廷奇等告身二十九通。

元和一〇年一二月辛丑、南詔蛮使の楊廷奇等に告身二九通を賜う。

④［開成二年］二月癸卯、賜奚［契］丹室韋等告身八十九通。

開成二年（八三七）二月癸卯、奚・契丹・室韋等に告身八九通を賜う。

これらの告身は実効性のある唐代公文書であろうか。この問題は井真成の「贈尚衣奉御」と関連する。井真成は死亡したから「贈尚衣奉御」を与えられたのであり、生きていれば帰国に際して「贈」字のない官を授与されたであろう。唐王朝が与えた官は唐王朝の官人制度において、どのような実効性のあるものかを検討するのが、この項の課題である。

唐国に入朝する周辺諸国使は国王の命を受けて唐国に入朝しているのであって、各国王の臣下であって、唐皇帝の臣下ではないから、帰国すれば授与された官は無効であり、告身は紙くず同然であろうことは想定でき、前掲した『冊府元亀』巻九七六外臣部・褒異第三の告身は無効告身であったであろう。

圓仁の『入唐求法巡礼行記』開成四年（八三九）二月二六日の条に、

日本国持節大使正三品行太政官左大弁守鎮西府都督参議　参議、是此間平章事。大唐雲麾将軍　是二品（「従三品」の誤写）。検校太常卿　是文官正三品。兼左金吾衛将軍（従三品）　是武官第一、国親所除職也。員外置同正員。

日本国持節大使正三品行太政官左大弁守鎮西府都督参議　参議、是れは此の間の平章事なり。大唐雲麾将軍　是れ二品（「従三品」の誤写）。検校太常卿　是れ文官にして正三品。兼左金吾衛将軍（従三品）是れ武官の第一、国親を除す所の職なり。員外置同正員（藤原常嗣を待遇は正員に同じ員外の左金吾衛将軍に任じたという意味）。

とある。これは圓仁が遣唐大使である藤原常嗣の告身を実見して日記に記録したものである。藤原常嗣は、

雲麾将軍検校太常卿兼左金吾衛将軍員外置同正員。

を唐王朝から授与されており、最初に推論したように、授与された官は無効であるといえなくなる。

しかし、藤原常嗣の官は告身の冒頭の勅詞部分の、

日本国持節大使正三品行太政官左大弁守鎮西府都督参議藤原常嗣。

右可雲麾将軍検校太常卿兼左金吾衛将軍員外置同正員。餘如故。

勅。云々。……（中略）……。日本国持節大使正三品行太政官左大弁守鎮西府都督参議藤常嗣等、……（中略）……。

可依前件。

とあった部分を圓仁が書き写した可能性が高い。

多人数に官を授ける告身の制詞勅詞は冒頭において各人の授官をいう。最初の制詞（勅詞）部分である。告身尾部の「告」以下において本人に授官を伝える。藤原常嗣の告身の「告」以下の部分には、

雲麾将軍検校太常卿兼左金吾衛将軍員外置同正員。

とあったとはいえない。告身の尾部には、

告日本国持節大使正三品行太政官左大弁守鎮西府都督参議藤原常嗣。奉

勅如右。符到奉行。

とあった可能性が大なのである。

『入唐求法巡礼行記』を読んで、確かに藤原常嗣は「雲麾将軍検校太常卿兼左金吾衛将軍員外置同正員」を授与さ

れたと、私はずっと考えてきた。しかし、近年になって、この官は告身の冒頭部分の勅詞をみて圓仁が記録した可能性もあり、告身尾部の「告」以下に記載された官とは限らないと考えが変わった。すなわち、『入唐求法巡礼行記』に藤原常嗣が「雲麾将軍検校太常卿兼左金吾衛将軍員外置同正員」と授官したとあるが、それは本当に藤原常嗣が「雲麾将軍検校太常卿兼左金吾衛将軍員外置同正員」を授官した確たる証拠にはならないと考えるようになった。圓仁の記録を否定するわけである。なかなかの勇気がいる。

それは『朝野群載』巻二〇「異国賜本朝人位記（異国の本朝人に賜う位記）」所収の元和元年（八〇六）の高階遠成告身に次のようにあることによる＊1。

日本国使判官正五品上兼行鎮西府大監高階真人遠成

右可中大夫試太子中允。餘如故。

勅。日本国使判官正五品上兼行鎮西府大監高階真人遠成等、奉其君長之命、趨我会同之礼。越溟波而萬里、献方物於三険。所宜褒奨、並錫班栄。可依前件。

日本国使判官正五品上兼行鎮西府大監高階真人遠成

右を中大夫試太子中允を可とす。餘は故の如し。

勅す。日本国使判官正五品上兼行鎮西府大監・高階真人遠成等、其の君長の命を奉じ、我が会同の礼に趨く。溟波を越えて萬里、方物を三険（非常な遠方、海を隔てた場所等の唐国に到るのに三の困難な条件を有する地）より献ず。所宜褒奨し、並びに班栄を錫う。前件に依るべし。

元和元年正月廿八日

中書令　闕

中書侍郎平章事臣鄭絪　宣

中書舎人臣盧景亮奉行

奉
勅如右。牒到奉行。
元和元年正月日
検行司空兼侍中使
門下侍郎平章事黄裳
給事中登
月日時都事
左司郎中
吏部尚書闕
吏部侍郎宗儒
吏部侍郎闕
尚書左丞平章事在中書
告日本国使判官正五品上兼行鎮西府大監高階真人遠成。奉
勅如右。符到奉行。
主事栄同
員外郎次元
令史摠初
書令史
元和元年正月日下

高階遠成告身は冒頭の勅詞の部分において、高階遠成に対し、

右可中大夫試太子中允。餘如故。

といい、「中大夫試太子中允」を与えながら、「告」以下においては

告日本国使判官正五品上兼行鎮西府大監高階真人遠成。

とあって、唐王朝の官を何も与えず、日本の官名を列挙している。これは朝貢の労に酬いて唐の官を与えたように見せかけて、実は何も与えていないのである。高階遠成が「中大夫試太子中允」に任官していないことは、大庭脩氏がすでに指摘されている＊2。

この事実は高階遠成だけではないだろう。高階遠成の勅詞には「可依前件」とあるから、高階遠成と同時に授官した日本の使節全員が同じ扱いであったと考えてよい。そして、これは高階遠成を長とする元和元年の日本使節だけでなく、日本の遣唐使節はすべてこの扱いであり、藤原常嗣も高階遠成と同じ扱いであったと想定され、また、この扱いは日本の遣唐使節だけではなく、すべての周辺諸国の遣唐使節に適応できるとしてよい。

高階遠成の告身一例だけから大胆な推論をしているが、この推論は飛躍しているとは考えない。朝貢使節は各国王の臣下である。唐王朝から官を授与されることは唐皇帝の臣下になったことを意味する。朝貢使節は各国王の命を奉じているだけで、唐皇帝の臣下になることを希望して入唐しているわけではないのである。阿倍仲麻呂が帰国を希望して叶わなかったのは、唐皇帝の臣下になっていたからである。朝貢使節が不用意に唐王朝の官吏になったら、帰国できなくなるのである。

唐王朝はこの事情を充分承知したうえで、朝貢使節に優遇策として制授や勅授によって官を授けたようにみせ、その実は何も与えていない告身を付与する方策を採用していると考える。もし、そうであるなら、井真成は「贈尚衣奉御」の官を与えられたが、実は何官も与えられていないことになる。井真成を「贈尚衣奉御」を授ける制授告身の

「告」以下の箇所は、

告日本国使判官従五品下兼□□□□□□井真成第。奉

制如右。符到奉行。

とあったはずである。「判官」と復元したのは日本の遣唐使節の中では判官と准判官は厳然と区別があるが、唐王朝に提出した使節団の名簿に井真成は判官として届けられていたはずであるから、「判官」と復元しておいた。「第」と復元したのは贈官告身に「第」とあるからである。「第」とあるから井真成の遺族に伝達されるべき告身である。井真成は何官も授官していないのであるから、もし井真成の遺族が告身を受け取ったなら、何官も授官していないのに、仰々しい告身であることに仰天したであろう。井真成を「贈尚衣奉御」とする制授告身は、遺族にとっては唐王朝の正式な井真成の死亡証明書みたいな文書と映ったであろう。

＊1　神田喜一郎「支那古文書の研究」（『神田喜一郎全集』巻一　同朋舎　一九七一）。

＊2　大庭脩「唐元和元年高階真人遠成告身について　――遣唐使の告身と位記――」（『関西大学東西学術論叢』四一、同「唐告身の古文書学的研究」（『西域文化研究　三』所載　法蔵館　一九六〇）、同『唐告身と日本古代の位階制』（皇学館出版部　二〇〇三）。

八　まとめ

井真成は贈尚衣奉御の官を授与された。贈尚衣奉御は五品官である。井真成が五品官を贈官されたのは、彼が遣唐使節の中で五位相当の官にあったとする韓昇教授の説は、現在判明する井真成に関する情報では最善の説であろう。井真成は贈尚衣奉御を授与されたが、彼は外国使節の一員であり、実際は授官していないであろうと本稿では推定

した。それは高階遠成が唐王朝から何官も授官していないことが根拠となっている。唐王朝は周辺諸国王を冊封することは別にして、来朝した外国使節に対して官を与えるようにみせて、実は何官も与えないのが一般であったようである。藤原常嗣のも「雲麾将軍検校太常卿兼左金吾衛将軍員外置同正員」を授官したように記録されているが、実は何官も授官していないであろう。圓仁は授官していない事実を充分承知していて、授官しているように記録しただけのことである。長い間、唐国に使節を派遣していれば、そのようなことは百も承知であったであろう。高階遠成の貰ったような告身を以て授官したと、告身を授かる側もいうのであろう。

唐代文献には、外国使節に対して官を与えたと明記している。これは何故かを説明しなければならない。唐代史の編纂は史料の最終段階に位置する告身をみて、唐代史を編纂しているわけではない。官を与えるおおもととなる詔書（制書）や勅書（発日勅）、また詔勅集をみて某年某月某日に某国の某に官を与えたと書いていくわけである。おおもとの詔書（制書）や勅書（発日勅）、また詔勅集をみている限りにおいては官を与えたことになる。史料編纂官は外国使節に何官を与えていないことを承知していて官を与えたと書くのである。官を与える側も貰う側も、何官を与えず、また貰わないことを承知して与えたことにし、貰ったことにしているのである。これが七世紀から一〇世紀の外交儀礼である。

日本の渤海国使節に対する位記の授与も唐王朝の方式がそのまま採用されていると考えてよいだろう。渤海国の使節が日本から位記を授与されて天皇の臣下になる必然性はどこにもない。

第五章は「東アジア世界史研究センター年報」（専修大学社会知性開発研究センター）五号に所載した論文である。

本書のまとめ

本書においては、唐令に関する二つの極めて基本的課題を論じている。一つは隋令と唐令の継受を論じ、唐令は隋令のうち従来からいわれているように「開皇令」を継受しているのではなく、煬帝の大業三年（六〇七）に公布された「大業令」を継受している可能性が非常に高いことを述べ、加えて『大唐六典』所引の唐令の年代を論じた。すなわち、『大唐六典』所引の唐令は「開元七年令」ではなく、「開元二五年令」であろうことを述べた。いま提示した二つの假説は仁井田陞氏が『唐令拾遺』に述べられた説とまったく異なる。研究『唐令拾遺』が公刊されてから八〇年になる。この八〇年間に隋唐史研究も進展し大きな研究成果があった。この研究成果を基礎に仁井田氏の学説は再検討されてもよい時期にきている。

最初、本書は公刊する予定ではなかった。本書の第一章と第三章は『中国古代の年中行事』の別巻である「索引巻」の頁数が餘りにも少ない場合を想定して、準備していた原稿である。第三章までは、唐令は隋の「開皇令」を基礎とした「令」ではなく、煬帝の「大業令」を基礎としていることを明らかにするために書いたものである。

私は以前より、唐令は隋の「開皇令」を継受しているのではなく、煬帝の「大業令」を継受していると考え、「隋唐賦役令の継承関係」（『唐令逸文の研究』所収　汲古書院　二〇〇五）を書き、私の見解の是非を世に問うた。「大業令」の継受が隋代文献に明記されているのに、見落としているのではないかと思い、隋代文献の再点検も行った。『大業雑記の研究』（汲古書院　二〇〇五）は、その再点検の一端である。こうした思いがあり、第一章と第三章の論文は『中国古代の年中行事』の別巻である「索引巻」において発表したいと考えていた。

『中国古代の年中行事　第四冊　冬』が校了となった二〇一一年六月、何故か突然に『大唐六典』所引の唐令は「開元七年令」とされているが、それは大いなる誤解であって、「開元二五年令」であると考えるようになった。『中国古代の年中行事』冬冊だけでも「開元二五年令」と直そうかとも考えたが、「校了」となっており、汲古書院に迷惑をかけることになるし、また既刊の他の三冊は「開元七年令」としているから、四冊だけ訂正しても意味はないと思い、訂正しないことにした。

『大唐六典』所引の唐令は「開元二五年令」説は、従来から定説となっている仁井田氏の説を否定することになり、学説史的には重大な問題である。急いで仁井田氏の「開元七年令」説への反論を書いた。書いてはみたが反論は三〇〇頁ほどにしかならない。これでは一冊の本にはならない。年齢的にもう若くもないから、わざわざ反論を本にすることなど止めようかとも考えた。しかし、『大唐六典』所引の唐令は「開元二五年令」説は唐代史研究にとっては極めて重要なことで、若い研究者諸氏がこれに関する論文を発表される様子もないようなので、歳をも顧みず、本書の第一章と第三章を第四章と合体し、第二章を新たに書き下ろし、以前に書いた論文を第五章とし、六〇〇頁ほどの本とした次第である。歳がいもない所行であることは重々承知している。

私は学生の時より隋唐の制度史を専攻し、『大唐六典』の記事に長年接し、仁井田陞氏の『唐令拾遺』も利用してきた。『唐令拾遺』は『大唐六典』所引の唐令を「開元七年令」としている。私も学生の時より『唐令拾遺』の説に疑いをもつこともなく、「開元七年令」説に従い研究を進めてきた。『唐代制勅研究』も『大唐六典』所引の唐令を「開元七年令」として論を進めているし、『唐代制勅研究』以降の唐代公文書に関する私の諸研究も、すべて「開元七年令」説に依拠している。今回の『中国古代の年中行事』も『大唐六典』所引の唐令を「開元七年令」としている。

ここに至って、『大唐六典』所引の唐令は「開元二五年令」といえば、従来の私の研究の『大唐六典』の唐令に言及した箇所は誤りということとなる。しかし、それによって私の研究全体が没になるわけではない。『大唐六典』所引の唐令は「開元七年令」とした部分が没になるだけのことで、文書研究全体の論旨には何ら影響しないし、『中国古代の年中行事』全体が没となるわけでもないと思い直し、『大唐六典』所引の唐令は「開元二五年令」説を提示することとした。

『大唐六典』所引の唐令・「開元七年令」説に疑念がもたれることはなかった。中国法制史の世界的権威の発言であるし、長年、この説に異論を唱えた論文もないからである。年中行事を論じる関係で、八月五日の玄宗皇帝の千秋節に言及することがあった。玄宗皇帝の千秋節は開元一七年に成立した。この記事を扱う時は『大唐六典』の編者は「開元七年令」説を基礎に、千秋節のみは開元一七年以降の事実を採用していると考えていた。他の記事は一々細部に亘り検討したことがなく、『大唐六典』所引の唐令・「開元七年令」説に問題があることなど、まったく思い至らなかった。『中国古代の年中行事』において、唐王朝の「祠令」を扱う機会があり、『大唐六典』の「祠令」の中に開元七年「祠令」でない「祠令」が存在することを発見し、『大唐六典』所引の唐令は「開元七年令」ではないのではと思うに至ったのである。

私の主たる研究は隋唐王朝の公文書様式の復元的研究であり、唐令逸文と年中行事の研究を、従属的研究と位置づけ史料をみてきた。唐令逸文研究は何条かの唐令逸文を復元できれば充分という考えであり、本書の第三章において、『唐令拾遺』『唐令拾遺補』が言及しない唐王朝の「祠令」一七条を指摘しただけでも目的は達している。それに加えて、仁井田氏の『大唐六典』所引の唐令の年代に疑問を呈した。この疑問の意味は極めて重大であり、私の思い違いであれば、それでよいが、私の疑問にも一理ありとなれば、唐代史研究に重大な一石を投じることになる。

二〇一一年一〇月

中村裕一　識

Basic Research OF THE Tang Statutes
唐令的基礎性研究

BY

NAKAMURA HIROICHI

中村　裕一

KYUKO SYOIN

TOKYO

2012

著者紹介

中　村　　裕　一（なかむら　ひろいち）

1945年　兵庫県宍粟郡西谷村有賀に生まれる。

1973年　大阪大学大学院文学研究科博士課程修了

博士（文学　大阪大学）

著　書

『唐代制勅研究』（汲古書院　1991）

『唐代官文書研究』（中文出版社　1991）

『唐代公文書研究』（汲古書院　1996）

『隋唐王言の研究』（汲古書院　2003）

『唐令逸文の研究』（汲古書院　2005）

『大業雑記の研究』（汲古書院　2005）

『中国古代の年中行事　第一冊　春』（汲古書院　2009）

『中国古代の年中行事　第二冊　夏』（汲古書院　2009）

『中国古代の年中行事　第三冊　秋』（汲古書院　2010）

『中国古代の年中行事　第四冊　冬』（汲古書院　2011）

汲古叢書104

唐令の基礎的研究

二〇一二年五月二八日　発行

著　者　中　村　裕　一

発行者　石　坂　叡　志

整版印刷　富　士　リ　プ　ロ　㈱

発行所　汲　古　書　院

〒102-0072　東京都千代田区飯田橋二-五-四

電　話　〇三（三二六五）九七六四

FAX　〇三（三二二二）一八四五

ISBN978 - 4 - 7629 - 6003 - 1　C3322

KYUKO-SHOIN, Co., Ltd. Tokyo.

100	隋唐長安城の都市社会誌	妹尾　達彦著	未　刊
101	宋代政治構造研究	平田　茂樹著	13000円
102	青春群像－辛亥革命から五四運動へ－	小野　信爾著	近　刊
103	近代中国の宗教・結社と権力	孫　　江著	近　刊
104	唐令の基礎的研究	中村　裕一著	15000円

(表示価格は2012年５月現在の本体価格)

67	宋代官僚社会史研究	衣川　強著	11000円
68	六朝江南地域史研究	中村　圭爾著	15000円
69	中国古代国家形成史論	太田　幸男著	11000円
70	宋代開封の研究	久保田和男著	10000円
71	四川省と近代中国	今井　駿著	17000円
72	近代中国の革命と秘密結社	孫　江著	15000円
73	近代中国と西洋国際社会	鈴木　智夫著	7000円
74	中国古代国家の形成と青銅兵器	下田　誠著	7500円
75	漢代の地方官吏と地域社会	髙村　武幸著	13000円
76	齊地の思想文化の展開と古代中國の形成	谷中　信一著	13500円
77	近代中国の中央と地方	金子　肇著	11000円
78	中国古代の律令と社会	池田　雄一著	15000円
79	中華世界の国家と民衆　上巻	小林　一美著	12000円
80	中華世界の国家と民衆　下巻	小林　一美著	12000円
81	近代満洲の開発と移民	荒武　達朗著	10000円
82	清代中国南部の社会変容と太平天国	菊池　秀明著	9000円
83	宋代中國科擧社會の研究	近藤　一成著	12000円
84	漢代国家統治の構造と展開	小嶋　茂稔著	10000円
85	中国古代国家と社会システム	藤田　勝久著	13000円
86	清朝支配と貨幣政策	上田　裕之著	11000円
87	清初対モンゴル政策史の研究	楠木　賢道著	8000円
88	秦漢律令研究	廣瀬　薫雄著	11000円
89	宋元郷村社会史論	伊藤　正彦著	10000円
90	清末のキリスト教と国際関係	佐藤　公彦著	12000円
91	中國古代の財政と國家	渡辺信一郎著	14000円
92	中国古代貨幣経済史研究	柿沼　陽平著	13000円
93	戦争と華僑	菊池　一隆著	12000円
94	宋代の水利政策と地域社会	小野　泰著	9000円
95	清代経済政策史の研究	黨　武彦著	11000円
96	春秋戦国時代青銅貨幣の生成と展開	江村　治樹著	15000円
97	孫文・辛亥革命と日本人	久保田文次著	20000円
98	明清食糧騒擾研究	堀地　明著	11000円
99	明清中国の経済構造	足立　啓二著	13000円

34	周代国制の研究	松井　嘉徳著	9000円
35	清代財政史研究	山本　進著	7000円
36	明代郷村の紛争と秩序	中島　楽章著	10000円
37	明清時代華南地域史研究	松田　吉郎著	15000円
38	明清官僚制の研究	和田　正広著	22000円
39	唐末五代変革期の政治と経済	堀　敏一著	12000円
40	唐史論攷－氏族制と均田制－	池田　温著	未刊
41	清末日中関係史の研究	菅野　正著	8000円
42	宋代中国の法制と社会	高橋　芳郎著	8000円
43	中華民国期農村土地行政史の研究	笹川　裕史著	8000円
44	五四運動在日本	小野　信爾著	8000円
45	清代徽州地域社会史研究	熊　遠報著	8500円
46	明治前期日中学術交流の研究	陳　捷著	16000円
47	明代軍政史研究	奥山　憲夫著	8000円
48	隋唐王言の研究	中村　裕一著	10000円
49	建国大学の研究	山根　幸夫著	品切
50	魏晋南北朝官僚制研究	窪添　慶文著	14000円
51	「対支文化事業」の研究	阿部　洋著	22000円
52	華中農村経済と近代化	弁納　才一著	9000円
53	元代知識人と地域社会	森田　憲司著	9000円
54	王権の確立と授受	大原　良通著	品切
55	北京遷都の研究	新宮　学著	品切
56	唐令逸文の研究	中村　裕一著	17000円
57	近代中国の地方自治と明治日本	黄　東蘭著	11000円
58	徽州商人の研究	臼井佐知子著	10000円
59	清代中日学術交流の研究	王　宝平著	11000円
60	漢代儒教の史的研究	福井　重雅著	12000円
61	大業雑記の研究	中村　裕一著	14000円
62	中国古代国家と郡県社会	藤田　勝久著	12000円
63	近代中国の農村経済と地主制	小島　淑男著	7000円
64	東アジア世界の形成－中国と周辺国家	堀　敏一著	7000円
65	蒙地奉上－「満州国」の土地政策－	広川　佐保著	8000円
66	西域出土文物の基礎的研究	張　娜麗著	10000円

汲 古 叢 書

1	秦漢財政収入の研究	山田　勝芳著	本体 16505円
2	宋代税政史研究	島居　一康著	12621円
3	中国近代製糸業史の研究	曾田　三郎著	12621円
4	明清華北定期市の研究	山根　幸夫著	7282円
5	明清史論集	中山　八郎著	12621円
6	明朝専制支配の史的構造	檀 上　寛著	13592円
7	唐代両税法研究	船越　泰次著	12621円
8	中国小説史研究－水滸伝を中心として－	中鉢　雅量著	品　切
9	唐宋変革期農業社会史研究	大澤　正昭著	8500円
10	中国古代の家と集落	堀　敏 一著	品　切
11	元代江南政治社会史研究	植 松　正著	13000円
12	明代建文朝史の研究	川越　泰博著	13000円
13	司馬遷の研究	佐藤　武敏著	12000円
14	唐の北方問題と国際秩序	石見　清裕著	品　切
15	宋代兵制史の研究	小岩井弘光著	10000円
16	魏晋南北朝時代の民族問題	川本　芳昭著	品　切
17	秦漢税役体系の研究	重近　啓樹著	8000円
18	清代農業商業化の研究	田 尻　利著	9000円
19	明代異国情報の研究	川越　泰博著	5000円
20	明清江南市鎮社会史研究	川 勝　守著	15000円
21	漢魏晋史の研究	多田　狷介著	品　切
22	春秋戦国秦漢時代出土文字資料の研究	江村　治樹著	品　切
23	明王朝中央統治機構の研究	阪倉　篤秀著	7000円
24	漢帝国の成立と劉邦集団	李　開 元著	9000円
25	宋元仏教文化史研究	竺沙　雅章著	品　切
26	アヘン貿易論争－イギリスと中国－	新村　容子著	品　切
27	明末の流賊反乱と地域社会	吉 尾　寛著	10000円
28	宋代の皇帝権力と士大夫政治	王　瑞 来著	12000円
29	明代北辺防衛体制の研究	松本　隆晴著	6500円
30	中国工業合作運動史の研究	菊池　一隆著	15000円
31	漢代都市機構の研究	佐原　康夫著	13000円
32	中国近代江南の地主制研究	夏井　春喜著	20000円
33	中国古代の聚落と地方行政	池田　雄一著	15000円